中国农垦农场志丛

黑龙江

绥滨农场志

中国农垦农场志丛编纂委员会 组编
黑龙江绥滨农场志编纂委员会 主编

中国农业出版社
北 京

图书在版编目（CIP）数据

黑龙江绥滨农场志/中国农垦农场志丛编纂委员会
组编;黑龙江绥滨农场志编纂委员会主编.—北京：
中国农业出版社，2021.9
　（中国农垦农场志丛）
　ISBN 978-7-109-28670-2

Ⅰ.①黑…　Ⅱ.①中…②黑…　Ⅲ.①国营农场-概
况-绥滨县　Ⅳ.①F324.1

中国版本图书馆CIP数据核字(2021)第160106号

出 版 人：陈邦勋
出版策划：刘爱芳
丛书统筹：王庆宁
审 稿 组：干锦春　薛　波
编 辑 组：闫保荣　王庆宁　黄　曦　李　梅　吕　睿　刘昊阳　赵世元
设 计 组：姜　欣　杜　然　关晓迪
工 艺 组：王　凯　王　宏　吴丽婷
发行宣传：毛志强　郑　静　曹建丽

黑龙江绥滨农场志

Heilongjiang Suibin Nongchangzhi

———————————————————

中国农业出版社出版
地址：北京市朝阳区麦子店街18号楼
邮编：100125
责任编辑：吕　睿　　文字编辑：赵世元
责任校对：周丽芳　　责任印制：王　宏
印刷：北京通州皇家印刷厂
版次：2021年9月第1版
印次：2021年9月北京第1次印刷
发行：新华书店北京发行所
开本：889mm×1194mm　1/16
印张：50.75　插页：20
字数：1200千字
定价：324.00元

———————————————————

EVERYTHING GROWING ®
生长万物

ISBN 978-7-109-28670-2

9 787109 286702 >

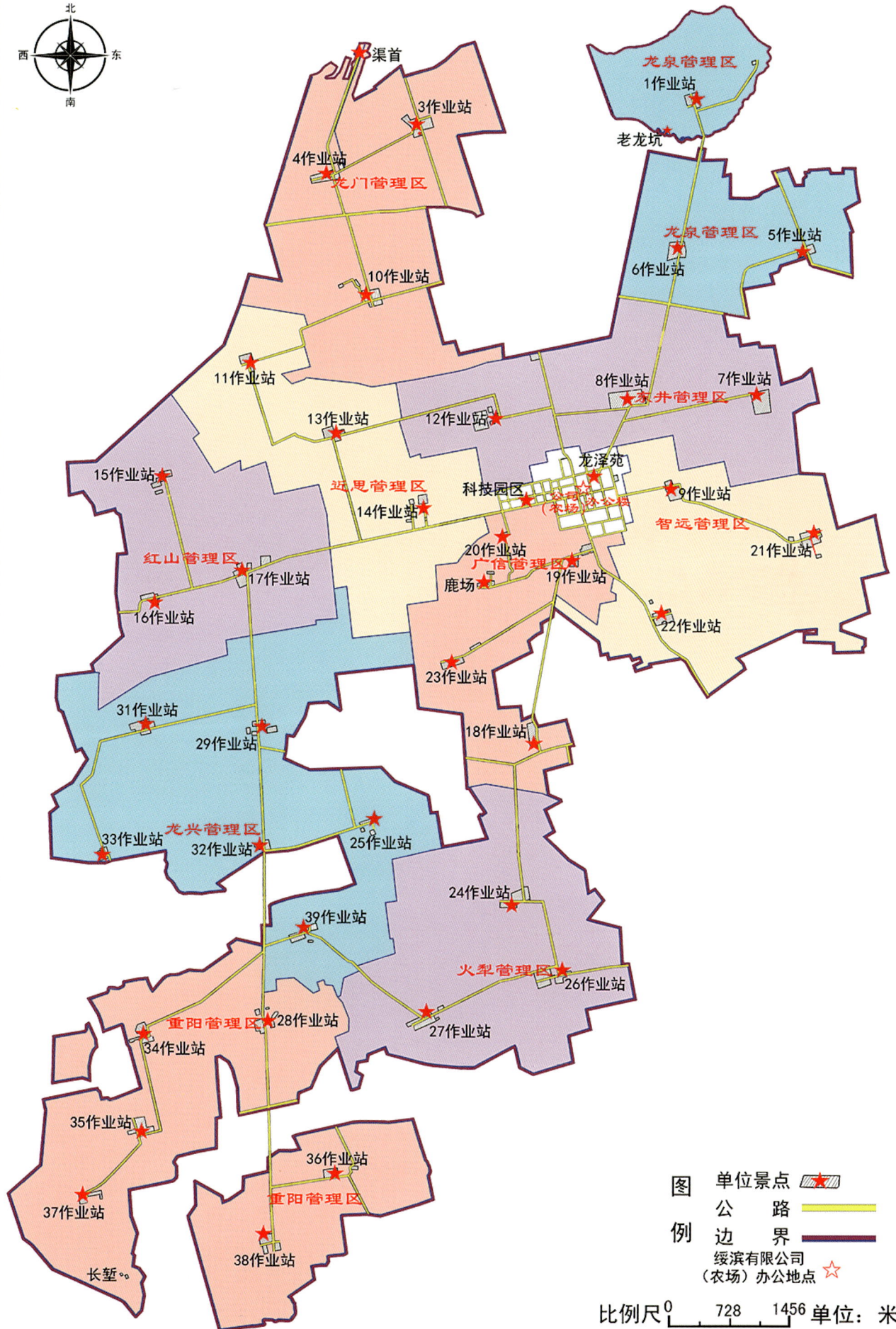

北
西 东
南

渠首

3作业站

4作业站

龙门管理区

龙泉管理区
1作业站

老龙坑

龙泉管理区 5作业站

6作业站

10作业站

11作业站

8作业站   7作业站

龙井管理区

13作业站   12作业站

龙泽苑

15作业站

远思管理区   科技园区

9作业站

14作业站

公司（农场）办公楼

智远管理区

21作业站

红山管理区

20作业站

广信管理区

17作业站

鹿场   19作业站

22作业站

16作业站

23作业站

18作业站

31作业站

29作业站

龙兴管理区

33作业站   32作业站   25作业站

24作业站

39作业站

火犁管理区   26作业站

重阳管理区   28作业站

34作业站   27作业站

35作业站

36作业站

重阳管理区

37作业站

38作业站

长堑

图
例

单位景点
公   路
边   界

绥滨有限公司
（农场）办公地点

比例尺 0   728   1456 单位：米

绥滨农场有限公司行政区划图

— 3 —

一、场徽图片

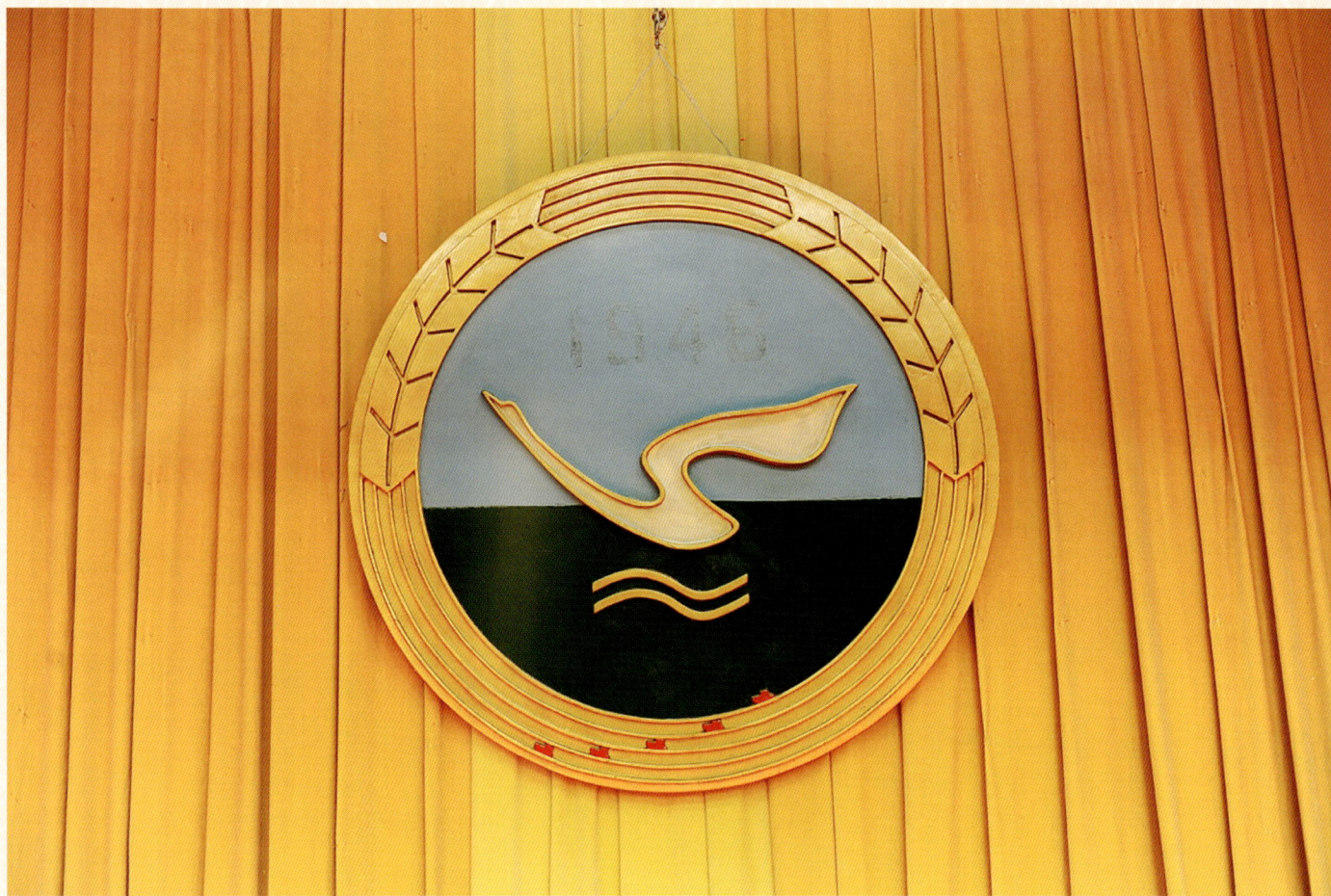

黑龙江农垦绥滨农场场徽

1938 年，建场前的开垦者合影

1948 年，绥滨农场第一个办公室建成

1952 年，农场第一位卫生所所长张守先

农场老医院

1953 年，农场引进的苏联新机械

始建于 20 世纪 50 年代初期的农场土房

建场初期，汽车队驾驶人员合影

建场初期的业余文工团

1956 年，全国农业、水利系统先进生产
者贾海涛与苏联来华专家在北京合影

1957 年，农场党委扩大会议代表合影

1958 年复转官兵在北大荒安家

1958 年复转官兵在部队时的合影

20 世纪 60 年代初的分场小学

20 世纪 60 年代的农场篮球队

绥滨农场第九队全体机务人员合影 1964年5月5日

20世纪60年代，农场机务人员合影

工人文化宫

庆祝中国共产党建党六十周年

始建于1966年的农场工人文化宫

20世纪70年代，农场进行传统教育

20 世纪 70 年代，农场在黑龙江畔修建东灌渠

20 世纪 70 年代，开垦荒地

20 世纪 70 年代的兵团女战士

知识青年在农场

20 世纪 70 年代的机械收割

20 世纪 70 年代，开荒点上的学校

20 世纪 70 年代，农场晒麦场

20 世纪 70 年代，农场进行机械播种

20 世纪 70 年代的农场交换台

绥滨农场第二个办公室（1956—1998）

20 世纪 70 年代至 80 年代的大田管理

20 世纪 80 年代初，农场建成面粉加工厂

20 世纪 80 年代的农场住房

20 世纪 80 年代，农场乳品厂生产的奶粉

20 世纪 80 年代的农场场部

20 世纪 80 年代，改革开放初期农场的个体商户

兴办职工家庭农场后职工个人购买的第一台私家小汽车

始建于 1984 年的农场文化中心

农场修造厂的翻砂车间

20 世纪 80 年代中期，家庭农场协作体成员在研究农业生产

1987 年 9 月，联合国劳工部专家丹尼斯·霍德森到绥滨农场考察国营农场改革形势
下开展工会工作的情况

1988 年，农场工会主席李世颖出席全国工会十一次代表大会

20 世纪 80 年代后期，农垦报记者采访农场职工

20 世纪 80 年代的农场职工秧歌队

20 世纪 80 年代的农场职工篮球赛

20世纪90年代初，农场职工养殖奶牛

20世纪90年代初，农场召开职工代表大会

20世纪90年代，水田开发初期的人工插秧

20 世纪 90 年代，农场职工进行甜菜育苗

20 世纪 90 年代，生产队的小广播

20 世纪 90 年代，绥滨农场首次大集

20 世纪 90 年代，农场进行优秀党员表彰

1995 年 8 月 18 日，农业部副部长刘成果来农场视察并题词

20 世纪 90 年代，俄罗斯专家来农场交流

20 世纪 90 年代，农场物资公司储存的农用物资

20 世纪 90 年代的农场粮油加工厂

1998 年，农场召开庆祝建场 50 周年暨改革试验运行 10 周年大会

1998 年，农场建成第三代办公楼

1998 年，三峡移民来到绥滨农场

1998 年 9 月，时任黑龙江省人民政府副省长王佐书（原农场知青）回访农场

20 世纪 90 年代的农场乳品厂厂房

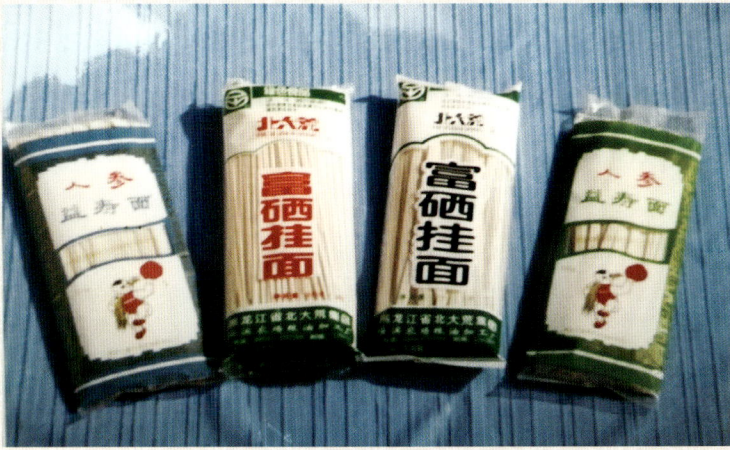

20 世纪 90 年代农场加工的农产品

20 世纪 90 年代的职工住房精装修

2000 年，农场进一步开发水田，图为插秧机在水田插秧

2000 年，宝泉岭分局在农场召开体制改革会议

农场召开农业生产总结表彰会

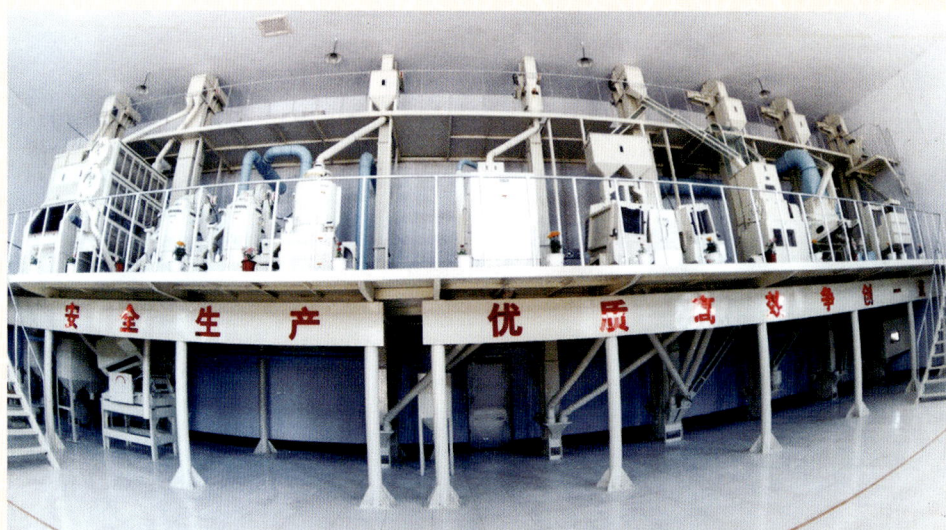
2000 年，农场引进日本佐竹公司精米加工设备

2001 年，农场举行社区管理委员会揭牌仪式

2002年，绥滨黑龙江灌区进行基础工程建设

2004年，英国专家来农场对农机人员进行现场培训

2008年6月，农场在中学操场举办"迎奥运、庆建场60周年"
全民健身运动会。图为开幕式文艺演出

万亩水田

2011 年 7 月 26 日，香港特别行政区第一任立法会主席范徐丽泰到绥滨农场考察

2011 年 8 月 22 日，日本牧业考察团到绥滨农场考察

2011 年 9 月 25 日，中央电视台记者到绥滨农场采访

2012 年 6 月 19 日，农场录制"清风净土"大合唱

2013 年 8 月，农场战胜黑龙江、松花江特大洪水后，抗洪突击队员在二九〇农场"大口门"堤坝上合影

2013 年 8 月 23 日，农场抗洪队员在向阳涝区抗洪一线

2014 年 6 月 16 日，顾洪昌一家被授予全国最美家庭称号

2014 年 8 月 27 日，绥滨农场举行"我身边的好人"
颁奖晚会

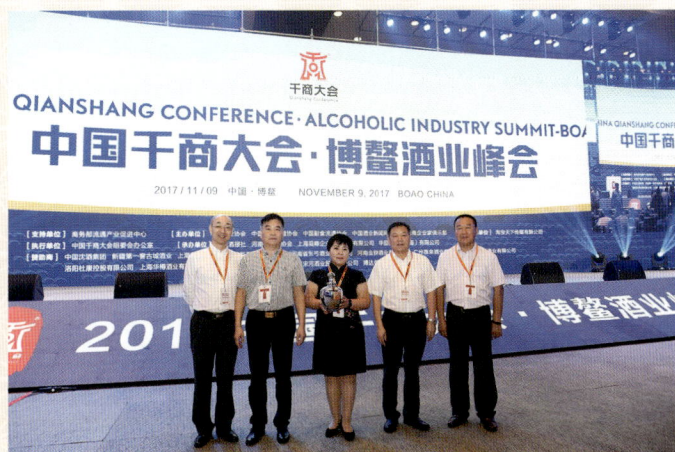
2017 年 11 月 9 日，龙门福地董事长陆书芬参加博鳌
中国千商大会并接受颁奖

2017 年 12 月 5 日，农业部授予绥滨农场中国美丽休闲乡村称号。图为李思军（中）在颁奖会现场

2017 年 12 月 31 日，北大荒农垦集团绥滨农场有限公司、绥滨农场社会行政管理委员会正式挂牌

2018 年 7 月 20 日，1958 年复转官兵及后代 300 余人在绥滨农场举行纪念活动

2018 年 9 月 10 日，农场建场 70 周年庆祝活动

俯瞰农场场部（2009年）

龙泽苑高档别墅区俯瞰图（2011年）

农场天朗公园景观

2012年建成的农场客运站

农场幼儿园

农场科技园

农场现代化大农业

水稻丰收

绿化作业

黑龙江江畔上第一个界江灌区（始建于 2002 年）

现代化农机停放中心

科研人员田间调查

农业生产拉练会

浸种催芽

时任农场场长李思军、农场党委书记楚卫国查看水稻长势

种植户培训

测土配方施肥

农场粮食收储中心

高端白酒灌装

黑木耳栽培

观光农业

绿色果蔬

农场中储粮库

农场林带

林下经济

大鹅养殖

黑龙江丰富的渔业资源

农场传统酒业

农场经济贸易活动

六、党建活动篇

2008 年 8 月 24 日，著名词作家车行（右二）来农场渠首参观

2009 年 9 月 20 日，农场在渠首举办"渠首结连理，金秋树新风"大型集体婚礼

2011 年，农场党委在文化广场举办庆祝建党 90 周年文艺晚会

2011 年 9 月，农场党委领导和组织部门到第二十六居民组参加"公推直选"党支部书记大会

2011 年 12 月 14 日，农场党委书记俞新利在绥滨农场第十五届四次职工代表大会上总结讲话

2012年11月9日，农场场长李思军（右二）、种植户代表（右一）及垦区水稻专家徐一戎（左三）参加中央电视台《丰收中国》晚会

2013年以来，农场社区文化节活动连续开展了6年。图为老退伍军人坐轮椅观看老照片展览

绥滨农场"基层组织建设年"推进工作会议

2014年7月1日，新老党员参加重温入党誓词宣誓活动

2014年7月28日，农场在黑龙江渠首进行为期5天的野外拉练驻训工作

绥滨农场2012年党委工作会议

农场党委每年都对基层党组织工作进行总结表彰。图为 2012 年受表彰党务工作者上台领奖

2014 年，农场为纪念民族传统节日"二月二龙抬头"举行舞龙活动

一场大雪后，农场青年突击队为葡萄种植户清理大棚积雪

2015 年 9 月，农场组织离退休干部参与检查管理区机车停放情况

复转官兵开发建设北大荒 50 周年纪念章

2013年5月，农场卫生志愿者到生产一线开展送医送药服务

2014年8月，医护人员在农场文化广场开展义诊活动

2014年起，农场每年举办"二月二·龙抬头"开耕节庆祝活动，图为农场群众文艺演出活动

2016年8月，中国文联文艺志愿服务小分队到农场演出

2016 年 8 月，中国文联文艺志愿服务小分队演员濮存昕（左一）等到龙门福地酒业参观

2017 年 7 月 2 日，农场第六届大型职工运动会开幕式

2017 年 8 月 22 日，农场召开推进龙门福地文化发展
座谈研讨会

2018 年 4 月 15 日，农场和管理局联合举办"龙江第一渠"提水
节暨绥滨农场第六届"春之韵"旅游文化节

农业科技大集

和谐邻里百家宴

美丽黑龙江·当代中国名画家采风团来到绥滨农场

濮存昕随中国文联文艺志愿服务小分队到农场演出

全国粮食生产先进县（农场）

中华人民共和国农业部
二〇〇六年十二月

2006 年 12 月，农业部授予农场全国粮食生产先进县（农场）称号

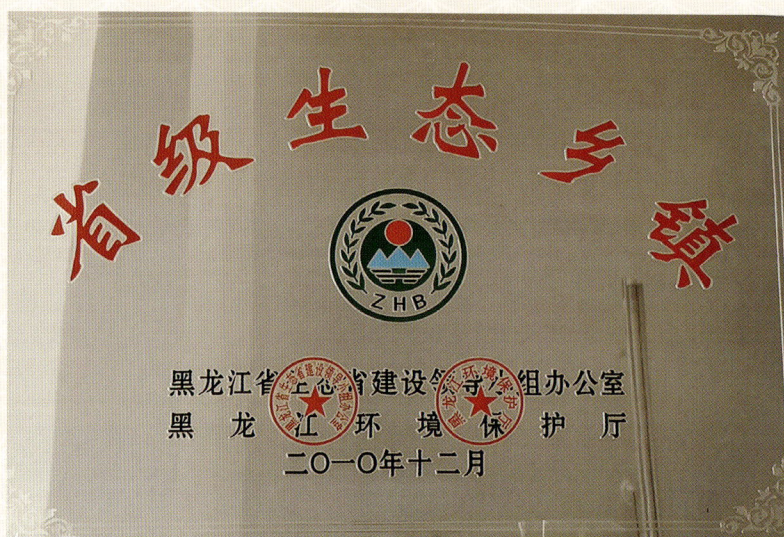

省级生态乡镇

黑龙江省生态省建设领导小组办公室
黑龙江环境保护厅
二〇一〇年十二月

2010 年 12 月，农场被省建设领导小组办公室、省环境保护厅授
予省级生态乡镇称号

全国青少年农业科普示范基地

农 业 部 颁发
共青团中央

2011年11月 — 2016年10月

2011 年，农场被农业部、共青团中央授予全国青少年农业科普示
范基地称号

2011年黑龙江省全民健身活动

优秀组织奖

黑龙江省体育局

二〇一一年十二月二十三日

2011年12月，省体育局授予农场全民健身活动优秀组织奖称号

垦区"十二五"农机管理标准化工作

达标农场

黑龙江省农垦总局农业机械化管理局

二〇一二年一月

2012年1月，农场被总局农业机械化管理局授予垦区"十二五"农机管理标准化工作达标农场称号

六大作物高产创建活动

先进单位

黑龙江省农垦总局

二〇一三年十二月

2013年12月，农场被总局授予六大作物高产创建活动先进单位称号

先进基层党组织

中共黑龙江省农垦宝泉岭管理局委员会
二〇一六年六月

2016年6月，管理局党委授予农场党委先进基层党组织称号

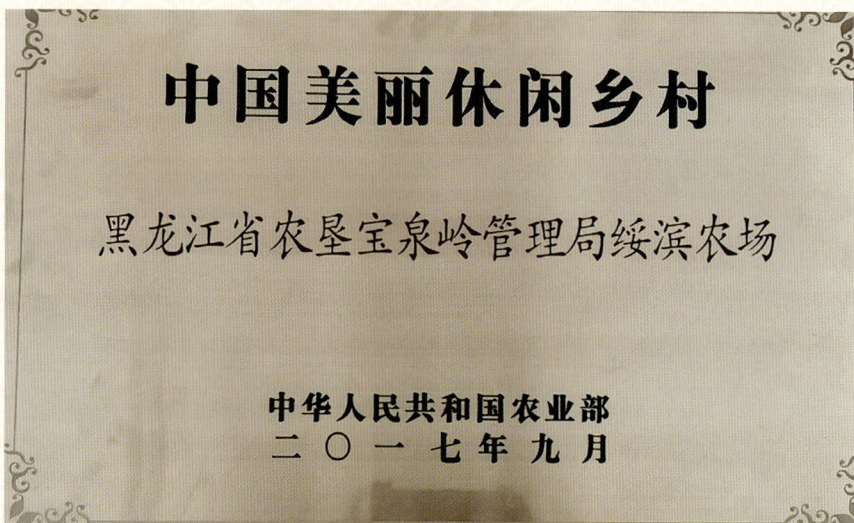

中国美丽休闲乡村

黑龙江省农垦宝泉岭管理局绥滨农场

中华人民共和国农业部
二〇一七年九月

2017年9月，农场被农业部授予中国美丽休闲乡村称号

2015-2017年垦区新农村建设

先进单位

中共黑龙江省农垦总局委员会
黑龙江省农垦总局
二〇一八年二月

2018年2月，农场被总局授予2015—2017年垦区新农村建设先进称号

中国农垦农场志丛编纂委员会编委会

主　任

张桃林

副主任

左常升　邓庆海　李尚兰　陈邦勋　彭剑良　程景民　王润雷

成　员（按垦区排序）

马　辉　张庆东　张保强　薛志省　赵永华　李德海　麦　朝

王守聪　许如庆　胡兆辉　孙飞翔　王良贵　李岱一　赖金生

于永德　陈金剑　李胜强　唐道明　支光南　张安明　张志坚

陈孟坤　田李文　步　涛　余　繁　林　木　王　韬　魏国斌

巩爱岐　段志强　聂　新　高　宁　周云江　朱云生　常　芳

中国农垦农场志丛编纂委员会办公室

主　任

王润雷

副主任

陈忠毅　刘爱芳　武新宇　明　星

成　员

胡从九　李红梅　刘琢琬　闫保荣　王庆宁

中国农垦农场志

黑龙江北大荒农垦集团绥滨农场编纂委员会

主　任

李思军　楚卫国　丁　健

副主任

刘春青　张　明　张　勋　房玉军　戴凤霞　何文翠

褚国忠　冯　鑫

委　员

宋秀吉　张怀健　崔铁民　陈庆君　刘　健　魏荣江

刘德勇　王　栋　张新民　张冬梅　殷光伟　王建军

马　军　隋明春　徐炳江　李绍坤　郎清芝　蒲江波

张中院　刘　微　崔新宇　徐焕斌　王安达　鞠永胜

张洪国　祝　祺　金和平　王家鹏　李先军　杨茂霞

王　兰

黑龙江绥滨农场史志编纂委员会人员名单

主　任

陈庆君

副主任

魏荣江

委　员

马伟宇　耿芳芳　杨茂霞　王　兰

主　编

刘春青

副主编

魏荣江

常务副主编

杨茂霞　王　兰

中国农垦农场志丛自 2017 年开始酝酿，历经几度春秋寒暑，终于在建党 100 周年之际，陆续面世。在此，谨向所有为修此志作出贡献、付出心血的同志表示诚挚的敬意和由衷的感谢！

中国共产党领导开创的农垦事业，为中华人民共和国的诞生和发展立下汗马功劳。八十余年来，农垦事业的发展与共和国的命运紧密相连，在使命履行中，农场成长为国有农业经济的骨干和代表，成为国家在关键时刻抓得住、用得上的重要力量。

如果将农垦比作大厦，那么农场就是砖瓦，是基本单位。在全国 31 个省（自治区、直辖市，港澳台除外），分布着 1800 多个农垦农场。这些星罗棋布的农场如一颗颗玉珠，明暗随农垦的历史进程而起伏；当其融汇在一起，则又映射出农垦事业波澜壮阔的历史画卷，绽放着"艰苦奋斗、勇于开拓"的精神光芒。

（一）

"农垦"概念源于历史悠久的"屯田"。早在秦汉时期就有了移民垦荒，至汉武帝时创立军屯，用于保障军粮供应。之后，历代沿袭屯田这一做法，充实国库，供养军队。

中国共产党借鉴历代屯田经验，发动群众垦荒造田。1933年2月，中华苏维埃共和国临时中央政府颁布《开垦荒地荒田办法》，规定"县区土地部、乡政府要马上调查统计本地所有荒田荒地，切实计划、发动群众去开荒"。到抗日战争时期，中国共产党大规模地发动军人进行农垦实践，肩负起支援抗战的特殊使命，农垦事业正式登上了历史舞台。

20世纪30年代末至40年代初，抗日战争进入相持阶段，在日军扫荡和国民党军事包围、经济封锁等多重压力下，陕甘宁边区生活日益困难。"我们曾经弄到几乎没有衣穿，没有油吃，没有纸、没有菜，战士没有鞋袜，工作人员在冬天没有被盖。"毛泽东同志曾这样讲道。

面对艰难处境，中共中央决定开展"自己动手，丰衣足食"的生产自救。1939年2月2日，毛泽东同志在延安生产动员大会上发出"自己动手"的号召。1940年2月10日，中共中央、中央军委发出《关于开展生产运动的指示》，要求各部队"一面战斗、一面生产、一面学习"。于是，陕甘宁边区掀起了一场轰轰烈烈的大生产运动。

这个时期，抗日根据地的第一个农场——光华农场诞生了。1939年冬，根据中共中央的决定，光华农场在延安筹办，生产牛奶、蔬菜等食物。同时，进行农业科学实验、技术推广，示范带动周边群众。这不同于古代屯田，开创了农垦示范带动的历史先河。

在大生产运动中，还有一面"旗帜"高高飘扬，让人肃然起敬，它就是举世闻名的南泥湾大生产运动。

1940年6—7月，为了解陕甘宁边区自然状况、促进边区建设事业发展，在中共中央财政经济部的支持下，边区政府建设厅的农林科学家乐天宇等一行6人，历时47天，全面考察了边区的森林自然状况，并完成了《陕甘宁边区森林考察团报告书》，报告建议垦殖南泥洼（即南泥湾）。之后，朱德总司令亲自前往南泥洼考察，谋划南泥洼的开发建设。

1941年春天，受中共中央的委托，王震将军率领三五九旅进驻南泥湾。那时，南泥湾俗称"烂泥湾","方圆百里山连山",战士们"只见梢林不见天",身边做伴的是满山窜的狼豹黄羊。在这种艰苦处境中,战士们攻坚克难,一手拿枪,一手拿镐,练兵开荒两不误,把"烂泥湾"变成了陕北的"好江南"。从1941年到1944年,仅仅几年时间,三五九旅的粮食产量由0.12万石猛增到3.7万石,上缴公粮1万石,达到了耕一余一。与此同时,工业、商业、运输业、畜牧业和建筑业也得到了迅速发展。

南泥湾大生产运动,作为中国共产党第一次大规模的军垦,被视为农垦事业的开端,南泥湾也成为农垦事业和农垦精神的发祥地。

进入解放战争时期,建立巩固的东北根据地成为中共中央全方位战略的重要组成部分。毛泽东同志在1945年12月28日为中共中央起草的《建立巩固的东北根据地》中,明确指出"我党现时在东北的任务,是建立根据地,是在东满、北满、西满建立巩固的军事政治的根据地",要求"除集中行动负有重大作战任务的野战兵团外,一切部队和机关,必须在战斗和工作之暇从事生产"。

紧接着,1947年,公营农场兴起的大幕拉开了。

这一年春天,中共中央东北局财经委员会召开会议,主持财经工作的陈云、李富春同志在分析时势后指出:东北行政委员会和各省都要"试办公营农场,进行机械化农业实验,以迎接解放后的农村建设"。

这一年夏天,在松江省政府的指导下,松江省省营第一农场(今宁安农场)创建。省政府主任秘书李在人为场长,他带领着一支18人的队伍,在今尚志市一面坡太平沟开犁生产,一身泥、一身汗地拉开了"北大荒第一犁"。

这一年冬天,原辽北军区司令部作训科科长周亚光带领人马,冒着严寒风雪,到通北县赵光区实地踏查,以日伪开拓团训练学校旧址为基础,建成了我国第一个公营机械化农场——通北机械农场。

之后,花园、永安、平阳等一批公营农场纷纷在战火的硝烟中诞生。与此同时,一部分身残志坚的荣誉军人和被解放的国民党军人,向东北荒原宣战,艰苦拓荒、艰辛创业,创建了一批荣军农场和解放团农场。

再将视线转向华北。这一时期，在河北省衡水湖的前身"千顷洼"所在地，华北人民政府农业部利用一批来自联合国善后救济总署的农业机械，建成了华北解放区第一个机械化公营农场——冀衡农场。

除了机械化农场，在那个主要靠人力耕种的年代，一些拖拉机站和机务人员培训班诞生在东北、华北大地上，推广农业机械化技术，成为新中国农机事业人才培养的"摇篮"。新中国的第一位女拖拉机手梁军正是优秀代表之一。

（二）

中华人民共和国成立后农垦事业步入了发展的"快车道"。

1949年10月1日，新中国成立了，百废待兴。新的历史阶段提出了新课题、新任务：恢复和发展生产，医治战争创伤，安置转业官兵，巩固国防，稳定新生的人民政权。

这没有硝烟的"新战场"，更需要垦荒生产的支持。

1949年12月5日，中央人民政府人民革命军事委员会发布《关于1950年军队参加生产建设工作的指示》，号召全军"除继续作战和服勤务者而外，应当负担一部分生产任务，使我人民解放军不仅是一支国防军，而且是一支生产军"。

1952年2月1日，毛泽东主席发布《人民革命军事委员会命令》："你们现在可以把战斗的武器保存起来，拿起生产建设的武器。"批准中国人民解放军31个师转为建设师，其中有15个师参加农业生产建设。

垦荒战鼓已擂响，刚跨进和平年代的解放军官兵们，又背起行囊，扑向荒原，将"作战地图变成生产地图"，把"炮兵的瞄准仪变成建设者的水平仪"，让"战马变成耕马"，在戈壁荒漠、三江平原、南国边疆安营扎寨，攻坚克难，辛苦耕耘，创造了农垦事业的一个又一个奇迹。

1. 将戈壁荒漠变成绿洲

1950年1月，王震将军向驻疆部队发布开展大生产运动的命令，动员11万余名官兵就地屯垦，创建军垦农场。

垦荒之战有多难，这些有着南泥湾精神的农垦战士就有多拼。

没有房子住，就搭草棚子、住地窝子；粮食不够吃，就用盐水煮麦粒；没有拖拉机和畜力，就多人拉犁开荒种地……

然而，戈壁滩缺水，缺"农业的命根子"，这是痛中之痛！

没有水，战士们就自己修渠，自伐木料，自制筐担，自搓绳索，自开块石。修渠中涌现了很多动人故事，据原新疆兵团农二师师长王德昌回忆，1951年冬天，一名来自湖南的女战士，面对磨断的绳子，情急之下，割下心爱的辫子，接上绳子背起了石头。

在战士们全力以赴的努力下，十八团渠、红星渠、和平渠、八一胜利渠等一条条大地的"新动脉"，奔涌在戈壁滩上。

1954年10月，经中共中央批准，新疆生产建设兵团成立，陶峙岳被任命为司令员，新疆维吾尔自治区党委书记王恩茂兼任第一政委，张仲瀚任第二政委。努力开荒生产的驻疆屯垦官兵终于有了正式的新身份，工作中心由武装斗争转为经济建设，新疆地区的屯垦进入了新的阶段。

之后，新疆生产建设兵团重点开发了北疆的准噶尔盆地、南疆的塔里木河流域及伊犁、博乐、塔城等边远地区。战士们鼓足干劲，兴修水利、垦荒造田、种粮种棉、修路架桥，一座座城市拔地而起，荒漠变绿洲。

2. 将荒原沼泽变成粮仓

在新疆屯垦热火朝天之时，北大荒也进入了波澜壮阔的开发阶段，三江平原成为"主战场"。

1954年8月，中共中央农村工作部同意并批转了农业部党组《关于开发东北荒地的农建二师移垦东北问题的报告》，同时上报中央军委批准。9月，第一批集体转业的"移民大军"——农建二师由山东开赴北大荒。这支8000多人的齐鲁官兵队伍以荒原为家，创建了二九〇、二九一和十一农场。

同年，王震将军视察黑龙江汤原后，萌发了开发北大荒的设想。领命的是第五师副师长余友清，他打头阵，率一支先遣队到密山、虎林一带踏查荒原，于1955年元旦，在虎林县（今虎林市）西岗创建了铁道兵第一个农场，以部队番号命名为"八五○部农场"。

1955年，经中共中央同意，铁道兵9个师近两万人挺进北大荒，在密山、虎林、饶河一带开荒建场，拉开了向三江平原发起总攻的序幕，在八五○部农场周围建起了一批八字头的农场。

1958年1月，中央军委发出《关于动员十万干部转业复员参加生产建设的指示》，要求全军复员转业官兵去开发北大荒。命令一下，十万转业官兵及家属，浩浩荡荡进军三江平原，支边青年、知识青年也前赴后继地进攻这片古老的荒原。

垦荒大军不惧苦、不畏难、鏖战多年，荒原变良田。1964年盛夏，国家副主席董必武来到北大荒视察，面对麦香千里即兴赋诗："斩棘披荆忆老兵，大荒已变大粮屯。"

3. 将荒郊野岭变成胶园

如果说农垦大军在戈壁滩、北大荒打赢了漂亮的要粮要棉战役，那么，在南国边疆，则打赢了一场在世界看来不可能胜利的翻身仗。

1950年，朝鲜战争爆发后，帝国主义对我国实行经济封锁，重要战略物资天然橡胶被禁运，我国国防和经济建设面临严重威胁。

当时世界公认天然橡胶的种植地域不能超过北纬17°，我国被国际上许多专家划为"植胶禁区"。

但命运应该掌握在自己手中，中共中央作出"一定要建立自己的橡胶基地"的战略决策。1951年8月，政务院通过《关于扩大培植橡胶树的决定》，由副总理兼财政经济委员会主任陈云亲自主持这项工作。同年11月，华南垦殖局成立，中共中央华南分局第一书记叶剑英兼任局长，开始探索橡胶种植。

1952年3月，两万名中国人民解放军临危受命，组建成林业工程第一师、第二师和一个独立团，开赴海南、湛江、合浦等地，住茅棚、战台风、斗猛兽、白手起家垦殖橡胶。

大规模垦殖橡胶，急需胶籽。"一粒胶籽，一两黄金"成为战斗口号，战士们不惜一切代价收集胶籽。有一位叫陈金照的小战士，运送胶籽时遇到山洪，被战友们找到时已没有了呼吸，而背上箩筐里的胶籽却一粒没丢……

正是有了千千万万个把橡胶看得重于生命的陈金照们，1957年春天，华南垦殖局种植的第一批橡胶树，流出了第一滴胶乳。

1960年以后，大批转业官兵加入海南岛植胶队伍，建成第一个橡胶生产基地，还大面积种植了剑麻、香茅、咖啡等多种热带作物。同时，又有数万名转业官兵和湖南移民汇聚云南边疆，用血汗浇灌出了我国第二个橡胶生产基地。

在新疆、东北和华南三大军垦战役打响之时，其他省份也开始试办农场。1952年，在政务院关于"各县在可能范围内尽量地办起和办好一两个国营农场"的要求下，全国各地农场如雨后春笋般发展起来。1956年，农垦部成立，王震将军被任命为部长，统一管理全国的军垦农场和地方农场。

随着农垦管理走向规范化，农垦事业也蓬勃发展起来。江西建成多个综合垦殖场，发展茶、果、桑、林等多种生产；北京市郊、天津市郊、上海崇明岛等地建起了主要为城市提供副食品的国营农场；陕西、安徽、河南、西藏等省区建立发展了农牧场群……

到1966年，全国建成国营农场1958个，拥有职工292.77万人，拥有耕地面积345457公顷，农垦成为我国农业战线一支引人瞩目的生力军。

（三）

前进的道路并不总是平坦的。"文化大革命"持续十年，使党、国家和各族人民遭到新中国成立以来时间最长、范围最广、损失最大的挫折，农垦系统也不能幸免。农场平均主义盛行，从1967年至1978年，农垦系统连续亏损12年。

"没有一个冬天不可逾越，没有一个春天不会来临。"1978年，党的十一届三中全会召开，如同一声春雷，唤醒了沉睡的中华大地。手握改革开放这一法宝，全党全社会朝着社会主义现代化建设方向大步前进。

在这种大形势下，农垦人深知，国营农场作为社会主义全民所有制企业，应当而且有条件走在农业现代化的前列，继续发挥带头和示范作用。

于是，农垦人自觉承担起推进实现农业现代化的重大使命，乘着改革开放的春风，开始进行一系列的上下求索。

1978年9月，国务院召开了人民公社、国营农场试办农工商联合企业座谈会，决定在我国试办农工商联合企业，农垦系统积极响应。作为现代化大农业的尝试，机械化水平较高且具有一定工商业经验的农垦企业，在农工商综合经营改革中如鱼得水，打破了单一种粮的局面，开启了农垦一二三产业全面发展的大门。

农工商综合经营只是农垦改革的一部分，农垦改革的关键在于打破平均主义，调动生产积极性。

为调动企业积极性，1979年2月，国务院批转了财政部、国家农垦总局《关于农垦企业实行财务包干的暂行规定》。自此，农垦开始实行财务大包干，突破了"千家花钱，一家（中央）平衡"的统收统支方式，解决了农垦企业吃国家"大锅饭"的问题。

为调动企业职工的积极性，从1979年根据财务包干的要求恢复"包、定、奖"生产责任制，到1980年后一些农场实行以"大包干"到户为主要形式的家庭联产承包责任制，再到1983年借鉴农村改革经验，全面兴办家庭农场，逐渐建立大农场套小农场的双层经营体制，形成"家家有场长，户户搞核算"的蓬勃发展气象。

为调动企业经营者的积极性，1984年下半年，农垦系统在全国选择100多个企业试点推行场（厂）长、经理负责制，1988年全国农垦有60%以上的企业实行了这项改革，继而又借鉴城市国有企业改革经验，全面推行多种形式承包经营责任制，进一步明确主管部门与企业的权责利关系。

以上这些改革主要是在企业层面，以单项改革为主，虽然触及了国家、企业和职工的最直接、最根本的利益关系，但还没有完全解决传统体制下影响农垦经济发展的深层次矛盾和困难。

"历史总是在不断解决问题中前进的。"1992年，继邓小平南方谈话之后，党的十四大明确提出，要建立社会主义市场经济体制。市场经济为农垦改革进一步指明了方向，但农垦如何改革才能步入这个轨道，真正成为现代化农业的引领者？

关于国营大中型企业如何走向市场，早在1991年9月中共中央就召开工作会议，强调要转换企业经营机制。1992年7月，国务院发布《全民所有制工业企业转换经营机制条例》，明确提出企业转换经营机制的目标是："使企业适应市场的要求，成为依法自主经营、自负盈亏、自我发展、自我约束的商品生产和经营单位，成为独立享有民事权利和承担民事义务的企业法人。"

为转换农垦企业的经营机制，针对在干部制度上的"铁交椅"、用工制度上的"铁饭碗"和分配制度上的"大锅饭"问题，农垦实施了干部聘任制、全员劳动合同制以及劳动报酬与工效挂钩的三项制度改革，为农垦企业建立在用人、用工和收入分配上的竞争机制起到了重要促进作用。

1993年，十四届三中全会再次擂响战鼓，指出要进一步转换国有企业经营机制，建立适应市场经济要求，产权清晰、权责明确、政企分开、管理科学的现代企业制度。

农业部积极响应，1994年决定实施"三百工程"，即在全国农垦选择百家国有农场进行现代企业制度试点、组建发展百家企业集团、建设和做强百家良种企业，标志着农垦企业的改革开始深入到企业制度本身。

同年，针对有些农场仍为职工家庭农场，承包户垫付生产、生活费用这一问题，根据当年1月召开的全国农业工作会议要求，全国农垦系统开始实行"四到户"和"两自理"，即土地、核算、盈亏、风险到户，生产费、生活费由职工自理。这一举措彻底打破了"大锅饭"，开启了国有农场农业双层经营体制改革的新发展阶段。

然而，在推进市场经济进程中，以行政管理手段为主的垦区传统管理体制，逐渐成为束缚企业改革的桎梏。

垦区管理体制改革迫在眉睫。1995年，农业部在湖北省武汉市召开全国农垦经济体制改革工作会议，在总结各垦区实践的基础上，确立了农垦管理体制的改革思路：逐步弱化行政职能，加快实体化进程，积极向集团化、公司化过渡。以此会议为标志，垦区管理体制改革全面启动。北京、天津、黑龙江等 17 个垦区按照集团化方向推进。此时，出于实际需要，大部分垦区在推进集团化改革中仍保留了农垦管理部门牌子和部分行政管理职能。

"前途是光明的，道路是曲折的。"由于农垦自身存在的政企不分、产权不清、社会负担过重等深层次矛盾逐渐暴露，加之农产品价格低迷、激烈的市场竞争等外部因素叠加，从 1997 年开始，农垦企业开始步入长达 5 年的亏损徘徊期。

然而，农垦人不放弃、不妥协，终于在 2002 年"守得云开见月明"。这一年，中共十六大召开，农垦也在不断调整和改革中，告别"五连亏"，盈利 13 亿。

2002 年后，集团化垦区按照"产业化、集团化、股份化"的要求，加快了对集团母公司、产业化专业公司的公司制改造和资源整合，逐步将国有优质资产集中到主导产业，进一步建立健全现代企业制度，形成了一批大公司、大集团，提升了农垦企业的核心竞争力。

与此同时，国有农场也在企业化、公司化改造方面进行了积极探索，综合考虑是否具备企业经营条件、能否剥离办社会职能等因素，因地制宜、分类指导。一是办社会职能可以移交的农场，按公司制等企业组织形式进行改革；办社会职能剥离需要过渡期的农场，逐步向公司制企业过渡。如广东、云南、上海、宁夏等集团化垦区，结合农场体制改革，打破传统农场界限，组建产业化专业公司，并以此为纽带，进一步将垦区内产业关联农场由子公司改为产业公司的生产基地（或基地分公司），建立了集团与加工企业、农场生产基地间新的运行体制。二是不具备企业经营条件的农场，改为乡、镇或行政区，向政权组织过渡。如 2003 年前后，一些垦区的部分农场连年严重亏损，有的甚至濒临破产。湖南、湖北、河北等垦区经省委、省政府批准，对农场管理体制进行革新，把农场管理权下放到市县，实行属地管理，一些农场建立农场管理区，赋予必要的政府职能，给予财税优惠政策。

这些改革离不开农垦职工的默默支持，农垦的改革也不会忽视职工的生活保障。1986 年，根据《中共中央、国务院批转农牧渔业部〈关于农垦经济体制改革问题的报告〉的通知》要求，农垦系统突破职工住房由国家分配的制度，实行住房商品化，调动职工自己动手、改善住房的积极性。1992 年，农垦系统根据国务院关于企业职工养老保险制度改革的精神，开始改变职工养老保险金由企业独自承担的局面，此后逐步建立并完善国家、企业、职工三方共同承担的社会保障制度，减轻农场养老负担的同时，也减少了农场职工的后顾之忧，保障了农场改革的顺利推进。

从 1986 年至十八大前夕，从努力打破传统高度集中封闭管理的计划经济体制，到坚定社会主义市场经济体制方向；从在企业层面改革，以单项改革和放权让利为主，到深入管理体制，以制度建设为核心、多项改革综合配套协调推进为主：农垦企业一步一个脚印，走上符合自身实际的改革道路，管理体制更加适应市场经济，企业经营机制更加灵活高效。

这一阶段，农垦系统一手抓改革，一手抓开放，积极跳出"封闭"死胡同，走向开放的康庄大道。从利用外资在经营等领域涉足并深入合作，大力发展"三资"企业和"三来一补"项目；到注重"引进来"，引进资金、技术设备和管理理念等；再到积极实施"走出去"战略，与中东、东盟、日本等地区和国家进行经贸合作出口商品，甚至扎根境外建基地、办企业、搞加工、拓市场：农垦改革开放风生水起逐浪高，逐步形成"两个市场、两种资源"的对外开放格局。

（四）

党的十八大以来，以习近平同志为核心的党中央迎难而上，作出全面深化改革的决定，农垦改革也进入全面深化和进一步完善阶段。

2015 年 11 月，中共中央、国务院印发《关于进一步推进农垦改革发展的意见》（简称《意见》），吹响了新一轮农垦改革发展的号角。《意见》明确要求，新时期农垦改革发展要以推进垦区集团化、农场企业化改革为主线，努力把农垦建设成为保障国家粮食安全和重要农产品有效供给的国家队、中国特色新型农业现代化的示范区、农业对外合作的排头兵、安边固疆的稳定器。

2016 年 5 月 25 日，习近平总书记在黑龙江省考察时指出，要深化国有农垦体制改革，以垦区集团化、农场企业化为主线，推动资源资产整合、产业优化升级，建设现代农业大基地、大企业、大产业，努力形成农业领域的航母。

2018年9月25日，习近平总书记再次来到黑龙江省进行考察，他强调，要深化农垦体制改革，全面增强农垦内生动力、发展活力、整体实力，更好发挥农垦在现代农业建设中的骨干作用。

农垦从来没有像今天这样更接近中华民族伟大复兴的梦想！农垦人更加振奋了，以壮士断腕的勇气、背水一战的决心继续农垦改革发展攻坚战。

1. 取得了累累硕果

——坚持集团化改革主导方向，形成和壮大了一批具有较强竞争力的现代农业企业集团。黑龙江北大荒去行政化改革、江苏农垦农业板块上市、北京首农食品资源整合……农垦深化体制机制改革多点开花、逐步深入。以资本为纽带的母子公司管理体制不断完善，现代公司治理体系进一步健全。市县管理农场的省份区域集团化改革稳步推进，已组建区域集团和产业公司超过300家，一大批农场注册成为公司制企业，成为真正的市场主体。

——创新和完善农垦农业双层经营体制，强化大农场的统一经营服务能力，提高适度规模经营水平。截至2020年，据不完全统计，全国农垦规模化经营土地面积5500多万亩，约占农垦耕地面积的70.5%，现代农业之路越走越宽。

——改革国有农场办社会职能，让农垦企业政企分开、社企分开，彻底甩掉历史包袱。截至2020年，全国农垦有改革任务的1500多个农场完成办社会职能改革，松绑后的步伐更加矫健有力。

——推动农垦国有土地使用权确权登记发证，唤醒沉睡已久的农垦土地资源。截至2020年，土地确权登记发证率达到96.3%，使土地也能变成金子注入农垦企业，为推进农垦土地资源资产化、资本化打下坚实基础。

——积极推进对外开放，农垦农业对外合作先行者和排头兵的地位更加突出。合作领域从粮食、天然橡胶行业扩展到油料、糖业、果菜等多种产业，从单个环节向全产业链延伸，对外合作范围不断拓展。截至 2020 年，全国共有 15 个垦区在 45 个国家和地区投资设立了 84 家农业企业，累计投资超过 370 亿元。

2. 在发展中改革，在改革中发展

农垦企业不仅有改革的硕果，更以改革创新为动力，在扶贫开发、产业发展、打造农业领域航母方面交出了漂亮的成绩单。

——聚力农垦扶贫开发，打赢农垦脱贫攻坚战。从 20 世纪 90 年代起，农垦系统开始扶贫开发。"十三五"时期，农垦系统针对 304 个重点贫困农场，绘制扶贫作战图，逐个建立扶贫档案，坚持"一场一卡一评价"。坚持产业扶贫，组织开展技术培训、现场观摩、产销对接，增强贫困农场自我"造血"能力。甘肃农垦永昌农场建成高原夏菜示范园区，江西宜丰黄冈山垦殖场大力发展旅游产业，广东农垦新华农场打造绿色生态茶园……贫困农场产业发展蒸蒸日上，全部如期脱贫摘帽，相对落后农场、边境农场和生态脆弱区农场等农垦"三场"踏上全面振兴之路。

——推动产业高质量发展，现代农业产业体系、生产体系、经营体系不断完善。初步建成一批稳定可靠的大型生产基地，保障粮食、天然橡胶、牛奶、肉类等重要农产品的供给；推广一批环境友好型种养新技术、种养循环新模式，提升产品质量的同时促进节本增效；制定发布一系列生鲜乳、稻米等农产品的团体标准，守护"舌尖上的安全"；相继成立种业、乳业、节水农业等产业技术联盟，形成共商共建共享的合力；逐渐形成"以中国农垦公共品牌为核心、农垦系统品牌联合舰队为依托"的品牌矩阵，品牌美誉度、影响力进一步扩大。

——打造形成农业领域航母，向培育具有国际竞争力的现代农业企业集团迈出坚实步伐。黑龙江北大荒、北京首农、上海光明三个集团资产和营收双超千亿元，在发展中乘风破浪：黑龙江北大荒农垦集团实现机械化全覆盖，连续多年粮食产量稳定在 400 亿斤以上，推动产业高端化、智能化、绿色化，全力打造"北大荒绿色智慧厨房"；北京首农集团坚持科技和品牌双轮驱动，不断提升完善"从田间到餐桌"的全产业链条；上海光明食品集团坚持品牌化经营、国际化发展道路，加快农业

"走出去"步伐，进行国际化供应链、产业链建设，海外营收占集团总营收20%左右，极大地增强了对全世界优质资源的获取能力和配置能力。

千淘万漉虽辛苦，吹尽狂沙始到金。迈入"十四五"，农垦改革目标基本完成，正式开启了高质量发展的新篇章，正在加快建设现代农业的大基地、大企业、大产业，全力打造农业领域航母。

（五）

八十多年来，从人畜拉犁到无人机械作业，从一产独大到三产融合，从单项经营到全产业链，从垦区"小社会"到农业"集团军"，农垦发生了翻天覆地的变化。然而，无论农垦怎样变，变中都有不变。

——不变的是一路始终听党话、跟党走的绝对忠诚。从抗战和解放战争时期垦荒供应军粮，到新中国成立初期发展生产、巩固国防，再到改革开放后逐步成为现代农业建设的"排头兵"，农垦始终坚持全面贯彻党的领导。而农垦从孕育诞生到发展壮大，更离不开党的坚强领导。毫不动摇地坚持贯彻党对农垦的领导，是农垦人奋力前行的坚强保障。

——不变的是服务国家核心利益的初心和使命。肩负历史赋予的保障供给、屯垦戍边、示范引领的使命，农垦系统始终站在讲政治的高度，把完成国家战略任务放在首位。在三年困难时期、"非典"肆虐、汶川大地震、新冠肺炎疫情突发等关键时刻，农垦系统都能"调得动、顶得上、应得急"，为国家大局稳定作出突出贡献。

——不变的是"艰苦奋斗、勇于开拓"的农垦精神。从抗日战争时一手拿枪、一手拿镐的南泥湾大生产，到新中国成立后新疆、东北和华南的三大军垦战役，再到改革开放后艰难但从未退缩的改革创新、坚定且铿锵有力的发展步伐，"艰苦奋斗、勇于开拓"始终是农垦人不变的本色，始终是农垦人攻坚克难的"传家宝"。

农垦精神和文化生于农垦沃土，在红色文化、军旅文化、知青文化等文化中孕育，也在一代代人的传承下，不断被注入新的时代内涵，成为农垦事业发展的不竭动力。

"大力弘扬'艰苦奋斗、勇于开拓'的农垦精神，推进农垦文化建设，汇聚起推动农垦改革发展的强大精神力量。"中央农垦改革发展文件这样要求。在新时代、新征程中，记录、传承农垦精神，弘扬农垦文化是农垦人的职责所在。

（六）

随着垦区集团化、农场企业化改革的深入，农垦的企业属性越来越突出，加之有些农场的历史资料、文献文物不同程度遗失和损坏，不少老一辈农垦人也已年至期颐，农垦历史、人文、社会、文化等方面的保护传承需求也越来越迫切。

传承农垦历史文化，志书是十分重要的载体。然而，目前只有少数农场编写出版过农场史志类书籍。因此，为弘扬农垦精神和文化，完整记录展示农场发展改革历程，保存农垦系统重要历史资料，在农业农村部党组的坚强领导下，农垦局主动作为，牵头组织开展中国农垦农场志丛编纂工作。

工欲善其事，必先利其器。2019年，借全国第二轮修志工作结束、第三轮修志工作启动的契机，农业农村部启动中国农垦农场志丛编纂工作，广泛收集地方志相关文献资料，实地走访调研、拜访专家、咨询座谈、征求意见等。在充足的前期准备工作基础上，制定了中国农垦农场志丛编纂工作方案，拟按照前期探索、总结经验、逐步推进的整体安排，统筹推进中国农垦农场志丛编纂工作，这一方案得到了农业农村部领导的高度认可和充分肯定。

编纂工作启动后，层层落实责任。农业农村部专门成立了中国农垦农场志丛编纂委员会，研究解决农场志编纂、出版工作中的重大事项；编纂委员会下设办公室，负责志书编纂的具体组织协调工作；各省级农垦管理部门成立农场志编纂工作机构，负责协调本区域农场志的组织编纂、质量审查等工作；参与编纂的农场成立了农场志编纂工作小组，明确专职人员，落实工作经费，建立配套机制，保证了编纂工作的顺利进行。

质量是志书的生命和价值所在。为保证志书质量，我们组织专家编写了《农场志编纂技术手册》，举办农场志编纂工作培训班，召开农场志编纂工作推进会和研讨会，到农场实地调研督导，尽全力把好志书编纂的史实关、政治关、体例关、文字关和出版关。我们本着"时间服从质量"的原则，将精品意识贯穿编纂工作始终。坚持分步实施、稳步推进，成熟一本出版一本，成熟一批出版一批。

中国农垦农场志丛是我国第一次较为系统地记录展示农场形成发展脉络、改革发展历程的志书。它是一扇窗口，让读者了解农场，理解农垦；它是一条纽带，让农垦人牢记历史，让农垦精神代代传承；它是一本教科书，为今后农垦继续深化改革开放、引领现代农业建设、服务乡村振兴战略指引道路。

修志为用。希望此志能够"尽其用"，对读者有所裨益。希望广大农垦人能够从此志汲取营养，不忘初心、牢记使命，一茬接着一茬干、一棒接着一棒跑，在新时代继续发挥农垦精神，续写农垦改革发展新辉煌，为实现中华民族伟大复兴的中国梦不懈努力！

中国农垦农场志丛编纂委员会

2021 年 7 月

习近平总书记在党史学习教育动员大会上指出，"全党同志要做到学史明理、学史增信、学史崇德、学史力行，学党史、悟思想、办实事、开新局""必须把党的历史学习好、总结好，把党的成功经验传承好、发扬好"。

编史修志是中华民族的优良传统，也是传承民族文脉的重要载体。"欲知大道，必先为史"。史志具有"存史、资政、教育"的功能。

根据农业农村部农垦局农垦综〔2020〕1号文件《农业农村部农垦局关于公布第一批中国农垦农场志编纂农场名单的通知》要求，绥滨农场成为第一批参加"中国农垦农场志丛"编纂的农场，志书将成为庆祝中国共产党成立100周年的献礼作品，这是一个十分光荣而又神圣的使命。

按照上级要求，结合农场修志工作的实际，我们这部志书的重点年限是2006—2018年。加上上溯到1948年建场至2005年57年的简史，形成这部70年史志。

被黑龙江、松花江两江环绕的绥滨农场，有着得天独厚的区位优势，还有良好的生态环境，更有丰厚的历史文脉，可谓人杰地灵，称之为龙门福地，名副其实。上溯其历史，在辽、金时期就有人类活动，是黑龙江流域文明的发祥地之一，又是黑龙江省近代垦殖活动的发源之地。民国初年（1912 年），火犁等五大公司代表的国内财团资本流入，开始引入机械垦荒，开创了在黑龙江流域机械垦荒的先河。

在日伪统治东北时期，由于实行合村并屯制造无人区的政策，垦荒停滞不前。东北解放后，绥滨县政府为了支援前线，于 1948 年 1 月派出 80 名县大队员，赶着 16 挂铁轮马车，在永祥屯西（原绥滨农场 26 队东侧）拉开了建立县办公营农场的第一犁，使得绥滨农场成为黑龙江垦区为数不多的在解放战争中建立的公营农场之一。

新中国成立后，无论是在合江农垦局时期，还是在东北农垦总局（以下简称总局）时期，绥滨农场都曾经是标杆场、样板场。在生产建设兵团二师九团的准军事化体制下，兵团战士们一手拿枪、一手拿镐，为保卫边疆、屯垦戍边做出了不可磨灭的贡献。恢复农场体制后，绥滨农场于 1985 年在黑龙江垦区 103 个农场中，率先全面兴办职工家庭农场，坚持改革不动摇，建立了大农场套小农场的双层经营管理体制，得到了省农场总局、省委和国家的高度重视。绥滨农场被国务院批准为全国农垦系统唯一的农村综合改革试验区，按照二期改革的要求，进行了内部政企分开的有益探索，成为垦区改革的一面旗帜。

2006—2018 年，是黑龙江垦区建设现代化大农业、加快改革发展、全面建设小康社会的新时期。

这 13 年间，绥滨农场两万人民在三届领导班子的正确领导下，认真贯彻党的十七大、十八大、十九大精神，按照总局党委、管理局党委的战略部署，解放思想、实事求是、与时俱进，坚持"优农、强工、美城、富民"，全面加强现代化大农业建设，农业现代化水平不断提升，农业生产基础设施建设不断夯实。水稻种植面积突破 53 万亩，种植业结构达到了最佳优化。到 2018 年，粮食单产已达 9103 公斤，比 2006 年提高 19.48%；累计生产粮食 464.5 万吨，实现企业利润 48299 万元；全场居民储蓄总额 78598 万元，比 2006 年增长 451.6%，人均储蓄总额 14249 元，比 2006 年增长 480%。

农场以乡村振兴为契机，加快小城镇建设步伐，新建住宅楼 119 栋。总建筑面积为 35.72 万平方米，农场城镇化率达到 97.4%，道路硬化率达到 100%，绿化率达到 40.9%。

农场的非国有经济发展呈现多元化、规模化。2018 年，非国有经济实现产值 8.32 亿元，从业人员达 3652 人。龙门福地酒业成为垦区同行业中的名牌企业，电商、微商兴起，物流业务相继开通。

农场在旅游业上形成了"一龙、一江、一园、一岛、一渠、一节、一山、一湖、一馆"九大景点。龙门福地文化品牌成为龙江最具发展潜力的品牌。

13 年来，农场用于民生建设的资金达到 8.3 亿元。供水、供热、文化、娱乐、休闲健身场地配套完善，职工群众安居乐业。

党建、精神文明建设不断提升。党建工作引领、服务经济建设能力进一步加强。到 2018 年年底，全场党支部全部达到场级党建示范单位标准，农场党委被管理局党委授予"基层党组织标兵"荣誉称号，12 个基层单位获分局（管理局）以上文明单位称号，2009 年农场获"全国精神文明创建工作先进单位"荣誉称号。

这 13 年，是绥滨农场建场 70 年来发展速度最快、改革力度最大、职工群众生活水平提升速度最高的时期。农场先后获得"全国粮食生产先进县（农场）""国家级农业标准化示范场""全国学习型组织先进单位""全国美丽休闲乡村"等荣誉称号。

2017 年 12 月 31 日，绥滨农场按照上级改革要求，正式挂牌更名为"黑龙江省北大荒农垦集团绥滨农场有限公司"和"黑龙江省绥滨农场社会行政管理委员会"。农场企业化改革取得了实质性进展，掀开了农场发展历史新的一页。

过去的 70 年，绥滨农场从筚路蓝缕到成就辉煌，可歌可述。"铸就信史，鉴往知来"，记录三代绥滨人创业发展的历程，是当代绥滨人的历史使命和义不容辞的责任。

这本《黑龙江绥滨农场志》，在农业农村部农垦局的指导和关怀下，在总局、管理局史志部门的指导与帮助下，在公司（农场）党委的领导与支持下，在广大参与编纂部门和驻场单位的共同努力下，终于成书。这部志书重点记载了绥滨农场 2006—2018 年经济、社会、政治等方面较为全面的发展演变情况，是一部绥滨农场在新时期努力建设现代化大农业、加快新农村建设、全面发展、全面建设小康社会的奋斗史。

"治天下者以史为鉴，治郡国者以志为鉴"。温故而知新，在新的历史时期，记载历史、珍惜历史，是为了借鉴三代绥滨人"勇于开拓、敢为人先"的奋斗经验和优良传统，更好地开拓未来；是贯彻习近平总书记在党史学习教育动员大会上的重要讲话精神的具体体现，也是留住北大荒文化、传承北大荒精神的必然要求。回首往事，我们不忘初心；展望未来，我们不负韶华，豪情满怀。相信在农垦新的发展时期，站在全面建成农业领域航母的起跑线上，绥滨农场广大干部、职工、群众，一定会为全面建设社会主义现代化强国再出佳绩、再创辉煌，谱写出新的时代篇章！

李思军　楚卫国　丁　健

2021 年 3 月

黑龙江绥滨农场志

HEILONGJIANG SUIBIN NONGCHANGZHI

凡例

一、本志书以马列主义、毛泽东思想、邓小平理论、"三个代表"重要思想、科学发展观和习近平新时代中国特色社会主义思想为指导，坚持实事求是，全面、客观、系统地记述了绥滨农场自 1948 年建场至 2018 年自然、经济、政治、文化、社会的发展变化和改革发展进程。

二、本志采用志、述、记、传、图、表、录 7 种体裁，以志为主，表录随文。

三、本志为《黑龙江绥滨农场志》，共有 9 编 73 章 428 节。

四、本志人物记述遵循生不立传的通例，按照此标准未有立传人物，仅设人物简介和人物名录，采取以事系人的方法，在正文中对重要人物加以记述。

五、志文中简称的"省"为"黑龙江省"；"总局"为"黑龙江省农垦总局"；"分局""管理局"分别为"农垦宝泉岭分局"和"农垦宝泉岭管理局"；"党"为"中国共产党"；"团"为"中国共产主义青年团"。

六、计量单位均以法定计量标准为依据。对有必要保留的非法定计量单位以页下注形式注明。

七、本志资料主要来源于机关各科室、各基层单位、农场档案室和农场前三卷志书。统计表的数据主要来自农场统计部门，少数来自业务部门。

中国农垦农场志

目 录

第二编　自然　建置

第三编　改　革

第四编　经　　济

第五编　经营管理

第六编　党建　宣传　群团工作

第七编　科技　教育　文化　卫生

第八编 社 会

第九编 人 物

中国农垦农场志

概　述

　　1948年，根据国家的指示方针，绥滨县委和县政府委派张云鹏筹建农场。9月盖起绥滨农场第一个场部，成立党支部。1951年9月，绥滨农场正式划归松江省人民政府，定名为"松江省国营绥滨机械农场"。1952年春，农场开始使用机械播种，生产规模得到迅速扩大。1956年，场部迁往近思屯附近。1957年年末，耕地面积已达1.2万公顷，新的生产队也不断增多。

　　此后，绥滨农场进一步迈开发展步伐，在各个方面都取得了较大进步，1958年农牧业和工副业总产值达到166.36万元；工副业生产总值达到36.82万元；畜牧业生产总值达到3.34万元，开荒面积8000公顷，总播种面积达8258公顷，粮豆总产量达6942吨，马匹由272匹发展到357匹；牛由25头发展到99头；猪由930头发展到2199头；鸡由1500只发展到4000只；农场办起了米面加工厂、制油厂、制酒厂、酱油厂、粉房等工副业，总产值达368.12万元。同年，有上千名复转官兵来到农场，另有两个管理区6个大队并入农场。

　　1959—1961年，绥滨农场遇到了严重的自然灾害，给农场经济发展造成严重损失。

　　1961、1962年，农场认真贯彻执行"调整、巩固、充实、提高"八字方针，调整了体制，精简了部分职工，改进了企业管理，生产建设取得了很大成绩。从1963年开始到1968年上半年止，农场的生产蒸蒸日上，经营硕果累累。

　　1969年1月，绥滨农场组建为黑龙江生产建设兵团二师九团，编号"设字202"。1968—1971年，九团共接收城市知识青年6443人，遂开荒建点，迅速扩大耕地面积。

　　1969—1976年，九团经济情况陷入恶化。8年盈亏相抵共亏损434.8万元，至1976年，欠银行贷款将近1000万元。

　　1977年1月，九团撤销，恢复农场体制，更名为松江农场，1978年10月恢复原名绥滨农场，恢复了农场机关的科、室编制。

　　1977—1981年，农场在生产建设和农田基本建设方面做了大量工作，但收效不彰，仍在亏损。1982年，上级党委派张克明任农场场长，全场落实了"专业承包、联产计酬经济责任制和浮动工资加奖励"的办法，一举扭转了6年来连续亏损的局面。

1983 年，绥滨农场在企业整顿中开始探索改革之路，进行了机务大组承包、兴办职工家庭农场等实践。到 1986 年，经过短短 4 年的探索实践，农场经济形势有了显著的变化。该年农场粮豆和经济作物总产首次突破 7 万吨大关，家庭农场人均收入达到 852 元，实现连续两年盈利，累计盈利达 266 万元。

1987 年，农场成为全国农村综合改革试验区之一。之后农场建立了家庭农场生产协作体，并进行了劳动用工制度、分派制度、农场机构等改革。

1994—2000 年，农场进入第二期改革，确立了建立现代农垦企业制度的改革主题，对产权制度、农场管理体制进行改革，并进行产业结构调整和服务体系建设。二期改革试验经过 7 年的试验探索取得了显著效果，有力地推动了农场经济的持续、快速、健康发展。2001—2005 年，农场进行了第三期改革试验工作，确立了率先实现农业现代化综合改革试验的主题。至 2008 年，改革试验结束。各项试验指标均超过预期计划。

2006—2018 年，历经了"十一五""十二五""十三五"三个五年计划。13 年间，黑龙江省绥滨农场 2 万人，在农场三届党政班子的正确领导下，认真贯彻十七大、十八大、十九大精神，在习近平新时代中国特色社会主义理论指导下，围绕着总局党委提出的"抓城、强工、带农""努力建设三大一航母"的奋斗目标，努力创建垦区经济社会全面发展示范场，发扬"开拓进取、敢为人先"的企业精神，团结务实，不断深化改革，坚持经济、政治、社会事业全面统筹发展，着力建设现代化大农业，加快小城镇建设步伐，不断加快产业创新，在绥滨农场（龙门福地）518.88 平方公里的黑土地上，描绘在新时期经济社会全面发展的新时代画卷，创造了一个又一个令人瞩目的佳绩。这 13 年，是农场建场 70 年来，发展速度最快、改革力度最大、职工群众生活水平最高、农场面貌最新的时期。2018 年，农场实现生产总值 17.8 亿元，利润 2749 万元，粮食总产量 32.42 万吨，人均可支配收入 2.37 万元。农场连续多年达到了全国产粮大县的生产目标，并先后获得了"全国精神文明建设工作先进单位""国家级农业标准化示范场""全国学习型组织先进单位""全国美丽休闲乡村"等国家级荣誉称号。所取得的重点成果综述如下：

一、农场深化改革取得新突破

到 2007 年 1 月，沿袭了 7 年的农场规模大户承包生产队的体制彻底结束。从 2008 年开始，农场按照农垦总局的要求，推行了撤队并区改革。对非管理区所在居民组实行整体搬迁，先后经过了 9、7、4、12 个管理区的合并与增加的改革历程，管理区名称也由数字化排列改为其有地域和人文特色的名字。在干部人事制度改革上，实行了民主推荐、组织考核、考试与竞聘上岗等形式，进一步完善了干部能上能下的用人机制，2007 年对管理区主任和居民组组长全部进行公开竞聘。机关和事业单位改革也取得了明显成效，幼儿园从 2006 年起，实行了民办公助。2012 年，场直社建办改为社区，成立了 22 个居民委，为农场政企分开、企业化改革奠定了基础。

2017 年 12 月 31 日，按照总局党委的要求，绥滨农场作为总局（后为北大荒集团）的改革试点单位正式挂牌更名为"黑龙江省北大荒农垦集团绥滨农场有限公司"和"黑龙江省绥滨农场社会行政管理委员会"。在农场企业化和政企分开的改革上，实现了历史的跨越。

二、粮食产能实现稳步提升

13 年间，农场以攻单产、保总产为目标，调结构、重投入、强基础、上科技、抓标准，战胜了各种自然灾害，粮食产量稳步提升。到 2018 年，粮食总产已达 32.42 万吨，比 2006 年增加了 7.33 万吨，提高 29.2%。

三、现代化大农业建设实现新的突破

通过目标考核、实地培训、抢抓农时，到 2018 年年底，关键农时生产作业均可在 7 天内高标准完成，13 年间先后落实农业部（现农业农村部）粮油作物（水稻）高产创建项目、测土配方施肥项目、国家级农业标准化示范场项目，重点示范推广了水稻叶龄诊断等"十大"栽培模式和"十大"新技术。广泛推广了节水灌溉、秸秆还田、钵型毯状育秧、水稻种子包衣芽种、集中大棚高台育秧、统一航化作业、硅肥、生物肥、稻田振捣提浆技术、水稻超早育秧、水稻垄作栽培、水稻"三化两管"、玉米"四精两管"等多项技术。2010 年 3 月，农业部绿色食品管理办公室及中国绿色食品发展中心，批准农场水稻、玉米、大豆各 10 万亩（亩为非法定计量单位，1 亩≈666.7 平方米。——编者注）为全国绿色食品原材料标准化生产基地试点单位。2016—2017 年，农场完成了 28.3 万亩的绿色食品认证工作。2017—2018 年，连续两年通过北京五洲认证公司有机认证，总认证面积达 4000 亩。13 年间累计航化作业面积 28.07 万公顷，从 2011 年开始，已累计统一供肥 10.02 万吨，优质优良品种统供率 100%。2009—2011 年，采取农场补贴与职工自筹等方式，累计投入 4050 万元，更新大棚 7204 栋。新建大棚基地 32 处，新建高标准育秧基地 10 个，并建成首个智能化育秧基地。2010 年投资 120 万元，建设首个高标准集中浸种催芽室。2012 年，投资 1600 万元，在第二管理区新建一处集中浸种催芽基地。2013 年，投资 945 万元，在第一管理区新建一座 2800 平方米的催芽基地，全场实现了 100％供芽种。2014 年建设的 2000 平方米种子包衣暖库投入使用。2012—2014 年，新建改造大棚基地 55 处 6000 余栋，改造与置换标准大棚 3900 栋。2012 年采取超极限开发，使水稻种植面积突破 53 万亩，占总播种面积的 98％，实现了种植业结构的优化。

四、交通基础建设全面提升

从 2006 年开始，以新农村建设为契机，采取国家投入与农场自筹的方式，累计投入 15387.5 万元，新修水泥路面 181 公里、公路桥 1 座。农场场部通向各管理区及作业区的路面有 93％实现了硬化，结束了绥滨农场与绥滨县之间没有白色路面的历史。较好地改变了农场生产、物资运输、粮食销售及日常出行不便的状况，农场场内交通实现了全天候畅通无阻。为农场经济社会发展，打下了良好的基础，发挥了重要的作用。

五、农业生产基础设施不断夯实

13 年间，是农业综合开发建设的鼎盛时期。累计完成投资 24104.65 万元，其中国投 16894.65 万元，农场自筹 7210 万元。在农业基础设施建设方面，累计完成土石方 111.26 万立方米，新修水泥晒场 11.5 万平方米，农田路 225.5 公里，农机停放场 5 处，涵洞 473 座，闸 99 座，开挖疏浚渠道 361.23 公里，平整土地 5.21 万亩，改造中低产田 13.28 万亩，建设高标准农田 1.6 万亩，为农场的农业丰收提供了坚强的基础保障。

六、农场生产总值和企业增加值稳步增长

2006 年农场生产总值 50804 万元，2018 年统计口径变更，企业增加值为 52871.5 万元。

七、人均纯收入和人均可支配收入稳步增长

2006 年人均纯收入为 1.09 万元，2018 年统计口径变更，人均可支配收入为 2.37 万元。

八、民生工作成效显著，职工群众幸福指数进一步提高

13年间，农场三届班子坚持民生为本，始终把民生工作当作发展的己任抓在手上。2009—2013年，共计完成危房改造任务1933户，面积15.52万平方米，2017年为低保户改造平房503户，2.8万平方米。累计投入资金4753.98万元，对场区道路进行改造，在原来的泥土的路面全部改造为水泥路面的基础上，又将场区主要街道逐步升级为现在的沥青混凝土路面。投资1500万元，完成了学校新教学楼的建设，并投资727万元为学校新建排球场、篮球场和新铺彩砖操场，新建标准化运动场，为新参加工作的教师建设周转宿舍1210平方米。投资370万元新建幼儿园。投资3500万元，建立31.38万平方米的高档别墅区。还建立了1.2万平方米的廉租楼，解决了270户低收入家庭的住房。投资1097万元，建设了集科技展示、旅游观光、科普教育为一体的科技园龙府景观工程。投资1800万元建垃圾场一处，投资466万元新建中心敬老院，新建客车站1250平方米，新建一栋医疗服务综合楼和社区卫生综合楼。投资3000万元对供暖供水、广播电视等涉及民生的基础设施进行了升级换代。2014年新建了4座室外冲水公厕。2010年起，对具有绥滨农场户籍、在法定劳动年龄内、无工资性收入又未承包土地的人员，每年发放生活补贴。对低保户实施医疗救助"一站式"服务，为残疾人建立了就业保障房6间，从2011年起为困难职工每年发放无息"扶低支富"贷款200万元。到2016年为279户2179名贫困学生提供助学资金8万元，扎实开展扶贫攻坚工作，通过政策扶贫、产业扶贫，全场317户困难家庭全部超过"两不愁、三保障"标准。到2018年，脱贫巩固户人均年收入达到1.3万元。

九、城镇化进程提档升级

2006—2018年，按照总局党委"抓城、强工、带农"的战略部署，绥滨农场开始了超常规的城镇化建设。一是结合撤区和新农村建设，通过住户自建、引进开发商、上级财政补贴和农场自筹相结合等方式大面积开发建设住宅楼。13年间，共建住宅小区17个，新建楼房119栋，总建筑面积为35.72万平方米。其中，建立别墅区2个，12层高层楼一栋。二是城镇基础设施建设日趋完善。重点建设了城镇道路、供热、供水等公共服务设施，绿化、美化、亮化工程，文化公园、文化场地等景观设施。建设职工群众休闲、健身场所，累计投资超过8.3亿元。三是城镇管理实现了规范化，新成立了城镇建设管理局，

下设执法大队、环卫大队，形成了城镇管理、服务和执法规范体系。到2018年，农场城镇化率达到97.4%、楼房化率达到87.6%、集中供热率达到81.34%、道路硬化率达100%、绿化率达到40.9%。农场被授予国家级生态乡镇和"中国美丽休闲乡村"荣誉称号。

十、非国有经济实现新发展

2006—2018年，在国家、省、总局及分局（管理局）和农场的产业政策的引导和扶持下，农场的非公有经济呈现出业态多元化、产业规模化、流通信息化的特点。截至2018年年末，全场非公有经济实现总产值8.32亿元，实现利润1.2亿元；从业人员3652人，从业户数736户，一批新业态出现。一些民营企业注重了文化和品牌建设，产品走出龙江，走向国内市场。2006—2014年，农场重点扶持特色产业和养殖业，对万寿菊种植给予补贴。对于养殖业实行"以畜带地"，对畜舍建设给予红砖补贴和贷款政策。对建立养殖规模万头以上的猪场免费修路、架电、批地号。2015年，下发《绥滨农场创新产业发展实施方案》，大力发展"龙门福地"系列品牌绿色生态产品，全年共发展创新产业项目78个，2016—2017年黑木耳成为各管理区大棚综合利用的主打产品。林下黑猪养殖、网箱养鱼、河蟹养殖新项目不断出现。2018年，生猪存栏总量增加3.8万头，出栏5.2万头。2012年投资1600万元建设了农机维修中心，个体修理业实现了产业聚集。"龙门福地"酒业成为垦区行业中的名牌企业。从2012年起，圆通快递在农场开通业务。到2018年9月，申通、韵达、中通、百世、顺丰快递相继开通业务。从2013年起，微商、电商开始出现，经营内容由销售化妆品、日用品转到卖农场水稻等农产品为主。

十一、党的建设、精神文明建设和企业文化建设实现了新跨越

党建工作不断创新。先后开展了"先锋工程""明岗定责承诺制""党建示范单位创建""服务型党组织创建""党员两地管理、双向服务"等载体活动，进行了"党员先进性教育""三严三实""两学一做"等专题教育活动，党建责任制进一步落实。全场党组织的战斗堡垒作用不断加强。党员的引领示范和服务经济的先锋模范作用发挥明显，作风建设成效显著。到2018年年底，全场党支部全部达到场级党建示范单位标准。创建鹤岗市标准化党支部1个，管理局党建示范单位9个，总局党建示范单位1个。全场共有各类党组织83个，党员1594名。13年间，累计评选出农场级优秀党员811名，管理局级以上优秀

党员 25 名，场级优秀党务工作者 155 名，管理局级以上优秀党务工作者 11 名。管理局级先进党组织（集体）18 个。其中总局级先进党组织集体 2 个，优秀党务工作者 1 名，优秀党员 1 名。农场党委被管理局党委授予 2011 年度"先进基层党组织标兵"。

在精神文明建设上以"公民道德建设实施纲要"和"社会主义核心价值观"为行为规范。以创建国家级文明单位为目标，开展了"学、强、建"等多项载体活动和文明单位创建活动，选树了一批"优秀北大荒人"，建立了各类先进典型数据库。19 个基层单位获分局（管理局）以上文明单位（标兵）荣誉称号，2009 年农场被中央精神文明建设指导委员会办公室授予"全国精神文明创建工作先进单位"。各类文化体育设施不断完善，并建立了场史馆。文联及各个协会活动有序开展。自创的《咱这也有文艺人》节目在黑龙江电视台播映。美术、书法、摄影作品在管理局、总局及省级展览多次获奖。自 2013 年起先后举办"提水节""开耕节""文化节"等节庆活动，努力挖掘龙门福地文化，"龙门福地"文化品牌已成为黑龙江省"最具发展潜力"品牌。编辑印制了弘扬垦荒精神的丛书和《龙门福地》文化期刊，先后举办了两场全场性职工运动会，并顺利召开建场七十周年纪念大会。

十二、旅游工作成为农场经济发展新业态

从 2014 年开始，农场以龙门福地文化为牵引，建设了集农业展示与科普和龙门福地文化为一体的现代农林科技园区。从 2013 年开始举办的"提水节"、2014 年开始举办的"开耕节"已成为农场旅游工作的重头戏，到 2018 年，农场以"现代农业观光旅游"为主线，拥有"一龙、一江、一园、一岛、一渠、一带、一山、一湖、一馆"九大旅游景点，旅游产业初具规模。

大 事 记

● **1948 年** 2 月　绥滨县委、县政府委派张云鹏去筹建农场。同月，张云鹏率领首批建场人员，来到永祥屯开始建场工作。

9 月　绥滨农场第一个场部形成。

9 月 29 日　农场成立党支部，张云鹏任党支部书记和第一任场长。

● **1949 年** 春　荣军农场并入绥滨农场。抚顺调来就业人员 104 人，职工队伍扩大。

● **1950 年** 1 月　农场推广使用新式马拉农具（马拉播种机、双轮双铧犁、圆盘耙、摇臂收割机等）。

● **1951 年** 下半年起　农场逐步实行工分制，开始发给工资。

9 月　绥滨农场正式划归松江省人民政府，定名为"松江省国营绥滨机械农场"。

● **1952 年** 春　农场开始使用机械播种。

● **1953 年** 春　农场成立了党总支委员会。

● **1954 年** 5 月　农场从海南岛调来 C-80 拖拉机 5 台。

6 月　全场安上了有线广播。

● **1955 年** 3 月　新建 3 个生产队。

10 月　农场成立党委，党委书记吴惠新、副书记孟兆盛。

11 月　农场成立电影队。

● **1956 年** 8 月上旬　农场遭遇松花江百年不遇的大洪峰。

9 月　农场开始总场搬迁工作。12 月前，农场场部在近思屯附近定址。

● **1957 年** 5 月　修建砖瓦结构修理厂厂房 1300 平方米，修建粮油加工厂厂房，建立种畜队。

11 月　建立酒厂、木材厂。

● **1958 年** 5 月 3 日　复转官兵来到绥滨农场。

● **1959 年** 6 月　绥滨县集贤公社两个管理区 6 个大队并入农场。后于 1962 年重新划出农场。

9 月　500 余名山东青年来到农场安家落户。

10 月　降水量达 95.7 毫米，严重影响生产。

1960 年　农场遭遇严重涝灾。

5 月　降水量 80.2 毫米。

6 月　降水量 133.7 毫米。

1961 年　农场遭遇春旱和夏季重涝。

1962 年　农场遭遇夏季重涝。

2 月 6 日　农场撤销分场。

冬　农场举办了大型机务培训班，全体机务人员参加。

1963 年　3 月　农场机关进行机构精简。组织、宣传两部分合并为政治处。农业、机务、畜牧合并为生产办公室。撤销机关党总支，定员由 40 人减为 27 人。

1964 年　农场开始自建公助盖家属房，至 1966 年。

1965 年　5 月　开始搭建俱乐部房屋。一年后交付使用。

6 月　农场第一次使用飞机大豆施钼肥新技术。

1966 年　8 月　第一批哈尔滨知青 160 人来农场。

1967 年　12 月　第一批北京知青来农场。

1968 年　12 月　农场至鹤岗客运班车开始通车。

1969 年　1 月　绥滨农场组建为黑龙江生产建设兵团二师九团，编号"设字 202"。

3 月　农场开始大量开荒建连。

1970 年　6 月　东灌区水泵站开始施工，总投资 265 万元。

1971 年　5 月　东灌区渠道施工，完成土方量 27.5 万方。

1972 年　6 月　建设 18 门大轮窑一座，年产红砖 450 万块。

1974 年　春　九团开始蜿蜒河主河道施工。

1975 年　5 月　修筑二号公路。

1976 年　2 月 25 日　黑龙江省国营农场总局在佳木斯成立，同时撤销黑龙江生产建设兵团和省国营农场管理局。

1977 年　1 月　九团撤销，恢复农场体制，更名为松江农场。

1978 年　10 月　农场恢复原名绥滨农场，恢复了农场机关的科、室编制。基层单位由连队改为生产队。

1979 年　9 月 11 日　农场召开了"中共绥滨农场第六次代表大会"，实现工作转移，提出了今后工作的重心为"集中力量把农业搞上去"。

● **1981 年** 农场遭遇严重涝灾，损失严重。

● **1982 年** 上级党委派张克明任农场场长，在党委领导下，全场落实了"专业承包、联产计酬经济责任制和浮动工资加奖励"的办法。

● **1983 年** 3 月 宝泉岭管理局企业整顿蹲点工作组进驻绥滨农场开展工作。

9 月 农场召开绥滨农场第七次党代会，实行党政分设、场长负责制。

12 月 28 日至 30 日 农场举行了首届科技大会，参会人员共 290 多人。

● **1984 年** 年初 农场进一步完善了联产承包责任制。

9 月 26 至 28 日 农场召开了六届二次职工代表大会。

11 月 23 日 农场召开改革工作会议。

● **1985 年** 2 月 5 日 农场制定并下发了《绥滨农场经济体制改革实施方案》，兴办职工家庭农场在农场全面推开。

● **1986 年** 7 月 中央政策研究室主任杜润生、财政部企业处处长周士杰、全国农林工会副主席吕宝柱先后来农场考察改革情况。

● **1987 年** 绥滨农场成为全国农村综合改革试验区之一。

● **1988 年** 8 月 农场党委根据上级精神，着手改革政工体制。

● **1989 年** 3 月 省委农工部处长柳德一行来农场考察职工家庭农场改革发展情况。

5 月 农场总局党委书记王锡禄等来农场检查指导改革试验区工作。

● **1990 年** 3 月 农场改革婚丧旧风俗，制定下发了《实行婚事新办、殡葬改革》的决定，成立红白理事会，禁止土葬，一律实行火葬。

● **1991 年** 5 月 农场首次进行集市贸易。

● **1992 年** 农场对企业职工试行全员劳动合同制。

6 月 农场对企业分配制度进行改革。

12 月 农场制定了《绥滨农场企业股份制试行办法》。

● **1993 年** 2 月 4 日 农场召开机关大会公布农场机构改革方案。

● **1994 年** 农场进入第二期改革试验阶段。

● **1995 年** 5 月 18 日 农场成立了农垦绥滨社区管理委员会，实行企业内部政企分开。

● **1996 年** 5 月 国家体改委、农业部改革法规领导来农场了解改革和发展情况。

11 月 垦区国家大型商品粮基地建设项目启动实施，农场被列为 12 个农场之一，建设期 5 年，预期成为国家级优质高效的现代化农业示范区。

● **1997 年** 1 月 中央电视台第七套节目《农垦纵横》专栏播出绥滨农场改革专题节目。

3 月 农业部有关领导来农场调研农业生产情况。

● **1998 年** 2 月 农场召开场直企业单位深化改革动员大会。先后有两批场直企业经营者公开选聘大会在农场俱乐部举行。场长刘长友以法人代表的身份同 8 个单位选聘的经营者签订合同。

3 月 农场召开机关及场直单位土地承包动员会，要求机关各科室、各公司和场直各单位干部职工，到生产队承包一定数量的土地，按每人 1.4 公顷落实。

9 月 农场召开纪念建场 50 周年暨改革试验运行 10 周年庆祝大会。副省长王佐书参会。

● **1999 年** 8 月 农业部副部长路明、农业部农垦局局长魏克佳等领导来农场调研。

● **2000 年** 1 月 农场召开教育工作改革会议，公布了改革方案，三校并为两校，合并后的两所学校命名为"绥农小学"和"绥农中学"。原职业高中附小与小学合并，高中部划归中学。

同月 三峡移民到农场第三生产队安家落户。

2 月 农场召开机关机构改革动员大会。公布机关改革结果，对排序后 10 名的取消机关竞岗资格人员和落聘人员进行分流。

● **2001 年** 农场进入第三期改革试验阶段。

8 月 30 日 农场正式举行了社区管理委员会揭牌仪式，农场内部政企分开有了实质性的运作，明确划分了农场社区的功能。

● **2002 年** 1 月 国家水利部松辽水利管理委员会、省水利厅、总局水利局专家来农场，对"引黑工程"进行实地论证。

6 月 加拿大林业专家、育种学家、昆虫学家潘迪拉·马顿来农场调研森林病虫害防治工作。

7 月 农场 1800 吨玉米从名山口岸启航运往日本。韩国株式会社会长李质铉、社长金玄珠及中韩绿洲公司人员来农场考察食用菌、农副产品、经济作物生产情况。

● **2003 年** 4 月 22 日 总局、分局水务局和总局设计院、总局水利工程监理站、总局监督站及"引黑工程"施工建设单位的水利专家来农场，对绥滨黑龙江灌区工程图纸进行全面会审。"引黑工程"设计灌溉面积 30.18 万亩，计划总投资 3.2 亿元。

4 月 30 日　农场抗击"非典"领导小组召开紧急会议，落实"非典"防治工作。

● **2004 年**　农场撤销生产队建制，集中设立 9 个管理区，37 个居民组。

● **2005 年**　5 月 25 日　上午 9 时，"引黑工程"绥滨灌区成功进行提水试运转。国家综合开发办、总局、分局有关部门负责人观看了提水试运转情况。

● **2006 年**　1 月 8 日　国家农业综合开发办谭利伟处长一行 5 人来农场，对农场第六期农业开发项目进行审计。总局、分局有关领导陪同。

1 月 9 日　农场对各居民组承包大户和管理人员进行民主测评。

1 月 16 日　农场启动"爱心超市"工程，通过社会各界爱心人士的实物捐赠，为贫困职工群众提供一个长期享受爱心的固定场所。

1 月 18 日　农场第十三届二次职工代表大会在贵通宾馆四楼会议室举行，场长张万山作了题为《把握战略机遇期　坚持科学发展观　为加速建设社会主义新农场而努力奋斗》的工作报告。来自农场各条战线的 228 名代表参加会议。

1 月 21 日　分局党委书记邹积慧来农场，在场长张万山的陪同下，看望慰问了贫困职工、老复转官兵和老劳模代表。

1 月 28 日　农场举办由离退休干部和社会各界人士代表参加的迎新年茶话会。

2 月 13 日　农场召开职工代表联席会，针对农场十三届二次职代会通过的规模田、水利费调整议题进行对话并达成共识。

2 月 17 日　农场党委书记于治臣到生产队，就"两田一地"和总局、分局党委扩大会议精神贯彻落实工作进行调研。

2 月 21 日　农场在机关二楼会议室举行"巩固先进性教育成果学党章"专题讲座。同日，农场聘请省总工会"职工红丝带健康行动讲师团"贺静教授来农场，开展防治艾滋病和女职工保健知识讲座。

3 月 4 日　农场多部门联合开展"组织起来　依法维权"法律大集宣传日活动。

3 月 7 日　总局水务局领导宋军一行来农场，与有关部门负责人和工程技术人员研究组建绥滨黑龙江灌区用水协会的有关问题。

3 月 8 日　农场工会在贵通宾馆四楼会议室召开女工工作座谈暨表彰

大会。

3月9日 农场召开新农村建设工作会议,制定"十一五"期间发展规划。

3月23日 农场"双八"工程水稻全面开始播种育秧。"双八"工程即水田超级稻工程,采取两段育苗技术,使水稻亩产达到800公斤以上,玉米亩产通过覆膜等措施达到800公斤以上。

3月25日 农场组织城建科、社建办、公安分局等部门,对全场主要街道两侧乱搭乱建的烧烤棚及牌匾进行了强拆。

3月27日 农场召开思想政治工作会议。

3月29日 农场召开人口与计划生育工作会议。

3月31日 分局局长赵广民来农场,就社会主义新农村建设及畜牧发展工作进行调研。

4月1日 总局及分局农机局组织二九〇、普阳、军川等农场的农机相关部门领导来农场,结合新农村建设,就现代农机装备及发展规划开展调研。

4月3日 农场召开社会主义新农村建设动员大会。

4月12日 总局农机局副局长陈必安、分局农机处处长陆庆文一行来农场,就水稻两段育苗等工作进行调研。

4月19日 绥滨县委书记马智凯一行来农场,就区域经济发展及新农村建设等工作进行调研。

4月20日 农场组成考察团赴山东寿光蔬菜发展基地、南山区综合发展园区和海尔集团,考察学习社会主义新农村现代化经营理念。

4月23日 总局水务局领导一行在分局水务局负责人的陪同下来农场,对绥滨黑龙江灌区水利在建工程进行检查。

4月28日 农场邀请曾获全国、省级、总局级和分局级的劳模代表,召开庆祝"五一"国际劳动节座谈会。

4月29日 《绥滨农场志》第三卷(1996—2005)编纂工作全面开始。

5月15日 农场党政主要领导走访第十二居民组遭受火灾的5个职工家庭,了解灾情,送慰问金,鼓励他们积极开展自救。同日,绥滨黑龙江灌区渠首泵站首次开机提水获得成功,设备运转正常。

5月16日 总局农业局局长马德全、水利局局长潘福田、畜牧局副局长胡滨一行来农场，检查指导新农村建设工作。

5月17日　农场招商引资项目"龙圆米业有限责任公司"开业生产。

5月26日　农场召开环境建设推进会议。

5月27日　农场举行"知荣辱、树新风、促和谐"活动启动仪式。

5月28日　农场小学在文化广场举办第七届校园艺术节闭幕式暨汇报演出活动。

5月30日　农场第十七届中小学生运动会在中学操场举行。

6月1日　绥滨黑龙江灌区泵站开机运转投入使用。黑龙江水通过干渠、支渠、斗渠、分水闸和节制闸，使农场6万亩稻田得到灌溉。

6月8日　农场在俄合作伙伴、俄罗斯联邦比罗比詹犹太自治州驻列宁斯克区农机校校长彼德洛维奇携夫人娜塔莎应邀来农场考察。

6月9日　分局水务局在农场召开由全局13个农场水务局局长参加的灌区现场会。

6月20日　总局水利局副局长康百赢在分局水利部门负责人的陪同下，冒雨来到绥滨黑龙江灌区，就灌区运行情况进行调研。同日，下午1点多，一场50年一遇的暴雨袭击了农场，降水量62毫米，场直地区及周边居民组严重受灾。

6月21日　农场党委书记于治臣带领农业部门负责人，深入部分管理区、居民组查看水田、旱田及万寿菊受灾情况，并就下步工作提出要求。

6月29日　农场召开庆祝建党85周年表彰大会，举行新党员入党宣誓和老党员重温入党誓词活动。

7月4日　由各农场场长、副场长、建设科长、试点管理区区长和分局农机局、农业局、国土资源局局长参加的分局社会主义新农村建设研讨会在农场召开。

7月5日　总局巡视员周春来来到农场检查科技园区建设工作，并对新农村建设工作提出指导意见。

7月13日　总局新农村建设领导小组副组长兼总局新农村办公室主任陶绍毓一行来农场，就新农村建设工作开展调研。

7月22日　来自北京的部分知青重返第二故乡——绥滨农场，并就如何回报第二故乡、报答黑土地等内容进行座谈。

7月24日　分局局长赵广民来农场检查农业示范园区和灌溉示范小区管

理工作。

7月26日　省人大原副主任孙魁文带领全国人大、省人大代表调研团一行18人来农场，就贯彻落实科学发展观、实现垦区现代农业可持续发展以及新农村建设等课题进行调研。

7月28日　农场党委书记于治臣主持召开大学生安置工作座谈会，与新招聘的13名本科毕业生和1名研究生进行座谈并提出工作要求。

8月2日　农场新农村建设工程在第十七居民组开始动工。至此，农场新农村建设工作已从宣传、动员、规划阶段全面转入实施阶段。

8月4日　农场党委副书记南野带领机关有关部门和部分管理区、居民组领导前往共青、名山、军川、普阳等农场参观学习社会主义新农村建设工作。

8月6日　分局组织局直机关70余名干部来农场开展农业考察活动。

8月7日　分局党委副书记、纪委书记赵文彩，组织部部长刘德坤来农场，对领导干部述职述廉及党员承诺制工作开展情况进行检查。

8月15日　梧桐河农场副场长柴万森带领农业、农机、科技园区负责人及各生产队队长来农场参观学习。

8月17日　宝泉岭分公司总经理顾坚带领机关部分科室及管理区负责人来农场参观学习。

8月24日　省人大常委会副主任、党组副书记李希明一行，在分局党委书记邹积慧的陪同下来到农场，就林木种苗繁育及农业生产工作进行调研。

9月2日　农场工会联合第三十七、三十五居民组党支部举办"金秋生产技能联谊赛"。

9月8日　总局文明办主任安殿武一行，在分局文明办主任李延平的陪同下来农场，检查指导总局级文明单位创建工作。

9月11日　农场邀请总局工会法律部部长李方俭来农场，为全场200多名党员干部讲解新颁布的《企业工会工作条例》。

9月13日　省人大城建环保委员会副主任委员孙雅坤一行，在总局副局长戚卫东、分局党委副书记姜晓平和副局长刘新华的陪同下来农场调研。

9月16日　总局、分局畜牧处领导来农场，就畜牧业发展、畜牧小区建设等工作进行调研。

9月20日　分局党委副书记王立明带领13个农场主抓精神文明建设工作的党委副书记来农场，就基层单位秋季环境工作进行学习交流和检查验收。

9月25日　省政府"双高普九"评估验收组一行来农场，对"双高普九"工作进展情况进行检查。

9月28日　中国社会科学院直属机关党委书记、研究员张昌东带领中国社会科学院青年学者国情考察团一行，在分局副局长刘新华的陪同下来农场进行国情考察。

9月29日　农场组织召开秋季环境建设现场观摩会，农场党委书记于治臣、副书记南野及各管理区主任、基层党支部书记参加会议。

9月30日　分局畜牧发展拉练会在农场召开，分局副局长梁月升带领13个农场场长和畜牧科长参加会议。先后参观了千头奶牛养殖小区、管理区畜牧兽医综合服务站、绥农高科和宝丰万头养猪场。

10月11日　省林业厅种苗处处长戴凤海一行来农场，到省级林木种苗繁育基地进行实地检查验收，并检查了资金使用情况。

10月12日　分局新农村办主任李宏一行来农场，到第五管理区第十七居民组检查验收新农村建设工作。

10月13日　总局信访办联合检查组一行来农场，检查验收信访接待群众文明窗口创建工作。

10月14日　省政法委副书记马明武在总局政法委副书记沈瑞忠、分局党委副书记王立明的陪同下来农场，就"打黑除恶"专项工作开展调研。

10月17日　总局秋季安全联合检查组一行7人来农场检查安全工作。农场安委会副主任张广福向检查组汇报了农场各项安全工作开展情况。

10月23日　省人大常委会办公厅管理处处长赵力生一行6人，在分局党委副书记姜晓平的陪同下来农场调研，并参观了绥滨黑龙江灌区提水站、职工医院和农场中学。

10月25日　分局党委书记邹积慧来农场检查秋收、产业结构调整和新农村建设工作。

10月27日　省法院、农垦中院领导一行来农场检查指导法庭建设及审判工作。

11月3日　鹤岗市委组织部标准化党支部建设验收组一行来农场，对基层创建标准化党支部工作进行检查验收。农场标准化党支部建设通过验收的已达 90% 以上。

11月7日　总局新农村建设参观考察团一行来农场参观考察，对农场新农村建设成果给予充分肯定。

11月8日　农场通过多部门联动、集中治理等办法对辖区内所有集贸市场、食品批发商店和餐饮业户进行食品安全大检查。

11月10日　分局党委书记邹积慧、副局长刘新华带领由分局各部门负责人、各农场党政主要领导组成的新农村建设考察团一行来农场参观考察。

11月13日　省政府"双高普九"评估验收组一行来农场检查验收"双高普九"工作，先后到中小学实地检查验收，并观看了"双高普九"专题片。

11月15日　省人大检查组一行在分局党委副书记姜晓平的陪同下来农场，实地查看农场教育基础设施建设以及小学第二课堂开展情况。省人大检查组领导对农场学校的软硬件建设及教育工作给予高度赞扬和充分肯定。

11月17日　分局党风巡视组来农场考核场处级领导班子和后备干部选拔工作，召开了农场党委述职述廉报告会。

11月23日　农场第五管理区、第六居民组通畅工程共计 21.7 公里的二级水泥路面公路建设项目通过验收。

11月25日　全国人大代表视察组一行 10 人，在全国人大代表、牡丹江热电有限公司董事长、总经理孙玉庆的带领下，由分局党委副书记姜晓平陪同来农场视察区域卫生合作及社区卫生服务工作。

11月29日　分局局长赵广民一行来农场现场办公，协助农行解决种植业贷款回收难的问题。

11月30日　由总局水务局建设管理中心主任朱福才、分局水务局局长王业安、农场场长侯新华等领导和专家组成的工程验收委员会，对 2005—2006 年绥滨灌区配套工程投入使用情况进行验收。

12月23日　总局联合检查组陆怡生一行 4 人，在分局政法委副书记郝文山的陪同下，来到农场检查社会治安综合治理平安单位创建工作。农场顺利通过总局检查验收。

12月26日　农场纪委在财务决算前对各单位收费的入账情况，包括义务工使用、停放场占用费、晒场使用费等进行重点检查。

12月27日　农场组织安全等有关部门人员，对全场各单位进行年终安全生产大检查。

本年度　农场粮食总产25.08万吨，实现地区生产总值4.73亿元，农场职工家庭人均收入1.09万元。

● **2007年**　1月5日　农场召开公开选拔聘用管理区主任和居民组组长大会，对37个基层干部岗位（其中4个管理区主任、33个居民组组长）进行公开选拔聘用。

1月9日　场长侯新华带领有关部门领导，就产业结构调整和进一步发挥林木种苗繁育基础综合效能，到农场中心苗圃考察调研。

1月11日　总局新农村建设检查验收组一行，在分局新农村办领导的陪同下，来农场检查验收新农村建设工作。

1月15日　邯郸美科尔生物工程公司总经理张志中、黑龙江美科尔生物工程公司总经理张志栋一行，在分局工会主席周军岳等人的陪同下来农场，就万寿菊产业发展及进一步加强双方合作等事宜进行深入探讨。

1月16日　省发改委李学福处长一行来农场，就加快产业发展、构建和谐垦区开展调研。

1月25日　农场第十四届一次职工代表大会在贵通宾馆四楼会议室举行，来自全场各条战线的229名代表参加会议。分局工会主席周军岳到会祝贺。

1月30日　农场党委开展春节前贫困户走访慰问活动。

2月8日　分局党委书记邹积慧来农场看望慰问部分贫困职工和离退休老干部。

2月14日　农场组成联合安全检查组，对全场节日市场及有关重点单位进行安全检查。

2月17日　农场领导在除夕夜来到场直部分单位，慰问节日期间坚守工作岗位的值班人员。

3月3日　分局党委书记邹积慧在农场领导的陪同下，到部分居民组就畜牧养殖、农业生产等工作进行调研。

3月4日　晚上，农场举办正月十五闹元宵秧歌比赛和文化广场焰火表演活动。

3月7日 农场召开由各单位女工委及先进个人代表参加的庆"三八"表彰暨女工工作会议。

3月13日 农场召开水稻发展研讨会,场长侯新华、场长助理刘宏光以及种子公司、农业科、农机科等有关部门和居民组组长代表、种植户代表参加会议。

3月17日 农场在贵通宾馆四楼会议室召开春季农业经济工作会议。

3月28日 农场在贵通宾馆会议室召开思想政治工作会议。

4月2日 农场与北大荒米业稻米产业基地龙头合作研讨会在宾馆四楼会议室举行,并分别与军川、普阳、江滨、绥滨县4家制米厂签订了8万吨水稻的购销合同。

4月4日 总局副巡视员周春来一行,在分局副局长刘新华的陪同下来农场,就现代化农业发展及新农村建设情况进行调研,并到绥滨黑龙江灌区、江水灌溉示范小区和第17居民组新农村建设试点等地进行实地考察。同日,名山农场副场长杨建福带领农业科、建设科、新农村办负责人来农场,参观学习科技园区建设和现代农业管理技术。

4月6日 总局畜牧水产局联合检查组来农场,就农场申报总局级现代农业养殖业示范区标准化建设进行全面检查。

4月13日 省农村公路办驻农垦总局推进组组长孙晨晴及总局和分局交通局负责人来农场,检查通村公路建设进展情况。

4月18日 省林业厅领导一行来农场,检查中央森林生态效益补偿基金实施工作。

4月26日 上午9时18分,垦区在黑龙江上最大的提水工程——绥滨黑龙江灌区正式开机提水。

4月27日 日本专家来农场为新购进井关牌乘坐式摆栽机的种植户进行售后回访和服务。

4月28日 农场在江水灌溉示范小区新建的一栋自动式智能温室大棚正式投入使用。这是省内首栋被应用于种植户田间地头的智能温室大棚,标志着农场的农业现代化程度又有所提高。

4月30日 农场邀请各届劳模代表召开庆祝"五一"国际劳动节座谈会。

5月16日 农场工会、安全、公安等多部门组成联合安全督导组，到部分居民组进行春耕安全检查。

5月26日 农场在原职业高中院内举行"绥农新区"奠基仪式，标志着一座规模较大、功能完备的新型住宅小区正式开工建设。

5月28日 农垦九三分局法院领导带领所属农场法庭负责人一行，在分局法院院长李旭东的陪同下来农场，就法庭建设及审判工作进行参观考察。

6月1日 农场在宾馆会议室举行公开选拔公安分局科级干部竞职大会，3名候选人参加竞职演讲。同日，农场中小学在文化广场举行第八届校园艺术节汇报演出。

6月7日 分局局长赵广民、副局长梁月升带领参加分局畜牧拉练会的人员来农场，到绥农高科万头种猪场参观。

6月8日 分局工会主席周军岳陪同省报记者来农场采访"二二四"维权和帮扶工作。

6月20日 总局交通局局长满连奎一行，在分局副局长刘长友的陪同下来农场，就通乡公路建设情况进行检查。

7月1日 分局党委副书记、纪委书记赵文彩来农场检查指导学习贯彻中纪委《关于严格禁止利用职务上的便利谋取不正当利益的若干规定》的情况。

7月4日 农场党委组织宣传、纪委、组织等有关部门负责人，到各基层单位进行半年政工检查。

7月5日 总局副局长张成国在分局党委书记、局长赵广民和副局长刘新华的陪同下来农场，就引黑工程建设、绿色无公害水稻的种植管理、农业科技实验示范等工作进行调研。场长侯新华、党委书记于治臣就相关工作进行了汇报。

7月8日 省旅游局和总局外事办考察组一行，在分局农业局、科技局等相关部门负责人的陪同下来农场，就开发旅游观光农业进行调研。

7月9日 分局党委书记、局长赵广民等领导来农场，就全国人大调研团即将对绥滨农场新农村建设、现代农业、通村公路、引黑工程等工作开展调研的前期准备工作进行检查和部署。

7月11日 由省人大常委会党组副书记、副主任张成义和全国人大代表、省农林委主任委员郭宝福率领的调研团一行13人，在总局党委书记吕维峰、分局局长赵广民的陪同下来农场调研。

7月13日　农场召开抗旱保收工作会议，部署落实抗旱保收工作措施和任务。

7月15日　总局水利局局长潘福田在分局副局长刘新华及水利、农业等部门负责人的陪同下来农场，检查指导抗旱及引黑工程配套设施建设工作。

7月17日　绥滨县常务副县长刘宗胜、副县长石泰安带领办公室、农委、财政局、发改委等部门负责人来农场，与农场党政班子领导和有关部门负责人开展座谈，进一步修改和完善场县共建实施方案。同日，农场召开由各管理区主任和居民组组长参加的抗旱保收推进现场会。

7月18日　总局新农村办、省政策研究办、鹤岗市政策研究办等领导一行来农场，就新农村建设情况开展调研。同日，总局建设局局长权赫宇一行，在分局副局长张天明及相关负责人的陪同下来农场参观考察建设项目。

7月19日　省水利厅副厅长马庆国、总局副巡视员周春来在分局副局长刘新华的陪同下，到农场巡视了绥滨黑龙江灌区的建设和运行情况，并查看了江水灌溉示范园区的水稻长势和示范效果。同日，分局党委书记联席会议现场会在农场召开。分局局长赵广民，副书记王立明、赵文彩，分局党委组织部和宣传部部长及各农场党委书记参加了现场会。

7月24日　军川农场党委书记牟秀玲带领由军川农场社区党总支负责人及管理区主任等组成的近30人的参观考察团来农场，参观学习社区党建和居民组环境建设等工作。

7月25日　农业部农垦局农业处王林昌副处长，在省畜牧局领导的陪同下来农场，对生猪生产情况进行调研。总局畜牧局局长于春明、分局副局长梁月升、农场场长侯新华陪同上级领导到宝丰牧业、绥农高科万头猪场，鑫禾牧业等千头猪场进行调研。

7月27日　总局交通局副局长韩殿奎一行，在分局交通局领导的陪同下来农场验收公路建设情况。

7月28日　农场党委组织民政局、组织部、武装部、老干部科等有关部门负责人，看望慰问抗日离休老干部、部分老复转军人及军烈属。

7月29日　在"八一"建军节到来之际，农场领导到边防五团三连看望慰问驻守在祖国北疆的全体边防官兵。

7月30日　农场党委受邀在江滨农场举办"放歌激情八月　庆祝建军80周年"文艺晚会。

8月3日　普阳农场领导带领部分管理区和作业站的党支部书记来农场，参观学习环境建设和党员先锋工程建设工作。

8月4日　分局在农场召开抗旱救灾紧急会议。分局局长赵广民、党委副书记赵广彩、副局长刘新华，分局水利局、农业局、林业局负责人及二九〇、绥滨、江滨、军川、共青、宝泉岭、普阳、名山等农场的场长、副场长及各场相关部门负责人参加了会议。

8月10日　农场在机关二楼会议室召开由机关干部、场直单位、管理区、居民组等党政领导参加的"创建全国精神文明单位"动员会。

8月13日　农业部农垦局农业处处长杭阿龙带领各农垦局相关负责人，在总局副巡视员周春来、分局党委副书记王立明、副局长梁月升的陪同下来农场，参观考察农业示范园区建设工作。

8月14日　农业部副部长高鸿宾、农业部农垦局副局长吴恩熙一行，在总局党委书记吕维峰、分局局长赵广民的陪同下来到农场，就绥滨黑龙江灌区工程建设、江水灌溉和农业示范园区建设等工作进行调研。

8月15日　农场工会举办"金秋助学"活动，为农场的5名贫困大学生送去了党的关怀与温暖。

8月17日　总局关心下一代工作委员会（以下简称关工委）副主任李云江一行，在分局党委副书记、关工委主任王立明和关工委副主任刘荣娣的陪同下来农场调研。

8月23日　分局党委副书记姜晓平带领分局教育局、建设局、设计院负责人来农场，就中小学校园建设工作进行现场办公。

8月25日　中纪委《中国监察》杂志社社长、农场老知青李京林、中国监察杂志社要闻部主编齐邵国，在省纪委监察综合室副主任高晓光、鹤岗市纪委书记梁成君、绥滨县委书记马智凯、县长杨贺新、分局纪委书记赵文彩等有关领导的陪同下来农场参观考察。

8月28日　农场卫生科对中小学食堂卫生和全场食品零售业、化妆品销售行业进行执法检查。同日，由农场建设科、公安分局、水利局等部门组成的联合执法组，对防洪区内私自建造的宅基地进行强制拆除。

9月1日　农场公安分局举行为期一周的保安员体能、技能及专业知识培训。

9月2日　意大利食品业国际合作联合协会秘书长巴托卢奇、欧盟驻意大利佛罗伦萨动物卫生防控检疫官马萨利一行，在分局副局长张天明及畜牧处、北大荒肉业宝泉岭分公司负责人等的陪同下来到农场考察生猪基地建设情况。

9月3日　总局农作物品种专家审定组一行4人来农场，对总局和农场品种合作试验点的大秋作物品种进行田间鉴评。

9月4日　分局局长赵广民，副局长刘新华、梁月升，分局有关处室领导及各农场场长、党委书记等领导来到农场查看绥农新村建设情况。

9月5日　分局副局长张天明来农场检查小城镇规划建设情况，指出小城镇建设要尊重民意、科学规划、分步实施，切实加快小城镇建设步伐。

9月6日　萝北县农业推广中心主任带领全县540多名农民来农场科技园区和渠首参观考察。

9月8日　山东龙大集团董事长公学滨一行，在分局副局长张天明和宝泉岭肉业集团董事长、总经理任和的陪同下来到绥滨黑龙江灌区参观调研。

9月9日　全国人大代表资格审查委员会主任李伯钧，在鹤岗市人大负责人和分局局长赵广民、副书记姜晓平的陪同下来到农场调研。

9月10日　农场召开环境建设推进会议，通报前一阶段各单位环境建设检查情况，并就下一步环境建设工作具体事项进行安排部署。

9月13日　分局离退休老领导一行在分局党委副书记王立明的陪同下来农场参观考察。同日，分局副局长张天明来农场考察小城镇建设整体规划工作，并对农场下一步廉租房建设实地选址进行考察。

9月14日　名山农场副场长刘建敏带领农业技术人员和部分种植户近60人来农场参观学习。同日，分局党委宣传部部长王佰春带领由各农场党委副书记组成的环境建设拉练检查组来农场，对部分管理区、居民组和场直地区的环境建设工作进行检查评比。

9月15日　分局副局长刘长友带领分局机关干部30多人来农场调研。同日，省粮食厅高志权处长在分局副局长梁月升、鹤岗粮食局相关负责人的陪同下来农场考察调研农业生产情况。

9月18日　总局土地局、土地整理中心主任李义来到农场，宣布农场第36、38居民组的基本农田整理项目获得国土资源部的正式批准，近期将全面开工建设。

9月19日　省水利厅副厅长胥信平在分局副局长刘长友的陪同下来到农场，就引黑工程建成使用情况进行调研。

9月20日　农业部生猪生产疫病防控督导组一行，在总局畜牧局副局长张忠旭、分局副局长梁月升及畜牧处负责人的陪同下来到农场，检查、督导生猪生产疫病防控工作。

9月21日　农场在贵通宾馆四楼会议室召开秋收工作会议。

9月22日　延军农场党委副书记仇忠实带领部分科长、生产队长和党支部书记来农场，参观学习环境建设、新农村建设和小城镇建设的成果和经验。

9月26日　日本全药工业株式会社驻北京办事处处长、资深畜牧营养学专家安孙子仁先生来农场，就奶牛喂养过程中饲料配比对奶质的影响等进行指导。

10月4日　分局局长赵广民带领分局小城镇建设推进会的成员来农场，参观考察绥农新村住宅小区和正在开工建设中的绥新小区。

10月6日　农场建设科、社建办、公安分局等部门联合开展专项行动，对南外环街道两旁占用绿化带的违章建筑依法进行拆除。

10月8日　农场与鹤岗三江平原米业集团建立销售收购合作关系，为种植户开拓水稻销售市场。

10月10日　农场副场长张长友带领组织部、纪委、宣传部、办公室、社建办等部门负责人，对场区各街道的整体卫生情况进行检查评分。

10月12日　总局水务局质量监督站站长李保林，在分局水务局局长王业安的陪同下来农场，对绥滨黑龙江灌区西灌区工程进行质量监督检查。

10月13日　总局畜牧局副局长张忠旭及计财处负责人一行来农场，对8个扩建猪场进行初步验收。

10月14日　双汇集团副总经理何科在分局副局长张天明、梁月升及北大荒肉业和分局相关部门负责人的陪同下来农场考察生猪基地建设情况。

10月15日　农场组织全体机关干部集中收看中国共产党第十七次全国

代表大会开幕盛况。

10月21日　总局副局长邹积慧带领总局建设局负责人，在分局局长赵广民、党委副书记王立明、副局长张天明的陪同下来农场考察小城镇建设工作。

10月22日　农场召开"三秋"工作攻坚会议，要求各居民组在封冻前确保"黑色越冬"和秋起垄任务全面完成。

10月23日　北京资深策划专家、艺术家于广胜带领他的团队来农场，在场长侯新华、党委书记于治臣及工会负责人的陪同下对农场旅游环境进行考察。

10月26日　总局卫生局局长杨忠武带领计划生育办公室负责人一行，在分局卫生局领导的陪同下来农场，检查指导计划生育工作。同日，上午8点，农场举办粮贸公司烘干塔开机典礼。新型烘干塔的建成使用，标志着农场在粮食处理和加工能力上又迈出了坚实的一步。

10月29日　国家发改委专家组一行10人，在省发改委领导和总局副调研员周春来、总局水务局局长等陪同下来农场，就"两江一湖"工程绥滨黑龙江灌区的水资源、水利工程和农业工程等情况进行调研，并对水稻基地项目规划进行现场审查。

10月30日　农场社区副主任张广福带领建设科工程技术人员及5个施工单位的负责人，对公安大院水泥地面、土壤化验室房屋改建、道路桥涵等15个施工项目进行检查和验收。

10月31日　北安分局水务局领导带领各农场水利局负责人和水利工程施工经理组成的参观团来农场，参观学习水利工程建设工作。

11月7日　农场农村公路通畅工程建设项目通过总局验收。

11月9日　总局农业处与总局种业部门相关负责人来农场，对农业生产工作进行调研。

11月15日　总局社保局局长万良平在分局副局长刘长友的陪同下来农场，对社保工作进行全面考察。

11月19日　省人口计生委纪检组组长关久波，带领省人口和计划生育目标管理责任制考核评估组一行10人，在总局卫生局局长杨忠武、分局党委副书记赵文彩的陪同下来到农场，考核检查人口和计划生育工作。农场代表总局接受省检查组的考核检查。

11月25日　绥农高科种猪场被总局授予黑龙江垦区生猪人工授精指定单位。分局畜牧处领导与农场相关负责人为绥农高科种猪场授牌。

11月28日　绥滨县政协主席王学科带领政协常务副主席和秘书长等一行6人来到农场看望县政协委员，并就县政协八届三次会议的筹备、提案调研及场县共建、区域合作等事宜进行座谈交流。

12月3日　农场安全、技术监督、工商、卫生、交通、交警等部门组成联合检查组，对全场重点单位及部门进行安全检查。

12月5日　总局新农村办一行来农场检查新农村建设工作，并给予充分肯定。

12月7日　农场畜牧公司邀请北京世纪元亨公司的专家来农场开展生猪养殖技术培训，全场和周边农场的养殖户参加了培训。

12月11日　农场8名入伍新兵带着各级领导的关怀和亲人的希望，踏上入伍征途。当年应征入伍人数再创新高，位居分局之首。

12月12日　总局水利工程建设管理中心主任朱福才带领总局相关技术人员，在分局水利局负责人陪同下来农场，对绥滨黑龙江灌区西灌区农田水利配套工程进行验收。灌区小型农田水利工程各项数据指标符合设计要求，顺利通过验收，工程质量得到总局验收组好评。

12月14日　农场党委邀请总局党校教授杜翰波来农场，为机关干部和全场各基层单位主要领导进行十七大报告专题讲座。

12月17日　总局政法委一行来农场检查"平安创建"工作。

12月28日　分局副局长刘长友、张天明来农场，针对招商引资辽宁五峰集团有限公司建设稻米加工厂、米糠油厂、稻壳发电厂等项目，与绥滨县县长杨贺新就贷款、税收、征地、粮食仓储等事宜进行深入交流和协商。双方表示要合力打造这一招商项目，促进农垦和地方区域经济的大发展。

本年度　农场粮食总产26.59万吨，实现地区生产总值5.26亿元，农场职工家庭人均收入1.2万元。获得农业部授予的"水稻示范场""粮食生产先进场"荣誉称号。

● **2008年**　1月2日　农场邀请专家来场举办特色经济作物种植培训，100多名种植户参加了培训。

1月10日　农场第十四届二次职工代表大会在贵通宾馆召开。参加会议的正式代表300人，特邀代表25人。

1月14日 省总工会宣教部副部长赵贵国、副处长乔梁一行，在总局和分局工会有关领导的陪同下来到农场检查验收"创建学习型组织，争创学习型职工"工程创建情况，农场顺利通过了验收。

1月26日 分局局长赵广民、分局党委组织部部长刘德坤来农场看望慰问贫困职工和老干部代表。

1月29日 农场党委书记于治臣，副书记南野，组织部、宣传部负责人参加农场离退休老干部迎新春茶话会。

1月30日 绥滨农场、二九〇农场、普阳农场与绥滨县共同举办"三场一县"迎新春联欢活动。

2月4日 农场在贵通宾馆会议室举办迎新春团拜会。全场各管理区主任与党总支书记、各居民组组长与党支部书记、各驻场单位、公司企业负责人及机关全体干部参加了会议。

2月19日 经农场党委会研究决定，对机关部分人员和居民组部分干部进行调整。此次调整对男年满51周岁、女年满48周岁以上人员实行内部退养，共有16名机关及场直单位人员内退。同时，对3名机关人员实行了转岗。

3月5日 总局农业综合开发办公室副主任田玉明一行来农场，对农业综合开发土地治理项目逐一进行了严格的论证，并深入到项目区现场，对场院现状、农机停放场选址、耕地、沟渠规划等进行实地考察。

3月6日 农场召开庆"三八"表彰暨女工工作会议。来自全场各企事业单位和各居民组的女工主任、"三八"红旗手、行业女状元、岗位女明星参加了庆祝大会。农场党委副书记、工会主席南野出席会议并讲话。

3月5—11日 农场面向社会公开选拔居民组管理人员。坚持公开、平等、竞争、择优录用的原则，对全场保安员、林业员、水管员岗位实行公开选拔聘用。经报名、资格审查、笔试、面试后，农场择优录用了37名管理员，试用期为半年。

3月20日 根据总局要求，农场全面开展"规模化农场典型地块农业污染源普查"工作，普查内容70多项。

3月21日 农场召开党委工作会议。党委书记于治臣作工作报告，场长侯新华对备春耕生产、社会稳定、干部作风建设等工作进行安排部署。

4月2日　农场基本农田土地整理项目正式开工建设。总局国土资源局土地整理中心主任李义、分局副局长梁月升、分局土地局及农场领导和有关部门、监理单位、施工单位人员参加了开工仪式。

4月6日　分局局长刘长友来到农场第二十五居民组，对即将实施的"撤队建区"项目进行实地考察。

4月7日　农业部农垦局黎光华处长，在农垦总局安全生产监督管理局局长李瑞林、分局副局长张天明、分局安监局局长张万山的陪同下来农场，安全生产工作检查指导。

4月14日　省林业厅森林资源局副局长吕清友、财务处处长孟祥平等一行3人，在总局林业局局长满东斌、分局林业局局长仇玉祥的陪同下来到农场，就中央森林生态效益补偿基金制度实施情况进行验收，并对区域内的国家公益林经营及管护情况进行全面检查指导。

4月16日　分局局长刘长友和副局长张天明来到农场，实地勘查垦区公路绿化风景线建设工程江滨桥至忠仁段绿化情况，并与绥滨县副县长周茂林就双方合作达成一致。

4月18日　农场开展"小手拉大手，携手共建文明场"活动。各企事业单位均派队参加了启动仪式和场区垃圾清理活动。

4月23日　农垦中级人民法院副院长王军一行3人来农场，在宝泉岭分局法院副院长郭德祥、农场党委书记于治臣的陪同下，对农场的法庭建设、司法建设和执法情况进行检查指导。同日，分局林业局局长仇玉祥一行来农场，实地勘查垦区公路绿化风景线建设工程，并同林业、水务、农业等部门负责人对绿化带的地形、土质进行分析，就设计宽度、树木配置、品种、数量和密度等有关事宜进行研讨。

4月27日　农场举行"为奥运喝彩，做健康绥滨人"为主题的环城跑比赛活动。各管理区、机关、小学、医院等单位的代表队共200余人参加比赛。

4月30日　省国土资源厅规划处领导一行来农场，就国土后备资源开发进行勘查。

5月7日　省地方志办公室副主任张文功、年鉴科科长姚佐新，在总局史志办主任史桂霞、分局办公室副主任陈少华、科长梁亚萍的陪同下来到农场，就农场的史志工作进行调研。

5月14日　总局卫生局领导一行在分局卫生局领导、农场党委书记于治臣、副书记南野的陪同下，对农场卫生工作进行调研指导。

5月16日　农场公开选拔畜牧员，考试成绩名列前7名的被农场聘用为畜牧防疫员。

5月18日　省公路局局长朱金玉在总局交通局局长满连奎、分局局长刘长友、副局长张天明的陪同下来到农场检查指导公路绿化建设工作，并视察了绥滨黑龙江灌区渠首建设工程。同日，《黑龙江日报》记者沈才一行2人，在总局和分局林业局负责人的陪同下来到农场，就林业生产情况进行调研。

5月22日　省建设厅工程技术监督总站站长张学昌，在总局建设局局长权赫宇和分局建设局领导的陪同下来农场，对小城镇建设规划、住宅小区建设和部分居民点撤队并区等工作进行检查指导。

5月24日　总局关工委常务副主任马学利，在分局党委副书记王立明、分局关工委常务副主任刘荣娣等领导的陪同下来农场检查指导关心下一代工作。

5月26日　由农垦佳昌房地产开发有限公司投资2500万的农场招商引资项目、年出栏12000头生猪的大东北牧业万头生猪繁育基地正式开工剪彩。

5月27日　绥化分局党委书记武经宏带领绥化分局参观团一行，在分局党委书记赵广民的陪同下来农场参观学习农田水利设施、小城镇建设和党建先锋工程建设等工作。

5月28日　总局农机局局长李俊一行，在分局副局长梁月升等领导的陪同下来农场，对大田经济作物生产进行检查指导。

5月30日　绥滨县委书记杨贺新、县长康晓峰一行来农场，在场长侯新华和党委书记于治臣的陪同下，就进一步加强场县共建等工作进行参观调研。

6月4日　农场"迎奥运、庆建场60周年"全民健身运动会（农场中小学校第十八届、农场职工第五届大型运动会）在中学体育场举行。分局党委副书记、纪委书记赵文彩和农场党政领导出席开幕式。

6月12日　由辽宁五峰集团投资兴建的3000吨糠醛生产线招商引资项目，在农场举行开工典礼仪式。

6月17日 农场在绥农新区举办第一届邻居节系列活动。农场党政领导于治臣、南野、张广福等和新区居民一起参加活动。同日,上海市政协副主席钱景林在分局党委副书记王立明、工会主席周军岳和农场党委书记于治臣的陪同下,参观农场引黑工程渠首运行情况。同日,总局发改委领导一行来到农场对政企分开工作进行调研。

6月19日 受加拿大农业部委托,东方人动物营养保健公司秦国庆博士一行,在总局畜牧水产局和分局畜牧局负责人的陪同下来农场调研生猪产业发展情况。

6月30日 著名词作家、中国音乐家协会会员蒋开儒,在总局文化局负责人的陪同下来到农场采风。

7月2日 总局民政局和残疾人联合会等10多个部门联合发起的爱心助残活动"2010春风行动助残小分队"来到农场,为精神病患者进行免费诊断和送药。

7月3日 省发改委副主任张常荣一行,在分局党委书记赵广民、副局长梁月升和分局水利局负责人的陪同下来农场,参观考察了绥滨黑龙江灌区及江水灌溉示范园区。

7月12日 省长栗战书、副省长吕维峰、省政府秘书长郭小华和省水利厅的领导,在总局、分局领导的陪同下来农场,视察了绥滨黑龙江灌区及江水灌溉示范园区。

7月15日 总局交通局公路站负责人到农场检查指导公路绿化风景线建设工程。

7月18日 农场召开下半年党委工作推进会。

7月19日 原农业部副部长、现全国奶牛协会主席刘成果和农业部农垦局局长带领全国奶牛协会会员一行16人来农场,在分局党委书记赵广民、局长刘长友、农场场长侯新华、党委书记于治臣的陪同下,视察了绥滨黑龙江灌区渠首和科技园区。同日,黑龙江省参事咨询协会常务副会长许秀文与绥滨县政协副主席崔国成一行来农场调研。

7月24日 总局副巡视员周春来带领省水利厅、水利科学研究院等部门的水利专家检查组一行,在分局副局长刘新华的陪同下来到农场,对水利工程建设和工程实施运行情况进行检查。同日,以省政协副主席王利民为团长的"省政协港澳海外委员视察暨海外华商考察团"一行50多人，在总局副局长邹积慧、分局局长刘长友等领导的陪同下来农场调研，并到绥滨黑龙江灌区渠首泵站和农业现代化科技示范园区进行参观考察。

7月25日　黑龙江省国土资源厅领导一行，在分局副局长梁月升的陪同下来农场，就垦区农田土地整理重大工程启动区项目进行调研。

7月28日　省旅游局及总局旅游局领导一行来农场，对农场的旅游前景进行实地考察。农场领导陪同参观了将要发展成为旅游观光景点的绥滨黑龙江灌区渠首、高新技术示范园区及绥农林木种苗繁育基地。

7月29日　十届全国政协经济委员会副主任、中央农村工作领导小组办公室原主任段应碧一行，在分局党委书记赵广民的陪同下来农场调研，并参观考察了绥滨黑龙江灌区和高新技术示范园区。

7月30日　省文明办副主任袁克敏带领省文明办国家级文明单位考核组来农场，对农场申报国家级文明单位进行考核、评估。

8月1日　农场为1958年来农场屯垦戍边50年的复转官兵举行纪念活动。农场党委副书记南野代表农场党委及全场人民，向全体复转官兵及家属致以节日问候和崇高敬意，感谢他们为农场的开发建设和繁荣发展所做出的重要贡献，并为他们佩戴开发建设北大荒50周年纪念章。

8月5日　省检察院和部分地市级检察院领导一行，在分局检察院领导的陪同下到农场参观考察。

8月18日　分局党委书记赵广民、副书记王立明、副局长张天明来农场，对学校新建的小学部教学楼、宿舍楼和食堂楼的收尾工作进行检查指导。

8月22日　由省人大常委会常务负责人和佳木斯、鹤岗、双鸭山等市委市政府负责人及全国人大代表21人组成的全国人大第四调研组，在黑龙江省委原副书记杨光洪带领下来农场，对农场现代化农业核心区建设及灌区发挥的效能进行调研。

8月25日　第二十五居民组49户职工住户整体搬迁到农场场部，拆迁户得到妥善安置。

9月1日　分局"三化"工作现场会在农场召开。分局党委书记赵广民、局长刘长友等领导及各农场场长、党委书记、分局机关各处室负责人参加了会议。

9月2日　河北邯郸美科尔生物工程有限公司董事长张治忠一行，在原分局工会主席周军岳的陪同下来到农场，查看万寿菊生产加工情况，并对万寿菊产业的快速发展给予好评。

9月3日　总局军事部部长裴志忠、参谋长张树，在分局武装部负责人的陪同下来农场检查指导人民武装工作。

9月5日　国土资源部土地整理中心副主任郧文聚带领国务院联合调研组（国土组）一行，在省国土资源厅领导的陪同下来到农场调研。

9月8日　省参事室领导一行来农场，在副场长张广福的陪同下对工业加工情况进行调研。

9月16日　省国土资源厅土地整理中心副处长王冰一行来农场，在总局、分局国土资源局领导和场长侯新华及各施工标段负责人的陪同下，对第三十六、三十八居民组的土地整理项目工程建设进行全面检查，并通过了工程中期验收。

9月25日　分局党委副书记王立明带领环境建设拉练检查组来农场，对部分管理区、居民组和场直地区的环境建设情况进行抽查评比。同日，省国土资源厅项目处负责人来农场，对农田土地整理项目区进行实地勘查。

10月15日　分局副局长梁月升来农场检查指导"三秋"工作，对清荒、秋翻地、秋起垄和粮食管理及销售等工作给予充分肯定。

10月24日　分局党委副书记赵文彩带领党风建设巡视组来农场，检查、督导党委班子考核及述职述廉工作。

11月14日　分局党委书记赵广民带领参加分局小城镇建设现场拉练会的各部门负责人来农场，对重点城镇化建设项目进行实地参观检查。

11月20日　分局党委书记赵广民和分局相关部门负责人来农场，对客运站及竣工后的中学教学楼进行实地检查。

11月21日　第二十五居民组整体拆迁复垦完毕，49户居民全部得到妥善安置，增加耕地35.6公顷。

12月2日　农场公安分局破获一起12万元特大诈骗案件，抓获犯罪嫌疑人两名，为群众挽回了经济损失。

12月30日　农场第十四届三次职工代表大会在小学阶梯教室隆重召开。参加会议的正式代表300人，特邀代表22人。

本年度　农场粮食总产30万吨，实现地区生产总值6.73亿元，农场职工家庭人均收入1.39万元。

2009 年

1 月 18 日　农场迎新春联欢晚会在学校礼堂举行。农场领导、机关干部、部分管理区和居民组领导及社会各界代表参加了晚会。

2 月 9 日　农场举办秧歌、焰火晚会欢庆元宵节。

2 月 25 日　省土地整理重大工程绥滨项目区签约及施工准备工作会议在农场召开。

3 月 4 日　农场召开女工工作会议暨"三八"妇女节表彰大会。同日，农场邀请农垦总局农业局的水稻专家来场开展水稻病虫害防治培训。同日，省国土资源厅土地整理处、整理中心、项目处组成的三江平原东部地区重大土地整理项目调研组一行来农场调研，并参观考察了绥滨黑龙江灌区。

3 月 5 日　农场开展"扬雷锋精神　展志愿风采　建和谐绥农"主题服务活动，纪念毛泽东"向雷锋同志学习"题词 46 周年。

3 月 22 日　总局农机局副局长、资深农业专家陈必安和黑龙江八一农垦大学（以下简称八一农大）副校长汪春，在分局副局长梁月升的陪同下来农场，就扩大水稻植质钵育栽培技术相关事宜与有关部门负责人进行磋商。

3 月 25 日　农场对拆迁居民组进行房屋确权和资产评估工作，力争实现拆迁居民组"保五争六"的目标。

3 月 31 日　农场召开农业春耕现场会。

4 月 6 日　农场举行"扶低支富"捐款活动。农场党政主要领导、机关工作人员及驻场单位领导共 100 余人参加活动。

4 月 10 日　农场邀请宝泉岭农垦人民检察院副院长兼反贪局局长潘利群来场，为农场党政领导、机关及基层单位领导干部 200 余人进行廉政建设预防职务犯罪专题讲座。

4 月 11 日　总局交通局通村公路负责人谢冬青，在分局交通局领导的陪同下来农场，检查通村公路设计和备料等工作。

4 月 14 日　分局局长刘长友来农场检查指导小城镇建设和绿色城堡建设工作。同日，农场与八一农大合作的水稻植质钵育栽培项目开始播种摆盘。

4 月 17 日　省重大土地整理项目暨三江平原土地整理工程核心区项目在农场正式启动。分局党委书记赵广民、局长刘长友、副局长梁月升和总

— 33 —

局、分局土地整理中心负责人及农场党政领导出席开工典礼仪式。

4月20日　农场土地整理工程指挥部组织建设单位和工程施工单位开展施工安全培训，并与16个施工单位签订安全生产责任状。

4月22日　分局边境管理工作会议在农场召开。分局党委副书记赵文彩、政法委书记郝文山、边防五团副团长张苏及二九〇、绥滨、江滨、名山、延军5个边境农场的主管领导、边防和安全畜牧水产负责人等参加会议。

4月26日　省国土资源厅土地整理中心主任童志杰带领省厅验收组来农场，对2008年基本农田整理项目进行验收。分局副局长顾毅及分局土地、水利相关部门负责人陪同。

4月28日　分局局长刘长友、副局长梁月升带领分局绿化现场会与会人员来农场参观考察绿化工作。

4月29日　农场职工医院邀请绥滨县卫生局、县合作医疗办、农场周边"三乡一镇"的负责人及部分村屯的村主任和村民代表来农场，参加农场新农合暨新型医疗设备推介座谈会，推进场县共建新型农村合作医疗发展进程。

5月1日　农场召开大田播种定标会。

5月6日　下午1点，农场组织由20名护林员组成的扑火增援突击队奔赴伊春森林火灾救火第一线。

5月11日　分局在农场召开机械插秧定标拉练现场会。

5月12日　下午，农场赴伊春扑火增援突击队全体队员圆满完成任务回到农场。

5月15日　总局民政局局长孙明义一行来到农场，就民政低保金发放、养老设施、档案内业管理等工作进行调研。同日，分管农场森林防火工作的总局卫生局局长杨忠武来农场检查森林防火工作。同时，还对农场"甲型H1N1流感"应急防治工作进行了检查。

5月18日　农场自4月25日以来，降水量只有10.3毫米，干土层达到7厘米，出现了较严重的旱情。农场发挥灌渠江水优势和利用抗旱机井抢喷，进行抗旱保苗。

5月19日　总局农业综合开发办领导来农场，对2006—2008年第七期农业综合项目进行检查验收。

5月25日　农场召开争创总局、分局党建示范单位动员会。党委书记于治臣，党委副书记、工会主席南野及农场相关部门负责人参加会议。

5月27日　分局通村公路建设现场会在农场召开。各农场有关场领导、通村公路指挥部负责人及各监理单位、施工单位负责人参加会议。

5月31日　《农垦日报》社副总编辑吴继善在分局宣传部副部长吴晓琴的陪同下来农场进行新闻采风。

6月1日　分局局长刘长友来农场检查灌区和小城镇建设工作。

6月6日　省国土资源厅土地整理处领导一行，在分局副局长顾毅陪同下来农场，对正在实施的省重大土地整理工程核心区项目近两个月的施工情况进行检查。

6月8日　农场居民组水稻集中育秧大棚基地建设工程开始启动。

6月13日　分局农业现场拉练会在农场召开。

6月15日　农场通过多方联动，出动农用灌溉设备1300多台套、喷灌受旱农田13万亩，使旱情得到了一定程度的缓解。

6月16日　农场纪委、审计、计财等部门联合对各单位财务工作进行专项检查。同日，农场学校邀请省著名教育心理学专家于鹏佐来学校举办心理健康讲座。300多名学生家长参加听课。同日，总局党委组织部领导一行来农场验收党建示范单位创建工作。

6月17日　总局原纪委书记钟国林和纪委副书记、监察局局长刘胜利，在分局党委书记赵广民的陪同下来农场调研。

6月18日　农场党委组成政工检查组到基层单位开展上半年政工检查。

6月22日　农场对场区四处房产（原招待所房屋两栋、隆华公司房屋一栋、陆书芬锅炉房一栋）进行拍卖，起拍价为180万元，最终以191万元被佳昌建筑公司购得。同日，台湾客商东莞冠勤五金制品有限公司董事长范永杰、总裁江俊羲一行来农场，考察江水灌溉水稻基地和绥滨黑龙江灌区的运行情况。同日，总局发改委领导一行来农场，对灌区工程运行情况和公安分局看守所建设使用情况进行调研。

6月23日　总局副局长邹积慧及城建局检查人员一行来农场，实地考察指导新农村建设工作。

6月26日　农场团员、青年为四川汶川地震灾区邮寄43个爱心包裹，表达对地震灾区学生们的一份真情。

6月27日　农场党委召开党政班子作风建设反腐倡廉专题民主生活会。

6月30日　省农委土壤肥料管理站研究员付建和一行来农场，调查土壤地力和各类有益、有害微量元素含量。同日，农场召开庆"七一"表彰大会。

7月1日　农场举办"佳昌杯"廉政文艺演出，弘扬廉政作风建设，用廉政文化引领文艺潮流。

7月2日　农场工会举办首届"安康杯"自行车公路赛。

7月7日　分局党委书记刘炳东带领副书记赵文彩、副局长刘新华和组织部部长李振海一行来到农场调研。

7月9日　分局公安局在农场举办"华政、刑警学院研修学员交流会"。分局公安局副局长刘国锋、农场党委副书记南野，以及在华东政法大学和中国刑警学院培训学习归来的9名学员参加了交流会。

7月10日　第四居民组北区拆迁工作全面启动，稳步推进撤队搬迁工作。同日，农场组织机关各部门召开职代会"三项制度"研讨会，共同商讨建立农场职工代表大会联席会制度的有关事项。

7月11日　分局组织工作现场会成员来农场，到分局级党建示范单位第一管理区第四居民组参观学习。

7月17日　农场工会女工委、卫生科联合开展婚前医学检查宣传活动。

7月20日　省国土资源厅土地整理处处长任柏惠一行，在分局副局长顾毅、国土资源局局长王文昌的陪同下来到农场，检查省重大土地整理工程核心区项目施工进度和质量。同日，农场召开落实总局经济分析会议精神推进会，并传达了胡锦涛总书记视察黑龙江时对垦区做的"打造现代化大农业"的重要批示。

7月21日　农场召开党委扩大会议，传达分局上半年经济形势分析会精神，全面贯彻落实分局关于加强经济建设的有关要求。

7月24日　总局安全生产监督管理局副局长张凤阁，带领安全生产检查组一行来农场检查指导安全生产工作。

7月26日　农场计划建设现代化科技示范园区工作进入选址阶段。

7月28日　分局安全生产"三项行动"拉练会成员来农场，检查安全工作落实情况。同日，农场举办基层党建推进会暨党支部书记培训。

7月29日　农场举办庆"八一"全民健身舞表演赛。

7月30日　在"八一"建军节到来之际，农场组织职工代表到驻中俄界江黑龙江边防某部慰问边防官兵。同日，总局农机局副局长陈必安及八一农大农业教授一行，在分局副局长梁月升、农机处处长陆庆文的陪同下，来到农场农业科技园区，跟踪调查稻草盘育秧技术培育水稻长势情况。

8月1日　《中华新闻报》驻黑龙江记者站站长刘云龙一行4名记者来农场调研采访。

8月3日　总局建设局建设规划专家全赫宇局长一行来农场，为农场制定省级管理示范区规划建设出谋划策。

8月6日　农场邀请总局规划设计院专家吴海亮来场，为实施"抓城"项目出谋划策。

8月9日　农场在文化广场举行"迎建国、讲文明、改陋习、树新风"千人签名承诺仪式。同日，农场建设、纪委和计财等部门共同举办中学操场、工人文化宫和农行停车场3个新建及维修工程的捆绑式"阳光"招标会，最终有4家项目开发商进入准许招标的行列。

8月10日　农场召开危房改造、整体搬迁工作推进会议，对实施撤并的5个单位、7个居民点的撤并工作进行部署。

8月11日　分局农业标准化暨环境建设拉练会与会人员来到农场，实地察看了5个农业标准化现场和3个环境建设现场。分局党委书记刘炳东、局长刘长友等领导，分局农业局、农机局负责人，各农场场长、党委书记及农业副场长参加了拉练会。

8月12日　省人大常委会副主任申立国，在总局副局长徐学阳、分局副局长梁月升的陪同下来到农场，就现代农业生产和黑龙江水灌溉情况进行调研。

8月13日　延军农场副场长侯庆波带领农业科、植保站负责人及生产队队长一行30多人来农场参观学习。

8月14日　分局党委副书记赵文彩和纪委书记商丽梅等领导，带领参加分局党委书记联席会的40多名与会人员来到农场，参观考察了省级党建创建示范区第四居民组和绥滨黑龙江灌区渠首。

8月17日　总局原党委书记王玉林、总农艺师周茂林，在分局原局长张克明、副局长刘新华的陪同下来农场调研。

8月18日　瑞士IMO认证集团中国区检察员、华中农业大学高级工程师周继荣及检察员周玉春来到农场，对近4500公顷有机食品生产基地进行实地检查认证。

8月19日　分局副局长顾毅来农场检查土地整理工作。同日，农场航化作业圆满完成，作业面积达到22万多亩。

8月22日　农场林业部门邀请总局森林病虫害防治总站站长、林业专家郎明久和分局林业专家来农场，共同研究制定对近400公顷患病落叶松的抢救措施。同日，省人大农林委副主任王惠群、总局政策法规局副局长史维强一行3人来到农场，就《黑龙江省垦区条例》的编写等进行现场调研。

8月23日　农场开展第二届邻居节活动。

8月24日　省交通厅系统一行50多人来到农场渠首参观考察。同日，红兴隆分局党委书记常绍锋、局长贺天元，带领由分局有关部门负责人及各农场场长、党委书记组成的考察团，在分局党委书记刘炳东、副局长张天明、梁月升的陪同下来到农场灌区渠首参观学习。同日，农场举办山东蒙阴支边青年垦荒50年纪念活动。

8月25日　名山农场副场长张怀伟、副书记亓长宏、副场长杨建福带领名山农场参观考察团一行50多人来农场，到水稻高产示范田和农业科技示范园区参观学习。

8月26日　建三江分局党委副书记、组织部部长王贾林带领由各农场场长、书记及组织部负责人组成的考察团，在分局党委副书记赵文彩、组织部部长李振海的陪同下来农场，到分局"党建示范单位"第四居民组参观学习。

8月28日　省"千亿斤粮食产能工程"检查组一行，在省委督查室副主任纳耀文的带领下来到农场，检查指导"千亿斤粮食产能工程"建设工作。

9月2日　分局农机新技术推广和农业生产工作推进会在农场召开。分局副局长梁月升、农机处处长路庆文、场长侯新华及各农场农业副场长、农机科长、水稻办主任等参加会议。同日，八五一一农场关工委领导一行来农场参观学习关工委工作。

9月6日　总局纪委审理室主任张晓萍带领各分局纪委审理室主任，在分局纪委副书记卫洪祥的陪同下来农场检查指导纪委案件检查工作。

9月7日　总局绿色食品办公室主任王颖来农场验收30万亩全国绿色食品原材料基地建设工作。农场通过了总局绿色食品办公室的初步检查验收。同日，印度健康科技有限公司供应链和特别项目总经理米林德·克卡尔，在分局原工会主席周军岳的陪同下来农场考察万寿菊产业链生产项目。

9月8日　共青农场农业副场长孙健带领农业科、农机科、科技科负责人及各生产队队长一行来农场参观学习。

9月10日　分局副局长顾毅陪同省国土资源厅土地整理处调研组一行来农场，对省重大土地整理核心区项目进行检查。

9月11日　农垦九三分局党委书记李殿君带领办公室主任、部分农场场长共15人，在分局党委书记刘炳东等领导的陪同下来农场考察学习。

9月12日　农场组织农业、建设部门负责人及各居民组组长、种植户一行80余人，赴建三江分局学习农业标准化建设和新农村建设先进经验。

9月14日　农垦（集团）总公司副总许军一行，在分局副局长张天明的陪同下来农场调研。同日，农场开展"十一"节前安全联合大检查。

9月15日　省土地工程审计公司负责人王学一行3人来农场，对省重大土地整理核心区项目工程建设及资金使用情况进行审计。

9月17日　农场将副科级以上退休干部划归老干部科管理，党委副书记南野主持召开会议。成立了离退休干部党总支，选举产生了首届离退休干部党总支委员会。

9月20日　农场在灌区渠首举办"渠首结连理，金秋树新风"大型集体婚礼。有4对新人参加了集体婚礼。

9月21日　省国土资源厅土地整理中心副主任张宇光和省财政厅专家组一行，在分局局长刘长友的陪同下来到农场，对省重大土地整理核心区项目进行中期检查验收。同日，农场组织建设科负责人及部分管理区主任，到牡丹江分局八五六农场学习参观新农村建设和撤队搬迁的先进做法及经验。

9月24日　省人大农林委副主任王惠群一行，在分局党委副书记赵文彩陪同下来农场，对政企分开的可行性及《黑龙江农垦条例》修订草案与农场负责人进行了探讨。同日，农场召开"三秋"工作会议。

9月25日　农垦总局农业局副局长李玉成带领省水稻高产创建专家验收组来农场，对高产水稻示范田进行实收测产、测质。同日，农场党委举行首届"迎国庆　树新风　感动绥滨人物"颁奖晚会。

9月28日　分局秋收暨明年生产准备工作会议在农场召开。

9月29日　农场安委会召开国庆期间安全生产管理大会。同日，农场举办迎国庆60周年书画摄影作品展。

9月30日　农场被黑龙江省总工会授予黑龙江省"五一"劳动奖。同日，农场标志性建筑——19层办公商服住宅楼开工兴建。

10月1日　农场党政领导分别带队慰问离退休干部和复转军人。

10月2日　农场组织召开秋收及明年生产准备推进会。

10月12日　分局副局长梁月升来农场检查秋收工作。37万亩水稻已全部收割完毕，水稻收获工作全线告捷。

10月16日　省水利厅厅长陆兵在鹤岗市副市长梁贞堂、总局水利局局长潘福田、分局副局长梁月升等领导的陪同下来农场，对水利工程建设及旱改水工程进行检查指导。

10月18日　副省长吕维峰在省水利厅厅长陆兵的陪同下来农场视察农业生产工作。分局党委书记刘炳东、局长刘长友陪同。

10月19日　分局明年生产准备暨造林绿化现场会在农场召开。分局党委书记刘炳东、局长刘长友、副局长梁月升和各农场场长及主管农业负责人参加会议。同日，二九〇农场各作业站站长一行来农场，参观学习秋整地和标准化旱改水经验。

10月27日　农场召开第三次土地整理工作推进会议。

10月28日　总局军事部部长裴志忠大校，在分局党委副书记赵文彩的陪同下来农场检查指导人民武装工作，对武装工作三年建设规划进行了检查和验收。同日，农场召开畜牧欠款专项清收工作会议。

10月29日　农场开展秋季义务植树造林活动，当天栽植落叶松14万余株。

10月30日　总局农村公路办通村公路验收组一行，在总局驻分局推进组组长谢冬青的带领下来到农场，对通畅、通达公路竣工进行检查验收并交付使用。

10月　农场将辖区内废弃多年的长约4.5公里的松花江二道坝和年久失

修废弃多年的地上渠道、桥涵推掉填平，新增109公顷耕地。

11月4日　农场召开全场居民组组长大会，贯彻落实分局明年生产准备工作现场会精神，部署当前及明年农业生产准备工作。

11月9日　农场消防部门开展以"关注消防、珍爱生命、共享平安"为主题的"119"消防宣传周活动。

11月13日　农场副场长付建强和卫生防疫部门负责人，到学校和幼儿园检查指导"甲型流感"防控工作。

11月16日　中储粮苏州分公司采购人员一行来农场，考察江水灌溉水稻的稻米品质，并参观绿色有机大米生产线的流水作业现场，为下一步大量订购新米做前期调研。

11月18日　省三江平原东部地区土地整理重大工程——绥滨农场土地整理核心区项目全部竣工。分局副局长顾毅、国土资源局局长赵希江、农场场长侯新华、党委书记于治臣及农场领导班子成员和项目区指挥部、部分施工标段负责人参加了竣工庆祝仪式。

11月20日　分局组织部领导来农场检查验收基层党建示范单位创建工作。

11月24日　农场召开学习贯彻总局党委（扩大）会议精神工作会议。

11月　农场拆除5个建队较早的居民组的7个居民点，共拆除房屋面积4.8万平方米，涉及搬迁职工群众659户。

12月2日　农场召开学习贯彻分局党委（扩大）会议精神大会。同日，农场邀请总局农垦科学院水稻技术专家来场，开展为期3天的农业生产技术培训。

12月3日　农场组织三个宣讲团到各企事业单位和基层居民组，宣讲分局党委扩大会议精神。

12月7日　分局党委书记刘炳东带领党风巡视组来农场开展党风巡视工作。

12月9日　总局交通局公路处处长郭志鹏一行来农场检查指导通村公路和"一科三站"建设工作。

12月12日　农场大学毕业生万伟龙和其他6名新兵一起参军入伍、赶赴军营。

12月18日　农场召开职工代表联席会议。

12月23日　中共绥滨农场委员会第十三次党代会在农场学校会议室召开。

12月26日　农场召开第十五届一次职工代表大会。参加会议的正式代表315人，特邀代表21人。

12月28日　省消防总队、农垦消防支队消防督察组来农场进行冬季消防安全检查。

本年度　农场粮食总产32.51万吨，实现地区生产总值7.35亿元，农场职工家庭人均收入1.45万元。获得农业部授予的"国家级农业标准化示范场"、全国争创活动领导小组授予的"全国学习型组织先进单位"荣誉称号。

● **2010年**　1月4日　农场购进的4台新型垃圾清运车投入使用，取代了原来破旧的小四轮拖拉机，提升了农场小城镇市政服务档次。

1月8日　农场职工韩洪喜被农业部授予"全国粮食生产大户标兵"称号，并奖励一台雷沃欧豹FT804机车。

1月21日　《农民日报》七版头条刊发了对全国种粮大户标兵韩洪喜的专访，标题为《十年交售商品粮1.4亿斤》。

1月23日　农场召开安全生产会议，贯彻落实总局安全生产会议精神，确保新春佳节和"两会"期间的安全。

1月25日　农场聘请专业设计师进行整体规划，经过近一个月的努力，和平大街和绥福路的亮化工程全部竣工。农场主街道路灯、彩灯、楼体灯光交相辉映。

1月26日　农场农业科邀请建三江水稻技术专家，为农场及周边农村的种植户进行为期4天的水稻种植技术培训。

1月27日　农场公安分局开展严查歌厅、网吧等娱乐场所"黄赌毒"行动，关停歌厅、网吧18个，刑拘1人，治安处罚7人。

1月28日　农场邀请省规划设计专家来场，对自来水厂选址、下水管网和供热取暖进行全面科学规划。

1月29日　农场卫生科、医院首次对全场65岁以上老年人进行免费健康体检，农场共补贴17万元。65岁以上老年人免费健康体检是国家基本公共卫生服务九大项目之一。

2月3日　分局党委书记刘炳东来农场，看望慰问全国劳模代表和部分贫困职工。

2月5日　农场党委召开党风廉政建设工作会议，全面贯彻落实分局电视电话会议精神。

2月6日　农场宣传部联合多部门开展送文化、卫生、科技、法律咨询"四下乡"活动。

2月7日　农场在学校阶梯教室举办"超越2010"迎新春大型文艺晚会。同日，农场对文化市场和烟花爆竹市场进行安全检查。

2月8日　农场召开春节期间重点工作落实会议。

2月9日　农场党委开展节前慰问贫困职工、贫困党员和患病特困职工活动。

2月10日　农场成立治安巡逻小分队，加强春节期间治安工作。

2月13日　农场党政领导看望慰问大年三十值班的干部职工。

2月23日　农场组织各居民组组长和水稻种植户共52人，到农垦建三江分局红卫农场和胜利农场考察学习。

2月25日　农场召开党委扩大会议，学习垦区推进"跨越工程"重点工作现场会精神，部署当前重点工作。

2月28日　农场在文化广场举办元宵节秧歌会演及焰火晚会。

3月1日　农场投资90余万元购进的智能程控芽种生产机和程控选种机投入使用。该设备一次性浸种、催芽55吨，可供785公顷水田用种。

3月4日　农场团委开展"传承雷锋精神　弘扬志愿风采"主题服务活动，纪念毛泽东题词"向雷锋同志学习"47周年。

3月7日　农场召开纪念"三八"节100周年暨先优表彰大会。

3月8日　农场召开备春耕生产工作推进会议。

3月10日　农场工商、质监、农业、公安等部门联合开展"3·15农资打假"专项治理行动，对全场21家农资生产经营业户进行综合检查整治。同日，农场召开整体搬迁单位工作会议，全面启动整体搬迁及新增管理区、畜牧养殖区的建设工作。

3月12日　农垦总局通乡公路办公室主任谢东辉一行来农场，检查指导今年待修的两条通乡公路的物资筹备情况。

3月15日　分局水稻扣棚工作现场会在农场召开。

3月17日　农场召开"五五"普法验收落实专项会议。

3月19日　农场召开城镇管理暨环境建设听证会。

3月20日　农场引进的50台套意大利产高性能撒肥器下发到种植户手中。

3月26日　农场劳资科开展第二批"五七工""家属工"等人员纳入基本养老保险的审核和申报工作。

3月29日　省国土资源厅专家组一行，在分局副局长梁月升的陪同下来农场检查土地整理项目。

4月2日　农场召开"促进全场各项事业跨越发展、争创农场经济社会全面发展"工作会议。首次将春季工作、党委工作、经济工作、农林水畜工作、安全生产和计划生育六个专项工作会议合并召开。

4月6日　农场集中浸种催芽基地已完成首批55吨水稻浸种催芽任务。

4月11日　农场召开春耕水稻播种定标会，农场领导及基层党政干部参加会议。

4月12日　总局建设局领导来农场，对今年整体搬迁的12个居民组的住户数量、住房面积进行复查。

4月18日　农场机关党委举办为贫困户献爱心活动，机关干部共为贫困户捐衣物300多件。

4月19日　分局农业现场会在农场召开。与会人员先后参观了农场整地机车与撒肥器联合作业、玉米茬地块水整地、老稻田改造升级三个现场。

4月22日　农场环保科与学校联合开展"世界地球日"宣传教育活动。

4月23日　农场组织全场干部群众开展向玉树灾区捐款活动，为灾区人民捐款166928.20元。

4月25日　省国土资源厅土地整理中心主任童之杰一行5人来农场踏查、调研省三江平原东部重点土地整理项目。

4月26日　农场全面开展"绿色通道"植树造林活动，对场部至第八居民组全长6公里地段进行绿化。

4月27日　分局司法局来农场验收"五五"普法工作。同日，农场安全、消防和学校联合开展中小学生消防演习活动。

4月28日　农场安全和消防部门依法查处一起非法经营烟花爆竹事件，价值600余元的伪劣烟花爆竹被依法没收。

4月29日　农场组织开展环境治理大会战。

4月30日　上级分配给农场的23台"3316"（约翰迪尔）大型收获机，每台补贴4万元，农场采取现场抽签的方式售出。同日，农场开展迎"五一"劳动模范植树活动，农场党政领导和各级劳模30人参加活动。

5月1日　农场与工程设计单位、监理单位及各标段的工程负责人签订施工和安全责任状，土地整理项目工程开始启动。

5月2日　全国农业技术推广中心、总局农业局在农场举办寒地水稻现代植保技术培训班。分局农业局和科技局的负责人以及绥滨、二九○、江滨农场的水稻种植示范户和水稻大户300多人参加培训学习。

5月4日　农场团委在基层各居民组广泛开展公开民主选举团支部书记工作。

5月7日　农场召开由全场各级干部参加的抗灾抢种紧急推进会议，制定落实抗灾抢种方案和措施，确保抗灾抢种工作取得全胜。

5月8日　农场组织多部门联合执法，对临街个体工商户乱摆乱放占道经营和牌匾规格不一致的现状，进行集中整治和限期整改。

5月11日　省委书记吉炳轩来农场视察和调研现代化农业生产和城乡一体化建设工作。总局及分局有关领导陪同调研。

5月12日　分局水稻插秧现场定标会在农场召开。各农场主管农业副场长参加会议，并参观了第十七居民组"农业部水稻高产创建区"插秧现场。

5月15日　农场召开抗灾抢播推进会议。

5月16日　建三江分局创业农场场长邱洪军和林业局工作人员一行来农场，考察学习林业产业经营发展模式。

5月20日　省纪委案件监察三室主任曹裕东在总局纪委书记刘胜利、分局纪委书记商丽梅的陪同下来农场，就新农村建设工作和纪检委案件监察工作进行调研和督导。

5月21日　农垦总局老干部处副处长李贵双一行来农场检查指导老干部工作。

5月26日　省国土资源厅土地开发整理处处长李云海等一行5人来农场，对三江平原东部省重点土地整理项目工程建设情况进行检查指导。

5月27日　农场党委副书记施宏伟代表农场党委到学校看望39名贫困学生，给他们每人送去100元助学金。

5月30日　农场学校举办第二十一届中小学生田径运动会，欢庆"六一"国际儿童节。同日，团省委书记张恩亮来农场调研共青团工作。

5月31日　以省农委魏国华处长为组长的省政府新农村建设专项检查组一行来农场，就《加强社会主义新农村建设消防工作的指导意见》开展情况进行调研。

6月1日　农场投资1600万元的科技园区综合办公楼开工建设。

6月2日　绥滨县委书记杨贺新、县长康晓峰来农场，就进一步加强场县共建等事宜进行调研。

6月3日　原省林业科学院院长、林业专家金铁山，原总局林业局局长韩波，全国劳模、全国人大代表苏萌，园林科技开发有限公司董事长苏艳霞一行来农场调研寒地苗木栽植技术。

6月4日　总局交通局副局长李红琳在分局交通局局长王明月的陪同下来农场，检查指导公路景观通道建设情况。

6月6日　分局在农场召开重点工作推进会议。与会人员参观了水稻田间管理、城镇建设拆迁、场直地区和17居民组的环境建设现场。

6月7日　全国人大港澳委副主任崔鸣在省人大接待处处长姜小平的陪同下来农场，就教育和现代农业建设工作进行调研。

6月9日　农场副场长黄杰带领农业科、农机科、种子管理科负责人及公路沿线居民组组长近20人，到军川、名山、共青等农场参观学习玉米、大豆标准化耕作技术和先进农艺措施。

6月10日　宝泉岭农场参观团一行40人，在党委副书记张文锡、副场长吴万弘的带领下来农场参观学习农业标准化作业和党建示范区建设工作。

6月11日　早7点，农场龙润小区建设工程项目正式开工。至此，2010年农场近11.3万平方米的楼房建设工作由前期的拆迁动员阶段顺利过渡到项目施工阶段。

6月14日　延军农场党委书记仇忠石带领基层30多名党支部书记来农场考察学习党建工作，先后到省级党建示范单位社区和第四居民组参观考察党务工作和基础设施建设。

6月16日　农场民政局为6位贫困残疾人每人送去一台轮椅。同日，农场组织农业部门及沿线居民组技术人员一行20余人，到二九〇农场考察学习。

6月17日　农场组织开展"倡导低碳生活，做健康绥滨人"全民健身环城跑活动。来自机关、学校、管理区及社会各界200余人参加活动。

6月18日　农场场长侯新华，副场长黄杰、刘曙华带领农场组织部、林业局、农业科等一行8人到绥化市和大庆市参观学习。

6月22日　农场离退休干部门球队参加分局组织的离退休干部门球赛，取得分局第一名。

6月23日　梧桐河农场副场长陈坤带领农业科长及部分生产队长20多人来农场，参观学习水稻标准化生产技术和管理。

6月24日　农场林业局培育的"垦绥垂柳"通过黑龙江省林木品种审定。

6月25日　农场第二批两栋总计8000平方米的廉租楼开始动工建设。

6月27日　农场举行纪念中国共产党成立89周年"七一"先优模表彰大会。

6月28日　农场居民组集中办公中心投入使用，为17个整体搬迁的居民组打造了一个管理有序、资源共享、形式新颖的一站式阳光服务场所。

6月30日　农场离退休干部门球队代表分局参加垦区离退休干部门球赛，取得总局第二名。

7月4日　农场召开下半年重点工作推进会议。

7月5日　农场召开环境卫生费收费标准调整听证会，广泛听取社会各界意见和建议，制定科学合理的卫生费收费标准。

7月7日　省法院政治部主任李海滨、宣传科科长端木宪杰，在宝泉岭农垦法院副院长张晓辉等领导的陪同下来农场法庭调研。

7月10日　农场顺利通过国家林业局对农场2002年5000亩退耕还林地的验收。

7月12日　总局农业局处长鲍文东、植保站站长张立军一行，在分局农业局副局长刘显清的陪同下来农场，检查指导科技园区"三站一室"建设及当前水稻和大田作物管理工作。

7月16日　全国总工会"女性健康讲座团"成员李秋华教授（原北京天坛医院妇科保健专家）来农场，举办"美丽女性、健康人生"保健知识讲座。

7月19日　总局水稻研究所水稻专家和分局农业处农业专家来农场，在第二十居民组水稻高产创建田，为120多名水稻种植户和农业技术员现场解答病虫害防治和农业质保常识相关问题。

7月21日　总局党委组织部领导一行来农场检查验收社区党建示范单位创建工作。

7月28日　农场党委召开全体班子成员会议，贯彻落实分局半年经济工作会议精神。同日，全国人大财经委副主任委员、九三学社中央副主席何铿来农场调研。

7月29日　分局副局长顾毅陪同海经公司农业参观团一行来农场，参观考察现代化大农业建设及绥滨黑龙江灌区建成使用情况。

8月1日　全国人大常委会副秘书长乔晓阳来农场视察现代化大农业，参观了绥滨黑龙江灌区渠首泵站并听取了情况介绍。

8月3日　分局关心下一代工作现场会在农场召开。各农场党委副书记和关工委常务副主任等参加会议，农场党委副书记施宏伟在会上做了典型经验介绍。

8月8日　中央电视台《今日说法》栏目专题报道了农场公安分局破获的黑龙江首例特大征婚诈骗案件。

8月10日　分局党委书记刘炳东，副书记赵文彩，分局机关各部门领导及各农场党委书记、副书记来农场，对居民组办公中心和社建办两个现场进行了参观检查。

8月13日　由总局纪委、住房和城乡建设局、财务处、发改委、交通运输局、水务局等多部门领导组成的联合检查组来农场，就工程建设项目决策行为、招投标活动、经营性土地使用权等进行专项检查。

8月15日　总局科技局及各分局科技局负责人来农场，检查验收农业科技工作落实情况。

8月18日　农场党委书记于治臣、副书记施宏伟及农场纪委负责人到各居民组，检查落实农场抗灾会议精神及营区环境建设等工作。

8月21日　总局招标局局长王天忠一行来农场，就政府采购、城建项目、农资采购等各项招投标工作开展情况进行检查指导。同日，以中宣部副秘书长魏地春为组长，中共中央党校培训部中青班组织员同利军为领队的中央党校中青二班四支部调研组一行来农场，就引黑工程渠首和江水灌溉情况进行调研。总局党委宣传部部长高跃辉、分局局长刘长友陪同。

8月26日 农场选手代表分局参加"农垦总局诚信杯"劳动保障法律知识竞赛，获二等奖。

8月27日 农垦中级人民法院副院长胡长春在宝泉岭农垦法院副院长黄东风、立案庭长王建国的陪同下，来农场法庭检查安全保卫及法庭管理工作。

8月 农场投资300万元，在学校校园东侧新建的2200平方米的幼儿园投入使用。

9月5日 总局文明办副主任顾大峰在分局宣传部副部长李延平的陪同下来农场，检查指导文明单位创建情况。

9月9日 省参事室领导一行来农场，就农场与绥滨县场县共建情况进行调研。

9月11日 农场第十五届二次职工代表大会在学校会议室召开。参加会议的正式代表313人。

9月12日 中央民族乐团50余名演员来到农场慰问演出。

9月14日 总局农业发展委与畜牧水产局联合检查组一行来农场，就农发项目资金和畜牧水产项目开展情况进行了中期检查和调研。同日，水利部总工程师汪洪、水利部建管司副司长孙献忠和松辽委副主任朱振永、省水利厅厅长陆兵、副厅长马庆国及总局水利局局长潘福田一行，在分局局长刘长友的陪同下来农场，对绥滨黑龙江灌区水利工程建设及产生的经济效益和社会效益进行调研。

9月16—20日 审计署驻哈尔滨特派办一行5人及总局、分局财务处和审计处一行14人来农场，对强农惠农资金进行专项审计。此次审计由农场代表黑龙江垦区接受专项组检查。

9月21日 总局公安局消防支队在农场举行构筑社会消防安全"防火墙"工程现场会，参加现场会的是各管理局领导和总局公安局领导。

10月20日 松滨加油站搬迁至农场绥福公路东侧，占地面积2925平方米，有地下罐5个、加油机4台。

11月3日 总局农发项目验收组一行6人来农场，对农发项目进行检查验收。

11月20日 农场在科技园区会议室举办农业标准化提升培训班。

11月21日　完达山投资的奶牛集中榨乳站在第一管理区第四居民组建成。

11月27日　省劳动关系和谐企业创建检查组来到农场考核省级劳动关系和谐企业标兵单位创建情况。绥滨农场被确定为黑龙江省劳动关系和谐企业标兵。

11月30日　农场投资1600万元新建的集"科研站、植保站、气象站、林木实验站、土壤化验室、图书馆、场史馆"为一体的"四站一室两馆"科技园区综合办公楼竣工。

12月2日　农垦中级人民法院政治处主任谢长宁、立案庭长何庆安等领导来农场，检查验收法庭建设达标工作。

12月16日　农场第十五届三次职工代表大会在农场小学会议室召开，参加会议的正式代表313人，特邀代表24人。

本年度　农场粮食总产31.11万吨，实现地区生产总值9.57亿元，农场职工家庭人均收入1.79万元。获得农业部授予的"全国粮食生产先进县"荣誉称号。

2011年　1月15日　农场开通场部至绥滨县客运车辆，营运车辆为少林牌30座客车。

1月　农场按照国家统一标准，开展第六次全国人口普查工作，93名普查员开始入户登记。

2月8日　农场在学校阶梯教室举办农业生产技术培训。

3月1日　农场在校学生全部免费饮用"完达山牌学生奶"。

4月2日　农场召开水稻摆盘播种现场会。

4月20日　农场召开水田泡田整地现场会。

4月　总局综合开发项目验收组一行来农场，对2009—2010年农场综合开发项目进行重点抽检和综合考核评价，农场被评为优秀等级。

4月　农场场长李思军、财务副场长付建强，到居民组水稻芽种生产基地进行现场办公，并决定申请中央国有资本经营预算项目建设资金，建设水稻浸种催芽基地。

5月16日　农场下发《绥滨农场住房公积金实施方案》。方案规定，从2011年1月1日起，所有工资关系在农场的在岗在册正式职工，均享受住房公积金待遇。

5月18—26日　农场党委书记俞新利、副场长付建强、商务科长徐焕斌一行到北京参加宝泉岭管理局招商推介会。与北京绿色联盟公司及新疆天业北京分公司进行了经贸洽谈，签订了水稻经营意向协议书。

5月30日　农场在文化广场举行"安全生产月"启动仪式。同日，总局农发办副主任刘伟一行，在管理局农发办主任冯葵新的陪同下来农场，对2009、2010年农业综合开发建设项目进行验收。

5月31日　农场举办千人健身长跑比赛。来自机关、管理区、社区、学校等8个单位的千余名选手参加比赛。

6月3日　管理局农业环境治理定标会在农场召开。

6月4日　普阳农场党委书记韩兆琪带领农业部门相关人员来农场，参观学习农业综合治理工作。

6月6日　农场老干部科、关工委举办庆祝建党90周年"双阳红"摄影书画作品展。农场党政主要领导、离退休干部和中小学生近百人参观展览。同日，二九〇农场农业参观团一行来农场，参观学习农业综合治理先进经验。

6月7日　新华农场组织部、社区、民政、城管等部门负责人一行来农场交流学习。

6月8日　农场在全场范围内公开选拔招聘管理区劳动就业社会保障服务站专职工作人员。经过严格筛选和考试考核，最终择优录用7人。

6月12日　农场场长李思军一行到哈尔滨参加第23届中国哈尔滨国际经济贸易洽谈会（哈洽会）。农场与北大荒粮食集团签订了"2万吨粮食仓储设施建设项目"意向协议；与上海深兰农牧科技有限公司签订了"生物有机生产项目"意向协议；与哈尔滨百富泉经贸有限公司签订了"2万吨水稻贸易"协议。

6月14日　农场党委书记俞新利代表农场党委走访慰问异地居住的3名离休干部，并送去慰问金和建党90周年纪念章。

6月21日　内蒙古大兴安岭农场管理局考察团，在管理局局长刘长友等领导的陪同下来农场参观考察。同日，农场邮政储蓄银行搬迁到农场高层一楼。场长李思军、党委书记俞新利、副场长黄杰、刘曙华参加迁址庆典仪式。

6月23日　农场老干部科与幼儿园共同举办庆祝建党90周年老少同乐

联欢会。

6月25日　农场在天朗公园举行"颂歌献给亲爱的党"管理局庆祝建党90周年大合唱比赛、绥滨分赛区比赛。绥滨、二九〇、江滨3个农场近千名演员参加比赛。

6月29日　农场纪委举办"发扬传统、坚定信念、敬廉崇洁、共创和谐"庆祝建党90周年暨廉政书画摄影展。同日，农场老干部科召开庆"七一"座谈会，农场党政班子成员与离退休干部进行座谈。场长李思军、党委书记俞新利为每名离休干部佩戴了建党90周年纪念章，并将慰问金送到他们手中。

7月13日　省农村公路建设推进组领导一行来农场，对2011年的公路建设项目进行检查，并对工程实施进度快、质量过硬给予充分肯定。场长李思军陪同检查。

7月17日　管理局党委书记刘炳东来农场，对正在建设中的龙泽苑别墅小区和农林科技园区、水稻高产创建示范田、灌区渠首附属设施建设工程等重点工作进行检查。

7月18日　绥滨县新富乡近60多名农民来农场参观学习水稻种植新技术。

7月21日　红兴隆管理局考察团在党委书记常绍锋、局长王贵带领下来农场考察城镇建设、园区规划、现代化大农业等工作。

7月23日　香港特区第一任立法会主席范徐丽泰，带领香港特别行政区全国人大代表团一行96人来农场视察渠首，并到绥农新区走访了居民住户。总局副局长徐学阳、管理局党委书记刘炳东、局长刘长友陪同。

7月27日　由清华大学传媒专业3名在校大学生组成的新闻报道小组来农场调研，用于拍摄一部展现知青在农场生活、成长的纪录片，并根据农场提供的新闻线索走访了多名留在农场的下乡知青。同日，农场举行欢迎原武装二连40名下乡知青回访农场座谈会，场长李思军到会并讲话。知青向农场赠送了著名书法家崔承顺的书法作品作为纪念。

7月28日　管理局党建重点工作推进会与会人员来农场社区参观学习。

7月31日　总局农业局董桂军科长、八一农大蔡德利老师一行来农场检查指导工作。

8月1日　在"八一"建军节到来之际，农场党委组织武装部、民政局等部门负责人看望慰问退伍残疾军人和军烈属，并为他们送去慰问金。

8月2日　农场党委书记俞新利、场长李思军陪同离退休干部到农场科技园区水稻示范田和名山景区参观考察。

8月4日　总局绿办副主任高可珠和认证科罗红艳一行来农场，对农场绿色食品原材料标准化生产基地进行实地检查验收。

8月5日　晚间，农场遭遇强降雨，场区最大降水量为41.3毫米，最大风力达到8级，造成部分水稻、玉米等农作物倒伏。农场召开紧急会议，部署落实抗灾自救方案。

8月6日　管理局党委副书记赵文彩带领局直老干部参观团来农场参观考察。同日，哈尔滨管理局纪委考察团一行，在管理局纪委书记商丽梅的陪同下来农场参观考察党风廉政建设工作。

8月8日　管理局土地整理、整治专项会议在农场召开。管理局各部门负责人及工程所在农场的场长参加会议。

8月9日　中国社会科学院政治学所所长房宁带领调研组来到农场考察，对农场科研项目给予了高度评价。同日，柬埔寨班迭棉吉省翁恩省长一行8人，在管理局商务局局长张庆军的陪同下来到农场参观考察。

8月14日　农场卫生科开展餐饮消费环节食品安全整治"百日会战"。同日，总局高产创建检查组来农场检查水稻高产创建工作。

8月16日　北安管理局局长刘新华率领各农场场长来农场参观考察。

8月18日　农场通过统一考试招聘11名公安分局协警。同日，省劳模考察团一行在管理局工会主席刘德坤的陪同下来农场参观考察。

8月20日　江西省农垦事业管理办公室考察团一行，在管理局副调研员侯新华的陪同下来农场参观考察。同日，建三江管理局党委书记陶喜军、局长王利仁带领各农场场长、书记一行50余人来农场参观考察。

8月26日　江滨、二九〇农场组织农业生产一线的200余人来农场，参观学习现代大农业高标准建设工作。

8月29日　牡丹江管理局工会副主席平易带领各农场工会负责人来农场考察。

9月2日　中国曲协副主席崔凯、黑龙江曲协副主席孙静波来农场调研文艺工作。

9月3日　国家保障性住房巡视组一行来农场，就危房改造及廉租房建设情况进行调研。

9月5日 鹤岗市委书记、人大常委会主任杜吉明带领市人大、市政府、市政协等部门领导一行，在管理局党委书记刘炳东等领导的陪同下来农场调研。场长李思军、党委书记俞新利、副场长刘曙华陪同。

9月8日 牡丹江管理局宣传部部长王炳江带领各农场宣传部部长来农场参观考察。

9月14日 新疆生产建设兵团184团一行，在管理局人社局局长陈明友的陪同下来农场参观考察。

9月15日 农场召开粮食收储工作会议。同日，建三江管理局前进农场检察室主任杜刚一行来农场法庭参观交流。

9月17日 农垦总局劳动保障执法小组一行4人，在管理局人社局局长陈明友的陪同下来到农场检查指导工作。

9月21日 国家农业部财务司司长冀名峰一行来农场考察现代化大农业发展情况。先后到渠首、科技园区和浸种催芽基地进行实地考察。管理局局长刘长友、场长李思军陪同考察。同日，农场召开道路交通安全"百日会战"工作会议。

9月22日 国家农业部高产创建专家组一行来农场进行水稻高产创建实收测产。经科学检测分析，农场水稻高产创建突破公顷单产9吨大关。

9月23日 农场卫生科邀请国家著名早教专家张平来场，开展早期教育知识讲座。近300名家长聆听讲座。

9月28日 央视农业频道《聚焦三农》栏目组来农场采访现代化大农业建设。

9月29日 管理局民政工作会议在农场召开。管理局民政局领导及各农场民政局负责人参加会议。

9月30日 农垦宝泉岭滨城公共交通有限责任公司在农场成立。新购进舒驰牌公交车辆6台，审批公交营运线路3条，线路辐射农场29个居民组。

10月11日 农场通过资格审查、笔试、面试和体检等环节，面向社会公开招聘了6名宾馆服务员。

10月15日 国家级农业标准化示范场验收组一行来农场检查验收。

10月17日 总局畜牧兽医局局长张忠旭一行，在管理局调研员侯新华等领导的陪同下来农场检查畜牧工作。

10月18日　农业部农垦局中国农垦经济发展中心调研组一行来农场调研。

10月19日　完达山投资的鱼骨式集中榨乳站，在农场奶牛小区建成并投入使用。

10月27日　总局农业局局长马德全在管理局副局长蒋长春的陪同下来到农场，对农业标准化工作进行检查验收。总局领导对农场农业投入力度大、标准高的做法给予高度评价。

10月29日　农场畜牧公司面积为370平方米的现代兽医化验室改建完工。

10月30日　农场举行县人大代表换届选举工作。农场县人大代表名额为9名，其中职工代表4名，干部代表3名，知识分子代表2名。

10月31日　省国土资源厅土地整理中心验收组一行来农场，对2008年土地整理核心区项目进行验收。验收组在听取汇报和查看现场后给予好评，项目顺利通过验收。

11月5日　农场召开新建楼房开发建设单位与供水、供电、供热等相关部门负责人协调会。电视、公安、消防、卫生、通讯、开发商、职工代表和老干部代表参加会议。

11月15日　农场公安、安全、卫生等部门，联合对场区饭店、旅店等人员密集场所进行突击检查。

11月19日　总局党委（扩大）会议精神宣讲团一行，在总局文明办主任顾大峰、原农垦管理干部学院教授吴培玉的带领下来农场进行宣讲和调研。

12月2日　农场为医院购进的美国GE（美国通用电气）公司产LOGIQ—P5彩色超声诊断仪投入使用。

12月3日　总局建设局整体搬迁阶段性工作检查组一行来农场检查指导居民组整体搬迁工作。

12月4日　农垦总局副局长徐学阳带领总局党风巡视组一行来农场检查指导工作。

12月7日　农垦中级人民法院副院长刘星海等领导一行，在宝泉岭农垦法院院长丁华春等领导的陪同下，来农场法庭检查考核"特色法庭"创建工作。

12月8日　总局民政局低保科主任李革，在管理局民政局局长赵家祥的陪同下来农场检查指导工作。同日，农场召开党政班子扩大会议，研究水稻销售事宜。会后，分别与绥东粮库和忠仁粮库签订了3万吨水稻销售合同。

12月11日　总局贯彻党委（扩大）会议精神第一调研组一行来农场，实地走访调研现代化大农业发展情况。

12月14日　农场召开第十五届四次职工代表大会。参加会议的正式代表313人，特邀代表20人。

12月27日　农场畜牧兽医化验室通过了农垦总局畜牧局标准化化验室验收小组的考核验收。

12月　农场场直地区光电缆落入管道，共建设管道5.2公里，铺设新电缆1.5公里，铺设新光缆6公里。

本年度　农场粮食总产32.04万吨，实现地区生产总值11.25亿元，农场职工家庭人均收入2.18万元。

2012年　1月31日　公路站归属农场直接管理，更名为公路养护中心。

2月17日　省国土资源厅领导来农场调研。

2月19日　管理局局长刘长友来农场调研农业备耕生产和社会管理创新工作开展情况。

2月22日　管理局与中国中元公司项目合作洽谈会在农场召开。

2月24日　总局建委领导来农场检查工作。

3月15日　建三江管理局财务处领导带领各农场财务科长一行，在管理局财务处处长薛秀荣的陪同下来农场参观学习财务工作。

3月20日　农场在科技园区会议室召开法治文化建设年启动大会。

3月21日　八一农大信息学院领导来农场调研。

3月26日　农场在科技园区会议室召开思想政治工作和经济工作会议。同日，管理局水稻生产标准化现场会在农场召开。

3月27日　农场邀请中国社会科学院马克思主义研究所研究员龚云来农场，为机关干部作"改革创新与文化发展"专题讲座。

3月28日　场长李思军一行到哈尔滨，与北大荒粮食集团洽谈关于在农场建立国储粮收储资质合作事宜，并达成一致意见。

4月1日　黑龙江省日报社驻垦区记者站副站长蒋国华来农场，就"春耕一线和共同富裕"工作进行新闻采风。场长李思军进行了情况介绍。

4月2日　农垦总局种子管理处检查组一行来农场，检查春耕种子准备工作。同日，总局工会领导一行来农场检查女工工作。

4月4日　省水利厅领导来农场调研。同日，省公安信息化应用推广示范宣讲团一行来农场调研，并到新建公安楼施工现场进行实地考察。

4月7日　管理局水稻播种定标现场会在农场召开。

4月8日　《黑龙江日报》二版头条刊发介绍绥滨农场智能化催芽标准化育秧的新闻报道。

4月9日　审计署领导来农场调研。

4月10日　总局农业局副局长李玉成一行来农场检查指导节水灌溉工作。同日，农垦中级人民法院法警支队长詹志国一行，在宝泉岭农垦法院黄东风副院长等领导的陪同下来农场，检查指导法庭安全工作。

4月11日　总局文化委领导一行，在管理局党委宣传部部长包日明的陪同下来农场检查指导文化工作。

4月18日　总局高产创建检查组一行来农场检查指导工作。

4月21日　总局工会副主席马凤兰一行在管理局工会主席刘德坤等领导的陪同下来到农场，检查职工书屋、培训中心、蔬菜大棚和困难帮扶中心建设情况。

4月25日　国家农业部危房改造及配套督察组一行来农场检查工作。同日，省公安厅治安总队、总局公安局检查组一行，到农场公安分局检查指导新建成的公安办公大楼使用情况。

4月26日　总局农发办检查组一行来农场，检查指导土地治理和产业化经营项目工作。

4月27日　总局建设局领导来农场检查小城镇建设工作。同日，省广电局领导来农场检查电视无线信号及播出工作。《黑龙江科技报》头版头条刊发了"绥滨农场推进农业标准化建设"的专题报道。

5月1日　《经济日报》三版"五一"劳动节特刊，刊发了农场社区主任张洪国的先进事迹。

5月7日　黑龙江中储粮萝北直属库主任戴贵安一行来农场考察，计划在农场建设直属库分库。

5月8日　中工国际、北大方正考察团一行，在管理局副局长侯新华的陪同下来农场考察。

5月9日　农场成立乒乓球、篮球、羽毛球、排球、健身、象棋、文学创作、书法美术、音乐舞蹈、摄影等10个协会。

5月11日　管理局水稻插秧现场会在农场召开。

5月16日　总局电视台文化周刊栏目播出农场专题片《五载春秋结硕果》。

5月23日　鹤岗泰丰米业有限公司董事长郑明珠一行3人来农场，就建设大米加工、米糠油生产及稻壳发电项目等有关事宜进行洽谈。

5月24日　总局交通局领导来农场调研。

5月25日　省水利厅领导来农场调研。同日，总局农机推广示范县检查组一行来农场检查农机工作。

5月28日　中央电视台记者一行来农场采访春播工作，聚焦现代化大农业。同日，总局公安局消防支队领导来农场检查指导工作。

5月　总局农业综合开发项目检查验收组一行来农场，对2011年农业综合开发项目进行重点抽验。项目被评为优秀等级，受到总局通报表扬。

6月13日　总局审计局领导来农场检查指导工作。

6月15日　韩国盛华株式会社董事长宋延燮和总经理郑明日一行来农场参观考察，并就苗床土生产和工厂化育秧项目与农场达成意向协议。

6月18日　农场林业局利用一个月的时间完成了19500亩重点公益林的监测样地复检工作，通过了省林业规划设计院的验收。

6月19日　农场举办"特步杯"篮球赛。

6月20日　总局农发办领导来农场检查农发建设项目。同日，新疆生产建设兵团184团领导一行来农场参观学习。

6月21日　农场举办"龙福杯"乒乓球赛。同日，省环保厅领导来农场检查指导工作。

6月22日　农场开展"建和谐社区邻居节"活动。

6月24日　农场举办"清风净土百人廉政歌曲大合唱"活动。

6月25日　"龙广北大荒之声"垦区巡演慰问团来到农场，在文化广场举办"靠近你、温暖我"大型歌舞晚会。

6月27日　农场举行庆"七一"文艺演出。

6月28日　农场举办"安康杯"知识竞赛。

6月29日　农场老干部科召开"干部离退休制度建立30周年"纪念大会。党委书记俞新利出席会议并讲话。

7月2日　乌克兰客商来农场参观考察。同日，总局卫生监督所领导来农场检查指导工作。总局土地整理项目检查组一行来农场验收项目工程。

7月4日　农垦科技学院援疆干部培训班成员来农场考察。同日，总局种子管理处处长张新明来农场调研水稻种子田管理情况。

7月11日　管理局党委书记刘炳东、局长刘长友陪同九三管理局领导来农场参观考察。

7月12日　农场在文化广场举行"龙润杯"卡拉OK比赛。同日，总局水稻专家来农场考察水稻生产情况。

7月13日　总局党委宣传部部长高跃辉来农场调研。

7月15日　总局卫生局副局长陈艳带领总局人口和计划生育"惠家工程"推进会与会人员来农场参观学习。

7月16日　全国曲艺精品创作班成员来农场参观。

7月17日　国家人社部领导来农场调研。

7月18日　管理局半年经济工作会议在农场召开。

7月19日　鹤岗市委书记杜吉明一行来农场参观考察。

7月20日　农场2004年度1000亩退耕还林工程通过国家验收。

7月22日　农场在文化广场举办"文明诚信　打造魅力绥滨"消夏文艺晚会。

7月23日　总局水务局领导来农场检查指导节水灌溉工作。同日，管理局"创建学习型管理局"现场会在农场召开。

7月24日　总局党委组织部部长刘伟康来农场调研。

7月25日　管理局半年经济工作会议在农场召开。同日，延安革命老区参观团一行来农场参观考察。

7月26日　总局粮食直补检查小组一行来农场检查工作。同日，总局电视台《魅力北大荒　我们与你同行》栏目组来农场进行现场节目录制。

7月27日　农场在文化广场举办"军歌嘹亮迎八一"文艺演出。同日，总局农场经济研究协会领导来农场调研。

7月31日　农场在文化广场举行全民健身运动第九套广播体操表演和比赛活动。

7月　省财政厅有关领导来农场进行会计监督检查，并对农场土地整理重大工程进行了重点检查。

7月　农场投资50余万元的军民共建工程竣工。为边防三连安装了自来水，新建了环形跑道、战术训练场、靶场等设施齐全的多功能训练场。

8月6日　省国土资源厅领导来农场检查验收土地整理项目核心区工程。同日，总局司法局局长韩庆海来农场检查指导工作。北安管理局政法系统考察团一行来农场参观考察。

8月8日　牡丹江管理局林业系统领导来农场参观。

8月10日　总局农业局领导来农场检查农业工作。同日，建三江管理局前进农场领导来农场参观学习。

8月11日　管理局计划生育办主任邓玉芬带领参加人口和计划生育现场会的与人员来农场参观学习。

8月12日　北安管理局副局长西亮一行来农场参观学习。

8月13日　农场场长李思军一行到俄罗斯远东农场，考察绥滨农场赴俄作业区和家庭农场种地情况。

8月15日　全国总工会民管部部长郭军、省总工会副主席郭长义、总局工会副主席朱晓坤，在管理局工会主席刘德坤等领导的陪同下来到农场，就场务公开、民主管理和劳务市场管理工作进行调研。

8月17日　省气象局领导来农场检查指导工作。同日，管理局农业标准化及农机管理拉练会与会人员来农场参观学习。

8月20日　农场党委书记俞新利、场长李思军等领导陪同离退休干部20余人到绥滨县月牙湖景区参观考察。

8月21日　省公安厅周宏副总队长一行来农场公安分局调研指导工作。

8月22日　总局网络安全总队一行来农场参观考察营房建设工作。

8月24日　山河农场领导来农场参观学习。

8月26日　农场参加管理局"玉兰牧业杯文艺汇演"比赛荣获一等奖。

8月27日　总局建设局领导来农场检查指导工作。

8月28日　场长李思军参加由中国经济社会发展智库理事会、中国社会科学院经济社会发展研究中心、中国经济规律研究会和河北农业大学联合主办，黑龙江省绥滨农场和甘南县兴十四村协办的"中国经济社会发展智库高层论坛"。

8月29日　省人大老干部参观团一行来农场参观考察。

8月31日　农场林业局历经42天，完成了森林资源二类调查工作并录入系统。

9月3日　省公路局领导来农场检查指导工作。

9月4日　省交警总队法制处孙延丰、李晴岚在宝泉岭农垦公安局有关领导的陪同下来到农场，督导检查公安分局交警中队十八大交通安保专项行动落实情况。

9月5日　管理局土地整理项目现场推进会在农场召开。

9月6日　农场公安分局迁入新办公楼。同日，农场开展以"科学发展、安全发展"为主题的秋季安全生产整治活动。

9月8日　农场畜牧公司联合公安、安全、宣传等部门，在科技园区开展动物重大疫情应急演练。

9月10日　总局种子鉴评小组来农场鉴评水稻种子。

9月14日　《中国公路》杂志社记者来农场采访公路建设工作。

9月15日　农场在客运站对面修建的150余平方米劳动力市场投入使用。同日，农场按照管理局要求，编制完成《争创垦区经济社会全面发展先进场（2013—2015）三年财务规划》。

9月17日　新疆生产建设兵团一八四团领导一行来农场参观学习。同日，管理局工业项目建设拉练会与会人员来到农场参观。

9月19日　省妇联副主席张长虹带领考察团来农场调研。

9月21日　建三江管理局考察团一行来农场参观考察。同日，总局党校领导来农场考察。

9月24日　省住建局领导来农场检查指导工作。

9月26日　全国大学生创业参观团来农场参观考察。

9月27日　省公安厅情报信息总队副总队长高忠远一行来农场公安分局检查指导工作。

9月28日　农业部农垦局调研员华国雄来农场调研。

10月5日　总局畜牧局领导来农场验收标准化猪场建设工作。总局交通局领导来农场检查验收农村公路养护工作。农垦科技职业学院领导来农场参观考察。

10月11日　农场公安分局举办新建办公大楼落成搬迁剪彩仪式。农场党委书记俞新利主持，宝泉岭农垦公安局局长徐连斌、农场场长李思军分别致辞。同日，宝泉岭农垦公安局在农场公安分局召开整治"三超一疲劳"交通违法行为专项行动表彰暨十八大道路交通安全保卫工作推进会议。

10月12日　管理局粮食收储工作现场会在农场召开。

10月16日　英国路透社记者来农场采访场长李思军和农业生产工作。

10月17日　农垦绥化管理局领导来农场参观考察。

10月19日　总局副局长徐学阳陪同农业部领导来农场检查指导工作。同日，管理局公安局局长徐连斌陪同省公安厅治安总队领导来农场调研。

10月22日　管理局秋整地现场会在农场召开。

10月26日　省公安厅党委委员、交警总队队长何健民来农场公安分局检查指导十八大道路交通安全工作。

10月29日　管理局创新社会管理现场会与会人员来农场参观检查。

11月5日　农场投资320万元新建成的1440平方米集康复、妇科、儿科、预防接种门诊等科室为一体的综合楼正式投入使用。

11月6日　农场城管局开展为期10天的场区农机车乱停、乱放清理工作，并提供地点统一停放。

11月8日　省国土资源厅领导一行来农场验收撤队并点土地整理工程。

11月9日　总局安全生产检查组一行来农场检查工作。同日，场长李思军、种植户杨宝军、门振海与黑龙江省水稻专家徐一戎，受邀参加农业部和中国中央电视台第七套栏目联合举办的"粮安天下　丰收中国"秋收晚会节目录制。

11月10日　农场投资508万元新建的客运综合楼投入运营。

11月17日　农场在农机大市场南侧新建的农贸大集投入使用。

11月24日　农场在龙门管理区投资建设的年产有机肥2000余吨的有机肥厂建设完工投入使用。

11月26日　省治安总队领导来农场公安分局检查指导工作。

11月28日　场长李思军应邀接受农垦总局北大荒电视台的采访。

12月3日　中央电视台七套播出场长李思军等人参加的"粮安天下　丰收中国"秋收晚会节目。

12月10日　管理局粮食局叶国庆一行来农场进行实物地租粮收储工作

情况调研。

12月14日　马来西亚客商来农场考察调研。

12月17日　北大荒垦丰种业股份有限公司领导来农场调研。

12月30日　农场科技园区智能连栋温室正式对外开放。

本年度　农场粮食总产30.48万吨，实现地区生产总值14.07亿元，农场职工家庭人均收入2.59万元。获得农业部授予的"全国农业标准化示范场"荣誉称号。

● **2013年**　1月6日　农场第十六届一次职工代表大会在学校会议室召开，参加会议的正式代表291人。

2月26日　由黑龙江省人民政府主办的2013首届"中国·华夏东极抚远——神州北极漠河冰雪汽车挑战赛"，进入同江至绥滨农场第二拉力赛段的争夺，全长113公里。绥滨农场是此次拉力赛的垦区唯一赛段终点。

2月27日　黑龙江卫视《新闻联播》农业新闻报道组一行来农场，对农场"抢清积雪、早扣大棚"备春耕工作进行广泛深入的采访报道。

2月28日　总局交通运输局副局长李宏林一行4人来农场，对客运站春运工作进行检查。同日，农场新建客运站正式投入使用。

3月16日　总局电视台副台长高峰、专题部主任温瑞金一行，在管理局电视局副局长赵锦彬陪同下来农场调研。

3月21日　总局农业局备耕生产专家检查组霍立军、那永光一行来农场检查备耕生产工作。

3月29日　农业部农垦局巡视员何子阳、农业部文化中心袁燕梅、总局农机局局长李俊一行，在管理局副局长蒋长春的陪同下来农场，就春耕生产工作进行调研。

4月9日　总局环保局副局长武勇带领由环保局和畜牧局组成的检查组一行来农场，检查指导猪、牛粪便无害化处理项目落实情况。

4月11日　省气象局台站标准化验收组组长任绍臣、总局农业局副调研员鲍文东一行，在管理局农业局局长黄家安的陪同下来农场，对科技园区气象观测站标准化建设工作进行检查验收。

4月12日　总局文化委主任王甲林、体育局局长马鸣春到农场检查指导工作，并参观了现代化农林科技园和天朗公园。

4月14日　省"春雷行动"督导组主任郭淑萍、总局质监局副局长张晓光、管理局质监局局长邵齐建一行8人来农场，检查"春雷行动"开展情况，并对大成酒厂等企业进行了生产安全、产品质量检查。

4月16日　农场首届龙府旅游节·龙江第一渠开闸提水仪式盛大开幕。管理局副局长蒋长春、工会主席刘德坤、卫生局局长于治臣等领导及农场党政班子全体成员参加了活动。

4月18日　总局建设局局长权赫宇、安监局局长张凤格，带领燃气安全专项检查组来农场检查工作。同日，总局党委组织部副部长金永库一行，在管理局党委组织部部长杨宪君的陪同下来农场视察工作。

4月21日　总局"千人百场"科技服务专家组一行来农场，深入春耕生产一线进行技术指导。

4月22日　农场老干部科组织离退休干部"宣讲团"，在科技园区会议室向小学生进行"牢记光荣创业历史，争做优秀北大荒人"教育活动。同日，总局党委宣传部部长高跃辉、管理局党委宣传部部长包日明来农场，就"三项教育"（指全心全意为人民服务的宗旨教育、实事求是的思想路线教育，严格公正文明执法的法制教育）工作进行调研。

4月27日　省公安厅治安总队副总队长刘新海和副支队长徐惠民一行，在宝泉岭农垦公安局副政委宋广杰等领导的陪同下来农场，对公安分局一级派出所创建工作进行考核。

5月8日　红兴隆管理局工会主席李长毅带领各农场工会主席30余人来农场参观学习。

5月10日　总局交通运输局安委会领导一行，在管理局交通运输局副局长周志明的陪同下来农场，检查指导春融期安全生产工作。同日，农场离退休干部台球队参加管理局第五届离退休干部台球赛，分别获得集体和个人第一名。

5月11日　总局副局长邹积慧一行，在管理局局长刘相增、副局长蒋长春的陪同下来农场检查春耕生产工作。

5月13日　垦区公安局党组成员、纪检组长张文君一行，在宝泉岭农垦公安局纪检书记周庆涛、法制大队副大队长曹振雷的陪同下来农场，检查指导公安分局执法规范化建设和纪律作风建设等工作。

5月19日　总局副局长徐学阳和总局农业局局长马德全一行，在管理局副局长蒋长春的陪同下来农场，检查指导水稻生产工作。

5月22日　省厅法制总队督查支队队长张冰洁一行，在垦区公安局法制支队副支队长李刚、宝泉岭农垦公安局副局长张树鹏的陪同下来农场，检查指导公安分局执法规范化建设工作。

5月28日　总局民政局局长孙明义，在管理局副局长梁月升等领导陪同下来农场检查指导工作。

6月1日　由农场老干部牵头，电视台、文体局协助制作的纪念建场65周年大型电视访谈节目"讲历史、说情感、谈愿景——见证65周年"圆满完成10期的录制工作。节目制作成光盘，在电视台分期播出。

6月8日　垦区公安局监管支队队长张宝林、科长丛高天一行，在宝泉岭农垦公安局副局长张树鹏的陪同下来农场，检查指导拘留所工作。

6月9日　管理局在农场召开"一优三好"工作现场推进会。同日，农场社区在绥农新区举办第四届"百家宴"邻居节暨"龙门福地杯"厨艺大赛。社区工作人员和小区居民共300余人参加活动。

6月16日　总局教育局高职处科长杨广英一行，在管理局教育局科长黄臣等人陪同下来农场，检查指导农广分校工作。

6月18日　国家退耕还林验收检查组楼毅、吴昊一行，在省退耕还林办主任雷军、管理局林业局造林科科长徐忠贤的陪同下来农场，对2005年退耕还林地块进行检查验收。

6月19日　省公安厅副厅长崔存德，在垦区公安局副局长刘春辉和宝泉岭农垦公安局副政委宋广杰、副局长张树鹏的陪同下来农场，检查公安分局营房建设工作。

6月25日　农业部管理干部学院农垦培训部主任冯明慧和薛建良博士，在农垦总局科技局局长李金海、管理局科技局局长高春生等领导的陪同下来农场，对农业技术推广体系建设情况进行调研。同日，由管理局纪委举办的廉政知识学习竞赛，东部赛区预赛在农场科技园区举行。参赛队有二九〇、绥滨、江滨、军川、名山、延军、共青7个农场代表队。名山和绥滨农场取得决赛资格。

6月26日　新疆兵团农十师北屯公安考察团一行，在垦区公安局常务副局长徐修忠、指挥长刘林和宝泉岭农垦公安局党委书记、局长徐连斌等领导的陪同下，来农场公安分局参观考察。

6月28日　北大荒文工团来农场进行"三项教育"专题演出。

6月30日　九三垦区公安局局长周伟带领各公安分局局长，在宝泉岭农垦公安局副局长张树鹏的陪同下，来农场公安分局参观指导工作。

6月　农场将4个管理区重新设置为12个管理区，管理区平均耕地面积为4.4万亩。

7月1日　农场改革货币资金收支方式，货币收入使用POS机刷卡收款，货币支出利用网上银行支付。

7月4日　总局社保局副局长李淑梅一行，在管理局社保局局长李树山、副局长古国跃等领导的陪同下来农场，就社保局养老保险收缴、待遇支付审核、财务核算等工作进行检查指导。

7月6日　总局市容环境卫生检查组一行，在管理局住建局局长孟庆国等领导的陪同下来农场检查指导工作。

7月7日　全国农林水利总工会调研组一行，在农垦工会副主席朱晓坤、管理局工会主席刘德坤等领导的陪同下来到农场，就职工就业与培训情况进行调研。

7月15日　《民主与法制时报》报社总编室主任崔世海、专题部副主任刘凤军，《民主与法制参考》内参编辑部主任段民峰一行来到农场调研。

7月16日　总局发改委副主任马忠峙一行，在管理局计财处处长薛秀荣、卫生局局长于治臣等人的陪同下来农场调研。

7月17日　省公安厅督察总队队长李木，在宝泉岭农垦公安局局长徐连斌等领导的陪同下，来到农场公安分局检查工作。

7月19日　总局电视局经济部《魅力北大荒》栏目组一行来农场，开展"魅力北大荒　我们的幸福生活"大型现场节目录制。

7月20日　哈尔滨农垦公安局红旗派出所所长田喜明一行，来到农场公安分局参观考察营房建设工作。

7月22日　中国艺术研究院艺术品鉴定中心副主任、文化部青年联合会副主席、文化部青联美术委员会主任、中国美术家协会会员张龙新来农场采风。

7月23日　总局司法局法宣科科长王婷婷，带领总局"六五"普法工作中期检查组一行，在管理局纪委书记商丽梅、司法局局长董佳友的陪同下来农场，检查指导司法分局"六五"普法工作开展情况。

7月25日　原总局社科联常务副主席、教授、垦区著名学者胡忠录老师，在管理局文化委副主任杨德君的陪同下来农场调研文化产业工作。

7月28日　由9所全国知名农业院校和研究所组成的全国生态调研组一行，在管理局副局长侯新华的陪同下来农场调研。同日，省社会科学院领导一行，在管理局副局长梁月升陪同下来农场，到科技园区、龙泽苑和"龙江第一渠"渠首调研。

7月30日　总局工会民管部长郑晓密，在管理局工会副主席李秀英的陪同下来农场，检查指导场务公开民主管理工作。同日，垦区交警支队法制科科长董长生、办公室秘书李峻峰一行来农场公安分局检查指导工作。

8月1日　省人民检察院党组副书记、副检察长王军，省人民检察院农垦分院党组书记、检察长邹鹏，管理局党委书记刘炳东和宝泉岭农垦公安局局长徐连斌一行来农场检查指导工作。党委书记俞新利、场长李思军陪同。

8月7日　总局党委宣传部部长高跃辉，在管理局党委宣传部部长包日明的陪同下来农场检查指导工作。党委书记俞新利、场长李思军陪同。同日，原农场知青，全国人大常委会委员王佐书、中国著名书法家崔承顺回访农场。

8月8日　农场抗洪抢险突击队支援二九〇农场，拉开了抗洪抢险战役的序幕。

8月14日　省农垦农产品质量安全中心检查组副主任高可珠一行，在管理局绿色食品办公室主任叶国庆的陪同下来农场，对无公害农产品工作进行复查。

8月17日　农场防汛指挥部领导冒雨深入基层实地了解防汛情况，察看黑龙江水涨势。

8月20日　省交警总队办公室主任邢一夫，在鹤岗市交警支队副队长宋学斌、宝泉岭农垦公安局交警大队队长王友生陪同下来农场，就汛期交通安全管理及"文明交通示范管理区"工作开展情况进行检查指导。

8月21日　农场突击队员在松花江高台子险段紧急铺设彩条布除险情。

8月22日　党员抢险突击队队员冒险跳入江水排除险情。同日，农场公安分局派公安干警到黑龙江沿线排查渔点疏散居民群众。

8月24日　农场机关抗洪抢险突击队奋战松花江高台子。同日晚，农场在文化广场举行为黑龙江、松花江遭受洪涝灾害地区的百姓捐款活动，共为灾区捐款 27 万余元。同日，省水利厅总设计师吴志宏一行来农场，在党委书记俞新利、副场长赵永林等领导陪同下，到渠首检查指导防汛工作。农垦总局民政局吕维明处长和低保中心主任李革一行，在管理局民政局局长赵家祥的陪同下，来农场民政局检查指导工作，并前往老年公寓受灾群众集中安置点慰问。

8 月 25 日　农场上千名突击队员在向阳排干冒险安装排水泵。

8 月 27 日　农场突击队员紧急砍伐大口门背水坡树木排查管涌险情。

8 月 28 日　农场突击队员决战向阳排干排除险情。

8 月 31 日　农场第四批抗洪突击队队员参加大口门会战。

9 月 3 日　农场大口门会战党员突击队连续奋战排除险情。

9 月 5 日　农场举办首届社区文化节。同日，农场在文化广场隆重举行"楷模的力量"颁奖晚会。党委书记俞新利、场长李思军等农场领导参加。

9 月 7 日　农场党委书记俞新利走访异地居住的 4 名离退休干部，为每人送去慰问金 1000 元。

9 月 12 日　农垦科学院院长马守义一行，在管理局副局长蒋长春的陪同下来到农场考察水稻长势、农业信息化管理系统应用和生物肥加工生产等科研成果转化生产力项目的实际效果。

9 月 19 日　省委书记王宪魁在总局局长王有国的陪同下，来到农场第二管理区检查秋收工作。

9 月 22 日　新疆北屯市人民法院院长张新军一行，在管理局法院党组书记、副院长宋德双的陪同下来到农场调研。同日晚间，农场在文化广场举行抗击"黑松两江"洪水先模表彰大会。

9 月 23 日　总局交通运输局副局长李红林一行，在管理局交通运输局局长王明月的陪同下来农场调研。副场长刘春青及相关部门负责人陪同。

9 月 24 日　农垦科学院水稻所副所长那永光、总局农业局生产科主任霍立君一行来农场，对"万亩高产创建示范片"和"核心攻关区"水稻进行测产。

9 月 25 日　总局工程咨询评审中心主任权赫宇、教授胡中禄一行，在管理局住房城乡建设局局长孟庆国的陪同下来农场进行城镇化建设调研。

9月28日　省人民检察院农垦区分院副检察长马晓东、省人民检察院反渎职侵权局处长王成晟、苗德君等一行，在农垦分院反渎职侵权局局长雪冰，宝泉岭农垦区人民检察院副院长孙永平、反渎职侵权局局长帅勋明的陪同下来到农场检查室检查指导工作。

9月　完成天朗公园二期改造工程，新建和改建了文化长廊和文化广场。

9月　农场新建1.4万平方米的农机维修中心并交付使用。

10月9日　总局国土资源局副局长付朝勇一行，在管理局副局长侯新华的陪同下来农场，针对垦区宅基地建设项目用地管理、垦区社会主义新农村建设等工作进行检查指导。

10月16日　鹤岗市政协副主席于冶铭、市旅游局局长徐登祥等领导来农场，就农场发展现代化观光农业旅游业的概况和优势进行调研，并针对农场申请纳入鹤岗市旅游线路的问题达成意向性协议。

10月17日　省检察院农垦分院副检察长钱玉珉一行，在宝泉岭检察院检察长王学林、党组副书记李玉亮陪同下，来到农场检查指导检察室服务非公有制经济工作情况。

10月22日　总局交通运输局道路运输管理处处长崔振武，在管理局交通运输局副局长周志明陪同下来农场考核检查工作。同日，总局司法局副局长蒋本东、科长黄蓉，在管理局司法局局长董佳友等领导陪同下来到农场司法分局检查指导工作。同日，新疆生产建设兵团第十师184团团长吴晓斌一行，在管理局副局长梁月升的陪同下来农场参观考察。

10月25日　省环保厅领导一行，在管理局副局长侯新华的陪同下来农场参观考察。

10月　农场计财科、政研室启用土地承包费收费软件，将土地面积及种植户信息全部纳入计算机系统控制管理。

10月　完成管理区道路硬化和场区水泥路面5.7公里。

10月　完成危房改造配套供水工程，铺设自来水管线8000延长米。

10月　完成场区3栋楼楼体的立面改造。

11月15日　总局卫生局梁士国一行，在管理局卫生局局长于治臣和农场副场长刘春青等领导陪同下，对农场半年来创建"示范社区卫生服务中心"的改进和进展情况进行检查指导。

11月26日　总局卫生局局长张启新一行，在管理局卫生局局长于治臣、农场副场长刘春青等领导陪同下，来到农场医院进行卫生工作调研和指导。

12 月 4 日　总局宣传部副部长史桂霞带领垦区文化体制机制创新问题调研组一行，在管理局宣传部部长包日明的陪同下来农场调研。

12 月 11 日　省人力资源和社会保障厅李志学处长，在总局人社局李亚斌科长、管理局人社局局长陈少华的陪同下来农场，验收管理局省级"充分就业社区"创建工作。农场代表管理局迎接检查。

12 月 24 日　总局平安建设检查组政法委副书记卢庆久一行，在管理局副局长蒋长春、政法委副书记孙秀江的陪同下来农场，对总局、管理局年初签订的综治责任状进行考核及申报省级"平安场"工作进行验收。

同日　农场正式对十二个管理区进行命名，分别为：龙门管理区、红山管理区、近思管理区、龙岗管理区、龙兴管理区、龙旺管理区、重阳管理区、火犁管理区、广信管理区、龙泉管理区、东井管理区、智远管理区。

12 月 28 日　全国农垦农机标准化示范场专家组一行来农场，对农场申报的"全国农垦农机标准化示范场"创建工作进行验收。

12 月 30 日　农场第十六届二次职工代表大会胜利召开。来自农场各条战线的 308 名职工代表参加大会。

本年度　农场粮食总产 31.63 万吨，实现地区生产总值 15.7 亿元，农场职工家庭人均收入 2.76 万元。农场获得农业部授予的"AAA 级全国农垦农机标准化管理示范农场"荣誉称号、总局授予的"抗洪抢险劳动模范单位"荣誉称号、省政府授予的"全省民主法治社区"荣誉称号，农场社区获得全国总工会授予的"模范职工小家"荣誉称号，公安分局获得公安部授予的"全国一级公安派出所"荣誉称号。

● **2014 年**　1 月 3 日　农场党委召开学习总局党委（扩大）会议精神研讨会，机关各科室科长、场直单位主要领导参加会议。

1 月 6 日　农场成立农发项目建设领导小组，场长任组长，分管财务和农、林、水的副场长任副组长，办公室设在计财科（农发办），设专职农发项目会计，负责农发项目建设的核算与资金管理。

1 月 7 日　省公安厅治安总队副总队长殷伟、垦区公安局治安支队支队长车万辉、宝泉岭农垦公安局副政委宋广杰等领导一行来到农场公安分局，督导检查"冬季社会治安专项整治行动"开展情况。

1月8日 农场领导分别带队对全场困难群众、困难党员、离退休干部等进行春节前走访慰问。

1月9日 管理局"文艺下乡"迎新春慰问演出团来到农场，与农场携手举办龙门福地迎新春联欢晚会。

1月10日 农场安委会组织公安、卫生、安全等多部门联合开展冬季安全生产大检查。

1月14日 农场组织部召开基层党支部书记培训会议。

1月18日 绥滨县旅游局黄立国局长一行来农场，探讨合作开发龙府旅游资源，促进县域经济发展有关事宜。同日，农场在学校阶梯教室举办农业标准化培训班。各居民组组长、农业技术员、水稻种植能手近500余人参加学习。

1月19日 农场在机关二楼会议室召开安全生产扩大会议。

1月20日 农场在机关五楼会议室召开重点工作汇报会。管理局副局长梁月升参加会议并听取汇报。

1月22日 农场党委书记俞新利、副场长张明带领安监局、公安消防等部门领导和电业技术人员，到粮食中心、奶牛小区和红山管理区检查安全生产工作。

1月24日 垦区公安局消防支队火调科科长杨玉林、消防支队工程师崔占峰一行来到农场，对辖区人员密集场所进行消防安全检查。

1月 农场与北大荒垦丰种业集团达成协议，农场种子生产经营业务划归北大荒垦丰种业集团。这是垦区113个农牧场中最后一个加入垦丰种业的种子公司。

2月14日 晚间，农场在文化广场举办元宵佳节欢庆活动。

2月19日 农场在机关五楼会议室召开"一优三好"和"善治绥滨"工作研讨会。

2月21日 省公安厅国保总队副总队长郑晓光，在宝泉岭农垦公安局有关领导的陪同下来到农场，检查指导公安分局国保基层基础工作。

2月22日 国家中储粮黑龙江分公司领导一行来到农场科技园区智能温室大棚参观。

2月26日 农场工会在学校阶梯教室举办职工素质提升专题讲座。

3月1日　农场设置计财部门办事大厅，统一办理土地承包费收取、取暖补贴返还、基本田补贴、物业费收取、代收医疗保险费等财务事项，设主任1人、办事员4人。

3月2日　原省文化厅厅长贾宏图来农场调研，了解农场历史文化、历史背景和人物事迹。同日，农场举办首届"二月二开耕节"庆祝活动。

3月5日　农场召开女工工作暨庆"三八"先优表彰大会。同日，省宗教事务局二处处长马国利来农场调研。牡丹江管理局卫生监督所副所长沈小光一行，在管理局卫生监督所副所长李军的陪同下来农场进行卫生执法检查。

3月10日　管理局局长刘相增、副局长蒋长春带领参加管理局农业生产现场会的与会人员来农场参观学习。

3月13日　总局残联理事长赵雅辰来农场调研残疾人康复服务工作。

3月14日　农场党委在机关二楼会议室召开党委理论中心组学习（扩大）会议，集中观看学习《中国共产党党员领导干部廉洁从政若干准则》专题片。

3月23日　二九〇农场农业参观团一行来农场参观学习。

3月25日　省农垦经济研究所所长王大庆一行来农场调研。

3月28日　省注册安全工程师协会会长李宝君、中国职业健康协会副理事长杨中、青岛市崂山区安监局副局长袁坤廷、省安全社区办公室副主任齐彦龙一行来农场调研。

3月29日　农场组织部在机关二楼会议室举办"我眼中的好干部"主题演讲比赛。

3月　农场现代农林科技园区被农业部授予"中国青少年现代农业示范科普基地"称号。

4月5日　农场在东井管理区召开由机关各科室负责人、各管理区主任参加的播种定标现场会。

4月6日　农场在科技园区会议室召开管理区工作推进会议。

4月7日　管理局在农场召开水稻播种定标现场会。

4月10日　总局副局长徐学阳带领总局农业、农机等部门领导来农场检查指导农业生产工作。同日，省教育厅副厅长李云增等教育督导组一行来农场检查指导工作。

4月11日　管理局在农场召开"一优三好"工作现场推进会。各农场党委书记、副书记、工会主席、组织部部长、宣传部部长、纪委副书记、工会副主席、局直各单位党委副书记、政工科长参会。管理局党委书记刘炳东参加会议并作重要讲话。

4月12日　农场第二届"提水节"暨龙门福地旅游文化节在"龙江第一渠"渠首隆重举行。管理局农业局、农机局、水务局等部门领导及农场党政班子成员参加开幕式，场长李思军致开幕词。

4月15日　省厅监管总队副总队长徐恒明一行来到绥滨拘留所检查指导工作。

4月16日　农场在科技园区会议室召开百名科技示范户标兵培训会，场长李思军授课。

4月17日　农场卫生、畜牧等多部门在农贸大集联合开展以"保护舌尖上的安全"为主题的食品安全宣传活动。

4月22日　农场在科技园区会议室召开基层党支部书记廉政建设业务培训会。

4月27日　总局关工委主任马学利、关工委办公室主任任少军一行来农场调研。

4月29日　管理局共青团主办的"我为管理局当导游"决赛在农场科技园区会议室举行，农场参赛选手林洋获得第一名。

5月7日　农场成立以场长、书记为组长的"账外账"问题专项治理领导小组，开展为期15天的专项治理工作。

5月8日　省委组织部副处长王长军、总局第一督导组组长孟凡龙一行来农场，就党的群众路线教育实践活动和企业党建工作进行督导调研。

5月14日　省农垦检察分院监所处处长任秋波一行来农场，检查拘留所和社区矫正工作。

5月16日　农场职工顾洪昌家庭，在全国妇联举办的"最美家庭"评选活动中，荣获"全国最美家庭"殊荣。顾洪昌家庭是"全国最美家庭"中唯一一个来自垦区的家庭，也是省内三个获奖家庭之一。

5月20日　省政法干部管理学院"青少年法制宣传教育基地"建设培训部桂杰处长一行来农场，就法治文化建设等工作进行调研。

5月15—22日　由国务院新闻办策划的纪录片《美丽乡村》摄制组一行

来农场，先后到红山管理区、近思管理区、龙江渠首进行了《美丽乡村》系列宣传片《关之北》之"绥滨农场现代化大农业家庭农场插秧故事"和"大美龙江灌渠"的拍摄。

5月28日　农场老干部科组织离退休干部"五老"（老干部、老战士、老专家、老教师、老模范）报告团成员，在科技园区会议室向中小学生宣讲"北大荒"精神，党委副书记刘曙华出席活动并讲话。

6月4日　管理局在农场举办"环保杯"乒乓球比赛。管理局党委副书记李振海、宣传部部长包日明参加开幕式。

6月6日　鹤岗市政协主席徐祝新带领考察团来到农场，就现代化大农业旅游发展进行调研。

6月7日　农垦总局局长王有国及总局财务、工信委等部门负责人来农场，就农业产业化综合发展工作进行调研。

6月10日　北京国际鲜花港有限公司负责人带领俄罗斯客商一行，来到农场"龙之府"温室苗木花卉基地，实地考察花卉及南方植物温室种植情况。

6月11日　水利部刘湘宁处长一行来农场检查"龙江第一渠"灌区运行情况，对农场从建设到管理再到维护全程高标准运行、造福一方百姓的做法给予高度认可。同日，八一农垦大学校长秦智伟带领洽谈访问团来到农场调研。

6月12日　省委党校第33期正处级经济培训班一行50余人来到农场调研。

6月13日　中国社会科学院编辑部研究员李千、中国社会科学院世界经济与政治研究所研究员郗润昌一行来到农场科技园区调研。鹤岗市东山区副区长张祖明一行来到农场调研现代化大农业建设情况。

6月14日　管理局"践行群众路线，学习先进找差距"现场会在农场召开。

6月16日　鹤岗市妇联党组书记、主席冯丽敏一行来农场，为荣获"全国最美家庭"的顾洪昌家庭颁发荣誉证书，并为其家庭荣获"爱国主义教育基地"称号进行授牌。

6月19日　管理局机关"践行群众路线，学习先进找差距"现场会在农场召开。管理局有关领导及机关干部136人参加。

6月20日　齐齐哈尔大学党委书记李海红、副校长邓启刚一行来农场参观考察。

6月21日　农场举行"安康杯老龙坑寻宝探秘环保行"活动。

6月23日　新疆184团考察队一行6人来到农场社区进行为期10天的挂职锻炼学习。

7月1日　农场党委召开庆祝建党93周年暨先优表彰大会。同日,总局卫生局社区公共卫生服务工作督导检查组一行来农场医院检查指导工作。

7月2日　农垦总局农业局副局长李玉成、总局水务局水管站站长宋军一行来农场,检查指导水稻节水控制灌溉技术推广工作。

7月7日　农场场长李思军到公安分局检查指导民兵巡逻队与特警防暴队联合"大巡防"工作。

7月8日　农场在机关会议室召开社区管理服务中心成立大会。农场党政主要领导出席会议并为5个社区管理服务中心授牌。同日,新疆建设兵团第十师纪委副书记、监察局局长张立波,带领廉政建设和反腐败工作专题研讨班学员来农场参观学习。

7月9日　民航东北地区管理局检查组一行来农场,对飞机航化作业基地安全工作进行全面检查。

7月10日　江南大学粮食发酵工艺与技术国家实验室于秋生教授、海亮集团产品总监王坚、鹤岗泰丰米业董事长郑明珠一行来农场参观考察水稻生产工作。

7月18日　农场副场长刘春青在机关五楼会议室组织召开"保护舌尖上的安全"专项行动会议。

7月22日　由北京东方思宇有限公司、萝北县黄金古镇旅游管理有限公司组成的调研组一行来农场参观考察。

7月23日　由省船检局、渔政处及总局畜牧兽医局组成的检查组来农场,对渔政艇进行检查。

7月24日　省旅游局规划发展处陈军一行来农场,对农场国家3A级旅游景区工作进行检查验收。

7月26日　农场组织青年大学生和机关青年干部,在龙江第一渠举行为期4天的民兵野外驻训活动,开展素质拓展训练,增强民兵战斗能力。

7月27日　二九〇农场文艺演出队来农场,在文化广场举办"感恩七月"文艺演出活动。

7月31日 总局、管理局质量技术监督局一行来农场，检查工业企业生产许可证换发工作。

8月3日 农场举办为期两天的首届"旅游消夏文化节"活动。此次活动集"吃、喝、玩、乐、购、赏"为一体，设置了美食、观光、广场才艺PK和消夏晚会等项目。

8月10日 建三江管理局农业局局长李国俊带领各农场农业副场长和农业科长一行20余人，来农场参观学习农业生产工作。

8月11日 省农垦检察分院院长高杉一行6人来农场检查指导工作。

8月20日 全国人大常委会预算工作委员会副主任苏军、省人大常委会预工委主任李黎明、农垦总局副局长徐学阳一行来农场检查水利工程建设工作。同日，天津广播电台青年训练营一行30人来农场参观学习。

8月27日 农场在文化广场举行2014年度楷模人物评选"我身边的好人"颁奖晚会，为顾洪昌、李淑梅、范玉琴、魏传生夫妇、陈萍、王兆民等6名楷模人物颁奖。

8月28日 北京海那新天文化传媒有限公司调研员一行来农场参观考察。同日，农业部原副部长刘成果，在管理局局长刘相增、副局长梁月升陪同下来农场，对现代化大农业、小城镇建设、旅游产业发展等情况进行考察。

9月2日 黑龙江天赐盈有限公司调研员来农场参观考察。

9月3日 农场在职工活动室举行曲艺创作表演比赛。同日，原建三江管理局局长孟吉昌在管理局副局长蒋长春陪同下来农场，就农业发展、城镇建设、创新产业、品牌文化等方面工作进行考察。

9月9日 农场学校在阶梯教室召开庆祝第三十个教师节暨表彰大会。

9月11日 农场在科技园区会议室召开中、高考优秀学生表彰大会，对中考前10名和高考前5名的优秀学生给予了奖励。同日，管理局纪检监察案件质量评审会第一次会议在农场召开。会议的主要内容是对绥滨农场、二九〇农场、江滨农场近三年的纪检监察案件质量进行评审。同日，农场党委为支援边疆、建设农场的金婚老人举办"久久情浓·幸福绥滨"金婚庆典活动。

9月12日 管理局在农场科技园区会议室召开"好民风"建设现场推进

会。各农场工会主席、副主席及局直单位工会主席参加会议。

9月13日　环保部自然生态保护司陈和东处长,在省环保厅自然保护处副处长杨宝军的陪同下来农场,就自然生态文明建设工作进行调研。同日,农业部青联副主席、机关服务局副局长王志强,率领农业部青联委员代表团来农场,开展以"学习北大荒精神,感受现代农业魅力"为主题的实践活动。

9月15日　农垦宝泉岭工业学校师生一行40余人来农场苗木基地进行野外实习。

9月16日　由省旅游局领导组成的AAA级旅游景区评定组来农场,依照AAA级旅游景区标准,对农场各旅游景点进行实地踏查和评定。同日,省司法厅基层工作处原永梅、蔡建国率领各地市司法局领导,在管理局司法局局长董佳友的陪同下来农场,就基层法治文化建设工作进行检查指导。同日,省科教兴省促进会副会长李丰全一行来农场调研。

9月17日　农场在文化广场举办以"圆梦中华"为主题的践行社会主义核心价值观专场演出。同日,参加总局"培育和践行社会主义核心价值观"现场会的人员来农场,在科技园区会议室接受培训。总局党委委员、宣传部部长高跃辉、管理局党委书记刘炳东等参加会议。同日,农垦总局副局长徐学阳、总局农业局局长樊庆东一行来农场检查指导水田秋收工作。

9月19日　管理局秋收暨明年农业生产准备工作会议在农场召开。

9月27日　黑龙江省第34期正处级干部进修班成员来到农场考察交流。

9月29日　省公安厅监管总队信息化建设指导支队支队长王长亮一行,在宝泉岭农垦公安局看守所代理所长田磊的陪同下来农场拘留所检查指导工作。

9月30日　农场新增的4万公斤和6000公斤两台热水锅炉安装完成,即将投入使用。

9月　农场出版《大荒福地》一书。本书由三个部分组成:历史印记、趣闻轶事、龙府风采,共75篇文章,印刷2000册。党委书记俞新利为书作序,场长李思军作"福地寄语"。

10月16日　农业部畜禽标准化养殖示范创建场验收组一行来到农场大东北牧业春雷养猪场,对国家级畜禽标准化养殖示范场创建工作进行验收。

10月19日　管理局农机现场会在农场召开。

10月20日　经宝泉岭管理局批复立项、由中央储备粮鹤岗直属库有限公司投资的中储粮鹤岗直属库有限公司绥滨分库开始兴建。

10月29日　总局卫生局公共卫生管理科科长梁世国一行，在管理局卫生局局长于治臣的陪同下来农场，对医院全年工作及垦区示范社区卫生服务中心创建工作进行检查和验收。

11月6日　省农垦中级人民法院李岫岩副院长一行来到农场法庭检查指导法庭建设及数字庭审建设工作。同日，总局审计局局长葛佩亚带领审计组一行12人来农场，对农场2012—2014年农业综合开发项目进行专项审计。

11月11日　总局农业标准化提升活动验收组来农场考核验收。同日，农场民营企业龙门福地酒业举行"纯粮基酒"封坛仪式。管理局副局长顾毅代表管理局前来祝贺并致辞。

11月25日　农场党委召开基层党总支书记述职测评会议。12个基层管理区及9个场直单位党总支书记进行了党建工作述职。

11月28日　农场在机关二楼会议室召开"行政执法和窗口单位"民主测评听证会。

11月30日　农场在科技园区会议室召开抗击大风雪及寒潮天气紧急会议。

12月13日　中国工程院院士、南京林大教授张齐生和安徽海泉集团董事长李振华一行来农场，就秸秆综合利用开发项目进行实地考察和洽谈。

12月16日　全国家庭教育巡回报告团来农场进行家庭教育宣讲。

12月24日　农场安委会各成员单位负责人组成联合检查组开展节前安全检查。

12月25日　农场在科技园区会议室召开秋收劳动竞赛表彰大会。

12月28日　农场召开第十六届三次职工代表大会。参加会议的正式代表307人，特邀代表19人。同日，农场在文体中心活动室举办"龙门福地杯"乒乓球比赛。

12月30日　农场在离退休干部活动中心举行离退休干部迎新春茶话会。场长李思军、党委书记俞新利、副书记刘曙华参加会议。

本年度　农场粮食总产 33.21 万吨，实现地区生产总值 15.79 亿元，农场职工家庭人均收入 2.84 万元，水稻平均公顷单产 9393 公斤，公顷单产超过 1 万公斤的种植户占 30%，全场农业增收 3 亿元左右。农业部水稻高产创建万亩示范片测产连续第三年在总局名列前茅，以亩产 764.21 公斤位居全总局第二名。

● **2015 年**　1 月 7 日　省农垦总局纪委副书记胡玉平带领调研组一行来农场，就党风廉政建设及廉政文化建设等工作进行调研。

1 月 8 日　农场文体中心在文化宫举办"信合杯"冬季羽毛球比赛。

1 月 14 日　农场党委召开述职述廉大会。管理局党委副书记李振海带领党风廉政建设巡视组成员参加会议，并对农场党委党风廉政建设责任制落实情况及领导班子和领导干部工作进行了考核。

1 月 22 日　绥滨县副县长刘延丽带领农业、教育等部门一行 6 人来农场，就现代农业技术培训工作与农场相关部门领导进行座谈。

1 月 25 日　管理局"文艺下乡"慰问团来农场，与农场共同举办龙门福地迎新春联欢晚会。

1 月 26 日　农场在机关五楼会议室召开党建思想政治工作研讨会，就"三个战略"发展、善治绥滨、"一优三好"三个方面工作进行总结和座谈。

1 月 28 日　北京剑桥博时公关顾问有限公司参观考察团来农场，对农场产业发展、民俗文化等进行实地考察。

1 月 31 日　农场在科技园区会议室召开农业生产备春耕工作会议。

2 月 1 日　农场党委开展春节送温暖活动。共慰问贫困职工、孤寡老人、劳模 770 余人，慰问金额 30 余万元。

2 月 2 日　农场在机关二楼会议室召开春运安全工作会议。

2 月 5 日　管理局党委书记刘炳东、党委组织部部长杨宪君一行来农场，对备耕生产准备、工业建设、创新产业发展等重点工作进行检查指导。

2 月 10 日　省公安厅巡视员崔存德一行，在宝泉岭农垦公安局政委宋广杰的陪同下来农场检查指导工作。

2 月 13 日　垦区公安局副局长刘春辉一行来农场，检查指导公安分局监所安全管理工作。

3 月 2 日　农场组织党委班子成员及机关干部集体收看农垦总局党委

（扩大）会议实况。

3月11日　农场民丰机械厂厂长伊永刚荣获第四届全国残疾人"自强创业奖"。

3月12日　总局工商局领导一行在管理局副局长顾毅的陪同下来农场，就龙门福地酒厂如何以文化打造品牌、以品牌推动产业发展等工作进行调研。

3月16日　农场残疾人康复服务中心正式运行。残疾人康复服务中心于2013年10月开工建设，2014年12月竣工，占地300平方米。总局残联为其配备了50多万元的康复训练器材，农场安排两名专职人员，为残疾人提供免费康复服务。

3月18日　农垦总局残联理事协会会长赵雅辰及各管理局残联理事长一行来农场，到残疾人康复中心参观学习。

3月20日　绥滨县和友谊县旅游局一行，来到农场龙之府、龙门福地第一体验式酒庄参观考察，致力地方合作，共同推进两地旅游业发展。

3月21日　农场举办第二届"龙抬头"开耕节。活动由当地民营企业家协会主办，农场及周边21家民营企业参加活动。

3月25日　管理局局长刘相增来农场检查指导春耕生产工作。

3月31日　农场召开经济管理和党委工作会议。场长李思军、党委书记俞新利分别做了经济工作和党委工作工作报告，并对2014年度先进集体和个人进行了表彰。同日，农垦新型职业农工培育暨农垦远程教育培训平台启动视频会在农场科技园区会议室召开。

4月1日　农场在科技园区会议室召开"六五"普法依法治理检查验收工作会议。

4月2日　农场党委在机关会议室召开"一优三好"活动研讨会。

4月8日　农场在机关五楼会议室召开党支部书记重点工作推进会议。

4月9日　管理局水稻育秧播种定标现场会在农场召开。管理局副局长蒋长春、农业局局长黄家安、农机局局长路庆文、各农场农业副场长和相关单位负责人参加会议。

4月11日　总局农业局局长樊庆东一行，在管理局副局长蒋长春、农业局局长黄家安的陪同下来农场，检查指导春耕水稻播种育秧工作。

4月12日　农场在机关五楼会议室召开绥滨农场与安徽海泉控股集团产

业合作洽谈会。

4月15日　农场召开苗床管理及水整地现场会。

4月20日　管理局党委在农场召开典型选树和文化产业现场推进会。

4月21日　农业部农垦局巡视员何子阳、农业处处长王林昌一行，在总局畜牧局局长张忠旭等领导的陪同下来到农场，就农业生产及创新产业发展情况进行调研。

4月23日　农场开展义务植树活动。

5月4日　管理局党委书记刘炳东来农场，检查黑龙江干流堤防工程绥滨农场段项目。

5月6日　鹤岗电视台小记者站百名小记者在老师的带领下来农场，来到科技园区开展参观采访活动。

5月7日　总局副局长徐学阳在管理局局长刘相增陪同下，带领农业、农机、水利等部门负责人来农场检查指导农业生产工作。

5月8日　农场团委邀请管理局团委书记李刚来农场，为广大青年举办"青春创业放飞梦想"电子商务培训。同日晚间，农场在文化广场举办"让爱汇聚　共筑金梦"爱心捐赠活动。共收到捐款2350元，衣物2000余件。

5月12日　农场在科技园区会议室召开粮食补贴发放工作会议。同日晚间，央视《向幸福出发》栏目播出了农场立志残疾青年孟祥斌、樊静夫妇的人物专访节目。

5月13日　农场在科技园区会议室召开创建服务型党组织推进会暨"党员双向服务、管理"工作启动大会。

5月14日　农场计财科与纪委组成联合检查小组，对全场各单位进行"小金库"专项突击检查，监督各单位落实好中央八项规定。

5月15日　中国著名山水画画家高斌、新疆天业集团苏晨一行，在管理局副局长侯新华等领导的陪同下，来到农场龙江第一渠、龙门福地白酒文化体验馆和龙之府植物园参观考察。

5月18日　管理局中心医院邀请哈医大一院著名专家来农场开展巡回义诊活动。

5月19日　农场成立由计财、审计、水务、建设、纪委等部门负责人组成的国投资金项目领导小组，进一步规范国投资金项目管理。

5月21日 农场在东井管理区召开水稻施肥现场会。

5月22日 管理局副局长梁月升来农场，就管理局"三大战略"任务推进情况进行调研。同日，管理局司法局局长董佳友等领导一行来农场，对"六五"普法工作进行检查验收。

5月28日 农场在龙泉管理区第六作业区农机停放场召开加强农机具管理专项会议。

6月4日 中残联计财部处长刘立军、总局残联理事长赵雅辰一行，在管理局副局长梁月升等领导的陪同下来农场，就垦区"十三五"残疾人康复和托养设施建设规划工作进行调研。

6月5日 农场在科技园区会议室召开廉政教育"六课"活动启动大会。

6月6日 农场举办"安全生产月""安全生产垦区行""健康绥滨行动"启动仪式和"安康杯"徒步环保行活动。11个行业协会会员及农场职工群众1100余人参加活动。

6月7日 农场在科技园区会议室召开党委"三严三实"专题教育动员大会。

6月12日 农场在科技园区会议室召开"好作风、大家评、谁为你点赞"活动启动大会。

6月16日 管理局农发办主任冯葵新一行来农场，对农业综合开发项目工作进行检查验收。

6月17日 江苏省金梧集团考察团来农场，对现代化大农业发展、城镇建设、创新产业模式等项工作进行实地考察，并针对秸秆还田及农用废物的新能源综合生产、利用和销售进行洽谈。

6月18日 农场组织离退休干部开展"我为创新产业发展点点题"研讨活动，通过看农场今天变化、谈农场未来发展、谋创新产业之路，为推动农场创新产业发展出谋划策。场长李思军、党委书记俞新利参加活动。

6月19日 农场在科技园区会议室举办"三严三实"教育工作专题党课，党委书记俞新利授课。

6月23日 垦区公共卫生监督交叉执法检查组一行，在管理局卫生监督所副所长李军的陪同下来农场，对医院的医疗卫生环境及学校、幼儿园食堂进行专项监督检查。

6月25日 农场全面启动夏秋季征兵工作。同日，农场公共卫生办公室、社区卫生服务中心联合在广场开展以"珍爱生命，抵制毒品"为主题的国际禁毒日宣传活动。

6月26日　农场综治办联合司法分局、安全科在科技园区会议室举办"善治绥滨"法律知识竞赛。来自12个管理区、场直各单位的20支代表队参加比赛。同日，绥滨县委书记康晓峰、县长韩秀琴一行来农场，就深化区域合作进行洽谈。

6月28日　为纪念抗日战争胜利70周年，农场老干部科在离退休干部活动中心开展"向抗战老兵爷爷致敬"活动，教育引导青少年牢记革命历史，传承革命精神。

6月29日　"七一"前夕，农场党政班子分组走访慰问部分离退休干部党员和贫困党员。

6月30日　管理局党委"优秀北大荒人"典型事迹巡讲团在农场科技园区会议室举行报告会。同日，农场在机关五楼会议召开庆"七一"新党员座谈会。24名新党员进行了入党宣誓并发表入党感言。

7月1日　农场在科技园区会议室召开纪念建党94周年暨先优表彰大会，对8个先进基层党组织、8个模范党务工作者和78名优秀共产党员进行表彰。

7月2日　农场在科技园区会议室召开航化作业工作会议，对即将开始的水稻航化作业进行工作部署。

7月4日　管理局工业现场会在农场召开。管理局副局长顾毅、工信委领导和各农场工业部门主要领导参加会议。同日晚间，农场在文化广场举行"龙门福地酒业杯"卡拉OK比赛，来自各单位的20名选手参加比赛。

7月5日　总局党委书记王兆力、总局副局长徐学阳及农业、农机、畜牧局负责人一行，在管理局党委书记刘炳东、局长刘相增的陪同下来到农场，就"三严三实"专题教育、现代化大农业建设、工业和合作社发展、水稻育秧大棚二次利用、场务公开、创新产业发展及社会事业等工作进行调研。

7月7日　绥滨县县长韩秀琴带领县政府一行20余人来农场参观学习。

7月8日　汤原农场党委副书记李振龙一行来农场参观学习基层党建工作。

7月9日　由农业部农垦局发展计划处处长曲晓飞等5人组成的调研组，在总局发改委副主任马忠峙、总局发改委科长张志鹏及管理局局长刘相增等人陪同下来农场调研。

7月10日　农场在科技园区会议室举办"三严三实"教育课，党委副书记刘曙华授课。

7月12日　北大荒文工团"文化下乡"演出队来到农场慰问演出。

7月14日　农垦总局绿色食品办公室主任于杰一行3人来农场，在科技园区会议室举行"农产品质量安全场"创建工作座谈会。

7月15日　省公安厅网安总队舆情支队长，在宝泉岭农垦公安局有关领导的陪同下来农场调研指导公安工作。同日，农场组织36名作业区负责人到军川、普阳、梧桐河、新华、汤原等农场参观学习。

7月16日　北大荒作家协会主席、北大荒博物馆馆长赵国春一行来到农场采风。

7月17日　民革中央调研部部长翟晓纯，省政协副秘书长、民革省委副主委薛坤，民革鹤岗市组委李永胜一行来农场调研。

7月18日　总局医院康复医师一行6人来到农场医院，为脑瘫和肢体残疾儿童进行免费康复指导。

7月29日　总局司法局副局长王惠贤一行，在管局司法局局长董佳友的陪同下来农场检查验收"六五"普法工作。

7月30日　农场党委召开上半年政工工作检查通报会。

7月31日　农场邀请国内著名医学专家、中国医学科学院教授、阜外心血管医院检测办公室主任刘玉清来农场进行健康知识讲座。同日晚，农场举办"魅力绥滨　舞动风采"健身舞大赛。

7月　农场拘留所荣获全国拘留所"三项重点工作"推进落实活动先进单位。

8月1日　农场武装部联合民政局到边防某连及驻地艇队进行"八一"建军节慰问。同日，农场社区邀请边防某连及绥滨县社区共同举办庆"八一"晚会。

8月4日　农场党委在文化广场举办以"卓越的功勋"为主题的抗战胜利70周年纪念品展出活动。同日，农场在文化广场举办大型社区文化节活动。二九〇、江滨、军川等周边农场和本场的部分私营企业及个体商户参与活动。管理局党委宣传部部长包日明、文化委主任杨德君及场长李思军、党委书记俞新利参加活动开幕式。同日晚，农场司法分局在文化广场举办"法在我心中"文艺小品演出。

8月9日　佳木斯向阳区政协副主席统战部部长杨贵明、统战部副部长工商联党组书记赵英红、抚远县（现抚远市）旅游公司总经理徐辉等领导一行来农场，就产业发展情况进行实地考察。

8月10日　萝北县人大常委会主任宫传禄一行来农场，就"现代化大农业和旅游产业创新"发展情况进行调研。

8月11日　农场召开基层管理区落实创新产业发展座谈会。

8月18日　管理局经济工作会议拉练会在农场召开。管理局党委书记刘炳东、局长刘相增和各农场党政领导参加会议。

8月21日　垦区公安监管工作现场会（拘留所部分）在农场拘留所进行。

8月24日　农场在机关二楼会议室召开秋收准备工作会议。

8月25日　管理局"纪念抗日战争暨世界反法西斯战争胜利70周年"大合唱分赛区比赛在农场举行。

8月26日　俄罗斯比罗比詹市青少年培训中心客人来农场科技园区旅游观光。

8月27日　管理局纪委书记魏少民、副书记董义胜来农场，就管理局"三大战略"任务完成情况、党风廉政建设工作及反腐倡廉情况进行调研。

8月28日　公安部组成由人民公安大学公安管理学院副院长魏永忠为组长的"完善人民警察招录政策专题课题组"，在垦区公安局副局长徐修忠等领导的陪同下来到农场公安分局调研。

8月31日　垦区公安局消防支队赵宏伟科长一行，在宝泉岭农垦公安局消防大队长孙远东的陪同下来农场，对农场拘留所和辖区易燃易爆单位安全管理工作进行指导检查。

9月2日　为纪念抗战胜利暨世界反法西斯战争胜利70周年，农场场长李思军、党委书记俞新利、党委副书记刘曙华一行走访慰问农场抗战老兵。

9月8日　省曲艺家协会主席孙静波与北京陆胜文化传媒有限公司一行

来农场，进行影视外景拍摄基地考察，并为拍摄反映现代化大农业的北大荒影视作品收集素材。

9月9日　农场召开欢送新兵座谈会，即将奔赴军营的11名新兵及家长参加座谈。

9月12日　原省计划经济委员会主任张福如一行来农场调研。

9月14日　绥滨、江滨两场5个管理区的40余名基干民兵在黑龙江渠首汇合，进行应对突发事件能力演练和军训。

9月15日　省人大常委会副主任朱清文带领水利建设视察组一行，在总局局长王有国的陪同下来农场视察灌区水利工程建设情况。

9月16日　河北省遵化市考察团来农场实地考察产业结构及发展情况，并寻求技术、销售、品牌、资源上的合作机会。

9月21日　总局科学院研究处副处长张伟一行，在管理局科技局局长高春生等领导的陪同下来农场进行水稻测产工作。

9月23日　农场召开落实总局党委（扩大）会议精神推进会。党委书记俞新利就认真贯彻落实会议精神、扎实推进"三项重要工作"作重要讲话。

10月3日　农场在科技园区会议室召开秋收重点工作推进会议。

10月14日　"北京顺义区教委宝泉岭管理局教育局美术教学研讨会"在农场科技园区会议室举行。管理局教育局教研室领导、各农场学校领导和来自教学一线的美术教师参加研讨会。同日，管理局副局长蒋长春一行来农场检查指导秋收工作。

10月17—19日　中央电视台回眸"十二五"大型纪录片《五年规划》民生专项摄制组来农场实景取材秋粮丰收素材，从垦区粮食生产提升角度集中解读五年来国家粮食安全的战略性提升问题。

10月20日　管理局东三场秋粮工作检查指导会议在农场五楼会议室召开。管理局副局长顾毅、粮食局负责人及3个农场分管粮食工作的副场长和粮食科长参加会议。同日，公安部监管局二处处长朱伟芳、湖北省公安厅监管总队副总队长郭峰、湖北省武汉市第一拘留所所长张俊娟一行，在省公安厅监管总队副总队长徐恒明、垦区公安局副局长刘春辉及宝泉岭农垦公安局相关领导的陪同下，来到农场拘留所进行"全国一级拘留所"评定工作。

10月22日　农场组织有关部门领导集中收看以"互联网＋时代变革"为主题的北大荒论坛。

10月23日　文化部文化市场发展中心艺术品评估委员会委员、国际美术家联合会副主席、指书书法家邹小舟一行来到农场参观。

10月29日　垦区公安局一级公安分局（派出所）复核组一行来农场，对农场公安分局进行一级派出所复核工作。

10月　由中央储备粮鹤岗直属库有限公司投资的中储粮鹤岗直属库有限公司绥滨分库，一期工程建设项目完工并投入使用。

11月5日　农场官方微信公众平台"绥滨农场"正式上线发布。

11月19日　农场组织召开创新产业发展、美丽乡村建设研讨会。

11月20日　总局交通局副局长韩建奎一行来农场检查验收"通达公路"建设项目。通过检查，一致认为项目达到验收要求。同日，农垦中级法院审判委员会委员李廷章一行，在宝泉岭农垦法院院长宋德双的陪同下来农场，检查指导法庭建设工作。

11月22日　农场在机关五楼会议室召开反恐维稳工作会议。

11月23日　农场党委召开基层党支部书记述职述廉大会，12个管理区及10个场直单位的党组织书记进行了党建工作述职。同日，总局旅游局副局长陈宇华、北大荒旅行社有限公司总经理邸向春一行，来农场实地考察旅游产业发展情况。

11月24日　农场纪委组织召开"好作风大家评"听证会，场直地区10个窗口服务单位负责人做工作汇报。

11月26日　新疆兵团十师北屯市新闻中心3名记者来农场，对任职在农场的援疆干部进行采访。同日，总局疾病控制中心于建民科长一行3人，在管理局卫生监督所副所长李军的陪同下来农场，对社区卫生服务工作进行检查和考核。

12月1日　农场召开龙门福地旅游（餐饮）行业研讨会。

12月7日　农场在科技园区会议室举办新型职业农民培训，来自12个管理区的80余名种植户参加培训。

12月9日　农场推荐的"厚德仁爱好媳妇"范玉琴参加管理局党委举办的第三届"感动宝泉"十大人物表彰活动。

12月10日　总局畜牧兽医局周兴民科长，在管理局畜牧兽医局局长韩立君的陪同下来农场，代表国家农业部对畜禽渔业标准化健康养殖项目进行验收。

12月11日　农场对辖区人员密集场所开展安全综合大检查。

12月24日　农场纪委组织副科级以上党员干部120人，参加《廉政准则》和《纪律处分条例》现场考试。

12月25日　农场召开机关和场直单位行政领导年终工作述职汇报会。

12月27日　垦区公安局消防支队副支队长孟灵铭、崔占峰一行来农场拘留所检查指导消防安全防范工作。

12月28日　农场召开2016年元旦、春节期间安全生产工作会议。

本年度　农场粮食总产33.3万吨，实现地区生产总值16.6亿元，垦区居民人均可支配收入2.5万元。

● **2016年**　1月4日　农场在机关五楼会议室召开自筹资金审核决策会议，进一步规范自筹自用资金使用管理办法。

1月5日　总局安监局副局长张玉峰在管理局安监局局长沙录的陪同下，来农场检查指导安全生产工作。

1月11日　农场公安分局在渠首开展"军、警、民"百人5公里边境联合反恐防暴徒步拉练活动。

1月13日　农场聘请垦区水稻专家、高级农艺师郭文深来农场举办"冬季大讲堂"，对职工、种植户及农业技术人员进行系统培训。

1月14日　农场在科技园区会议室召开党委述职述廉大会。管理局党委组织部部长杨宪君、纪委副书记董义胜及党风廉政建设巡视检查组成员出席会议。场长李思军主持会议。

1月15日　农场组织食品安全委员会成员部门，开展"食安龙江"百日行动，对食品生产、加工、流通等企业和商户进行监督检查。

1月20日　鹤岗市旅游局局长徐登祥一行来农场，就旅游产业项目进行实地调研。

1月22日　农场召开第十七届一次职工代表大会，总结"十二五"期间建设成果、部署"十三五"开局发展蓝图。管理局工会主席刘德坤参加会议并作重要讲话。

1月23日　农场在机关二楼会议室召开春运工作会议。农场副场长刘春青、相关科室领导及部分出租车司机参加会议。

1月25日　农场社区卫生服务中心通过"省级示范社区卫生服务中心"验收，成为农垦首批7家成功创建单位之一。同日，农场在老干部科会议室举行离退休干部新春茶话会。场长李思军、党委副书记刘曙华出席活动。

1月26日　农场社区在中学多媒体电教室举办"金猴闹春·福满绥滨"迎新春联欢会。

1月27日　农场在科技园区会议室举办水稻标准化管理提升培训班，场长李思军亲自对12个管理区的农业技术员、科技示范户及种植户代表进行了技术培训。

1月28日　农场党委开展走访慰问贫困党员及困难职工群众活动。

2月7日　农场副场长刘春青代表农场党委到医院、老年公寓、公安分局等单位，慰问大年除夕仍坚守在岗位上的工作人员。

2月20日　管理局党委书记刘炳东来农场开展"转方式、调结构"专项调研。

2月22日　农场民营企业家协会在文化广场举办焰火晚会，喜庆元宵佳节。

2月24日　省新闻联播采访部农业组组长曲正一行来农场采访"供给侧改革"发展典型。

2月25日　农场举办高速插秧机培训班，对全场插秧机手进行培训。

3月7日　农场在科技园区会议室召开纪念"三八"国际劳动妇女节106周年暨先优表彰大会。

3月10日　农历二月二，农场民营企业家协会举办第三届"开耕节"活动。活动分为启动仪式、花车巡游、祭祀活动和节目表演4个部分，吸引了佳木斯、鹤岗等周边市县游客和农场职工群众近万人参加。

3月12日　农场召开"转方式　调结构　自我创新"工作汇报会。机关各部门、场直各单位主要领导就本部门工作进行汇报。

3月13日　农场在东井管理区育秧大棚基地召开"转方式　调结构　稳增长"农业工作会议。

3月15日　管理局消安委"查隐患、列清单、扫盲点"冬春火灾防控会战第二阶段督导检查组来农场，检查验收冬春火灾防控会战工作。

3月16日　农场公安分局拍摄的微电影《周末警事》在北大荒农业频道

《法制经纬》栏目播出。

3月24日　农场关工委代表总局关工委，参加省委宣传部和省关工委在牡丹江市召开的全省关工委宣传工作会议，农场关工委常务副主任王振江在大会上作网络宣传工作典型经验介绍。

3月25日　农场在科技园区会议室召开民主管理委员会议事会议，共同商定生产资料、航化药剂采购等事宜。

3月30日　农场在科技园区会议室召开经济工作和党委工作会议。

4月1日　山东青岛蔚蓝生物科技股份有限公司调研组一行来农场，就有关合作项目进行洽谈。

4月2日　农场农业科、产业办与19名种植户签订1500亩优质米订单合同，开启了"私人订制"的种植模式，推进农业供给侧改革。

4月7日　管理局水稻育秧工作现场会在农场召开。

4月11日　管理局关心下一代工作调研座谈会在农场召开。

4月12日　农场在机关二楼会议室召开脱贫攻坚工作会议。

4月17日　农场举办第四届"春之缘提水节暨旅游节"，现场设舞龙、秧歌表演、千人捕鱼、民俗祈福等活动项目，吸引了周边市县近万名游客前来观光。

4月18日　农场在科技园区召开江水管理工作会议。

4月19日　农场机关组织开展"慈善一日捐"活动，活动现场捐助善款共计2.76万元。

4月21日　佳木斯农垦精神病防治医院及管理局残联一行7人来农场，为贫困精神病患者免费发放药品。

4月22日　中国农业大学经济管理学院教授、博士生导师、北京市农业经济学会副会长李秉龙，在管理局党委宣传部部长包日明的陪同下来农场，就旅游文化发展进行参观考察。

5月5日　管理局局长刘相增来农场开展"转方式、调结构、创新产业"专项调研。

5月8日　农场在东井管理区大棚基地举办一线职工农业标准化生产培训会。

5月10日　农场组织农机驾驶员开展插秧标准化作业竞赛活动。

5月15日　农场召开基层干部大会，进一步推进春季农业生产、平安建设、脱贫攻坚等八项重点工作。

5月16日　新华社网络平台黑龙江分公司副总经理祖玉臣一行来农场，就如何利用媒体网络平台，提升"龙门福地"品牌价值一事进行考察和策划。

5月19日　上午9时22分，农场在学校操场塑胶跑道施工现场举行项目开工奠基仪式。

5月22日　农场经过3年的前期规划，投资1300万元的污水处理厂奠基开工。此项目是一套完善的排水和污水处理系统，可解决污水排放对环境和地下水源造成污染的难题。

5月24日　鹤岗市副市长魏五州在管理局局长刘相增、党委宣传部部长包日明的陪同下来农场，就旅游文化产业项目进行调研。

5月26日　农垦总局科学院水稻专家组一行来农场，以供给侧改革为切入点，就优化农业种植结构、发展高效复合型农业和构建现代农业生产种养殖新型体系进行调研。

5月31日　农场工会联合文体中心、安全科和环保科，在现代农林科技园区开展"安康杯"全民健身环保越野赛活动，近千人参加比赛。

6月3日　绥化管理局建设局科长周宏伟、绥棱农场副场长陆洪斌、孙韶伟一行9人来农场，参观学习城镇建设规划工作。

6月9日　农场召开应对极端天气预防灾害发生紧急会议。

6月14日　省民政厅防灾减灾处处长金永立一行，在管理局民政局局长李秀英的陪同下来农场，对社区创建省综合减灾示范社区工作进行检查验收。

6月15日　农场在科技园区会议室开展"两学一做"学习教育知识竞赛。

6月16日　北京青年旅行社一行，在管理局党委宣传部部长包日明、文化委主任杨德君的带领下来农场，就农场旅游项目进行实地考察。

6月20日　农场聘请垦区农业专家郭文深来场，在红山管理区浸种催芽基地为农业技术员和种植户讲授科学种植水稻技术。

6月29日　管理局党委宣传部部长包日明带领"优秀北大荒人"典型事迹报告团来农场宣讲。

6月30日　管理局"三重一大"调研组来农场，对"三重一大"制度落实情况进行调研。同日，农场在科技园区会议室召开民主管理委员会专项会议，就飞机航化作业工作进行民主议事和决策。同日，农场组织部举办新党员"两学一做"专题党课培训。

7月1日　农场在文化广场举办文艺晚会，庆祝中国共产党建党95周年。

7月2日　农场在科技园区会议室召开"建设美丽绥滨、践行两学一做"环境整治动员大会。

7月4日　农场正式启动"美丽绥滨"环境整治月行动，采取场领导包片、科室及单位包街道、发动居民自愿参与的方式进行，时间为每天早4点到7点。截至15日，共出动1100多人次，使场区内所有街道、道路、楼道、房舍、院落等的环境得到了全面整治。

7月5日　农场在科技园区会议室举办"安康杯"知识竞赛，机关、场直单位及各管理区共18支代表队参赛。

7月6日　农垦经济发展专家组一行在总局、管理局相关部门领导的陪同下来农场，就农产品质量追溯项目进行总结验收。

7月11日　建三江管理局农业局局长李国俊一行，在管理局副局长蒋长春、农业局局长黄家安的陪同下，来农场参观学习水稻大棚二次利用及"鸭稻"生产经验。

7月13日　农垦科学院水稻专家组一行来农场检查指导水稻病害防治项目进展情况。

7月16日　农场幼儿园公开招聘教师考试工作在机关会议室和幼儿园举行。13名应聘人员经过两天的笔试、面试等环节，前6名入选。

7月18日　农场在机关二楼会议室召开新提职干部集体任职谈话会。

7月19日　农垦总局农业局局长樊庆东，在管理局农业局局长黄家安的陪同下来农场，就"转方式、调结构、发展绿色生态有机农业"工作进行检查指导。

7月21日　农场召开半年重点工作推进会议，就三大主导产业落实情况、重点产业项目情况、农业生产落实情况进行总结，并对下一步工作进行部署。

7月26日　农场在科技园区会议室召开应急分队基干民兵军训动员大会。

7月30日　农场在文化广场举行"美丽绥滨人"颁奖晚会。对"美丽绥滨"环境整治活动中表现优秀的退休党员志愿者、机关和场直各单位先进个人，"美丽庭院"先进居民住户，模范学生代表进行集中表彰。

8月1日　农场场长李思军等一行到黑龙江边防某部三连和同仁艇组，慰问边防官兵。同日，农场邀请垦区专家李方俭来场，为干部职工进行安全生产知识培训。

8月2日　国家一级演员全维润一行，在管理局党委宣传部部长包日明的陪同下来农场参观。

8月10日　管理局上半年经济工作拉练会在农场进行，与会领导参观了三江机械厂一期规划建设、东井管理区大棚二次利用、水上乐园、见缝种树等现场。场长李思军做了经验介绍。同日，牡丹江管理局调研员王炳江及工会副主席吴玉实一行来农场考察。

8月11日　农场在科技园区举办"龙门福地酒业传承百年留香专家品鉴暨白酒与文化、健康论坛"。中国白酒泰斗、著名白酒专家高月明，中国著名酿酒大师国家级评委赵志昌等11名国家和省级专家、教授出席会议。同日，第十三届中国辽金契丹女真史学术研讨会暨绥滨县首届完颜家族起源研讨会与会人员来农场参观考察。

8月12日　农垦总局党委宣传部部长高跃辉，在管理局党委宣传部部长包日明的陪同下来农场，就转方式、调结构和北大荒创业新星选树、新型产业情况进行调研。同日，农垦总局劳动保障监察联合交叉执法检查组一行来农场，对劳动用工情况开展交叉执法检查。

8月15日　山东六和集团考察团一行，在宝泉岭白羽鸡厂基地负责人的陪同下来农场，参观考察农业生产项目。

8月20日　农场邀请省科学院微生物研究所食用菌研究室主任张丕奇来农场，在东井管理区黑木耳大棚基地为各管理区技术员和部分种植户进行黑木耳栽植技术培训。同日，农场在文化广场举办第四届社区文化节，设立了传统文化展览（包括创业风采、书墨飘香、文化大集、百姓舞台、便民服务等）、中国文联志愿者服务团演出、趣味运动会、艺术展演四项主题活动。

8月21日　由濮存昕、殷秀梅、全维润等著名演艺家组成的中国文联文艺志愿服务团来农场，在文化广场举行"情系北大荒"送欢乐下基层慰问演出。

8月22日　鹤岗市副市长魏五洲和旅游局局长万文静，在绥滨县旅游局领导的陪同下来农场，参观考察旅游产业项目。

8月24日　管理局重点工作督办考查组来农场，就各项重点工作推进情况进行专项检查。

8月30日　农垦总局消防支队长张金波带领农垦总局公安局夏季消防专项检查组来农场，对消防安全工作开展专项检查。

8月31日　垦区食用菌栽培技术培训班全体学员，在管理局工会主席刘德坤的带领下，来农场参观学习食用菌栽培技术。

9月1日　垦区文化产业工作现场会在农场召开。总局文化委主任王甲林、副主任欧海燕及各管理局负责文化产业的部门领导参加会议。

9月2日　佳木斯水稻所测产小组来到农场，对核心示范区及辐射区进行测产验收。同日，管理局老科学家协会工作现场会在农场召开。

9月5日　省总工会副主席于国君一行，在管理局局长刘相增、工会主席刘德坤的陪同下来农场检查指导工作。

9月7日　丁玲文学创作采风团一行，在管理局党委宣传部部长包日明的陪同下来农场参观采风。

9月12日　北大荒文化创意产业集团总经理赵玲带领北京艺术家及黑龙江版画家一行，在管理局文化委主任杨德君陪同下来农场参观采风。

9月13日　农场邀请省委党校经济部主任、硕士研究生导师赫修贵及管理局党校教师、副教授马宏利来农场，在科技园区会议室为机关全体及基层单位党政领导作"习近平总书记系列讲话精神"专题辅导讲座。同日，汤原农场党委书记王景伟及组织部、社区等一行5人来农场参观学习。

9月14日　农场在科技园区会议室召开倒伏水稻玉米抢收会议。

9月20日　财政部驻黑龙江省财政监察专员办一行4人来农场，对2015年农业综合开发高标准农田建设项目进行检查和绩效评价。

9月22日　农场召开秋季工作会议。同日，省农业科学院农业部谷物及制品质检中心工作人员一行来农场，对水稻实施专项抽查。

9月23日　农场卫生科联合绥滨县血站开展义务献血活动。

9月24日　农垦总局科学院研究处副处长张伟，在管理局科技局局长高春生的陪同下来农场进行水稻测产工作。同日，农场在东井、龙泉两个管理区水稻收割现场召开水稻直收割晒培训会议。

9月25日　农场在科技园区会议室召开民主管理委员会2017年统一供种供肥专项会议。

9月27日　农场工会在田间开展秋收培训。

9月30日　管理局局长刘相增、农业局局长黄家安一行来农场，就秋收、粮食销售、创新产业发展等工作进行调研。同日，农场在东井管理区召开秋整地现场会。

10月5日　管理局农业和拆迁工作会议在农场召开。各农场场长及相关部门负责人参加会议，管理局局长刘相增出席会议部署重点工作。

10月11日　农场召开"黑色越冬"推进会议。

10月12日　总局畜牧检查组一行，在管理局领导的陪同下来农场，对大东北牧业和宝丰牧业两个生猪养殖场进行专项检查。

10月20日　农场党委书记楚卫国带领安监局和公安局有关人员，到基层单位检查秋季消防安全工作。

10月22日　农垦科学院工程所所长周成一行来农场，就2016年水稻振捣提浆和超早育秧两项落地项目及2017年水稻测深施肥农艺新技术推广进行调研。

10月24日　省黑土耕地质量调查工作组来农场，开展耕地质量取样调查工作。

10月25日　《经济日报》农村新闻部记者乔金亮、社会文化部记者李哲，在总局党委宣传部副部长鲁宏杰的陪同下来到农场，就现代农业建设工作进行采访报道。

10月25日　总局安全生产行政执法检查组来农场，对龙门福地酒业、三江机械厂等重点场所进行安全检查。

10月26日　农场召开2016年粮食安全工作会议。

11月3日　宝泉岭农垦广播电视局庆祝记者节暨优秀记者表彰大会在农场召开。会议表彰了15位总局广播电视系统"百强优秀记者"。

11月4日　中国书画院院士、中韩书画家联谊会会员暴仕范和中国古书画院院士、北大荒美术家协会会员于文昕来农场参观。

11月8日　农场召开庆祝第十七个记者节座谈会。

11月9日　省电视台记者来农场科技园区，对优质米基地建设工作和农业产业化进程发展情况进行采访报道。

11月10日　农场举办为期两天的冬季水稻种植技术培训班，由垦区水稻专家、高级农艺师郭文深老师授课。

11月11日　农场品牌绿色大米成功进驻哈尔滨超市，并一跃跻身冰城大米市场新贵行列。

11月14日　农场召开由公安、交通、安全、社区等相关部门负责人参加的应对极端暴雪天气确保居民安全紧急工作会议。副场长刘春青主持会议并部署安全工作。

11月18日　总局教育局新型职工教育检查组来农场，就农广校从业人员学历达标教育、职工专业技术和新型职业农民培训等办学工作进行检查指导。

12月2日　农场召开今冬明春火灾防控工作动员部署会议。

12月6日　农垦总局农机标准化示范创建检查组一行，在组长王华的带领下来农场，就农机标准化示范创建工作进行复审。

12月7日　农场召开岁末年初安全生产大检查专项会议和第七次消防安全委员会工作会议。

12月14日　管理局脱贫攻坚验收组一行来农场，就脱贫攻坚工作及扶贫资金项目落实情况进行专项验收。

12月20日　农场举办龙门福地"丰收杯"全民冰雪徒步行活动，机关干部及职工群众共计500余人参加活动。

12月23日　农场公安分局、工商、质量监督、卫生等8个部门，联合开展打击假保健品"忽悠"老年人专项行动。

12月28日　农场召开中国共产党绥滨农场第十四次代表大会。163名参会党代表认真审查并通过了中国共产党绥滨农场第十三届委员会工作报告和第十三届纪律委员会工作报告，选举产生了第十四届委员会委员和纪律委员会委员，并对农场未来五年的经济社会发展和全面从严治党作出新部署。场长李思军主持会议。

12月30日　农场安全、社区、消防等部门负责人在农场领导的带领下，对重点单位和企业进行拉网式安全大检查。

本年度　农场粮食总产33.06万吨，实现地区生产总值17.48亿元，垦区居民人均可支配收入 2.57 万元。

2017 年　1 月 9 日　农场在学校阶梯教室召开第十七届二次职工代表大会。参加会议的正式代表 307 人，特邀代表 20 人。

1 月 10 日　农场在天朗公园社区卫生服务站一楼建立的残疾人第二康复服务中心正式运行。农场投资 20 余万元购进各类康复设备 68 件，并配备了专职医生和工作人员负责日常管理和服务工作。

1 月 11 日　农场党政班子成员分组走访慰问全场离退休老干部、贫困党员、贫困职工及先优模代表，为他们送去慰问金和新春祝福。

1 月 13 日　农场召开春节前安全生产工作会议。

1 月 15 日　农场举办羽毛球比赛。12 个管理区、机关、场直单位及民营企业等 16 支代表队参加比赛。

1 月 16 日　农场举办"龙腾盛世　凤舞绥滨"春节联欢晚会。

1 月 17 日　农场党政主要领导参加离退休干部迎新年茶话会。

1 月 19 日　春节前夕，农场武装部、民政局等有关部门负责人到边防某部慰问边防官兵和护边守岛老人顾洪昌。

1 月 24 日　农场召开会议贯彻落实总局党委（扩大）会议精神。

1 月 27 日　农场党政主要领导在除夕夜走访慰问节日期间仍坚守工作岗位的干部职工。

2 月 11 日　农场民营企业家协会在文化广场举办首届龙门福地元宵花灯节。

2 月 18 日　农场党委召开以"深刻吸取鸭绿河事件教训，促进各项工作落实"为主题的民主生活会。管理局副局长梁月升参加会议。

2 月 19 日　红兴隆管理局旅游局局长刘永明带领各农场旅游产业负责人来农场，就旅游文化产业项目进行实地参观学习。

2 月 22 日　农场在科技园区会议室举办优质水稻栽培技术培训。场长李思军、副场长房玉军为来自农场 12 个管理区的 300 多名农业技术员和种植户代表授课。

2 月 25 日　农场召开备耕重点工作汇报会。党政班子成员及各科包队负责人参加会议。

2 月 27 日　农场民营企业协会在科技园区举办第四届"二月二龙抬头"开耕节。管理局副局长蒋长春、文化委副主任杨德君、绥滨县文联主席魏振涛、汤原农场场长赵永林以及农场党政班子全体成员参加活动。来自佳木斯、鹤岗等地市县乡的游客和农场职工群众近万人参加活动。同日，农场举行龙门福地文化研究会揭牌仪式。场长李思军和绥滨县文联主席魏振涛共同揭牌，宣布龙门福地文化研究会正式成立。随后召开第一次会议，50 余名文化研究会成员参加会议。

3 月 1 日　农场在机关五楼会议室举行党建工作座谈会。党委书记楚卫国、副书记张明、基层党支部书记及政工部门负责人参加会议。

3 月 21 日　农场新购置的 17 吨级消防车抵达农场，为消防安全助力。

3 月 22 日　管理局质量技术监督局副局长侯利一行 4 人来农场，对农资生产企业进行质量抽样检查。

3 月 23 日　农场召开水稻苗床摆盘现场推进会。

3 月 27 日　管理局春播现场定标会在农场召开，管理局副局长蒋长春及各农场分管农业工作的负责人参加会议。同日，农场广播电视局无线台站正式运行，这是管理局 9 个农场中第二个建成的无线台站。该台站无线数字电视信号覆盖半径将近 20 公里，可让广播电视用户收看到 20 套文化惠民节目。

3 月 30 日　友谊农场农业技术交流团来农场参观农业生产情况。

4 月 5 日　总局纪委监察局副局长张仲民，在管理局纪委副书记、监察局局长董义胜的陪同下来农场，就化肥、农药购销和航化作业情况进行调研。

4 月 10 日　场长李思军一行，到北京参加由北京大兴绿地商务楼宇社区党支部、企业家联盟共同举办的企业经营拓展座谈会。

4 月 11 日　总局农业局副局长李玉成一行来到农场调研督导备春耕工作。

4 月 12 日　农场开展"共建绿美家园"义务植树月活动。

4 月 14 日　农场机关开展"慈善一日捐"活动。

4 月 15 日　农场在天朗公园举行黑龙江省东部轮滑协会"三市五县一局"轮滑表演活动。

4 月 16 日　农场举办"春之旅第五届提水节"农耕庆祝活动。

4 月 17 日　农场在科技园区会议室召开学习贯彻十八届六中全会精神大会。

4月18日　农场邀请中国中小企业协会副会长张海良博士来场，举办题为《品牌的力量》的报告会。

4月22日　管理局局长刘相增、党委副书记李振海一行来到农场，就当前农业生产、新能源林建设、创新产业发展等工作进行调研。

5月15日　总局林业局王玉行科长、管理局林业局徐忠贤科长一行来农场，检查督导苗圃规范化管理工作。

5月17日　管理局消防工作现场会在农场召开。农垦总局消防支队副支队长孟灵铭、管理局党委副书记李振海、公安局局长汪大勇、安监局局长沙录及农场有关领导参加现场观摩。

5月20日　原北京知青、现任北京同仁医院眼综合科主任医师郑远远回访农场，并到医院为职工群众义诊。

5月23日　厦门象屿股份有限公司投资发展部经理李国庆一行，在管理局副局长蒋长春的陪同下来农场，就农业产业项目进行实地考察。

5月24日，中央储备粮鹤岗直属库主任高长虹来农场，到中央储备粮鹤岗直属库绥滨分库检查指导工作。同日，萝北县副县长、县公安局党委书记、局长孟宪君，带领公安局各部门负责人来农场拘留所参观学习。

5月26日　农垦经济研究所副所长熊燃一行，在管理局党委委员、宣传部部长包日明、文化委副主任杨德君的陪同下来农场，就经济发展情况进行调研。

5月27日　农场学校举办第二十七届春季田径运动会。

6月2日　农场组织召开农业综合开发验收工作会议。管理局农发办主任冯葵新和建设局、水务局相关工作人员参加会议，并对重阳和广信管理区农业综合开发建设工程项目进行验收。

6月7日　农场在科技园区会议室召开半年重点工作推进会。同日，总局发改委一行在管理局副局长蒋长春的陪同下来农场，就供给侧改革、市场对接情况进行调研。

6月8日　红兴隆管理局党委书记王贵、局长顾毅等领导一行，在管理局局长刘相增、党委副书记李振海等领导的陪同下来农场参观考察。

6月13日　管理局副局长梁月升一行来农场检查指导精准扶贫工作。

6月14日　总局畜牧兽医局副局长胡斌一行5人来农场检查春季动物疫病防控情况。

6月16日　农场召开民主管理委员会航化药剂配方专项会议。来自12个管理区的工会主席及职工代表共43人参加会议。

6月20日　农场在机关二楼会议室召开成品油市场整治会议。

6月22日　农场在机关五楼会议室召开建设项目安全生产专项会议。同日，农场召开H7N9畜禽流感防控工作会议。

6月25日　农场召开半年重点工作汇报会。管理局副局长梁月升、农场党政班子成员和机关各科室负责人参加会议。

6月28日　农场在文化广场举行"庆七一喜迎十九大"庆祝建党96周年文艺演出。同日，管理局第三届"优秀北大荒人"先进事迹巡讲报告团来到农场巡讲。同日，农场召开推进"两学一做"学习教育常态化、制度化工作会议暨作风整顿动员大会。

6月29日　农场党委开展"七一"慰问老党员和贫困党员活动。

7月2日　农场举办第六届大型职工运动会。管理局副局长梁月升出席运动会开幕式。

7月12日　农场召开精准扶贫建档立卡培训会。脱贫攻坚成员部门负责人、贫困户帮扶责任人、帮扶联系人参加培训会。

7月16日　汤原农场社区城管部门6人来到农场城管局、社区进行为期一周的挂职锻炼。

7月18日　农场在机关五楼会议室召开党建工作座谈会。东北网黑龙江垦区记者站主任赵亚东、总局新农村办主任满东斌、管理局住建局副局长于微应邀参加座谈。同日，红兴隆管理局友谊农场管理区主任一行15人来农场参观稻田农家园示范基地。同日，管理局农业局副局长侯明广与盘锦蟹苗养殖专家来农场，到蟹稻基地进行现场养殖技术指导。

7月19日　由河南北纬肆柒粮油有限公司、河南豫南商会等多家河南商贸公司组成的考察团，来农场考察优质米项目。

7月20日　海峡两岸农业专家委员会黑龙江工作站主任孟召臣、哈尔滨市农科院水稻研究所研究员于清涛和央视7套记者一行5人来农场，考察指导农技推广项目负离子实验与对照工作。

7月22日　总局交通运输局副局长李红林，在管理局交通运输局局长王明月的陪同下来农场，就推进农场至绥滨县扶贫公路建设项目事宜进行调研。

7月24日　农场召开上半年综合工作拉练会，通过12个管理区37个作业区相互观摩学习，推动各项工作进一步提高。

7月26日　总局党委组织部副部长张如一行，在管理局党委组织部部长杨宪君的陪同下来农场检查指导党建工作。同日，新疆生产建设兵团184团党委书记、政委陈强一行，在管理局计财处副处长郭爱华的陪同下来农场参观考察。

7月27日　现代女作家、散文家丁玲的女儿蒋祖慧一行，在管理局宣传部副部长李艳秋的陪同下来农场参观考察。同日，管理局扶贫公路建设推进协调会议在农场召开，就对接省交通运输厅扶贫公路建设项目事宜进行研讨。

7月28日　省政协常委民营企业家张友树，在总局统战部部长初景国的陪同下来农场参观考察。

7月30日　农场党委组织武装、民政等有关部门和演出队，赴边防站开展纪念"八一"建军节慰问演出活动。

7月31日　晚间，农场在文化广场举办消夏专场文艺汇演。

7月　农场在绥农新区建设的新能源充电桩试点小区集约式充电桩近期落成，可供28个电瓶车同时充电使用。

8月5日　管理局上半年重点工作会议拉练会到农场。管理局局长刘相增等班子成员和各农场场长、书记及局直机关部门领导出席会议。

8月8日　厦门象屿股份有限公司总经理邓启东一行来农场，就优质稻米、农副产品项目进行考察。

8月9日　管理局党建工作现场会在农场召开。

8月13日　温州市润新水处理设备有限公司董事长杨润德、温州市原副市长冒康夫一行30余人来农场参观考察。

8月14日　农场在科技园区会议室召开夏管工作会议。

8月21日　农场举办以"金秋助学·圆梦行动"为主题的资助贫困职工子女捐款活动，筹集资金近7万元，资助71人。同日，农场举办为期3天的第五届"龙门福地"消夏旅游文化节活动，游客突破2万人次。

8月22日　农场邀请北京市大兴区资深党建指导员、大兴区优秀文化带头人、首都志愿之星张立源来农场，为机关干部、基层党政领导作了题为《建设农场社区现代文化》的专题讲座。

8月23日　农垦干部管理学院院长闫勇带领参加第24期垦区青干班的48名青年干部来农场，参观现代化大农业建设成果，接受新时期垦荒精神教育。

8月25日　农场与新疆兵团第十师184团签订促进产业合作框架协议，正式开启了新一轮对口援疆工作。同日，农场党委召开党建工作推进会，总结上半年工作，部署下半年重点工作。

8月27日　农场举办践行"两学一做"廉政法治专场文艺晚会。

8月31日　总局党委宣传部副调研员鲁宏杰，率领"垦区开发建设70周年采访行"新闻报道组来农场开展主题采访活动。

9月2日　绥滨县副县长樊明亮、县交通运输局局长姜喜才一行来农场，参加扶贫公路项目开工筹备会议。

9月4日　农场龙门福地酒业"龙香型"白酒，在智利举行的2017比利时布鲁塞尔国际烈性酒大奖赛中荣获银奖。龙门福地酒业是黑龙江省唯一获奖的白酒企业。

9月7日　农场场长李思军参加垦区残疾人就业创业暨职业技能竞赛会议，并作为垦区助残扶贫工作先进单位代表在会上做经验介绍。

9月15日　共青农场党委书记刘曙华带领基层党组织负责人来农场进行党建工作学习交流。

9月17日　黑龙江农垦公安局党委书记、局长江滨一行，在管理局党委副书记、政法委书记李振海等领导的陪同下，来农场公安分局检查指导工作。

9月18日　由省旅游委处长陈军与两名北京旅游行业专家组成的评审组，在鹤岗市旅游局副局长孙玉新的陪同下来农场，就农场申请AAAA级现代农业观光旅游景区进行考察评审。同日，农场召开秋季工作会议。

9月19日　根据农业部办公厅印发的《关于公布2017年中国美丽休闲乡村推介结果的通知》，农场在2017年中国150个美丽休闲乡村推介活动中入选"现代新村"。

9月25日　农场召开贯彻落实"垦区领导干部'解放思想　深化改革加快发展'专题研讨班"会议精神。同日，依兰农场党委书记徐锡春带领有关部门和单位党组织负责人来农场参观学习。

9月26日　总局党委组织部副部长张如一行来农场检查指导党建工作。

9月27日　农场在社区会议室召开供水、供暖供需双方协调会。同日，农场广信管理区十九作业区至绥滨县的扶贫公路正式开工建设。绥滨县副县长樊明亮、农场场长李思军、农垦建工路桥有限公司董事长朱以春等项目方、施工方、监理方及社会各界代表出席开工仪式。

9月29日　当晚，农场召开秋季维护社会稳定警民联防启动大会。农场党政班子成员和公安分局全体民警与45名民兵组成的警民联防队员参加大会。

10月2日　农场多部门联合开展"国庆节、中秋节"安全生产大检查。

10月6日　农场在红山管理区召开秋整地现场会。

10月16日　总局党建工作现场会在农场召开。与会人员参观了现代农林科技示范园区党支部建设工作，并观看了农场党建电视专题片。总局党委组织部副部长张如、管理局党委副书记李振海、组织部部长杨宪君等领导参加会议。

10月18日　上午，农场组织各级党员干部在机关二楼会议室集中收看中国共产党第十九次全国代表大会开幕式直播实况。

11月6日　农场开展下半年重点工作验收现场拉练会。

11月8日　农场召开落实"十九大"精神基层党组织书记座谈会。

11月9日　在海南博鳌举行的中国千商大会·博鳌酒业峰会上，农场龙门福地酒业选送的"龙香型"53度白酒，获得"布鲁塞尔国际烈性酒大奖赛银奖"。同时，企业还与贵州茅台集团等10家知名企业的核心酒类产品获得"中国千商大会畅销产品奖"和2018年"中国千商大会畅销产品奖"。

11月17日　鹤岗电视台、交通台和报社记者一行来到农场龙门福地酒业参观采访。

11月22日　农场召开与绥滨县禾田合作社优质稻订单座谈会，为禾田合作社与农户搭建沟通平台。

11月24日　省委组织部部务委员、省基层办主任张凤臣和组织二处调研员王滨、组织一处副处长周文熙一行，在总局党委组织部和管理局党委有关领导的陪同下来农场检查指导党建工作。

11月27日　总局党委书记王守聪来农场宣讲党的十九大精神，并主持召开推进农垦改革研讨座谈会。管理局党委副书记、局长刘相增及管理局领导班子成员、机关相关部门负责人和各农场场长、党委书记及北大荒农业股份有限公司分公司总经理参加会议。

11 月 29 日　农场召开干部大会，学习贯彻农垦总局党委书记王守聪来农场宣讲十九大暨推进农垦改革研讨座谈会讲话精神。

12 月 5 日　农场场长李思军参加由农业部农产品加工局在四川武胜县举行的中国美丽休闲乡村建设现场会，并代表农场接受"2017 年中国美丽休闲乡村"颁奖。今年 9 月，农业部组织开展了中国美丽休闲乡村推介活动，经过地方推荐、专家审核和网上公示等程序，最终 150 个村庄入选"2017 年中国美丽休闲乡村"推介名单，黑龙江省共有 4 个村镇获评。绥滨农场被评为"中国美丽休闲乡村"现代新村，是垦区唯一获此殊荣的单位。

12 月 14 日　农场武装部按照管理局人民武装部"规范战备秩序"要求，组织民兵应急分队 45 人开展为期 5 天的冬季集训活动。

12 月 16 日　总局政法委副书记卢庆久，在管理局党委副书记、政法委书记李振海等领导的陪同下来农场，就综治工作、社会治理、"省级平安农场"成果等工作进行调研。

12 月 28 日　农场召开第十七届三次职工代表大会。参加会议的正式代表 317 人，特邀代表 20 人。管理局党委委员、副局长蒋长春出席会议并讲话。

12 月 30 日　黑龙江北大荒农垦集团绥滨农场有限公司、绥滨农场社会行政管理委员会正式揭牌，标志着宝泉岭管理局改革试点迈出了实质性的一步。管理局党委副书记李振海、副局长梁月升、政策法规局副局长栗静锋及农场党政班子成员、基层各单位领导干部参加揭牌仪式。管理局党委副书记李振海代表管理局党委讲话。党委书记楚卫国主持揭牌仪式。

12 月　由中央储备粮鹤岗直属库有限公司投资的中储粮鹤岗直属库有限公司绥滨分库三期工程建设项目全部竣工。

本年度　农场粮食总产 31.27 万吨，实现地区生产总值 18.01 亿元，垦区居民人均可支配收入 2.3 万元。

2018 年　1 月 5 日　农场召开 2018 年第一次安委会会议。

1 月 6 日　农场举办"龙门福地杯"首届职工冰雪趣味运动会。管理局党委宣传部部长包日明、农场场长李思军、党委书记楚卫国等党政领导出席开幕式。

1月8日　管理局副局长梁月升一行来农场，在党委书记楚卫国、副场长刘春青等领导的陪同下，走访慰问离退休老干部和贫困居民。

1月9日　农场在机关五楼会议室召开福绥扶贫公路项目指挥部专题会议，共同讨论公路建设材料采购、供应等相关事宜。

1月12日　管理局脱贫攻坚专项考核验收组一行，在组长梁月升的带领下来农场，就脱贫攻坚工作落实情况开展专项验收。

1月15日　农场组织安全、社区、电业等部门，对场区老旧楼房进行用电安全检查，为改善老化电路做好准备。同日，管理局党委宣传部部长包日明等领导来农场慰问"优秀北大荒人"。场长李思军、党委书记楚卫国等领导陪同慰问并参加座谈会。

1月17日　农场副场长刘春青带领工商、卫生、质监等多部门人员，对超市、蛋糕店、肉品加工店进行安全检查。同日，农场安全科联合公安、畜牧等部门，对辖区畜禽养殖场所进行安全检查。

1月18日　农场举办离退休干部迎新春茶话会。场长李思军、党委书记楚卫国、党委副书记张明等领导出席会议。

1月19日　农场举办为期两天的农业技术培训班。分4批对全场水稻种植户进行培训，共培训2000余人。

1月20日　农场开展"百名党员干部安全大走访"活动。采取场领导包片走访重点单位和党员干部包户的形式，在全场范围内进行安全隐患排查。

1月23日　农场领导分别带队走访慰问离退休干部和困难职工家庭。

1月25日　农场组织党政班子领导、各管理区主任书记、各企事业单位负责人，集中收看国务院召开的全国安全生产电视电话会议。同日，为贯彻落实全国安全生产电视电话会议精神，农场安全检查小组连夜到12个管理区的值班室排查安全隐患，将岁末年初及"两会"期间的安全生产工作落到实处。

1月26日　农场在科技园区会议室召开"两节"期间安全检查汇报会。

1月29日　农场交通科联合公安、安全等部门召开春运工作会议。副场长刘春青参加会议。同日，农场在科技园区会议室召开强化春节期间景区安全工作会议。同日，农场副场长刘春青带队慰问残疾人家庭。春节前共慰问 126 户，发放慰问金及慰问品 5 万余元。

1月30日　农场场长李思军、副场长戴凤霞、冯鑫带领包片科室领导，分别到各管理区召开备春耕生产民情恳谈会。

2月1日　管理局局长刘相增、副局长梁月升带领改革调研组一行来农场，就推进农场改革试点工作进行调研。同日，总局组织部副部长张如一行，在管理局党委副书记李振海陪同下来农场，就"北大荒堡垒工程"进行验收检查。

2月2日　农场对场直社区 23 条主要街路正式更名并落座路标指示牌。东西街 11 条，南北路 12 条。

2月8日　农场场长李思军、党委书记楚卫国分别带队，对 12 个管理区和部分场直单位进行用火用电安全专项检查。

2月15日　农场党委书记楚卫国、副场长刘春青代表农场党委到工作一线看望除夕坚守岗位的工作人员。

3月2日　农场在文化广场举行元宵节庆祝活动。

3月7日　农场召开纪念"三八"国际劳动妇女节暨先优表彰大会。

3月8日　省改革办调研组一行来农场调研指导公安分局工作。

3月10日　农场场长李思军带领农业科工作人员，到各管理区开展春耕工作调研。

3月14日　中国农林水利气象工会副主席原成刚、总局工会主席于春明一行，在管理局局长刘相增、工会主席刘德坤的陪同下来农场，就垦区深化改革进展情况及企业民主管理工作进行调研。

3月15日　农场召开基层党总支和党支部书记抓党建工作述职评议大会，管理区和场直单位共 18 名书记进行述职评议。同日，垦区督查支队副支队长付向平一行 2 人来农场，对绥滨拘留所"两会"期间安全维稳工作进行督导检查。

3月18日　农场和管理局联合举办第五届黑龙江"二月二·龙抬头"开耕节。管理局局长刘相增、鹤岗市外事侨务和旅游委员会主任万文静、绥滨县人民政府副县长李谦、农场场长李思军、党委书记楚卫国等领导参加活动。同日，农场在"二月二"开耕节举办农业论坛，现场推介侧深施肥机、插秧机等农机具。各管理区农业技术人员和种植户近百人参加活动。

3月20日　管理局能源林机械收割现场会在农场召开。管理局农机局局长路庆文、林业局局长仇玉祥以及各农场农业副场长、林业相关负责人参加会议。

3月21日　农场召开重点工作推进会议。

3月29日　农场在红山管理区召开春播定标会。各管理区主任、副主任、技术员参加现场会。同日，农业部农村发展中心副主任李增杰一行来农场，就如何立足"乡村振兴"战略，加快打造农垦大基地、大企业、大产业，形成农业领域航母及如何深化农场改革，加快企业发展等问题进行调研。

4月1日　农场召开推广侧深施肥现场会。各管理区管理人员、农业技术员、职工等近200人参加会议。

4月2日　省教育厅公布第一批中小学生研学旅行试点单位名单。农场学校被列为首批研学旅行试点学校。

4月15日　农场和管理局联合举办"龙江第一渠"提水节暨绥滨农场第六届"春之韵"旅游文化节。管理局党委副书记李振海参加活动并致辞。

4月16日　军川农场党委组织部部长陈华带领基层党支部书记一行，来农场科技园区党支部参观学习。

4月26日　农场召开党委工作会议。农场党政班子成员、机关副科级以上干部、场直单位党政负责人、管理区主任和书记参加会议。同日，管理局市容和环境卫生考评组一行来农场，对春季环境卫生治理情况进行检查考评。

4月27日　农场畜牧兽医科联合公安分局、边防某连、安全科等部门召开渔业安全生产教育会议。松花江和黑龙江绥滨农场段作业渔民参加会议，并签订了边境水域安全生产责任状。

4月28日　农场在绥农新区建设的智能充电站安装调试完毕，正式启用。

5月4日　农场党委开展以"弘扬垦荒精神　青年服务在行动"为主题的纪念"五四运动"99周年活动。

5月7日　农场在东井管理区召开水稻插秧前现场培训会。场长李思军就水稻秧苗管理和插秧工作进行现场技术培训。

5月9日　农场召开水稻插秧定标会，并组织12个管理区的36名参赛农机手开展了水稻插秧机操作技能竞赛。场长李思军、党委书记楚卫国等党政领导班子成员参加活动。

5月14日　绥滨县委书记韩秀琴带领县委常委办主任孙纲、交通局局长姜喜财一行来农场，检查指导农场至绥滨县扶贫公路（福绥路）建设情况。

5月15日　农场副场长刘春青带领由学校、安监局、公安等部门负责人组成的检查小组，对农场校外培训机构进行专项检查治理。

5月17日　农场召开公安分局社区民警到基层对接会议，派遣7名公安分局社区民警到各管理区兼职副主任。

5月19日　总局纪委书记崔永生一行，在管理局局长刘相增、党委副书记李振海的陪同下来农场，就党风廉政建设及职工群众反映的热点问题进行深入调研。

5月21日　农场在插秧作业中尝试无人驾驶插秧机技术，通过一处小型GPS导航系统和改用电动方向盘的形式来操控机身，实现自动直线型跟踪功能，提高工作效率20％以上。

5月23日　总局副巡视员郭宝松带领农机局和农业局领导一行，在管理局副局长蒋长春等领导的陪同下来农场调研。同日，总局军事部部长卢俊、军事部动员处长王松一行，在管理局人武部部长刘丹的陪同下来农场，对民兵整组工作进行检查。

5月29日　农场召开安委会第三次全体会议，并举行安全生产月启动仪式。同日，管理局工会主席刘德坤来农场，为农场龙门福地酒业有限责任公司酿酒车间部，颁发黑龙江省"工人先锋号"奖牌。这是垦区唯一一家民营企业获此殊荣。

5月30日　农场组织广大党员干部集中观看十九大代表典型人物事迹专题片。

6月9日　总局林业局领导王玉行一行来农场，检查科技园区和苗圃林业生产工作。

6月10日　总局关工委办公室主任任少军，在管局关工委领导的陪同下来农场调研。

6月11日　农场畜牧公司、公安分局联合开展休渔期"护江行动"，中俄界江黑龙江干流水域全面进入禁渔期，直至 7 月 15 日结束。

6 月 11 日　农场丰裕合作社引进国内最新款的大型无人植保机进行水稻健身防病作业，解决了小型无人机水量少药浓度高造成烧苗的问题。

6 月 12 日　总局农业局领导霍立军及农垦科学院水稻研究所副所长那永光一行，带领"轮作休耕"检查组来到农场，针对农场推进耕地轮作休耕情况和夏管期间的水稻生长情况进行实地检查指导。

6 月 20 日　省统战部农业专家组一行来农场考察，场长李思军等领导陪同。

6 月 21 日　农场邀请省级安全生产培训师、农垦职业学院客座教授、高级政工师李方俭来农场，举办"安全生产大培训"专题讲座。

6 月 22 日　农场在科技园区会议室举办"学习贯彻十九大　不忘初心跟党走"演讲比赛。共有 12 名选手进入决赛，分别获得一、二、三等奖和优秀奖。

6 月 22 日　《光明日报》内参室主任沈耀峰和驻黑龙江记者站记者张士英等一行 4 人，在总局党委宣传部副部长鲁宏杰的陪同下来农场，就现代化大农业建设和农场企业化改革进行调研采访。场长李思军接受采访。

6 月 23 日　管理局党委书记孟凡龙等领导来农场，就现代化农业、党建工作、品牌文化、旅游产业等工作进行调研。

6 月 25 日　农场安全科、工会、司法分局联合举办"安康杯"知识竞赛活动，18 支代表队参赛。

6 月 26 日　管理局第四届"优秀北大荒人"典型事迹报告团一行来农场巡讲。农场党政班子成员、机关干部、场直单位党政主要领导和社区各居民委主任、书记聆听了事迹报告会。

6 月 27 日　农场党委开展以"学习十九大精神　喜迎建党 97 周年"为主题的十九大精神和新党章、党规知识竞赛活动。

6 月 27 日　农场纪委在机关五楼会议室召开亲情促廉拒办学子宴党员干部家属座谈会。

6 月 28 日　农场召开纪念建党 97 周年暨"七一"先优表彰大会，对 7 个先进基层党组织、12 名模范党务工作者、9 名优秀共产党员标兵和 46 名优秀共产党员进行了表彰。

6 月 28 日　晚，农场社区在文化广场举办"不忘初心跟党走"文艺演出活动。场长李思军、党委书记楚卫国及党政班子成员观看了演出。

6月28日 农场召开"清风净土"政治生态建设会议，党政班子成员、机关与各管理区党员干部参加会议。

6月29日 在建党97周年到来之际，农场党政班子成员分组慰问离退休干部党员和贫困老党员。

6月29日 农场党委书记楚卫国带队到黑龙江畔绥滨农场界——黑通岛走访慰问获得"全国最美家庭"称号的顾洪昌家庭。

7月6日 农场召开2018年国投项目协调会，为完善基础设施建设奠定基础。

7月9日 总局党委宣传部部长高跃辉一行来农场，就农场"五分开"改革具体落实情况进行调研。

7月16日 农场召开"两管双服"党员管理模式研讨会。

7月17日 管理局河长制检查组一行来农场，指导检查清河行动开展情况。

7月18日 省政府妇儿工作委员会主任高秀芬一行，在管理局工会副主席谢荣陪同下来农场调研。

7月19日 中国农业大学工学院师生一行22人来农场，开展以"传承红色基因·感受垦荒精神"为主题的社会实践活动。

7月20日 1958年复转官兵及其子女300余人，在农场宾馆举行开垦北大荒60周年纪念活动。农场场长李思军参加活动并讲话。

7月21日 北大荒农垦集团总公司（农垦总局）党委书记、局长、董事长王守聪和副总经理、总局防汛抗旱指挥部总指挥郭宝松来农场，检查指导黑龙江绥滨农场段防汛和河长制落实情况。

7月23日 由二九〇、江滨、绥滨三支合唱队参赛的纪念管理局开发建设70周年大合唱分赛区比赛，在农场文化广场举行。

7月26日 北大荒集团新体制运行小组旅游产业组一行来农场，就旅游产业发展情况进行调研。

7月27日 农场举办第一届包装设计创新创意大赛，通过微信公众号进行网络投票，共有10款产品的包装设计进入决赛。红山管理区孔令星设计的"红山1号福道"获得一等奖，火犁管理区任民设计的"五谷杂粮"获得最佳创意奖。

7月31日　鹤岗市委组织部远教中心副主任孙锴一行，在管理局组织部领导的陪同下来农场，对信息化形势下基层党员对课件的新需求和推动党建创新工作等问题进行调研。

8月3日　农场在"千亩花海"观赏区举办建场70周年赏花月系列活动。同日，农场组织部和纪委，联合开展党员干部学习贯彻"十九大"精神集中考试活动。

8月5日　农场组织各管理区管理人员、农业技术人员及种植户，开展秸秆还田配套机械技术培训。

8月7日　农场召开"七五"普法领导小组工作会议。

8月16日　农场召开"党员服务超市"运行推进会。

8月17日　农场对场区内道路进行升级改造，沥青路面工程将于9月中旬全部完工。

8月20日　农场召开党建工作推进会议。同日，总局交通运输局公路质量监督站站长彭振海一行，在管理局交通运输局局长王明月的陪同下来农场，就农场在建的福绥公路工程建设项目进行质量督导检查。

8月24日　农场召开党风廉政建设"一岗双责"工作汇报会。党政班子成员就本职工作和分管工作完成情况，以及落实党风廉政建设"一岗双责"履职情况进行汇报。

8月27日　原农场知青、现任中国民办教育协会会长王佐书和现任中国扇子艺术学会会长、中国当代著名书法家崔承顺回访第二故乡。

8月28日　前锋农场党委书记陆锋一行40余人来农场参观学习党建、城镇建设和社区管理等工作。

8月29日　"中青旅联盟"大连旅游团120余名游客来农场观光旅游。

8月30日　建三江管理局大兴农场武装部长谭荣平一行来农场，参观学习城管和社区管理等工作。

8月31日　农垦志愿者协会农垦总医院医疗送温暖志愿服务队来到农场开展义诊活动。同日，农场副场长房玉军带领工会、农业科及12个管理区的干部职工近百人，到建三江管理局创业农场和七星农场参观学习。同日，农场举办庆祝建场70周年职工篮球赛，12支代表队参赛。

9月2日　农场组织开展系列主题党日评比活动，共有12个管理区及8个场直单位党支部参与评比。

9月3日　北京五洲恒通认证有限公司有机认证检查员王左斌来农场，到东井管理区对4000亩水稻进行有机认证。同日，省公路工程质量监督站检查组张旭一行6人，在总局交通运输局公路质监站和管理局交通运输局领导的陪同下来农场，就农场在建的福绥扶贫公路建设项目进行工程质量安全综合督查。

9月10日　农场在天朗公园举行"黑土铸魂大荒情·两江福地谱辉煌"庆祝建场70周年大型纪念活动。管理局副局长梁月升、场长李思军分别致辞，党政班子全体、建场元老、复转官兵、知识青年、支边青年等群体代表及各行业代表参加活动。

9月11日　农场举办第六届"龙门福地"旅游文化节。同日，总局司法局副局长王慧贤、吕守君和管理局司法局副局长娄占胜等一行来农场，对"七五"普法中期工作进行检查指导。

9月12日　绥化管理局宣传部部长杨再胜一行，在管理局文化委副主任杨德君、宣传部副部长李艳秋的陪同下来农场参观学习。

9月13日　庆丰农场党委书记董佰军一行10人来农场，参观学习党建工作。

9月14日　农场召开紧急落实垦区禁止秸秆焚烧工作会议精神大会。

9月16日　管理局党委书记孟凡龙、副局长梁月升等领导来农场，检查指导农业生产和农场至绥滨县扶贫公路建设情况。同日，总局农发办验收组毕凤霞一行，在管理局农发办主任冯葵新的陪同下来农场，检查验收2017年农发项目工作。

9月18日　农场召开禁止秸秆露天焚烧工作联席会议第一次会议。

9月19日　农场在龙江第一渠、现代农业科技园区、标准化示范田等六个现场设立了6个分会场，举办以"稻海欢歌"为主题的开镰节和丰收宴。

9月21日　农场召开秋收动员大会。

9月27日　垦区禁止秸秆露天焚烧暨森林草原防火工作督导检查宝泉岭推进会议在绥滨农场召开。

9月28日　农垦总局旅游局局长崔龙江、副局长陈宇华一行来农场检查指导工作。

9月28日　农场场长李思军、副场长张勋，带领巡察组到各管理区检查露天秸秆禁烧工作推进措施落实情况。

9月30日　在国庆节前夕，农场场长李思军、党委书记楚卫国等领导与老干部科工作人员走访慰问离休干部。

10月4日　管理局党委书记孟凡龙来农场检查指导秋收工作。

10月7日　农场阳光供暖公司调试新引进的湿式"五暖牌趋零排放设备"，为开栓供暖做好充分准备。新设备的运行将实现颗粒物、二氧化硫和氮氧化物的排放浓度趋近于零。同日，农场在科技园区会议室召开2019年农业"双控"民主管理委员会专项会议。职工代表就是否同意统一供种供肥进行讨论后形成提案。

10月9日　中国社科院经济研究所主任姚宇一行，在管理局党委书记孟凡龙、副局长梁月升的陪同下来农场，就改革发展及中发〔2015〕33号文件落实情况进行调研。

10月10日　建三江管理局商务局局长公国维，带领旅游产业考察组来农场参观学习。

10月12日　农场召开集中学习习近平总书记考察垦区重要讲话精神会议，并对下一阶段重点工作进行部署。

10月13日　农场在近思管理区召开秋整地现场会。

10月15日　农场计财科组织相关工作人员，在全场范围内开展"第四次全国经济普查"工作。同日，农场计财科按照国家统计局黑龙江农垦调查队的统一部署，在农作物播种面积遥感测量样本网点内进行粮食单产抽样调查。

10月16日　农场纪委组织党员干部集中学习新修订的《中国共产党纪律处分条例》。

10月18日　省公路局农村公路验收小组组长陈国栋一行，在总局交通运输局公路处总工程师杨怀军和管理局交通运输局局长王明月的陪同下来农场，对福绥扶贫公路建设项目进行交工验收。

10月24日　管理局气象台联合北京华祺星辰科技发展有限公司，为农场气象站安装调试的气象预报可视会商系统正式投入使用。

10月25日　省司法厅基层工作处副处长王佳宁一行来农场，对司法行政工作进行验收。农场党委书记楚卫国等领导陪同。

10月26日　省林业监测规划院一行来农场，对30处国家级重点生态公益林资源监测样地进行抽样监测。

10月28日　总局农业局霍立军一行来农场，就水稻产销情况及2019年水稻种植意向进行调研。

11月3日　省扫黑除恶第二督导组，在管理局党委副书记李振海、管局政法委副书记孙秀江等领导的陪同下来农场检查工作。

11月5日　管理局交通运输局副局长周志明一行来农场，对永祥桥危桥改造工程项目进行竣工验收。经检查，符合竣工验收条件，同意通过验收。

11月6日　农场邀请垦通公司专业技术人员来场，为各管理区专门负责电子合同录入的工作人员进行"智慧农业"电子合同录入培训。

11月15日　农场召开贯彻落实垦区安全生产暨冬春火灾防控工作会议。

11月19日　农场畜牧公司与交通、公安部门联合开展专项行动，防控非洲猪瘟传播途径，保障农场生猪产业稳定有序发展。

11月22日　为加强消防安全管控力度，农场为平房区独居老人、残疾人等弱势群体家庭安装室内烟雾报警器100余个。

11月24日　红兴隆管理局党委委员、组织部部长李书贞和党校常务副校长曹霞，带领后备干部培训班一行48人来农场，就企业文化发展等情况进行调研。

11月29日　农场召开首席职工代表民主管理专项议事会和职代会团长、专门委员会负责人联席会议。与会人员对2019年土地发包事项和统供肥料管理办法等内容进行讨论并达成一致意见。

12月9日　农场龙门福地酒业有限责任公司生产的龙门福地红龙42度白酒，获得第十九届中国绿色食品博览会参展产品金奖。

12月12日　管理局副局长蒋长春、兽医局局长韩立君一行来农场，检查指导非洲猪瘟防控工作。

12月13日　农场投资100余万元引进的"鹰眼"高空覆盖监控系统和红外火灾探测系统正式运行。实现了场区内高空监控的全覆盖，提升了治安管理、交通管控与火情预警能力。

12月14日　农场召开解放思想推动高质量发展大讨论推进工作会议。

12月18日　农场组织机关全体工作人员、场直单位党政负责人，收看在人民大会堂举行的"庆祝改革开放40周年大会"实况转播。

12月20日　场长李思军主持召开防控非洲猪瘟工作会议，就当前防控非洲猪瘟工作进行再部署。

12月21日　总局非洲猪瘟防控督导组一行，在管理局畜牧兽医局局长韩立君等领导陪同下来农场，督导检查非洲猪瘟防控工作。

12月24日　农场场长李思军、党委书记楚卫国分别带领党委班子成员及安监、派出所、城管等部门负责人，先后对场直单位、社区、各管理区、驻场单位进行为期一周的安全大检查工作。

12月26日　农场在科技园区会议室召开2018年首席职工代表第七次民主管理会议。

12月28日　农场召开2018年度重点工作完成情况汇报会。

12月30日　农场召开第十七届四次职工代表大会，职工代表和特邀代表共299人参加会议。同日，农场举办以"金猪贺岁悦龙门·福地欢歌送吉祥"为主题的文艺晚会。

12月　农场投资40万元，在11个居民小区增设智能充电桩17处，为居民电动车充电提供了便利，营造了安全的居住环境。

本年度　农场粮食总产32.42万吨，实现地区生产总值14.37亿元，垦区居民人均可支配收入2.75万元。

中国农垦农场志

第一编

绥滨农场简史
（1948—2005年）

中国农垦农场志

第一章 创建时期（1948—1957 年）

第一节 建场的最初三年

一、绥滨农场的诞生

1948 年，东北正处在解放后的第三个年头，经济十分困难。根据国家"发展生产、繁荣经济、增加政府收入，减轻人民负担，一切为了战争"的指示方针，绥滨县委和县政府为了解决政府财政收入问题，于 1948 年 2 月，委派时任绥滨县企业公司经理的张云鹏去筹建一个农场，并派李忠文当助手。张云鹏和李忠文来到永祥屯附近，在当地干部和群众的支持下，进行了一个多星期的荒原踏查，把情况向县委和县政府做了汇报，县委决定立即筹建农场，同时，从县内动员了 80 名志愿建场人员，拨给 60 匹马和 16 台四轮马车，由李忠文任大车队长、于富任班长、郑广喜任事务员。

张云鹏率领首批建场人员，驾着 16 台四轮马车，拉成一排长队，顶着凛凛寒风，脚踏茫茫雪原来到永祥屯。暂借民房 5 间，厨房、宿舍、办公室都安排在这处房子里。

4 月，绥滨县公安局派驻农场一个武装排 30 人，借住永祥屯农会办公室，边参加生产，边保卫安全，一年后撤回。

当年春天，农场在永祥屯西部建起一队，后因当年冬雪大，化冻后发现这里地势低洼，种地困难，又向西迁移。开新荒地 76 公顷，垦撩荒地 320 公顷，播上了种，建起了二队（现 26 作业区老菜地）。垦荒人员白天种地，晚上盖房，当年春用草筏子、"拉哈辫"（茅草辫）盖了一栋草房做职工宿舍，后来又盖起两栋"马架子"（简易住房），一栋做场长办公室兼干部宿舍，一栋做卫生室。9 月盖起土草房 3 栋，正房做办公室和宿舍，厢房做食堂、磨坊、马号，还盖起一栋土草结构的仓库储备粮食，这就是绥滨农场第一个场部。绥滨农场从无到有，当年开荒，当年种地，当年盖房，立住了脚，扎住了根。

1948 年 9 月 29 日，农场成立党支部，张云鹏任党支部书记和第一任场长。设立的组织机构有：生产股，股长徐经荣，副股长于富；经理股，股长郑光喜；总务股，股长徐绍林（负责就业人员），会计室主任荆玉璞。

1949年春，荣军农场（绥滨太河农场）并入绥滨农场，农场土地面积增加。绥滨县又从抚顺调来104人，职工队伍扩大。农场设两个分场，一分场在一队，李忠文负责；二分场在太河，郑广喜负责；总场在二队（现第二十六作业区）由生产股股长徐经荣和副股长于富负责。机关配教育干事、会计、总务员、事务员、办事员、副业主任等管理干部。

二、艰苦的创业生活

建场初期，职工生活非常艰苦。1948年2月，北大荒的广阔荒原，白雪茫茫，北风呼号，野兽成群，人烟稀少，冬季严寒风大，夏季蚊虫叮咬。吃的是粗粮，开始每天三顿玉米面窝窝头，自己用石磨加工，副食是咸菜和野菜。后来改成了玉米面代豆发糕和"大碴子"（玉米粒），副食为萝卜和白菜，油非常少。过年过节可吃到些精面，但面也很黑很粗。粮油有时到绥滨县去运，有时到附近村屯去换，有时自己磨面碾米。吃饭无桌椅，用大"塔头"（一种植物，墩状）墩子铺木板为桌，小"塔头"墩子为椅。

建场初期没有医院，也没有医生，有病人就送往绥滨县医院，或用偏方治疗。1951年兽医张守先调来兼人医，又培养了一名护士，张守先也正式担任医生。后来又调来两名日本医生，男的叫山浩，女的叫初好。他们回国后，又调来一名柳姓医生。1952年，农场在小"马架子"里建立卫生所，当时医药缺乏，医疗设备只有一个注射器、一把钳子、一把剪子。

当时劳动非常繁重，强度大，时间长。农场职工白天在田间劳动，晚上还要盖房，不分昼夜，起早贪黑，文化生活更谈不上。

交通运输道路都是土路，雨后难以通行。交通工具有四轮铁车、爬犁、马等。

劳动分配实行供给制，以粮、布等为劳动报酬。起初农场无资金，生产上花钱要经县财粮科批准。1951年下半年，逐步实行工分制，开始发给职工工资。

三、落后的生产力

建场最初三年，生产力极为落后，无论是物资、生产工具还是技术等都十分缺乏。干部缺乏建场经验，各方面条件都极其困难。劳动工具是旧农村落后的生产工具，劳动生产全部靠人力、畜力完成。建场时县政府拨给农场60匹马、16台四轮马车和一些简单的小农具，有弯钩犁、碌子、爬犁、拉子、锄头、镰刀等，另外还从火犁公司收集了一批破烂农具，如洋犁等。

　　耕地、播种、管理、收获都只能采用旧生产方式，简单粗放，费力费时，效率低、质量差，耕地深度也只有十多厘米。

　　种植作物主要是大豆、小麦、玉米、高粱、稻子等，产量很低。1948 年小麦亩产21.5 公斤，玉米亩产 62 公斤，大豆亩产 41 公斤。1949 年小麦亩产 34 公斤，玉米亩产113 公斤，大豆亩产 61 公斤。1950 年，小麦亩产 53 公斤，玉米亩产 32 公斤，大豆亩产51.5 公斤。

四、可喜的经营成果

　　建场最初三年，虽然条件艰苦、生产力落后，但全体创业者在党和当地政府的正确领导下，凭着不畏艰难的创业精神和革命热情，白手起家，披荆斩棘，历尽千辛万苦，克服种种困难，在荒原上立脚扎根，终于把绥滨农场从无到有地建立起来。

　　三年共开垦荒地 551 公顷，每年平均播种粮豆 500 多公顷，三年合计生产小麦 160吨、玉米 80 吨、大豆 814 吨，粮豆合计 1054 吨，并为政府上缴利润 1.34 万元。

　　除农业生产外，在基本建设上，盖土草结构房 150 平方米，仓库一栋，马圈一幢，初步解决了建场初期职工的住宿、吃饭、办公、储粮、饲养役马等生产生活急需用房。在冬季农闲时间，组织大车"拉脚"（运货运人）、上山伐木、烧炭等副业生产。

　　在当时历史条件下，农场的成立，解决了很多人员的就业问题，减轻了政府的负担，锻炼和培养了农场第一批干部和职工，初步积累了建设农场的经验，为农场后来的建设和发展奠定了基础。

　　三年间，当地政府一直给予农场关怀和支持，绥滨农场每年都获得县"模范农场"光荣称号。

第二节　松江省接收绥滨农场

一、松江省接收绥滨农场

　　1950 年 9 月，松江省农业厅厅长田澍来富锦参加县召开的农场场长会议。在这个会议上，他提议要在富锦县（今富锦市）建一个机械化农场，并征求大家意见。场长张云鹏在会上发表意见，主张在绥滨火犁公司建场。理由是：第一，土地肥沃、土质好；第二，面积广阔，约上万公顷；第三，旧社会已建过火犁公司，撂荒地多；第四，投资能少，收益能快。随后，张云鹏又对本地区和绥滨农场几年来的情况向田厅长做了汇报。

一个月后，场长张云鹏接到省里决定接收绥滨农场的通知。1951 年 9 月，绥滨农场正式划归松江省人民政府，定名为"松江省国营绥滨机械农场"。

二、机械化生产的开端

松江省接收绥滨农场以后，开始调入机械设备和技术人员。1951 年 2 月，调来"纳齐"拖拉机 4 台，"福特"拖拉机 2 台，"法尔毛"拖拉机 1 台和一些农具。在技术力量上，当年 8 月从宁安农场调来第一任机务副场长张锡九，调来拖拉机手 8 人。

1951 年秋—1952 年，在已有设备的基础上，进行了一次较大规模的机械开荒，开荒地点在张团部（现 27 作业区）。开荒人员由机务副场长张锡九、机务技师赵国栋、机务负责人徐恒顺等人亲自率领。驾驶员为：王国富、张宝贵、汪占元、王仲秀、李殿凤、汽车司机李宝泉等人。机械为 4 台拖拉机，每台车配 4 个人，住的是草棚子。全体开荒人员顶风冒雨、昼夜苦干，在一片大草甸子上开垦出 1000 多公顷肥沃的土地，一年开荒面积相当于建场最初 3 年合计开荒面积的 3 倍多，充分体现了机械化生产的优越性。

1952 年春，农场开始使用机械播种，国营农场的示范作用、集体化生产的优越性开始得到具体的体现，这对农民走向集体化、合作化生产的道路是个很大的推动和鼓舞。也就是从这个时候起，农场开始机械化生产。同年冬，农场在省农业厅召开的国营农场场长会议上介绍了经验，并得到了省领导的表扬。

三、绥滨农场的整顿

1952 年冬，松江省委针对农场干部缺乏管理机械化国营农场的经验、办场方针不明确、经营管理水平低等情况，为整顿、巩固、提高农场的经营管理水平，派农村工作部国营农场、集体农庄处政策研究院吴惠新等 2 人组成的工作组来农场，指导整党整场工作。

这次整党整场，主要根据中共中央东北局 1952 年 9 月提出的《关于加强国营农场工作的决定》精神，结合农场的实际情况，从思想上、组织上、经济上、管理上进行认真整顿。开展冬训，进行民主补课，清产核资，紧缩编制，建立各种管理制度，总结经验教训。通过整顿加强了计划管理、定额管理和成本核算观念，进一步明确了建场方针。

第三节　农场的巩固与发展

一、加强领导充实骨干

在 1952 年整顿的基础上，为巩固和发展农场的好形势，1953 年春，农场成立了党总支委员会，书记吴惠新，副书记孟兆盛。行政领导班子为：场长李在人、政治副场长吴惠新、基建经营管理副场长刘福华、农业机务副场长张锡九。同年，又从呼兰干校、佳木斯农校、曙光农场、宁安农场和省、厅等单位调来数十名行政和技术干部。1954 年，从绥滨、富锦招收一批拖拉机学员。这些领导和骨干力量的加强，为农场以后的发展提供了组织保证。

二、机械设备逐年增加

从 1953 年开始，农场的机械设备逐年增加。到 1956 年年末，已调入"C-80"拖拉机、"纳齐"拖拉机、"热特"胶轮拖拉机等 28 台，"康拜因"（联合收割机）15 台和一批配套农具。拖拉机混合台数已达到 37 台，"康拜因" 31 台、载重汽车 10 台，为农场从人畜力生产向机械化生产过渡提供了必要的物资保证，使农场的生产规模得到迅速扩大。

三、生产规模不断扩大

1951—1953 年，农场的耕地面积持续扩大，比非机械化生产的 1950 年的耕地面积（551 公顷）扩大了 4 倍多，1953 年年末耕地面积已达 2620 公顷。1954 年年末耕地面积 4481 公顷，1955 年年末耕地面积 6978 公顷，1956 年年末耕地面积 1.08 万公顷，1957 年年末耕地面积 1.2 万公顷。

随着土地面积迅速扩大，新的生产队也不断增多。1953 年在老一分场建起新场部（即现 24 作业区）。当年修建了办公室、修理厂、家属宿舍等，建筑面积共 3393 平方米，并在场部地区通电，安上了电灯，各生产队安上了电话。1954 年新建 4 队（现 24 作业区西）、5 队（现 21 作业区）、畜牧场（现 24 作业区北）。1955 年新建 7 队（现 8 作业区）、8 队（现 12 作业区）、6 队（现 9 作业区）。1956 年农场管理机构由原来两级管理改为三级管理，设三个分场。1957年建起9队（现14作业区）。土地面积的扩大，生产队的增加，新场部的建设，使农场初具规模。

第四节　场部搬迁近思屯定址

一、抗洪救灾谱新篇

1956年是绥滨农场大发展的一年，耕地面积已达1.08万公顷，总播种面积已达7374公顷，小麦播种面积占70%，房屋建筑面积达4000多平方米。在省里提出的"以场办场"的口号影响下，农场各部门都配上了"双套"干部，管理人员增加50多人，准备在徐家馆子（蒲鸭河一带）建立新场。

8月上旬，正值麦收时节，却遭遇了松花江百年不遇的大洪峰，江水上涨，水漫江堤，凤山大坝老牛圈决口，一分场3万多亩庄稼很快全部淹没。一分场各队被迫行船，场部和二分场交通断绝。在这紧急关头，农场接到地委电谕，限三日内全场人马、物资、机具迁往高地。高地上除留病号、妇女、孩子看守外，其余全部劳力投入抗洪斗争。场领导王杰、吴惠新亲自领导全场干部、职工昼夜奋战，团结一致与灾害作斗争，在胜利完成了大坝加宽、加高、加固的防洪任务后，又进行了麦收结尾工作。一分场从水里捞出的麦子不到总量的60%，损失严重。这次抗洪救灾在绥滨农场的建场史上留下了不可磨灭的一页。

二、近思屯定新场址

随着农场不断向东扩展，原一分场场部逐渐偏向西南，离全场土地中心区越来越远，农场党委决定把场部迁往近思屯以东定址。于1956年春正式施工建房，当年共建房21栋，其中包括飞机式办公室、商店、招待所、卫生所、职工宿舍、家属房等共4000多平方米。抗洪结束后，9月份立即开始总场搬迁工作。搬迁采取水路、旱路联运，把大油桶连接起来，上面铺上木板，安上机器当船，把物资从一分场后面的低洼水路运到三间房（现22作业区）附近，再由三间房高岗用拖拉机、马车等运到近思屯。遇到水不能行船、旱不能行车的路段，就用人挑、人抬、人扛，全场上下昼夜抢运，于10月份把修理所的全部铁件、机器等搬到了新场部。在12月前，家属也全部迁到了新场部。

三、扭亏为盈受表扬

1957年，因一分场土地上一年被淹，农场的播种面积比1956年减少了，省里提出的1957年生产要大发展的方针，绥滨农场未能实现，只能在现实的基础上进行巩固、提高。强调在经营管理上精打细算，在组织结构上减少非生产人员。当年春天下放一批干部充实到基层单位参加生产劳动，在全体职工中反复进行勤俭办企业的思想教育，动员全体职工献计献策，提出"少花钱多办事，不花钱也办事"的口号。农场党委为了认真贯彻省委提出的"争取不赔钱"的要求，采取多种地、减少人员开支、干部参加生产、扫雪修道在化冻前从外地抢运回所有物资等一系列措施，终于由原计划亏损22.5万元的赔钱局面转为实现盈利1.3万元，受到了省委表扬，并在《黑龙江日报》上得到了专题报道（1958年3月19日第二版）。

第二章 农垦部合江农垦局时期
（1958—1962 年）

第一节 1958—1959 年的绥滨农场

一、贯彻总路线和"五边"方针

1958 年，农场按照党中央和省、地、县委的指示，坚持"边开荒、边生产、边建设、边积累、边扩大"的方针（简称"五边"方针），各项生产建设都取得了很大的成绩。农牧业和工副业总产值达到 166.36 万元，比 1957 年增长 27.1%；工副业生产总值达到 36.82 万元，比 1957 年增长 100%，占农业总产值的 17.74%；畜牧业生产总值达到 3.34 万元，比 1957 年增长 31.5%。

开荒面积 8000 公顷（后划给江滨农场 3700 公顷），播种面积 5548 公顷，加上"春开春种"总播种面积达 8258 公顷，粮豆总产量为 6942 吨，比 1957 年增加 1048 吨。随着农业生产的发展，畜牧业和工副业也取得了全面的发展，畜牧业生产在 1957 年薄弱的基础上，马匹由 272 匹发展到 357 匹；牛由 25 头发展到 99 头；猪由 930 头发展到 2199 头；鸡由 1500 只发展到 4000 只；除马外，其他禽畜总头数都翻一番以上。工副业生产在厂房设备不足的条件下，以勤俭办厂，白手起家的精神办起了米面加工厂、制油厂、制酒厂、酱油厂、粉房等自给性的工副业，总产值达 368.12 万元，保证了农场职工群众日常生活需要和部分消费品的供应。

在厂房建设和福利设施方面，1958 年共建厂房、住宅和福利用房 1.97 万平方米，修筑道路 45 公里，完成水利施工土方量 2 万多立方米，基本保证了全场职工住房和场内外交通运输，同时对农牧业生产和工副业生产起到很大的促进作用。新建小学一所，并在农场小学增设了中学班。在技术革新方面广泛开展了相应活动，一年中革新项目 80 多种、120 多件，仅修造厂革新项目就达 42 种 117 件。试制成功了自动液压机、洗缸机、磨缸机、自制车床、鼓风机、电焊机、弹簧机、粉碎机等。

在党的组织建设上，新建 3 个党总支委员会、19 个党支部，从而发展到 5 个党总支

30个党支部，共有党员664名。培养和提拔了一大批干部，加强了领导力量。

二、大批转业官兵来农场

1958年3月20日，中共中央成都会议通过了"关于发展军垦农场的意见"。10万名转业官兵来到北大荒，为黑龙江省国营农场的开发建设增添了一支新的生力军。

第一批分配到农场的863名复转官兵，于1958年4月20日在四川省内江站上火车，经过9天9夜的长途旅行，于4月29日到达佳木斯车站，5月2日到达绥滨县，5月3日下船后，步行35公里，由绥滨县来到农场。

农场的干部、职工、学生、家属沿路排成长龙，夹道欢迎亲人来场，并在俱乐部举行欢迎大会。复转官兵于5月7日被分配到各单位，其中250人分配到一分场各生产队，500多人分配到二、三分场各生产队。后来，他们中的多数人都成了农场机关、生产队干部和各条战线的骨干。

三、公社大队与农场合并

1959年6月，按照上级精神，农场开展了人民公社化运动，绥滨县集贤公社两个管理区6个大队并入农场：福兴、德善、同仁划归四分场（分场址在福兴）。当年正在开荒建立五分场（分场址在集贤），富山、兴隆、德胜划归五分场。1960年1月，农场变为全民所有制。同年2月，绥滨县集贤人民公社的集贤、黎明、长发、福禄、荣胜、古城6个大队并入五分场。公社各大队并入农场的土地共有2840公顷。并入后，由农场统一管理，但仍然是集体所有制，单独核算，当时群众称这种合并为"挂油瓶"。1962年，根据中央新的农村政策，公社合并到农场的12个大队全部退回公社，共退还公社土地4000公顷，其他生产资料如农具、车马等全部补偿退还。

四、1958年的大开荒

1958年6月，农场党委根据上级指示精神，决定大量开垦荒地，扩大再生产。农场成立了开荒指挥部，副场长郭振江担任总指挥，由各单位抽调了十余人组成指挥部办事机构，下设开荒组、后勤组、通讯组。集中全场大型拖拉机8台、机务人员50多人，并抽调刚来场的转业官兵30多人负责清荒，配备一台汽车负责检查测量荒原和做交通工具。

开荒指挥部设在萝北县东部向阳屯。在向阳屯东侧围墙的废墟上,农场员工用树枝、茅草搭起草棚,睡觉、办公等用的都是临时的床铺和桌椅,做饭也需架起临时锅灶,条件很艰苦。指挥部设有一台发电机、一台无线电话机,并设有烘炉,一般修理换件可就地解决。

开垦区划西起三十庄(即现在的江滨农场场部),东至绥滨北联合大队。顺着黑龙江沿岸广阔的未垦荒原,地表多是小樟叶、五花草、灌木丛和柞桦林,大约有1万多公顷。经过三个多月的艰苦奋战,当年开荒8000多公顷。后来由于与江滨农场划界,划给江滨农场3700公顷。1959—1960年先后建起了5个生产队,即现在的第一、第三、第四、第六、第十作业区。

五、山东支边青年来农场安家落户

根据黑龙江省委的决定,为了使边疆地区社会主义建设能够逐渐同内地一样获得迅速发展,农场党委根据上级精神和场情需要,于1959年4月组成接收小组,到山东省梁山、蒙阴、沂水三县接收山东青年500余人(其中180人带家属),于9月份来到农场安家落户,他们为开发边疆和农场的建设事业做出了贡献。

第二节　困难时期的绥滨农场

一、严重自然灾害的侵袭

绥滨农场于1959—1961年遇到了严重的自然灾害。

1959年全场降水量较大,达701.5毫米,而1960年以前4年平均降水量是652.5毫米,尤其是1959年10月份,降水量95.7毫米,而历年10月份降水量是48.1毫米。这年大豆种植面积大,地里泥泞,秋涝严重,粮食运不出,大豆结冻,"康拜因"多故障,大豆脱粒,在地里冻冰,又被拖拉机碾压,造成严重损失浪费。1960年也遇到严重涝灾,全年降水量752.9毫米,尤其5、6月份,连续降雨38天,降水量213.9毫米,其中5月份降水量80.2毫米,6月份降水量133.7毫米,而历年5月份平均降水量52.7毫米,历年6月份平均降水量99.3毫米。这导致大田播种机械不能下地,只能用人工种大豆和玉米(当时叫"豆杆子"),严重影响了播种速度和质量。

1961年遭遇春旱,小麦和大田作物生长不良,而到7、8月份又大量降雨,造成重涝，贻误了麦收，损失很大。1962 年仍然是重涝年。

连续严重的自然灾害，给农场生产造成了严重困难，给农场经济发展造成严重损失。

二、灾害年代的农场经济

1959—1960 年，是农场遭受建立以来最严重的自然灾害的年份。在这种情况下，农场坚持贯彻"以农业为基础""多种多收和高产多收相结合""一业为主与多种经营相结合"等一系列两条腿走路的方针和"边开荒、边生产、边建设、边积累、边扩大"的农垦事业方针，积极开垦荒地，贯彻执行"农业八字宪法"，大力发展畜牧业，并相应地发展工副业、基本建设、文教卫生等事业。两年共完成开荒面积 5500 公顷，是 1958 年播种面积的 66%，耕地面积已扩大到 2.53 万公顷；养猪达到 9650 头，是 1958 年的 4.3 倍；完成排水治涝工程 17.56 万立方米；房屋建筑达 2.92 万平方米；有米面、油、酒、食品、编织、陶器等各种厂房 16 个。从 1959 年开始，为国家提供出口商品大豆 3600 吨，冻猪肉 167 吨，冻禽肉 5.3 吨，鲜蛋 8.19 万个，出口总值达 189.03 万元；1960 年出口生猪 2136 头，超额 6.8%；家禽 6100 只，超额 22%；鲜蛋 8.19 万个，超额 16.5%，出口总值为 21.48 万元。

1960 年，全场的工农业总产值已达到 378.31 万元，比 1958 年增加 1.3 倍，其中农业产值 149.48 万元，虽因特大灾害比 1958 年减少 10%，但仍比 1957 年增长 51%；畜牧业生产 27.17 万元，比 1958 年增长 1.2 倍；工副业产值是 165.67 万元，比 1958 年增长 11 倍；生产总收入达 455.6 万元，比 1958 年增长 1.7 倍。

1959 年大豆亩产 167 斤；从 1960 年开始，大豆亩产明显下降，1960 年大豆亩产 47.2 斤；1961 年大豆亩产 86.6 斤；1962 年大豆亩产 95 斤。从经营成果看，1958 年保持盈利 134 万元，1959 年保持盈利 10.3 万元。从 1960 年开始转为严重亏损，直到 1964 年才开始转为盈利，具体数据是 1960 年亏损 160 万元，1961 年亏损 22.3 万元，1962 年亏损 95.3 万元。

三、困难时期的职工生活

1960 年农场在经营上出现大量亏损，粮豆单产和总产尤其是大豆产量显著下降，造成农场资金，特别是流动资金严重不足的状况，使生产建设、职工生活都遭遇了严重困难。口粮供应标准下降，家属供应每人每月 18 斤，机关、学校、医院的职员每人每月也只有 24 斤，豆油每人每月 3 两，其他副食品，如肉、蛋、糕点、菜等都十分缺乏。日用品，如肥皂、火柴等都凭票供应。黄烟、白酒价格猛涨，每斤黄烟 8~9 元。由于营养不足，职工、家属健康受到影响。在国家经济发生暂时困难的情况下，全场广大干部、职工、家属顾大局、识大体，尽量向国家多交粮，而自己节衣缩食，坚持"低标准、瓜菜代"，大搞"代食品"。用玉米秸制淀粉，用菜叶、菜帮和玉米面做菜团、菜饼，到河泡去捕捞鱼蛙，克服生活上的巨大困难，经受住了严峻的考验和艰苦的磨炼。

四、贯彻"八字方针"的几项措施

1960 年冬，党中央开始纠正农村工作中的"左倾"错误，决定对国民经济实行"调整、巩固、充实、提高"的八字方针，对国营农场领导管理体制进行了调整，于 1962 年 11 月 18 日，将合江农垦局和牡丹江农垦局合并，成立了东北农垦总局。

绥滨农场在这次管理体制调整中，根据中共中央《关于国营农场领导管理体制的规定》的要求，由原来的三级管理、三级核算，逐步调整为两级管理、两级核算。1962 年 2 月 6 日，撤销分场，退回原公社并入农场的社队。全场管理人员降到职工总数的 7%，低于上级 8% 的要求指标。同时，精简了部分老弱病残职工 200 多人，并开展了"五好"生产队和社会主义教育运动。

五、贯彻"八字方针"后的经济形式

1961、1962 年，农场认真贯彻执行"调整、巩固、充实、提高"八字方针，调整了体制，精简了部分职工，改进了企业管理，深入地开展了"五好"生产队和社会主义教育运动，职工责任心增强了，劳动热情更加高涨。在 1961 年播种面积的 1.09 万公顷中，公社退出 4000 公顷、职工总数由 4060 人精简到 2353 人的情况下，仍播种了 1.08 万公顷，而且作业质量良好。

农场的生产建设取得了很大成绩。农牧业、工副业总产值 1961 年为 534.44 万元，1962 年为 403.21 万元。与 1960 年比，平均增长了 19.4%，其中农业总产值 1961 年为 162.97 万元，1962 年为 146.22 万元，这两年虽然也遭受到了严重的自然灾害，但比 1960 年仍平均增长了 3.4%；畜牧业产值 1961 年为 20.45 万元，1962 年为 13 万元；工副业总产值 1961 年为 317.74 万元，1962 年为 243.99 万元，比 1960 年平均增长 1.6 倍。

第三章 东北农垦总局时期
(1963—1968 年)

第一节 东总"样板场"

一、机务管理标准化

"机务管理标准化"包括机务检修保养标准化和机务田间作业标准化两个方面。

1962 年冬，农场举办了大型机务培训班，全体机务人员参加。主要内容是整顿纪律，建立规章制度，实行奖罚、业务传授。在这次训练班上，对表现好的机务人员给予了表扬和物质奖励，对表现不好的给予严肃批评，情节严重的降级、开除出机务队伍，对触犯刑法的逮捕法办 1 人。在整顿的基础上，制定了一整套机务管理规章制度，使机务工作各方面都有了规范，保证了农业技术措施的实施，降低了消耗和成本，做到了优质、高效、低耗，对农场生产发展起到了重要作用。

二、实行科学种田

1959—1962 年，农场在上级的直接领导下，认真实行了科学种田。首先，建立健全科研组织，进行栽培、施肥和耕作等调查研究；其次，不断试验，总结了一整套机械灭草经验；第三，推广耙豆茬种小麦的新经验；第四，试验了 24—DJ 酯化学灭草，进行了飞机撒药杀虫；第五，逐步推广小麦分段分割；第六，建立了比较健全的良种繁育体系；第七，建立了轮作制、栽培制、耕作制、施肥制、植保制、综合灭草等六项制度；第八，开展"样板田"试验。

三、提高经营管理水平

为了使农场更加企业化，逐步提高经营管理水平，农场各级都加强了 8 个方面的经营管理，即计划管理、财务管理、定额管理、劳动管理、物资管理、机务管理、农业生产管理、畜牧生产管理。每个生产阶段都要进行经济活动分析，找出问题和漏洞，及时整改；年终要进行财务决算，年初制定财务计划。这样就克服了乱花钱、乱批钱的现象，大大节省了开支。

四、加强政治思想工作

农场在贯彻"八字"方针的过程中，加强了政治思想工作。开展了学习毛主席著作、学习雷锋、学习焦裕禄的活动。1963 年开展了生产建设好、经营管理好、贯彻政策好、政治思想好、职工生活好即"五好生产队"活动，通过劳动竞赛，评出"五好队""五好机车组""五好食堂""五好职工"等。一系列活动的开展，提高了干部职工建设社会主义国营农场的积极性，鼓舞了干劲，经营管理水平不断提高。

五、自建公助解决住房

绥滨农场自建公助家属房是从 1964 年开始的，为解决国家投资较少、职工住宅不够的矛盾，在上级指示和支持下，农场党委决定在全场发展自建公助家属房，在木料和基建用材上给予大力支持，在价钱上给予优惠，房权归己，并对盖房的有关政策做了明确规定，但职工还是有这样那样的顾虑。为打消这些顾虑，党委书记吴惠新带头盖起了自建公助家属房，在他的带动下，自建公助盖家属房在全场普遍发展起来，盖得最多最好的是 12 队（现第二十七作业区）。1965 年，是全场自建公助盖家属房最多的一年，当年东北农垦总局基建水利局在农场召开了职工家属住宅现场会，肯定了自建公助的办法，一直到 1966 年仍有发展。

六、黄金时代的经济状况

从 1963—1968 年上半年，农场的生产蒸蒸日上，经营硕果累累。从 1965—1968 年，农场经营连续盈利，4 年共盈利 710.7 万元。1967 年是建场以来盈利最高的一年，盈利 354.7 万元，银行存款额达 360 万元。这个时期被称为农场的"黄金时代"。

第二节　社会主义教育运动

1964 年开始，全国各地开展了全面的社会主义教育运动。农场按上级要求分批派出一些干部、知识分子和骨干参加工作队，到其他农场去参加社教工作。1965 年 9 月，由其他各场人员组成的社教工作先遣队进驻绥滨农场，并分派队员进驻各基层单位。每个单位 1～2 人，调查摸底，掌握情况，物色骨干。11 月，社教工作分团共 70 多人派驻到全场各基层单位，每个单位 5～7 人。设队长、副队长、材料员、妇女队员等，配齐一套班子，既能搞运动，又能抓生产。1966 年 6 月社教分团撤离绥滨农场。

第四章 黑龙江生产建设兵团时期
（1969—1976 年）

第一节 体制大变动

1969 年 1 月，黑龙江省革命委员会、省军区批准绥滨农场组建为黑龙江生产建设兵团二师九团，编号"设字 202"。1968 年 12 月，团长凌泽民、干部股长周春清来到绥滨农场（政委赵志勇因到北京开会晚来一段时间），开始筹建工作。首先举办学习班，对原农场干部的问题查证核实，召开群众大会，宣布吴惠新帮助工作，郭振江抽出去开荒建点，配有贾海涛、李忠义等人。同时，撤销了农场革委会。

1969 年 1 月，成立了司令部、政治处、后勤处，下设 14 个股，取消了农场机关原有的科室设置，并陆续委任一批原农场机关干部为副股长、参谋、干事等。春节后现役干部来场，其中有司令部参谋长孙天鳌、政治处主任孙阳、后勤处长许福山及各股的股长、秘书、协理员等。生产队改为连，黑龙江生产建设兵团二师九团正式组建。

九团组建以后，受二师直接领导，同时接受绥滨县革命委员会有关政治、方针、政策的领导。在组建过程中，团长，政委，司、政、后三大机关以及各股的正职干部、主要负责人几乎全部是现役干部。

第二节 生产经营规模迅猛扩大

一、大批城市知识青年来团

1968—1971 年，北京、上海、天津、杭州、温州、哈尔滨、鹤岗、佳木斯、萝北等大、中、小城市的知识青年，响应毛主席的"知识青年到农村去，接受贫下中农的再教育，很有必要"的号召，分期分批来垦区落户。九团共接收城市知识青年 6443 人，其中北京 875 人，上海 978 人，天津 221 人，哈尔滨 1542 人，佳木斯 263 人，鹤岗 112 人，多数是初、高中毕业生。知识青年来团后，定为农工一级，劳保待遇与农场职工相同。

随着知识青年来团，农垦部于1968年做出"国营农场的中、小学毕业生，已满劳动年龄，国家没有分配其他工作的，农场可以吸收他们为职工，参加农场的生产劳动"的决定。九团的劳动力急剧增长。兵团组建前，1967年年末职工总数是4457人，兵团组建后，1971年末职工总数达9441人（已停止接收知识青年）。4年间职工总数增加了一倍多。

二、大面积开荒建设新连队

兵团组建后，由于职工总数的急剧增加，超编严重，已无法适应和容纳过剩的劳动力，加上九团西南地区有大片未开垦的荒地，以及当时机械充足，上级政策鼓励扩大耕地面积，周围的农村公社也不断在农场范围内开荒。因此团委决定，集中人力、机械、物资开荒建点，迅速扩大耕地面积，增建新连队，以连建连。如26连包建35连等。新建连的干部、职工、机械、车马和其他物资，都由包建老连队抽调，于1969年3月正式建点，搭帐篷草棚，挖"地炝子"（窝棚），边盖房边开荒。没有井，就地砸冰化水做饭。西南地区的荒地基本被开垦，这一年共创建了13个连队（16、17、18、29、31、32、33、34、35、36、37、38、39连）。耕地面积逐年迅速扩大，安置了大量城市知识青年和职工家属，为之后扩大再生产和农场发展打下了基础，制止了周围农村公社向团内的延伸"插花"，便于兵团内部的统一规划和管理。

除大量开荒建连外，兵团时期还发展了多种经营：建立了人工养鱼池，从吉林省引进了第一批梅花鹿和人参，发展和改良了羊群，养殖蜜蜂等，出口人参和鹿茸。这些副业增加了农场的收入。

三、大搞基本建设修房建舍

九团组建后，为改善农业生产基本条件，解决13个新建连队交通不便的困难和因大量知青集中来团致使集体宿舍、食堂、公共文娱设施缺乏等问题，重点抓了几个重点建设项目：一是继续加强东灌区的施工，购入灌区各种配套设施并进行安装；二是引进大量新式农具；三是修筑了一号公路；四是建筑了大量砖瓦结构的生产用房和生活用房；五是在发展工副业、电力通信方面也做出了不少成绩。

水利方面：1973年12月，根据三江平原治理规划，绥滨县和当时的八团、九团达成共同治理蜿蜒河涝区的协议书，九团于1974年春开始蜿蜒河主河道施工，1975年组织20

台推土机同时施工4条排干,先后进行两次会战,每次会战持续40多天,出勤了1500多个台班,完成土方量50万立方米。

1966年,"东总"设计院开始对东灌区进行规划设计。1968年秋,干渠破土施工,1970年施工水泵站,成立东灌区施工指挥部,边设计边指挥施工。1971年5月组织全场进行渠道施工大会战(大战红五月)。在6队设临时施工会战指挥部,出勤3000人,22台推土机,完成土方量27.5万立方米,施工部队就地支锅做饭,吃住在工地。从1队的头道沟到6队营区的公路两侧,帐篷、席棚毗邻,彩旗招展,一条条排灌渠道跃然展现在大地上。

房屋建筑:九团用8年时间,修建了18门和24门的转盘窑,建筑砖瓦房11.29万平方米,其中有起脊房也有楼房,有生产、办公、文教、卫生用房,也有大批的职工宿舍、家属宿舍。九团时期的基本建设是绥滨农场建场以来基本建设史上的一次飞跃。

四、屯垦戍边建设武装连队

兵团时期的性质和任务为:屯垦戍边、保卫边疆、建设边疆。

在编制上,兵团成立后取消武装部,1969年司令部机关设置参谋股,主管战备、通讯、人事。1970年人事工作划出,单独成立军务股。1972年通讯工作划出,单独成立通讯股,同时把参谋股改为作训股,主管战备、民兵、护林防火。

基层装备了一个武装营,营部设在福兴。下设3连、6连、8连3个步兵连,及一个机炮连,即2连。4个武装独立排,分别设置在4连、5连、10连、8连上。当时有基干民兵(兵团战士)6000多人,武装基干民兵(武装兵团战士)700多人,其他各生产连队(离边境较远的)也都陆续配备了炮、枪支弹药等武器装备。特别是1969年珍宝岛事件以后和1979年对越自卫反击战时,几乎各连都配备了武器。

武装兵团战士坚持"平战结合"的原则,一边坚持生产建设,一边坚持军事训练。1969年珍宝岛事件发生后,修筑防空洞3519个,挖战壕6270米,挖交通壕3290米,挖反坦克壕70米,还自制了一些机炮零件、土炸药、干粮袋、三角巾、救护箱、担架等,准备随时参加反侵略战争。1970年参加了东灌区的施工会战,还参加修筑二抚战备公路。1971年冬,参加了二师组织的千里野营拉练,历时10天,行程千里。1972年去伊春参加国防施工,和野战军并肩作战。1974年11月参加师会操,取得射击第一名。1975年10月代表二师去兵团参加军事考核取得第二名。1976年11月参加管局首届军事会操,取得团体第二名。

兵团时期的武装编制和军事活动占用了许多人力和物力,直到兵团撤销后,才恢复武装部。

第三节 兵团时期九团经济局面

兵团时期的经济状况日益恶化。九团组建前,绥滨农场的经济状况是很好的。从1965年到1968年连续4年盈利,1967年达到最高峰,盈利354.7万元,4年盈利总额为710.7万元,1968年农场在银行存款360万元。九团组建后,生产规模迅速扩大,基本建设战线快速拉长,劳动力剧增,贬低机械化的作用,不重视计划管理和经济核算,"四超"现象严重,加上自然灾害、新垦荒地多、产量低、新建连队多、虽然也付出许多辛苦,做出很大努力,但是生产水平不断下降,单产降低,经营状况日益恶化,严重亏损局面已经形成,银行贷款增多,日子很不好过。1969—1976年的8年间,有4年盈利、4年亏损。盈利的年份为1970年、1971年、1975年、1976年,4年盈利总额354.8万元,8年盈亏相抵共亏损434.8万元,1976年在银行贷款将近1000万元。

第五章　黑龙江省国营农场总局宝泉岭管理局时期（1977—1983 年）

第一节　农场体制的恢复和改制

1975 年，中共中央第 347 号文件同意改变生产建设兵团体制。1976 年 2 月 25 日，黑龙江省国营农场总局在佳木斯成立，同时撤销黑龙江生产建设兵团和省国营农场管理局。

1977 年 1 月，九团撤销，恢复农场体制，更名为松江农场，成立了革命委员会。1978 年 10 月恢复原名绥滨农场，恢复了农场机关的科、室编制。

基层单位由连队改为生产队。

第二节　贯彻党的十一届三中全会精神

一、确定工作重心及规划

1979 年，农场党委为贯彻落实中共十一届三中全会精神及上级党委的指示，于 9 月 11 日召开了"中共绥滨农场第六次代表大会"。这次会议的重点是实现工作转移，提出了今后工作的重心："集中力量把农业搞上去。"为完成这一中心任务，制定了具体措施和规划。规划首先提出了要改变生产条件：第一，要把以水利为中心的农田基本建设搞上去，提高抗御自然灾害的能力；第二，把林业搞上去，建立防护林带，发展用材林、经济林、薪炭林、果树；第三，提高机务管理水平和技术水平。

二、成立西南片作业区

农场西南片生产队离场部较远，生产指挥、交通运输、医疗、教育等方面都比较困难和不便。为解决这个问题，农场党委经请示宝泉岭管理局同意，于 1981 年 4 月 15 日成立作业区。作业区管理范围包括第二十四、第二十五、第二十六、第二十七、第二十八、第

三十一、第三十二、第三十三、第三十四、第三十五、第三十六、第三十七、第三十八、第三十九等生产队和第二十四队修理所、第二十八队分库、第二十八队卫生所、分机、二中。作业区设在第二十八队，设党总支委员会，领导成员为书记龚加培，主任张文翰，副主任熊智、尉洪军。

三、战胜1981年严重涝灾

1981年，小麦、大田作物长势都很好，但这年遇到了严重的涝灾，5月份降水量82.3毫米，比1980年以前24年同月份平均降水量43.6毫米多38.7毫米；6月份降水127.5毫米，比1980年以前24年同月平均降水量78.0毫米多49.5毫米；8月份降水量215.0毫米，比1980年以前24年同月平均降水量115.5毫米多99.5毫米；9月份降水量53.7毫米，比1980年以前24年同月平均降水量7.8毫米多45.9毫米。据气象资料分析，1981年4—5月为涝，6—7月为重涝，7月下旬—8月中旬为涝，9—10月为重涝。

由于涝灾严重，尤其是降雨集中在5—9月，给麦收、大田管理、秋收都带来严重困难，给生产造成很大损失。有3.5万亩未播上种，小麦绝产1.2万亩，大豆绝产1.5万亩，玉米绝产2.22万亩，当年亏损272.9万元。

在严重的自然灾害面前，全场干部、职工、家属在农场党委领导下，艰苦奋战。麦收时，场领导分三片指挥，机车统一调动指挥，采取各种防陷改装，灵活作战，哪里能收就收哪里，在很大程度上减少了损失。在抗灾中，广大干部、党员不怕吃苦，战胜困难，做出了贡献。1982年3月农场党委对先进集体和先进个人进行了表彰。

第三节　贯彻中共十二大精神

一、管理局企业整顿蹲点工作组进驻农场

为贯彻十二大精神和总局有关指示，1983年3月，宝泉岭管理局企业整顿蹲点工作组受管理局党委的委派，在管理局文教处副处长车延奎和二九〇农场副场长贾乐康的带领下，一行13人进驻绥滨农场开展工作。主要任务是协助农场党委发动和依靠农场广大干部和职工，并抽调二九〇农场、江滨农场的一部分会计，于4月份对农场财务管理、物资管理进行大检查，在自查核实的基础上进行全面清查，找漏洞，制定整改措施。对严重违反财经纪律的单位和个人，做出处理决定。落实1983年确定的专业承包、联产计酬责任

制，要求包到户，包到劳（人）。进行机关整顿和机构改革。在完成任务并验收合格后，工作组于1983年7月26日撤出。

二、落实知识分子政策召开首届科技大会

中共十一届三中全会以后，知识分子已成为工人阶级的组成部分，受到党中央和各级党组织的重视。1980年重新开始了评定技术职称的工作，又进行了"套改"工作。1981年晋升了一批知识分子的技术职称，工程师级32名，助理工程师级48名，技术员级132名。为知识分子提高了生活待遇，向上浮动一级工资，增加边疆补贴15元、订阅报刊费10～20元，住房优先，子女安排工作优先，且在副食品补助、卫生保健等方面都有一定优惠待遇。农场于1983年12月28日至30日举行了首届科技大会，参会人员共290多人。大会奖励了有贡献的先进集体和个人，举办了科技成果展览，并选举通过了科协。

三、加强精神文明建设重新规划场区

为贯彻落实中共十二大精神，农场第七次党代会提出，继续深入开展"五讲四美三热爱"活动，把这项活动的重点放在治理脏、乱、差上。广泛开展文明队、文明厂、文明校、文明店、文明街、文明家庭活动。农场从1983年秋季开始，重新规划，修整绿化场部主要街道，对和平路及其他一些主要街道，加宽路面，重新铺沙，路旁植树，并把和平路两旁的多余建筑拆除。架设水银路灯，修筑花坛，组织机关、场直单位的人力、机械力量，由领导带头，全力以赴参加义务劳动，起早贪黑植树种花、铺沙垫路、除障清垢。并在反复宣传动员的基础上，采取奖罚等有力措施，实行鸡鸭圈养。和平路两旁共栽樟子松1500余棵、垂柳1500余棵，修花坛49个，铺砂石路面2800米，场区挖沟9958米，使场部主要街道焕然一新，改变了原来场区脏、乱、差，雨天行路难，鸡鸭到处跑的不文明状态，使农场的环境面貌得到极大改善，是建场以来的一次飞跃。

四、调整改革时期农场的经济形势

1977—1981年，农场在生产建设和农田基本建设方面做了大量工作。1979年9月，农场在第六次党代会上提出了一定要集中力量把农业生产搞上去的奋斗目标，开始重点工作转移。但由于这几年都遭受了严重自然灾害，已有的水利设施不能解决根本问题，造成

连年亏损。1977 年亏损 40.4 万元，1978 年亏损 380.6 万元，1979 年亏损 179.9 万元，1980 年亏损 319.5 万元，1981 年亏损 272.2 万元。

1982 年，上级党委派张克明任农场场长，并对农场领导班子作了相应调整。在党委领导下，全场落实了"专业承包、联产计酬经济责任制和浮动工资加奖励"的办法，开始打破铁饭碗和大锅饭，进行一些相应的调整和改革工作。这年虽然也遇到旱灾，造成一定的减产，但麦收比较顺利，特别是责任制的落实，调动了职工的积极性，经营大大减亏，当年仅亏损 64.4 万元。1983 年春季虽然也遇到春涝、低温、寡照等自然灾害，但经营成果可观，一举扭转了 6 年来连续亏损的局面。

五、严厉打击刑事犯罪活动

1983 年 9 月 21 日，农场党委七届一次会议通过了关于认真贯彻落实中共中央《关于严厉打击刑事犯罪活动的指示》的决定。农场成立了指挥部，各基层单位成立了领导小组。公安分局在农场指挥部的领导下，组织深挖打击、安全防范、巡逻堵卡、法制宣传教育等 4 个战斗小组，广泛发动群众，不断提高广大干警对这场斗争的性质、目的和意义的认识，在思想和行动上同中央保持一致性。在第一战役的三仗中（1983 年 8 月 24 日、9 月 20 日，1984 年 1 月 19 日），共抓捕罪犯 43 名，其中被判死刑 3 人，无期徒刑 1 人，有期徒刑 25 人，劳动教养 3 人，转治安处罚 11 人。共破获各类刑事案件 59 起。1984 年 6 月，开始第二战役，至 9 月 19 日收审 12 人。在严厉打击的同时，带动了综合治理工作的开展，重点抓了基层安全保卫责任制和帮教失足青年的工作，使农场的治安形势发生了明显的变化。

第六章 改革探索时期（1983—1986 年）

绥滨农场从 1948 年建场到 1982 年的 34 年中，一直实行以生产队为基础，农场高度集中，统一计划、统一指挥、统一经营的经营管理模式。尽管从 1979 年开始，国家对农场实行了财务包干办法，但农场依然吃国家大锅饭，经营单一、管理粗放，到 1982 年年末，形成包干挂账 576 万元。从建场到 1982 年末的 34 年里，农场 18 年盈利、16 年亏损，盈亏相抵净亏损达 1951.8 万元。

1983 年，绥滨农场在企业整顿中开始探索改革之路，实行机务大组承包。到 1986 年，经过短短 4 年的探索实践，经济形势有了显著的变化。

第一节　1983 年实行经济责任制办法

为了贯彻中共十二大精神，全面开创社会主义现代化建设的新局面，根据省委对经济责任制的要求和总局〔1982〕106 号、宝局〔1983〕1 号文件精神，为进一步完善经济责任制，农场于 1983 年 1 月 24 日印发了场发文件《关于 1983 年经济责任制办法的通知》。文件对农场经济责任制及分配办法都作了具体规定，进一步落实了专业承包、联产计酬的经济责任制。通知内容共分六个部分：一、基本原则；二、农牧生产队经济责任制，包括机务承包组经济责任制、畜牧人员经济责任制、水稻承包方案、林业承包方案、生产队管理人员责任制及承包办法、分离人员承包办法等；三、工副业及场直属单位的经济责任制；四、各级中小学（包括生产队学校）、医院经济责任制；五、节约奖；六、几项具体规定。

第二节　兴办职工家庭农场

一、试点工作

1984 年，在大组承包的基础上划分为小组承包，分离出富余人员 2946 名，进一步缩小了核算单位。与此同时，农场在认真总结前两年改革实践经验的基础上，积极组织学习

《中共中央关于经济体制改革的决定》，根据当年8月在黑龙江垦区红兴隆农管局召开的全国农垦厅局长会议精神，决定以兴办家庭农场为突破口，对农场经营管理体制进行改革。本着先试点、后推广的原则，积极进行兴办职工家庭农场的试点工作。

二、深化改革

1984年初，按照中央〔1984〕1号文件精神，农场进一步完善了联产承包责任制，全场41个农牧生产队实行了联产承包责任制或以机组为主的机组承包，还试办了5个家庭农场。工交基建、文教卫生及服务行业，也都实行了不同形式的承包责任制。各类专业户、重点户发展较快，达363个，生产项目达40余种，为富余（分离）人员离开土地、开辟各业生产开拓了道路。

同年11月23日，农场召开改革工作会议，讨论1985年全面经济体制改革，全面兴办家庭农场、牧场的方案；生产队改为服务站，宣布新任站长、书记名单。传达变价出售农机具和变价出售房屋的方案，决定把拖拉机、"康拜因"、农具、居民住房全部变价出售给个人和家庭农场，并做了若干规定。

全场上下大力兴办家庭农场，工商企业放开经营，积极开展内外联营、放开搞活。农场还在北京、哈尔滨、佳木斯等地建立了联营网点。

1984年，农场战胜了严重春涝等自然灾害，实现经营利润143.2万元、净盈利55万元。全场有23个农业生产队盈利，10队盈利额高达21.2万元，2188名从事种植业的富余人员不仅都种上了地，而且得到80%盈利。职工银行存款达533.2万元，全场涌现出万元户14个，年人均收入超800元的75户。

三、全面兴办职工家庭农场

1985年2月5日，农场制定并下发了《绥滨农场经济体制改革实施方案》，兴办职工家庭农场在农场全面推开。

家庭农场的基本特征是：土地承包到户；农机具转让给职工经营；实行大包干的分配办法。农场对家庭农场实行"固定上缴、自主经营、单独核算、自负盈亏"的办法。

1985年年末，全场兴办职工家庭农场2732个，其中种植业2662个、家庭牧场46个、家庭林场6个、家庭渔场18个。无机户2289个，占总数的88%；承包基本田16.4万亩，占总承包面积的39%；有机户310个，占总数的12%；承包土地25.6万亩，占总承包面积的 61%。

另外，出现商业、运输、服务行业等专业户 114 个。场直工商等企业的放开经营也在全面展开。

第三节　为家庭农场保驾护航

一、机关整顿与机构改革

1983 年 9 月，农场召开了绥滨农场第七次党代会，选举了新的党委会，配齐了新的领导班子，实行党政分设、场长负责制。在场长的领导下，设置三总办公室，配备了总农艺师、总机务工程师、总会计师，负责全场的业务领导工作。按照党的"革命化、年轻化、知识化、专业化"的干部政策充实和加强了领导班子，孔祥安、周振江、贾乐康、王明义等有大专毕业文化水平的年轻干部进入了场级领导班子。

精简机关科室，设经济实体，在机关外设置七大公司。

1983 年，绥滨农场的机关设置是：党委办公室、组织部、宣传部、纪律检查委员会、团委、科技委、法庭、工会、街道、武装部、公安局。

行政办公室、农机科、机务科、计财科、农建科、劳资科、粮食科、交通科、卫生科、教育中心、房管所。

经济实体有：基建公司、工业公司、商业公司、林业公司、物资公司、畜牧公司、劳动服务公司。

二、为家庭农场服好务

农场全面兴办职工家庭农场，机关由行政指挥型变为经营服务型，主动为家庭农场做好产前、产中、产后的服务工作。1985 年，场领导分工抓片，机关干部包队蹲点。先后派出了抓典型、帮后进、助备耕、查青苗、麦收等 5 批 68 人，34 个服务调查组，深入各家庭农场宣传政策、协调关系、找寻门路、传递信息、解决困难、加强指导，做好服务工作。农场除为家庭农场购置化肥、种子、油料等费用垫支外，还贷款 18 万元给家庭农场做流动资金，支出 3.8 万元补贴机车大修费用。组织全场投入义务工 5000 多个，修支渠 12.5 万土方。举办财务学习班，协助家庭农场健全账目，搞好内部分配，动员职工秋收后留下 200 万元（利息由农场支付），作为下一年生产费用。物资公司在各队派驻保管员，及时把所需物资领到队。农、机、畜、种子、科技等部门，与16个队签订了19项技术服务合同，深入现场示范、指导，取得较明显的经济效益。8队家庭牧场场长孙志业在畜牧公司的技术指导下，养母猪45头，肥猪300头，盈利2万元。

农场不仅做好对家庭农场的"三产服务"，还组织力量支持家庭农场的种管收。在秋收季节，场长、书记带领机关干部和工作人员，帮助家庭农场收割水稻和大豆，受到家庭农场的称赞。

在农场的政策扶持下，绝大部分家庭农场职工积极参加农场举办的各种技术培训班，引进各种新品种，自筹资金140余万元购置机具518台件，投资打机井、种水稻。伏秋翻地30万亩，占总播种面积的86%，所需种子全部落实，储备了一定数量的燃油料、化肥、三材等，为下一年生产打下了坚实的基础。

三、召开六届二次职工代表大会

1984年9月26—28日，农场在俱乐部召开了六届二次职工代表大会。这次代表大会，是在全国人民进一步贯彻中央1号文件精神、深入改革的新形势下召开的，是农场贯彻加快改革精神、以实际行动迎接建国35周年的大会。参加这次会议的有来自全场各条战线的代表共计422名。会议传达了管理局党委扩大会议精神，听取场长孔祥安的工作报告，民主选举绥滨农场场长。民主选举场长，是农场历史上的第一次。经全场干部、职工代表反复酝酿，孔祥安当选为绥滨农场场长。大会讨论通过并宣读了对场长责、权、利的确认。会议制定了全面改革、振兴经济的战略目标和具体措施。

第四节　改革实践成果

1985年12月，场长孔祥安、党委书记周振江、8队队长陆书国到哈尔滨市参加了黑龙江省国营农场工作会议。会上传达了中央农场政策研究室主任杜润生在部分省、市、自治区农垦局局长座谈会上的讲话《要进一步完善国营农场经济体制改革》，其中，充分肯定了绥滨农场职工平均承包土地同组织土地农机小协作区的模式。

1986年5—7月，省委书记孙维本、省委农工部部长王玉生、中共中央农村政策研究室主任杜润生等领导先后来到绥滨农场考察指导工作，肯定了兴办职工家庭农场的大方向。当年，在黑龙江省农垦总局召开的经济体制改革工作会议上，绥滨农场作了《我们是怎样办好家庭农场的》专题经验介绍。

　　黑龙江省人民出版社 1986 年出版的《家庭农场之路》一书中，登载了绥滨农场经济体制改革的经验和 8 队办家庭农场的经验，标题是：《领导家庭农场三条经验：服务、扶持、协调》。

　　1983 年盈利 199.3 万元，1984 年盈利 55 万元。1985 年，农场全面兴办起职工家庭农场，建立家庭农场联合协作体，农业获丰收，各业得发展，经营盈利 99.2 万元。

　　1985 年 2 月，农场召开了"勤劳致富和精神文明建设先进集体、先进个人表彰大会"。党委书记周振江代表党委在表彰会上奖励了 11 队等 22 个精神文明建设先进单位，81 个勤劳致富的先进典型和 226 名先进生产者。

　　1986 年，绥滨农场在兴办家庭农场的探索实践中，经济形势成效显著。粮豆和经济作物总产首次突破 7 万吨大关，比 1985 年增长 18.6%，同时创下单产 138 公斤的最新纪录。家庭农场人均收入达到 852 元，比 1984 年增长 88%。农场连续两年盈利，累计盈利达 266 万元，包干赤字由 429.4 万元下降到 215.7 万元。农场认真贯彻省委省政府"稳定、完善、提高"的方针，积极探索改革投资主体单一的途径，重点进行了家庭农场的稳定、完善工作，建立了生产协作体，开始实行家庭农场生产、生活费由"两借"变为"两自"，彻底打破了"大锅饭"，为家庭农场健康稳定发展奠定了坚实的基础。

第七章　第一期改革试验
（1987—1993 年）

1987 年，根据中共中央中发〔1987〕5 号文件和中共中央办公厅、国务院办公厅厅字〔1987〕8 号文件精神，经中共中央书记处农村政策研究室批准，并报国务院备案，正式确定绥滨农场为全国农村综合改革试验区之一。

综合改革试验的主要内容为：实现家庭农场规范化，国营农场规范化；实现土地集约经营上的突破和农工商综合体上的突破。具体地说，一是进一步完善职工家庭农场和家庭农场生产协作体，二是进一步完善"大农场套小农场"的双层经营体制，三是进一步提高土地集约化经营水平，四是进一步开展多种经营，五是进一步发展农工商联合体。

第一节　双层经营体制的完善与发展

一、家庭农场生产协作体的建立与完善

为发挥规模、技术、劳动三个效益，协调有机户和无机户代耕协作问题，在家庭农场土地固定、经营自主、单独核算的前提下，农场尊重群众意愿，建立了家庭农场生产协作体。

绥滨农场从 1985 年兴办家庭农场开始即着手组织协作联合体，成为生产协作体的前身。1987 年全面建立和推行相关政策，并改称家庭农场生产协作体，较好地解决了兴办家庭农场后大机械与小地块的矛盾。

1989 年，为了进一步完善生产协作体，农场制定了《绥滨农场家庭农场协作体章程》和《关于完善家庭农场生产协作体的规定》，对逐步克服"花花田"（指产权分散的土地）、有机户为无机户代耕、生产协作体内协作合同的签订都做了明确要求。

经过 7 年的不断调整与完善，家庭农场生产协作体得到进一步巩固和发展。到 1993 年年末，每个生产队都有 4～6 个生产协作体，全场共有 269 个生产协作体。

二、家庭农场投资主体地位的确立

随着经营水平的提高,自我完善和自我发展能力不断增强,家庭农场已发展成为投资主体,农机更新改造步伐明显加快。至1993年年末,家庭农场购买农机具累计投资总额达2506万元,购买农机具达1448台件。农业机械总动力比改革前增长1.4倍,农业机械化水平显著提高。

1987年以来,农场出台优惠政策大力发展养殖业,解决了农业分离人员两个"剩余"问题。到1993年年末,全场职工用于发展养殖业的投资总额达418万元。

三、双层经营体制下农场、家庭农场、个人利益关系的调整

主要采取以下五项措施:一是适当提高土地收费标准;二是合理调整队收队支标准;三是调整有机户与无机户之间的收入差距;四是挖掘耕地资源潜力;五是建立各种基金。此外,农场还继续实行家庭农场两费自理,积极引导家庭农场自筹资金更新农机具。这也是调整农场、家庭农场、个人利益关系的重要手段。

农场、家庭农场、个人利益关系的调整,体现了农场得大头、个人拿小头的原则。农场每年增加收入300万元,减轻了负担,缓解了资金紧张状况。同时,促进了家庭农场搞好生产经营、提高经济效益的积极性。

四、家庭农场亏损挂账户的整顿和清理

改革初期,由于缺乏经验,政策不够完善,加上部分家庭农场经营管理水平低下等,到1987年,全场职工家庭农场亏损挂账达1886户,挂账额1743万元,成为困扰农场经济发展的突出问题。农场从1988年起,采取一系列政策和措施,对家庭农场亏损挂账户进行整顿和清理工作。

到1990年年底,全场挂账户下降到205户,挂账金额下降到878.5万元。农场于1993年3月成立了清欠办公室,当年清理收回内外部欠款2340万元,完成清欠任务的77%。

五、"四荒"的开发与利用

1987年以来,农场继续采取免收或部分收费等办法,鼓励和支持职工开发"四荒"

（荒山、荒林、荒地、荒水）。到1993年年末，全场已有220公顷的次生林地被开发利用，占全部荒林面积的75%。

六、农业达标活动

1989年10月，农场按照宝泉岭管理局党委的统一部署，全面开展了农业"五项达标"活动。1991年，经管理局验收小组验收，全场农业达标工作完成下达指标的130%，达局标合格的农牧生产队有11个，完成保标的单位达100%。1992年达标农牧生产队为10个。1993年，农场根据管理局的指示精神停止了达标活动。

第二节　工商运建服企业改革

一、劳动用工制度改革

农场按照"国家宏观调控，企业自主用工，多种形式并存，全员劳动合同"的新型劳动制度要求，自1986年开始，企业新增工人全部实行合同制。1992年，农场对企业职工试行全员劳动合同制，打破干部与工人、固定工与劳动合同制工人、社会招工与国家统配人员身份界限，统一实行"企业职工制度"。年内，在册的9363名职工全部签订了劳动合同。

二、分配制度改革

1992年6月，农场对企业分配制度进行改革。改革的具体办法，一是实行工资总额包干，工资总额随相关经济指标上下浮动；二是搞活企业内部分配，工商运建服企业在不突破工资总额的前提下，有权选择基本的工资制度和内部分配办法，有权将等级工资作为档案工资，将标准工资、奖金、津贴捆在一起合理使用；三是按照上级相关规定建立正常的考核增资制度。

三、社会保险制度改革

农场根据《中共中央、国务院关于认真执行改革劳动制度几个规定的通知》精神，自

1988 年起，对 1986 年以后新招收的 4095 名劳动合同制工人实行完全积累式的养老保险金。企业劳动合同制工人按标准工资的 15％缴纳，个人按标准工资的 2％缴纳。农场社会保险部门为企业 5000 名固定制职工建立了职工档案，按职工标准工资的 2％收取养老费。

四、扩大企业自主权

1992 年 12 月，农场根据中共中央〔1992〕2 号文件和党的十四大精神，制定了《关于对工商运建服企业和农牧生产队进一步放权的决定》。对工商运建服企业放权共 7 项：

一是劳动人事权；二是内部分配权；三是资金支配权；四是经营自主权；五是基本建设投资权；六是拒绝摊派权；七是企业对于非法干预和侵犯企业经营权的行为，向上级申诉或向人民法院起诉的权力。

五、国营商业"四放开"

1992 年 6 月，农场制定了《关于商业企业实行"四放开"的改革实施方案》。农场百货商店制定了具体的承包方案，在经营形式、分配形式和用工办法上都作了详细规定，实现了"经营放开、价格放开、分配放开、用工放开"。

六、企业股份制

1992 年 12 月，农场为加快企业转换机制，进一步搞好产权制度改革，制定了《绥滨农场企业股份制试行办法》。

1993 年 6 月，农场将粮油加工厂挂面车间改为股份制，实行"一厂两制"。在制定并颁布股份合作制章程的基础上，组织职工认股，一个月内吸纳股金 30 万元。同年 12 月，粮油加工厂召开全体股东大会，正式宣布黑龙江省绥宝食品有限责任公司成立。

实行股份合作制后，粮油加工厂挂面车间年生产能力由原来的 800 吨提高到 2000 吨，提高了 150％。

七、企业租赁制

粮贸商店早在 1985 年刚成立时就租赁农场房屋，通过向农场贷款、内部职工集资等筹集资金，自主办店、自主经营、自负盈亏、自我发展，是农场最早实行集体租赁制的企业。

1987年12月24日，农场八届二次职工代表大会审议通过了《绥滨农场1988年机构和工、商、运、建改革意见》，规定凡是具备租赁经营条件的小型工商业，全部实行租赁经营或转让经营。

1988年1月，综合加工厂在厂内综合商店、饭店、照相馆、理发店、修表店进行租赁制改革实验。1993年，在全面总结经验的基础上，对企业租赁制做了进一步完善，企业经营机制得到彻底的转换。

1993年8月，农场百货商店在1992年实行部组承包的基础上，进一步深化改革，年上缴租金40万元。

八、企业兼并制

在改革中，农场为了更好地体现企业经营自主权，有利于经营机制的转换，保证企业适度规模，提高经济效益，实行了企业兼并制。

1988年5月26日，腐竹厂被乳品厂兼并，开创了绥滨农场企业兼并的先例。

1993年5月24日，水利队兼并奶牛队。同年10月12日，工程二队兼并道路队。

九、房屋产权转让

改革以前，农场职工住宅一直执行"公建民用"的公有化住房制度，农场经济负担日趋沉重。1985年2月和3月，农场先后制定了《绥滨农场居民住宅出售的具体规定及办法》和《关于生产用房出售实施办法的通知》，开始将公有职工住宅和生产用房，以有限产权的形式优惠转让给职工。年内，农场转让给职工有限产权住房183531平方米。在转让旧住宅的同时，农场还鼓励职工用"自建公助""自筹自建"的形式建造住宅，以缓解住房紧张。

农场住房制度改革以后，职工的住房由开始的有限产权发展为完全产权，新建住房由农场半扶持发展为完全放开。到1993年年底，全场职工累计自筹资金2380万元，新建砖瓦住房98530平方米，比改革前住房总面积增加72％。人均住房由改革前的6.87平方米，增加到11.47平方米。此外，职工还投资301万元，更新和改造原有住房面积42870平方米，占原有住房总面积的20％。全场职工住房质量和居住条件比改革前有了明显提高。

第三节　机构改革和服务体系建设

一、改革机构转换职能

1988 年 8 月，农场党委根据上级精神，着手改革政工体制，建立以场长为中心、行政干部为主体、专职政工干部为骨干，党、政、工、团积极配合的政治工作新体制。撤销党委办公室，宣传部划归行政，新建人事监察科，任免了 11 名政工干部。

1992 年 5 月 16 日，农场召开专题会议，讨论机构改革和职能转换问题。确定机关机构改革的整体思路是：坚持精简效能和"小机关、多实体、大服务"的原则；坚持"先开渠后放水"的原则，对精简人员进行妥善安排。

1993 年 2 月 4 日，农场召开机关大会，公布农场机构改革方案。改革后机关科室由原来的 35 个精简为 14 个，并成立了十大服务公司。科室人员由原来的 145 人减少到 75 人，减少了 48.3％。同时，农场还对生产队的管理体制进行了改革，平均每个生产队管理人员由原来的 23 人压缩到 8～10 人。全场共压缩非生产人员 415 人。农场机构和管理体制改革以后，场、队两级管理费每年节约 60 万元。

二、创办经营服务公司

1984 年，商业科改为商业公司，下辖百货商店、粮贸商店、联合厂、购销站、场驻哈办事处等单位，是集商业性和服务性为一体的经营实体。

1985 年，成立粮油贸易公司，以经营粮食和食用油为主，集粮食管理、粮食处理和粮油经销为一体，重点为家庭农场提供良好的产后服务。

1988 年，农场物资公司正式行使公司职能，实行了企业化经营。

1988 年，农场将城管科改为生活服务公司，成为独立核算的服务实体。主要职能是为场部提供社会化服务。

1992 年，成立房地产开发公司，同时兼有原基建科的行政管理职能。

1992 年，种子公司正式成为经营实体，实现了全场种子统留、统管、统供。

1993 年 2 月，成立经贸公司，主要职能是负责农场对外经济和贸易工作。

1993 年，畜牧公司正式成为经营实体。公司下设乳品厂、饲料厂、兽医站、孵化站、兽药商店等。

1993年2月，成立农技服务公司，主要职能是为生产队和职工家庭农场提供产前、产中和产后服务。

1993年6月，农场将原工程二队改建为工程公司，主要承担场内桥涵施工、对外桥涵施工项目。1993年10月兼并道路队。

三、建设基础服务设施

一期改革试验期间，农场先后建设了粮食处理中心、种子加工厂，扩建了饲料加工厂、乳品厂和农用飞机场。

四、小康队建设

1992年，农场党委制订下发了《关于绥滨农场奔小康的目标和措施》，将四队、十四队定为小康队建设示范队。同年年底，十四队建成标准砖瓦结构小康住房4栋7户，总面积490平方米。1993年农场党委印发《关于加快小康场、队建设步伐的决定》。同年，绥滨农场被列入黑龙江垦区十个小康带头场之一。

第八章　第二期改革试验
（1994—2000 年）

农场第二期改革试验确立了建立现代农垦企业制度综合改革试验的主题，其主要内容包括三个子项目，即产权制度改革、农场管理体制改革、产业结构调整和服务体系建设。经过 7 年的试验探索，农场的经济体制和管理体制发生了根本性变化，初步构建起"产权清晰、权责明确、政企分开、管理科学"的现代企业制度，有力地推动了农场经济的持续发展。

第一节　深化产权制度改革　确立经营者主体地位

一、深化生产队体制改革

建立以规模大户个人租赁经营生产队全部耕地为基础的经营机制。在 1999 年年初对第三十一队和第三十三队实行规模大户租赁经营生产队全部耕地试点工作，并取得成功经验的基础上，2000 年对农场 36 个农业生产队全部实行了大户租赁经营。农场与 36 个经营者签订了《租赁经营合同书》，并统一为经营大户进行了工商注册登记，办理了营业执照，租赁经营者获取了生产队全部耕地的经营权、分配权和转让权。

二、对工商运建服企业实行产权多元化

农场对经营性的企业采取"一企一制"和"一企多制"的经营方式，通过实行租、股、转、并、卖等多种经营形式的产权制度改革，逐步推进民有民营化进程。把农场的米业、乳业，同北大荒米业、完达山乳业整合，参与集团化经营。到 2000 年，19 个工商企业全部实行了民有民营，个体工商户发展到 440 家。

对服务性单位进行了公开招标，实行委托经营，将企业推向市场。如生活服务公司实行委托经营后，年经费补贴由原来的 165 万元下降到 65 万元；全场公有小车 31 台，有 29

台转卖给个人经营。工商运建服企业加入分局集团公司 1 家，租赁经营 6 家，委托经营 2 家，转让企业 3 家，高风险抵押承包经营的 4 家，成为市场竞争的主体。

三、对事业单位实行企业化管理

职工医院的年经费补贴由 1998 年的 84 万元降至 2000 年的 35 万元。对教育单位依据定编人数为中、小学校核定工资和费用，实行固定一块、放开一块的分配办法。幼儿园全面推向市场，取消一切补贴。

第二节 完善农场管理体制 实行内部政企分开

按照二期改革试验项目关于"对国有农场进行现代企业制度改革的试验，并与土地制度和政权组织建设结合起来进行"的原则要求，经上级批准，农场于 1995 年 5 月 18 日成立了农垦绥滨社区管理委员会，实行企业内部政企分开。社区管理委员会具有准政府职能，全面负责农场区域内公共设施的统筹规划、建设和管理；负责农场区域内的社会治安综合治理；负责国家以及上级的法律、法规在农场区域内的贯彻执行等。同时，建立了农、工、商实业总公司，总公司按照公司章程要求，建立企业法人治理机构，主要负责农场区域内的生产经营活动。总公司和社区管理委员会共设一个党委会，对总公司的生产、经营、管理起保证和监督作用；对社区管理委员会起领导和指导作用；同时协调总公司和社区管理委员会之间的关系。党委成员由党委部门领导、总公司和社区管理委员会的主要负责人组成。为加强对社区的管理，制定了《黑龙江省绥滨农场社区管理委员会工作规则》。

第三节 调整优化结构 发展质量效益型农业

一、优化种植结构

在稳定发展水稻种植的前提下，调整粮食品种，提高品质，使种子优质率达到 100%。优质水稻发展到 1.8 万公顷，占种植面积的 54.9%；大豆发展到 8615 公顷，占种植面积的 26.3%；小麦 2054 公顷，占种植面积的 6.2%；玉米和经济作物 4173 公顷，占旱田作物面积的 30%。同时，继续进行"四荒"的开发，到 1995 年全场已有 5955 亩低洼易涝地和撂荒地被职工开发为水稻田。被开发利用的草原达 600 亩。

二、发展非国有经济　搞好特色种植

到 2000 年，经济作物达到 3708 公顷，占旱田面积的 26.5％。特色养殖也有所发展，兔、肉犬、牛蛙、肉鸽等的养殖数量增加。全场非国有经济从业户发展到 2740 户，从业人数超过 5000 人，占全场职工总数的 50％。非国有经济产值由 1997 年的 5922 万元，增加到 2000 年的 9091 万元，增长 53.5％。

三、发展以"两牛一猪"为重点的畜牧业

全场奶牛存栏量达到 1420 头，肉牛存栏量达到 1310 头，猪 12000 头，羊 6500 只，鹿 455 只，家禽 6.8 万只。

第四节　强化服务职能　完善社会服务体系

一、机关及公司改革

按照"小机关大服务"和"精简、效能、统一"的原则，对农场机关进行了全面改革，机关科室由原来的 12 个减少到"七部、一委、一办"，机关人员由原来的 78 人减少到 50 人。改革后的机关管理实行了经费包干、责任到人，不仅提高了工作效率，每年还可节省经费 100 多万元。

对具有行政和服务职能的物资公司、粮贸公司、种子公司、畜牧公司，按照市场化要求进行体制创新，实行高风险抵押承包、包干上缴、自负盈亏的经营体制，并通过合同契约和制度规范来约束经营者行为，促使服务实体走向市场，获得了较好的效益。

改革后的管理机构、机关、事业单位全部推行了财务刚性预算管理，严格控制了管理费用的支出。

二、加强农业基础设施建设

2000 年，投资 1107.7 万元，其中农业设备投资 101.9 万元，治涝水利工程投资 703.4 万元，新增水泥晒场投资 152.4 万元。打深水井 300 眼，投资 150 万元。改造低产

田 10 万亩，增加高产稳产田 15 万亩，使家庭农场减少了经营风险、提高了效益。

三、加快小康场队建设

小康场队建设取得了初步成果，职工生产生活环境有了明显的改善。1995 年年末全场人均纯收入 3123 元，人均纯消费 2663 元，人均储蓄 3654 元。人均住房面积 15 平方米。年内有 12 个生产队实现了自来水入户，场部 500 户居民用上自来水。1600 户居民安装了有线电视。全场数字程控电话装机总容量 1198 线，装机电话 761 部，其中职工自费安装电话 224 部。全场电话普及率达 4.1％。全场高中教育普及率达 79.34％。

四、加速小城镇建设

农场实施"聚人兴场、引资活场"战略，鼓励社会各方参与小城镇基础设施建设和经营，加快了农场城镇化建设步伐。重点以开发房地产、商业区为突破口，扩大供水、供热范围。到 2000 年建设底层经商、上层住宅楼房 5000 多平方米，职工自投资金建商业楼 8 座共 3880 平方米，新安装自来水 380 户。

第五节　改革试验成果

农场二期改革试验经过 7 年的探索，取得了显著效果，有力地推动了农场经济的持续、快速、健康发展。主要体现在：

一、经济总量持续增长

2000 年，与二期改革试验前的 1993 年相比，农场生产总值增长 3.5 倍，达到了 2.4 亿元；利税 1020 万元，增长 1.47 倍；粮豆总产 16.56 万吨，增长 1.6 倍；粮豆单产 345 公斤/亩，增长 1.4 倍。

二、综合实力显著增强

2000 年年底，农场资产总额达到 2.3 亿元，其中固定资产 6515 万元，流动资产 1.6

亿元。所有者权益达 7158 万元；职工个人资产总额 8338 万元，其中固定资产 6581 万元；大小农场的资产总额达 3.1 亿元，是改革前 1993 年的 2.6 倍。2000 年全场每个有机户家庭农场平均拥有固定资产 16 万元，农田水利建设基本配套，社会化服务体系初具规模。

三、职工生活水平明显改善

2000 年，全场人均收入 4460 元，比 1993 年增长 1.4 倍。每百户职工家庭拥有小汽车 3.3 辆、摩托车 28 辆，电视机 125 台、洗衣机 88 台、电冰箱 12 台。全场职工人均银行储蓄 6700 元，比 1993 年增长 1 倍。

四、社会事业日趋繁荣

农场拥有了比较完备的广播电视教育、职业技术培训教育等体系，全场中小学全部实现集中办学，小学被评为省级标准化学校。医疗保障体系健全。全场有线电视入户率 36％，自来水入户率 54％，电话普及率 24％。

第九章 第三期改革试验
(2001—2005年)

在第二期改革试验结束后，按照国家对农村改革试验的大政方针，绥滨农场第三期改革试验工作确立了率先实现农业现代化综合改革试验的主题。主要内容包括三个子项目：优化经济结构、生态示范区建设、提高人民生活水平。

第一节 试验子项目

一、优化经济结构

大力加强第一产业，调整提高第二产业，积极发展第三产业。在农业内部结构调整上，大力发展以水稻为主的特色种植业，使其达到占耕地面积的70%；大力发展以奶牛为主的畜牧业，通过奶牛发展，实现过腹增值，牵动种植业发展；加强以植树造林为主的生态林业建设，重点建设以苗圃为主的育苗基地，提高森林覆盖率，实现农田林网化。扶持壮大稻米加工、乳品加工龙头企业，实现稻米产业化、乳品产业化。加快发展服务业，拓宽服务领域，扩大总量，以经贸为龙头，促进农副产品的销售。

二、生态示范区建设

实施农业、牧业、林业、水利、小城镇、环境六大生态工程，加快生态示范区建设步伐。实施生态农业建设工程，发展质量效益型农业，建设绿色优质水稻30万亩和绿色优质旱田作物18万亩生产基地。基地引无污染的天然江水进行灌溉，生产优质稻米等绿色食品。实施畜牧业生态工程，推动畜牧业超常规发展。实施生态林业工程，提高森林覆盖率。实施生态水利工程，防止水土流失。实施生态小城镇建设工程，改善人民生活环境。实施生态环境治理和保护工程，促进可持续发展。实现社会、经济和生态环境的协调和可持续发展。

三、提高人民生活水平和质量

通过农业现代化建设改革试验，农场经济实力增强、人民生活水平和质量全面提高。

第二节　发展"两高一优"农业

农场着力于经济结构调整，努力在调优、调强、调活上下功夫，使农场的经济结构发生了根本的变化，形成了水稻、畜牧、林业三大支柱产业。种植业由过去的小麦、大豆当家，调整为现在的高产高效的水稻、玉米为主业。到2005年，全场拥有耕地34565公顷，建立了21333公顷的绿色有机水稻基地，高产水稻面积占全场总面积的70%，每亩平均效益200元，大大增强了承受自然风险和市场风险的能力。水稻生产实现了全程机械化，通过鼓励职工自投资金、农场补贴和积极争取国家优惠政策等途径，投资1.2亿元，购买各种水稻机械2800多台（件），加快了水田机械更新步伐，综合机械化率达95%以上。实施了品牌战略，充分利用黑龙江水灌溉的优势，努力打造绿色有机水稻品牌，提高了市场竞争能力。

农场把畜牧业发展作为调整农业结构、合理配置农业资源、增加职工收入的重要渠道。超常规发展"两牛一猪"为重点的畜牧业，用政策推动贷款近4000万元，扶持养殖户购买种猪和奶牛。至2005年，全场已建立了3个万头猪繁殖基地，36个千头养猪场；建立千头奶牛示范基地1个，黄牛示范基地1个。畜牧业产值占农业总产值的30%。

林业生产以发展"生态型林业"为主线，实现了林业生态效益、经济效益、社会效益的协调持续发展。1996—2005年，农场投资近千万元，建立了农垦最大的省级种苗繁育基地，繁育了"垦绥垂柳"为主的优质、特色绿化种苗品种近百个，年产苗木2000多万株，创产值200多万元、利润80万元。2001年农场被国家授予全国"造林400佳"荣誉称号。

第三节　改革农场管理体制

2001年8月30日，农场正式举行了社区管理委员会揭牌仪式，农场内部政企分开得到了实质性的推动。农场社区的功能得到明确划分，实现了职能、机构、人员、资产、经营、办公场所分开。同时，农场加强了社区制度化、规范化建设，进一步完善了社区总体功能。农场管理机构实行了"一套人马两块牌子"，对非职能组织机构和科室，采取了转制、合并、交叉任职或撤销等方式进行机构精简。

第四节　撤队建区

为适应垦区率先实现农业现代化和全面建设小康社会的新形势，使生产关系适应生产力发展要求，2004年，根据黑龙江省农场总局《关于推进农场（社区）组织结构调整，深化管理体制改革的指导意见》，农场撤销生产队建制。根据人口、资源等分布情况，2005年，全场集中设立9个管理区、37个居民组、3462个家庭农牧场。管理区作为农场的一个派出机构，主要负责辖区经济建设和社会行政管理工作，履行社会公共服务职责，引导、扶持非公有经济发展，代表农场履行对土地、森林、草原、水面等国有资产和资源的管理以及各种费用的收缴。居民组属于居民自治组织，主要负责社区服务、环境卫生、社会治安、文化普及和计划生育等群众性自治工作。

第五节　改革试验成果

农场第三期改革试验分两个阶段实施：第一阶段为2001—2005年；第二阶段为2006—2008年。为保持改革阶段的完整性，本章节延伸至2008年改革试验结束。

经过8年的努力，农场第三期改革实验取得了显著效果，有力地推动了农场经济的持续、快速、健康发展，各项试验指标均超过预期。

第一阶段：2005年，与第三期改革试验前的2000年相比，农场生产总值由2.4亿元上升到4.5亿元，增长87.5%；粮豆总产由16.9万吨上升到23万吨，增长38.9%；人均纯收入由4460元上升到1.05万元，增长了135.4%；企业利润由400万元上升到1155万元，增长188.75%。职工生活水平明显改善，社会事业日趋繁荣。农场拥有了比较完备的广播电视教育、职业技术培训教育等体系，全场中小学全部实现集中办学。社会保险"五项统筹"参保率达到98%，全场有线电视入户率达98%，自来水入户率达96%，电话普及率54%。

第二阶段：2008年，与第一阶段的2005年相比，农场生产总值由4.5亿元上升到6.7亿元，增长48.9%；粮豆总产由23万吨上升到30万吨，增长30.4%；人均纯收入由1.05万元上升到1.39万元，增长32.1%；企业利润由1155万元上升到2105万元，增长82.2%。社会保险参保率达到99%，有线电视入户率达到98%，自来水入户率达到100%，电话普及率76%，其中手机普及率61%。

中国农垦农场志

第二编

自然 建置

中国农垦农场志

第一章　自然地理

第一节　地理位置与地形地貌

绥滨农场土地比较平坦，局部起伏以碟形相连。地势西北高、东南低，地面坡降1/8000～1/12000。海拔高度多为 61～63 米，个别地区高达 70～80 米，最高高程为 83.6 米，最低高程为 56.6 米。古城一带为古城岗高地，是全场的制高点，西部有金甲山、老土山突起。场部西南部有碟形洼地，易于积水，形成自然泡泽。

第二节　地域面积与土壤

根据 2006 年农场第二次土地详查结果，农场土地总面积为 77.59 万亩。其中耕地面积 56.35 万亩，全民经营面积 56.35 万亩；场部居民占地 0.49 万亩；农牧生产队居民占地 1.33 万亩。土壤系黑、松两江流域冲积平原，发育较年轻、砂层高、表土层薄，因历史上受江水泛滥影响，是现代不定期的泛滥地土壤。在丰富的季风降雨、季节性冻融和较高的地下水位共同影响下，除棕壤型砂土外，均有不同程度的草甸化和沼泽化过程。共有 12 种土壤类型，即：沙岗草甸棕壤、砂质草甸棕壤、壤质草甸棕壤、白浆土、草甸土、草甸白浆土、潜育白浆土、白浆化草甸土、白浆型棕壤土、潜育草甸土、草甸沼泽土、泥炭沼泽土。这 12 种土壤类型又可归纳为草甸棕壤土、白浆土、草甸土、沼泽土四个土壤类型。

第三节　气　候

本地区属于中纬度亚寒带大陆性气候。受内陆高气压、海洋低气压和季风的交替影响，气候多变。总的气候变化规律是冬季漫长、干燥而严寒，春季多风易旱，夏季湿热短促，秋季降温急剧，常有冻害发生。

年平均气温在 3.5℃左右，最低年份平均气温 2.7℃；最高年份平均气温 4.8℃。因受

极地大陆气团控制，又处于蒙古高压以东，所以冬季严寒。1月份最冷，月平均气温为
－18.9℃，其极端最低气温达－39.8℃。夏季7月份最热，月平均气温为22.5℃，其极
端最高气温达37.6℃。全年无霜期十年平均为152天，最短131天，最长166天。初霜期
出现时间一般在每年的9月27日左右，最早在9月20日，最晚在10月7日。终霜期出
现时间一般在每年的5月3日左右，最早在4月17日，最晚在5月11日。冻期一般达
150天左右，在11月上旬至翌年4月中旬，土壤冻结深度1.5～2米。

本地区因受内陆高压和海洋低压及季风影响，年平均降水量587.1毫米，最多637.4
毫米，最少415.4毫米。春季3至5月份降水占全年降水量的18%，夏季6至8月份降水
占全年降水量的55%，秋季9—11月份降水占全年降水量的22%，冬季12月至2月份降
水占全年降水量的5%。本地区主要降水期多集中在6、7、8、9这4个月份，占全年降水
量的68%，而且多雷阵雨，最大日降水量可达76.3毫米。

旱涝每年都在不同程度地发生，春季多旱风，夏季多雨内涝。旱年占45%，涝灾年
份占25%。低温冷害是本地区一大灾害，平均3～4年发生一次，主要表现是夏温低，霜
冻早，喜温作物不易成熟。

第四节　水　文

本地区有三条水系：黑龙江、松花江、蜿蜒河。黑龙江流经农场长度为13.5公里；
松花江流经农场长度为24公里；蜿蜒河流经农场长度为12.6公里。

一、黑龙江

黑龙江在我国境内总流域面积约90万平方公里（包括中苏界河段），干流长约
2900公里。黑龙江分为三段，绥滨农场位于中游段的绥滨县境内，河流比降为
0.01%，河流中散布着许多的岛屿，如李家岛、黑通岛等。农场第三和第四居民组
紧靠黑龙江，隔江与俄罗斯的边江地区相望，全长13.5公里，其中上起向阳排干、
下至同仁北口子8.5公里，上起福兴亮子、下至老三家亮子3.5公里，上起孟家亮
子、下至联合亮子1.5公里。黑龙江干流在黑龙江省边境，多年平均年径流量193.2
亿立方米，占全省径流量的29.5%，径流量的年际变化大，年内分配不均衡。黑龙
江冰冻期长，平均封冻165天，封冻日期平均为1月15日，开河日期平均为4月28
日，平均冰厚1.28米。

二、松花江

松花江为黑龙江在我国最长的支流，流经内蒙古、吉林和黑龙江三个省（自治区），总流域面积为 54.6 万平方公里，按行政区域分，黑龙江占总流域面积的 51%。松花江流域由嫩江水系、第二松花江、松花江干流三个水系组成。农场南部的第三十七和第三十八居民组与松花江干流相隔 5～7 公里，并由敖来河汇入松花江流域。松花江干流长 939 公里，流域面积 18.5 万平方公里，河道坡降较缓，为 1/20000，河滩地比较宽阔，河槽一般为 400～600 米，水深 4～7 米。松花江干流的大洪水，多由嫩江和第二松花江较大洪水互相遭遇所造成，支流所发洪水也可形成干流下游的大洪水，一般发生在 7—8 月，干流洪水多发生在 8 月份。

三、蜿蜒河

蜿蜒河发源于农场西南地区涝洼地，为平原沼泽性河流，全长 92.4 公里，流域面积 1230 平方公里，流经农场长度为 12.6 公里，上、中游河道弯曲，时断时续，泡泽相连，具有旱年断流行车、涝年横溢成灾的害河特点。经过 30 多年的人工治理，主河道已形成固定河床，成为排干主渠道。

四、地下水

本地区含水层厚，透水性强。地表以下大部分为砂、砾石。水量丰富，据推算涌水量在 1000～5000 立方米/日居多。潜水埋深一般在 6～8 米。地下水资源总量为 0.9672 亿立方米/年。地下水流向一般与地表水一致，主流方向由西南向东北，坡降较缓约 1/8000，枯水期并向两江倾斜下降，其最大坡降为 1/3000，形成一个以黑、松两江水位为坡降，蜿蜒河为棱线的地下水位线。北部地下水位一般比较低，距地表约 4～6 米，除黑龙江沿岸外，一般水位变幅为 1.5～2.0 米。大气降水集中在 6—9 月，而地下水的高水位也出现在这一段时间；12 月至翌年的 1—2 月降水较少，地下水明显下降，至 4—5 月地下水位最低。

地下水化学类型较复杂，但以重碳酸盐型水为多。其特点为阴离子浓度以 HCO_3^- 为最高，分布较普遍而稳定；阳离子以 Ca^+ 为主，其次是 Mg^{2+}、Na^{2+}。

第五节　物产资源

水利资源：由于农场地处黑、松两江之间，故有着丰富的水利资源，有黑龙江、松花江和蜿蜒河三大水系和水域，且本地区地下水与黑龙江、松花江水位有联系。两江水位上涨则地下水位抬高，故水量丰富，属低矿化淡水，水质合乎灌溉要求。农场已建成绥滨黑龙江灌区，控制面积达43.66万亩，可灌溉面积达14.15万亩，累计提水量67147万立方米。

水产资源：农场有丰富的天然水产资源，两江盛产各种鱼类，如鲤鱼、鲫鱼、白鱼等，其中"三花五罗"、鳇鱼、大马哈鱼等颇负盛名。全场有水域面积3094公顷，为发展水产养殖渔业生产奠定了资源基础。

森林资源：场内森林面积10324公顷，森林覆盖率占土地总面积的19.9%。天然次生林分布零散，面积为3181公顷，以柞树、桦树居多，间有少量的黄菠萝、椴树、榆树、杨树等。人工栽植了大量农田防风林和绿化林，面积7143公顷，主要树种有白杨树、云杉、落叶松、樟子松、垂柳等。果树有大秋果，黄太平、黄李子、铃铛果、葡萄等。

野生动植物资源：20世纪90年代开始退耕还林，全面禁枪、禁猎以后，生态环境逐步恢复，各种野生动物逐渐出现并增多，主要有野猪、狼、狐狸、狍子、黄鼠狼、貉、野鸡、水鸭、大雁、鹭鸶、钓鱼郎等。野生植物、中草药有五味子、防风、地榆、龙胆草、山里红、蒲公英、车前子等。还有山珍野味，如花脸蘑、榛蘑、松蘑、榆黄蘑、杨树蘑、黄花菜等，有时可采到木耳、猴头（猴菇菌）等。

矿产资源：两江流域有丰富的砂石资源，可以满足基本建设用料。20世纪80年代开始，国家有关物探部门探明，绥滨农场境内地下有一定的煤炭和石油储量。

农业物产：农场现以水稻作物为主，年产水稻已达30多万吨；其他粮豆作物有玉米、大豆、高粱、谷子、小麦、红小豆等。

经济作物：有黄烟、木耳、蘑菇、向日葵、白瓜子、蔬菜、瓜果等；种植饲料作物有青贮玉米、苜蓿、草木栖等。

畜牧产品：有猪、黄牛、羊、羊毛、牛奶、鸡、鹅、鸭、蛋、鱼、泥鳅、鹿茸等。

工业产品：有龙门福地系列白酒、矿泉水、精制大米等。

第二章　境域区划

第一节　场　　域

绥滨农场位于小兴安岭东南、完达山山脉西北、三江平原东北边境、黑龙江省绥滨县境内，属绥滨县行政区划，归属黑龙江省农垦总局宝泉岭管理局。

地理坐标为东经 $130°22'30''\sim131°50'27''$，北纬 $47°5'\sim47°42'20''$，南北长 45 公里，东西宽 26 公里。总控制面积 534.4 平方公里，位于黑、松两江交汇三角地带。南临松花江，北靠黑龙江与俄罗斯隔江相望，沿界江 13.5 公里有农场第一、第三、第四共 3 个作业区。东部、东南部与绥滨县忠仁、北山、富强乡接壤，西部与江滨、军川、普阳农场相邻。农场境内与绥滨县福兴、北岗、北山、富强等乡 20 余个村屯土地相互交叉。

第二节　机构设置

2006 年，农场设置部门及单位 25 个，其中党委部门 9 个、行政部门 8 个、场直单位 8 个；设置管理区 7 个，下设居民组 37 个。2011 年 8 月，成立城镇管理局。2012 年 3 月，成立文化体育发展中心。2013 年，农场对管理区进行了重新划分，设置管理区 12 个，分别为龙门、龙泉、东井、智远、广信、火犁、龙兴、重阳、龙旺、龙岗、红山、近思管理区。每个管理区设主任、书记、工会主席、副主任、会计、农业技术员等岗位，管理人员由原来的 144 人精简到 108 人。2015 年，成立创新产业发展办公室（产业办）。到 2018 年年末，延续以上机构设置。农场 2006 年及 2018 年机构设置如图 2-2-1 和图 2-2-2。

农场党委　农场行政

党委办公室
纪委——监察科
组织部——老干部科
宣传部——团委
工会——非国有办
民政局
公安
武装部——司法科
卫生科
教育科
行政办公室——信访办
基层单位

政研室
计财科
审计科
企管科——安全／工业／劳资
建设科
水稻办
农机科——气象站／土壤化验室

管理区（下设居民组）

一管理区——一、五、六、七、八
二管理区——三、四、十、十一
三管理区——九、十九、二十一、二十二、二十三
四管理区——十二、十三、十四、二十
五管理区——十五、十六、十七、十九、二十一、二十二、二十三
六管理区——十八、二十四、二十五、二十六、二十七、三十九
七管理区——二十八、三十二、三十四、三十五、三十六、三十七、三十八

场直单位

小学
中学
医院
社建办——滨北居民委／滨西居民委／滨东居民委
粮贸公司
畜牧公司
林业局
水务局

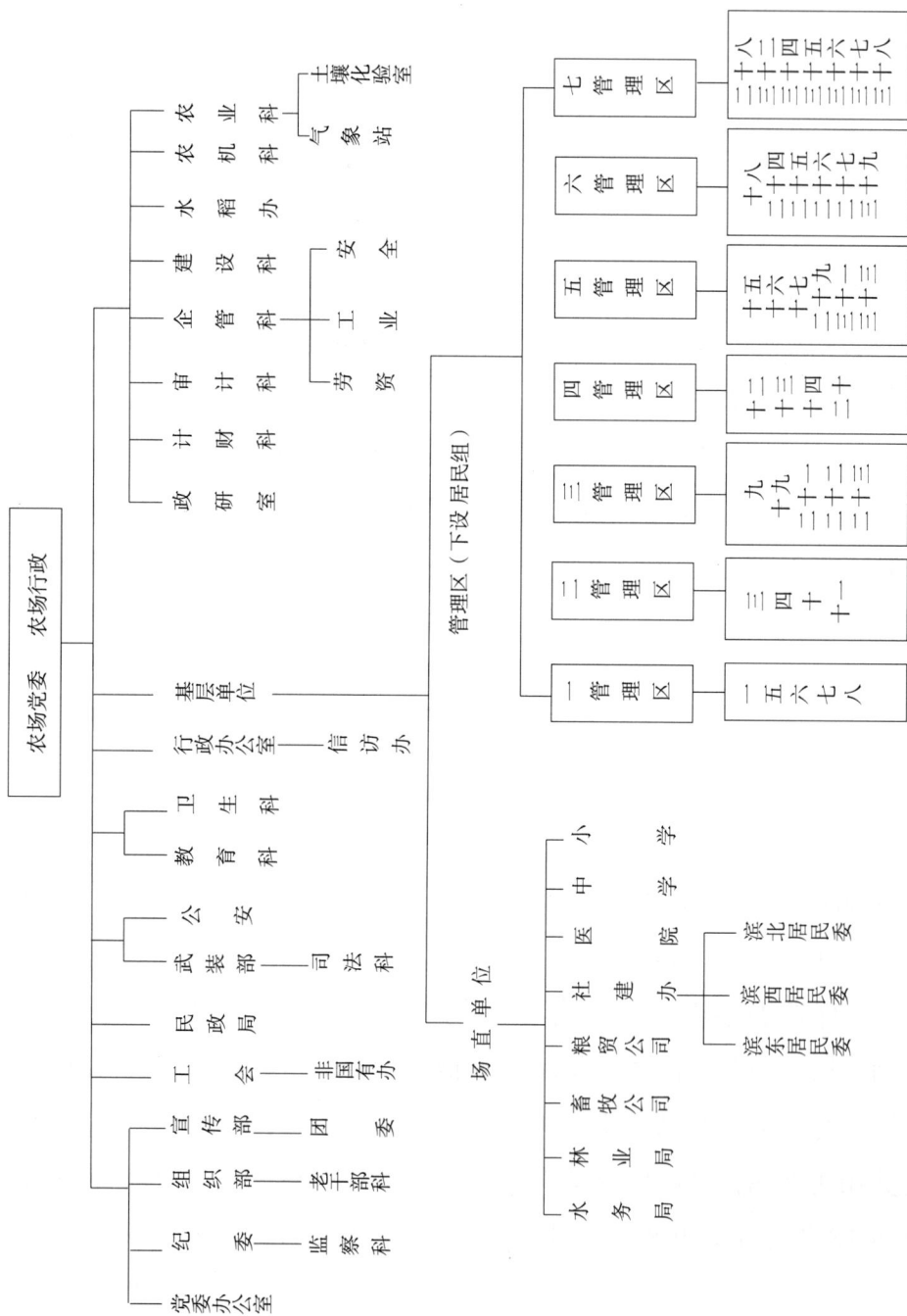

图2-2-1　2006年绥滨农场机构设置示意图

图2-2-2 2018年绥棱农场机构设置示意图

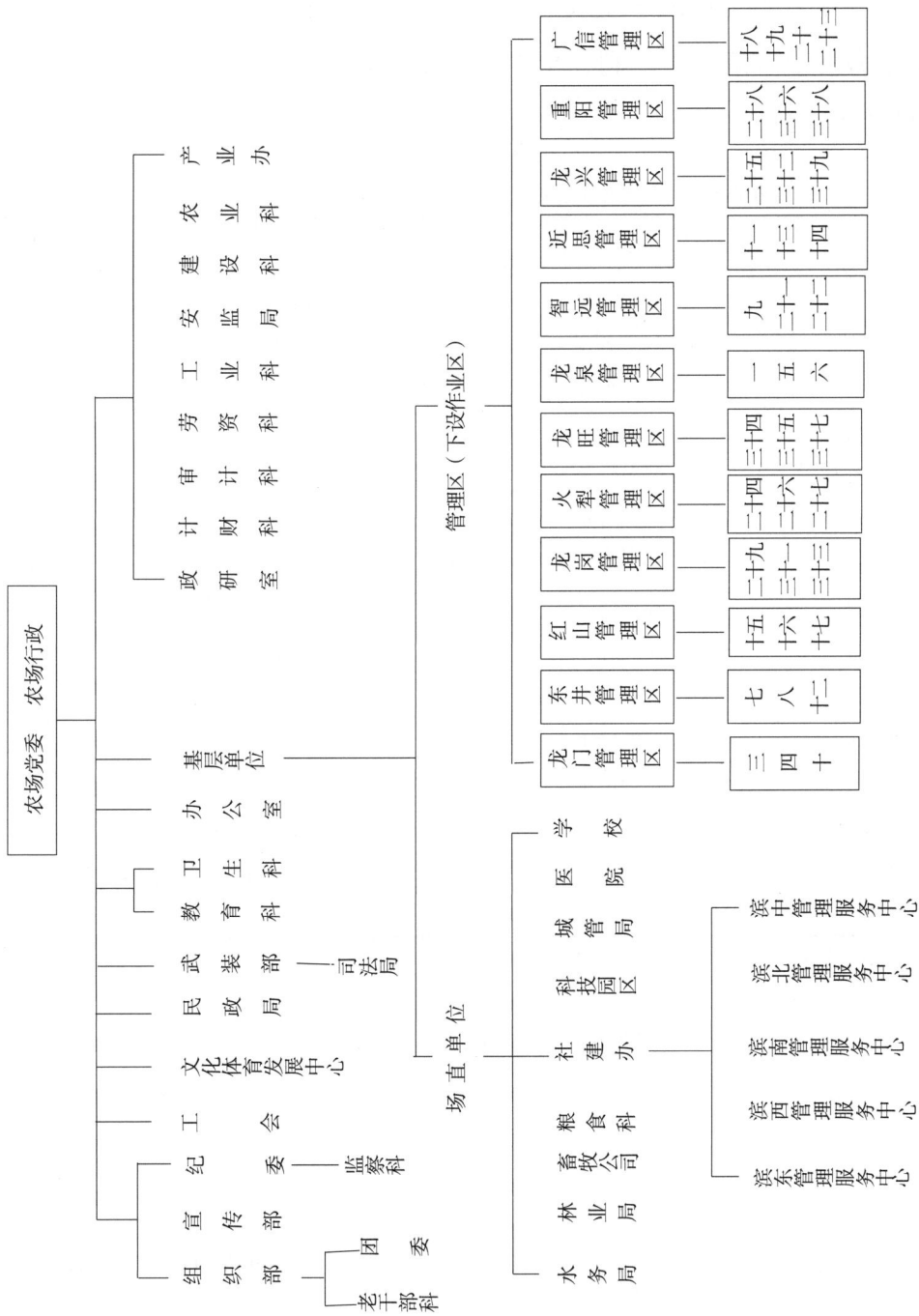

农场党委 农场行政

产业办
农业建设科
安监局
劳工业资科
审计科
计财科
政研室

基层单位

办公室

卫生科
教育科

武装部 — 司法局
民政局
文化体育发展中心
工会
纪委 — 监察科
宣传部
组织部 — 团委
老干部科

场直单位

学校
医院
城管局
科技园区
社建办
粮食科
畜牧公司
林业局
水务局

滨中管理服务中心
滨北管理服务中心
滨南管理服务中心
滨西管理服务中心
滨东管理服务中心

管理区（下设作业区）

龙门管理区
东井管理区
红山管理区
龙岗管理区
火犁管理区
龙旺管理区
龙泉管理区
智远管理区
近思管理区
龙兴管理区
重阳管理区
广信管理区

三 四 十

七 八 十三

十五 十六 十七

二十九 三十一 三十二 三十三

二十四 三十六 三十七

三十四 三十五 三十七

一 五 六

九 二十 二十二

十一 十三 十四

二十五 三十三 三十九

二十八 二十六 二十八

十八 十九 二十 二十三

第三节 党政领导更迭

2006—2018 年，农场党政班子主要领导进行了 3 次更迭，副职领导也有所调整。历任农场党委书记为：于治臣、俞新利、楚卫国。历任场长为：张万山、侯新华、李思军。农场党政领导任职情况见表 2-2-1。

表 2-2-1 农场党政领导人任职一览表（2006—2018 年）

姓 名	职 务	时 间	姓 名	职 务	时 间
于治臣	书 记	2006.1—2011.5	刘曙华	副场长	2010.3—2013.3
俞新利	书 记	2011.5—2015.12	付建强	副场长	2010.1—2013.4
楚卫国	书 记	2016.4—2018.12	赵永林	副场长	2013.4—2015.12
张万山	场 长	2006.1—2006.11	张 明	副场长	2013.4—2016.4
侯新华	场 长	2006.11—2011.4	刘春青	副场长	2013.4—2018.12
李思军	场 长	2011.4—2018.12	张 勋	副场长	2013.4—2018.12
南 野	副书记	2006.1—2010.1	戴凤霞	副场长	2016.4—2018.12
施宏伟	副书记	2010.1—2013.3	房玉军	副场长	2016.5—2018.12
刘曙华	副书记	2013.4—2016.4	冯 鑫	副场长	2016.5—2018.12
张 明	副书记	2016.5—2018.12	王 勤	工会主席	2006.1—2006.11
张广福	副场长	2006.1—2010.1	南 野	工会主席	2006.11—2010.1
张长友	副场长	2006.1—2010.1	施宏伟	工会主席	2010.1—2013.4
黄家安	副场长	2006.1—2008.8	王广星	工会主席	2013.4—2016.5
刘宏光	副场长	2007.2—2011.1	何文翠	工会主席	2016.5—2018.12
黄 杰	副场长	2008.8—2013.4			

第四节 区 划

一、场部

绥滨农场场部是全场地理、政治、经济、文化中心，占地面积 337 公顷。2018 年有人口 18642 人，居民住户 7783 户，社建办下设滨东、滨西、滨北、滨南、滨中 5 个管理服务中心。

（一）布局

农场机关办公大楼坐落在场部的中心地段，是全场各项事业的指挥中心、管理中心、协调服务中心。场部的西边有学校、公安分局；东边有医院（社区卫生服务中心）、社会保险事业管理局；交通、电力、通讯、工商、税务、土地、街道居民委分布在场部的各个主要路段和大街两旁。

（二）**设施**

场部的基础设施配套齐全。自来水普及达 100%，集中供热达 48 万平方米，有两个燃气供应站。

各项服务设施齐全，有线电视、通讯光缆、电力设备、电话、交通设施等一应俱全。

在道路硬化方面，2006 年，农场维修了场直地区主要街道、和平路、绥福路，修建了 4 条白色路面。2007 年，场直地区新建道路硬化 4.5 公里。2010 年，新修建场区外环路 1.6 公里。2011 年，将绥福路、和平大街原白色路面铺设为黑色沥青路面，新建了绥福路、和平大街两侧的人行道和彩色板砖步道。2012 年，农场对和平大街西段、西外环路和公园路进行延伸和拓宽，使场部地区主要街道东西和平大街、南北绥福路得以彻底改观。到 2018 年年底，场区有混凝土路面 19.61 万平方米、沥青混凝土路面 5 万平方米、场部地区道路硬化率达 100%。

（三）**楼房**

2006 年至 2018 年，农场通过职工自建、招商引资、上级财政补贴和农场自筹相结合等方式大面积开发建设住宅楼，13 年间共新建住宅小区 17 个，新建楼房 119 栋，建筑面积 35.72 万平方米。

截止到 2018 年年底，场部地区共有楼房 150 余栋，总建设面积达到 44.45 万平方米。

（四）**街道**

场部地区共有街道 22 条，由南环街、北环街、东环路、西环路围成一个大棋盘状。东西走向的为"街"，有和平大街、兴场街、光明街、向阳街等 10 条主街；南北走向的为"路"，有绥福路、育才路、青年路、公园路、惠民路、平安路等 12 条主路。这些街和路都横平纵直、绿树成荫、花草映衬，与鳞次栉比的楼房共同组成一个现代化的农垦小城镇。

二、撤队建区

2004 年，农场根据黑龙江省农垦总局《关于推进农场（社区）组织结构调整，深化管理体制改革的指导意见》，撤销生产队建制，建立了 9 个管理区，下设 37 个居民组。2006 年，农场将管理区缩减为 7 个。2008 年，管理区合并为 4 个。2013 年，农场根据人口、资源等分布情况，重新将管理区调整为 12 个，并经两次党委会研究确定各管理区名称，下设的 37 个居民组统一更名为作业区。

管理区作为农场的一个派出机构，由农场授权负责辖区经济建设和社会行政管理工作，履行社会公共服务职责，引导、扶持非国有经济发展，代表农场履行对土地、森林、草原、水面等国有资产和资源的管理以及各种费用的收缴。设有主任、书记为管理区第一行政、党务负责人。管理区主任在农场授权范围内行使权力和开展工作，不允许超越权限办理各项业务；没有明确授权的工作，要请示政研室报农场批准后方可办理。其他管理人员按职责分工和管理区具体要求开展工作。不再设置居民组组长，作业区工作由管理区主任、副主任负责。下辖各作业区的基本情况、土地资源、农业生产、经济指标等统计数据，按作业区核算上报截止到 2015 年年底。2016 年起，各项数据都以管理区为统计核算单位，各作业区不再作为统计核算单位。

三、管理区　作业区

（一）龙门管理区

1. **总体情况**　龙门管理区位于农场的东北部，中心所在地是第四作业区（居民组）。2018 年全区总户数为 426 户，总人口 1091 人，在册职工 248 名。占地面积 5014 公顷，其中耕地面积 3157 公顷、林地 786 公顷、房屋 2.44 万平方米。主业为种植业，有家庭农场 301 个，粮食年总产 2.91 万吨。有大、中型拖拉机 185 台，小型拖拉机 48 台，联合收割机 66 台。年总产值 1.31 亿元，上缴利费 2039.1 万元，人均可支配收入 2.69 万元。下辖第三、第四、第十作业区。

主任：宋瑞。

党总支书记：刘峥宇。

副主任：陈胜利。

工会主席：宋太广。

2. **下辖作业区概况**

（1）第三作业区。第三作业区位于场部西北 9.4 公里处，2015 年有居民 111 户、人口 296 人，在册职工 75 名。占地面积 1700 公顷，其中耕地 855 公顷、林地 447 公顷、房屋 6222 平方米。主业为种植业和养殖业，有家庭农场 40 个、其他专业户 5 个。种植水稻 829 公顷、玉米 26 公顷，粮食年总产 8047 吨（2006 年为 3531 吨）；畜禽年末存栏猪 2763 头，羊 50 只，禽 500 只；有大、中型拖拉机 10 台，小型拖拉机 18 台，联合收割机 12

台；年总产值 4033 万元，上缴利费 539.8 万元，人均收入 2.6 万元。

历任组长：韩宏喜、陈胜利。

历任书记：韩宏喜、陆继刚、赵振华。

（2）第四作业区。第四作业区位于场部西北 18.3 公里处，2015 年有居民 126 户、人口 323 人、在册职工 100 名。占地面积 1500 公顷，其中耕地 1031 公顷、林地 209 公顷、房屋 6168 平方米。主业为种植业和养殖业，有家庭农场 54 个、其他专业户 5 个。种植水稻 991 公顷、玉米 37 公顷、大豆 3 公顷，年粮食总产 9727 吨（2006 年为 4063 吨）；畜禽年末存栏奶牛 33 头，猪 9756 头，羊 88 只，禽 1000 只；有大、中型拖拉机 22 台，小型拖拉机 20 台，联合收割机 9 台；年总产值 6928.8 万元，上缴利费 660.5 万元，人均纯收入 2.45 万元。

历任组长：周生江、魏晓东、王志强、王紫东、侯成。

历任书记：文利军、李佳文、闻宝宏、齐国和、刘军、臧晓兵、刘春涛、付曷罡。

（3）第十作业区。第十作业区位于场部西北 10.7 公里处，2015 年有居民 111 户，人口 312 人，在册职工 101 名。占地面积 1509 公顷，其中耕地 1269 公顷、林地 231 公顷、房屋 7450 平方米。主业为种植业和养殖业，有家庭农场 97 个、其他专业户 8 个。种植水稻 1111 公顷、玉米 158 公顷，年粮食总产 1.19 万吨（2006 年为 4882 吨）；畜禽年末存栏猪 834 头，禽 452 只；有大、中型拖拉机 18 台，小型拖拉机 10 台，联合收割机 18 台；年总产值 4799 万元，上缴利费 786.93 万元，人均收入 2.21 万元。

历任组长：沙永海、刘忠海、李德新、王殿伟。

历任书记：李德新、赵世柱、任民、宋太广。

（二）红山管理区

1. **总体情况** 红山管理区位于农场的东北部，中心所在地是原第十七作业区（居民组），2018 年全区总户数为 347 户，总人口 868 人，在册职工 241 名。占地面积 4090 公顷，其中耕地面积 3117 公顷、林地 788 公顷、房屋 3.67 万平方米。主业为种植业，有家庭农场 302 个，粮食年总产 2.76 万吨。有大、中型拖拉机 185 台，小型拖拉机 26 台，联合收割机 147 台。年总产值 1.04 亿元，上缴利费 2043.7 万元，人均可支配收入 2.68 万元。下辖第十五、第十六、第十七作业区。

主任：张宝。

党总支书记：孔令星。

副主任：沙洪涛、杨广刚。

工会主席：孔令星。

2. 下辖作业区概况

（1）第十五作业区。第十五作业区位于场部西北 15.5 公里处，2015 年有居民 110 户、人口 352 人、在册职工 104 名。占地面积 1707 公顷，其中耕地 1180 公顷、林地 171 公顷、房屋 7561 平方米。主业为种植业和养殖业，有家庭农场 121 个、其他专业户 8 个。种植水稻 1162 公顷、玉米 18 公顷，年粮食总产 1.11 万吨（2006 年为 6580 吨）；禽类年末存栏 211 只；有大、中型拖拉机 21 台，小型拖拉机 12 台，联合收割机 17 台；年总产值 4459.6 万元，上缴利费 762.86 万元，人均收入 2.61 万元。

历任组长：周彭忠、侯成、郑灿奎。

历任书记：宋德玉、王雪峰、隋在强。

（2）第十六作业区。第十六作业区位于场部西 11.8 公里处，2015 年有居民 69 户、人口 150 人、在册职工 59 名。占地面积 1155 公顷，其中耕地 856 公顷、林地 69 公顷、房屋 2484 平方米。主业为种植业和养殖业，有家庭农场 51 个、其他专业户 6 个。种植水稻 779 公顷、玉米 77 公顷，年粮食总产 8148 吨（2006 年为 3696 吨）；禽类年末存栏 246 只；有大、中型拖拉机 12 台，小型拖拉机 25 台，联合收割机 11 台；年总产值 3128.4 万元，上缴利费 537.92 万元，人均收入 2.75 万元。

历任组长：余代军、刘春涛、杜勇、冯宝科。

历任书记：徐亚滨、关玉胜、李良辉。

（3）第十七作业区。第十七作业区位于场部西 10.2 公里处，2015 年有居民 114 户、人口 295 人、在册职工 116 名。占地面积 1457 公顷，其中耕地 1092 公顷、林地 139 公顷、房屋 7081 平方米。主业为种植业和养殖业，有家庭农场 85 个、其他专业户 6 个。种植水稻 1066 公顷、玉米 26 公顷，年粮食总产 1.03 万吨（2006 年为 6843 吨）；畜禽年末存栏猪 813 头，羊 22 只，禽 378 只；有大、中型拖拉机 17 台，小型拖拉机 15 台，联合收割机 16 台；年总产值 4275.8 万元，上缴利费 703 万元，人均收入 2.61 万元。

历任组长：寇增文、余代军、刘长青。

历任书记：杜勇、文利军、关玉滨、徐丙钦、安军。

（三）近思管理区

1. 总体情况　近思管理区位于农场的东北部，中心所在地是原第十四作业区（居民组），2018 年全区总户数为 376 户，总人口 945 人，在册职工 281 名。占地面积 4727 公顷，其中耕地面积 3190 公顷、林地 1045 公顷、房屋 4926 平方米。主业为种植业，有家庭农场 301 个，年粮食总产 2.92 万吨。有大、中型拖拉机 174 台，小型拖拉机 67 台，联合收割机 77 台。年总产值 1.07 亿元，上缴利费 2056.5 万元，人均可支配收入 2.7 万元。

下辖第十一、第十三、第十四作业区。

主任：赵相伟。

党总支书记：姜元伟。

副主任：付宏伟、李元国。

工会主席：陈凤顺。

2. 下辖作业区概况

（1）第十一作业区。第十一作业区位于场部西北 11.9 公里处，2015 年有居民 113 户、人口 290 人、在册职工 98 名。占地面积 1616 公顷，其中耕地 1099 公顷、林地 138 公顷、房屋 3623 平方米。主业为种植业和养殖业，有家庭农场 95 个、其他专业户 9 个。种植水稻 1005 公顷、玉米 90 公顷、大豆 4 公顷，年粮食总产 1.04 万吨（2006 年为 5288 吨）；畜禽年末存栏肉牛 19 头，禽 222 只；有大、中型拖拉机 14 台，小型拖拉机 21 台，联合收割机 9 台；年总产值 4116 万元，上缴利费 691.79 万元，人均收入 2.2 万元。

历任组长：崔绍民、刘福利、安军。

历任书记：陈作贵、王帮喜、田勇、秦力。

（2）第十三作业区。第十三作业区位于场部西北 9.9 公里处，2015 年有居民 87 户、人口 268 人、在册职工 62 名。占地面积 1731 公顷，其中耕地 936 公顷、林地 294 公顷、房屋 4300 平方米。主业为种植业和养殖业，有家庭农场 86 个、其他专业户 8 个。种植水稻 882 公顷、玉米 40 公顷、大豆 4 公顷、经济作物 10 公顷，年粮食总产 8511 吨（2006 年为 4714 吨）；畜禽年末存栏羊 53 只，禽 900 只；有大、中型拖拉机 12 台，小型拖拉机 6 台，联合收割机 13 台；年总产值 3526 万元，上缴利费 595 万元，人均收入 2.43 万元。

历任组长：宋树军、李佳文。

历任书记：陈凤顺、王洪波。

（3）第十四作业区。第十四作业区位于场部西 4.2 公里处，2015 年有居民 115 户、人口 296 人、在册职工 160 名。占地面积 1580 公顷，其中耕地 1155 公顷、林地 168 公顷、房屋 5223 平方米。主业为种植业和养殖业，有家庭农场 98 个、其他专业户 8 个。种植水稻 1091 公顷、玉米 54 公顷、经济作物 10 公顷，年粮食总产 1.08 万吨（2006 年为 5313 吨）；畜禽年末存栏奶牛 13 头，羊 326 只，禽 1300 只；有大、中型拖拉机 19 台，小型拖拉机 20 台，联合收割机 17 台；年总产值 4446.8 万元，上缴利费 735 万元，人均收入 2.35 万元。

历任组长：齐国和、张炳祥、赵相伟。

历任书记：张炳祥、刘长青、律大伟、赵相伟、陈风顺。

（四）龙岗管理区

1. **总体情况** 龙岗管理区位于农场的东北部，中心所在地是原第二十九作业区（居民组），2018 年全区总户数为 252 户，总人口 585 人，在册职工 150 名。占地面积 3740.1 公顷，其中耕地面积 2884 公顷、林地 702 公顷、房屋 1.64 万平方米。主业为种植业，有家庭农场 201 个，年粮食总产 2.66 万吨。有大、中型拖拉机 182 台，小型拖拉机 45 台，联合收割机 85 台。年总产值 9759.7 万元，上缴利费 1863 万元，人均可支配收入 2.71 万元。下辖第二十九、第三十一、第三十三作业区。

主任：隋在文。

党总支书记：张营。

副主任：高振友、王殿伟。

工会主席：王雪峰。

2. **下辖作业区概况**

（1）第二十九作业区。第二十九作业区位于场部西南 15.2 公里处，2015 年有居民 112 户、人口 357 人、在册职工 100 名。占地面积 1459 公顷，其中耕地 1161 公顷、林地 70 公顷、房屋 5520 平方米。主业为种植业和养殖业，有家庭农场 81 个、其他专业户 9 个。种植水稻 1132 公顷、玉米 29 公顷，年粮食总产 1.09 万吨（2006 年为 5964 吨）；畜禽年末存栏羊 85 只，禽 455 只；有大、中型拖拉机 28 台，小型拖拉机 16 台，联合收割机 16 台；年总产值 4446.8 万元，上缴利费 747 万元，人均收入 2.4 万元。

历任组长：侯成、郭文华、寇增文、高振友。

历任书记：臧小兵、陈胜利、李永福、张营。

（2）第三十一作业区。第三十一作业区位于场部西南 18.8 公里处，2015 年有居民 66 户、人口 148 人、在册职工 50 名。占地面积 1595 公顷，其中耕地 1017 公顷、林地 168 公顷、房屋 2275 平方米。主业为种植业和养殖业，有家庭农场 31 个、其他专业户 5 个。种植水稻 856 公顷、玉米 161 公顷，年粮食总产 9406 吨（2006 年为 4336 吨）；畜禽年末存栏奶牛 39 头，羊 163 只，禽 196 只；有大、中型拖拉机 15 台，小型拖拉机 14 台，联合收割机 9 台；年总产值 3688 万元，上缴利费 622 万元，人均收入 2.4 万元。

历任组长：隋在云、隋在文。

历任书记：刘忠允、陈庆君、郭玉春、王雪峰。

（3）第三十三作业区。第三十三作业区位于场部西南 24.1 公里处，2015 年有居民 36 户，人口 93 人，在册职工 30 名。占地面积 904 公顷，其中耕地 706 公顷、林地 111 公顷、房屋 2028 平方米。主业为种植业和养殖业，有家庭农场 26 个、其他专业户 3 个。种植水稻 673 公顷，玉米 33 公顷，年粮食总产 6659 吨（2006 年为 3138 吨）；禽类年末存栏 122 只；有大、中型拖拉机 9 台，小型拖拉机 15 台，联合收割机 8 台；年总产值 2680.3 万元，上缴利费 450.98 万元，人均收入 2.43 万元。

历任组长：张建华、宋瑞。

历任书记：陈秀全、关玉胜、赵振华、郭凤斌。

（五）龙兴管理区

1. **总体情况** 龙兴管理区位于农场的东北部，中心所在地是原第三十二作业区（居民组），2018 年全区总户数为 191 户、总人口 509 人、在册职工 158 名。占地面积 3829 公顷，其中耕地面积 2487 公顷、林地 581 公顷、房屋 4992 平方米。主业为种植业，有家庭农场 205 个，年粮食总产 22733 吨。有大、中型拖拉机 159 台，小型拖拉机 38 台，联合收割机 79 台。年总产值 8881.8 万元，上缴利费 1590.3 万元，人均可支配收入 2.72 万元。下辖第二十五、第三十二、第三十九作业区。

主任：韩洪星。

党总支书记：王守鹏。

副主任：张树华、郝庆南。

工会主席：文利军。

2. **下辖作业区概况**

（1）第二十五作业区。第二十五作业区位于场部西南 22.2 公里处，2015 年有居民 32 户、人口 96 人、在册职工 49 名。占地面积 1485 公顷，其中耕地 790 公顷、林地 220 公顷、房屋 3080 平方米。主业为种植业和养殖业，有家庭农场 38 个、其他专业户 6 个。种植水稻 778 公顷，玉米 7 公顷，经济作物 5 公顷，年粮食总产 7363 吨（2006 年为 4400 吨）；禽类年末存栏 885 只；有大、中型拖拉机 17 台，小型拖拉机 8 台，联合收割机 13 台；年总产值 3022.1 万元，上缴利费 510.62 万元，人均收入 2.59 万元。

历任组长：张树华。

历任书记：孙继发、陈秀全、张营。

（2）第三十二作业区。第三十二作业区位于场部西南 18.8 公里处，2015 年有居民 70 户、人口 192 人、在册职工 72 名。占地面积 1410 公顷，其中耕地 871 公顷，林地 76 公顷，房屋 3100 平方米。主业为种植业和养殖业，有家庭农场 42 个，其他专业户 8 个。种植水稻 813 公顷，玉米 56 公顷，大豆 2 公顷，年粮食总产 8222 吨（2006 年为 3484 吨）；禽类年末存栏 216 只；有大、中型拖拉机 15 台，小型拖拉机 8 台，联合收割机 9 台；年总产值 3331.8 万元，上缴利费 533.37 万元，人均收入 2.55 万元。

历任组长：张利军、寇增文、律大伟、张树华。

历任书记：尚同、于连喜、赵振华、任民。

（3）第三十九作业区。第三十九作业区位于场部西南 26.9 公里处，2015 年有居民 63 户、人口 182 人、在册职工 74 名。占地面积 1217 公顷，其中耕地 826 公顷、林地 115 公顷、房屋 3466 平方米。主业为种植业和养殖业，有家庭农场 51 个、其他专业户 4 个。种植水稻 759 公顷、玉米 59 公顷、大豆 8 公顷，年粮食总产 7799 吨（2006 年为 3420 吨）；畜禽年末存栏黄牛 20 头，猪 20 头，禽 233 只；有大、中型拖拉机 9 台，小型拖拉机 12 台，联合收割机 8 台；年总产值 3139.6 万元，上缴利费 520.82 万元，人均收入 2.5 万元。

历任组长：杨丰玉、许洪义、陈庆君。

历任书记：于连喜、李金龙、任民。

（六）龙旺管理区

1. **总体情况**　龙旺管理区位于农场的东北部，中心所在地是原第三十五作业区（居民组），2018 年全区总户数为 245 户，总人口 659 人，在册职工 143 名。占地面积 4381.8 公顷，其中耕地面积 2503 公顷、林地 954 公顷、房屋 1.43 万平方米。主业为种植业，有家庭农场 226 个，粮食总产 2.29 万吨。有大、中型拖拉机 115 台，小型拖拉机 79 台，联合收割机 59 台。年总产值 8419.3 万元，上缴利费 1591.9 万元，人均可支配收入 2.73 万元。下辖第三十四、第三十五、第三十七作业区。

主任：陆斌。

党总支书记：邢晓东。

副主任：安保原、温大力。

工会主席：何德建。

2. **下辖作业区概况**

（1）第三十四作业区。第三十四作业区位于场部西南 24 公里处，2015 年有居民 79 户、人口 165 人、在册职工 45 名。占地面积 1116 公顷，其中耕地 832 公顷、林地 116 公顷、房屋 2848 平方米。主业为种植业和养殖业，有家庭农场 61 个、其他专业户 6 个。种植水稻 741 公顷、玉米 84 公顷，大豆 7 公顷，年粮食总产 7759 吨（2006 年为 3282 吨）；畜禽年末存栏羊 191 只，禽 205 只；有大、中型拖拉机 12 台，小型拖拉机 20 台，联合收割机 5 台；年总产值 3074.6 万元，上缴利费 518.96 万元，人均收入 2.42 万元。

历任组长：孟宪良、周玉春、孙立东。

历任书记：李应祥、赵振华、高振友。

（2）第三十五作业区。第三十五作业区位于场部西南 27.6 公里处，2015 年有居民 54 户、人口 163 人、在册职工 44 名。占地面积 854 公顷，其中耕地 767 公顷、林地 84 公顷、房屋 5853 平方米。主业为种植业和养殖业，有家庭农场 63 个、其他专业户 8 个。种植水稻 657 公顷，玉米 110 公顷，年粮食总产 7233 吨（2006 年为 3570 吨）；畜禽年末存栏：羊 35 只，禽 735 只；有大、中型拖拉机 9 台，小型拖拉机 20 台，联合收割机 8 台；年总产值 2798.3 万元，上缴利费 472.15 万元，人均收入 2.42 万元。

历任组长：周玉春、孟宪良、文利军、杜勇、陆斌。

历任书记：关玉胜、孟宪良、付晸罡、李金龙。

（3）第三十七作业区。第三十七作业区位于场部西南 30.3 公里处，2015 年有居民 78 户、人口 220 人、在册职工 50 名。占地面积 1279 公顷，其中耕地 884 公顷、林地 229 公顷、房屋 3390 平方米。主业为种植业和养殖业，有家庭农场 51 个、其他专业户 9 个。种植水稻 871 公顷，经济作物 13 公顷，年粮食总产 7969 吨（2006 年为 3217 吨）；畜禽年末存栏：奶牛 10 头，禽 306 只；有大、中型拖拉机 15 台，小型拖拉机 12 台，联合收割机 9 台；年总产值 3042.3 万元，上缴利费 571.48 万元，人均收入 2.43 万元。

历任组长：贺健、陆继刚。

历任书记：王宝甥、李佳文、隋叶。

（七）重阳管理区

1. **总体情况** 重阳管理区位于农场的东北部，中心所在地是原第二十八作业区（居民组），2018 年全区总户数为 317 户，总人口 772 人，在册职工 169 名。占地面积 3454.4 公顷，其中耕地面积 2567 公顷、林地 669 公顷、房屋 9811 平方米。主业为种植业，有家庭农场 251 个，年粮食总产 2.33 万吨。有大、中型拖拉机 132 台，小型拖拉机 44 台，联合收割机 55 台。年总产值 8695 万元，上缴利费 1638.9 万元，人均可支配收入 2.71 万元。下辖第二十八、第三十六、第三十八作业区。

主任：李良辉。

党总支书记：赵春晓。

副主任：张宇、刘军。

工会主席：李金龙。

2. **下辖作业区概况**

（1）第二十八作业区。第二十八作业区位于场部西南 24.5 公里处，2015 年有居民 88 户、人口 251 人、在册职工 102 名。占地面积 911 公顷，其中耕地 718 公顷、林地 58 公顷、房屋 4095 平方米。主业为种植业和养殖业，有家庭农场 56 个、其他专业户 6 个。种植水稻 678 公顷、玉米 40 公顷，年粮食总产 6795 吨（2006 年为 3768 吨）；畜禽年末存栏猪 9 头，禽 230 只；有大、中型拖拉机 12 台，小型拖拉机 15 台，联合收割机 9 台；年总产值 2730 万元，上缴利费 457.1 万元，人均收入 2.61 万元。

历任组长：杨洪忠、李良辉。

历任书记：刘春涛、贾立平。

（2）第三十六作业区。第三十六作业区位于场部西南 32.4 公里处，2015 年有居民 53 户、人口 157 人、在册职工 41 名。占地面积 1152 公顷，其中耕地 790 公顷、林地 150 公顷、房屋 2876 平方米。主业为种植业和养殖业，有家庭农场 41 个、其他专业户 3 个。种植水稻 673 公顷、玉米 113 公顷、大豆 4 公顷，年粮食总产 8267 吨（2006 年为 3412 吨）；畜禽年末存栏：禽 105 只；有大、中型拖拉机 6 台，小型拖拉机 11 台，联合收割机 7 台；年总产值 2618.7 万元，上缴利费 485.42 万元，人均收入 2.34 万元。

历任组长：郭长玉、寇增文、毕明宏、杨洪忠、李刚。

历任书记：郭长玉、关玉胜、李刚。

（3）第三十八作业区。第三十八作业区位于场部西南 34.9 公里处，2015 年有居民 80 户、人口 216 人、在册职工 57 名。占地面积 1551 公顷，其中耕地 1062 公顷、林地 70 公顷、房屋 3808 平方米。主业为种植业和养殖业，有家庭农场 54 个、其他专业户 9 个。种植水稻 1009 公顷、玉米 37 公顷、大豆 6 公顷、经济作物 10 公顷，年粮食总产 1 万吨（2006 年为 5180 吨）；禽类年末存栏 255 只；有大、中型拖拉机 14 台，小型拖拉机 18 台，联合收割机 13 台；年总产值 4067.7 万元，上缴利费 677.58 万元，人均收入 2.61 万元。

历任组长：马德军、李东、刘军。

历任书记：何德健。

（八）火犁管理区

1. **总体情况**　火犁管理区位于农场的东北部，中心所在地是原第二十六作业区（居民组），2018 年全区总户数为 442 户，总人口 1107 人，在册职工 300 名。占地面积 5230 公顷，其中耕地面积 3592 公顷、林地 1175 公顷、房屋 2.15 万平方米。主业为种植业，有家庭农场 342 个，年粮食总产 3.29 万吨。有大、中型拖拉机 197 台，小型拖拉机 116 台，联合收割机 96 台。年生产总产值 1.24 亿元，上缴利费 2277.3 万元，人均可支配收 2.67 万元。下辖第二十四、第二十六、第二十七作业区。

主任：毕明宏。

党总支书记：任民。

副主任：李明、郭凤斌。

工会主席：赵振华。

2. 下辖作业区概况

（1）第二十四作业区。第二十四作业区位于场部南14.9公里处，2015年有居民154户、人口338人、在册职工81名。占地面积1947公顷，其中耕地1306公顷、林地386公顷、房屋1.02万平方米。主业为种植业和养殖业，有家庭农场85个、其他专业户12个。种植水稻1122公顷、玉米160公顷、大豆9公顷、经济作物15公顷，年粮食总产1.2万吨（2006年为6342吨）；畜禽年末存栏：猪2351头，禽2000只；有大、中型拖拉机15台，小型拖拉机20台，联合收割机13台；年总产值5159.9万元，上缴利费804.74万元，人均收入2.51万元。

历任组长：周生江、宋树军、余代新、贺健。

历任书记：闻宝宏、王紫东、吴晓东、李涛。

（2）第二十六作业区。第二十六作业区位于场部南17.6公里处，2015年有居民138户、人口385人、在册职工140名。占地面积1542公顷，其中耕地1100公顷、林地93公顷、房屋6786平方米。主业为种植业和养殖业，有家庭农场112个、其他专业户18个。种植水稻1013公顷、玉米67公顷、大豆15公顷、经济作物5公顷，年粮食总产1.03万吨（2006年为4212吨）；畜禽年末存栏羊97只，禽439只；有大、中型拖拉机18台，小型拖拉机15台，联合收割机19台；年总产值4029.3万元，上缴利费694.12万元，人均收入2.6万元。

历任组长：周生江、徐丙钦、李明。

历任书记：肖登文、陈秀全、孙继发、张磊。

（3）第二十七作业区。第二十七作业区位于场部南21.9公里处，2015年有居民102户、人口303人、在册职工100名。占地面积1712公顷，其中耕地1229公顷、林地399公顷、房屋6080平方米。主业为种植业和养殖业，有家庭农场95个、其他专业户9个。种植水稻1126公顷、玉米53公顷、大豆50公顷，年粮食总产1.02万吨（2006年为4358吨）；畜禽年末存栏羊60只，禽1720只；有大、中型拖拉机30台，小型拖拉机25台，联合收割机16台；年生产总产值4018万元，上缴利费774.13万元，人均收入2.61万元。

历任组长：刘长青、郑灿奎、张炳祥。

历任书记：王铭生、文利军。

（九）广信管理区

1. **总体情况** 广信管理区位于农场的东北部，中心所在地是原第十八作业区（居民组），2018年全区总户数为378户，总人口1029人，在册职工282名。占地面积3661公顷，其中耕地面积2686公顷、林地726公顷、房屋6948平方米。主业为种植业，有家庭农场310个，年粮食总产2.38万吨。有大、中型拖拉机166台，小型拖拉机34台，联合收割机80台。年总产值9123.3万元，上缴利费1686.6万元，人均可支配收入2.71万元。下辖第十八、第十九、第二十、第二十三作业区。

主任：冯宝科。

党总支书记：隋叶。

副主任：黄勇、孙慧学。

工会主席：尚同。

2. **下辖作业区概况**

（1）第十八作业区。第十八作业区位于场部以南6.6公里处，2015年有居民54户、人口147人、在册职工44名。占地面积726公顷，其中耕地546公顷、林地35公顷、房屋1908平方米。主业为种植业和养殖业，有家庭农场65个、其他专业户9个。2015年种植水稻505公顷、玉米41公顷，年粮食总产5492吨（2006年为2587吨）；畜禽年末存栏奶牛18头，禽2347只；有大、中型拖拉机14台，小型拖拉机15台，联合收割机15台；年总产值2200.3万元，上缴利费345.06万元，人均收入2.58万元。

历任组长：文利军、吴晓东、冯宝科。

历任书记：陈秀全、周生江、邢晓东。

（2）第十九作业区。第十九作业区位于场部南1.5公里处，2015年有居民79户、人口252人、在册职工74名。占地面积1673公顷，其中耕地538公顷、林地74公顷、房屋1.42万平方米。主业为种植业和养殖业，有家庭农场54个、其他专业户6个。种植水稻327公顷、玉米180公顷、大豆7公顷、经济作物24公顷，年粮食总产4255吨（2006年为5915吨）；畜禽年末存栏羊60只，禽478只；有大、中型拖拉机16台，小型拖拉机20台，联合收割机12台；年总产值1635.4万元，上缴利费299.06万元，人均收入2.62万元。

历任组长：余代新、王紫东。

历任书记：殷希增、李加涛。

（3）第二十作业区。第二十作业区位于场部正西3公里处，2015年有居民81户、人口191人、在册职工41名。占地面积758公顷，其中耕地569公顷、林地36公顷、房屋

5000 平方米。主业为种植业和养殖业，有家庭农场 52 个、其他专业户 8 个。种植水稻 506 公顷，玉米 59 公顷，大豆 4 公顷，年粮食总产 5392 吨（2006 年为 5825 吨）；畜禽年末存栏猪 117 头，羊 30 只，禽 722 只；有大、中型拖拉机 9 台，小型拖拉机 12 台，联合收割机 10 台；年总产值 2158.1 万元，上缴利费 354.73 万元，人均收入 2.62 万元。

历任组长：丁培元、杜勇、刘春涛。

历任书记：徐焕勇、褚福锦、尚同。

（4）第二十三作业区。第二十三作业区位于场部西南 6 公里处，2015 年有居民 82 户、人口 241 人、在册职工 100 名。占地面积 1156 公顷，其中耕地 1033 公顷、林地 112 公顷、房屋 5260 平方米。主业为种植业和养殖业，有家庭农场 91 个、其他专业户 9 个。种植水稻 1015 公顷、玉米 18 公顷、年粮食总产 9722 吨（2006 年为 5935 吨）；畜禽年末存栏奶牛 4 头，肉牛 14 头，猪 512 头，羊 97 只，禽 346 只；有大、中型拖拉机 18 台，联合收割机 19 台；年总产值 4074.3 万元，上缴利费 667.13 万元，人均收入 2.61 万元。

历任组长：罗国宾、孙慧学。

历任书记：潘绪峰、宋太广、关玉胜。

（十）龙泉管理区

1. **总体情况**　龙泉管理区位于农场的东北部，中心所在地是原第六作业区（居民组），2018 年全区总户数为 372 户，总人口 914 人，在册职工 219 名。占地面积 3627 公顷，其中耕地面积 2439 公顷、林地 762 公顷、房屋 2.52 万平方米。主业为种植业，有家庭农场 235 个，年粮食总产 2.21 万吨。有大、中型拖拉机 156 台，小型拖拉机 47 台，联合收割机 82 台。年总产值 1.03 亿元，上缴利费 1561.7 万元，人均可支配收入 2.74 万元。下辖第一、第五、第六作业区。

主任：臧晓兵。

党总支书记：陈云全。

副主任：秦利、赵建国。

工会主席：杨东平。

2. **作业区概况**

（1）第一作业区。第一作业区位于场部北 12.8 公里处，2015 年有居民 82 户、人口 252 人、在册职工 72 名。占地面积 1467 公顷，其中耕地 844 公顷、林地 297 公顷、房屋 4820 平方米。主业为种植业和养殖业，有家庭农场 35 个、其他专业户 3 个。种植水稻 816 公顷、玉米 28 公顷，年粮食总产 7969 吨（2006 年为 3531 吨）；禽类年末存栏 800

只；有大、中型拖拉机 18 台，小型拖拉机 14 台，联合收割机 13 台；年总产值 3259 万元，上缴利费 541.88 万元，人均收入 2.09 万元。

历任组长：余代新、魏晓东、臧晓兵。

历任书记：高军、李金龙、杨东平。

（2）第五作业区。第五作业区位于场部东北 12.6 公里处，2015 年有居民 75 户、人口 230 人、在册职工 67 名。占地面积 907 公顷，其中耕地 745 公顷，林地 157 公顷，房屋 3245 平方米。主业为种植业和养殖业，有家庭农场 50 个、其他专业户 4 个。种植水稻 690 公顷、玉米 54 公顷、大豆 1 公顷，年粮食总产 7034 吨（2006 年为 2851 吨）；畜禽年末存栏：羊 150 头，禽 150 只；有大、中型拖拉机 15 台，小型拖拉机 13 台，联合收割机 17 台；年总产值 2887 万元，上缴利费 484.25 万元，人均收入 2.6 万元。

历任组长：于瑞国、刘忠海、秦利。

历任书记：杨东平。

（3）第六作业区。第六作业区位于场部北 8.2 公里处，2015 年有居民 87 户、人口 259 人、在册职工 98 名。占地面积 1101 公顷，其中耕地 857 公顷、林地 120 公顷、房屋 5013 平方米。主业为种植业和养殖业，有家庭农场 61 个、其他专业户 9 个。种植水稻 810 公顷，玉米 47 公顷，年粮食总产 8118 吨（2006 年为 5518 吨）；畜禽年末存栏猪 9760 头，羊 64 只，禽 405 只；有大、中型拖拉机 18 台，小型拖拉机 16 台，联合收割机 15 台；年总产值 5591 万元，上缴利费 557.05 万元，人均收入 2.61 万元。

历任组长：曲晨、宋树生、赵建国。

历任书记：曲晨、杨东平、姜元伟、陈云全。

（十一）东井管理区

1. **总体情况** 东井管理区位于农场的东北部，中心所在地是原第八作业区（居民组），2018 年全区总户数为 335 户，总人口 1031 人，在册职工 291 名。占地面积 4438 公顷，其中耕地面积 3535 公顷、林地 625 公顷、房屋 1.63 万平方米。主业为种植业，有家庭农场 340 个，年粮食总产 3.18 万吨。有大、中型拖拉机 249 台，小型拖拉机 40 台，联合收割机 86 台。年总产值 1.18 亿元，上缴利费 2251.1 万元，人均可支配收入 2.71 万元。下辖第七、第八、第十二作业区。

主任：余代军。

党总支书记：刘春涛。

副主任：李昌伟、王洪波。

工会主席：李涛。

2. 作业区概况

（1）第七作业区。第七作业区位于场部东北 7.6 公里处，2015 年有居民 96 户、人口 225 人、在册职工 92 名。占地面积 988 公顷，其中耕地 892 公顷，林地 92 公顷，房屋 4319 平方米。主业为种植业和养殖业，有家庭农场 54 个、其他专业户 5 个。种植水稻 830 公顷，玉米 36 公顷，大豆 26 公顷，年粮食总产 8232 吨（2006 年为 3700 吨）；禽类年末存栏 300 只；有大、中型拖拉机 14 台，小型拖拉机 37 台，联合收割机 8 台；年总产值 3411 万元，上缴利费 564.9 万元，人均收入 2.6 万元。

历任组长：祝远程、韩洪星。

历任书记：许洪义、孔令奎、褚福锦。

（2）第八作业区。第八作业区位于场部北 3.1 公里处，2015 年有居民 121 户，人口 359 人，在册职工 139 名。占地面积 1673 公顷，其中耕地 1384 公顷、林地 284 公顷、房屋 9273 平方米。主业为种植业和养殖业，有家庭农场 89 个、其他专业户 8 个。种植水稻 1271 公顷、玉米 98 公顷、经济作物 15 公顷，年粮食总产 1.27 万吨（2006 年为 5054 吨）；畜禽年末存栏猪 1051 头，羊 54 只，禽 895 只；有大、中型拖拉机 26 台，小型拖拉机 9 台，联合收割机 19 台；年总产值 5336.2 万元，上缴利费 872.5 万元，人均收入 2.61 万元。

历任组长：徐丙江、余代军。

历任书记：候延林、尚同、刘春涛。

（3）第十二作业区。第十二作业区位于场部北 4 公里处，2015 年有居民 132 户、人口 380 人、在册职工 110 名。占地面积 1426 公顷，其中耕地 1261 公顷、林地 160 公顷、房屋 7189 平方米。主业为种植业和养殖业，有家庭农场 95 个、其他专业户 12 个。种植水稻 1197 公顷、玉米 62 公顷、大豆 2 公顷，年粮食总产 1.18 万吨（2006 年为 5722 吨）；畜禽年末存栏：猪 821 头，禽 321 只；有大、中型拖拉机 13 台，小型拖拉机 25 台，联合收割机 17 台；年总产值 4964.5 万元，上缴利费 804.3 万元，人均收入 2.61 万元。

历任组长：刘福利、宋锐、葛金鹏。

历任书记：李山、刘春涛、齐志国。

（十二）智远管理区

1. **总体情况** 智远管理区位于农场的东北部，中心所在地是原第九作业区（居民组），2018 年全区总户数为 447 户，总人口 1103 人，在册职工 361 名。占地面积 4865 公顷，其中耕地面积 3643 公顷、林地 963 公顷、房屋 1.27 万平方米。主业为种植业，有家庭农场 387 个，年粮食总产 3.22 万吨。有大、中型拖拉机 196 台，小型拖拉机 31 台，联合收割机 79 台。年总产值 1.3 亿元，上缴利费 2279.5 万元，人均可支配收入 2.72 万元。下辖第九、第二十一、第二十二作业区。

主任：孙立东。

党总支书记：刘忠允。

副主任：闻宝宏、余代新。

工会主席：阴元江。

2. 作业区概况

（1）第九作业区。第九作业区位于场部东 2.4 公里处，2015 年有居民 76 户、人口 249 人、在册职工 147 名。占地面积 1493 公顷，其中耕地 1188 公顷，林地 200 公顷，房屋 4605 平方米。主业为种植业和养殖业，有家庭农场 95 个。种植水稻 1061 公顷、玉米 127 公顷，年粮食总产 1.09 万吨（2006 年为 6177 吨）；畜禽年末存栏猪 779 头，禽 464 只；有大、中型拖拉机 15 台，小型拖拉机 13 台，联合收割机 14 台；年总产值 4556.9 万元，上缴利费 741.7 万元，人均收入 2.41 万元。

历任组长：秦亚、闻宝宏。

历任书记：任京川、尚同、吴晓东、宋树生、阴元江。

（2）第二十一作业区。第二十一作业区位于场部东南 8 公里处，2015 年有居民 71 户、人口 326 人、在册职工 117 名。占地面积 1454 公顷，其中耕地 1280 公顷、林地 170 公顷、房屋 6150 平方米。主业为种植业和养殖业，有家庭农场 90 个、其他专业户 11 个。种植水稻 1163 公顷、玉米 113 公顷、大豆 4 公顷，年粮食总产 1.2 万吨；禽类年末存栏 3200 只；有大、中型拖拉机 15 台，小型拖拉机 18 台，联合收割机 21 台；年总产值 4835.2 万元，上缴利费 803.9 万元，人均收入 2.61 万元。

历任组长：潘绪庆、窦建成。

历任书记：孔令奎、刘忠允。

（3）第二十二作业区。第二十二作业区位于场部南 2.9 公里处，2015 年有居民 160 户、人口 503 人、在册职工 153 名。占地面积 1624 公顷，其中耕地 1130 公顷、林地 170 公顷、房屋 1.1 万平方米。主业为种植业和养殖业，有家庭农场 94 个、其他专业户 9 个。种植水稻 827 公顷，玉米 278 公顷，大豆 1 公顷，经济作物 24 公顷，年粮食总产 1.06 万吨（2006 年为 4041 吨）；畜禽年末存栏：猪 3264 头，禽 236 只；有大、中型拖拉机 14 台，小型拖拉机 10 台，联合收割机 15 台；年总产值 4942.4 万元，上缴利费 661.8 万元，人均收入 2.18 万元。

历任组长：王志强、候成、余代新。

历任书记：宋太广、段德新。

注：以上管理区统计数据为 2018 年年末统计数据；作业区数据为 2015 年年末统计数据。

（十三）其他单位

船队。农场船队位于农场南部 35 公里处，南邻松花江，辖区沿江长 2100 米，东距绥滨县城 6 公里，西北邻北岗乡村屯。占地 40 公顷。2013 年有耕地 24.2 公顷，草原 15 公顷。职工 26 人。2006 至 2018 年由船队原党支部书记梅华管理。2014 年，农场将船队办公室等房屋共计 300 平方米出售给个人，24.2 公顷耕地和 9 名职工由龙兴管理区接收管理，另外 17 名职工分配到其他管理区种植土地，水面归畜牧公司管理。船队的日常管理工作由梅华负责。

第五节 驻场单位

一、阳光农业相互保险公司鹤岗中心支公司绥滨保险社

1. 基本情况 阳光农业相互保险公司鹤岗中心支公司绥滨保险社，是阳光农业相互保险公司设立的保险社，业务上隶属于阳光农业相互保险公司鹤岗中心支公司。2006—2018 年，绥滨保险社在农场已形成稳固的服务网络，服务网络覆盖绥滨农场 12 个管理区，为广大职工群众提供了可靠的农业保障和生活保障，为职工预防自然灾害风险起到了保驾护航的作用。

13 年来，绥滨保险社始终坚持客户至上的原则，树立客户第一的理念，维护农民权益，落实服务承诺，提升服务水平。做到惠农政策公开、承保情况公开、理赔结果公开、服务标准公开、监管要求公开；做到承保到户、定损到户、理赔到户。开办的险种有：种植业保险、养殖业保险、财产综合险、责任保险、机动车辆保险、交强险和其他涉农保险等。在实际工作中，保险社结合农场的农业发展抓好风险防范，大力加强农业保险体系建设，建立了全程风险预警机制，排查消除风险隐患，对企业发展实行定期、定向、定位分析预测。同时，将灾后补偿延伸至灾前预防，建成了"防、保、救、赔"体系，有效防范了风险，使农户利益得到了更全面的保障。建立了利益共享、风险共担、风险互助的"相互制"经营模式，形成了"统分结合、双层治理、双层经营"的管理体制和服务"三农"的保险体系，促进了保险业规范化发展。

绥滨保险社主任：赵平。

业务员：刘湘波、丛静磊、公培江、魏胜男、韩雨竹。

2. 风险理赔 绥滨保险社把服务三农作为一切工作的出发点和落脚点，充分发挥专业化农业保险的作用，不断运用政策性农业保险的惠农效应，积极开展风险理赔，为三农工作提供优质高效的农业保险服务，为绥滨农场的农业生产提供了重要保障。

阳光农业相互保险、绥滨保险社财产综合险为绥滨农场的财产保护提供了有力的保障。如 2016 年 3 月 6 日，绥滨农场畜牧公司 4 栋牛舍因雪灾造成房屋损坏，造成经济损失 20 余万。灾情发生后，绥滨保险社迅速开展理赔工作，及时发放赔款，一次性赔付保险费 199654.63 元。自 2016 年以来，绥滨保险社加大了对育肥猪养殖保险的承保力度，截至 2018 年年底，3 年间共承保育肥猪 52246 头，为绥滨农场养殖户解决了后顾之忧。

2006—2018 年，阳光农业相互保险公司鹤岗中心支公司共收取保费 1.37 亿元，赔付保险费 1.2 亿元，为受灾保户灾后自救提供了有力支持。农场 2006—2018 年保费收取及赔款具体情况见表 2-2-2。

表 2-2-2　农场保费收取及赔款统计表（2006—2018 年）

年份	农险（含养殖业保险）		商险	
	保费（万元）	赔款（万元）	保费（万元）	赔款（万元）
2006	108.5	192.8	50.0	3.2
2007	117.2	700.8	81.5	21.3
2008	256.2	438.6	124.8	18.9
2009	267.2	814.6	189.9	48.5
2010	264.5	503.2	191.0	52.3
2011	263.5	450.7	177.6	53.2
2012	529.2	900.0	210.8	61.5
2013	595.0	1100.0	232.0	75.5
2014	594.2	1099.0	149.5	15.6
2015	598.0	1050.0	222.4	26.8
2016	2454.1	1504.5	277.3	74.7
2017	2467.8	1483.4	291.5	36.9
2018	2721.8	1277.4	288.7	20.1
合计	11237.2	11515.0	2487.0	508.5

二、中国人寿保险公司绥滨农场营销服务部

中国人寿保险公司绥滨农场营销服务部，位于农场场部和平大街北育才新区 4 号楼，办公楼面积 323 平方米。2018 年年末，人寿保险公司有内、外勤员工 97 名。公司定期对

员工进行培训，提高员工对全场人民的服务意识和诚信意识，大力宣传保险知识，提升全场人民的风险意识，为全场参保家庭保驾护航。主要经营人身养老、大病、意外、医疗、理财、车险等保险业务。13 年间，参保人数 6158 人，收取各项保费 1.78 亿元；满期保险金、教育金、生存金、理赔金给付 2378 万元。

2006 年 1 月—2018 年 12 月，周伟任服务部经理。

三、中国农业银行股份有限公司宝泉岭绥滨支行

1. **基本情况** 2006—2018 年，中国农业银行股份有限公司宝泉岭绥滨支行坚持以支持地方经济发展为己任，面向"三农"，服务于农场，为农场及广大职工提供优质、高效的金融服务。牢牢把握"稳健""有效"原则，强管理、控风险、促转型、增效益，积极加强经营管理，努力创新金融服务。在办理传统存、贷、汇业务基础上，不断完善服务功能，提升科技实力，开办了以"金光道、金钥匙、金穗卡、金 e 顺、金益农"为标志的系列金融产品。先后开办了通讯、有线电视扫码缴费业务及各商户"聚合码"收款业务。逐步发展为业务品种齐全、服务高效便捷、经营特色明显、能够提供各类金融服务的综合型现代商业银行，为绥滨农场的经济社会发展做出了积极贡献。

随着国有商业银行的发展，2009 年 1 月 15 日，中国农业银行股份有限公司正式成立，标志着农行股份制改造完成。中国农业银行宝泉岭支行绥滨办事处更名为中国农业银行股份有限公司宝泉岭绥滨分理处。2018 年 1 月 15 日，绥滨分理处更名为中国农业银行股份有限公司宝泉岭绥滨支行。同年，按人监局要求，全行柜员进行异地交流。

历任主任：姜庆元、孙荣清、刘辉斋、丁立东、赵延生、孟令国、吴永成、宋庆斌、魏金友。

2. **网点改造与自动化建设** 2008 年 8 月，公司安装了第一台室内 ATM 取款机，标志着自助服务的起步。

随着农场经济的发展和同行业竞争的日益激烈，2012 年 6 月，公司对原有办公楼进行重新翻建。重建期间，临时办公地点设在农场宾馆对面的地税楼中。

2014 年 6 月，新办公楼建成，室内设有现金区、非现金区、贵宾室、理财室等，设备有自助取款机 2 台、存取款机 1 台、查询机 2 台、转账电话机 1 台和自动填单机等。实现了 24 小时自助服务，为广大客户提供了方便、快捷的各类金融服务。

2016 年，农行柜面操作系统由 ABIS 升级为 Bing 系统，实现远程集中授权，控制了风险。为社保卡应用激活 1.6 万张。

2017 年，布放"POS"机 26 台、"智付通"转账电话 16 台，极大地提升了客户转账支付能力。规定新客户只能办理一张 I 类卡，四张 II 类卡。

2018 年，在大堂增设"超级"柜员机 1 台，整合了柜面综合业务的电子设备终端，减缓了柜面窗口压力，提升了工作效率，降低了客户等候时间。按照大数据应用要求，对所有客户的职业、住址、联系方式等信息进行了全面、精准的管理。系统完成了所有业务影像归档。农行首次推出惠农"e"贷，实现贷款线上自动审批流程。

3. 组织存款与贷款投放 组织存款始终是商业银行生存和发展的根基。13 年间，在传统业务的基础上，农行绥滨支行不断推出新的金融产品，如三年期结构性存款"本利丰"理财产品、大额定期存单业务，以满足不同客户的需求；面向农场各企事业单位，为工商户提供账户、现金、转账等服务。截至 2018 年年末，农行绥滨支行各项存款余额达 3.88 亿元。

中国农业银行股份有限公司宝泉岭绥滨支行始终秉承"普惠金融、服务垦区"的经营理念，自 2006 年投放农户贷款以来，累计投放农户贷款 7.4 亿元，惠及农场农户 2863 户；累计发放个人住房贷款及小微企业贷款 468 万元，为绥滨农场的经济发展做出了贡献。2006—2018 年，农行在绥滨农场的存贷款余额情况见表 2-2-3。

表 2-2-3　中国农业银行绥滨分理处（原绥滨办事处）存贷款余额统计表（2006—2018 年）

年份	个人存款（万元）	对公存款（万元）	贷款（万元）
2006	11157	1629	—
2007	13814	1136	—
2008	15824	1522	—
2009	16847	1911	3150
2010	12711	6003	2827
2011	15109	4024	5250
2012	13988	5392	4507
2013	15781	5664	3187
2014	17485	5851	5274
2015	20267	5202	6400
2016	21232	5853	6821
2017	24613	3828	7341
2018	28571	3335	6971

四、中国建设银行股份有限公司宝泉岭支行绥滨分理处

中国建设银行股份有限公司宝泉岭支行绥滨分理处的前身是"宝滨储蓄所"，1988 年

8月成立，隶属于鹤岗人民银行。1990年12月30日，由省人民银行批准将储蓄所升格为建设银行绥滨农场办事处，隶属于宝泉岭支行。2005年10月，中国建设银行宝泉岭专业支行绥滨农场办事处更名为中国建设银行股份有限公司宝泉岭支行绥滨分理处。2006年8月，建行机构整合撤并，从此建行停止在绥滨农场的一切业务。

五、绥滨农场邮储银行

绥滨农场邮储银行，隶属于中国邮政储蓄银行股份有限公司绥滨县支行。位于农场和平大街南侧平安路东103号，营业场所448平方米，单位性质为国有商业银行。经营范围：办理信贷业务、吸收公众存款、办理银行卡业务、代理收付款项及代理保险业务、办理网上银行业务、办理基金代销业务、办理国内外结算以及经国务院银行业监督管理机构批准的其他业务。

2006年1月—2018年12月，历任行长：汪佳松、刘辉、陆子严、杨丽丽、刘洪智。2018年年末，共有员工15人。

绥滨农场邮储银行始终坚持"根植城乡、服务大众、支持三农"的服务理念，以客户为中心，支持农场发展。特别是办理住房按揭贷款这一业务，为农场撤队并区做出了贡献。13年间，办理住房按揭贷款904笔，金额1672万元；农贷累计放款2064笔，金额2.6亿元；储蓄额1.93亿元，其中对公存款2043万元；开设了开卡免收工本费、年费、省内通存通兑手续费，代缴车辆违章罚款、水电缴费等优惠政策。

2012年，绥滨农场邮储银行荣获黑龙江省银行业文明规范服务达标单位称号；2015年，荣获黑龙江省"金雁奖"优秀支行和全国邮政业务营销方式创新劳动竞赛标杆网点称号；2018年，荣获省级杰出营销奖。

六、黑龙江绥滨农村商业银行股份有限公司绥滨支行

1. **基本情况**　黑龙江绥滨农村商业银行股份有限公司绥滨支行（简称绥滨农商银行绥滨支行）在市场定位上，始终坚持"立足三农、服务中小企业、支持地方经济"的导向，服务现代化大农业建设，普惠三农，努力增加存款质量，优化贷款投向，在提高经营水平的同时，也很好地支持了农场的经济发展。2018年11月之前，单位名称为绥滨农村信用合作联社绥滨信用社，隶属于绥滨县农村信用合作联社。2017年，按照国务院、银监会关于农村信用社产权改革要求，绥滨农村信用合作联社启动产权改革工作，2018年

12月，经黑龙江银监局批准，黑龙江绥滨农村商业银行股份有限公司正式挂牌营业，绥滨信用社更名为黑龙江绥滨农村商业银行股份有限公司绥滨支行，隶属于黑龙江绥滨农村商业银行股份有限公司。

2006年1月—2018年12月历任主任：徐春锋、牛世军、姚忠良、刘洋。截至2018年年底，有员工17名。支行长为刘洋。

为了更好地服务农场客户、优化办公环境，2011年，绥滨信用社从农场原百货楼迁址到龙福大厦，办公面积从原来的206平方米扩大到700多平方米，并增设了VIP客户服务区、网银体验区、自助设备服务区等功能分区。全新的办公环境和办公设备，为客户带来了更加优质的服务体验。

绥滨农商银行绥滨支行立足农场（垦区），通过切实加强服务、采取存款营销等措施，大力开展资金组织工作。各项存款始终保持稳定，年年上新台阶。在较好地完成上级下达任务的同时，信贷支持为农场提供了坚实的资金保障。

绥滨信用社牢牢树立"存款兴社、服务兴社"的观念，在日益激烈的行业竞争中，采取多种途径为客户营造方便条件，以优质服务为客户提供良好的金融环境。2010年10月，红山管理区"农民金融自助服务站"投入使用，满足了广大客户足不出户办理业务的需求，为居民带来了更加便利的金融服务。

为了适应农场经济体制改革和经济作物种植结构的改变，满足广大种植户的资金需求，绥滨县农村信用合作联社加大了对农场贷款的投放力度，在贷款额度上给予种植户最大程度的支持。绥滨农商银行绥滨支行始终坚持市场定位，切实加强信贷服务，全力支持农场（垦区）广大农工和各领域发展。对效益好、信誉强的居民组在利率方面实行降息的政策优惠；大力投放工商户抵押贷款，服务于农场经济发展，真正起到了支持地方三农发展金融主力军的作用。13年来，绥滨农商银行绥滨支行累计扶持种植户10600余户，累计投放贷款13.87亿元，其中投放种植业贷款12.73亿元；投放个体工商户贷款1.14亿元。

2. 金融服务 2006—2018年，绥滨农商银行绥滨支行切实加强和改进服务，不断拓宽金融服务渠道。累计发行鹤卡（借记卡）13746张，推广手机银行客户901户，设立POS机商户5户，开办个人网银业务709户，开办企业网银客户53户。已经配备了较为完善的电子银行结算渠道，为农场广大客户提供了便捷的金融服务。

长期以来，绥滨农商银行绥滨支行作为地方性金融机构，按照优化营商环境的工作要求，严格落实贷款公开承诺和限时办贷制度，切实加强信贷规章制度的落实和信贷纪律的执行，倾情服务于绥滨农场，担起支持三农和垦区经济社会发展的重任，信贷管理和服务水平得到全面提升，受到社会各界特别是广大农场职工的赞誉。2006—2018 年，绥滨农商银行绥滨支行的储蓄信贷情况见表 2-2-4。

表 2-2-4　绥滨农商银行绥滨支行储蓄存款信贷资金统计表（2006—2018 年）

年份	储蓄存款额（万元）	贷款占用额（万元）
2006 年	7031	6327
2007 年	6941	6246
2008 年	6731	6057
2009 年	7793	7013
2010 年	5411	4869
2011 年	14267	13726
2012 年	17309	15582
2013 年	20344	15141
2014 年	27424	11057
2015 年	27424	13223
2016 年	31202	14552
2017 年	30952	9288
2018 年	30688	15666

七、绥滨农场邮政支局

绥滨农场邮政支局成立于 1998 年，2015 年更名为中国邮政集团公司黑龙江省绥滨县绥滨农场支局，位于绥滨农场三委一单元 1～2 层 1 号，有工作人员 9 名。主要经营邮政基础业务（含直递快运包裹），邮政增值业务（含邮购商品制作和销售旅游纪念品），邮政附属业务（含代办电信业务），国家邮政局批准开办的其他业务（邮政连锁配送、销售农业生产资料、日用品）。

2006 年 1 月—2018 年 12 月历任支局长：刘洪智、石大勇、宋士江。

八、国家税务总局绥滨县税务局绥农税务分局

1. 基本情况　国家税务总局绥滨县税务局绥农税务分局，依法负责绥滨农场辖区增值税、消费税、企业所得税征收管理工作。分局全体工作人员始终秉承全心全意为纳税人服务、为国聚财的宗旨，坚持公平公正、合理合法的原则，努力工作，恪尽职守，圆满完成了各年度工作任务。

2006 年 1 月—2018 年 6 月，国税与地税是分开的。2018 年 7 月，按照国家税务总局规定，绥滨县国税局绥滨农场分局与绥滨县地税局绥滨农场分局合并，全称为国家税务总

局绥滨县税务局绥农税务分局。

2006年1月—2010年12月，马相斌任国税分局局长。

2011年1月—2018年6月，殷兴伦任国税分局局长。

2006年1月—2016年8月，朱锁斌任地税分局局长。

2016年9月—2018年3月，赵广庆任地税分局局长。

2018年4月—2018年6月，蒋雨涵任地税分局局长。

2018年7月—2018年12月，国税与地税合并后，殷兴伦任国家税务总局绥滨县税务局绥农税务分局局长。分局共有工作人员6人。

2013—2017年，分局连续五年获得绥滨县国税局授予的先进分局荣誉称号。

2. 税收征收情况　税收征收工作一直是税务局工作的重点。国税分局始终坚持以人为本、依法经办、宣传为先的工作理念，在完成各年度税收征收任务的同时，积极宣传国家税收法规政策，开办税法学习培训班，深入讲解与纳税人息息相关的税法知识，使广大纳税人认识到依法纳税光荣、偷税漏税可耻。分局努力为纳税人提供优质、高效、便捷的服务，注重向服务型税务局转变，将纳税服务与税收征管相结合，以纳税人满意度为标准，不断提升服务水平和服务能力，为构建和谐税收征收体系做出了积极贡献。

黑龙江省绥滨县地方税务局绥滨农场分局，依法负责绥滨农场辖区内营业税、土地增值税、所得税及各项附加征收管理工作。地税税收一直是地方财政收入的主要来源，因此，税收征收工作是地税局工作的重点。分局始终坚持热情服务、依法收税的工作理念，在完成各年度税收征收任务的同时，积极宣传国家税收法规政策，利用各种信息媒体宣传税收政策，零距离解答纳税人提出的问题，使广大纳税人认识到依法纳税是每位公民应尽的义务，也是经营者应承担的社会责任。在宣讲的基础上，为纳税人提供诚实、高效、便捷的窗口服务，建立税收征管与纳税服务间的联系，进一步提高业务能力和服务水平，构建了和谐的税收征收体系。农场2006—2018年国税、地税税收收入情况见表2-2-5、表2-2-6。

表 2-2-5　国税税收收入一览表（2006—2018年）

年份	2006	2007	2008	2009	2010	2011	2012	2013	2014	2015	2016	2017	2018
金额（万元）	207	242	355	198	207	234	235	286	287	320	836	697	1164

表 2-2-6　地税税收收入一览表（2006—2018年）

年份	2006	2007	2008	2009	2010	2011	2012	2013	2014	2015	2016	2017
金额（万元）	328	416	494	624	1046	2700	2550	1587	2540	1525	876	328

说明：2018年地税局与国税局合并为绥农税务分局。

九、松滨加油站

1. **基本情况**　驻绥滨农场的中油黑龙江农垦石油有限公司松滨加油站，于2003年1月1日正式运营。2010年5月18日，松滨加油站开始在农场客运站以北、绥福公路东侧异地重建，2010年10月竣工投入使用。加油站占地面积2925平方米，其中站房120平方米、罩棚256平方米；有地下油罐5个，加油机4台，加油枪7把，并设立了便利店。主要负责农场及周边农村工农业生产和人民生活所需石油成品油的供应任务。

松滨加油站始终秉承"以人为本、安全第一、追求业绩、客户至上"和"公司利润最大化、股东回报最大化"的经营宗旨，努力把企业建设成为安全、健康、环保、创新、服务、高效的精品企业。

松滨加油站实行全员招聘、社会化用工制度，建立了收入与岗位、效益挂钩的薪酬制度和多层次、全方位的绩效管理体系。加强安全管理，重视对员工的培训，倡导员工与企业共同发展，积极营造吸引、培养和使用人才的良好环境，打造明心、正身、诚信、严谨、和谐、精进的优秀团队。截至2018年年末，公司有员工8人。

2006年1月—2018年12月，历任经理：尹泉、纪承、赵春生、张建山、郝迎军、华启明。

2. **进货渠道**　加油站为从源头上保证经营油品的质量，严把油品进货渠道，主要进货炼厂为大庆石化、大庆炼化和哈尔滨石化。这三个国家大型炼厂生产油品品质及标号均高于国家标准，属于国家免检产品。

3. **加油机计量检定**　一是定期接受质量技术监督局检定。各地质量技术监督局按照国家相关法律、法规要求，依据国家《燃油加油机检定规程》，定期对加油站加油机进行检定。检定合格后，质量技术监督局在加油机明显位置粘贴"检定合格证"标签，颁发《加油机检定合格证书》。在加油机流量计、主板等位置加施质量技术监督局的统一编号的防作弊铅封，有效避免加油站私自调整流量计、偷换加油机主板等克扣客户的作弊行为。二是区域管理人员定期检测。为确保加油机精度管理，由公司区域管理人员在质量技术监督局加施铅封的基础上，在加油机的流量计、主板等位置加施"区域专用封"。加施一道铅封，增加一道约束，强化一层管理，有效避免了加油站克扣客户等作弊行为的发生。除加施区域专用封外，区域管理人员每月利用20升标准计量桶，对所属加油站的加油机进行抽检，随时掌握加油机精度变化情况，发现加油机精度异常即及时进行处理，防止客户利益受到侵害。三是公司管理部门随机检测。公司总部相关管理部门在基层油站检查时，也会随时对加油站加油机精度进行随机抽检。

4. **设备更新** 2016 年，按照加油站管理规范要求，对松滨加油站进行了汽油油气回收设备安装。通过安装油气回收设备减少了汽油加油过程中减少了直接排放到大气中的油气，有效降低了火灾隐患和大气污染。2018 年，按照国家环境保护有关政策要求，松滨加油站进行了防渗漏复合双层罐改造，有效避免了油品对地下水及周边土地的污染。

第三编

改　革

中国农垦农场志

第一章　组织领导

第一节　概　　况

农场设有以场长、书记为组长的经济体制改革领导小组，成员由主管农业、工业、商业、财务的副场长以及有关科室的负责人组成，下设办公室，称政策研究室（政研室），工作人员 1 人，主要职责为调查研究、管理、签订土地承包合同和企、事业单位经营合同，起草改革方案等。2006—2008 年，政研室还承担着农场改革试验办公室职责，设有改革试验区工作领导小组，成员包括农场领导、科室负责人和有关试验项目的单位负责人等。改革试验办的工作直接由改革试验区工作领导小组领导，受黑龙江省农委农村综合改革试验办公室直接指导。在改革试验中，试验办领导小组遵照党中央和上级党委的指导方针，按照国务院批准的改革试验项目，积极开展工作。此项工作始于 1987 年，至 2008 年结束。

2006 年 1 月—2008 年 6 月，段正奇任主任。

2008 年 6 月—2018 年 12 月，刘德勇任办公室副主任，负责政研室工作（主任由办公室主任兼任）。

第二节　农场一号文件

农场一号文件是指导和统领农场当年经济、社会全面发展的纲领性文件和法律依据。农场一号文件的制定过程为：首先由政研室拿出调研提纲，深入基层调查研究。搞好调查研究是深化改革、搞好试验的重要环节，也是供领导决策的先决条件。农场领导带头深入基层调研，政研室工作人员每年三到四次到基层搞调查活动，在深化改革发展农场经济、调优经济结构、发展生态农业、小城镇建设等方面提出合理化建议，为农场制定一号文件奠定基础。通过调查研究，提出初步意见，形成书面文字，提交农场党政领导班子讨论确立总体改革思路。然后召集职工代表、有关科室领导及相关人员集中讨论、统一认识，形成初步方案，印发给基层，广泛征求干部职工意见。本着既要履行国家政策，又要顾及国家、农场、职工三者利益的基本原则，征得大多数职工群众的认同，确定实施方案，经职工代表大会讨论通过，并由企业法人代表（场长）签发后生效。13 年来，每年在职工代表大会上通过的一号文件都能按计划实施，推动了农场经济体制改革的不断深入，促进了农场各项事业的蓬勃发展。

第二章　农业经营体制改革

第一节　概　　况

2006 年，农场农业经营体制改革关键年，农场实施的大户承包土地制度正好第三轮合同期满。1999 年年初，农场决定在三十一队和三十三队进行大户个人承租生产队全部耕地，2000 年在全场全面推行，到 2006 年年末，历时 8 年的三个承包期结束。2007 年年初，农场正式解除大户承包土地体制，对农业生产单位管理体制进行改革，从 7 个管理区缩减为 4 个管理区，涵盖 37 个居民组。农场党委任命生产队队长、书记及管理人员制定考核方案，对居民组进行阶段性考核、年终考核和班子测评，通过考核加测评兑现管理人员的工资。居民组实行"两田一地制"，设置"基本田"和"规模田"，同时设置"机动地"。

2007 年农场基本田承包价格：旱田、水田平均每公顷利费 900 元；规模田价格：旱田平均每公顷 1700 元，水田平均每公顷 2700 元。

2010 年，农场对水田、旱田土地承包费上缴方式进行了调整。水田土地承包费上缴实物地租，每公顷水田上缴水稻 2.25 吨；每公顷旱田上缴货币租金 3800 元。

2012 年，水田土地承包费改为以货币形式上缴，水田每公顷 6500 元，旱田每公顷 4100 元，上缴时间为每年的 12 月中旬，按年上缴，确定了种植合同主体人，沿用至今。

第二节　双层经营体制的巩固与发展

2006 年，农场根据总局文件精神并结合农场实际，按照土地承包合同继续实行大户整体承租生产队全部耕地，巩固和完善大农场套小农场、统分结合的双层经营体制。2007 年年初，农场结束了大户承包的经营管理体制，统一对土地进行发包，居民组代表农场与种植户签订土地承包合同，同时签订农时保证协议，对种植户进行全年度、分阶段考核。2013 年，农场对居民组进行改革，对 37 个居民组进行地域划分，划分为 12 个管理区。管理区采取主任、书记负责制，他们对管理区进行的行政、党建、生产及安全等各类社会事务负总责；管理区配备农业农机副主任、会计、统计兼出纳、技术员。农场制定岗位职责，对管理区进行千分考核，核定绩效工资。

2006年以来，农场土地继续使用适度规模经营模式，保持土地短期不变更。2010年，农场对旱田进行继续开发，增加水田面积，保证了耕地长期固定的优越性，调动了种植户的种地热情，提高了粮食产能。2018年，企业增加值达5.29亿元；粮豆总产32.42万吨，亩单产607公斤；职工工资总额1.12亿元，垦区居民人均可支配收入2.37万元，年末储蓄总额7.86亿元。

2013年的洪水涝灾之后，2014年、2015年出现了有史以来罕有的高产，亩纯收入达到600～700元，使种植户得到了较好缓冲和发展。农业机械更换达到了50%，有力地促进了大农业发展。2016年到2018年农业生产平稳。

第三节　土地承包制度

农场为了完善土地承包经营制度，维护社会经济稳定，达到适度规模经营的目的，继续推行"两田一地制"的土地承包经营制度。为保证耕地可持续利用，承包经营户必须严格遵守《家庭农场承包合同》和《农业规范化管理合同》的约定，同时严格遵守秸秆还田规定，严禁露天焚烧农作物秸秆。

经营田的分配对象及要求：具有农场户籍，在劳动年龄范围内且上一年在管理区（居民组）实际从事农业生产的种植户和当年新增劳动力。未经农场同意、未到政研室办理备案手续者，不允许承包方私自转包、互换、转让耕地，否则因私自转包、互换、转让耕地产生的纠纷由承包方负全部责任。经营田规模：水田劳均不超过5公顷，旱田劳均不超过4公顷；承包面积水田劳均不足5公顷，旱田劳均不足4公顷的不予补足。

机动地的确定：达到退休年龄人员，死亡和调出人员承包的土地必须抽出作为机动地。机动地由管理区（居民组）进行公示并拟定分配方案，经职工大会审议通过后进行分配。确定当年承包人及承包面积后，由承包人自愿认标，按规定时间上缴承包费，超出经营田面积要求的，每公顷加收1000元超资源占用费。每个承包户及其合同成员不得同时在两个或两个以上的管理区承包耕地。

2006—2007年，旱田利费全场平均每公顷1700元；水田利费平均每公顷2700元；万寿菊使用旱田利费，但每公顷减收承包费1200元。

2008—2009年，水田利费每公顷3015元；旱田利费每公顷2015元。

2010年，农场对水田、旱田土地承包费上缴方式进行了调整，水田土地承包费上缴实物地租，水田利费按国家标准三等品折算，老水田每公顷上缴稻谷 2.25 吨，新开发水田每公顷上缴稻谷 2 吨。每公顷旱田上缴货币租金 3800 元。

2011 年，农场采取两种方式收缴利费。一是实物地租：按 2010 年标准收缴；二是货币地租：新开发水田按每公顷 4500 元标准上缴承包费，老水田按每公顷 6500 元标准上缴承包费；不能开发水田的耕地每公顷按 3800 元标准上缴承包费；青贮地每公顷上缴承包费 2500 元。

2012 年以后，不再收取实物地租，利费收缴延用 2011 年货币利费收取标准。

2009 年起，农场对在居民组承包土地未实际享受到基本田待遇的，给予发放差额补贴每年 1280 元；2010 年起，对场部 18 岁以上 60 岁以下未承包土地并无工资性收入的户籍人口，给予生活补贴每年 1280 元。2011 年起，农场将居民组土地差额补贴和场部居民生活补贴上调为每年 1480 元。

第四节　落实"一免两补政策"

2004 年 3 月 23 日，国家农业和粮食会议决定对黑龙江省和吉林省全部免收农业税，将粮食流通环节的间接补贴改为对种粮农民直接补贴，补贴金额为 13 元/亩，国家良种补贴由 2003 年的大豆、小麦扩大到水稻。黑龙江省水稻良种补贴 15 元/亩。

13 年间，农场根据总局、管理局要求，始终把中央精神和省委省政府决策落到实处。2018 年全场耕地地力保护补贴 3844.84 万元，生产者补贴中，稻谷 5070.49 万元、玉米 43.28 万元、大豆 461.53 万元。

第三章　机构改革

第一节　农场机构改革

为适应撤队并区、居民组整体搬迁后，场部人口不断增加的新形势，提升城镇化管理水平，改善场区居住生活环境，经农场党委研究决定，于 2011 年 8 月 25 日正式成立城镇建设管理局，简称城管局，局长韩洪喜。此前城镇管理工作由建设科负责，城管局成立后，统一组织领导全场场容、环境卫生、园林绿化、市政设施等管理工作。下设城镇管理综合执法大队、环境卫生清扫大队、园林绿化大队、市政公用设施维修养护大队。

为丰富干部职工业余文体生活，进一步完善各类文化、体育协会管理机制，经农场党委研究决定，于 2012 年 3 月 21 日设立文化体育发展中心，简称文体中心，在职人员 4 人，主任由刘微（副科级）担任。主要负责定期组织策划农场各类文化体育活动，负责保障各体育场馆正常对外开放，负责对日常各类体育活动提供技术指导，负责制定健全的规章制度，管理 10 个文化体育协会。2014 年 10 月 30 日，绥滨农场现代农业观光旅游景区被评为国家 AAA 级旅游景区。为进一步发展旅游产业，打造龙门福地品牌，农场于 2016 年 6 月 22 日设立绥滨农场旅游局，由文化体育发展中心主任刘微兼任旅游局局长。

为更好落实管理局"三大战略任务"，根据管理局党委扩大会议精神，更好地推进和落实创新产业工作开展，经农场研究决定，于 2015 年 5 月 27 日正式成立创新产业发展办公室，简称产业办，设置人员 2 人，主任宋树生。主要负责落实农场党委关于创新产业发展的各项决定，对适合农场发展的产业项目进行调研，对各单位创新产业发展工作开展情况进行指导、检查和考核等。

第二节　内部退养政策

随着农场管理体制改革的不断完善，农场对符合条件的人员采取内部退养政策。2006—2018 年，共内退 142 人。其中 2006 年 15 人，2007 年 2 人，2008 年 15 人，2009 年 1 人，2010 年 26 人，2013 年 43 人（包括 22 名基层医护人员），2014 年 7 人，2015 年 1

人，2017 年 20 人，2018 年 12 人。

第三节 管理区改革

2006 年，农场共设 7 个管理区、37 个居民组，其中第一管理区办公室设在第 6 居民组；第二管理区办公室设在第 4 居民组；第三管理区办公室设在第 9 居民组；第四管理区办公室设在第 13 居民组；第五管理区办公室设在第 17 居民组；第六管理区办公室设在第 24 居民组；第七管理区办公室设在第 28 居民组。

2008 年，合并为 4 个管理区，共 37 个居民组，其中第一管理区办公室设在第 4 居民组；第二管理区办公室设在第 17 居民组；第三管理区办公室设在第 24 居民组；第四管理区办公室设在第 28 居民组。

2013 年，按照管理局党委要求，重新设置为 12 个管理区，更名为：龙门管理区、红山管理区、近思管理区、龙岗管理区、龙兴管理区、龙旺管理区、重阳管理区、火犁管理区、广信管理区、龙泉管理区、东井管理区、智远管理区，下设的 37 个居民组，统一更名为作业区。农场不再设居民组组长一职，作业区工作由管理区主任、副主任负责。

第四章　企业化改革

根据《中共中央国务院关于进一步推进农垦改革发展的意见》（中发〔2015〕33 号）、黑龙江省委省政府《关于进一步推进黑龙江农垦改革发展的实施意见》（黑发〔2017〕26 号），以及 2017 年 12 月 30 日农垦总局党委下发的《关于在部分农（牧）场先行开展企业化改革通知》等有关文件要求，北大荒农垦集团绥滨农场有限公司、绥滨农场社会行政管理委员会正式挂牌。这是绥滨农场政治生活中的大事，也标志着绥滨农场企业化改革进入实质性操作阶段。2017 年年底，农场制定完成公司和社会事务部的组建方案，并起草公司章程、议事规则及各项管理制度 28 项。设立社会事务部等职能部门 13 个、直属单位 5 个，编制 62 人。从 2018 年 1 月 1 日起，实现办社会职能与生产经营的核算分开，形成独立会计核算体系，账目单独设立、独立运行，资产、债务移交给农场社会事务部管理。公司于 2018 年 5 月 9 日完成注册登记工作，公司法人代表楚卫国，注册资金 6033 万。2018 年 5 月 21 日下发《绥滨农场"五分开"改革工作推进方案》。通过改革，农场办社会职能分开、管办分离，解决了权责不明、管办不清、企业办社会的问题，明确了农场在市场中的主体地位，实现市场条件下自主经营和公司化运作。当时农场领导结构如下：

公司党委书记、董事长、场长：楚卫国

总经理：李思军

副书记兼工会主席兼武装部长：张明

纪委书记兼监事会主席：何文翠

副总经理：房玉军、刘春青、张勋、戴凤霞、冯鑫

附：绥农党发〔2018〕10 号文件《绥滨农场"五分开"改革工作推进方案》

绥滨农场"五分开"改革工作推进方案

为贯彻落实总局党委召开的企业化改革推进会议精神，按照《关于印发〈黑龙江垦区农（牧）场"五分开"改革实施方案〉的通知》（黑垦文〔2018〕5 号）和《关于印发〈宝泉岭管理局农场"五分开"改革工作推进方案〉的通知》（宝垦发〔2018〕2 号）文件

要求，结合农场实际，特制定本实施方案。

一、总体思路

高举中国特色社会主义伟大旗帜，全面贯彻落实党的十九大精神，以习近平新时代中国特色社会主义思想为指导，深入贯彻落实习近平总书记对我省重要讲话精神，全面落实上级党委关于推进农垦改革的工作部署，按照市场经济体制的内在要求，坚持政企、社企分开的改革方向，推进农场"五分开"改革工作，为推进农场企业化改革和办社会职能改革奠定基础。

二、主要任务与分工

按照《关于印发〈黑龙江垦区农（牧）场"五分开"改革实施方案〉的通知》（黑垦文〔2018〕5 号）和《关于印发〈宝泉岭管理局农场"五分开"改革工作推进方案〉的通知》（宝垦发〔2018〕2 号）文件要求，梳理整合农场办社会职能，与生产经营实行机构、人员、资产、债务、财务核算分开。

（一）机构分开

对农场实施公司化改造，按照职能划分组建有限责任公司和社会事务部，农场有限责任公司和社会事务部共设一个党委，党委机构设在农场有限责任公司，科学合理设置农场有限责任公司和社会事务部内设机构。（由政研室牵头，组织部协助）

（二）人员分开

根据《印发〈关于农场机构改革的指导意见〉的通知》（宝垦发〔2017〕3 号）核定的编制数，按照人随事走的原则，合理配置有限责任公司和社会事务部机构人员。（由组织部牵头，相关部门协助）

（三）资产、债务和财务核算分开

按照总局、管理局党委要求，在办社会职能分离、机构和人员分开的基础上，将现有农场的资产和债务进行分开和剥离，分别交由有限责任公司和社会事务部管理，并实现财务核算分开。（由计财科牵头，相关部门协助）

三、时间安排

2018 年 5 月 25 日前，确定农场的改革路线图、时间表和任务书，并挂图上墙。

2018 年 6 月 10 日前，制定完善的改革实施方案。

2018 年 6 月底前，农场全面实现机构、人员分开。

2018 年 8 月底前，农场全面实现资产、债务和财务核算分开。

2018 年 10 月底前，全面完成农场公司化改造。

四、组织机构

为全面统筹协调推进农场"五分开"改革工作，切实加强对农场企业化改革工作的领导，农场党委成立推进农场"五分开"改革工作领导小组

组　长：李思军　楚卫国

副组长：张　明　张　勋　刘春青　房玉军　戴凤霞

　　　　何文翠　冯　鑫

成员单位：政研室　组织部　计财科　办公室　劳资科　纪　委　宣传部

　　　　　综治办　工　会　民政局　建设科　安全科　农业科　农机科

　　　　　武装部　林业局　畜牧科　水务局　审计科　粮食科　工业科

　　　　　武装部　电视局　社　区　生资办　产业办　教育科　城管局

　　　　　科技园区　文体中心　公路养护中心　公共卫生办公室

领导小组下设办公室位于政研室，主要负责日常工作、综合协调和落实督办工作。

主　任：刘春青

副主任：刘德勇

第五章　劳动用工与分配制度改革

第一节　用工制度改革

2006—2018年，农场招用职工为面向社会公开招录，并有权依法制定劳动报酬，辞退违纪职工。教育、卫生单位的管理人员和专业技术人员实行聘任合同制；其他单位实行全员劳动合同制。劳动合同制采取三项原则：合法，平等，自愿且协商一致。农场通过劳动合同确立劳动关系，实行劳动合同制后的职工原身份不再保留，称为"企业职工"。13年间，全场有7650名职工同农场场长或场长委托的基层单位负责人签订了劳动合同。

全员劳动合同制的实施，依法维护了职工和用人单位的合法权益，对农场经济、社会和各项事业的发展起到了积极作用。

2006年以来，为了全面提高职工素质，农场实行了"先培训，后上岗""特殊岗位，持证上岗"的就业制度。实行了工人技术等级评聘、考核、聘用制度。13年中，农场有4928名职工参加了职业技能培训及鉴定，有18人获得工人高级技师资格，1910人获得工人技师资格，2808人获得高级工资格，171人获得中级工资格，21人获得初级工资格。

第二节　分配制度改革

2006—2018年，农场工资分配执行两种标准：一种是企业工资标准；一种是机关事业工资标准。农场企业单位职工和农场公、检、法、司、教育、卫生单位不在编工作人员执行企业工资标准；农场公、检、法、司、教育、卫生单位在编工作人员执行机关事业工资标准。

2006年，根据黑垦发〔2005〕7号文件，农场对学校、医院、幼儿园进行了人事制度改革。在编人员及内退、保留人事关系人员执行事业工资标准；幼儿园除符合提前退休条件的人员外，其余人员在此次改革中，工资待遇由原执行事业工资标准转为执行企业工资标准。

同年12月，根据黑政办发〔2006〕75号文件规定，农场对事业单位收入分配制度进行了改革，对享受事业标准工资的人员按新工资标准进行了套改，并调整了工作津贴和艰苦边远地区津贴。

2006—2018 年，农牧生产队的管理人员实行岗位工资。岗位工资由基础收入和目标绩效收入两部分组成，基础收入按月发放，目标绩效收入实行千分制考核，年终依据考核情况兑现目标绩效收入。

农场机关和场直单位工作人员继续实行职务工资。职务工资由基础工资和责任工资两部分组成。职务工资打破等级工资限制，按职务不同将工资分成若干档次，根据职务确认工资。

第六章 教育体制改革

第一节 学校改革

2006—2018 年，农场学校主要经历了三次改革，其中前两次是农垦内部的改革，第三次是国家层面的从根本上解决垦区企业办社会问题的改革。

2006 年年初，农场根据《中共黑龙江省农垦总局委员会、黑龙江省农垦总局关于印发〈总局、分局直属事业单位改革实施方案〉的通知》的规定进行了体制改革。此次改革，农场下发了《黑龙江省绥滨农场关于教育管理机构设置的安排》，按照上级核定的172 人编制数，设定了如下岗位：职员 13 人（科、校领导 4 人、教育科 1 人、教导处 2 人、总务处含政教 4 人、财会 2 人），专任教师 129 人（初中 64 人、小学 65 人），教辅人员 5 人，工勤 25 人（实际在岗人员 39 人），内退教师 24 人，其中小学 15 人、中学 9 人。2008 年 8 月小学部搬入初中部校区，农场教育资源实现了"一场一校一板块"的整合规划。

2011 年，管理局为优化教师队伍结构，制定了教师内退政策，下发了《黑龙江省农垦总局宝泉岭分局关于实行中小学教师内部退养的指导意见》，学校按照文件规定，将 32 名符合内部退养（女满 50 周岁，男满 55 周岁）的教师内退，其中小学 24 人、中学 8 人。2015 年，管理局重新核定了学校编制，绥滨农场学校中小学核定编制数 170 人，其中职员岗 11 人、专任教师 134 人、工勤岗 25 人。

2016 年，随着农垦改革的不断深入，学校根据国家、省、总局有关文件及上级主管部门（管理局教育局及鹤岗市、绥滨县教育局）的具体部署，有序开展社会职能单位移交属地的改革工作。2018 年 6 月，黑龙江省编制委员会印发了《关于核定农垦、森工系统移交中小学教职工编制有关问题的通知》，绥滨农场学校重新核定编制总数为 124 人。

第二节 幼儿园改革

2006 年，根据总局有关文件规定，农场对幼儿园进行了体制改革，由公办园转为民办公助性质。2009年10月，幼儿园迁到学校校园内。为贯彻落实《国务院关于当前学前教育的若干意见》和《黑龙江省人民政府关于加强学前教育改革和发展的意见》等文件精神，加快落实农垦总局和管理局《学前教育三年行动计划》，推进农场公办幼儿园建设，2011年秋，农场对幼儿园进行了扩建。2012年8月，农场在管理局教育局的指导下，公开组织招聘幼儿园园长1名、幼儿教师12名、保育员12名。幼儿园体制转为农场办园，实行企业化管理，同年9月底完成了登记注册工作。随着学前教育三年行动计划工作的进一步推进，2015年管理局下发文件，落实幼儿园的编制核定工作，农场幼儿园核定编制人员数38人，其中行政管理岗4人、专业技术岗34人。在农垦改革中，幼儿园未纳入社会职能单位、移交属地管理。

第七章　医疗改革

第一节　医疗体制改革

2011年12月，农场医院转型为社区卫生服务中心，实行一个机构两块牌子：绥滨农场医院、绥滨农场社区卫生服务中心。管理区卫生所转型为管理区卫生服务站；居民组卫生所转型为居民组卫生服务点。同时规定基层卫生所（包括中小学校和幼儿园保健室）一律不得开展静脉点滴业务。

2012年2月起，根据宝泉岭管理局发布的公共卫生服务体制改革实施意见，公共卫生办公室的人员编制统一纳入农场医院编制中。公共卫生办公室归为农场主管卫生工作的职能部门，对农场的医药卫生、预防保健、计划生育、健康教育等方面的工作进行监督管理。

2014年7月，随着农场撤队并区改革，为提高医疗服务质量，农场卫生服务点由原来的12个合并成6个。对已撤并的居民组卫生所，卫生人员由农场统一调配和安置。

2015年12月，公共卫生服务体制改革不断落实完善，根据场直地区人口现有情况，将农场原有的两个社区卫生服务站合并为天朗社区卫生服务站。原有的6个卫生服务点（即管理区卫生所）统一撤并入天朗社区卫生服务站。天朗社区卫生服务站人员和基本诊疗设备齐全，实行以健康为中心、需求为导向的服务宗旨，建立了"六位一体"综合性的卫生服务体系，不仅提高了医疗服务效率，更为人民群众提供了便利。

2017年7月21日起，农场医院、社区卫生服务站根据国家卫生健康委员会发布的《关于全面推开公立医院综合改革工作的通知》要求，全面取消药品加成，实行药品零差价销售。2017年8月1日起，执行《鹤岗市公立医院医疗服务项目价格表（2017版）》。取消药品加成后减少的合理收入，由上级财政和农场给予补助。

第二节　工资和人事制度改革

在卫生人员待遇政策方面，2009年3月医院卫生人员全院人员实行基础工资、绩效工资加补贴（2＋1）的分配方式。其中基础工资部分，管理人员及医护人员基础工资均为岗位工资＋职称工资＋工龄工资＋护士津贴；绩效工资部分，科室个人绩效工资为科室绩效工资除以科室绩效工资系数总和再乘以个人绩效工作系数，医院管理人员和其他人员绩效工资为科室上缴分成收入除以医院管理人员和其他人员绩效工资系数总和再乘以个人绩效工作系数。

对卫生服务中心和卫生服务站的卫生人员实行绩效工资制度。绩效工资由基础性绩效工资和奖励性绩效工资构成，基础性绩效工资占档案工资的70％，按月发放；奖励性绩效工资占档案工资的30％，年终根据绩效考核结果一次性兑现。绩效考核遵循按劳分配原则，真正实现多劳多得、优绩优酬。

2012年3月，根据黑龙江省宝泉岭管理局《宝泉岭管理局卫生公共卫生服务体制改革实施方案》要求，对在编在职的基层医院护士和基层卫生人员，女年满50周岁以上、男满55周岁以上者，按照自愿的原则，经本人书面申请、单位同意、主管部门批准后，实行内部退养。内退人员仍占所在单位编制，工资待遇按本人档案工资总额的80％发放，达到法定退休年龄时办理退休手续。

第八章 隆华实业公司改革

第一节 概 况

隆华实业公司是一个集体所有制企业，截至 2014 年固定资产 116.5 万元，拥有耕地 178.6 公顷。公司设有党支部，支部书记由党员大会选举、农场党委批准；经理自 2001 年起由职工民主大会选举产生。党支部按照农场党委的统一安排，积极开展党建工作。多年来，公司全体员工发扬独立自主、开拓进取的精神，调整经营结构，改革内部机制，在安置场直富余人员、开辟新的就业渠道上发挥了积极作用。

第二节 集体（职工）组成

2006年，隆华公司在册职工140人，其中退休48人、内保65人。到2014年改制前在册集体职工33人，其中管理人员4人、内部退养14人、保留人事关系14人、承包土地1人；退休人员101人。

2006—2014 年，公司党支部书记为李乐姗，公司经理为程真亮。

第三节 经营状况

隆华实业公司是一个通过几代人努力而逐步发展起来的综合性集体企业，经过几十年的艰苦创业，形成了多种经营项目：种植业、养殖业、建筑业、餐饮服务业，酿造业。在2006年以后，养殖、餐饮、酿造业都相继下马，建筑由个人承包，只有种植业和商业门市由公司经营。

2014 年公司经营水田 2529 亩、旱田 150 亩，年收益 70 万元。商业门市、库房、场地每年租金 20 余万元。

第四节 公司转制

2014 年，根据《黑龙江省人民政府办公厅关于做好场办大集体改革工作的通知》（黑政办发〔2012〕63号）文件精神，注销原隆华实业公司，资产、负债、耕地及职工由农场接收。

农场成立了隆华实业公司改制领导小组，农场场长、书记为组长，办公室、劳资科、计财科、政研室负责具体实施。

一、资产和债权债务

（一）资产情况

隆华实业公司到 2014 年 8 月 31 日资产总额 951075.16 元；其他应收款金额 142876.53 元；原材料金额 38484 元；固定资产原值 1165544.08 元，累计折旧 395829.45 元，固定资产净值 769714.63 元。

（二）负债情况

隆华实业公司截至 2014 年 8 月 31 日负债总额 951075.16 元（为预付款）。

二、职工安置

（一）转制前人员基本情况

（1）在册职工 33 人，退休人员 101 人（99 人纳入社保统筹；2 人未纳入社保统筹，由隆华实业公司发放退休费）。

（2）职工家属享受遗嘱补助 1 人，补助费由隆华实业公司发放。

（3）退休职工有 4 人没有交足 20 年医疗保险，退休后继续缴纳医疗保险，由隆华实业公司支付。

（4）退休工人有 8 人每年缴纳居民医疗保险 140 元，由隆华实业公司支付。

（5）隆华实业公司退休人员每年享受福利待遇，合计 12 万元左右。

（二）转制后农场接收安置职工情况

（1）接收安置职工 31 人，与农场签订劳动合同。其中 3 名管理人员农场安排到社区滨南服务中心，具体负责隆华实业公司相关事宜；其余 28 人原有待遇不变。未纳入社会保险统筹的 2 名退休职工，退休费由农场支付。

（2）职工享受遗属补助者 1 人，费用由农场支付。

（3）退休职工有 4 人没有交足 20 年医疗保险，退休后继续缴纳医疗保险，费用由农场支付。

（4）退休工人有 8 人每年缴纳居民医疗保险 140 元，转制后由农场支付。

（5）转制后，农场每年拿出 12 万元左右作为隆华实业公司退休人员福利待遇。

三、耕地情况

隆华实业公司现有耕地 178.6 公顷，转制后耕地及承包人就近并入龙旺和东井管理区，由龙旺管理区进行管理。耕地原则上仍由原承包户种植，利费上缴按农场一号文件执行。土地承包合同及资产租赁合同上缴农场政研室统一保管。房屋产权证、会计档案及相关资料等上缴农场档案室保管。

第九章　第三期第二阶段改革试验

农场自 1987 年被国家确定为全国农村综合改革试验区，到 2008 年改革试验结束，共进行了三期改革试验，先后完成了"大农场套小农场双层经营体制"的建立、产权制度改革、管理体制改革和产业结构调整等改革任务。建立了社区管理委员会，建立并完善了政企分开的新管理体制。

农场第三期改革试验工作是第二期改革试验结束后，按照国家对农村改革试验的大政方针，从 2001 年开始，至 2008 年结束。本试验期为 8 年，分两个阶段实施。第一阶段为 2001—2005 年，第二阶段为 2006—2008 年。本期改革试验确立了率先实现农业现代化综合改革试验的主题，包括三项内容：优化经济结构、生态示范区建设、提高人民生活水平。

一、试验项目

1. **优化经济结构**　加强第一产业的发展，调整转制第二产业，努力提升第三产业的发展。农业内部积极调整，大力发展以水稻为主的特色种植业，水稻种植面积达到总种植面积的 90%。大力发展以生猪为主的畜牧业，到 2008 年生猪存栏 6.15 万头、牛存栏 5638 头，通过生猪、奶牛的发展，拉动种植业的发展。继续加强生态林业建设，以林业局苗圃为育苗基地，在各居民组、场直地区进行有计划的植树，实现农田林网格化。扶持壮大稻米加工业，实现稻米产业化。扶持三江机械厂、民丰机械厂、大成酒业等民营企业，推动农场经济快速发展。加快发展服务业，拓宽服务领域，促进农副产品的销售。

2. **生态示范区建设**　实施农业、畜牧业、林业、水利、小城镇、环境六大生态工程，加快生态示范区建设步伐。发展质量效益型农业，建设绿色优质水稻 40 万亩、绿色优质旱田作物 8 万亩生产基地。引黑龙江天然江水灌溉，生产优质稻米等绿色食品。实施畜牧业生态工程，推动畜牧业发展。实施生态林工程，提高森林覆盖率。实施生态小城镇建设，改善人民生活水平。实现社会、经济和生态环境的协调可持续发展。

3. **提高人民生活水平和质量**　通过农业现代化改革试验，农场经济实力有了较大增强，人民生活水平和质量全面提高。2008年，全场人均纯收入1.39万元，人均住房面积24.2平方米，自来水入户率100%，有线电视入户率98%，教育普及率98%，恩格尔系数0.35。

二、试验成果

农场三期改革试验第二阶段经过3年的试验探索取得了显著效果，有力地推动了农场经济持续、快速、健康发展，各项试验指标超计划完成。第二阶段的2008年与第一阶段的2005年相比，区域生产总值由4.5亿元达到了6.7亿元，增长48.9%；粮豆总产量由23万吨达到了30万吨，增长了30.4%；人均纯收入由1.05万元上升到1.39万元，增长了32.3%；企业利润由1155万元上升到2105万元，增长了82.3%。社会保险参保率达到100%，有线电视入户率达到99%，自来水入户率达到100%，电话普及率达到76%，其中手机普及率达到61%。

中国农垦农场志

第四编

经　济

中国农垦农场志

第一章　综合经济

第一节　经营规模

1. **总体情况**　绥滨农场始建于 1948 年，经过 70 年的开发和建设，形成了以农业、畜牧、林业为主导产业，农、工、商、副各行业多种经营的现代化大型国有农垦企业。至 2018 年，耕地面积达 3.58 万公顷，户籍总人口 1.86 万人。共有 12 个管理区，37 个居民组。机械总动力 295948 千瓦，有大中型农业机械 3092 台套，比 2005 年增长 375%。其中有大中型拖拉机 2158 台，增长 412.6%；联合收割机 934 台，增长 310.3%。各种配套农具 2830 台套，增长 218.4%。截至 2015 年，农场有工业企业 10 个，建筑企业 7 个，交通运输和仓储企业 4 个，批发和零售企业 12 个，住宿和餐饮企业 1 个，金融保险企业 7 个，租赁和商务服务企业 1 个，水利、环境和公共设施管理企业 1 个，教育单位 2 个，卫生、社会保障和社会福利企业 1 个，文化、体育与娱乐业 1 个，公共管理与社会组织 2 个。共计 49 个企业及文教、卫生、公安、社会管理等社会服务单位和系统。

2. **分项情况**

（1）种植业规模庞大。种植业主要以优质、高产、高效质量效益型的水稻为主，同时也种植玉米、大豆及经济作物。2018 年总播种面积 3.56 万公顷，其中水稻面积 3.3 万公顷，占播种面积的 92.7%。玉米 1154 公顷，占 3.2%。大豆 962 公顷，占 2.7%。其他经济作物 472 公顷，占 1.3%。有家庭农场 3368 户。

畜牧业生产稳步发展。2018 年年末，全场有奶牛 88 头、肉牛 175 头、猪 9.05 万头、羊 1359 只、鹿 299 头、禽 9.84 万只、家兔 1000 只。畜牧产值 8788.2 万元，占农业总产值的 10.36%。

（2）林业实现生态效益、经济效益、社会效益协调发展。到 2018 年年末，森林总面积达到了 11.28 万亩，其中有林地 10.81 万亩、灌木林地 1408.5 亩、未成林造林地 787.5 亩、苗圃地 1143 亩、无林地 1387.5 亩。有林地包括天然次生林 1.98 万亩，人工林 8.83 万亩。林带共 2700 条，居民组已全部实现农田林网化，森林覆盖率由原来的 10.55% 增长为 13.9%。农场累计投入造林绿化资金 2277 万元，完成造林绿化任务 2.09 万亩，植树

4317 万株。

累计培育造林绿化苗木 8649 万株，销售收入达 900 多万元，利润 383 万元。采伐林木 892.47 立方米，销售收入 9.29 万元。

（3）水利建设卓有成效。绥滨黑龙江灌区工程经过多年的完善配套建设，开始发挥巨大的经济效益和社会效益。灌区规划灌溉面积为 35.26 万亩，规划总投资 3.07 亿元。从 2003 年到 2018 年，总局、分局、农场充分发挥"小型农田水利工程项目""国家农业综合开发高标准农田建设项目""国家新增 4 亿斤粮食生产能力规划田间工程建设项目""黑龙江省三江平原东部地区土地整理重大工程农垦宝泉岭管局绥滨农场土地整理项目"等资金效益，加快灌区部分骨干渠系及田间配套工程建设步伐，累计投资 54287 万元，完成二级提水泵站 6 座，配套支斗渠长度 492.52 公里，防渗衬砌 265.46 公里，配套建筑物 3200 余座，排水干支沟 77.4 公里。2018 年提水量 8700 万立方米，28 个作业区用上了江水，灌溉面积达 11.87 万亩。

（4）工业企业提档升级，产业强工步入快车道。农场通过"文化引领、品牌带动"扶壮了以龙门福地酒业、三江机械厂为代表的龙头企业，进而带动了其他产业集群发展，促进农机具维修、商贸物流等 41 家小产业发展，促进职工 621 人就业。2018 年农场工业产值 3500 万元，工业增加值 1400 万元。

（5）城镇功能日趋完善，产业美城实现新进步。2006—2018 年，农场完成了龙泽苑、龙润、绥农北区等 17 个住宅小区及配套工程建设，新增建筑面积 39 万平方米；共整体搬迁 28 个居民组，搬迁 2730 户，面积 21.14 万平方米；场部平房改造 560 户，发放补偿资金 12477.25 万元，其中利用国家危房改造及廉租房保障专项补助资金 4214.79 万元，农场自筹资金 8262.46 万元。新建了自来水厂，让居民喝上了"放心水"。投巨资改造了场区污水排放系统。由国家投资、农场筹资 1.39 亿元，新修通村、通乡、场区水泥路 177 公里，改善了农场的交通环境，实现了村村通和场区路面硬化率 100%。扩建阳光供暖公司，新增 40 吨锅炉一台，改造供暖管线 10.3 公里；完成了以和平大街、绥福路为两轴，覆盖场区所有街道的硬化、香化、绿化和公厕改造建设；新建取暖水冲公厕 4 座、旱厕 29 座；对和平大街两侧 27 栋楼房进行了立面和亮化改造；引黑龙江水入城，新建水系 6368 平方米，增添了滨水新城的灵气；建成了以天朗公园、柳树林公园、科技园区植物园"三大公园"，社区活动中心，工人文化宫，滨南活动中心为点，辐射全农场的休闲娱乐功能区；建成了以客运站、农机大市场、龙门福地二手车交易市场、绥滨第一集为核心的 10 万平方米的商贸物流功能区；完成了机关办公楼、公安分局办公楼、宾馆、老年公寓、社区服务中心、殡葬服务中心、5 个社区管理服务中心和 11 个管理区中心办公场所的改造和新建，使农场公共服务功能区建设更加完备。到 2018 年年底，全场住宅总面积 58.66 万平方米，其中楼房 50.83 万平方米，楼房化率达 86.6%。农场总人口 1.86 万人，场部人口 1.82 万人，居民点人口 482 人，城镇化率达 97.8%。绥滨农场被建设成了环境优美、秩序优良、服务优质的国家级生态乡镇。

（6）城镇延伸产业蓬勃发展。全场注册个体工商户突破 711 户，比 2005 年增加近 400 户。组建了龙门福地电商联盟，电商、微商从业者达到 210 户，电商产业实现销售额 100 余万元。形成了覆盖绥滨地区四乡、两镇、三场和五十三个自然屯，覆盖人口 10 万以上，拥有农机维修、仓储物流、农副产品交易、文化观光、休闲旅游功能的集散地。

（7）教育工作不断推进，教育教学水平逐步提升。教学设施、设备的"硬件"和"软件"逐项配齐，办学条件得到极大改善。新建小学教学楼 4500 平方米，中小学宿舍楼 2428 平方米，食堂 1300 平方米，学校综合实验楼 1000 平方米，中心幼儿园 1735 平方米，教师周转宿舍 880 平方米；购置新型安全校车 1 辆，购置各类教学仪器、设备 1597 台套件；新建学校标准化运动场 1 处，包括塑胶跑道 7373 平方米、人造草坪 1 万平方米、张拉膜看台 224 平方米。2015 年，农场中考成绩位居管理局综合排名第一名；幼儿园被评定为省级一类幼儿园。

（8）医疗卫生条件不断改善，医疗卫生质量逐步提高。2006—2015 年，农场投资 260 万元为医院购置了高清 CT 机；投资 150 万元购置了彩色超声诊断仪；新建医院社区卫生服务楼 1543 平方米；购置医院综合楼内外保温及外墙装饰、塑钢窗、室内地面砖 8900 平方米；购置新型救护车 1 辆，康复设备 1 套，彩超机、理疗仪等医疗设备、器械器具 261 台套。部分重要科室安装了空调，全院实现了微机化管理。完成各类免费健康体检 3.24 万人次，兑现计划生育各项奖励共计 481.69 万元。

2016—2018 年，农场投资 95 万元为医院购置多功能数字化 X 射线系统；购置一台价值 27 万元的救护车；安装价值 41 万元的污水处理设备，购买二氧化碳激光治疗仪、高端十二心电图机电解质分析仪、全自动血液细胞分析仪、医疗用床、尿液分析仪、全科壁挂用多功能分析仪及诊断系统等医疗设备 76 台套，共 160 万元。购买电脑、打印机、办公桌、椅子等办公设备 52 台套，共 15 万元。3 年中完成各类免费健康体检 11267 人次。

（9）社保体系逐步完善。2006—2018 年，农场的低保等社会救助工作逐步完善，完成了二代残疾人证换证工作，筹建了绥滨农场殡葬服务中心、龙门福地养老康复服务中心和两个残疾人康复服务中心。为 740 余户低保户发放低保金及各类救助金 2831 万元；为 604 名老人发放高龄津贴 369 万元；至 2018 年年末，农场有持证残疾人 469 人。截至 2018 年年底，累计发放残疾人生活救助金和两项补贴资金 167 万元。

（10）帮扶体系更加健全，救助水平显著提高。13 年间，农场帮扶救助体系进一步健全、帮扶救助水平进一步提高，弱势群体得到妥善安置。社区建立了"爱心超市"，为 83 户贫困家庭发放了暖冬煤，发放日常生活用品 1.26 万件；累计为 983 户贫困户发放帮扶无息贷款 1120 万元；为就业困难群众提供环卫工、保洁员、打草队员等公益性岗位 532 个；以"职工大讲堂"为载体，开展种植技术、法制、文化等知识讲座 351 场次，受益种植户 1200 余户；免费为种植业困难户发放有机生物肥 125 吨；创建"致富创业经济合作体" 37 个。

2016—2018 年，根据上级脱贫攻坚工作的安排部署，农场工会经过调查摸底，最终确认并上报的贫困户共 37 户 49 人，其中 2016 年年底建档立卡未脱贫 1 户 4 人，2017 年重新识别新增 16 户 24 人，2016 年年底脱贫巩固 20 户 21 人。经过产业帮扶、岗位帮扶、医疗帮扶、助学帮扶和社会帮扶等多项帮扶措施的开展，到 2017 年年底，均成为脱贫巩固户。全场脱贫巩固户均超过"两不愁三保障"标准，未出现返贫现象，且不存在返贫风险。

（11）文化元素融入品牌，文化旅游产业迈上新台阶。13 年间，农场深挖"老龙坑"传说等地域文化资源，培育塑造"龙门福地"文化品牌，注册了 7 大类 56 个品种的龙门福地商标，成功打造了龙门福地酒业、龙门福地婚庆公司、龙门福地物流中心等 24 家"龙门福地"品牌企业，创办了龙门福地绥滨农场旅游网站、微信平台。如今，"龙门福地"已成为绥滨农场的代名词。

2014 年 10 月 31 日，农场被黑龙江省旅游局评定为国家 AAA 级旅游景区，定名为"绥滨农场现代农业观光旅游景区"。形成了"九个一"的旅游格局，开设了龙之府生态园、龙门福地酒文化体验馆、果蔬采摘园等 13 处旅游景点。成功举办了"二月二龙抬头"开耕节、"提水节暨旅游文化节""龙门福地消夏旅游文化节""赏花节""农民丰收节"等节庆活动，年接待游客量达到 20 多万人次，直接带动农场区域经济效益 1100 余万元。

第二节　经营成果

13 年间，农场管理体制由大户租赁承包平稳转型。现代化大农业建设、新型工业园区和小城镇建设都得到了突飞猛进的发展。特别是 2014—2018 年，农场以全面创新产业发展、着力推进善治绥滨、实现"一优三好"三大战略任务为目标，转变发展方式，调优产业结构，实现了经济社会的长足发展。2018 年，农场实现产业增加值 5.28 亿元，人均产值 2.84 万元，实现粮豆总产 32.42 万吨，比 2005 年增长 40.8%。资产总额 106291 万元，比 2005 年增长 344.94%。企业利润 3052 万元，比 2005 年增长 164%。人均可支配收入 2.75 万元，年末银行存款 2.7 亿元。净资产收益率 7.39%，总资产报酬率 2.97%，流动比率 69.66%，资产负债率 61.16%，盈余现金保障倍数 3.25，实现利润增长率同比增长 48%。居民个人储蓄总额达 78598 万元，比 2005 年增长 309.9%，人均储蓄 4.22 万元，增长 334.6%。实现了农场财务经济状况的根本好转，保持了农场经济的快速增长和政治文明、精神文明、社会文明建设整体水平的大幅度提高。

第三节　产业结构

13 年间，农场大力发展绿色有机无公害种植，大力发展水稻生产。在实施结构调整战略时，农场把调优种植业结构作为关键环节来抓，把劳动密集型、在国际农产品市场上具有一定竞争优势和发展前景的水稻作为主导产业，并采取措施，强力推进开发进程，从而拉动农场经济的快速发展。

2018 年，全场总播种面积达 3.56 万公顷，其中水稻 3.3 万公顷，占 92.7%，大豆 962 公顷，玉米 1154 公顷，高产高效作物比例达 100%，优质品种覆盖率 100%。种植业结构更加优化，2018 年实现粮豆平均单产每公顷 9.1 吨。水稻公顷单产超过 10 吨的种植户占 20%。

在调整种植业内部结构时，充分发挥了农业基础建设和农业科技手段的作用。利用 2000 平方米种子包衣暖库，两处千吨级、一处 300 吨级智能水稻芽种生产基地，确保了全场水稻种子包衣率、合格率达到 100%。2006—2015 年，新建和大修晒场 36.18 万平方米，晒场围栏 1747 米，管理用房 2715 平方米。全场晒场面积已达 67.48 万平方米，粮食仓储能力达到 6.15 万吨，保证了粮食的晾晒与仓储。2016—2018 年，投资 2618.28 万元，新建和改建水泥晒场 15.23 万平方米，晒场围栏 5324.55 米，晒场管理用房及库房 430 平方米。

全面落实"农业标准化提升活动"，向现代化大农业可持续发展道路迈出了坚实的一步。2015 年农场被总局评为农业标准化提升活动标兵单位。2016 年农场获黑龙江省农垦宝泉岭管理局农业标准化提升活动标兵单位称号。同年农场接待游客 20 万人次，带动旅游收入 300 万元以上。农场发展立体生态农业，进行鸭稻、鱼稻、蟹稻种植。开展大棚二次利用，以大棚种植食用菌、油豆角、花生、瓜类等经济作物共计 4891 栋，利用率达到 57.6%；并以种子销售、豆角丝精包装干货、速冻豆角等多种形式进行销售。2017 年农场大力发展订单种植、特色水稻种植，引导农户与水稻收购企业直接签订订单，打造 50 万亩优质原粮生产基地。全场建立近 20 家新米包装品牌，通过网店、微商及门市店销售。2018 年，农场扩大绿色优质水稻品种种植面积，推广种植龙稻 18、绥粳 18、绥粳 4、龙垦 201、稻花香等优质品种面积达 8.2 万亩；扩大绿色生态种养面积，落实蟹稻特色养殖面积 5000 亩、鸭稻特色养殖面积 300 亩。

2018 年，农场对购买机车及农具提供补贴 223.8 万元，另有上级政策性补贴 642.16 万元、职工自筹资金 2534 余万元。水稻收获机械化程度达 100%，全程机械化率达 98% 以上。同年，全场完成造林绿化 3008 亩，累计参加义务植树 1.5 万人次，栽植苗木 10.3 万余株，全民尽责率 96% 以上。

坚持"推动生猪产业发展、重点突出特色养殖"的畜牧业统筹发展方针，调整畜牧业内部结构。2018 年年底，农场奶牛存栏 88 头，生猪饲养量 9.05 万头，肉牛饲养量 175 头，羊饲养量 1359 只，禽饲养量 9.84 万只，全面完成了管理局下达的畜禽饲养指标。特色养殖主要有稻鸭、稻蟹、大鹅、梅花鹿、野生泥鳅、网箱养鱼等。全场畜禽生产发展态势良好，顺利通过了农业部对农场畜禽渔业标准化健康养殖项目的验收。

农场实行"文化引领、品牌带动"战略，扶壮以龙门福地酒业、三江机械厂为代表的民营工业龙头企业，促进工业企业提档升级、产业强工步入快车道。努力提高第二产业在农场经济中的比重，进而带动其他产业集群发展，促进农机具维修、商贸物流等 41 家小产业的发展，带动职工就业 621 人。积极推进龙门福地酒业 5000 吨产能扩建和改造项目建设，以及三江机械厂、民丰机械厂技术改造项目建设。截至 2018 年，实现工业产值 3500 万元，工业增加值 1400 万元，利润 450 万元。

农场大力发展特色型、生态型、品牌型和围城型自营经济，推动职工自营经济产业化快速发展，拓宽职工致富门路。通过主要领导带头外出考察、学习，相关工作人员接受培训等形式，全面强化自营经济产业发展开拓意识和创新思维。建立了反季节草莓采摘基地、水产养殖基地、冷库设施、家禽养殖专业合作社、江水河蟹养殖项目等。

第四节　重大投资项目

一、农业综合开发和土地整理项目

（一）农业综合开发

2006—2018 年，农场农业综合开发建设项目投资情况见表 4-1-1。

表 4-1-1　农业综合开发建设项目投资表（2006—2018 年）

年份	总投资（万元）	资金来源			建设地点	建设内容
		国家投资（万元）	企业自筹（万元）	个人自筹（万元）		
2006	802.00	401.00	320.00	81.00	第五、第六队	改造中低产田 1.90 万亩
2007	660.40	330.00	280.00	50.40	第二十队	改造中低产田 1.30 万亩
2008	1543.90	730.00	305.50	508.40	第十七、第六队	改造中低产田 1.00 万亩，万头猪场 1 处
2009	2020.20	1330.00	690.20	—	第十四、第七队	改造中低产田 0.80 万亩，高标准农田 1.00 万亩
2010	1503.00	1000.00	503.00	—	第十六、第十七队	高标准农田 1.00 万亩
2011	2185.50	1180.00	1005.50	—	场部、第十四队	106.00 吨特色蔬菜种植，高标准农田 1.00 万亩
2012	1531.90	1000.00	531.90	—	第八、第十二队	高标准农田 1.00 万亩
2013	2285.10	1364.00	921.10	—	第四队	高标准农田 1.40 万亩
2014	1293.60	1000.00	293.60	—	第一、第六队	高标准农田 0.90 万亩
2015	2756.20	2077.00	679.20	—	龙门管理区	高标准农田 1.98 万亩
2016	1262.03	1180.00	82.03	—	重阳管理区第二十八作业区、龙兴管理区第三十九作业区	高标准农田 1.00 万亩
2017	1274.15	1180.00	94.15	—	龙门管理区第三作业区	高标准农田 1.00 万亩
2018	2041.58	1890.00	151.58	—	广信管理区第二十、第二十三作业区	高标准农田 1.60 万亩
合计	21159.56	14662.00	5857.76	639.80		

（二）土地整理项目

2010 年，土地整理项目分为第十八居民组、第二十四居民组项目和第二十五居民组、第三十二居民组项目两个项目区。项目区位于农场中部、绥滨黑龙江灌区范围内，包括第十八居民组、第二十四居民组、第二十五居民组、第三十一居民组、第三十二居民组和第三十三居民组等 6 个居民组。主要内容以增强灌区田间配套工程建设为主，总投资为 8755 万元。

2011 年，土地整理项目为第二十六居民组、第二十七居民组、第三十九居民组土地整理项目。项目区建设总面积为 2735 公顷，建设规模为 2334.7 公顷。新增耕地面积 103.2 公顷，新增耕地比例为 4.42%，总投资 4493.51 万元。工程于 2012 年 7 月 1 日开工，2013 年 8 月 20 日完工。

2012 年，土地整理项目为第十一居民组、第十三居民组、第十五居民组、第十六居民组土地整理项目。项目区建设总面积为 2126 公顷，建设规模为 1755 公顷。新增耕地面积 75.62 公顷，新增耕地率 4.31%。总投资 2698.2 万元。工程于 2012 年 9 月 25 日开工，2013 年 9 月 20 日完工。2013 年 12 月 2 日通过竣工验收。

二、撤队并区住宅投资及拆迁补贴

（一）撤队并区拆迁补贴

2008—2015 年，共 28 个居民组完成整体搬迁，搬迁 2730 户，面积 21.14 万平方米；完成场部平房改造 560 户，发放补偿资金 12477.25 万元，其中利用国家危房改造及廉租房保障专项补助资金 4214.79 万元、农场自筹资金 8262.46 万元。

（二）住宅建设及投资

2006—2013 年，农场住宅建设项目投资情况见表 4-1-2。

表 4-1-2　住宅建设项目投资表（2006—2013 年）

年份	总投资（万元）	国家投资（万元）	企业自筹（万元）	个人自筹（万元）	建筑面积（平方米）	建设地点及内容
2006	160.5	—	69	91.5	2960	第二管理区职工住宅
2007	1600.0	—	300	1300.0	15800	绥农新村一期、社保综合楼
2008	4855.0	—	—	4855.0	51128	绥农新村、育才、阳光、福辉、荣御家园小区
2009	10800.0	—	—	10800.0	96800	绥农新村、和平、育才、兴坪、鑫辉、荣御、三江小区
2010	2320.0	480	1840	—	16148	龙府大厦、廉租楼
2011	480.0	—	480	—	4000	廉租楼
2012	1982.0	—	—	1982.0	22100	雪莉莱小区、龙泽苑小区
2013	2532.0	—	—	2532.0	25400	龙润、和平、龙泽苑小区
合计	24729.5	480	2689	21560.5	234336	

三、城镇配套设施建设投资

2006—2018 年，农场城镇配套设施建设投资情况见表 4-1-3。

表 4-1-3　城镇配套设施建设投资表（2006—2018 年）

年份	总投资（万元）	国家投资（万元）	企业自筹（万元）	建设内容
2006	97.3	—	97.3	水泥路、桥涵箱涵、电网改造、水厂设备等
2007	439.7	—	439.7	住宅小区配套设施、水泥路、排水沟
2008	159.3	—	159.3	供热供水外网、水泥路
2009	53.9	—	53.9	场区公厕、路面养护设备、水厂设备

（续）

年份	总投资（万元）	资金来源		建设内容
		国家投资（万元）	企业自筹（万元）	
2010	1787.70	140.0	1647.70	自来水厂、排水管网及泵站、供水管网、高低压线路改造
2011	4940.80	—	4940.80	污水处理站、排水供暖支管网、通信电视电力线路、人行道、主干道绿化
2012	5912.40	1247.4	4665.00	锅炉房及设备、主干道绿化、园林景观、供热供水管网、路灯安装
2013	4334.10	2150.0	2184.10	垃圾处理厂、供热供水排水管网、道路绿化、监控系统、通信线路
2014	834.70	—	834.70	园区配套、水泥路、农机中心敬老院配套、供热供水通信管网改造
2015	2210.30	1270.0	940.30	污水处理厂、场区绿化、道路建设
2016	1010.58	—	1010.58	场区道路、自来水厂维修工程、场区配套设施维修
2017	286.39	—	286.39	污水处理厂配套设施、场区配套设施维修、自来水厂配套设施
2018	2146.87	1090.0	1056.87	场区道路、自来水厂维修、污水处理厂配套、场区配套设施维修、锅炉房基础设施配套工程
合计	24214.04	5897.4	18316.64	

四、办公设施建设及设备购置

2006—2018年，农场办公设施及设备投资情况见表4-1-4。

表4-1-4　办公设施及设备投资表（2006—2018年）

年份	总投资（万元）	资金来源		建设及购置内容
		国家投资（万元）	企业自筹（万元）	
2006	345.00	—	345.00	巡警消防办公室、车库、警车、社保办公大厅、畜牧办公室、宾馆灶间
2007	201.10	136.90	64.20	拘留所、司法所、办公设备
2008	35.50	—	35.50	机关电视会议系统、警车、办公设备
2009	179.00	—	179.00	举高消防车、法庭公务车、办公设备
2010	615.80	24.00	591.80	土壤化验气象办公楼、气象站房、农业公务车、警车、办公设备
2011	1469.00	—	1469.00	公安办公楼、林业畜牧城管执法车、边防巡逻艇、全彩显示屏、办公设备
2012	1919.60	—	1919.60	林木科研中心、宾馆装修、公安局装修、办公设备
2013	245.50	19.00	226.50	举高消防车、水罐车、渔政快艇、土壤化验气象楼装修、办公设备
2014	245.30	—	245.30	管理区办公室、食堂、警卫室、机关供暖改造、公安巡逻摩托车、办公设备
2015	169.70	—	169.70	公安车库、警车、巡逻车、运兵车、摩托车、拘留所改造、办公设备
2016	352.88	—	352.88	办公设施、灭火机具、土壤化验设备、车辆、排污泵、卫生箱
2017	518.95	—	518.95	办公设施、电视、叉车、摄录设备、油锯、修剪机、亮化设施
2018	536.14	—	536.14	办公设施、行人信号灯、城管车辆、无线转播台、电动车、视讯设备
合计	6833.47	179.90	6653.57	

五、医疗卫生、学校建设

2006—2018 年，农场医疗卫生、学校建设投资情况见表 4-1-5。

表 4-1-5 农场医疗卫生、学校建设投资表（2006—2018 年）

年份	总投资（万元）	资金来源		建筑面积（平方米）	建设内容
		国家投资（万元）	企业自筹（万元）		
2006	123.10	—	123.10	40	中学广场、警卫房、中小学宿舍维修、医疗设备
2007	683.90	—	683.90	4500	小学教学楼、中学设备、医疗设备
2008	1030.90	507.40	523.50	3728	中小学宿舍楼、食堂、电教设备、医疗设备
2009	153.60	—	153.60	—	卫生监督设备、教学设备、校园文化
2010	426.90	—	426.90	1000	学校实验楼、滑冰场、教学医疗卫生设备
2011	1121.10	—	1121.10	3338	社区卫生楼、中心幼儿园、彩超等医疗设备
2012	254.90	146.00	108.90	880	教师周转宿舍、教学设备、救护车、康复医疗设备
2013	159.90	—	159.90	—	安全校车、教师桌椅、衣帽鞋柜、乐器、医疗设备
2014	302.20	—	302.20	—	医院维修、体检康复设备、学校幼儿园电教设备、乐器
2015	1071.20	—	1071.20	—	学校标准化运动场、排水沟、教学医疗设备
2016	487.92	359.00	128.92	—	农垦系统教育项目、农垦系统卫生项目、学校食堂、实验室、运动场等基础设施、医疗设备及办公设施
2017	41.46	—	41.46	—	学校基础设施配套
2018	165.85	—	165.85	—	医院基础设施及医疗设备、学校基础设施
合计	6022.93	1012.40	5010.53	13486	

六、文化、体育、休闲、服务设施等建设

农场 2006—2018 年农场文化、体育、休闲、服务设施建设投资情况见表 4-1-6。

表 4-1-6 文化、体育、休闲、服务设施建设投资表（2006—2018 年）

年份	总投资（万元）	资金来源		建设内容
		国家投资（万元）	企业自筹（万元）	
2006	116.70	—	116.70	天朗公园、文体设备
2007	447.70	5.50	442.20	文化信息设备、公园网球、羽毛球、篮球、排球场、渠首园林景观
2008	72.40	25.40	47.00	文化信息设备、图书音像制品、公园路灯、仿古亭
2009	174.50	29.90	144.60	广电村村通、农民体育场、场部亮化、门球场、文化宫维修
2010	1582.70	12.00	1570.70	场区亮化、文化站改建、园区景观、广场、人工湖、数字电视及光缆
2011	1933.10	—	1933.10	客运中心、车库、老年公寓改建、立面改造、电视台设备、监控报警系统

（续）

年份	总投资（万元）	资金来源		建设内容
		国家投资（万元）	企业自筹（万元）	
2012	2802.80	—	2802.80	场区公园广场改造、轮滑场、游船、立面改造、园林绿化景观、监控设施
2013	2218.60	180.00	2038.60	养老康复中心、文化宫改建、场史馆、公园扩建、景观带亮化建设
2014	1043.80	—	1043.80	养老中心辅助设施、园区景观路、亭、长廊、客运站库房、电视台设备、广场地面
2015	280.30	90.00	190.30	场部广场景观长廊、养老中心设备、文体中心设备、舞台防水
2016	501.74	120.00	381.74	天朗公园、综合运动场建设项目、敬老院改造工程、场区监控安装项目
2017	19.93	—	19.93	全民健身器材、老年公寓供暖改造
2018	119.16	—	119.16	天朗公园、亮化工程
合计	11313.43	462.80	10850.63	

第五节　基地建设

一、农机中心建设

2008年，农场投资350万元，新建第十七居民组标准化农机具停放场一处。

2011年，农场投资320万元，扩建第八居民组高标准农机停放场一处。

2012年，农场在北外环集中建设以客运站为中心，辐射劳务市场、龙江第一集、物流中心和农机维修中心的商业圈。投资1600万元，新建农机维修中心一处，投资方式为自建公助，中心占地面积2.25万平方米，建筑面积1.42万平方米，户数56户。同年，农场投资458万元，扩建第八居民组现代农机管理服务中心。

2013年，农场投资324万元，完善了农机维修中心地面、排水、供暖配套工程；扩建了第一管理区农机具停放场。

2014年，农场投资60万元，完成了农机维修中心外墙保温工程。

二、农业科技园区建设

2010年，农场投资826.2万元，其中国家投资24万元、农场自筹802.2万元，完成了包括土壤化验气象综合楼、气象业务用房、观测场地、农业科技专用车等项目的建设和设备的购进。农业科技园区也从第12居民组迁到场部西侧新园区。

2011年，农场投资1500万元，对现代农林科技园区进行了景观建设。

2013 年，农场投资 1374 万元，完成了园区大理石地面的铺设，在第一管理区新建水稻种子催芽室一处，完善园区龙府景观建设工程。

2014 年，农场投资 680 万元，完成了园区改造工程、园区景观建设及改造工程、水稻种子催芽基地机械吊篮工程、园区运苗车及轨道工程。

三、现代化畜舍建设

2006 年，农场投资 100 万元，加强畜牧基础设施建设，完善动物防检疫体系。

2007 年，农场投入畜牧发展资金 6500 万元，完善了 39 个生猪养殖基地的基础设施建设，新建猪舍面积 2.5 万平方米。

2008 年，农场新建万头猪场 1 个，扩建猪舍面积 2.5 万平方米。农场万头猪场达到 4 个，5000 头以上猪场 5 个，千头猪场 29 个。

2011 年，农场投资 550 万元，新建标准化牛舍 2880 平方米，外购奶牛 500 头，实现奶牛存栏 2710 头。

四、苗木基地建设

2001 年，农场投资 700 万元，建成一处省级林木种苗繁育基地。

2003 年，农场投资 70 万元，新建防火瞭望塔一座、林木种子植物园（森林公园）一处。

2012 年，农场投资 660 万元，新建省级林木种苗繁育基地培训中心及配套设施一处。

2013 年，农场投资 80 万元，对林木种苗日光温室进行了全面维修。

五、粮食处理及晒场建设

（一）粮食处理中心建设

农场于 1987 年成立粮食处理中心，到 2005 年，已扩大成占地面积 7 万多平方米、晒场 4 万多平方米、库房 7600 平方米、有金属仓 6 座的集烘干和收储为一体的现代化粮食运营中心。2014 年，农场投资 2016 万元，新建粮食仓储设施 1.09 万平方米。

（二）晒场建设

2005 年，全场共有水泥晒场面积 44.84 万平方米，且有近 1/3 是 20 世纪 80 年代以前建立的晒场，仓储能力只有 2.84 万吨。为满足粮食晾晒和仓储的迫切需求，农场采取各种有效措施，利用农业综合开发项目等资金，陆续新建和大修了一批晒场。

2006—2015 年，农场共投资 5157 万元，其中国家投资 498 万元，占总投资的 9.7%，农场自筹 4659 万元，占总投资的 90.3%，新建和大修晒场面积 41.35 万平方米、晒场围栏 3679 米、管理用房 3105 平方米。到 2015 年年底，全场晒场面积达 67.47 万平方米，粮食仓储能力达到 6.15 万吨。

2016—2018 年，共投资 2618.28 万元，新建和改建水泥晒场 15.23 万平方米、晒场围栏 5324.55 米、晒场管理用房及库房 430 平方米。

第二章 种 植 业

第一节 概 况

2006 年，农业科与科技科、种子管理科、绿色食品办公室合署办公。农场于 2007 年1 月成立种子管理科，种子管理科从农业科划出。2010 年 11 月种子管理科又并入农业科。2013 年 11 月科技科从农业科划归到科技园区。2013 年 11 月至 2018 年 12 月，农业科与种子管理科、绿色食品办公室合署办公。

历任科长：王智华、白山、王永军、李晓明、李绍坤（副科长，主持工作）。

13 年间，农场以攻单产、保总产为目标，以结构调整、狠抓标准化管理为手段，重投入、强基础、抓管理、讲标准、兴科技、求创新，抗御了干旱、内涝、低温、寡照、冰雹、虫害等诸多严重自然灾害的影响与市场变化的考验。农业标准化、机械化水平有了很大提高，农业基础设施得到极大完善，新技术、新机械应用率大幅增加，粮豆单产、总产屡破历史纪录。2018 年，粮食产量已达到 32.42 万吨，比 2006 年增加 7.33 吨，提高了29.2%。职工增收显著，各项工作走在管理局前列。在农场党委的正确领导下，农业工作有了新突破，获得管理局、农垦总局、农业部颁发的多项荣誉。2009 年，获得农业部国家级农业标准化示范场荣誉称号；2010 年，获得农业部全国粮食生产先进县称号；2010年、2011 年，连续两年获农垦总局水稻高产创建先进单位称号；2012 年，获农业部全国农业标准化示范县（农场）等荣誉；2011—2014 年，连续四年获农垦总局农业标准化提升活动标兵单位称号；2009—2015 年，农业工作连续六年在管理局排名第一；2016—2018 年，连续三年获得宝泉岭管理局农业标准化提升活动标兵单位称号。

第二节 粮食产能

一、播种面积

2006 年，农场总播种面积 3.45 万公顷。其中水稻由 2005 年的 2.14 万公顷增加到

2.34 万公顷，占 67.8%；大豆 3756 公顷，占 10.88%；玉米 5158 公顷，占 14.9%；大麦 298 公顷，占 0.86%；杂豆 309 公顷，占 0.89%；其他经济作物和杂粮 1613 公顷，占 4.67%。

2007 年，农场总播种面积 3.45 万公顷。其中水稻 2.34 万公顷，占 67.8%；大豆 1156 公顷，占 3.35%；玉米 8667 公顷，占 25%；杂豆 121 公顷，占 0.35%；其他经济作物和杂粮 1182 公顷，占 3.4%。

2008 年，总播种面积 3.45 万公顷。其中水稻 2.47 万公顷，占 71.5%；玉米 7999 公顷，占 23.1%；大豆 613 公顷，占 1.78%；杂豆 67 公顷，占 0.19%；其他经济作物和杂粮 1187 公顷，占 3.44%。

2009 年，总播种面积 3.58 万公顷。其中水稻 2.47 万公顷，占 68.9%；大豆 600 公顷，占 1.68%；玉米 1.03 万公顷，占 28.7%；其他作物 266 公顷，占 0.74%。

2010 年，总播种面积 3.58 万公顷。其中水稻 3.01 万公顷，占 84.1%；玉米 5015 公顷，占 14%；大豆 650 公顷，占 1.8%。

2011 年，总播种面积 3.58 万公顷。其中水稻 3.51 万公顷，占 98%；玉米 733 公顷，占 2%。

2012 年，总播种面积 3.58 万公顷。其中水稻 3.51 万公顷，占 98%；玉米 733 公顷，占 2%。

2013 年，总播种面积 3.58 万公顷。其中水稻 3.51 万公顷，占 98%；玉米 733 公顷，占 2%。

2014 年，总播种面积 3.58 万公顷。其中水稻 3.51 万公顷，占 98%；大豆 625 公顷，占 1.75%；玉米 108 公顷，占 0.3%。

2015 年，总播种面积 3.58 万公顷。其中水稻 3.28 万公顷，占 91.6%；玉米 2641 公顷，占 7.4%；大豆 232 公顷，占 0.65%；其他经济作物和杂粮 127 公顷，占 0.25%。

2016 年，总播种面积 3.58 万公顷。其中水稻 3.28 万公顷，占 91.6%；玉米 2275 公顷，占 6.35%；大豆 438 公顷，占 1.22%；其他经济作物和杂粮 287 公顷，占 0.73%。

2017 年，总播种面积 3.58 万公顷。其中水稻 3.33 万公顷，占 93.1%；玉米 907 公顷，占 2.5%；大豆 1446 公顷，占 4%；其他经济作物和杂粮 147 公顷，占 0.4%。

2018 年，总播种面积 3.58 万公顷。其中水稻 3.30 万公顷，占 92.2%；玉米 1154 公顷，占 3.2%；大豆 962 公顷，占 2.7%；其他经济作物和杂粮 684 公顷，占 1.9%。

二、农时情况

农时标准化水平不断提升。多年来，通过强化管理、制定农业目标管理考核办法、严管重罚、目标倒计、电视曝光、实地培训等措施，加大督促工作力度，使农业生产基本在要求的时限内完成任务。

2013年冬雪大、"春脖子"短，第十七、第十八、第二十五、第十四、第八、第十一等居民组，大年初四便开始组织清雪扣棚，做到清出一栋、扣上一栋、达标一栋。在这些单位的带动下，全场8700栋大棚于2月底全部扣完。农场采取顶凌摆盘等措施应对恶劣条件，于4月10日前完成摆盘工作。积极鼓励应用电动播种机播种，于4月17日完成水稻播种。示范带创新应用插扦插秧，于5月23日完成插秧，使得春季农时整体提前3～5天。农场于9月16日召开了全场秋收工作现场定标会，采取分段收获、半喂入与全喂入相结合的机械收获方式，限定单台收获车作业任务量不超过50公顷，于10月7日前完成水稻收获工作。为确保"黑色越冬"工作顺利完成，各单位准备了专门翻地机械，做到收完一块、清荒一块、翻地一块，避免了接粮车与翻地车冲突问题，做到翻地与收获同时进行，至10月15日水田"黑色越冬"工作100%完成。秋季农时整体提前5～7天。这一年，农业生产各阶段作业标准是历年来最高的。管理局多次在农场召开现场定标会，农场还代表管理局接受了全国人大常委会委员、省委书记王宪魁等重要领导的检查。

2014年，农场采取以气象形势定农时取代了以固定时间定农时的做法，农业生产各阶段以"定标会"为"启动会"，指导农户开展农业生产工作。根据特殊的气候条件，3月29日开始播种，4月29日开始插秧。通过开展"五一"插秧劳动竞赛等活动，使全场春季农时提前了5～7天。每个居民组设置三处叶龄诊断观测点，定期向广大种植户通报水稻叶龄进程，以叶龄指导水稻本田水、肥与植保管理，使水稻成熟期提前了7～10天。收获工作根据水稻成熟度的不同，采取分段收获、半喂入与全喂入相结合的机械收获方式，使秋季农时提前7～10天。

2015年，农场抗御了4月7—8日历史罕见的－11℃低温，战胜了秋季水稻成熟晚、枯霜晚等不利因素，各项农时做到适时抢早。充分利用包衣暖库与三处催芽室，于春节前开始对包衣暖库进行取暖升温，大年初六开始进行水稻种子包衣，将固化好的种子运至催芽室入箱，至4月12日安全、高标准完成了全场供包衣芽种工作，为农户培育壮秧奠定了基础。在肥料供应上，农场采取种植户自愿订购的原则，为农户供应三大肥1.3万吨，方便了农户，保证了农时与用肥质量，降低了生产成本。科学实施农作物健身防病航化作业工作，确保全场无重大病虫害发生，保证了农业生产安全。

2016年，农场根据春季特殊的气候条件，于3月27日开始播种，采取大棚内"三膜"覆盖、炭火盆增温等技术措施，保证了全场水稻苗床播种工作于4月12日100%完成，并全部安全出苗。水整地工作于5月1日前100%高标准完成。秋季，农场积极引入跨区收获车辆，并出台优惠政策，10月1日之前到达农场的所有车辆，每天补贴100元，确保了农场于10月12日前完成了水稻收获工作。10月22日完成了水田"黑色越冬"工作。

2017年是历史罕见的早春高温年，三月份平均气温－2.6℃，较上年高1.3℃，较历年高2.4℃。农场抓住有利天气，水稻统一供芽种工作整体提前3天左右，3月30日开始供芽种，4月8日完成全场统供芽种工作。全场各关键农时阶段的农业生产作业，均在7天内高标准完成。

2018年，春播阶段温度较低，其中4月1—19日的日平均气温为4.6度，较2017年低1.6度。为确保苗床管理到位，培育壮苗，由农场场长带队培训，农业副场长、农业科负责人到各管理区水稻育秧棚现场讲解苗床管理、病害防治、插秧准备等技术，以温度定农时，确保了高标准、高质量完成水稻插秧工作。

农场2006—2018年主要农作物播种、收获、始终期情况见表4-2-1。

表 4-2-1　主要农作物播种、收获、始终期统计表（2006—2018 年）

年　份	水　稻				玉　米			
	插　秧（月、日）		收　获（月、日）		播　种（月、日）		收　获（月、日）	
	始期	终期	始期	终期	始期	终期	始期	终期
2006	5.12	5.30	9.22	10.15	5.02	5.12	9.25	10.20
2007	5.10	5.28	9.24	10.12	4.30	5.15	9.18	10.20
2008	5.08	5.25	9.22	10.10	5.01	5.15	9.23	10.22
2009	5.09	5.24	9.23	10.12	4.29	5.10	9.30	11.09
2010	5.10	5.24	9.14	10.05	5.04	5.20	9.21	10.19
2011	5.06	5.23	9.21	10.10	5.06	5.20	10.03	10.20
2012	5.06	5.23	9.30	10.21	4.28	5.02	10.01	10.29
2013	5.06	5.23	9.16	10.07	5.09	5.19	9.28	10.20
2014	5.02	5.21	9.15	10.08	4.26	5.09	9.25	10.16
2015	5.07	5.22	9.23	10.18	4.28	5.04	9.28	10.20
2016	5.08	5.22	9.20	10.12	4.28	5.11	9.26	10.25
2017	5.04	5.20	9.20	10.12	4.28	5.04	9.30	10.18
2018	5.05	5.22	9.19	10.13	4.26	5.02	9.28	10.15

三、产量情况

13年来，随着高产高效作物面积不断扩大，粮食产量逐年提高。到2018年，粮食产量已达到32.42万吨，比2006年增加7.33万吨，提高了29.2%。

2006年，全场粮豆作物总产25.09万吨。其中水稻单产（公顷平均值，下同）8.38吨，总产19.62万吨；大豆单产2.4吨，总产9060吨；玉米单产8.5吨，总产4.38万吨。

2007年，全场粮豆作物总产26.60万吨。其中水稻单产8.69吨，总产20.34万吨；玉米单产6.88吨，总产5.96万吨；大豆单产2.37吨，总产2740吨。

2008年，全场粮豆作物总产30.00万吨。其中水稻单产8.89吨，总产21.96万吨；玉米单产9.89吨，总产7.91万吨；大豆单产2.50吨，总产1532吨。

2009年，全场粮豆作物总产32.52万吨。其中水稻单产9.01吨，总产22.23万吨；大豆单产2.50吨，总产1502吨；玉米单产9.88吨，总产10.14万吨。

2010年，全场粮豆作物总产31.12万吨。其中水稻单产8.66吨，总产26.09万吨；大豆单产2.55吨，总产1659吨；玉米单产9.69吨，总产4.86万吨。

2011年，全场粮豆作物总产32.05万吨。其中水稻单产8.93吨，总产31.33万吨；玉米单产9.81吨，总产7194吨。

2012年，全场粮豆作物总产30.49万吨。其中水稻单产8.50吨，总产29.79万吨；玉米单产9.50吨，总产6963吨。

2013年，全场粮豆作物总产31.64万吨。其中水稻单产8.82吨，总产30.94万吨；玉米单产9.54吨，总产6993吨。

2014年，全场粮豆作物总产33.21万吨。其中水稻单产9.39吨，总产32.94万吨；玉米单产9.99吨，总产1079吨。

2015年，全场粮豆作物总产33.30万吨。其中水稻单产9.35吨，总产30.70万吨；玉米单产9.52吨，总产2.51万吨。

2016年，全场粮豆作物总产33.06万吨。其中水稻单产9.36吨，总产30.72万吨；玉米单产9.45吨，总产2.15万吨。

2017年，全场粮豆作物总产32.53万吨。其中水稻单产9.38吨，总产31.27万吨；玉米单产9.50吨，总产8612吨。

2018 年，全场粮豆作物总产 32.42 万吨。其中水稻单产 9.38 吨，总产 30.97 万吨；玉米单产 9.47 吨，总产 1.09 万吨。

第三节 种植业结构调整

13 年间，农场为增加新的经济增长点，不断调整产业结构、创新农业产业发展，使水稻产业成为农业的主导产业。特色优质米、大棚二次利用产业得到发展。农场结合农业供给侧结构性改革和市场需求，积极调整种植结构，种植有机、绿色富硒水稻，打造特色有机高端米和保健品大米。在创造经济效益的同时，也为农闲时节人员再就业提供了条件。农场 2006—2018 年各种农作物播种面积见表 4-2-2。

表 4-2-2 农作物播种面积统计表（2006—2018 年）

年份 作物	2006	2007	2008	2009	2010	2011	2012	2013	2014	2015	2016	2017	2018
合计（公顷）	34541	34533	34533	35800	35800	35800	35800	35800	35800	35800	35800	35800	35800
水稻（公顷）	23407	23407	24667	24667	30135	35067	35067	35067	35067	32836	32825	33347	33021
所占比重（%）	67.8	67.8	71.4	68.9	84.2	98.0	98.0	98.0	98.0	91.7	91.7	93.1	92.2
玉米（公顷）	5158	8667	7999	10267	5015	733	733	733	108	2641	2275	907	1154
所占比重（%）	14.90	25.00	23.00	28.70	14.00	2.00	2.00	2.00	0.30	7.40	6.35	2.50	3.20
大豆（公顷）	3756	1156	613	600	650	—	—	—	625	232	438	1446	962
所占比重（%）	10.87	3.34	1.78	1.68	1.80				1.75	0.65	1.22	4.00	2.70
杂豆（公顷）	309	121	67	—	—	—	—	—	—	—	256	95	472
所占比重（%）	0.89	0.34	0.19	—							0.72	0.30	1.30
大麦（公顷）	298	—											
所占比重（%）	0.86	—											
其他	1613	1182	1187	266	—	—	—	—	—	—	6	—	191
所占比重（%）	4.67	3.4	3.44	0.74	—						0.02	—	0.50

第四节 特色农业

2006 年以来，农场鼓励种植户发展订单种植、特色种植、特色养殖、旅游农业等特色农业。农场利用农闲时间组织种植户相互学习，采取请进来、走出去的方式，在农场内部、管理局兄弟农场及其他管理局先进单位之间进行参观学习，学习好的经验和做法。在关键节点上，业务部门采取技术指导和现场培训等形式，提高种植户的科学种植水平。

按照农垦总局"转方式、调结构"的部署安排，2015年农场大力发展特色优质米、大棚二次利用产业。农场积极打造"龙门福地"特色优质米品牌，种植有机富硒水稻1.5万亩、绿色富硒水稻10万亩，将特色有机高端米打造成为食品中的营养品，并通过网店、微商、超市等多种渠道进行销售。大棚二次利用种植白瓜子800栋、油豆角2000栋、黑木耳12万袋。管理局多次在农场召开大棚综合利用现场会。

2016年，农场积极鼓励种植户开展鸭-稻、鱼-稻、蟹-稻种植，养殖鸭5000余只，养殖鲤鱼、草鱼2万余尾。同时农场与多家企业开展订单合作，种植绿色优质龙门福地1号水稻1500亩，种植α-亚麻酸转换水稻1000亩，种植绿色富硒水稻6万亩。农场开展大棚二次利用，种植各类经济作物共计4891栋，利用率达到57.6%。

2017年，农场打造50万亩优质原粮生产基地。扩大种植龙粳25、龙粳21、绥粳4、绥粳18、稻花香7号等优质品种，发展订单种植面积5000亩。种植黏稻5000亩，黑稻2000亩。农场依靠江渠地理优势，落实稻田养蟹面积5000亩，种植鸭-稻300亩，增加收入10万元。

2018年，农场在稳定主导品种种植面积的基础上，推广种植龙稻18、绥粳18、绥粳4、龙垦201、稻花香等优质品种面积达8.2万亩。扩大绿色生态种养面积，落实蟹稻特色养殖面积5000亩、鸭稻特色养殖面积300亩。通过集中对外发包等方式开展大棚二次利用，种植红小豆、油豆角、黑豆等经济作物5953栋，利用率达70.2%。

第五节　农业科技培训与运用

农业科转变工作方式，以培训、引导和提高农户自身认识为主导，建立了"专家＋技术员＋示范户"的科技培训体系，为种植户提供全方位服务。主要采取5种形式进行培训：一是聘请八一农大、水稻所、植保所专家来农场，在摆盘、播种、插秧等关键农时，对全场技术员和水稻种植户进行业务指导和现场培训；在冬闲时节，聘请专家对全场水稻种植户进行冬季全员培训。二是树立典型，由典型示范户向种植户传授好的经验和做法。三是在水稻分蘖施肥期、晒田控蘖期和成熟期，以现场观摩的形式进行培训，组织示范户到农场示范田及周边农场等地观摩培训。四是通过开展电视讲座、网络直播、微信小课堂、印发《农耕时讯》简报和发放技术资料等形式进行培训。五是通过开展整地竞赛、"五一"插秧竞赛、"十一"收获竞赛等劳动竞赛进行技能培训，提升工作人员标准化作业水平，带动全场农户科技种地意识、机械作业水平稳步提升。

第六节 技术队伍与技术服务

自2011年开始,农场建立了"场领导包片、科领导包区、队领导包户"的管理服务体系,制定了16项专项实施方案、100余条考核细则,考核结果与管理区管理人员绩效工资挂钩。选拔出20名优秀农业技术后备人员充实到基层单位,每1万亩水田配齐1名技术员,完善了专业技术队伍建设,提升了专业技术人员的业务水平。

农场每年都出台《绥滨农场农业技术员百分考核内容和标准》,对全年农业生产工作进行分解,对各农时节点、全年重点工作进行量化考核。对于工作成绩优异、综合素质突出、年终综合排名靠前的技术员优先提拔;对年度总分排名后5名且得分低于80分的技术员视情况予以降级或解聘;年终考核成绩纳入试用技术员转正依据。要求农业技术员服从上级业务部门的领导和作业区主任的安排,增强服务意识,提高服务能力。农场通过抓技术员队伍建设,不断提升管理服务工作水平,为基层农业生产提供了保障。

第七节 自然灾害

一、旱涝

农场2006—2018年各时段旱涝情况见表4-2-3。

表4-2-3 各时段旱涝统计表(2006—2018年)

年份	4—5月	6—7月中旬	7月下旬—8月中旬	8月下旬—9月中旬	9月下旬—10月	4—10月
2006	旱	涝	旱	涝	旱	正常
2007	正常	旱	涝	正常	涝	正常
2008	重涝	旱	旱	旱	正常	重旱
2009	重旱	重涝	重涝	旱	旱	涝
2010	重涝	涝	正常	正常	旱	涝
2011	正常	正常	旱	重涝	正常	涝
2012	重涝	旱	旱	重涝	重涝	涝
2013	涝	涝	涝	旱	正常	正常
2014	重涝	涝	旱	涝	旱	正常
2015	重涝	正常	旱	重旱	正常	旱
2016	重涝	涝	正常	重涝	旱	重涝
2017	正常	重涝	正常	重旱	旱	旱
2018	正常	重涝	旱	涝	旱	涝

二、低温、多雨、寡照

2006、2009、2011、2016 年 6 月，均为低温、多雨、寡照天气。

2008、2015 年 5 月，均为低温天气。

三、风灾

2008 年 9 月 16 日有 7 级大风；9 月 23 日、26 日有 8 级大风；10 月 9 日、11 日、24 日有 7 级大风。

2010 年 9 月 7 日、29 日有 7 级大风。

2014 年 10 月 19 日、27 日有 7 级大风。

2015 年 10 月 24 日、27 日有 7 级大风。

2016 年 4 月 22 日、8 月 31 日、9 月 25 日、10 月 20 日有 7 级大风，5 月 26 日有 8 级大风。

2017 年 7 月 16 日、9 月 24 日有 7 级大风，4 月 8 日、5 月 4 日、10 月 1 日有 8 级大风。

2018 年 4 月 7 日、5 月 3 日、6 月 22 日、7 月 20 日有 7 级大风，3 月 28 日有 8 级大风。

第八节 航化作业

航化作业是大面积农作物健身防病的一项有效措施，特别是对防治病虫害，航化作业是最佳的选择，已成为农业生产的一项常规措施。

农场航化作业机场由个人承包，与农场签订承包合同，农业部门适时对其进行技术指导，作业期间派专人在现场监督用药情况。农场每年 7 月中旬召开航化作业工作会议，7 月底根据作物长势和天气情况开始航化作业。13 年累计航化作业面积 28.07 万公顷，其中水稻作业面积 27.71 万公顷、旱田作业面积 3571 公顷。

按照农垦总局北农航协发《黑龙江垦区农业航化作业价格调整方案》文件规定，Y-5B飞机（民航审定徐州设备）航化费用 7 元/亩，另收取管理费用 1 元/亩，合计作业费8元/亩。为提升水稻品质、保证水稻安全成熟，积极鼓励种植户对水稻全田进行健身防病促早熟作业，农场为种植户补贴飞机航化作业费 3 元/亩。为加大高标准示范通道建设，增强沿线各单位水稻健身防病效果，提高水稻产量与品质，农场对军绥科技示范带部分地块进行免费防病和促早熟作业，费用由农场补贴。

第九节　农业新技术推广及应用

13 年间，农场先后落实了农业部粮油作物（水稻）高产创建项目、农业部测土配方施肥项目、国家级农业标准化示范场项目、总局级现代农业示范场等项目。重点推广"十大"栽培模式和"十大"新技术，其中重点示范推广了水稻叶龄诊断、大豆垄密、玉米行间覆膜等技术，应用效果明显。农场已成为外向型高效现代农业示范区、休闲观光农业展示区、绿色和有机农产品基地和农业高新技术引进与合作的窗口，呈现出经济发达、产业结构优化、农业技术先进、装备设施完善、农业持续高效发展、职工素质全面提高、人民生活更加宽裕的局面。

2009 年，农场采取补贴与职工自筹结合的方式，投资 350 余万元，更新大棚 1004 栋，新建大棚基地 16 处。推广应用大棚管理指示牌、苗床土定量小撮子、播量检查网等方便实用的小工具，为标准化育壮秧提供了有力的保障。重点推广了水稻钵育摆栽、叶龄诊断、旱育壮秧、测土配方施肥、综合防病技术等 10 余项新技术；应用了平安福生物肥和硅肥；引进了高标准集中浸种与集中催芽设备各 1 套、全自动与半自动水稻苗床播种机各 1 台、意大利进口撒肥器 1 台、进口高速插秧机等 15 项新设备。

2010 年，农场采取补贴与职工自筹结合的方式，投资 1500 余万元，更新大棚 3000 余栋。在搬迁居民组家属区旧址新建集中大棚育秧基地 16 处，实现了每个居民组至少有一个水稻集中育秧大棚基地的目标，取消了中小棚育苗。投资 120 余万元，建设了一处高标准集中浸种催芽室，一次可浸催 55 吨种子，同时还配齐中型集中浸种催芽设备 23 套，为水稻统一供芽种提供了硬件保证。

2011 年，农场投资 2200 万元，利用撤队拆迁宅基地，新建高标准集中育秧基地 10 个，其中在第十六居民组建成管理局首个智能化育秧基地，更新大棚 3200 栋。实现了"三减三增一智能"（减路、减沟、减涵，增容、增温、增强抗灾能力，智能化控制温湿环境）。投资 1600 万元，新建两处集中浸种催芽基地，其中在第十七居民组新建一处由 8 条生产线组成、单批次可生产 1000 吨芽种的智能化芽种生产基地，建设和装备水平达到垦区一流，为全场 100％统供芽种提供了有力保障。

农场继续加大统购统供力度，向全场职工统一供肥 1.18 万吨，其中尿素 4200 吨、氯化钾 3600 吨、磷酸二铵 4000 吨。完成统一航化作业面积 41 万亩，创历史之最。加强种子统供力度，推广种子生产"六统一"，优质优良品种统供率 100%。同时，做好统一农时、统一农艺技术标准、统一供种、统一供肥、统一化除防病灭虫配方、统一航化作业、统一作业标准、统一检查验收、统一收缴承包费、统一组织技术培训率达 100% 的"十统一"工作。

2012 年，是建设现代化大农业的关键年。农场及早明确工作目标，力争实现全面突破。一是除饲料地外，其他旱田尽量开发成水田，采取超极限开发，使水稻面积突破 53 万亩。二是净化视野、美化通道，重点抓好"军川—绥滨—二九〇"和"江滨—绥滨—二九〇"两条通道的科技示范带动作用。示范带全部种植水田，采取缩埂增池和取直池埂的方式扩大田面。秧苗全部采用集中大棚基地育苗，100% 统一供芽种，全程统一标准化管理，打造农场高标准现代农业示范通道。三是加大基础设施投入，新建和改建 100 栋以上高标准大棚基地 20 处。投资 1200 万元建设一处高标准现代农机服务中心。四是加大科技推广力度，5000 栋大棚应用"三膜覆盖"，10 万亩水田采用钵型毯状盘育秧。

2013 年，农场投资 1300 万元、一次可浸催 1000 吨种子的催芽室投入使用，实现了全场 100% 供芽种。新挖大棚基地 19 处，可容纳大棚 2300 栋。改造与置换大棚 2500 栋，并全部配齐卷帘器。

2014 年，农场建设的 2000 平方米种子包衣暖库投入使用。新建、改建大棚集中育秧基地 11 处 1500 余栋，3 年来累计建设 55 处 6000 余栋。采取厂家降一点、农场补一点、种植户自筹一点的政策，改造与置换标准大棚 1800 栋，两年来累计改造与置换标准大棚 3900 栋，并全部配齐卷帘器，为培育壮秧奠定了基础。

2015 年，农场重点推广测土配方施肥、节水灌溉、秸秆还田、钵型毯状盘育秧、水稻种子包衣芽种、集中大棚高台育秧、统一航化作业、硅肥、生物肥等新科技应用。重点示范应用电动摆盘机、机械钵育摆栽与侧深施肥技术，大棚轨道运苗车进一步普及。完成总局级以上试验示范项目 8 项。承担了农业部水稻高产创建、测土配方施肥、农产品质量追溯、农业技术试验示范等重点项目。高标准完成各项工作，争取项目资金 138 万元，全部用于新科技推广与惠农补贴。示范田建设效果突出，第六、第八、第十四、第十六、第十七、第二十作业区达到管理局示范田标准，多次迎接各级领导和种植户来场参观学习。

2016 年，农场重点开展稻田振捣提浆技术、水稻机械穴直播技术、水稻超早育秧技术、水稻垄作栽培技术的试验示范及推广工作。农场加大农业"三减"力度，积极落实秸秆还田，对江水灌溉稻田每公顷给予 300 元补贴，并积极争取项目资金延伸支渠覆盖能力，使江水灌溉面积保持在 25 万亩，减少地下水使用 8000 万方。

2017 年，农场重点推广侧深施肥技术、振捣提浆技术。农场购买水稻侧深施肥机 68 台，水稻侧深施肥插秧面积 2.1 万亩；销售水田多功能整地机 170 余台，进一步提高整地作业质量。农场进行水田旱平垄作双侧双深插秧试验，试验效果良好，产量同比增加 8.7%。农场继续推广秸秆还田，落实农业"三减"面积 11 万亩。

2018 年，农场大力推广水稻"三化两管"、玉米"四精两管"、大豆大垄密植等技术。推广水稻超早钵育机插 300 亩、旱平垄作双侧双深 5 万亩、水稻侧深施肥 5 万亩、水稻节水灌溉 2.5 万亩。农场结合实际情况，借助物联网、移动互联网等信息技术及智能农业装备在农业生产领域的应用，积极发展智慧农业，打造农业生产有机联系的整体系统，提高农业智能化管理水平。

第十节　农业标准化

农场把科技作为推进农业标准化的重要动力，大力提高农业新科技应用率及科技创新能力，全面开展水稻新技术引进，努力提高农业标准化水平。坚持新科技应用、关键措施创新、集成主推模式，加快成果转化，做到常规技术模式化、重点技术规范化、关键环节指标化，示范推广一批实用型新技术，不断提高水稻科技含量，挖掘黑土地的增产潜能。

一是加大新科技推广力度，推广应用钵型毯状盘、三膜覆盖、水稻种子包衣、大棚管理指示牌与温度计，应用硫酸钾镁、硅肥、生物肥、生物硅肥等新型肥料。

二是归纳总结了摆盘必备工具"九子"、水稻栽培"三字歌"，制作高产创建项目操作标准卡，将《农耕时讯》发放到每一位高产创建户手中，使种植户全面掌握水稻高产栽培技术。

三是在高产创建示范大棚内使用复合型材料过道，使过道与运苗轨道合为一体，并改装了电动播种机轨道，将工作效率提高了一倍。为培育壮秧提供信息化、智能化装备，配齐了高标准智能程控温湿控制系统，可通过网络与手机对大棚内进行监控和温湿度调控。在示范田设置 5 处运苗轨道，配齐自动化运苗车进行运苗，省去了田间道，增加了耕地面积，降低了生产成本，提高了工作效率。

四是在高产核心示范区内建设一处现代化水稻栽培管理智能程控信息平台，利用现代科技手段，实现本田水稻全生育期叶龄、水层、水温、防病、防虫的现代化和自动化管理。通过对示范田的智能化监控与管理，为总结和推进科技创新成果提供了依据。

第十一节 绿色基地与绿色食品

农场坚持发展绿色有机农业，积极开展优质水稻种植，采用统一生产技术规程，大力提倡施生物肥、有机肥、农家肥，减少化肥农药的使用量。根据绿色食品发展规划，农场选择土壤理化性质好、肥力高的地块作为绿色食品原料水稻种植基地，利用天然无污染的黑龙江水进行灌溉。农场没有大型工业污染源，绿色食品种植分布于各居民组，区域环境质量较好。

2009 年 8 月，经中国绿色食品中心审核，黑龙江省宝泉岭农垦（绥滨农场）龙圆米业有限公司生产的大米，符合绿色食品 A 级标准，许可使用绿色食品标志，批准产量 1 万吨，颁发绿色食品证书，证书有效期为 2009 年 8 月至 2012 年 8 月。2012 年 8 月又进行续报，重新获得证书，有效期为 2012 年 8 月至 2015 年 8 月。2017 年 12 月，经中国绿色食品发展中心审核，农场生产的水稻、玉米、大豆、红小豆，符合绿色食品 A 级标准，许可使用绿色食品标志，核准产量分别为水稻 1.3 万吨、玉米 1 万吨、大豆 330 吨、红小豆 120 吨，证书有效期为 2017 年 12 月至 2020 年 12 月。

2010 年 3 月，农业部绿色食品管理办公室及中国绿色食品发展中心，批准绥滨农场创建的 10 万亩水稻、10 万亩玉米、10 万亩大豆，为全国绿色食品原料标准化生产基地试点单位。2016—2017 年，农场完成了 28.3 万亩绿色食品认证的申报和认证工作，并获得绿色食品证书。2018 年，按要求完成了绿色食品年检工作。2017—2018 年，农场连续两年通过北京五洲有机认证，认证面积 4000 亩，并予发证。

第十二节 生产资料

农场生产资料办公室（以下简称生资办）成立于 2010 年 11 月，唐远利任生资办主任。生资办成立之前，农场没有开展统一供肥工作，都是由种植户在市场上采购，年年都有不少农户由于采购的肥料质量不佳而减产。2011 年，农场开始实行统一供肥，由生资办承担农场"三大肥"的订购、储存和发放等工作，最大限度地降低了化肥采购成本，切实减轻了种植户的经济负担。2011—2018 年农场化肥采购情况见表 4-2-4。

表 4-2-4 化肥采购数量统计表（2011—2018 年）

年份	合计（万吨）	尿素（吨）	二铵（吨）	钾肥（吨）
2011	1.18	4192.00	4020.00	3584.00
2012	1.40	5100.00	5250.00	3650.00

（续）

年份	合计（万吨）	尿素（吨）	二铵（吨）	钾肥（吨）
2013	1.37	5273.00	4762.00	3680.00
2014	1.31	5172.05	4589.75	3354.00
2015	1.22	4648.00	4558.65	3010.00
2016	1.28	4902.05	4307.30	3582.90
2017	1.22	4647.15	4087.35	3512.85
2018	1.04	3936.50	3440.45	2984.28

第三章 种 子

第一节 概 况

2006—2013 年，农场种子经营工作由宝泉岭天成种业股份有限公司（简称绥滨天成种业）主体经营，该公司为民营股份有限公司，总经理由李华旭担任。2014 年 3 月 28 日，北大荒垦丰种业股份有限公司绥滨农场龙门福地分公司挂牌成立。垦丰种业绥滨农场龙门福地分公司从成立以来，一直是农场水稻种子的主体经营单位。

2017 年 1 月 1 日，农场 2014 年分配的 4 名农场职工子女正式入编北大荒垦丰种业绥滨农场龙门福地分公司。截至 2018 年年末，绥滨龙门福地分公司有正式员工 10 人。

2006 年 1 月—2018 年 12 月，总经理为李华旭。

2007 年 5 月—2012 年 3 月，党支部书记为陈凤敏（农场委派）。

2012 年 12 月—2017 年 12 月，党支部书记为陈凤敏（农场委派）。

第二节 改 革

2005—2013 年，黑龙江农垦种子公司进行了两次重大改革。2005 年，北大荒种业集团整合扩编，把各个农场种子公司都纳入北大荒种业集团管理，各农场种子公司的所有资产全部无偿划拨到北大荒种业集团。当时，由于绥滨农场种子公司已提前转制成民营股份有限公司，资产为集体所有，因此，绥滨农场天成种业没有第一批加入北大荒种业集团，被列为第二批加入整合的公司。2013 年 5 月 9 日，农垦总局种子管理局局长张锡铭和垦丰种业副总经理于才一行来农场，同农场场长李思军洽谈绥滨农场种业加入垦丰种业的相关事宜，初步达成农场种业适时加入北大荒垦丰种业的意向。2013 年 9 月 26 日，垦丰种业副总经理于才和范丽一行 14 人来到农场，在农场科技园区同农业副场长赵永林进一步洽谈农场种业加入北大荒垦丰种业的相关事宜。2013 年 12 月 23 日，农场场长李思军、副场长张明、种业经理李华旭一行 3 人，来到垦丰种业总部，同垦丰种业总经理刘显辉和 3 位副总经理，以及相关部门领导进一步洽谈加入垦丰事宜。经过为时半天的协商，达成绥滨农场种业加入垦丰种业的协议。协议主要有三点：一是在垦丰种业绥滨农场分公司名称中加入代表绥滨农场品牌的"龙门福地"四个字；二是垦丰种业绥滨农场龙门福地分公司负责加工和销售种子，原有资产仍属于农场，种业只有使用权；三是垦丰种业绥滨农场龙门福地分公司每年经营所得的利润，垦丰种业与农场各得50％。

自2007年起，农场一直想回购天成种业的资产和场地，但由于就回购价格等相关问题始终未与天成种业达成一致意见而未果。到2012年，天成种业仍是农场的主体经营单位，但受市场和其他因素的影响，场内市场占有率降到50％～60％，其余部分种子每年靠外销处理。农场多次同天成种业协商回购天成种业资产和场地事宜，2012年初步与天成种业达成回购意向。按照农场的安排部署，2012年9月9日，天成种业召开股东大会，表决通过了按资产评估价把天成种业资产和场地交给农场的决定。从2012年秋季开始，种子回收工作由农场主导收购，到2014年3月31日为过渡期。在过渡期内农场继续聘用李华旭为公司经理，原有天成种业员工继续留用，所生产的种子仍使用天成种业的《种子生产许可证》。

第三节　良种繁育及品种演替

2006—2012年，绥滨天成种业股份有限公司从事绥滨农场种子市场的主体经营工作。农场的种子市场是放开的，参与种子经营的商户由2006年的5家，发展到2012年的14家之多。2006—2013年，每年种子经营者场内市场占有率为60％～70％。个体开办的农药、肥料、种子经营店逐年增加，到2013年已增加到28家之多，市场占有率为30％～40％。种子经营竞争越来越激烈，虽然没有农场统供政策的保护，但是天成种业已适应了市场的竞争，场内市场占有率达50％～60％，另外的40％～50％靠外销，每年向周边农村及地方市、县销售各种作物种子近千吨。天成种业的良种繁育体系，根据市场需求不断引进新品种、苗头品系提前繁育，提前投入市场，抢占品种的制高点，做到你无我有、你有我优、你优我廉。每年都为市场提供各作物品种原种二代2600～3000吨，具体的良种繁殖程序是从科研院所、大专院校引进原种或苗头品系进行繁殖。

从2013年3月3日起，农场开始推广包衣催芽、供芽种。当时包衣在种子公司院内露天进行，没有包衣车间。催芽基地有两处，一处在八队，一批次可催芽200吨；另一处在十七队，是新建的大型自动化一批次催芽1000吨的催芽车间。由于包衣催芽种还是新生事物，当年，农场采取分配指标和补贴等方式推进该项工作，每吨包衣芽种仅收700元费用，当年农场供芽种700余吨。

2013 年，天成种业被农场收回后，良繁工作改由农场生产部门主抓、原天成种业人员协助。到 2014 年，良繁工作则由北大荒垦丰种业股份有限公司绥滨农场龙门福地分公司负责，每年签订良种繁育合同 50～80 份。种子繁殖田面积为 400～600 公顷，每年生产水稻种子 2600～3000 吨；有良种繁育单位 15 个，多安排在农场主要公路两侧的科技示范带上。2016—2017 年，农场为了扩大推广水稻种子包衣催芽新技术，采取了补贴式供芽种措施，即每吨种子从包衣到催出芽种成本在 1200 元以上，而农场每吨水稻芽种只售700 元，补贴 500 元以上。优惠政策极大地调动了广大种植户的积极性，他们踊跃地到垦丰种业绥滨农场龙门福地分公司购买水稻芽种，以芽种促进了供种。仅 2016 年销售芽种就达 1660 余吨，场内供种率达到了 90％。到 2017 年场内芽种销售量达到了 1800 余吨，是宝泉岭管理局供芽种最多的农场，当年的场内供种率超过了 90％。通过推广芽种，基本实现了以场为单位的统供局面。

2016—2018 年绥滨农场的良种繁育体系继续按北大荒垦丰种业所制定的良繁体系运行，即：

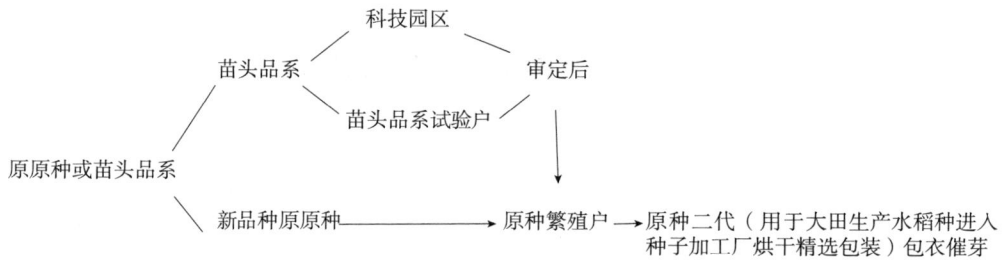

除每年场内提供 1600～1800 吨水稻种子外，该公司还每年为场外提供水稻种 600～1000 吨。2006—2018 年农作物主要品种见表 4-3-1。

表 4-3-1　农作物推广的主要品种（2006—2018 年）

作物 年份	水稻（品种）		大豆（品种）		玉米（品种）		麦类（品种）	
	主栽	搭配	主栽	搭配	主栽	搭配	主栽	搭配
2006	空育 131 垦鉴稻 6 号 绥粳 3 号 垦稻 8 号	龙粳 14 垦鉴稻 10 94-18 垦稻 11 垦鉴稻 13	绥农 11 绥农 14 宝丰 7	垦农 18 垦丰 9 垦鉴豆 34 绥农 17 50-16	绥玉 7 绿单 1	垦玉 6 金玉 3	垦啤 2 号	
2007	空育 131 垦稻 13 垦鉴稻 6 号 绥粳 3	垦稻 11 龙粳 16 垦鉴 700 龙粳 20 龙粳 18 三江 1 号 龙粳 14	合丰 50 绥农 10 宝丰 7 绥农 11	垦丰 14 合丰 45 垦鉴豆 23 黑河 36 北豆 3 合丰 51 绥农 23	绥玉 7 绿单 1 垦玉 6 郝玉 20 哲单 37	龙单 5 金玉 3 四早 11	—	

（续）

年份 作物	水稻（品种）		大豆（品种）		玉米（品种）		麦类（品种）	
	主栽	搭配	主栽	搭配	主栽	搭配	主栽	搭配
2008	龙粳 20 垦鉴稻 6 号 垦稻 13 空育 131	垦鉴 700 龙粳 18 三江 1 号 龙粳 26 龙粳 21 垦稻 17	绥农 11 宝丰 7 垦丰 16 合丰 50	黑农 44 黑河 38 绥农 14-3	绿单 1 绥玉 7	合玉 19 合玉 20 垦单 9 郝玉 20 合育 21	—	
2009	垦鉴稻 6 号 龙粳 26 空育 131	龙粳 21 龙粳 20 龙粳 27 垦稻 21	合丰 55 垦丰 16 绥农 11 合丰 50 黑河 38	黑农 50 黑农 48 宝丰 7 北豆 6	绥玉 7 哲单 37 郝育 20 绿单 1	垦单 9 合玉 19 垦玉 6	—	
2010	龙粳 26 龙粳 29 龙粳 27 垦鉴稻 6 号 龙粳 20	垦稻 20 垦稻 21 龙粳 25 龙粳 21 空育 131 垦稻 12	合丰 55 垦丰 16 绥农 11 宝丰 7	黑河 48 黑河 38 合丰 56	绥玉 7 绿单 1 哲单 37	德美亚 1 郝育 20 合玉 19	—	
2011	龙粳 29 龙粳 27 垦鉴稻 6 号 龙粳 26 龙粳 31	垦稻 20 垦稻 21 龙粳 20 龙粳 25 龙粳 835 莲稻 1 号	黑河 38 绥农 11 宝丰 7 合丰 55	垦丰 16	绿单 1 垦玉 6 绥玉 7	合丰 19 绥玉 17 哲单 37 郝育 20	—	
2012	龙粳 31 龙粳 29 龙粳 26 垦鉴稻 6 号 龙粳 39	莲稻 1 号 垦稻 21 龙粳 25 垦稻 20 龙粳 21 空育 131 龙粳 835 龙粳 36	—	—	绥玉 7 绿单 2 绿单 1	德美亚 1 德美亚 3 绥玉 17	—	
2013	龙粳 31 龙粳 39 龙粳 29	龙粳 26 龙粳 25 龙粳 41 龙粳 21 垦稻 23 垦稻 25 龙粳 40 龙粳 36	合丰 55 垦丰 16	黑河 38	绿单 2 德美亚 1 德美亚 3	绥玉 7	—	
2014	龙粳 31 龙粳 39 龙粳 29 龙粳 43	龙粳 41 垦鉴稻 6 号 龙粳 21 龙粳 25 垦稻 23	黑河 38	—	德美亚 1 德美亚 3	—	—	

（续）

作物 年份	水稻（品种）		大豆（品种）		玉米（品种）		麦类（品种）	
	主栽	搭配	主栽	搭配	主栽	搭配	主栽	搭配
2015	龙粳 31 龙粳 43 龙粳 39 龙粳 29	垦粳 5 龙粳 46 龙粳 26 垦稻 23 龙粳 50 龙粳 51 垦鉴稻 6 号 龙粳 21 龙粳 45	黑河 38	—	德美亚 1 德美亚 3 垦沃 2	—	—	
2016	龙粳 31 龙粳 39 龙粳 46	龙粳 21 龙粳 29 龙粳 50 龙粳 52 垦稻 23 三江 16 垦粳 5 垦鉴稻 6 号	—	—	德美亚 3	德美亚 1 垦沃 2	—	
2017	龙粳 31 龙粳 39 龙粳 46 垦稻 32	龙粳 21 龙粳 50 龙粳 51 龙粳 52 龙垦 201 龙垦 229 垦稻 31	—	—	德美亚 3	德美亚 1 垦沃 2	—	
2018	龙粳 31 龙粳 39 垦稻 32 垦稻 31	龙粳 29 龙粳 46 龙粳 59 龙垦 201 龙垦 229 龙垦 201 垦稻 41	—	—	德美亚 3	德美亚 1 垦沃 2	—	

第四节　种子加工与管理

一、种子加工

2006—2015 年，随着种植结构的不断调整，农场的种植业几乎全部为水稻种植。原建于 1992 年的种子加工厂，主要加工的是麦类和大豆种子，机械设备以加工麦类和大豆的设备为主，已不适合加工水稻了。天成种业从成立开始，就陆续对原有的机械设备进行了初步改造。2015 年，垦丰种业又对原有的机械设备进行完善改造，使加工水稻种子的机械设备完全达到了"国标"级标准。可日精选加工水稻种子120吨，仓储能力3000吨，能完全满足农场水稻生产所需种子的要求，并可每年向场外提供800~1000吨合格良种。

2016—2018年，随着水稻种植面积的稳定和主体地位的形成，垦丰种业绥滨农场龙门福地分公司所生产的全部为水稻种子。2017—2018年，垦丰种业绥滨农场龙门福地分公司对1992年建立的以加工小麦为主的种子加工厂进行进一步的改造，投资20多万元，先后更新两台谷糙分离机、一台水稻除芒机、一台比重精选机，更新、更换设备后种子的加工质量进一步提升，年可精选加工水稻种2600~3000吨，在满足场内供种的同时，每年还为场外提供水稻种600~1000吨。

二、种子管理

一是市场管理。随着种子法的颁布和实施，结束了经营和管理由一家进行的时代。2006—2018年，种子市场管理由宝泉岭种子管理局和农场种子管理科共同进行。但随着合作社的兴起，种子销售大军异军突起，套牌种子、越区种子、未审定种子、假劣种子在绥滨农场种子市场时有出现，给种植户造成了一定的经济损失。

二是质量管理。天成种业时期，所经营的种子全部是审定推广品种、品系，越区的品种一粒不卖，销售的种子全部经过种子加工厂系列精选，质量达到"国标"方可出售。到了垦丰种业时期，公司对种子质量又制定了新的标准，严格按照ISO9001：2008质量管理体系等相关要求，比照国家标准制定和完善公司质量控制标准及规程，将质量管理贯穿于种子生产、加工、仓储、检验、销售的全过程。同时，通过现代信息手段确保产品全过程追溯，实现质量控制精细化及质量管理制度化、标准化和程序化，使广大种植户真正使用上了垦丰种业生产的放心种子。

第五节　种子销售与效益

一、销售量

2006—2013年为绥滨天成种业股份有限公司经营销售时期，每年种子经营量在2000吨左右。其中场内销售占50%~60%，场外销售占40%~50%，基本是场内、场外各占一半。

2014—2015年为北大荒垦丰种业股份有限公司经营销售时期，每年种子销售量在

2000～3000 吨左右。其中场内销售占 80％～90％，场外销售占 10％～20％。

2016—2018 年为北大荒垦丰种业经营销售时期，水稻种子场内销售 4758.15 吨，外销 571.2 吨。

二、效益

一是社会效益。不论是天成种业时期还是垦丰种业时期，优良品种的覆盖率每年都实现了 100％，良种贡献率达到了 10％以上。同时，由于所经营销售的种子全部进行了系列精选加工，从节约用种量每公顷 10～20 公斤来说，其社会效益是显著的。2013 年开始，在水稻用种上全部实行包衣催芽供芽种，使出苗期提前，达到了苗齐、苗壮、苗匀，增产作用更加显著。从水稻产量来看，2006—2015 年产量为每公顷 8～9 吨，2016—2018 年产量每公顷达到 9.5～10.5 吨。

二是经济效益。2014—2017 年公司共向农场上缴利润和租金 300 万元。由于 2018 年场内供种率只有 465.15 吨，虽然场外销售有一定的量，但总体经营情况仅为维持平衡，所以没有能够上缴利润和租赁费。

第四章 农　　机

第一节 概　　况

农场农机科与农机安全监理所合署办公（农机科长兼任农机监理所所长）。2018年年末，共有在编人员4人。农机工作的主要职责是负责农机更新及新技术的引进推广，农机人员培训，农机具购置补贴，"三库一场"的管理，田间标准化作业，农机具的技术状态维护，年度检验，农业机械和驾驶人员的监督与管理，农机安全生产和安全教育，农机销售和维修，农机档案的管理，农机统计信息等方面的工作。

到2018年年末，农场拥有农机总动力29.59万千瓦；拥有轮式拖拉机2778台、自走收割机934台、插秧机2300台（其中进口高性能拖拉机661台）、配套农具7287台、大型浸种催芽设备19套。水稻收获机械化程度达100%，全程机械化率在98%以上。此外，还进行场县共建跨区作业，代耕代种代收面积累计达到156万亩。

13年间，农机工作先后荣获总局"农机管理标准化农场""继续保持农机标准化管理农场""平安农机示范农场""农机安全监理工作先进单位"等称号。2013年，农场被农业部评为AAA级"全国农垦农机标准化管理示范农场"。

2006年1月—2008年2月，杨成义任农机科科长。

2008年2月—2009年8月，徐炳江任农机科副科长，主持工作。

2009年8月—2018年12月，徐炳江任科长。

2006—2012年，农场各居民组没有专职农机管理人员，由各居民组农业技术员或统计兼职农机安全员。2013—2018年，每个管理区各设一名农机副主任主管农机工作。截至2018年年底，农场有农机驾驶员2735人、技术员43人、高级工程师3人。

第二节 农机具装备

随着农机产品种类不断增加和生产能力日益增强，一些大型、高效、精准、节能型装备的引进不断增多，为农场的农机化事业快速发展提供了良好保障。农机部门坚持创新驱动，把创新作为推动农机发展的首要动力，整合优势资源，坚持农机和农艺相结合，加强农机和农业生产部门的联合施策，充分发挥农机装备在农业生产主体中的主导作用，为农业生产保驾护航。

农场是水稻生产大场，对机械化装备配套要求比较高，基本上每个水稻种植户都拥有一台或多台配套农机具。水稻的育苗、整地、插秧、植保、收获等一系列生产环节，都实现了全程机械化作业。农场2006—2018年农机具配备情况见表4-4-1。

表 4-4-1　农机具配备统计表（2006—2018 年）

机型 年份	大中型拖拉机 （台）	小型拖拉机 （台）	收割机械 （台）	插秧机 （台）	人中型配套农具 （台、件）	小型配套农具 （台、件）	农机总动力 （万千瓦）
2006 年	629	614	406	883	983	515	8.44
2007 年	703	727	414	847	988	551	9.32
2008 年	739	737	430	904	1003	563	10.28
2009 年	973	777	477	1447	1456	574	11.25
2010 年	1223	699	529	1756	1856	562	13.90
2011 年	1668	633	624	2068	3381	409	18.43
2012 年	1784	619	724	2177	4132	424	21.91
2013 年	1821	494	736	2199	5125	615	22.21
2014 年	1924	555	761	2180	5986	615	23.50
2015 年	1997	539	838	2222	6739	613	24.81
2016 年	2057	565	881	2244	6770	533	27.09
2017 年	2107	567	909	2288	6785	494	28.30
2018 年	2158	620	934	2300	6787	500	29.59

为了保证农机具合理配套，技术状态达到标准化，农场在制定农机工作考核方案时严格规定：农机具检修后，必须经农机部门验收颁发合格证后方可参加作业，不合格者禁止作业。为确保农机具在作业时达到"高效、优质、低耗"的标准，保持机械良好的技术状态，争取粮食丰产丰收，农场下发了农机维修保养操作规程，要求农业机械保养按照"防重于治、养重于修"的原则，切实执行技术保养规程。动力机械要按主燃油消耗量确定保养周期，按时、按号、按项、按技术要求进行保养。农具坚持常年维修，达到技术保养标准，确保处于完好的技术状态。这些严格管理，有效保证了农机具良好的技术状态，为农机田间标准化作业提供了强有力的保障。

第三节　农机具更新与新技术推广应用

为加快农机具更新步伐和农机新技术的推广应用，在享受国家补贴政策的同时，农场每年都投入一定的资金用于职工购买农机具的补贴，在政策上给予扶持，加大水田机械的推广和更新力度。加强现场办公服务、售后服务和跟踪问效，制定了农机购置补贴工作责任制，启动实施了全国农机购置补贴管理软件系统，提高了工作效率和透明度。加强了补贴资金使用过程的监督与管理，切实保障农机购置补贴政策的实施，这些措施极大地激发了广大种植户更新农机具的积极性。从2017年开始，根据国家、黑龙江省及垦区相关文件精神，农场制定下发了《绥滨农场2017年秸秆禁止焚烧工作方案》文件，在更新水田农机具方面进行了重点引导和奖励补贴。截至2018年，农机更新系数达到0.82。

一、农场补贴资金的来源

一是利用国家给予的政策补贴，按类别、型号、动力规定补贴标准。2014年以前，农场职工购买农机具实行差额购机，国家补贴资金由上级划拨到农场财务科，经农场农机部门核实后，由财务部门汇款到总局招标局，统一由招标局汇给经销商。2015年开始，国家补贴政策发生改变，购机户实行全款购机，经农机部门审核批准后，由财务部门将补贴款直接打到购机户的农行卡中。

二是根据生产需要，合理选型，推广使用农机新技术，激发职工的购买热情。对职工购买的农机具，农场给予一定金额的补贴。2010—2014年，农场对职工购买的进口高速插秧机每台给予2万元（带平地轮则为2.4万元）的补贴。2006—2015年，对国产高速插秧机农场每台补贴3000元，电动播种机和覆土器每台补贴1500元，电动摆盘机每台补贴1800元，茎秆粉碎还田机每台补贴1500元，割晒架每台补贴1万元，拾禾器每台补贴5000元，弥雾机每台补贴200元，多功能管理机（运苗车）每台补贴5000元，施肥器每台补贴1500元，半喂入收割机每台补贴10万元。2013年和2014年购置的大中型农用拖拉机，按购机金额的5%给予补贴。2016—2018年，农场重点补贴的农机具为：尖锋大犁每台1000元，黄海金马404拖拉机每台补贴1万元，重型水田灭茬犁（3+1）每台补贴4000元，水稻测深施肥装置（6行）每台补贴1万元，水稻测深施肥装置（8行）每台补贴1.4万元。

三是2013年和2014年，农场每年提取268.5万元作为农机更新基金，汇到宝泉岭管理局财务部门指定账户。然后，根据农场农机部门核实认定，上报管理局农机局批准后，由管理局财务部门直接将补贴款汇给经销商。

四是2017年有109台农机具享受了国家新型农机具补贴；2018年有168台农机具享受了国家新型农机具补贴。

二、农机更新和新技术应用

2006—2018 年农场农机更新及应用情况请参见表 4-4-2 和表 4-4-3。

表 4-4-2　农机具更新及新技术推广主要项目（2006—2018 年）

型号 ＼ 年份	2006	2007	2008	2009	2010	2011	2012	2013	2014	2015	2016	2017	2018
水稻催芽器（台）	185	72	—	—	—	—	—	—	—	—	—	—	—
搅浆平地机（台）	92	—	45	—	—	150	120	—	—	—	—	—	17
国产普通插秧机（台）	190	—	200	85	—	—	—	—	—	—	—	—	—
国产高速插秧机（台）	—	40	—	—	—	—	—	—	—	—	—	9	4
大中轮式拖拉机（台）	80	110	45	27	40	130	70	130	43	89	92	106	40
926 芬特大马力（台）	1	—	—	—	—	—	—	—	—	—	—	—	—
履带收割机（台）	—	2	—	—	—	—	30	48	—	41	—	—	—
轮式收割机（台）	5	9	18	35	50	15	76	38	7	8	14	39	16
拾禾器（台）	—	15	—	—	14	—	—	—	—	—	—	—	—
钵育摆栽机（台）	—	2	2	1	—	—	—	—	—	—	—	—	—
玉米收割机（台）	—	—	6	4	—	—	—	—	—	—	—	—	—
洋马插秧机（台）	—	—	—	—	82	1	18	42	21	17	2	11	7
井关插秧机（台）	—	—	6	—	5	144	119	49	41	—	4	12	64
久保田插秧机（台）	—	—	—	—	3	—	—	—	—	6	3	10	16
大垅密起垄机（台）	—	—	—	2	—	—	—	—	—	—	—	—	—
自走割晒机（台）	—	—	—	1	6	11	8	—	—	—	—	—	—
悬挂割晒机（台）	—	—	—	—	10	—	—	—	—	—	—	—	—
浸种催芽设备（套）	—	—	1	1	7	2	8	—	—	—	—	—	—
施肥机（台）	—	—	—	1	50	30	70	—	—	—	—	—	—
电动苗床播种机（台）	—	—	—	—	—	20	100	143	—	123	—	—	—
手动苗床播种机（台）	—	—	—	—	55	—	—	—	148	—	—	—	—
电动覆土机（台）	—	—	—	—	—	—	—	30	158	55	—	—	—
驱动圆盘犁（台）	—	—	—	—	—	—	20	—	—	—	—	—	—
电动卷帘器（个）	—	—	—	—	—	—	2500	—	—	—	—	—	—
运苗机（台）	—	—	—	—	—	—	—	7	9	15	—	36	—
弥雾机（台）	—	—	—	—	—	75	—	—	—	—	—	—	—
电动摆盘机（台）	—	—	—	—	—	—	—	—	136	—	—	—	—
茎秆粉碎还田机（台）	—	—	—	—	—	—	—	—	—	300	21	—	—
尖锋大犁（台）	—	—	—	—	—	—	—	—	—	—	98	178	94
橡胶履带防陷装置（套）	—	—	—	—	—	—	—	—	—	—	2	—	—
水稻侧深施肥装置（套）	—	—	—	—	—	—	—	—	—	—	1	71	130
振捣提浆机（台）	—	—	—	—	—	—	—	—	—	—	3	—	—
烘干塔（座）	—	—	—	—	—	—	—	—	—	—	—	2	2

（续）

年份 型号	2006	2007	2008	2009	2010	2011	2012	2013	2014	2015	2016	2017	2018
3+1大犁（台）	—	—	—	—	—	—	—	—	—	—	—	—	165
智能喷雾控制系统（套）	—	—	—	—	—	—	—	—	—	—	—	—	12
秧盘播种设备（套）	—	—	—	—	—	—	—	—	—	—	—	—	8
旱田进口播种机（台）	—	—	—	—	—	—	—	—	—	1	—	—	—
起垄机（台）	—	—	—	—	—	—	—	—	—	1	—	—	—
青贮机（台）	—	—	—	—	—	—	—	—	—	—	—	—	2
双轴搅浆机（台）	—	—	—	—	—	—	—	—	—	—	—	—	6

注：2013年，GPS定位导航技术应用在ZG-350型筑埂机上。

表4-4-3　农机具更新及补贴统计表（2006—2018年）

机型 年份	大中型拖拉机 （台）	收割机械 （台）	插秧机 （台）	新技术及农具 （台）	累计投资 （万元）	国家补贴 （万元）	农场投资和补贴 （万元）
2006	80	5	190	277	692.00	39.00	43.70
2007	110	11	80	85	721.00	140.00	40.00
2008	45	24	219	45	947.00	61.00	40.00
2009	27	40	35	66	1324.00	148.00	6.00
2010	41	52	90	219	3256.00	323.50	174.00
2011	130	26	145	310	2193.00	400.00	507.50
2012	70	114	137	317	5500.00	693.00	327.20
2013	130	86	91	258	4750.00	287.00	268.50
2014	83	28	23	263	3950.00	580.00	378.50
2015	103	52	18	564	3720.00	898.50	105.28
2016	92	14	9	123	1445.00	407.73	21.80
2017	106	39	42	287	3123.42	597.24	105.18
2018	40	16	91	432	3400.00	642.16	223.80

第四节　农机队伍建设与培训

13年间，农场引进农机具和新技术的速度非常快。为使农机驾驶人员熟练掌握新技术和农机安全操作规程，农场加大了对农机培训资金的投入，将农机培训工作列入年度考核。农机科制订了专门的培训计划，进行多层次、多渠道的全面培训，培训的主要内容有安全常识、基本操作技能和新技术的推广应用等。每年引进新机具、新技术，都聘请厂家的技术人员来农场授课，现场讲解有关知识。每年冬季，农机科都与农业科、科委联合举办培训班，对农机驾驶人员和农机管理人员进行专业培训。

农机科每年与农机驾校举办一期驾驶员培训班，培训制度严格按照农业部下发的《拖拉机驾驶培训管理办法》来制定，使农机驾驶员的培训更加规范化、科学化、专业化。农场投资1.8万元，在东井管理区停放场建设了一处标准化桩考基地，作为驾驶员每年考试的场所。农机驾校的基本设施建设齐全、专业，在培训考试时，考试场所的各种划线、标识等符合规范。对于农机驾驶员的培训内容，结合农场农业机械的使用情况进行合理安排，使每一名农机驾驶人员都能达到农机操作规范要求。农机驾校与农机监理部门积极配合、各尽其责、互相监督，确保培训质量。工作人员为参加培训学习的人员做好记录和考勤，建档建册，保证个人资料的完整。培训考试合格后，根据培训情况进行综合评估，发放结业证书。13年中，平均每年通过培训考试取得农机驾驶证的人员都达到100人左右。

通过以上各种方式的培训，使全场农机人员的培训面达到90％以上，整体提高了农机队伍的综合素质和操作技能。

第五节　田间标准化作业

为提高田间标准化作业水平，农场采取了有效措施，各单位都成立了田间标准化作业质量验收小组，加强对农业机械田间作业的指导和监督。在保证农机具技术状态完好的前提下，达到合理配套，并严格执行《田间机械作业技术操作规程》，做到适时、优质、高效、低耗、安全。

2013年，农场制定下发了《黑龙江省绥滨农场企业标准》，对农业机械田间作业质量标准做了明确要求。具体标准见表4-4-4至表4-4-9。

农机田间作业质量检查验收标准

表4-4-4　翻地作业质量检查验收评分标准

检查验收内容	标准分
翻地要打垡旗，打起止线，枕地线	10
耕垡笔直，百米内直线误差不超20厘米；耕幅一致，不跑、漏犁，每犁铧（以3.5米为标准），正负误差不超过2厘米	15
地头起落整齐一致，百米内误差不超过20厘米	15
耕深一致达到规定要求，耕深误差不超过±1厘米	15
开闭垡之间距离应在50米以上，开垡宽度不大于30厘米，闭垡高度不超过10厘米	10
扣垡整齐严密，不出现回垡、立垡明条现象，地表1米内高低差不超过10厘米	15
翻到头、翻到边，不重不漏，无三角区，无斜扭	10
电杆、标桩等建筑物周围必须用人工整平	10
合计	100

表 4-4-5　耢地作业质量检查验收评分标准

检查验收内容	标准分
耢平到地头、地边、不拥土，不拖堆，不漏耢，往复结合线无明凸台，结合线重复不少于 15 厘米	10
耢平后的地地表平整，耢地方向垂直于播种方向，在 4 米宽范围内高低差小于 5 厘米	10
耢平后的地土壤细碎，每平方米范围内直径 5 厘米的土块不超 3 块	10
合计	30

表 4-4-6　水田整地作业质量检查验收评分标准

检查验收内容	标准分
旱整地地表要有 10～15 厘米的松土层，地表平整细碎，土块直径不大于 5 厘米，10 平方米内高低差不超过 5 厘米	40
耕旋到头、到边，不重、不漏，不留三角区	30
水整地要放水泡田 3～5 天后，再水耙地，同池内高低差不大于 ±3 厘米，地表有 5～7 厘米泥浆，达到作业田面的上实下松	40
合计	110

表 4-4-7　水稻插秧作业质量检查验收评分标准

检查验收内容	标准分
适时插秧，一般在 5 月 10 日—5 月 25 日进行	10
插秧每穴株数合乎要求	15
插秧深度为 1.5～2 厘米	15
勾秧率在 3% 以下，漏插秧率在 3% 以下	15
插秧后秧苗直立，漂秧率不大于 2%	20
插行要直，50 米直线度不超过 5 厘米，往复结合线误差不超过 2 厘米	15
插到头、插到边，机械插不到的人工补秧	10
合计	100

表 4-4-8　水稻割晒作业质量检查验收评分标准

检查验收内容	标准分
适时割晒	15
机械割茬高度 10～15 厘米，人工割茬高度 5～10 厘米	15
放铺角度：小型割晒机为 75°～90°，大型割晒机为 60° 的鱼鳞铺，铺子厚度不超过 15 厘米	25
放铺整齐，不漏割，不丢穗，不塌铺，穗头不触地，损失率不大于 0.5%	30
放铺笔直，行距相等，地头整齐	15
合计	100

表 4-4-9　水稻收获作业质量检查验收评分标准

检查验收内容	标准分
适时收获，综合损失率不大于 3%，破碎率不大于 4%，清洁率不小于 95%	40
割茬一致，高度不超过 20 厘米	15
收割笔直，割幅一致	15
不漏割、不丢穗、不留三角区	30
合计	100

农业机械的合理配套和更新满足了农艺的根本要求；农时抢前抓早，使全场的田间标准化作业达到了"五个七"，即七天完成泡田、七天完成水整地、七天完成插秧、七天完成收割、七天完成秋整地"黑色越冬"。

2016年秋季，为了保证水稻顺利收获、颗粒归仓，农场外联了一批履带收割机进行跨区秋收作业。从10月1日开始到水稻收获结束，每台外联收割机农场每天给予100元的伙食补贴，秋收期间共补贴误餐费11.73万元。

2017年，农场明确提出严禁露天焚烧秸秆后，要求各种植户必须将秸秆抛撒还田。首先要求每台作业的收割机必须配备秸秆粉碎还田机，并与各管理区签订责任状，进行实地检查，确保秋收期间无一例焚烧现象。由于抛撒的秸秆量大，给秋整地带来难度，传统的大犁在扣垡严密、无秸秆裸露上达不到要求。为此，农场出台奖励政策，对购买轻、重型水田灭茬犁的用户进行补贴奖励。2017—2018年农户共购买轻、重型水田灭茬犁437台，农场出资奖励补贴款93.2万元。机械力量的优化配备为秋整地工作创造了良好条件。

另外，农场经常组织业务部门、管理区主任、技术员和种植户到其他农场参观学习。在农场内部也树立样板和先进典型，定时举办现场定标会，在科技园区示范田举办插秧比赛和秋收劳动竞赛等。由于措施得当和典型的示范带头作用，农场田间标准化作业质量不断提高，在管理局评比中年年名列前茅，在总局农业生产评比中也经常获得殊荣。

农场各项农机作业在不同时期的收费情况，见表4-4-10至表4-4-20。

表4-4-10　耕地作业费指导价格（2009年）

作业名称	技术要求	拖带农具	指导价格		折合系数	备注
			元/亩	元/公顷		
翻熟地	沙土地20～22厘米	犁	16.00	240	1.00	带合墒器
	白浆土22～24厘米	犁	16.67	250	1.09	带合墒器
	7820翻25～28厘米	犁	18.67	280	1.17	带合墒器
	浅翻12厘米，深松35厘米	深松浅翻犁	19.68	295	1.23	带合墒器
深松	深松30～35厘米	深松机	20.96	315	1.31	带燕尾
联合整地	深松35厘米以上（打破犁底层）	联合整地机	22.67	340	1.52	带碎土滚
耘耕整地	深度16厘米以上	耘耕机	10.56	160	0.66	带碎土滚
旋耕	12～16厘米	旋耕机	19.68	295	1.23	—
翻水田	14～17厘米	犁	16.32	245	1.02	—
旋耕水田	12～14厘米	旋耕机	21.28	320	1.33	—

表 4-4-11　耢地、耙地作业费指导价格（2009 年）

作业名称	技术要求	拖带农具	指导价格		折合系数	备注
			元/亩	元/公顷		
耢地作业	平碎	链轨耢子	2.56	38	0.16	—
	平碎	轻型耢子	1.92	30	0.12	—
	平碎	液压平地机	4.00	60	0.25	—
耙　地	8～10厘米	各类耙	2.56	40	0.16	—
	12～14厘米	各类耙	4.00	60	0.23	—
	15～16厘米	各类耙	4.96	75	0.31	—
	17～18厘米	各类耙	6.08	90	0.38	—
耙水田	10～12厘米	水耙轮	6.88	105	0.43	—
	13～15厘米	水耙轮	9.60	145	0.60	—
搅浆平地	搅浆深度大于10厘米，高低差不大于2厘米	搅浆平地机	30.40	460	1.90	原茬
激光平地	平整、高低差不大于3厘米	激光平地机	60.80	900	3.80	地势差20厘米

表 4-4-12　播种、镇压作业费指导价格（2009 年）

作业名称	技术要求	拖带农具	指导价格		折合系数	备　注
			元/亩	元/公顷		
麦类播种	种深3～4厘米，肥深7～10厘米	美式播种机	4.48	65	0.28	—
	种深3～4厘米，肥深7～10厘米	悬挂播种机	7.20	110	0.45	带侧深施肥
大田播种	垄上精点	精点机	6.00	90	0.38	种深4～5厘米，肥深7～10厘米
	垄上精点带深松	精点机	10.72	160	0.67	深松25～30厘米
	气吸播种	气吸播种机	6.67	100	0.45	种深4～5厘米，肥深7～10厘米
	气吸播种带深松	精密播种机	11.84	180	0.74	深松25～30厘米
	铺地膜	覆膜机	6.40	95	0.40	—
	铺地膜带播种	气吸覆膜播种机	13.76	200	0.86	播种、施肥、覆膜一次成
水稻插秧	到头到边不缺苗	插秧机	40.00	600	2.62	补苗率不超过2%（含人工）
镇压	不重不漏，速度在每小时5千米以下	镇压器	1.87	28	0.12	—

4-4-13　中耕管理作业费指导价格（2009 年）

作业名称	技术要求	拖带农具	指导价格		折合系数	备　注
			元/亩	元/公顷		
一次深松中耕	作业深25～30厘米	悬挂中耕机	6.40	95	0.40	三杆尺，大钩子带小鸭掌
二、三次深松中耕	作业深20～25厘米	悬挂中耕机	5.28	80	0.33	三杆尺

（续）

作业名称	技术要求	拖带农具	指导价格		折合系数	备注
			元/亩	元/公顷		
行间中耕追肥	不重不漏，作业深 20～25 厘米	中耕机	6.88	100	0.43	—
化学灭草	不重不漏，匀速作业	大型喷药机	2.33	33	0.14	配备进口防后滴喷头
	不重不漏，匀速作业	小型喷药机	2.00	28	0.12	配备进口防后滴喷头
起垄	垄直、垄尖、垄距一致	悬挂起垄机	5.00	70	0.29	—
起垄分层施肥	双层肥深5～10厘米，垄直、垄距、施肥深浅一致	悬挂中耕机	5.67	85	0.36	—
起垄深松分层包肥	双层肥深5～10厘米，垄直、垄距、施肥深浅一致，深松25～30厘米	悬挂起垄机	6.40	95	0.44	—
小麦地秋施肥	不重不漏，肥深 5～10 厘米	小麦播种机	3.52	50	0.22	

表 4-4-14 收获作业费指导价格（2009 年）

作业名称		技术要求	拖带农具	指导价格		折合系数	备注
				元/亩	元/公顷		
麦类收获	麦类割晒	45°鱼鳞铺，均匀、连续、塌不铺	悬挂割晒机	6.40	95	0.40	—
		45°鱼鳞铺，均匀、连续、塌不铺	牵引式	6.24	95	0.39	—
	麦类拾禾	综合损失不超 3%	收割机	12.64	190	0.79	不含运输
	麦类直收	综合损失不超 3%，割茬不高于 20 厘米	收割机	18.24	270	1.14	不含运输
大豆收获	大豆拾禾	综合损失不超 3%，破碎率小于 2%	收割机	13.33	200	0.90	不含运输
	大豆直收	综合损失不超 3%，破碎率小于 2%	收割机	16.00	240	1.00	不含运输
水稻收获	水稻割晒	横插，顺放，机拾，茬高12～16 厘米	割晒机	12.00	180	0.80	
	水稻拾禾	综合损失不超 3%，糙米率小于 2%	收割机	33.33	500	2.48	不含运输
	水稻直收	综合损失不超 3%，糙米率小于 2%	收割机	46.67	700	3.33	不含运输
	水稻脱谷	综合损失不超 3%，糙米率小于 2%	收割机	30.56	460	1.91	不含运输
		综合损失不超 3%，糙米率小于 2%	脱谷机	34.24	515	2.14	不含运输

（续）

作业名称		技术要求	拖带农具	指导价格		折合系数	备注
				元/亩	元/公顷		
玉米收获	玉米拾禾	不掉棒，田间机械损失不大于3%，破碎率不大于2%	收割机	30.56	460	1.91	不含运输
	玉米直收	不掉棒，田间机械损失不大于3%，破碎率不大于2%	收割机	45.76	685	2.86	不含运输
	玉米下棒	光棒率达85%以上	下棒机	40.00	600	2.38	不含运输
	玉米脱谷	损失率不大于3%，破碎率不大于2%	收割机	15.20	230	0.95	不含运输
		损失率不大于2%，破碎率不大于2%	脱谷机	18.24	270	1.14	不含运输
半链轨(后驱动)收获作业		后驱动按作业面积计价	收割机	11.04	165	0.69	增加

表 4-4-15　运输作业费指导价格（2009 年）

作业名称	技术要求	拖带农具	指导价格		折合系数	备注
			元/亩	元/公顷		
喷药运水	供水及时	水罐	0.32	6.0	0.02	—
播大豆运种运肥	供应及时	拖车	0.48	7.5	0.03	—
播其他作物运种运肥	供应及时	拖车	0.64	10.0	0.04	—
收获大豆运输	不影响收获作业	拖车	2.20	35.0	0.13	2 吨以上
收获小麦运输	不影响收获作业	拖车	3.04	45.0	0.19	3.5 吨以上
收获玉米水稻运输	不影响收获作业	拖车	7.33	110.0	0.47	7 吨以上
转运	到其他单位作业	作业机车	—	—	—	每公里 1 元/吨

表 4-4-16　耕地作业（2013 年）

作业名称	技术要求	拖带农具	指导价格		折合系数	备注
			元/亩	元/公顷		
翻水田	14～17 厘米	犁	26.67	400	1.33	—
旋耕水田	12～14 厘米	旋耕机	28.00	420	1.40	—

表 4-4-17　水整地作业费指导价格（2013 年）

作业名称	技术要求	拖带农具	指导价格		折合系数	备注
			元/亩	元/公顷		
耙水田	10～12 厘米	水耙轮	26.67	400	1.33	—
	13～15 厘米		30.00	450	1.50	
搅浆平地	搅浆深度大于 10 厘米，高低差不大于 2 厘米	搅浆平地机	30.40	460	1.90	

表 4-4-18　水稻插秧作业指导价格（2013 年）

作业名称	技术要求	拖带农具	指导价格		折合系数	备注
			元/亩	元/公顷		
水稻插秧	到头到边不缺苗	插秧机	40	600	2.62	补苗率不超过2%（含人工）

表 4-4-19　收获作业费指导价格（2013 年）

作业名称	技术要求	拖带农具	指导价格		折合系数	备注
			元/亩	元/公顷		
水稻割晒	横插，顺放，机拾，茬高 12～16 厘米	割晒机	30.00	450	1.50	—
水稻拾禾	综合损失不超过 3%，糙米率小于 2%	收割机	50.00	750	2.50	不含运输
水稻直收	综合损失不超过 3%，糙米率小于 2%	收割机	60.00	900	3.00	不含运输
水稻脱谷	综合损失不超过 3%，糙米率小于 2%	收割机	40.00	600	2.00	不含运输
半链轨(后驱动)收获作业	后驱动按作业面积计价	收割机	13.33	200	0.69	增加

表 4-4-20　运输作业费指导价格（2013）

作业名称	技术要求	拖带农具	指导价格		折合系数	备注
			元/亩	元/公顷		
喷药运水	供水及时	水罐	1.00	15.00	0.05	—
收获水稻运输	不影响收获作业	拖车	20.00	300.00	1.00	3 吨以上

第六节　农机具技术状态标准化

坚持"防重于治、养重于修"的原则。保养周期按主燃油消耗量计算，按时、按号、按技术要求保养。保养周期可提前，不得延后。每隔几年，农场农机部门都组织各作业区对本单位的农机具进行喷漆，达到"红车绿具"的要求。农机监理所每年春季对农用拖拉机及配套农具进行技术状态年度检验；夏季对收割机进行技术状态年度检验。对合格的给予盖章并颁发合格证书，不合格的责令整改，否则不允许参加作业。

通过坚持不懈的标准化管理，全场农机动力机械能够保持"五净"（油净、气净、水净、机器净、工具净），"四不漏"（不漏油、不漏水、不漏气、不漏电），"一完好"（技术状态完好）。作业农机具达到了"三灵活"（操作灵活、转动灵活、升降灵活），"五不"（不松旷、不钝刃、不变形、不锈蚀、不缺件），"一完好"（技术状态完好）。农业机械做到了"五良好"，即：调整良好，各部间隙、压力、行程正常；润滑良好，各部规定油面符合要求，油路畅通，黄油注够；紧固良好，各部螺纹连接扭矩符合规定，无过松或过紧；仪表良好，读数正常；电路良好，线路完好，布置规范，无断路或短路。

第七节　农机管理标准化

农机部门通过对多年的农机管理经验、农机作业实践和试验成果进行集成配套，反复讨论和分析论证，遵循"科学性、实用性、统一性、规范性"的原则，与国家现行相关标准接轨。集成农机作业质量技术、农机管理、农机作业质量检查等技术要求，注重标准的先进性、指导性、合理性和可操作性，形成了有农场特色的一整套标准化管理标准。

农机标准化管理的基本任务是：贯彻落实国家有关方针、政策，运用经济、技术、行政、法规等措施，对农业机械选型、配套、使用、维修、改造和更新等进行综合管理，不断改善农机设备技术状态，确保优质、高效、安全地完成农业生产任务，取得良好的经济效益。

农场以提高驾驶员的素质为本，以加强农机基础设施建设为基础，以农机安全生产为保证，以提高农业机械技术状态为重点，实现了农场田间作业标准化。农机管理做到精细化、科学化、制度化、规范化；农机队伍技术精、作风好、纪律严；农业机械作业做到优质、高效、低耗、安全；农业机械技术保养达到动力机械标准要求；作业机具达到标准技术状态要求；"三库一场"制度健全，达到干净整洁、摆放整齐、涂油垫起、安全防火要求。

2013年年初，农场遵照农业部农垦农〔2013〕3号文件《关于2013年全国农垦农机标准化示范农场创建工作有关事宜的通知》精神，认真开展了创建农机标准化示范农场工作。在农垦总局、管理局等上级主管业务部门的关心指导下，农场党委高度重视，把农机标准化创建工作纳入议事日程，把农机标准化管理列入主管场长目标考核，并在人力、物力、财力上给予大力支持。本着求真、务实、创新、开拓的宗旨和提质增效的目的，农场场长和主管农机工作的副场长亲自谋划、前沿指挥，定目标、定责任。在全年工作中，严格按照农业部创建《全国农垦农机标准化示范农场创建活动实施方案》及考核内容要求，部署和开展工作。年底，经过层层考核，农场被农业部评为AAA级"全国农垦农机标准化管理示范农场"。

第八节　农机停放场建设

为加强农机基础建设，农场不断加大对农机停放场基础建设的投入力度。仅2013年，就投入资金1200多万元，对3个高标准农机管理服务中心和9个标准化农机停放场进行改造和完善。2006—2018年，累计投入资金3761.29万元。全场12个管理区下辖的37个作业区全部都有停放场，停放场总面积达67.18万平方米，其中永久停放场面积59.96万平方米，临时停放场面积 7.22 万平方米。共有零件库、保养库、油料库 1636 个，面积达 6.85 万平方米；另有警卫室 35 个。农机停放场全部实现了地面硬化，通风良好，有砖围墙和铁栅栏，各种设施和消防器材齐全；农机具集中统一、按区按类别停放，做到冬无积雪，夏无杂草，停放整齐。入场入库机具达到了"全、净、齐、卸、垫、涂、封、松、美、好"十字方针要求。农场制定了机务区验收标准和考核方案，由专人管理，出入有记录。建立完善了机务区日常管理制度、机车维护保养制度、零件库管理制度、修理间修理制度、机车管理制度、油料库管理制度、农具维修制度、安全防火制度。

第九节　农机监理

随着机械力量不断增强和农机驾驶员队伍的不断扩大，农机安全监理工作显得更加重要。

一、制度公开化

农机安全监理所本着依法行政的原则，坚持制度公开化，制定了农机监理所长岗位责任、农机外业监理员岗位职责、农机内业监理员岗位职责、"十不准"制度、"十项承诺"、农机监理行为规范"八必须"等制度。农机监理收费项目、标准及依据、农场监理业务流程图等全部上墙公开，接受广大有机户的监督。

二、办公网络化

2006 年年初，开始进行全国统一换发农用拖拉机和收割机号牌及驾驶证工作，同时启用农机监理网络办公软件。工作人员逐队逐户地核实信息，拍照拓码模，将原来所有的机车档案和驾驶员档案全部录入到农机监理网中，实行网络办公，彻底告别了以往办公手写的历史。历时近一年时间，为全场符合手续的动力机械全部办理了换发号牌手续，为驾驶员换发了新的驾驶证。

三、服务主动化

每年春季，是职工购买机车的高峰期。农机监理所人员为了方便职工，都是现场办公或者深入田间地头，为有机户办理机车入户手续，极大地方便了有机户，节省了农时，受到大家的称赞。农机监理所经常与交警队、安全科进行联合执法，田查路检，发现问题及时整改，把事故苗头消灭在萌芽之中。每年举办一次农机大集宣传活动，发放农机安全宣传资料，给拖车喷放大号。2006—2018 年共免费为有机户安装反光牌和反光条 2.96 万副。2018 年免费为作业区警卫室安装一氧化碳报警器 100 个。

四、安全管理制度化

农场制定了安全教育制度和安全生产制度。利用各种渠道对驾驶员进行安全教育、知识讲座和培训。农机监理所每年与管理区居民组的农机安全员签订安全责任状；居民组每年春季和秋季与驾驶员签订"农机作业十不准"责任状。开展了农机安全"五进活动"，即农机安全宣传教育进校园、进机务区、进车组、进家庭、进田间。举办了"十、百、千"示范活动；参加了全国"平安农机"评选活动，2009 年农场获得了"平安农机示范场"称号。

五、牌证规范化

分别于 2007 年、2011 年、2014 年，逐队逐户清理"黑车"700 余台，清理无证驾驶200 多人，并按要求全部核发了牌证，取得了良好效果。2009—2011 年，根据上级要求，拖拉机和收割机开展"交强险"登记，农场对交"强险"进行了补贴。具体补贴政策是：20 马力以上的机车每台农场补贴 50 元，本人交 40 元；20 马力以下的机车每台农场补贴35 元，本人交 25 元。参保率达 100%。由各生产队安全员统一组织收费、统一造册登记，到保险公司统一办理。然后由农机科打报告，经场长审批后将补贴款转到保险公司。

通过坚持不懈的努力，农机安全监理工作取得了较好的成绩，未发生农机人员伤亡事件。农机科先后多次被总局和管理局评为"农机安全监理工作先进单位""农机安全生产先进单位"。

第十节　农机监理档案管理

农机监理档案主要包括农业机械档案、驾驶操作人员档案、农机事故档案、文秘档案、农机信息档案等。这些档案由农机内业监理员按上级要求负责立卷、归档、保管。档案管理严格执行《档案法》的规定，达到了规范化、科学化、信息化。档案管理遵守保密制度，需要借阅、复印、调档必须经业务主管领导批准、管理人员在场，并出具相关的公函和经办人工作证，留下签字记录。

农业机械档案和驾驶操作人员档案做到"一证一档"，随时发证随时建档。建档材料真实，内容齐全，手续合格，分类合理。分别建立总账和分账。总账按编号顺序依次排列，内容包括序号、单位、姓名、机型、号牌号码、档案编号、驾驶证号、发证日期等。分账以作业区为单位，按号牌、牌证核发时间依次排列，内容与总账相符。档案袋上有编号、牌证号、单位、姓名、机型、准驾型号等。如发生变动、变更、转移、换补牌证等，档案及时补充记录材料并盖章。

文秘档案每年年底按类别进行一次装订，入柜保管。农机事故档案一般是结案后20日内立卷归档，并入柜长期保管。

2018年3月到8月，按照国家改革和管理局农机监理站有关精神，农机监理所对全场所有的农用拖拉机、收割机及驾驶员档案进行了清理，将清理出来的问题按管理区分类进行登记，然后通知本人前来补签手续、补齐印章。对于机车档案中发动机和车架号码模缺失的，监理人员为了不耽误农时，亲自下到田间地头去拓印。共清理收割机档案507份、拖拉机档案1824份，恢复机车电子档案9台。清理驾驶员档案996份，清理超期可恢复的驾驶员档案218份。为驾驶员办理换发补发、超期恢复的驾驶证249个。办理机车转移登记手续和机车报废、注销手续316台。圆满完成了档案清理任务，做到了电子档案和纸质档案一一对应，为下一步档案移交工作做好了准备。

档案管理工作的科学规范，使查询、管理更方便快捷，内容更翔实，材料更齐全，严格了保密制度，提高了工作效率，为农机决策提供了依据。

第十一节　农机大市场建设与管理

为了规范农机市场的管理、杜绝场区内乱停乱放，2013年，农场在客运站北部建设一处1.21万平方米的农机大市场。市场有4栋2层楼，业主可在楼下门市经营、在楼上居住。将农场所有的农机配件、农机维修、农机销售、生产资料销售等都集中到了农机大市场，形成一条龙服务，方便集中统一管理。

农机科对农场内持有工商营业执照的维修从业人员全部登记造册，并免费为他们办理了农机维修资格证。同时，开展经常性的监督检查、安全教育和服务工作，保证了农机销售和维修工作安全有序进行。

2014年7月，北大荒农机公司在农场农机大市场成立了农机服务中心，主营农业机械销售。后来又增加了旧车回收、置换、租赁、免工时费维修、农机操作人员培训等业务。2014—2018年，该中心租赁插秧机130台、免工时费维修插秧机350台。租赁插秧机与购入新插秧机相比为用户节省成本50万元，免工时费维修为用户节省费用20万元。

2016年，通过正确引导、政策扶持，农场成立了龙门福地二手车市场，拓宽了新型农机的应用，该市场主营机车、农具销售。当年共销售大中型拖拉机42台、插秧机15台、运苗车12台，买卖二手车8台。

第五章　工　　业

第一节　概　　况

随着国家对国有企业改革步伐的加快，农场工业企业进行了产权制度改革。农场工业多为个体私营企业，包括机械修造、精米加工、白酒加工、供暖等行业。

历任主持工作的领导：邱英贤、张新民、杨成义、王景华、辛愿（副科长主持工作）。

第二节　粮油加工

由于农场大面积开发水田、种植户不再种植小麦，以及受外省面粉市场的冲击，2006年农场金禾面粉厂关停改建。雪利莱面粉厂从2006年至2018年处于停产状态。

第三节　机械修造

在农场私营机械修造行业中，具备一定规模的有两家企业：三江机械厂和民丰机械厂。

一、三江机械厂

三江机械厂是农场职工黄宝玉买断原农场修造厂后建立起来的。该厂厂房面积3138平方米，占地面积2万平方米，从业人员32人，年产值300万元。厂内有机加、铸造、修理车间。机加车间内有车、冲、铣、钻、磨、刨、焊等设备，具有一定的制造加工能力和生产规模。

2006年，三江机械厂与吉林四平东风机械有限公司共同开发技术对接，改造了东风收割机传统式脱粒装置。2005年、2006年，用两年时间成功完成技术对接，把纵向轴流脱粒装置成功装到四平E518车型上。2006年为四平配套15台套，产值42万元；市场改装 53 台，产值 140 万元。年总产值 200 万元。

2007 年，三江机械厂与四平收割机厂配套脱粒装置 30 台，产值 84 万元；市场改装 65 台，产值为 182 万元。年总产值 270 万元。

2008 年，三江机械厂对轴流滚筒产品进行升级改造，对脱粒系统进一步分型分类试验，从而使脱粒系统对不同作物均可达到最佳的收获指标。通过实验使脱粒系统达到国际先进水平。8 月，三江机械厂荣获国家发明专利，轴流滚筒产品得到了权威技术机构和广大有机户的认可，进一步拓展了市场。

2008—2011 年，为满足生产加工需求，企业购进了 2 台摇臂钻床和 1 台车床，同时更换了所有的老式焊机，购置了 10 台气保焊机。产品的质量和外观有了很大的提升，产品的性能进一步提高，得到了市场的青睐和认可。产品配套采购量逐年增加，4 年累计配套 400 台套，产值 1000 多万元。

2012—2013 年，企业除扩大生产外，又进一步研发新产品。为满足中原地带对中小型多功能收割机的市场需求，企业耗时两年时间，研发了 1 台 5 公斤纵向轴流收割机，补充了市场空缺。该机通过了水稻、大豆、玉米的田间试验，整机性能达到了设计要求，收割指标达到了国际领先标准，充分证明了该机型设计的合理性。

2013 年，企业的产品得到了各大厂商的关注和了解，经常有厂商来企业洽谈合作，当年为奇瑞谷王配套轴流产品 200 台套。由于企业的发展壮大和与各配套厂商合作的需要，企业由原来的三江机械厂更名为黑龙江省宝泉岭农垦新三江农业机械有限责任公司，注册资本 200 万元。企业购进了数控等离子切割等设备，招聘了 1 名机械类专业毕业的大学生，为企业扩大再生产做好了充分的准备。

2014 年，企业迎来了新的合作伙伴，上市公司新疆牧神的主要负责人及技术人员一行来到公司，对共同研发 5 公斤收割机项目进行了研讨，最终双方签订了样机采购合同。新疆牧神公司以 40 万元的价格采购了一台样机，并为其配套了该机型的脱粒装置，签订了 3000 台整机配套意向书。约定脱粒装置部分由三江农业机械有限责任公司独家专供，不能自产或第三方配套。2014 年，企业获得了更大的经济效益，为新疆牧神配套"1075 滚筒"55 台套；为四平配套收割机 315 台套；市场改造 375 台套。当年总产值超过 2000 万元。

2015 年，企业为邯郸哈克农业机械装备制造有限公司生产的收获机底盘进行改造定型，当年完成了样机改造，并通过了部级鉴定，各项指标达到国家标准（次年命名为 4YL5 纵轴流籽粒收获机并推向市场）。同年，该公司与三江农业机械有限责任公司签订了生产配套合同，为该公司配套了 10 台脱粒装置。企业轴流滚筒脱粒装置配套厂家由原来的1家增加到5家，市场需求量不断增加，发展前景良好。当年，企业决定扩大再生产，投资700万元修建了4300平方米的厂房，并购置了数控机床等多种先进设备。2015年全省种植业结构调整，造成了市场疲软，农机行业大部分都受到了冲击，各收割机厂家的产品出现了严重滞销，同样也给三江农业机械有限责任公司带来了减产。当年企业产品配套加上市场销售产值约1300万元。

2016—2017年，企业多方联系合作企业，扩大产品销路。自产自销轴流滚筒350台套、产值910万元，为吉林省四平市东风有限公司配套脱粒装置150台套、产值410万元。2017年，新建厂房面积1450平方米，绿化厂区1200平方米。

2018年，企业自产自销产品产值224万元。

二、民丰机械厂

民丰机械厂是由农场退休工人伊树杰购买原木材厂厂房建成。民丰机械厂是一家集设计、生产、销售机械产品为一体的民营企业，成立于1998年，占地面积1.8万平方米，建筑面积3600平方米。拥有员工17人，系农场原修造厂及其他单位下岗职工，其中专业技术人员3人。

2005年，伊永刚接管民丰机械厂，不断完善加工工艺，引进先进的管理模式。至2018年，13年来，生产秸秆抛撒器500台、水田运苗车150台、水田耙400台。主要生产的农机具有水田犁、粉土机、钢骨架大棚、运秧机、水田捞子、打浆机、玉米脱粒机等，还生产围栏等设施。凭借过硬的产品及优质的服务，产品辐射周边农场及农村。2015年，改造维修厂房700平方米，更新设备8套，使企业由只能承揽一般性小型维修工程向能定型、批量生产高端产品转换。2018年，拥有车床3台、刨床2台、铣床1台、摇臂钻床1台、立式钻床4台、剪板机1台、液压折弯机1台、卷管机1台、100吨冲床1台、电焊机15台、二氧化碳保护焊机5台、氩弧焊机2台、压瓦机2台、等离子切割机3台、镀塑设备1套。

第四节　乳品加工

绥滨农场乳品厂为农场地域内唯一一家乳品生产企业。乳品厂1998年至2001年4月归宝乳集团；2001年5月至2002年6月加入摇篮乳业；2002年7月15日加入完达山乳业下属的东方分公司，厂长为邵再弟；2009年农场乳品厂解体，人员和资产负债并入完达山乳业。

第五节　万寿菊加工

溥源农产品加工有限责任公司筹建于 2004 年，当年 8 月竣工投产。该公司为股份制企业，法人股 280 万元，自然人股 220 万元，固定资产原值 460 万元，占地面积 2 万平方米，厂房 1020 平方米，年加工万寿菊鲜花设计能力 1.2 万吨，开工生产时从业人员 70 人。

2006 年至 2009 年加工鲜花 3 万余吨，生产万寿菊颗粒 3000 余吨，产值 2700 余万元。2010 年企业解体。

第六节　精米加工

农场地域内精米加工企业主要有两家：北大荒米业绥滨制米厂和龙圆米业有限责任公司。

一、北大荒米业绥滨制米厂

北大荒米业绥滨制米厂前身为北珠米业绥滨分公司，由农垦总局和农场共同投资。始建于 2001 年，当年 5 月 30 日竣工投产。2002 年 3 月，根据总局向规模要效益的方针，北珠米业绥滨分公司并入北大荒米业有限公司。

重组归入北大荒米业后，通过不断的改造和建设，该公司拥有了一条佐竹稻米加工生产线，日加工水稻 150 吨，日产北大荒牌系列优质大米 100 吨。配套设施齐全，有万吨贮粮仓两座、80 吨汽车衡一座、日处理 500 吨水稻烘干塔一座、1000 吨工艺金属仓一座、500 吨工艺仓一座、水泥地坪 1 万平方米、万吨拱形仓一座。

2014 年，北大荒米业绥滨制米厂资产、负债、人员划归绥滨农场。

二、龙圆米业有限责任公司

黑龙江省宝泉岭农垦龙圆米业有限责任公司，是绥滨农场招商引资项目，系民营股份制精米加工企业。2005 年 9 月竣工生产，公司经理为郑蓉。公司占地面积 3.2 万平方米，其中建筑面积 3800 平方米，固定资产 600 余万元。公司拥有一条国内先进的日加工 100 吨精制大米生产线，集粮食订单生产、收购、储存、烘干、加工、销售于一体，年可处理水稻 3 万吨。龙圆米业有限责任公司是宝泉岭地区"公司＋基地＋农户"的农业产业化骨干企业。

2015 年，龙圆米业有限责任公司停产。

第七节　白酒加工

2006 年，农场职工蔡伟购买原农场物资库改建为白酒厂。2007 年年初，大成酒厂投产。同年 5 月，陆书芬接手大成酒厂。当时的酒厂除了办公楼，只有 9 口窖池和 1 套简易的罐装设备。接手初期，陆书芬对制酒行业并不熟悉，为把企业做好，她聘请了制酒经验丰富的侯晓波任酒业总经理。

2009 年，大成酒业董事长陆书芬先后到五粮液、茅台、泸州老窖、杏花村酒业参观学习。2010 年到内蒙古河套酒业参观学习，并对酒厂进行投资改造，增加了化验室、质检室、勾调室。

2011 年，走访了湖北枝江、白云边、劲酒、稻花香等知名企业，并更新了原有的白酒储存罐，废弃了所有的铁罐和铝罐，新增了木海和小白钢罐。酒厂顺利通过 ISO9001 质量管理体系认证，实现了与国际质量的对接。同年，大成酒业更名为龙门福地酒业。

2012 年，走访了山东景芝、扳倒井、琅琊台、趵突泉等知名企业，通过学习同业的先进经验，为酒厂的更新改造奠定了基础。公司启动龙门福地酒业一期改造工程，共投资 500 万元，对办公楼、包材库、成品库进行改造，新建了 4 个 120 吨的白钢贮酒罐。

2013 年，公司投资 2400 万元，启动龙门福地酒业二期改造工程。新增了 12 个 120 吨的白钢贮酒罐，改造了 3000 多平方米、拥有 99 个白钢窖池的生产车间，建成了白酒从酿制到灌装的全新生产线。改造房屋 4459 平方米，车间 3050 平方米，龙门福地酒文化展览馆 399 平方米，功能室 469 平方米，窖藏 560 平方米。同时，酒业与 CCTV 央视网建立了战略合作伙伴关系。

2014 年，酒业总投资 1100 万元，购进了半自动全套酿酒设备，将窖池全部更新为白钢内胆。对新灌装车间及展览馆进行装饰，对厂区内进行绿化和硬化改造。11 月 11 日，龙门福地酒业隆重举行了"纯粮基酒"封坛仪式，八一农垦大学食品学院院长李士泽为龙门福地酒业授校企合作牌。

2015 年 7 月 4 日，龙门福地酒业举行私人窖藏封坛仪式，省酒业协会白酒分会秘书长高军为企业颁发"黑龙江·酒庄壹号标样酒"证书。

2016年，龙门福地酒业加大了对白酒的宣传力度。8月11日，在科技园区举办了"龙门福地酒业传承百年留香专家品鉴暨白酒与文化、健康论坛"，吸引了来自全国各地对白酒感兴趣的人士和经销商200余人。8月21日，濮存昕等12位艺术家到龙门福地酒业进行了白酒签字封坛，进一步增强了酒业的文化氛围和对外宣传形象，让"龙门福地"白酒品牌在省内白酒界小有盛名，销售市场得到迅速扩大。

2017年，龙门福地酒业以打造企业品牌文化为重点，积极参与白酒行业专家品鉴会。9月1日，由黑龙江省商务厅、中国饭店协会主办，北大荒文化创意产业集团、绥滨农场龙门福地酒业承办的"龙门福地'龙香型'白酒专家品鉴会暨酒与文化健康论坛"在哈尔滨举行。在此次论坛会上，龙门福地酒业首次展出"龙香型"白酒。专家团一致认为，龙香型白酒符合龙江人口感、独具龙江特色，香气陈正，甘爽协调，幽雅醇厚，回味悠长、持久，进一步提升了龙门福地白酒在省内的影响力，仅哈尔滨地区就新增福地酒庄加盟店两家，全省经销加盟店增加至13家。11月9日，在海南博鳌举行的中国千商大会·博鳌酒业峰会上，龙门福地酒业选送的"经典龙香"53度白酒，获得了"布鲁塞尔国际烈性酒大奖赛银奖"和"中国千商大会畅销产品奖"。11月27日，总局党委书记王守聪到龙门福地酒业调研，指出了一定要坚定企业的自信心，丰富体验模式、传播知青文化和军垦文化，发扬北大荒军垦精神，传承龙香型白酒文化。

2018年，龙门福地酒业完善营销网络，实施品牌营销战略，把龙门福地酒业打造成集观光、旅游、生产、经营于一体的一流民营企业。5月，龙门福地酒业酿造车间团队获得"黑龙江省工人先锋号"；12月，龙门福地"红龙"42度白酒荣获第十九届中国绿色食品博览会金奖。

第八节　阳光供暖

黑龙江省宝泉岭农垦阳光供暖有限责任公司，是2003年10月由绥滨农场供热站转制并更名的民营企业，负责农场场直地区的集中供暖工作。陆书芬任董事长，她是垦区供热协会会员、黑龙江农垦中小企业协会理事。截至2018年年末，公司有员工27人，其中高级职称2人、中级职称4人、高级工人11人、工人技师8人。

供热公司在过去的薄弱基础上不断更新经营理念，以科技改造为先导，以不断提升服务质量、温暖千家万户为宗旨，在社会各界的关怀和支持下，克服各种困难，致力于改善农场供热环境，促进供暖事业和谐健康发展。

公司占地面积 5016 平方米，厂房面积 1585 平方米。到 2018 年年末，拥有高温热水锅炉 3 台，总供热功率 64MW。外网管网总长 12 千米，其中管网主干总长度达 8.6 千米。

截至 2018 年年底，公司固定资产达到 3000 万元。三台锅炉总热功率为 64MW，总供热面积 48 万平方米，总供热户数 6400 户，包括农场 16 个主要小区 513 户、居民 4727 户、商服 1062 户、公共事业单位 98 个，满足了群众生活和农场基本建设发展的需求。

公司逐年增大投资力度，用于供热管网和供热设备的更新改造，满足了农场居民住户的供暖需求。2009 年供热面积达到 26 万平方米，年产值近千万元。2009 年 4 月公司拥有固定资产 810 万元，年底拥有固定资产 1000 万元。2010 年投资 100 万元，改造主干管道 3000 米、支线管网 1542 米。投资 400 万元用于锅炉及锅炉房内部改造，供暖面积 35 万平方米，年产值 1735 万元，年底拥有固定资产 1480 万元。2011 年，公司引进江苏无双泵业节能技术有限公司的"分布循环混水直供"技术，对供热循环系统进行改造，进一步提高了供热质量，成为全垦区唯一一家实现零距离换热的企业。2013 年，公司在"分布循环混水直供"技术的基础上，取消分水器，改为东、西、南、北 4 条管线分别单泵循环，提高了热源质量的调节能力。将 SHW7-1.25-95/70AII 型锅炉报废，安装 1 台 SHW29-1.25-115/70AII 型锅炉（哈尔滨团结锅炉厂制造）。2014 年，将 DZL14-1.25-115/70AII 型锅炉报废，安装 1 台 SHW17.5-1.25-115/70AII 型锅炉（哈尔滨团结锅炉厂制造）。2014 年年末，公司固定资产达到 2000 万元。2018 年 8 月，公司采取一系列技术升级措施进行环保改造，新购置了趋零排放脱硫脱硝两级除尘设备，同年 10 月成功运转，是黑龙江省首家实现趋零排放的供暖企业。新设备的投入使用，不仅改善了农场的环境质量，每年还能节约标准煤千余吨，使公司成为省内大气治理的标杆企业。

公司建立健全了各项规章制度及服务网络，按照以用户满意为宗旨的经营理念，全面提升优质服务。公司依据《黑龙江省供热条例》供热缴费规定，实行用户到供热收费厅主动交费的办法收取费用，缴费率达 99%。通过缴费率可判断用户的满意程度。对个别拖延交费的用户采取收取滞纳金的办法；对于因供热管网、锅炉设备改造等特殊原因不能按期供热的情况，公司采取延长供热期的办法补偿用户。在原煤采购方面，公司注重质量，严把原煤质量关，车车抽样检测，每年所购原煤的低位发热值均达 5000 大卡以上，保证了锅炉的安全经济运行，保持了采暖指标的稳定。

第九节　质量技术监督

2006—2018 年，质量技术监督工作由工业科监管，主要负责农场范围内食品加工业的监督检查工作。2010年，由地方质量技术监督局承担的计量设备检定职能，划归垦区质量技术监督部门管理。根据分局质量技术监督局的要求，农场质量技术监督工作职能也不断地被理顺和完善。

2017年，开始对计量设备强检器具实行免费检测，每年为农场企业和个人节约检测费用10余万元。

农场质量技术监督工作依据有关法律、法规对生产领域实施行政执法，查处制售假冒伪劣商品违法行为，严格食品生产加工环节的质量监管工作，对企业实行生产许可、强制食品安全市场准入制度。组织落实计量法律、法规；推行国家法定计量单位，依法管理计量器具，查处违法计量行为；管理和监督计量标准，规范市场计量规则，负责标准化法律、法规的宣传贯彻工作；监督查处无标准生产等标准化违法行为，管理锅炉、压力容器、压力管道的安全监察监督工作；对特种设备的安装、使用、检验、修理、改造等环节实施安全监察；对有关事故进行统计分析上报和调查处理。

13年来，农场质量技术监督工作人员认真履行监督职能，强化获证食品企业的证后监管工作，配合管理局质监局做好食品质量、风险监测抽样检验工作，抽检率达到100％。对辖区内特种设备使用单位，进行日常监督管理与安全监察，维护了企业特种设备、计量器具的安全运行，保护了食品安全和消费者的合法权益。

第六章　水　利

第一节　概　况

水务局是农场管理全场水务工作的职能部门，承担着农场水政水资源、水域和水利工程设施的开发、利用、保护、规划与管理等工作。具体工作内容包括：农田水利基础设施规划与建设；境内蜿蜒河、敖来河、老龙坑、向阳等四大涝区的建设与管理；黑龙江灌区运行与管理；防汛抗旱等主要任务。开展了农业综合开发建设、小型农田水利建设、大型商品粮基地建设、土地整理项目的规划和实施工作。初步建立健全了水利建设、保护、管理、服务、科研等综合体系。设有勘测设计室、水政水资源办公室、水利工程管理站、财务室、灌区运行管理站等部门。

截至2018年，农场水务局共有职工总数28人，其中专业技术人员15名，党员17名。局长、书记各1名。领导具体变化情况如下：

2006年1月—2017年4月，王春平任局长。

2006年1月—2017年4月，卢全新任副局长。

2006年3月—2010年3月，韩忠海任书记。

2010年4月—2012年9月，鞠永胜任书记。

2016年3月—2018年12月，侯庆成任副书记。

2016年6月—2018年12月，崔新宇任副局长。

2017年4月—2018年12月，崔新宇任副局长（主持工作）。

13年间，农场水利建设无论是在规模上还是速度上，都实现了飞跃性发展，完成了5.26亿元水利投资。相继进行了灌区田间配套工程和土地整理项目建设，田间配套工程有小型农田水利项目、农业综合开发项目、千亿斤粮食建设项目、国家大型商品粮基地建设项目、社会公益性事务专项经费对灌区进行信息化建设项目等。工程投入运行后，解决了14.15万亩水田的灌溉问题，提高了水田的经济效益。

在防汛抗旱工作方面，水务局依靠现有水利工程和科学决策，战胜了2007年六十年一遇的严重干旱和2013年黑、松两江发生的特大洪水，确保了人民群众生命财产安全和社会稳定，夺取了抗灾减灾的全面胜利。

水务局先后完成了黑龙江省绥滨农场水利建设规划报告、全国水利普查、地下水长期观测、小型农田水利建设项目部门项目库申报；完成了灌区灌溉水利用系数填报；制定了黑龙江垦区"两大平原"现代农业综合配套改革试验水利设施建设与管理专项实施方案；制定了绥滨农场"四大涝区"排水工程远期（2020、2030 年）规划；完成了大型灌区续建配套及节水改造、农业综合开发、小型农田水利建设等项目的规划设计。为争取国家投资、吸纳社会资金和加快水利发展奠定了基础。

2011 年，水务局灌区泵站班组被省总工会评为黑龙江省班组建设竞赛先进班组；2013 年，水务局被农场评为抗击黑、松两江洪水先进集体；2016 年，水务局被管理局评为年度工程管理先进集体。

第二节　水政水资源

水务局以新《水法》《行政许可法》《水行政许可实施办法》《取水许可和水资源费征收管理条例》等法律法规为依据，依法行政、严格执法，强化水行政规费征收力度，规范了水事秩序。

每年 3 月 22 日，水务局结合"世界水日"和"中国水周"，围绕"加强河湖管理，建设水生态文明"这一主题，通过发放宣传单、悬挂宣传条幅、设立水法知识服务台等形式，开展了形式多样的普法宣传活动，增强了全场居民的法律意识。

水务局坚持做好农场地下水长期观测工作，定期对观测数据的真实性进行核查，为水资源开发利用收集了重要的依据。分别在 2010—2013 年 7 月和 10 月，配合省厅对场区水资源费的征收和使用情况进行了专项检查；在 2014—2018 年 7 月和 12 月，配合管理局水务局对场区水资源费的征收和使用情况进行了专项检查。维护了水行政收费的严肃性，并为垦区水行政执法工作提供了资金保障。

第三节　投资与收益

2006—2018 年，水务局相继进行了灌区田间配套工程和土地整理项目建设。田间配套工程有小型农田水利项目、农业综合开发项目、千亿斤粮食建设项目、国家大型商品粮基地建设项目、社会公益性事务专项经费项目等，累计完成水利投资 5.26 亿元（表 4-6-1）。

表 4-6-1　水利工程投资完成情况统计表（2006—2018 年）

年份	农业综合开发项目（万元）	小型农田水利项目（万元）	国家大型商品粮基地建设项目（万元）	土地整理项目（万元）	千亿斤粮食建设项目（万元）	社会公益性事务（万元）	小计（万元）
2006	597.50	—	774.80	—	—	—	1372.3
2007	477.80	—	536.96	—	—	—	1014.76
2008	169.10	—	311.88	3223.00	—	—	3703.98
2009	1813.50	50	—	9459.39	—	—	11322.89
2010	1003.70	92.39	601.00	8360.26	—	—	10057.35
2011	1108.80	193.62	412.01	4226.49	—	—	5940.92
2012	1013.40	214.39	—	2698.20	—	—	3925.99
2013	1077.71	220.21	—	—	340.52	—	1638.44
2014	807.10	232.92	—	—	605.96	—	1645.98
2015	1910.66	275.66	—	—	922.99	—	3109.31
2016	700.07	183.15	—	—	1735.65	—	2618.87
2017	932.27	—	—	—	1709.17	515.54	3156.98
2018	1810.79	—	—	—	1251.52	—	3062.31
合计	13422.40	1462.34	2636.65	27967.34	6565.81	515.54	52570.08

水利工程建设，使 37 个作业区受益，农业生产条件得到显著改善。形成了田成方、林成网、路相连、渠贯通、旱能浇、涝能排、高产高效的现代农业生产新格局，使项目区内水田标准提高了一个等级。种植业结构得到进一步优化，除部分地块保留原有旱田，其余均改为水田，促进了粮食总产的大幅提升。

从效益上看，通过水利的开发建设，农场的农业和生态环境逐年改善。通过引黑龙江水灌溉，不仅稻米品质得到提高，而且经济效益明显增长。农场水稻原机井灌溉亩产为510 公斤，现江水灌溉亩产达 600 公斤，平均亩增产 90 公斤，按每公斤水稻销售 2.64 元计算，亩效益增加 237.6 元。

涝区治理和修建道路桥涵工程，改善了交通条件，促进了农、林、牧、副、渔各业发展，对改善人民物质文化生活、协调生态环境平衡、优化环境和发展生态农业等方面起到了推动作用，取得了明显的经济效益和社会效益。

第四节　防　　汛

农场的防汛工作实行"安全第一，常备不懈，以防为主，全力抢险"的工作方针。牢固树立防大汛、抢大险的思想，落实防汛工作责任制，修订完善各类防汛应急预案和实施方案，做好防汛准备。农场夏汛期为每年 6 月 15 日—9 月 20 日，按照谁检查谁负责的原则，明确汛前检查责任人，重点对河湖堤防、涵闸、泵站、涉水工程、在建工程等进行检查，排查隐患。每年防汛期实行 24 小时值班制度，每天监测渠首站水位，及时上传下达最新的汛情。在组织、物资及资金等方面做好安全度汛的各项准备工作，坚决做到不垮坝、不溃堤、不死人。坚持"宁可信其有、不可信其无，宁可信其大、不可信其小，宁可备而不用、不可用而不备"的原则，以保障人民群众的生命财产安全为天职，尽职尽责地做好防汛抢险工作。

黑龙江夏汛多发生在 7 月份，其中 7 月末至 8 月初的汛期洪水位较高。2013 年洪水位达到历史最高水位 62.53 米，根据降水量和汛情分析，汛期比往年提前，防汛时间延长。当年受对流天气影响，局部降水量集中，造成部分内涝严重。面对特大洪水，水务局牢固树立"以人为本"的工作理念，坚持加强监测预警，强化责任落实，科学合理调度，提前转移群众，及时抢险救灾，使灾害损失降到最低程度，确保了人民群众的生命财产安全和社会稳定，夺取了抗洪救灾的全面胜利。

第五节　抗洪抢险

2013 年，由于黑、松两江水位猛涨，且农场各排水区域的总排水沟都和"两江"相通，连续降雨导致沟满壕平，再加上这个季节所有水田向外排水，造成各排水沟的排水出路受阻，农场的排涝形势非常严峻。黑龙江沿线第一管理区第三、第四居民组，第十管理区第一、第五、第六居民组受灾面积达 2.5 万亩。

由于普阳、军川、江滨农场江水汇流，导致向阳排干两侧第一管理区第十居民组，第二管理区第十五、第十六居民组，第三管理区第十一、第十三居民组，第四管理区第三十一居民组受灾，受灾总面积达 3 万亩。

由于二九〇农场溃坝、蜿蜒河倒流，导致各排干向蜿蜒河排水受阻，影响第二管理区第十七居民组，第三管理区第十四居民组，第四管理区第二十九、第三十一、第三十三居民组，第五管理区第二十五居民组，第九管理区第十八、第十九、第二十、第二十三居民组，第十二管理区第九、第二十一居民组，受灾总面积达 12 万亩。

8 月份连续几天降雨，导致农场第七管理区第三十六、第三十八居民组 8 小时降水量超过 120 毫米。向松花江排水的敖来河水倒灌，低洼地区形成内涝，受灾面积达 4 万亩。

8 月 9 日绥滨黑龙江灌区渠首站水位为 61.35 米，超警戒水位 5 厘米；到 8 月 25 日，水位为 62.53 米，达到历史最高水位。

农场根据管理局的统一部署，在做好抗灾自救的同时，成立了 14 支抗洪抢险突击队，由管理区和机关、场直单位人员组成。每个突击队200人，共2800人。每天出动大量人员和机械力量支援二九○农场抗洪一线。具体工作为：

（1）沿黑龙江绥滨农场沿线、第一居民组老龙坑沿线共修筑15.96公里堤坝的防线。出动挖掘机21台、铲车4台、平路机4台、推土机6台、翻斗车8台，投入机械累计301台班，人员、物资运输车240台次。外运土方9680立方米，设沙袋6.73万条，铺彩条布5.32万平方米。总计出动人员3759人次，清理沟道排水土方达24万立方米。农场组织各居民组出动近3200台水泵，对低洼地块抽水外排，共减淹耕地面积达15.49万亩。

（2）在向阳总干江滨桥处安装了7台大马力排水泵，每小时排水量达6750立方米。通过建立临时排水站进行排水，使下游区域的绥滨、军川、普阳、江滨等农场近80万亩农作物解除内涝。将第一管理区第四和第十居民组、第三管理区第十一居民组的6条与向阳总干相通的排水沟进行了封堵。

（3）累计支援二九○农场4715人次。出动大马力农用胶轮车760台、油槽2台、挖掘机5台、人员物资运输车256台次。

（4）启动3个排水站连续42天昼夜排水。共排水989.63万立方米。

（5）农场组织撤离第一管理区（第三、第四居民组）、第十管理区（第一、第五、第六居民组）和原船队留守人员共计697人。第十管理区书记安置在自己家8人，农场民政局在老年公寓安置19人，其余人员由管理区管理人员安排投亲靠友。撤离人员全部得到妥善安置，未出现一例安全事故和不稳定因素。

第六节　抗　旱

2006—2018年这13年中，农业旱情比较重的年份是2007年。

2007年3月—6月，农场总降水量为127.9毫米，较历年少47.2毫米，较上年少118.1毫米，其中6月份降水量较历年少65毫米。7月上旬降水量为40.5毫米，7月中、下旬降水量为54.1毫米，较历年同期少38.6毫米。8月份降水量仅为2毫米，旱灾达到了60年一遇的标准。面对严重的灾情，水务局及时启动60台小型喷灌机和3台卷盘喷灌机进行喷灌作业。新打抗旱水源井199眼，启动水泵、水车昼夜灌溉，全力抗旱，确保农作物灌上救命水，减轻灾害造成的损失。

截至2018年，农场已有565眼抗旱水源井。水务局充分利用现有的喷灌设备，大力发展旱田节水喷灌，及时解决春旱问题，使灌区更好地服务于种植户，为农场的农业经济起到支撑和保障作用。

第七节　治涝及水土流失防治

在治涝工程建设上，进行了以治理蜿蜒河、敖来河、向阳、老龙坑为主的除涝工程建设。2006—2018年共完成排水土方685.28万立方米，受益单位达37个居民组。

2006年气候异常，雨量集中，6月份降水量达到170.1毫米，比历年同期增长48%，使农场的排涝系统受到了前所未有的考验。农场大部分低洼地块均受灾，受灾面积达8324公顷。水务局在蜿蜒河涝区启动第十八居民组强排站，经过5天4夜的奋战，将水降至安全水位。同时出动9台挖掘机，在受灾比较严重的16个居民组，疏通河道，挖沟排水。

2013年7月降水量达到169.9毫米，超历史同期降水量近50毫米；8月降水量达到142.6毫米，两个月累计降水量达到312.5毫米。农场第七管理区的第三十六、第三十八居民组，8小时降水量超过120毫米。水务局全面启动3个排水站，连续42天昼夜排水，共排水989万立方米，将水位降至安全水平。

农场境内的涝区经过13年来的治理，农业生产条件得到了全面改善，农业综合生产能力明显提高。完成治涝面积36.24万亩，通过小型农田水利工程项目完成清淤183.53万方、农业综合开发项目完成清淤445.02万方、土地整理项目完成清淤56.73万方。

第八节　绥滨黑龙江灌区工程

绥滨黑龙江灌区位于绥滨农场境内，设计灌溉面积35.26万亩，其中绥滨农场30.18万亩、绥滨县福兴乡5.08万亩。总干以渠首灌溉站出水池为起点，先由北向南，再折向东，沿线分出4条干渠：于总干渠1+500桩号处向东分出福兴干渠；于12+200桩号处向南分出西干渠，西干渠末端建西二级站，站后为西一分干；总干渠末端北侧为东一干；南侧为东二干。渠首站规模为中型，Ⅲ等三级建筑物，9台机组，设计流量为32.09立方米/秒，加大流量36.9立方米/秒，设计扬程13.74米，总装机6390千瓦。

灌区工程分两个阶段进行建设

一、水源工程

水源工程（渠首及总干）于2002年通过松辽委审批，批复总投资1.19亿元。建设内容包括渠首灌溉站 1 座；总干渠 1 条，长 20.5 公里；总干渠配套建筑物 23 座。2002 年、2003 年省计委下达投资计划，2005 年工程基本建设完成。

二、骨干渠系工程

骨干渠系工程于 2006—2014 年通过水利部、省发改委、省水利厅、农垦总局水务局工程批复，批复总投资 1.28 亿元。建设内容包括新建分干渠 1 条，长 5.81 公里；渠道衬砌 4 条，总长 23.41 公里；排水干沟清淤整形 7 条，总长 74.47 公里；骨干工程配套建筑物 11 座。总工程量 214.13 万立方米。

2013 年 4 月 16 日，农场开始借助灌区开闸提水的特殊节点，利用渠首景区特有的自然风景和人文景观，举办了"提水节"。丰富多彩的文艺演出、庄重古朴的语台祭礼、放飞梦想的风筝表演，伴随着激流澎湃的开闸提水、万人齐捕的壮观场面，使"提水节"成为农场的文化活动品牌，也成为远近闻名的旅游活动项目。绥滨黑龙江灌区依靠得天独厚的自然资源，保持洁净幽雅的环境，累计接待游客 30 余万人次，为农场打造旅游产业做出了突出贡献。

第九节　灌溉工程

2006 年以来，农场通过标准粮田项目、农业综合开发项目、土地整理项目，相继完成了灌区渠系配套工程。完成灌溉支渠长度 176.1 公里，斗渠长度 316.42 公里，农渠长度 119.81 公里，渠道衬砌 265.46 公里。建闸 181 座，渡槽 6 座，倒虹吸 7 座，钢管斗农门 1843 个。

灌区提水工程于 2005 年试运行一年，各条支渠在总干渠达到相应的水位后，进行支渠试运行。整个试运行期间，各条支渠基本达到了设计要求，保证水量的正常配送。2006 年 5 月 4 日开始提水，灌溉了第四、第八、第十、第十二居民组，灌溉面积 0.09 万亩。2007 年 4 月 28 日正式投入运行，2007—2018 年灌溉居民组 28 个，控制面积达 44.66 万亩，可灌溉面积达 14.15 万亩，累计提水量 9.45 亿立方米。

为保证灌区渠首泵站开机提水，灌区每年 3 月中旬进行设备春检，于 4 月中旬开始运行。在整个灌溉期间，全体灌区工作人员在保证安全的前提下，全面完成机电提水、用水管理、田间灌溉、灌溉面积核查等工作任务，于 8 月下旬停机关闸，并为来年的灌区运行做好准备。

第十节　土地整理

农场自 2008 年开展土地整理项目以来，共有 6 个土地整理项目和 1 个土地整治示范工程项目。土地整理项目的实施完工，使农业灌排体系以及配套设施进一步完善，中低产田改造成效明显，综合生产能力显著增强。

通过项目实施，农场进行土地平整、兴修农田水利、道路、防护林等工程，使农田基本可以做到旱能灌、涝能排，新增加了耕地面积，提高了耕地质量和产量。耕地质量旱田提高两个等级，由原来的五等地变为七等地；水田提高一个等级，由原来的六等地变为七等地。具体项目如下：

1. **2008 年农场第三十六和第三十八居民组土地整理项目**　项目区总面积为 1982.63 公顷，土地整理后净增耕地面积 108.97 公顷，总投资为 3223 万元。主要建设任务是：土地平整土方量 94.56 万立方米，石方量 223 立方米；灌溉渠道 31.34 千米，排水沟 83.01 千米；建筑物包括涵洞 75 座、蓄水工程 125 座、农门 880 座；农用井 125 眼，水泵 125 座；变压器 73 台，输变电线路 69.27 千米；田间路 41.16 千米。

2. **2009 年农场核心区项目**　完成建设规模 4715 公顷，新增耕地 161.28 公顷，完成项目建设投资 9459.39 万元。主要建设任务是：土地平整土方 157.37 万立方米，客土回填 56.16 万立方米；土地翻耕 161 公顷，深松 153 立方米；建立引水渠支渠及分支渠 8 条，长 24.765 千米；斗渠 49 条，长 54.39 千米；农渠 327 条，长 178.43 千米；排水沟利用排干 3 条，总长 22.52 千米；新建斗沟 11 条，长 16.71 千米；新建农沟 93 条，长 59.44 千米；利用路边沟总长 58.67 千米；建设各级闸及斗农门 402 座、倒虹吸 4 座、桥 24 座、各级涵 99 座；建设道路工程田间路 9 条 39.78 千米、生产路 29 条 58.93 千米；设置变压器 4 台，输变电 2.35 千米；建设喷灌井 7 眼。

3. **2010 年农场第十八和第二十四居民组土地整理项目**　完成建设规模 2340.51 公顷，新增耕地 113.5 公顷，完成项目建设投资 4004.25 万元。工程建设完成情况是：土地平整土方 138.66 万立方米，翻耕 84.11 公顷；建立引水渠支渠 9 条 27.05 千米，斗渠 60 条 30.25 千米，农渠 42 条 16.87 千米；排水土方 3.68 万立方米；新建涵洞 96 座、闸 19 座、斗门 60 座，总计 175 座；新建井及井房 11 座；完成道路工程包括田间路 5 条 13.87 千米，生产路 16 条 23.06 千米；新建两处育秧基地。

4. **2010 年农场第二十五、第三十二、第三十三居民组土地整理项目**　完成建设规模 2747.21 公顷，新增耕地 105.25 公顷，完成项目建设投资 4356.01 万元。工程建设完成情况：土地平整土方 49.43 万立方米，翻耕 62.61 公顷；建立引水渠支渠 3 条 8.81 千米，斗渠 9 条 14.35 千米，农渠 50 条 50.16 千米；排水土方 11.11 万立方米；建设泵站 1 座、桥 1 座、涵洞 123 座、闸 12 座、农门 50 座、渡槽 4 座，安装 PE 管 210 座、拆除旧桥 1 座，总计新建 401 座；完成道路工程包括田间路 12 条 30.38 千米，生产路 9 条 13.85 千米；设置变压器 1 台，输变电 5 千米；新建井及井房两座；新建两处育秧基地。

5. 2011 年农场第二十六、第二十七、第三十九居民组土地整理项目　完成建设规模 2334.67 公顷，新增耕地 103.16 公顷，完成项目建设投资 4226.49 万元。工程建设完成情况：土地翻耕 47.92 公顷，平整土方 118.97 万立方米；建设支渠 3 条 5.17 千米，斗渠 14 条 21.84 千米，农渠 48 条 31.44 千米，支沟 11 条 22.23 千米，斗沟 5 条 7.91 千米，农沟 74 条 50.61 千米；新建建筑物 437 座；铺设田间路 29.75 千米；生产路 16.04 千米；新建育秧基地 3 处。

6. 2012 年农场第十一、第十三、第十五、第十六居民组土地整理项目　完成建设规模为 1754.91 公顷，新增耕地 75.62 公顷，完成项目建设投资 2698.2 万元。新建工程建设完成情况：土地平整土方量 58.66 万立方米，翻耕 16.71 公顷；新建支渠 7 条 9.73 千米，斗渠 17 条 13.88 千米，支沟 4 条 12.45 千米，排水斗沟 20 条 23.64 千米；新建建筑物 355 座；铺设田间道 9 条 13.68 千米；新建育秧基地 1 处。

7. 2012 年农场撤队并区土地整治示范工程项目　完成建设规模为 700.8 公顷，新增耕地面积 160.83 公顷，新增耕地率 22.95%，完成项目建设投资 1498.21 万元。工程建设完成情况：共完成土地清除工程 7.52 万立方米，客土回填工程 4.62 万立方米，土地平整工程 34.71 万立方米，翻耕 160.04 公顷；共完成新建排水沟 23.19 千米，支沟 0.3 千米，斗沟 9.49 米，农沟 13.4 千米；建设涵洞 18 座，其中圆涵（φ100）9 个、圆涵（φ80）8 个、方涵（1.0×1.0）1 个；铺设田间路 21.69 千米；新建育秧基地 9 处；安装加压泵 8 个，井泵 17 台套。

第十一节　河　长　制

2017 年 9 月 5 日，农场印发了《黑龙江省绥滨农场实施河长制工作方案（试行）》。该方案全面覆盖了农场境内的所有河流，明确了设立河长制工作的主要目标，确定了 20 个机关部门和相关单位为领导小组成员以及他们的责任职能分工，建立了农场、管理区二级河长组织体系，到 2018 年 6 月全面建立河长制。文件中还提出了 6 项任务和 8 项保障措施，保证了河长制工作的顺利开展。同时，农场下发了绥农场办发〔2017〕11 号文件，成立了农场河长制监管站。监管站设在水务局，站长由水务局局长兼任，工作人员由水务局及相关科室人员兼任。此外，还设立了农场级和管理区级河长公示牌。

2017年，农场河长制监管站在电视台连续7天向社会公示河长制名单和监督电话，播放河长制工作开展情况纪录片2部。同时，利用电子屏、法律大集、农场信息港、宝泉岭信息港等媒介大力开展宣传教育活动。聘请了2名社会人员为黑龙江、蜿蜒河两条河流的社会监督员。2018年3月13日，在“世界水日”和“中国水周”到来之际，农场利用微信公众号播放河长制工作开展情况的宣传片和纪录片，并悬挂宣传条幅和发放宣传单。以上宣传活动，使农场“河长制”工作深入人心、家喻户晓，为开展河长制工作打下了坚实基础。

两年中，农场河长对黑龙江、蜿蜒河进行巡河52人次，并在清河行动中组织5台挖掘机，对蜿蜒河部分淤积河段进行清淤作业，累计工作520余台时，清淤河道5公里，保障了河流的畅通，维护了两岸的河流生态安全。

第十二节　规划设计与质量监督

2006—2018年，农场先后完成了“12334”工程规划、《三江平原水利建设总体规划》，协助管理局水务局和总局设计院完成了《垦区涝区规划》，完成了《绥滨农场农田水利建设规划》、绘制完成了2010年度至2017年度23个涉水工程项目的水利工程现状图的落图工作，完成了大型灌区续建配套及节水改造、小型农田水利、农业综合开发、标准粮田建设、千亿斤粮食建设、土地整理等项目的规划设计，为争取国家投资和吸纳社会资金、加快水利发展打下了基础。

水利工程建设的不断推进，对质量监督也提出了更高要求。在管理局质量监督中心站的领导下，农场严格履行质量监督管理规定，建设各种配套制度：一是项目法人制；二是质量与安全终身责任制；三是管理制度；四是明确应办理的手续；五是主要责任履约；六是参建单位检查。

监督检查各参建单位工程质量责任制的落实情况，建立工程建设项目质量终身负责制。每一个水利工程的项目法人代表、施工单位的法人代表和项目经理、监理单位的法人代表和总监理工程师、设计单位的法人代表和项目设计负责人，都要依法对工程质量负责。同时，加强水利工程验收工作，严格执行验收规定和程序，及时组织验收，确保工程质量。

第十三节 桥涵建设

由于水田面积的不断扩大，加之绥滨黑龙江灌区的兴建，原来的排水系统出现改变。13 年中，农场通过灌区田间配套项目、土地整理项目等工程，修建了配套涵洞 1847 座，桥 13 座。保证了渠道、沟道畅通，满足了农业生产需求，更好地发挥了农田水利的灌水、排水作用。

第十四节 水利工程管理

水利工程管理主要指灌区渠系与排水站的运行管理工作。做好灌溉渠系的管理工作，主要是指每年春季对各级干支渠进行检查、维护、保养等工作，防止跑冒滴漏现象发生，保证渠道的安全运行，减少财产损失。在排水渠系方面做好四大涝区骨干排水沟道的管理工作，对主要干、支沟进行检查，排查淤堵现象并及时进行清理，使各级沟道排水畅通。春季做好第十八、第二十一、第二十三、第三十七、第三十八居民组排水站的检修工作，保证在发生涝灾的情况下能第一时间启动强排作业。每年阶段性排涝后，还要对强排站设备进行检修、保养，确保下次排涝工作的正常运行。同时，加强仓库标准化管理等项工作，主要负责防汛物资库的管理，做好每年的防汛物资储备工作，严格设备物资出、入库管理，做到设备物资与账目相符。

第七章 林　业

第一节　概　况

2006年以来，农场林业工作得到了持续快速发展，到2018年年末，森林总面积达到了11.28万亩，其中有林地10.81万亩、灌木林地0.14万亩、未成林造林地0.08万亩、苗圃地0.11万亩、无林地0.14万亩。有林地包括天然次生林1.98万亩，人工林8.83万亩。有林带2700条，居民组已全部实现农田林网化，森林覆盖率由原来的10.55%增长为13.9%。农场累计投入造林绿化资金2277万元，完成造林绿化任务2.09万亩，植树417万株。建成绿化城堡3个，绿色通道37公里，绿色风景线25公里，绿化景观12处。进一步完善了标准化苗圃建设，苗圃所有道路全部实现路面水泥硬化。不断引进苗木新品种，累计培育造林绿化苗木8649万株，销售收入达900多万元，利润383万元。采伐林木892.47立方米，销售收入9.29万元。

2010年6月24日，农场林业局培育的"垦绥垂柳"通过黑龙江省林木品种审定。

2011年，苗圃经营纳入现代农林科技园区管理。

林业局2006—2018年历任领导如下：

2006年1月—2010年3月，刘曙华任林业局局长。

2006年1月—2006年3月，刘汉金任林业局书记。

2006年4月—2006年5月，张怀建任林业局书记。

2006年5月—2010年11月，贾庆余任林业局书记。

2010年3月—2013年11月，刘长青任林业局副局长（主持工作）。

2010年12月—2015年12月，石本江任林业局书记。

2013年11月—2015年12月，刘长青任林业局局长。

2016年1月—2017年3月，石本江任林业局书记、代局长。

2017年4月—2018年12月，张中院任林业局副局长（主持工作）。

2017年4月—2018年12月，王利东任林业局副书记（主持工作）。

13年间林业工作取得的主要荣誉有：2007年农场林木育苗繁育基地被黑龙江省林木

种苗协会评为黑龙江省林木种苗建设十佳单位；2008 年农场被总局评为 2002—2007 年黑龙江垦区造林绿化模范单位；农场林木育苗繁育基地被宝泉岭垦区工会委员会评为巾帼建功"2662"工程巾帼科技示范基地；2010 年农场被总局评为垦区造林绿化三年决战先进农场；2014 年林业局被总局评为垦区森林防火先进单位；2015 年农场被管理局评为森林防火先进单位；2016、2017 年农场连续两年被管理局评为造林绿化先进农场。

第二节　营林与绿化

2006—2015 年，农场造林工作主要以营造"三北防护林"为主、农田牧场防林为辅。截至 2011 年，"三北防护林"四期、五期工程任务完成造林 3400 亩，已全部成林。10 年间，累计完成造林 10910 亩、转成林 7710 亩、幼林 3200 亩，分布在全场 37 个居民组。树种有杨树、柳树、樟子松、落叶松、云杉等。2016 年，按照宝垦局办发〔2016〕1 号文件关于印发《宝泉岭管理局开辟新能源发展紫穗槐等燃料产业的实施意见》的通知要求，2016 年到"十三五"末期，农场要完成能源林造林任务 9300 亩。农场充分利用林间空地、线路下、沟渠边等栽植能源林，五年任务三年完成。截至 2018 年年末，累计完成能源林造林 9719 亩，完成上级下达任务的 104.5%。农场场部及管理区所在地全部实现了绿化、美化、香化，所有公路两侧全部绿化。

2006 年，农场完成造林 490 亩，植树 108 万株，其中完成重点防护林 200 亩、绿化林 150 亩、其他 140 亩；全场义务植树 20 万株，参加人数 8800 人次，全民尽责率 94.7%。

2007 年，林业各项工作以"力争第一，争创一流"为目标，突出"兴林富民"主旨，共计完成造林 430 亩、植树 90.08 万株，其中完成重点防护林 250 亩、绿化林 180 亩。全场义务植树 22.42 万株，参加人数 9000 人次，全民尽责率 95%。

2008 年，农场完成新造林 1100 亩，其中重点防护林 500 亩、公路绿化 400 亩、其他绿化 200 亩；完成退耕还林补植补造 3000 亩；绿化公路 23.4 公里，绿化 4 个小城镇作业区。栽植杨树、柳树、樟子松、云杉、花灌木等各类苗木 104.7 万株。全场义务植树 35 万株，应参加人数 9500 人，实际参加人数 9235 人，全民尽责率 97%。

2009 年，林业工作继续以建设生态型林业为主线，大力开展"绿满垦区，共建生态家园"活动。全年共计完成造林 1950 亩，植树 130 万株。

2010 年，农场林业工作以建设"山水生态森林绥滨城"为目标，继续加大造林绿化工作力度。全年共计完成造林 2810 亩，植树 93 万株，投入资金 221.2 万元。

2011 年，农场林业工作按照总局《绿在我身边共创森林垦区活动方案》的要求，以

"打造绿色低碳农业、建设山水生态森林绥滨城"为目标，全年共计完成造林 1500 亩，植树 76.52 万株，铺种草坪 3 万平方米，义务植树 50 万株。

2012 年，完成"三北防护林"造林面积 1000 亩，栽植紫穗槐苗 153.2 万株，100％完成上级下达的任务指标。

2013 年，农场完成造林绿化 300 亩，植树 191.06 万株，种植草坪 7.2 万平方米，义务植树 50 万株，参加人数 9000 人次，全民尽责率 95％。绿化公路 12 公里，新建绿色景观两处，完成 1 处住宅小区绿化。

2014 年，农场完成造林绿化 900 亩，其中义务植树 583 亩。栽植各类苗木 79 万株，参加人数 9000 人次，全民尽责率 95％。绿化公路 4 公里，新建绿色景观 2 处。

2015 年，农场完成造林绿化 430 亩，绿化场直街道 5 条。其中管理区及机关、场直单位义务植树 345 亩，栽植紫穗槐、白桦、糖槭、白榆、云杉等各类苗木 40 万余株，累计参加义务植树 9200 人次，全民尽责率 95％以上。

2016 年，农场 100％完成管理局下达的能源林造林任务 1860 亩，栽植紫穗槐 465 万株。绿化场直街道 12 条。积极开展全民义务植树活动，栽植各类乔、灌木 8.5 万株，栽植草本花 15 万株，全民尽责率 96％以上。

2017 年，农场完成管理局下达的能源林造林任务 5001 亩，完成计划任务的 100.02％。栽植紫穗槐 2000 万株，总投资 244.62 万元。建立义务植树基地 4 个，面积 110 亩，绿化场直街道 14 条、绿化小区 3 个，栽植各类苗木 11.8 万株，全民尽责率 96％以上。

2018 年，农场完成能源林造林 2858 亩，栽植紫穗槐苗木 916 万株，完成管理局下达的能源林造林任务 2790 亩的 102％；完成荒地造林 82 亩，栽植云杉及垂柳苗 6.62 万株。采取全民义务植树，对场直街道、住宅小区、学校等进行了绿化补植，累计栽植绿化苗木 10.3 万株，播种草本花 10 万平方米，全民尽责率 96％以上。

农场绿化工作的具体数据见表 4-7-1、表 4-7-2。

表 4-7-1　造林面积与保存面积统计表（2006—2018 年）

年份	造林面积（亩）	保存面积（亩）	株数保存率（％）	年份	造林面积（亩）	保存面积（亩）	株数保存率（％）
2006	490	490	85	2013	300	300	83
2007	430	430	83	2014	900	900	85
2008	1100	1100	85	2015	430	430	84
2009	1950	1950	84	2016	1860	1860	85
2010	2810	2810	85	2017	5001	5001	85
2011	1500	1500	85	2018	2858	2858	85
2012	1000	1000	85	—	—	—	—

表 4-7-2　植树情况统计表（2006—2018 年）

年份	造林面积（亩）	农防林（亩）	类别					种花种草（平方米）	义务植树	
			用材林（亩）	薪炭林（亩）	绿化林（亩）	经济林（亩）	特用林（亩）		株数（棵）	面积（亩）
2006	490	340	—	—	150	—	—	80000	200000	150
2007	430	250	—	—	180	—	—	—	224000	180
2008	1100	500	—	—	600	—	—	4800	350000	200
2009	1950	1950	—	—	—	—	—	—	660000	500
2010	2810	2810	—	—	—	—	—	100000	520000	—
2011	1500	1500	—	—	—	—	—	30000	205500	1500
2012	1000	1000	—	—	—	—	—	43700	1532000	1000
2013	300	300	—	—	—	—	—	72000	12000	—
2014	900	600	—	—	300	—	—	100000	790000	583
2015	430	430	—	—	—	—	—	120000	390000	345
2016	1886	26	—	—	—	1860	—	9500	85000	45
2017	5121	10	—	—	110	5001	—	15000	118000	110
2018	3008	—	—	—	150	2858	—	100000	103000	150
合计	20925	9716	—	—	1490	9719	—	675000	4062000	4763

第三节　森林资源

2006 年年初，全场森林总面积 11.37 万亩。其中：用材林 2.42 万亩，农防林 4.47 万亩，特用林 1.55 万亩，未成林造林地 2.78 万亩，苗圃地 0.15 万亩，森林覆盖率为 10.55％。全场有家庭林场 26 个。2012 年，农场对森林资源进行了一次详查，证实林地面积有所减少。到 2018 年年末，全场森林总面积为 11.28 万亩，活立木总蓄积 91.79 万立方米，森林覆盖率为 13.9％。其中：公益林 8.85 万亩，包括防护林 7 万亩、特用林 1.85 万亩；商品林 2.43 万亩，包括用材林 2.32 万亩、苗圃 0.11 万亩。

2012 年，农场完成了 1.95 万亩重点公益林监测样地复检内、外业工作，复检样地 58 个，圆满通过省林业规划设计院的验收。完成森林资源二类调查工作，共计调查林班 38 个、小班 3676 个，详细记录了各项调查因子，并录入系统。此次调查工作，顺利通过管理局、总局二级验收。

农场坚持依法开展森林资源管理，注重保护生物的多样性，合理利用林下资源，积极

发展林下经济。2006 年以来，严格实行木材采伐限额管理，使木材采伐量逐年下降。到
2018 年年底，共采伐林木 892.47 立方米，销售收入 9.29 万元。农场抚育间伐情况见表
4-7-3。

表 4-7-3 抚育间伐情况统计表（2006—2018 年）

年份	面积（亩）	伐区地点	抚育方式	出材量（立方米）	盈亏（万元）
2006	132.00 24.00	6、8、10、12、16、21 林班	生长伐 皆伐	263.28 150.00	4.04
2007	24.75	4、28 林班	皆伐	224.49	3.40
2008	58.50	34、37 林班	皆伐	96.90	0.95
2009	172.50	4、9、12、15、16、24 林班	灾害木清理 线路下采伐	157.80	0.90
2017	20.00	3、4、6 林班	占地采伐	148.63	0.89

第四节 森林草原防火与林政

林政防火工作始终坚持"预防为主，积极消灭"的工作方针，大力抓好《森林法》和
《森林防火条例》的宣传工作。每年农场进行两次林政防火工作大检查，并通过下发文件、
发放宣传单、建立集市咨询台、安排执法宣传车、以电视和电子大屏幕滚动播出相关信息
等形式进行《森林法》的宣传。

农场建立和完善了领导干部包片、科室领导包队、野外用火管理、防火责任目标管理
等多项森林防火责任制，层层签订防火责任状。建立了防火队规民约，严把野外用火关。
2011 年，农场在加强森林防火队伍建设和完善森林防火应急制度建设的基础上，进一步
完善了森林防火基础设施建设，投资 80 余万元，建成了林业标准化消防物资储备库，配
置了小松牌风力灭火机、油锯、发动机、森防望远镜、扑火服、作训服、指挥帐篷等森林
消防物资。截至 2018 年年末，农场有消防车 1 台、风力灭火机 20 台、背负式风力灭火机
2 台、小松风力灭火机 15 台、GPS 卫星定位仪 4 台、对讲机 15 部、割灌机 15 台。实现
了森林火灾受害率控制在 0.5‰以下，森林草原火灾案件查处率 95％以上的目标，农场取
得了连续 13 年无森林火灾的好成绩。

2006—2018 年，农场共破获乱砍滥伐及盗伐林木案件 236 起，收缴林木赔偿费 19.05
万元。破获非法改变林地用途案件 1 起、毁林开荒 1 起，责令恢复原样并罚款 6.53 万元。
这些做法起到了有效的震慑和教育效果，使林政案件发案率明显下降。

第五节 林业有害生物防治

林业局每年进行1～2次森林病虫害调查。2012年，林业局按照《"绿盾2012"林业植物检疫执法检查行动方案》的部署和要求，在全场范围内开展了林业植物检疫执法检查行动，对全场造林绿化等工程使用的外调苗木、花卉及林木种子等进行检疫检查，并对木材加工厂及其他涉木单位和个人的松木、杨木及其制品进行了检疫检查，结果没有发现染疫对象，保证了农场造林绿化工程的安全。2013年9月，林业局利用一个月的时间，对全场12个管理区38个林班的林地进行了调查。通过调查，只在农场15林班41小班发现有青杨天牛危害，由于季节的关系，虽然没有发现成虫，但危害程度达到了70%，属重度危害，受害面积12公顷。2015年7—8月，农场利用两个月时间，对全场范围内所有林地进行了普查，设置了6条踏查路线和38个踏查点，固定样地3个。调查内容有有害植物分布、分布生境、危害现状、蓄积量、分布面积、危害等级等。通过普查，查出农场有有害生物4种，发生病害2种、虫害2种。发现虫害面积195亩，病害面积406.5亩，其中杨树虫害195亩、病害264亩，樟子松病害142.5亩。主要害虫为青杨天牛、天幕毛虫、白杨透翅蛾，主要病害为杨树灰斑病、杨树黑斑病、樟子松松针褐斑病。2017年，林业局组织开展秋季鼠害调查工作，共设置了4条踏查路线，设置了22个踏查点，调查面积1557.7亩。主要对云杉未成林造林地、樟子松、落叶松、杨树、柳树等中幼龄林地以及苗圃地等进行了调查，调查结果没有发现鼠害危害。通过调查摸清了几种常见病虫害的发生规律，为森林病虫害防治提供了科学依据。到2018年年底，农场林业有害生物成灾率为零，无公害防治率达83%以上，种苗产地检疫率100%。

第六节 种苗基地建设

2018年年底，种苗基地（以下简称苗圃）有管理人员3人、育苗工人15人。2006年，苗圃转变了经营方式，由林业局制定育苗生产计划，实行个人承包。育苗地每亩收费100元，其他费用自理，苗木统一验收，并采取林业局与育苗户"三七"分成的形式统一销售。2009年开始，林业局不再采用苗木销售分成的方式，而是按照苗木市场需求，由育苗户自主选择适合本地区的苗木品种进行培育和销售，农场每亩育苗地收取利费200元，水费按实际发生费用收取。

2010年，农场由中央财政投资75万元，自筹28.53万元，总投资103.53万元，完成了巩固退耕还林成果种苗建设项目。引进种植灌木及宿根花卉 35 万株，改良土壤 2000 立方米，建设长 60 米、宽 6 米的钢架大棚 18 栋，建铁栅栏 775 米及基础梁 225 米，2011 年 10 月底全部竣工。

2011 年，上级拨付巩固退耕还林成果后续产业项目资金 45 万元，农场配套 17.86 万元，总投资 62.86 万元，完成了 20 栋长 54 米、宽 12 米的钢架大棚建设。

农场积极发展林业自营经济。2011 年春，农场利用苗圃现有的育苗大棚发展葡萄种植产业，出台系列优惠政策，鼓励林业职工个人承包。具体政策为：大棚承包期 10 年，前两年不收费，第三年每栋大棚收取 500 元承包费，第四年开始到第十年，每栋大棚每年收取 1000 元承包费。此政策极大地调动了职工种植的积极性，当年种植大棚葡萄 36 栋。

2012 年，农场由中央财政投资 60 万元，配套资金 89 万元，总投资 149 万元，完成巩固退耕还林后续产业 800 亩种苗花卉建设项目。购置花灌木 10.08 万株、盆花 5620 盆，维修苗木储藏棚 2317 平方米，2013 年 10 月底全部完工。

截至 2018 年年底，农场累计培育落叶松、樟子松、云杉等针叶苗木 1687 万株，杨树、柳树等阔叶树造林苗木 834 万株，万寿菊苗 4060 万株、种穗 1135 万株、绿化大苗 760 万株，繁育苗木种类达 100 余种，苗木畅销全省各地。各年度具体情况见表 4-7-4。

表 4-7-4　育苗生产和经营情况一览表（2006—2018 年）

| 年份 | 育苗面积（亩） | 苗木产量 | | | | | | | 经营情况（万元） |
		阔叶树（万株）	针叶树（万株）	种穗（万株）	绿化大苗（万株）	万寿菊（万株）	五味子（万株）	紫穗槐（万株）	
2006	487	96.0	140	195	90	870	—	—	44
2007	390	83.0	115	205	90	1040	—	—	42
2008	510	62.0	253	200	51	1200	22.5	40.5	43
2009	620	148.0	280	242	21	950	—	60.0	40
2010	450	76.0	285	52	52	—	—	35.0	36
2011	510	70.0	150	30	70	—	—	—	32
2012	475	73.0	140	40	110	—	—	—	30
2013	475	66.0	120	35	72	—	—	—	28
2014	475	70.0	55	32	58	—	—	—	25
2015	309	36.5	47	30	36	—	—	—	22
2016	319	34.0	45	30	43	—	—	—	19
2017	214	40.0	37	24	35	—	—	15.0	13
2018	200	16.0	20	20	32	—	—	—	9
合计	5434	834.0	1687	1135	760	4060	22.5	150.5	383

第七节　林业科技

农场在 2006—2018 年取得的林业科研成果及发表的论文见表 4-7-5。

表 4-7-5　科技成果及论文（2006—2018 年）

年份	科技成果及论文名称	刊物名称	作者
2008	黑木耳不同生产原料配方试验	管理科学文摘	张艳玲、刘曙华、樊静
2009	农防林积雪调查总结	祖国（第十二期）	蒲江波、张艳玲、孙岩岩、蓝永谦
2009	草坪不同种植方法生长效果对比试验	南北桥	张中院
2009	植物保水剂在造林绿化上的应用	华章	张中院
2009	杨树评比林栽培试验总结	华章	张中院
2010	樟子松播种育苗喷施丰产素试验小结	中国科技纵横	蒲江波、张艳玲、孙岩岩、蓝永谦
2012	樟子松育苗技术	农民致富之友	石本江、孙岩岩
2012	落叶松育苗栽培技术	农民致富之友	孙岩岩、石本江
2016	关于园林绿化工程施工及植物栽植的探索	建筑工程技术与设计（2016 年第 1 期）	张艳玲
2018	试论营林技术中的管理创新工作	农民致富之友（2018 年第 3 期）	张艳玲

第八节　林业档案

　　林业档案方面，农场在原有森林资源档案的基础上，增加了以工程建设、造林绿化、规划设计、林政防火、林业有害生物防治、种苗建设等为主要内容的档案，且全部实行微机管理。应用了退耕还林系统、森林经营管理系统、森林生态效益补偿基金制度管理系统、"三北防护林"管理系统、林业植物检疫系统，对全场森林资源进行有效管理。提高了林业档案管理的信息化程度，不断深化档案服务的广度和深度，使其更好地为农场决策和林业工作服务。

第八章　畜牧　渔业

第一节　概　　况

2006—2018 年，农场畜牧业大力推进畜牧标准化基地建设，积极探索和推行种养结合循环畜牧业发展模式，加大力度做好病死畜禽无害化处理工作，加强畜牧兽医渔政行政执法工作，保障畜产品有效供给和质量安全，畜牧业发展呈现质量、效益同步增长的良好势头。

农场先后建成了国家级标准化万头猪场、生猪人工授精站、奶牛集中榨乳站、有机肥厂和病死畜禽无害化处理厂，为万头猪场建设了粪污处理设施。发展了黑蜂、东北黑猪、野猪、林下鸡、梅花鹿、野生泥鳅、怀头鲶、大鹅、网箱养鱼等特色养殖，使部分劳动力从土地上分离出来从事畜牧业。以"稳牛、增猪、上特色"为畜牧业统筹发展方针，稳步开展畜牧规模化、标准化基地建设，强化重大动物疫病防控和畜牧投入品监管。2018 年年末，农场奶牛存栏 88 头，肉牛存栏 175 头，羊存栏 1359 只，生猪存栏 3.84 万头、出栏 5.21 万头，禽存栏 3.5 万只、出栏 6.34 万只，家禽产蛋 848 吨，鱼产量 501 吨。

渔业生产包括自然渔业捕捞和淡水养殖两大项，捕捞业主要分布在黑龙江沿岸，有专业捕鱼者 10 户；近年来松花江水质得到改善，有专业捕鱼者 7 户。截至 2018 年年末，农场有渔业养殖户 30 余户，规模一般。

2006 年 7 月，农场分配给畜牧公司（畜牧科）5 名畜牧兽医专业毕业的大学生，分别在兽医站担任兽医、疫苗保管员、动物检疫员。2007 年，根据基层工作需要，农场新增基层防疫人员 10 名，2008 年又新增 9 名，使基层防疫人员增加到 25 名。

2011 年，畜牧公司办公室搬到老小学院内社区综合办公楼 4 楼。畜牧兽医站办公地点不变，在原畜牧公司办公室。农场对畜牧兽医站化验室进行了 BSL-2 县级实验室建设。

2013 年 5 月，为强化检疫工作，畜牧公司将检疫工作从兽医站中分离，单独设立畜牧检疫站，主抓屠宰厂检疫监督、市场肉品检疫监督、养殖场产地检疫工作。刘志刚任检疫站站长。

2015 年 9 月，畜牧公司撤销，保留畜牧科，工作职能不变。

2016 年 10 月，畜牧科整体搬迁到原交通办公楼，并将一楼改建成化验室。兽医站归到畜牧科集中办公。

至 2018 年年末，畜牧科共有工作人员 23 人，鞠永胜任科长，韩忠海任书记，郑传斌任副科长。共有 10 名基层防疫人员。畜牧科下设兽医站、检疫站、渔政站。

历任经理（科长）：王永军、崔绍民、鞠永胜。

历任党支部书记：张洪国、鞠永胜、韩忠海。

第二节　畜禽饲养与繁育

一、奶牛

（一）饲养

2006 年，农场奶牛养殖小区饲养奶牛 360 头。6 月，农场投资 15 万元在小区新建了一座奶站、兽医室及车库。9 月，农场投资 15 万元、职工自筹 15 万元，在第十七居民组新建一个占地两公顷的奶牛小区，有牛舍 1100 平方米，进行标准化饲养。全场部分地区实现了奶牛人畜分离。在饲料地政策方面，农场对达到一定规模并验收完成的养殖大户，给予"以畜带地"的优惠政策。奶牛育成及成母牛 20～49 头，带地 5 公顷；50 头以上带地 10 公顷。对种植青贮的养牛户，按每头成母牛 3 亩、育成牛 2 亩划拨饲料地；不种青贮的不给饲料地。对种植苜蓿的养牛户，每种 1 公顷给予补贴 1200 元，饲料地享受规模田收费标准。

2007 年 4 月，全场奶牛存栏 5007 头。农场下发了《关于做好奶牛良种补贴项目落实工作的通知》，加强冻精配种改良工作。奶牛冻精配种率 100%，黄牛冻精改良率 80%。养牛户饲养的奶牛每配种妊娠 1 头，农场直接给养牛户补贴 20 元。

2008 年，因"三鹿奶粉事件"，农场成立了由农场主管副场长为组长，畜牧、农业、公安、卫生、工商、质检、电视、财务和乳品企业等相关部门负责人组成的"奶站专项整治行动"领导小组，开展专项整治行动。

2009 年，由于畜产品市场价格波动，奶牛养殖效益出现下滑，许多养殖户保本经营，有的养殖户出现亏损。进入 11 月份，鲜奶价格开始回升，效益恢复到合理水平，全场畜牧生产运行情况良好。农场按照撤队并区总体部署，在第一管理区第四居民组新建一个奶牛小区。全场种植青贮 1.16 万亩，青贮年产量 4.64 万吨，主要青贮品种为中原单 32 和中北 410。青贮采取地上式、半地下式和地下式等方式贮藏。

2010 年 6 月，全场奶牛存栏 2747 头，奶牛存栏量下滑趋势明显。按照上级要求，农场发展绿色生态畜牧业，农场场部奶牛小区申办了第一批绿色有机养殖场的认证。

2011 年，奶牛存栏 2710 头。农场投资 550 余万元大力发展奶牛产业，主要用于外购奶牛及完善和扩建农场场部奶牛小区。9 月，农场下发了《绥滨农场做好奶牛养殖工作坚决遏制奶牛下滑紧急措施》，对场外新购奶牛 50 头以上的，给予每头 1000～1500 元补贴。对奶牛户实行奶价补贴政策，按完达山乳业一等品收购价，每公斤不足 3 元的补到 3 元。

2012 年，农场畜牧发展以"稳牛、增猪、上特色"为畜牧业统筹发展方针，奶牛发展主要表现为稳定目前存栏。因养牛效益逐年下降，农场对奶牛户继续实行奶价补贴政策，按完达山乳业一等品收购价，每公斤不足 3 元的补到 3 元。从当年 6 月 1 日起，在完达山乳业收购价格的基础上，每公斤农场补贴 0.2 元。按实际存栏奶牛头数，每头补贴 3 亩饲料地，奶牛户每储 1 公顷青贮，农场补贴 1300 元。没有饲料地或饲料地不足的奶牛养殖户（奶牛存栏在 100 头以下），农场按每头奶牛 300 元给予粗饲料补贴；规模化养殖大户（奶牛存栏在 100 头以上），按每头奶牛 500 元给予粗饲料补贴。

2013 年 10 月底，农场奶牛存栏 1171 头，奶牛养殖持续下滑，主要原因是鲜奶价格下降，奶价补贴政策截止至 2013 年 5 月 31 日。

至 2014 年年末，全场奶牛存栏下降严重，只余 425 头。农场实行奶牛集中饲养，将农场内所有奶牛集中进入农场奶牛小区饲养。同年 7 月 1 日，完达山乳业撤销了农场奶牛小区收奶站，并撤走奶站所有人员和部分收奶器材。农场安排 3 名防疫人员，投入 9 千多元，重新启动榨乳厅，无偿为养殖户服务。10 月中旬，畜牧部门通过农场电视台、LED 大屏幕、QQ 群和微信群，倡导农场干部职工冬季喝鲜奶活动，减少养殖户的损失。

从 2013 年起，奶牛存栏持续下滑，2018 年 12 月末奶牛存栏 88 头，比 2006 年下降 73％。

（二）繁育

2006 年，农场开始加强奶牛、肉牛冻精配种改良，对养牛户饲养的奶牛、黄牛用冻精配种，并鼓励使用性控冻精、生母液等措施，提高母犊出生率。

2009 年，全场规范种畜管理，建立种畜档案，严格执行引种申报制，严格按要求把好检疫关，对出售的种畜禽严格执行"两证一牌"制度。

2012 年，因奶牛养殖效益下降，农场开始进行奶牛改良，培育乳肉兼用型肉牛。对使用奶牛性控冻精、德系西门塔尔冻精的养牛户，农场免费提供冻精；每产 1 头德系西门塔尔改良母牛，农场给予补贴 200 元。该项政策持续到 2015 年。

（三）管理

（1）种畜禽管理。建立了科学的种畜管理体制。按要求对全场种畜建立健全种畜档案，并进行年审。严格执行境外引种申报制和统一引种制，对引进种畜的，严格按要求把好检疫关；对出售的种畜禽严格执行"两证一牌"制度；依法淘汰劣质种畜。

（2）外引牲畜的管理。外引牲畜必须先向管理区或居民组报告，经畜牧部门审核通过后方可引种，引种必须经过畜牧部门检疫。

（3）档案管理。对每头牛照相、记耳号、填写奶牛健康卡片，建立奶牛"身份证"。

（4）防疫管理。按照统一领导、分级负责的原则，将动物防疫工作纳入各居民组及基层防疫人员年度工作目标考核，实行目标责任管理，逐级签订目标责任书。

（5）防疫队伍管理。动物防疫员每人分管若干个居民组，负责每月中旬报表。开展业务培训工作，年终对防疫员的工作开展综合评价。对工作表现突出、有显著成绩和贡献的防疫员给予表彰和奖励；对完不成工作任务的，给予相应的处罚。实行人员动态管理，对综合考评不合格的，及时调整出动物防疫员队伍。

二、肉牛（黄牛）

农场肉牛在2006—2011年发展平稳，德系西门塔尔、夏洛来等优良品种改良率达到80％。育肥牛使用复合饲料配合微贮、青贮、玉米湿贮等技术，实现肉牛快速育肥。全场种植青贮玉米8000亩左右。

2012年之后，因大环境影响，肉牛存栏量出现大幅度下滑，农场出台一系列优惠政策仍不能遏制下滑趋势。

2007年，肉牛存栏2511头，到2015年年末存栏为185头，下降幅度巨大。

2016—2018年肉牛产业没有太大发展，2018年年末肉牛存栏175头。

三、猪

2006年，农场深入实施"主辅换位"的战略决策，当时母猪存栏6000头。为进一步加快畜牧业发展，农场下发〔2006〕28号文件《绥滨农场2006年生猪、奶牛发展实施方案》，出台了养猪优惠政策。

（1）饲料地政策。农场对规模养猪户给予以畜带地的优惠政策。养殖基础母猪50～99头，带旱田10公顷或者水田8公顷；养殖100头以上，带旱田15公顷或者水田10公顷。"以畜带地"均按规模田的价格收费。

（2）补贴政策。由于生猪价格下跌，农场实行补贴政策，根据上缴生猪数量和种猪存栏量给予补贴。2006年1月1日—4月15日，养猪户每上缴肉业公司1头生猪，农场给予补贴60元。自4月16日以后，根据种猪存栏数（以7月份普查数为准），每饲养1头种猪给予补贴200元，年底一次补齐。对于新建、扩建猪舍达到200平方米以上的，每块砖给予补贴0.05元。

2007年，农场新建猪场1个、扩建猪场7个，生猪全部实现人畜分离。确定鑫盛猪场、绥农高科猪场两个猪场实施标准化示范场项目建设；确定宝丰种猪厂为高产攻关项目场。

2008年，农场招商引资农垦佳昌建筑有限公司，在第六居民组新建一个万头生猪基地，总投资1100万元，占地面积5.8万平方米。猪舍建筑选用环保型节能材料，并实施电脑全程监控管理。同年，开展绿色生猪认证，宝丰种猪厂、绥农高科种猪场的绿色生猪认证工作全面展开。

2009年，生猪养殖量有所下降。农场主要开展生猪品种改良建设。建设宝丰种猪厂、大东北牧业春雷养猪场两个生猪人工授精站。按巩固与发展并举的原则，重点巩固宝丰种猪厂和大东北牧业春雷养猪场，更换种猪血缘。实行国家生猪人工授精补贴政策，补贴标准为能繁母猪使用良种人工授精的每胎次补贴20元。该项目的实施，提高了全场生猪良种化水平。

2012年，宝丰种猪厂通过了农业部标准化猪场验收。农场利用340万生猪周转金在宝丰种猪厂西侧建设有机肥加工厂。

2013年，有机肥加工厂建成并正式投入使用。该厂利用宝丰种猪厂的粪便生产有机肥，每天处理粪污6立方米，生产有机肥1.5立方米。农场还利用总局项目投资30万元，在大东北牧业春雷养猪场建设粪污沉淀处理池一处，彻底解决了这两个猪场生猪的粪便、粪污带来的环境污染问题，改善了养殖场及周边地区的生态环境。年初，引进鹤岗市养猪户葛雷到农场第三居民组鑫禾牧业养猪场闲置猪舍进行生猪养殖。该养猪户投资150余万元，对原猪舍内部设施进行了改造。

2014—2015年，因前期生猪价格波动，造成部分养猪户亏损严重，不能继续坚持饲养，生猪养殖量持续下降。2015年年末，基础母猪存栏3252头，比2006年以来存栏峰值的6002头下降45.8%。

2016年，农场紧紧围绕加快推进现代畜牧业发展这条主线，推动生猪规模化和标准化养殖。宝丰种猪场、大东北牧业春雷养猪场、永乐牧业猪场、代新养猪场4家规模猪场安装了自动料线系统，永乐牧业猪场购买了病死猪无害化处理机，猪场现代化改造进一步升级。

2017 年，大东北牧业春雷养猪场被评为农业部生猪标准化示范场。农场引进江西客商张国勇投资 8700 万元，对闲置的高科种猪场进行改扩建，猪场更名为耕耘农牧科技发展有限公司绥滨分公司。

2018 年春季，受全国非洲猪瘟大环境的影响，生猪饲养量发生小幅波动。耕耘农牧科技发展有限公司标准化猪场基础设施建设完成。

四、羊

农场的羊养殖前期一直平稳发展，后期出现下降。早期养殖方式以圈养配合放牧为主，经过畜牧部门不断加大培训力度，粗放饲养有所改变。由于草原面积越来越少、放牧困难，后期主要为圈舍饲养，发展不快。绵羊品种多为东北细毛羊，山羊品种多为绒山羊、波尔山羊和本地山羊。水稻价格上涨后，部分养殖户放弃养羊，羊存栏量下降。2016 年，红山管理区第十六作业区养殖户孙喜忠，利用闲置猪舍规模养殖小尾寒羊 500 余只，成立了黑龙江省宝泉岭农垦喜忠养殖专业合作社。2006 年全场羊存栏 4300 只，到 2018 年年末全场羊存栏 1359 只。

五、禽类

禽的养殖以蛋鸡为主，蛋鸡品种为海兰褐。2006 年农场有蛋鸡养殖户 10 户，到 2018 年蛋鸡规模饲养户为 2 户，年存栏 2.4 万只，位于农场场部。农户散养家禽多为家庭副业，产蛋自家食用。因农场撤队并区和环境建设的要求，散养家禽户极少。

2015 年 4 月，第二十四居民组退伍军人谢大勇，联合其他养殖户，成立了火凤凰家禽养殖农民专业合作社，这是一家以大鹅、林下鸡养殖、加工、禽蛋销售为主营业务的专业合作社。他还注册了"臻享乐"商标。饲养大鹅 1.5 万只，林下鸡 0.5 万只。2018 年农场规模养鹅户 3 户，饲养量达到 2.7 万只。

第三节　畜牧服务与防检疫

一、畜牧服务

随着畜牧业发展，与之相应的各项服务项目和配套设施也不断完善和增强。

（一）健全服务网络，配齐专业人员

2006年，农场从东北农大、河南科技学院招聘来5名大学生充实到畜牧队伍，使农场畜牧力量和防疫体系建设得到加强。

2008年，农场通过考试招聘9名畜牧专业技术人员，到畜牧公司担任畜牧防疫员。

畜牧部门配备专职防疫人员，根据养殖量变化和实际需要，每人负责2~4个管理区（居民组）的统计报表、免疫注射和"两病"检疫。在集中防疫上划定4个小组，合作完成区域内防疫任务。对工作表现突出的给予表彰和奖励，对不能很好地完成工作的给予处罚。

（二）提高基层服务人员待遇

2011年，为提高基层防疫人员的工作积极性，农场按照管理局春防工作会议要求，将基层防疫人员工资由每月800元调整到1500元。农场投资建设和改造了兽医实验室，面积370平方米，达到BSL-2县级实验室标准，于年末改造完成，并顺利通过总局专家验收组验收。实验室有技术人员3人，在防疫和日常工作中发挥了较大作用。

农场规范了应急物资储备库管理，设专人负责，建立出入库台账，并严格执行物资采购制度、保管制度、查库制度和报废制度，做到账目清晰、内容翔实。2018年，基层防疫人员工资调整到每月3000元。

（三）加强培训

随着畜牧业向标准化、规模化发展，相应的知识和技能提升必不可少。农场的具体做法有：做好"传帮带"，由经验丰富的兽医人员对新人进行培养；每年组织畜牧兽医人员参加管理局举办的各种培训；畜牧部门以每月例会的型式进行培训。

至2018年年末，农场有执业兽医师7人、执业助理兽医师1人、高级兽医师4人、高级畜牧师3人、兽医师8人。

二、防检疫

（一）防检疫体制

农场建立了兽医站、片区防疫二级防疫网络，根据防疫人员数量，按照片区养殖量不断调整。每名防疫员负责2~4个管理区的疫苗注射和"两病"检疫。兽医站严格按照防疫程序开展工作，有效控制和减少了疫病对畜禽的侵害。

（二）疫病预防和控制

2006年，农场设立畜牧发展基金，重点用于防疫体系建设、疫病捕杀补偿、新技术推广等，实现了畜牧业发展速度和质量上的新突破。

2007年，农场开始对猪瘟、蓝耳病、猪O型口蹄疫、牛、羊O型-亚洲Ⅰ型口蹄疫、禽流感、新城疫的疫苗注射。2011年新增A型口蹄疫疫苗，每年春季和秋季进行两次免费疫苗注射。

2008年，农场进行了无规定疫病区建设。畜牧科编写了《黑龙江省绥滨农场无规定动物疫病区建设项目资料汇编》，并对无规定动物疫病区报表进行装订建档。

2018年，针对全国出现的非洲猪瘟疫情，农场出台了《绥滨农场防控非洲猪瘟工作实施方案》，成立了疫情防控领导小组，对非洲猪瘟防控实施网格化管理，多部门联合防疫、联合检查。启动非洲猪瘟防治情况日报告制度，畜牧人员每周排查一次疫情。9月6日在萝北县交界处设立临时检查点一处，严禁高风险地区生猪进入农场，限制跨县境调运生猪。农场先后投资10万元购买大动物扑杀器、消毒药品等防疫物资，为每个猪场制作了消毒垫等。有效控制了疫情进入农场。

2006—2018年，各类畜禽免疫率达到100％，本地区未发生重大动物疫情。每年春季和秋季进行两次疫苗抗体监测，试剂盒费用由农场负担。

（三）放心肉工程建设

2013年7月31日，农场成立了由分管畜牧副场长张明为组长，畜牧科牵头，工商局、公安分局、商务局、卫生科、质监局等部门联合组成的"放心肉工程领导小组"。下设放心肉办公室，办公室设在畜牧科。

2013年年末，对参加"放心肉经营示范店"活动的5家肉品销售店进行了评比验收。小英子肉食店、诚信肉店、屠宰厂肉食店3家肉品经营企业被评为"放心肉经营示范店"。

2014年12月26日，农场"放心肉工程领导小组"对参加"放心肉经营示范店"活动的4家肉品销售店进行了评比验收。诚信肉店、信誉肉食店两家肉品经营企业被评为"放心肉经营示范店"。

（四）"两病"检疫

牛、羊布氏杆菌病和结核病是反刍动物的两大疫病，也是危害严重的人畜共患病。农场历来对此病十分重视，13年来，每年春、秋季节各进行一次"两病"检疫筛查，凡检出布氏杆菌病和结核病阳性的牲畜，立即捕杀并进行无害化处理。

（五）无害化处理

2012年，农场加大了对病死畜禽无害化处理工作监管力度，明确病死动物及动物产品"四不准一处理"要求。畜牧公司派防疫人员对全场范围内的病死猪进行现场拍照、登记，建立档案。对病死畜禽主要采取冬季集中焚烧、夏季深埋等办法进行无害化处理。

2016 年，龙门管理区第四居民组建设无害化处理厂一处，建筑面积 96 平方米。主要用于应急期间病死畜禽无害化处理。

2017 年 10 月起，病死猪送往名山无害化处理中心进行集中处理。

第四节　粪污资源化利用

2006—2012 年，农场的畜禽粪污利用主要采取粪便堆肥发酵还田模式。2013 年，农场有机肥厂建立，主要收集宝丰牧业种猪厂的粪便生产有机肥。

2018 年，农场加大规模养殖场粪污治理和资源化利用设施建设力度，积极配套建设粪污处理设施，确保粪污达标排放。制定了《绥滨农场畜禽粪污资源化利用实施方案》，有 5 户规模养殖场建立完善了畜禽粪污处理设施。大东北牧业春雷养猪场、黑珍珠猪场、永乐牧业猪场、代新养猪场建设了三防储粪棚，为 4 家大型猪场和 1 家屠宰场申请了管理局环保部门环评复查。

第五节　特色养殖

2006—2011 年，农场特色养殖规模小、人员少。2012—2015 年，农场在特色养殖方面涌现一批规模饲养户，并成立了专业合作社。饲养品种有泥鳅、梅花鹿、东北黑峰、网箱养鱼等。

一、泥鳅

2012 年，第三十二居民组职工邵国才，利用 4.6 公顷的牛羊泡，投入资金 300 万元，建立了三鑫源水产品养殖基地，发展泥鳅养殖。在宝泉岭管理局注册了三鑫源水产品养殖专业合作社。2016 年新增了怀头鲶、鳌花和红鲤等鱼类的养殖。2017 年又增加了新品种台鳅的养殖。

二、梅花鹿

鹿场位于广信管理区（原二十居民组）。2006—2014 年一直都是散户养殖，没有规模化养殖场。2015 年，龙兴管理区第三十二居民组职工赵甲明，与吉林市佳麒麟种鹿场合作成立了佳明养殖合作社，从吉林市佳麒麟种鹿场新引进 112 头鹿。2017 年年初，合作社成立了黑龙江宝泉岭龙福佳明鹿业有限公司，优质鹿种存栏达 300 多头，可生产鹿茸、鹿心、鹿心酒、鹿血酒、鹿鞭、鹿胎膏等产品。持有自有商标"佳明"品牌，产品销往哈尔滨、北京、广州、上海、青岛等地区。

三、网箱养鱼

2015 年 6 月，农场龙门管理区发挥黑龙江的资源优势，利用无污染的江水发展网箱养鱼。养殖基地占江渠水面 2 亩，有网箱 12 个，主要饲养大鲤鱼，每年可收获 5000 公斤商品鱼。2017 年网箱养殖户增加到 2 户，有网箱 20 个。2018 年网箱养殖户 1 户，有网箱 8 个。

四、东北黑蜂

农场东北黑蜂养殖基地项目于 2014 年创建，经过 1 年的发展，拥有蜜蜂 600 箱，并成立了聚康源东北黑蜂养殖合作社，蜂产品由蜂蜜延伸到蜂王浆、花粉和蜂胶等产品。

第六节　屠　宰　厂

宝泉岭农垦谢辉屠宰厂位于农场东外环，法人为谢辉。屠宰厂建于 1995 年，占地总面积 3600 平方米，建筑面积 630 平方米。屠宰厂配有屠宰加工和肉品检验所需的设备以及专业肉品品质检验人员，是目前农场唯一取得上级兽医行政主管部门资质认证的屠宰企业。至 2018 年年末，屠宰厂注册资金为 160 万元，年屠宰生猪 9600 头，有工作人员 3 人、动物检疫人员 2 人。2006 年 6 月，屠宰厂引进自动打毛机组一套，新的打毛机器替代了大锅烫猪的原始屠宰方式，节省了大量劳动力和时间。

2008 年 1 月，农场生猪定点屠宰厂归商务科监管，畜牧公司派驻检疫人员负责生猪定点屠宰厂驻场检疫工作。2011 年 7 月，屠宰厂进行改造，重新修建车辆消毒池；屠宰间内部进行装修，重新修建洗脏间、急宰间等。2011 年 11 月屠宰厂取得《动物卫生防疫条件合格证》。2018 年 5 月 6 日，屠宰厂在山东潍坊引进排污处理设备 1 台套，开始对屠宰厂进行污水设施建设，10 月 27 日，建设完成并开始运行。

第七节　畜牧科技

一、奶牛性控冻精

奶牛性控冻精是一项可以按照生产需求控制奶牛后代的性别、快速繁育高产奶牛的技术。应用此项技术，可以加快奶牛群的扩繁速度和提高牛群的产奶量。农场从 2009 年开始对奶牛育成牛群体使用性控冻精技术，从管理局畜牧兽医局领取优质高产的性控冻精，使母牛产母犊率达 90％以上。

二、生猪人工授精

2008 年，农场派兽医站刘志刚到北京浩邦人工授精培育中心学习生猪人工授精技术，对全场规模养殖场进行生猪人工授精技术推广和猪群改良。

三、真空采血器

2010 年，畜牧公司使用新型真空采血器替代原有的采血针头，这项应用在实现畜牧标准化、防止人畜共患病、减少动物应激反应、避免对环境的污染等方面都产生了较大的作用。

四、肉牛改良

2013 年，农场使用德系西门塔尔肉牛（弗莱维赫）冻精配种，母牛发情期受胎率达到 80％，效果较好，所产犊牛出生重较大、生长速度快、成活率高、乳脂率高。

第八节　渔　业

一、水产资源

农场南临松花江、北靠黑龙江，与俄罗斯隔江相望。松花江流经农场南侧，长度 20 公里；黑龙江流经农场北侧，长度 21 公里。境内渔业资源丰富。

二、渔业生产基本情况

农场境内池塘水面分布较广，2018 年农场将场内池塘水面交予畜牧公司监管，同年 6 月份畜牧科组织渔业人员对场区内所有池塘水面进行了普查。农场池塘水面可养殖面积 690 亩，共有中小型养鱼户 30 余户。养殖的主要鱼类为鲤鱼、草鱼、鲢鱼、鲫鱼、鳙鱼等常规养殖品种。通过养殖实践，这些常规养殖品种能在各类水域生存，并且生长迅速，经济效益较好，是农场的主要养殖品种。近两年，农场还进行怀头鲶、台鳅、红鲤、鳌花等经济鱼类的养殖，正处于推广阶段。农场部分养鱼户在发展养殖的基础上，对养殖场进行修整扩建，发展垂钓业，其中达到一定规模的有 3 家。

农场在黑、松两江有捕鱼滩点 7 个，捕鱼船 17 条。在黑龙江段有 10 条捕鱼船，渔业资源丰富；农场所属松花江段因属于松花江支流，每年枯水期较长，捕鱼量较少。

三、渔政管理

2018 年，辖区内共有渔业船只 19 艘，其中捕捞船 17 艘、养殖船 2 艘。有助理验船师 1 人，持证渔业执法人员 3 人，渔政执法艇 1 艘。

农场渔政部门负责渔政监督管理工作，为渔民核发渔业捕捞和养殖许可证，对渔业船舶进行检验，根据《渔业法》对渔民进行安全生产检查与监督、取缔无证捕鱼、打击在禁渔期捕鱼和越境捕鱼、治理使用违规渔法和渔具等违法行为、处理"三无"船舶等，保护水产资源和渔民的合法权益。渔政部门严格执法，渔民安全守法。同北岛滩点滩长顾洪昌，常年驻守荒岛，负责岛上渔业安全渔船管理。

2012 年之前，由于松花江水面离农场场部较远，一直由船队管理人员梅华管理。船队有 10 条捕捞木质渔船，除了两条渔船是由农场渔民承包外，其他渔船都是由绥滨县渔民承包。2012 年，农场渔政部门对松花江水面进行规范管理，将水面全部承包给农场渔民，并将木质渔船全部更换为铁质机动渔船，以便安全生产及增加作业产量。2014 年，松花江水面有 3 条渔船未进行发包，捕捞证由管理局畜牧水产局收回。2018 年，松花江枯水期提前和延长，丰水期下游紧邻的绥滨傲来灌区又加大提水量，对渔业捕捞产生了一定影响，为减轻渔民负担，农场决定当年对松花江水面不予发包。

2011 年，渔政部门为渔民办理了渔业互助保险业务，为渔民的作业安全提供了更好的保障。渔政部门每年和公安、边防进行界江联合巡检，检查禁捕期有无非法捕鱼和越境捕鱼等违法行为。2013 年 6 月，渔政部门取缔了两名违法捕鱼人员的捕捞资格。同年 7 月，中央财政、农场财政共同投资，购置了渔政执法艇一艘。自启航执法巡逻以来，它承担着对黑龙江水域 13.5 公里边境延长线的渔业资源和渔业生态环境进行保护的职责，始终处于常规化的安全执法运行状态，对农场水域渔业资源的保护、渔业水域生态环境的保护、水上渔业生产秩序的维护和打击非法捕捞发挥了积极作用，确保了农场渔政执法工作的有效开展。2015 年 6 月 12 日，农场渔政部门和江滨渔政部门组成联合巡逻组，进行了水上安全检查。2017 年 8 月，农场代表垦区渔业系统接受了省农委渔业局渔业安全生产大检查，并取得了优异成绩。

2006—2018 年，农场畜禽存栏的具体情况见表 4-8-1。

表 4-8-1　畜禽存栏统计表（2006—2018 年）

项目\年份	奶牛		肉牛		生猪		羊（头）	鹿（头）	禽类（只）
	存栏（头）	其中成年母畜（头）	存栏（头）	其中成年母畜（头）	存栏（头）	其中成年母畜（头）			
2006	4010	2410	1975	1202	46975	6002	4300	912	50000
2007	5007	2903	2511	1451	50049	8009	6715	1224	50489
2008	4128	2478	1510	695	61502	10502	4348	1193	55279
2009	3250	1920	1300	650	35912	6021	4150	1012	52000
2010	2250	1350	260	99	37944	6450	3100	570	58000
2011	2710	1620	240	124	46635	7321	1680	860	59000
2012	3005	1790	695	170	68950	7003	2407	693	62000
2013	1171	852	550	284	43669	4010	2035	290	60000
2014	425	164	151	126	37725	3225	1215	260	62080
2015	330	185	185	93	36014	3252	1665	220	41015
2016	298	152	189	52	33236	3553	1699	443	46000
2017	324	141	165	73	35464	3661	2146	510	41400
2018	88	64	175	62	38425	2860	1359	299	35156

2016—2018 年，农场畜牧渔业产量见表 4-8-2。

表 4-8-2　畜牧渔业产量统计表（2006—2018 年）

项目\年份	牛奶（吨）	肉牛（头）	生猪（头）	羊（只）	羊毛（公斤）	鹿茸（公斤）	家禽（只）	禽蛋（吨）	鱼产量（吨）
2006	12500	1510	105000	5500	24800	260	52200	500	141
2007	14502	2167	155019	2627	12917	255	50165	460	149
2008	10580	1670	188010	3500	19758	190	55102	615	151
2009	11000	2050	150003	5400	15217	230	59000	698	137
2010	8538	1190	137548	3252	15200	55	29300	609	156

（续）

项目 年份	牛奶 （吨）	肉牛 （头）	生猪 （头）	羊 （只）	羊毛 （公斤）	鹿茸 （公斤）	家禽 （只）	禽蛋 （吨）	鱼产量 （吨）
2011	8500	1350	135079	3200	16671	350	50000	667	183
2012	9512	1711	160005	3502	18000	711	65100	703	421
2013	7441	2892	130057	3684	18000	210	90000	782	445
2014	446	2106	60816	1465	10015	260	91134	740	451
2015	323	360	60054	866	4841	130	74995	704	495
2016	153	350	46673	1264	5089	150	79000	882	510
2017	105	653	55803	3366	5162	170	126600	890	552
2018	136	522	52134	2056	3450	145	63455	848	502

第九章　交通运输

第一节　概　况

绥滨农场交通科隶属宝泉岭管理局交通运输局，其工作职责为：负责农场道路客货运输、出租汽车、公共交通运输、汽车维修市场等运输服务业的行业管理；负责权限内交通运输行政许可和综合行政执法工作；负责农场交通行业安全生产、应急处置和信访维稳工作；完成管理局交通运输局交办的其他任务。

2011年，农场投资508万元，在绥福路西兴场街北7委1号新建客运综合楼。新建楼占地面积9243平方米，建筑面积2799.72平方米，其中主体建筑面积1199.81平方米，站前广场2397平方米，停车场5860平方米。2012年10月1日，主体工程竣工。2012年11月10日，交通科、公路养护中心、客运站搬迁新楼投入运营。

2006年、2010年、2014年，交通科被省交通厅授予文明单位荣誉称号。

历任科长：冯琪、朱瑞前、李东江、孟林。

第二节　公路养护

公路站负责农场公路养护工作。截至2018年，农场有公路238.05公里。其中乡级公路6条135.91公里（硬化109.18公里、未硬化26.73公里），村级公路19条102.14公里（硬化67.29公里、未硬化34.85公里）。公路桥梁26座、涵洞206道。养护机械为平地机2台、装载机2台、拖拉机5台、工程抢险车和员工通勤车各1台，养护员工共计23人。

2009年，农场建设完成军绥线33.56公里的景观路和1公里标准化路段。通过严格监理、规范施工，保证了景观路绿化建设任务的顺利实施，共种植、补植各类乔灌木5.8万余棵，达到了全线绿化要求。农场的景观路和标准化路段建设工程得到了管理局、总局交通运输局的认可并通过验收。公路站被总局交通运输局评为农村公路养护A级单位。

2013年，公路站划归农场管理，改名为公路养护中心，主任为王志强。交通科负责公路养护安全生产监督管理工作。

2015年，农场完成绥福路第二十六居民组至绥滨县建设村、第十九居民组至绥佳公路共计26.8公里通达路建设。项目于10月15日动工，11月15日竣工。公路建设项目通过总局交通运输局验收。同年，在农场辖区公路急拐弯路段（路口）安装太阳能警示灯25个，确保了农场238公里公路的安全畅通。

2016年5月，因受到风灾袭击，农场公路两侧的树被风吹断，公路养护中心立即出动铲车、油锯进行抢修保通，共计清理路树200余棵。

2017年9月25日，绥福路第二十六居民组至绥滨县建设村、第十九居民组至绥佳公路共计26.8公里硬化公路开工建设。2018年9月25日交工使用。

2018年，农场重新铺筑水泥路面6000余平方米。10月份出动平地机对第二十三居民组田间路进行秋收前整治，共计刮平田间路5条，确保了秋收顺利进行。

第三节　客运管理

2006年，客运站有工作人员11人。始发客运线路6条，辐射绥滨县、双鸭山市、宝泉岭二院、鹤岗市、佳木斯市、哈尔滨市，共有营运客车7辆，司乘人员14人。有途径客运车辆15台次，线路辐射宝泉岭、萝北县及绥滨县周边乡镇。

2011年1月，农场开通至绥滨县的客运车辆，营运车辆为少林牌30座客车，为农场职工提供了更加舒适、安全、快捷的出行条件。9月，农场成立滨城公共交通有限责任公司，设立由原场部到居民组的客运线路，经营者购买了6辆"舒驰"牌公交客车。交通科合理规划3条营运线路，辐射农场5公里外95%的居民组，营运车辆每天8个班次循环，公交发车返回场部时间与客运站长途客车发车时间有效衔接，让农场职工出行更加快捷。

2012年11月，客运站搬迁到新建的客运综合楼，站内设备设施全部按照三级站要求配备，并安装了班车信息显示屏及监控设备。

2014年，为更好地服务管理区出行旅客，农场至鹤岗市的6点班车营运线路延伸到农场第三十七居民组，营运车辆更新为"北方"牌豪华型45座客车。

2016年3月，农场客运站被评定为三级站。截至2018年年末，有职工10人，管理人员2人，站务人员8人。进站班车17台，日发班次15个，其中场内5班次分别发往哈尔滨、佳木斯、鹤岗、宝泉岭中心医院、绥滨县。

第四节　货运管理

2006年，农场有货运车辆72辆，总吨位为741.5吨。

2009年，公路养路费取消后，外埠车辆落户农场的货运车辆迁出，农场货运市场运输车辆也逐渐达到报废年限。截至2014年年底，农场营运货运车辆为22辆，总吨位为268吨。

随着道路货物运输市场的发展，农场货物运输逐步转变为周边市县物流公司运输和个体大型（重型）货运车辆运输，特别是在农场农资和粮食买卖自由、农场货运车辆基本是小吨位车辆的情况下，货物运输已不适应市场需求，导致农场货运市场营运车辆逐年减少。2015年年末，农场营运货运车辆17辆，总吨位为184吨。

2018年，随着全国物流网络覆盖，农场个体营运货运车辆剩余4辆，总吨位为77吨。

第五节　出　租　车

2006年年初，农场有各类出租车辆94台。2007—2011年，为确保旅客乘车安全，进一步规范出租运输市场，确保营运车辆经营者的权益，农场逐步对营运出租车进行缩减和规范管理。到2011年，有出租车19辆，其中面包车18辆、奥拓轿车1辆。

2012年9月，按照"总量控制、提高档次、进出有序、保持稳定、规范管理"的工作思路，农场根据实际情况，以运价合理、文明服务为目标，优先原出租车辆经营者和农场下岗困难家庭的驾驶员，以自由报名的形式参与出租车经营。农场统一购买了豪华型夏利N5轿车26辆，按照出租车"六统一"的要求对车身进行了改色，安装了LED出租车顶灯、计价器、待租器，购买了出租车驾驶员服装，为农场增加了一道流动的风景线。

2013年6月，随着农场小城镇建设不断加快和撤队并区工作的实施，场部地区人口数量不断增加，已有的出租车已不能满足人们的出行需求。按照农场出租车发展规划，淘汰了2台面包车，新购买豪华型夏利N5轿车20辆，使农场出租车总量达到46辆。组建了出租车协会，完善了内部各项规章制度，使职工群众出行更加方便、安全。截至2018年年末，农场有出租车46台。

第六节　规费征收

2006—2008 年，按照上级交通主管部门下达的规费征收计划，交通科多措并举，积极吸引外埠车辆，每年都超额完成公路养路费、道路运输管理费等征收任务。

2009 年 1 月 1 日起，全国范围内统一取消交通公路养路费、道路运输管理费等各项费用的征收，实行车辆燃油税征收。

第十章 通 信

第一节 概 况

2006—2018年，通信中心实现了以固话经营为主，逐步向固话和宽带经营并重，宽带经营为主、固话经营为辅转变。光纤传输成为农垦宽带的主要传输手段，带宽已达到百兆。与此同时，移动手机智能化和4G网的普遍应用，使农场人民上网有了更多的选择，农垦通信的宽带经营也受到了其他运营商的冲击。2018年年底，全场宽带用户总数2314部，电话总户数2436部，光纤入户率达100％。

截至2018年年末，通信中心有在岗员工17人，其中高级工程师1人、中级工程师4人、高级工人技师1人、工人技师10人。员工的培训以短期班为主，培训内容涉及光纤熔接、网络维护、市场营销等诸多方面，员工业务素质较以往有所提高，基本适应了农场信息化建设的需求。通信中心历任领导情况如下：

2006年1月—2016年12月，李延国任通信中心主任。

2017年1月—2018年12月，王传波任通信中心主任。

第二节 基础建设与维护检修

2007年，通信中心先后开通了第九、第十、第十一、第十二、第十八、第二十五、第二十七、第二十一等8个居民组的宽带业务，将第三、第二十三、第二十六居民组原2M ADSL接入改为光纤接入形式，使光纤传输的居民组达到8个，陆续开通了地税、土地、信用社、电业的专网业务。

2008年3月，机房新增华为1000线设备一台，开通了第一、第七、第十三、第十五、第二十二、第三十八等6个居民组的宽带业务，并开通了交通局专网。

2010年，开通了医院对社保专网，中学微机室改成光纤接入。

2011年下半年，通信中心对原有机房进行了改造，历时3个月，使机房的建设水平达到标准。4个网吧由原来的ADSL接入改为光纤接入。场直地区光电缆落入管道，共建设管道 5.2 公里，铺设新电缆 1.5 公里，铺设新光缆 6 公里。

2012 年，通信中心将原中兴光端机更换为烽火光端机，新增软交换设备，开通了第十六和第十七居民组智能大棚、医院及服务站、公安互联网监控上传等大客户专网。

2013 年 10 月，旧楼线路改造完成，全部实现光纤到楼；新建楼房布线 11 栋，全部实现光纤到户。

2014 年，完成绥农新区 6 栋楼和农机大市场 3 栋楼的综合布线，并开通用户；绥福路原有架空杆路全部拆除；为配合农场大棚基地建设，先后对十队、二十七队、十三队主杆线路进行改造，并撤回九队所有杆路及二十一队队内电缆。

2016 年，场区及居民组光纤接入改造工作全部完成，光纤入户率达 100%，所有宽带用户的接入方式改为 PPPOE 接入。

2017 年，农场按照分公司的统一要求，将光纤到楼的接入方式改为光纤到户，对 9 个居民组及场区 20 栋楼的接入方式进行了更改。

2018 年，农场开展了宝慧通 App 业务，对场区的通信线路进行了全面整理。

第三节　市场经营与服务

为稳定固话市场经营，通信中心先后推出爱家套餐、亲情套餐，大范围推广预存话费赠话费活动，在让利于民的同时，也使企业得到了发展。在宽带经营上严格执行宽带捆绑固定电话的经营策略，宽带收费每两年 1780 元，本地通话不收取费用（不包括特服号）。同时，注重加强员工教育，不断提升业务素质和服务意识，增强营销紧迫感，推动通信事业不断发展。

第十一章　电　　力

第一节　概　　况

供电局是绥滨农场区域唯一的供电企业，隶属于宝泉岭电业局。它承担着全场配电运行管理、电力供应、电力建设、电力发展规划等工作，负责场直地区、37个居民组和7个村屯的生产、生活供电服务。辖区供电面积518.88平方千米。办公楼面积1024平方米，为三层楼房，设施齐全，收费实行微机化、微信化管理。

供电局历任领导情况如下：

2006年1月—2007年7月，局长袁成立，副局长刘光德。

2007年8月—2010年11月，局长孙跃辉，党支部书记于泽福，副局长刘永军、杨英。

2010年12月—2012年4月，局长丁绍波，党支部书记董晓峰，副局长王永斌、杨英。

2012年5月—2015年11月，局长杨永宁，党支部书记韩子龙，副局长杨瑞琴、韩忠利。

2015年12月—2018年12月，局长兼党支部书记杜建民，副局长韩忠利。

第二节　电网改造

2009年，农网完善工程投资150万元，改造变电所至第二十六居民组10千伏线路22.1公里，全部更换为12米电杆，将截面35平方导线换为95平方导线，为提高供电质量和供电的可靠性打下了良好的基础。

2011年，加大了农网建设力度，进行了和平大街及绥福路的路灯电源安装。7个村屯更换绝缘导线，新增水田变压器116台，容量4687千伏。

2012年，进行了外环路路灯电源安装和龙泽苑小区电源安装等18个电气工程。

2013年，安装农场南一路路灯电源和农机大市场电源，新增水田变压器40台、500

千伏安变压器 1 台。

2015 年，新建绥西开闭所 1 座，位于第三十九居民组，总投资 700.51 万元。完成 2015 年技改工程第二十三居民组支线和农场医院综合楼高低压安装工程。

2016 年，绥滨供电所机井通电改造工程，共完成第二十九、第十九、第三十二队 20 个变压器的改造。

2017 年，完成中心村 10 台变压器改造，同时进行中心村线路改造，完成了第二十一队分支改造和第三十三队分支改造。

2018 年，第十五、第二十二、第三十六队进行低电压治理，第十二队和第十六队进行技改工程。

第三节　用电管理

2006—2018 年，农场各单位、各居民组及居民用户电费由供电局统一抄表，实行先买后用的预购电量制度，用户直接到供电局营业大厅刷卡交费，由营业人员收取电费。2015 年逐渐由手抄表更换为集抄表，安装集抄设备，可通过计算机抄回全场居民电表。到 11 月底完成了 2000 户居民集抄型电表的更换工作，为下一步实现所有台区集抄表做好准备工作。2016 年年底集抄表全部更换完毕。2017 年集抄表调试运行顺畅。2018 年统一更换集抄失败的表，提升集抄率，同时提升回收率。

2006—2018 年农场电力消耗情况如表 4-11-1。

表 4-11-1　电力消耗统计表（2006—2018 年）

年份	外购（万千瓦时）	用量（万千瓦时）
2006	1210	1110
2007	1422	1398
2008	1586	1521
2009	1669	1596
2010	1793	1611
2011	1838	1648
2012	2234	2037
2013	2267	2083
2014	2381	2185
2015	2704	2501
2016	2756	2539
2017	3467	3252
2018	3458	3311

第四节　队伍建设

13年来，供电局人员边干边学，业务素质明显提高。2018年年末，供电局在册职工17人，均为专科以上学历，其中党员10人，具有中级技术职称2人、初级技术职称9人，工人技师6人。

供电局下设两个班组：营业班、外线班。营业班负责全场的用电电量确认、电费收缴、低压维修和安装工作。外线班负责高压线路及设备的维护、大型施工等工作。

第十二章　城镇建设

第一节　概　　况

2006—2018 年，是农场小城镇建设大发展、快发展的 13 年。经过 13 年的开发建设，农场的城镇建设与管理水平不断提高，城镇面貌发生了翻天覆地的变化，城镇化率由原来的 54.2% 提高到 95.14%，楼房化率由原来的 0.31% 提高到 87.6%，城镇基础设施建设得到全面改善。农场先后被授予生态垦区建设及环境保护目标考核先进单位、保障性住房建设先进集体、城镇化建设工作先进单位、中国美丽休闲乡村等荣誉称号。

农场建设科历任领导情况如下：

2006 年 1 月—2010 年 11 月，刘春青任建设科科长。

2006 年 7 月—2010 年 11 月，王利东任建设科副科长。

2010 年 12 月—2018 年 12 月，张冬梅任建设科科长。

2012 年 3 月—2017 年 3 月，王利东任环保科副科长。

2013 年 11 月—2018 年 12 月，李洪明任建设科副科长。

第二节　场区规划

2006—2010 年，农场执行的是《绥滨农场城镇总体规划（2004—2010 年）》。随着农场经济的快速发展，原有的城镇总体规划已不能满足经济快速发展的需要。2010 年，农场委托黑龙江省城市规划勘测设计研究院，历时一年多的调研论证，编制了《绥滨农场城镇总体规划（2010—2030 年）》。该规划通过了专家组审查，总局已审批、备案。

2010—2018 年，农场执行的是《绥滨农场城镇总体规划（2010—2030 年）》。该规划把近期和远期规划相结合，分别确定了场域空间布局规划、场域空间管制规划、场域公用工程设施规划、场域公共服务设施规划、生态垦区规划、城镇主要建设用地规划、城镇道路交通规划、城镇工程设施规划、综合防灾规划、城镇景观风貌规划和近期建设规划，明确了农场的总体战略目标和主要发展目标。该规划根据农场现有城镇布局特点和存在的问题、未来发展需求和地形特征，以建设生态园林、低碳城镇为重要目标，调整农场城镇布局。

场区规划依托现有十字路网骨架、城镇方格型布置，形成"一心一绿环、二轴二绿核、三片区"的规划结构。一心一绿环即公共服务设施中心和以天朗公园和主要道路绿化围合的景观绿化环；二轴二绿核即由和平大街、绥福路形成的公共商业景观轴线和由天朗公园、生态园区形成的公共景观绿核；三片区即中心商业区、高尚生活住区、现代工业园区。路网结构以方格网为主，形成"一环、三纵、四横"的路网结构。公共绿地规划在场区内均匀布置公共绿地与街头绿地，提升场区环境层次，形成整个场区"点、线、面"有机整合的绿地系统。规划场区内形成生态景观轴线、人文景观轴线。生态景观轴线为灌渠景观带，以灌渠生态景观为依托，通过对灌渠自然景观的细致设计形成滨河景观公园；人文景观轴线和平大街贯穿城镇东西，连接场区中心与体育中心，是城镇联系纽带，也是体现整个城镇人文特色的平台。

第三节 住宅楼建设

2006—2018 年以来，农场通过职工自建、招商引资、上级财政补贴和农场自筹相结合等方式大面积开发建设住宅楼。13 年间，共新建住宅小区 17 个，新建楼房 119 栋，建筑面积 35.72 万平方米。

第一阶段：2006—2008 年，共建设住宅综合楼 25 栋，建筑面积 7.5 万平方米。其中：2007 年农场通过职工自建的方式建设了绥农新区，共建设 10 栋住宅楼和 4 栋别墅，总户数 224 户，分 3 年建设完成，承建单位为佳昌建筑公司和金鹏建筑公司。同年，由付少兵个人投资兴建了 1 栋社保综合楼，建筑面积 4000 余平方米。2008 年，由佳木斯万基房产开发公司开发建设住宅综合楼 3 栋，总建筑面积为 1.8 万平方米，总投资 2000 万元。同年，由陆书芬个人投资开发建设了阳光住宅小区，总建筑面积为 8046 平方米，总投资 820 万元。同年，由农场职工葛金辉、刘福利和赵平等人自筹资金，将原有木材厂的厂房和办公室拆除，建设了福辉住宅综合楼，总建筑面积为 4020 平方米，投资 265 万元。同年，由佳木斯佳昌房产开发公司在原小学院内开发建设了荣御家园住宅小区，包括 3 栋住宅楼，总建筑面积为 1.8 万平方米；1 栋综合商场，建筑面积 3000 平方米，投资 2300 万元。

第二阶段：2009—2011 年，是国家加大对垦区危旧房改造资金政策的投入期。农场累计完成危房改造建设任务 3059 户，共建设住宅 94 栋，建筑面积 28.22 万平方米。2010

年，农场招商引资建设龙府大厦，由佳木斯佳昌房产开发公司开发建设，总层数为12层，地上11层、地下1层，2011年8月竣工，建筑面积1.04万平方米，总户数32户。2011年，农场兴建龙泽苑小区，该小区为农场第一个新型高档住宅小区。小区在原乳品厂院内，位于场区东北部，与天朗公园相邻，总占地面积3万平方米，建筑面积1.38万平方米，投资3500万元。2009—2011年，农场结合撤队并区的实际情况，针对撤队并区后居民组部分低收入家庭无力购买住宅楼的困难，适当建设廉租住房以解决特困户的住房问题。三年共建设廉租楼3栋，总建筑面积1.2万平方米，总户数270户，彻底解决了低收入家庭的住房问题。

第三阶段：2012—2015年，为解决场直地区低收入家庭的回迁安置问题，农场于2012年自筹资金建设了龙泰住宅楼，户型与廉租楼户型相同，户数90户，建筑面积3390平方米，投资567万元，施工单位为黑龙江省建三江农垦华扬建筑安装工程有限责任公司。2013年，农场利用危房改造项目建设龙盛小区，建筑面积1.54万平方米，新建户数165户，投资1386万元，开发单位为佳木斯佳昌房产开发公司。

第四节　危房改造项目

2009年以来，随着国家对垦区危旧房改造政策的倾斜，农场以此为契机，加快了危旧房改造工作的步伐，加大了招商引资力度，全力推进农场危旧房改造工作。根据《黑龙江垦区危房改造建设指导意见》，农场结合实际制定了《绥滨农场危房改造实施方案》，采取委托开发的形式实施危房改造项目。2009年完成危旧房改造任务768户，建筑面积6.37万平方米；2010年完成危旧房改造任务1000户，建筑面积7.61万平方米；2011年完成危旧房改造任务1005户，建筑面积8.57万平方米；2013年完成危旧房改造任务165户，建筑面积1.54万平方米。五年中共新建住宅小区13个，分别是和平小区、育才小区、兴坪小区、鑫辉小区、荣御家园、三江花园、育才新区、雪莉莱小区、富成家园、绥农新区北区、龙润小区、龙盛小区和绥农新村。共建设楼房2938户，建筑面积24.09万平方米。经过几年的集中开发建设，农场的小城镇建设取得了跨越式发展，场区楼房化率由原来的27.9%提高到87.6%。2017年，农场利用危房改造资金对场部地区符合保障标准的平房进行维修。确定的维修范围为有农场户籍的家庭和低保低收入家庭、"五七工"家庭、孤寡老人家庭和患有重大疾病的家庭。共维修场部地区平房503户，使用危房改造资金377.25万元，维修平房面积2.8万平方米左右。

第五节　基础设施建设

2006—2011 年，农场小城镇建设已初具规模，各项基础设施建设陆续开始。2012—2013 年，农场投入 2755 万元改扩建了阳光供暖公司的厂房 754 平方米，购置 25 吨和 40 吨燃煤热水锅炉各 1 台，同时为自来水厂更换了 6 吨燃煤热水锅炉 1 台，进一步提升了公共服务设施的标准。2014 年，农场投资 1800 万元新建垃圾处理场 1 处，日处理生活垃圾 40 吨，日处理垃圾渗滤液 20 立方米。2015 年年末，场区有混凝土路面 19.61 万平方米、沥青混凝土路面 5 万平方米、排水管网 1.32 万米，满足了场区居民生活污水的排放需求。经过近 10 年的开发建设，农场已建成交通便捷、生活便利、生活和生产设施完善的基础设施体系。

2018 年年底，农场城镇基础设施建设全部完成，已成为基础设施完善、功能齐全、布局合理、环境优美的边陲小镇。建有现代农业研发中心、公安局、医院、幼儿园、学校、银行、邮局、老年公寓、电视台、供电局、通讯中心、文体中心和宾馆等公共设施；休闲娱乐设施有占地 10 公顷的天朗公园和占地 46 公顷的农林科技园；商业服务设施有农贸综合市场、步行街和商贸大集等；公共服务设施有自来水厂、阳光供暖公司、垃圾处理场和污水处理站等。

第六节　房产管理

2002 年，农场按照宝泉岭分局建设局房产管理部门的要求，对房屋产权证发放全部实行全国统一的机打方式，农场房产部门负责本辖区内房产证的审核及发放。2006 年以来，随着人民生活水平的提高，农场职工开始由原来的自建平房改为自建楼房。自 2008 年开始，农场禁止批建平房。2009 年，结合整体搬迁项目，农场开始进行大规模建设住宅楼。住宅楼建设程序严格按照分局建设审批程序进行办理，核发"两证一书"和"建设工程施工许可证"后，楼房方可开工建设。

2009 年，农场房产管理部门实现了与分局、总局房产管理部门房产交易系统的联网，安装了统一的房产管理系统。从 2010 年 9 月开始实行联网办证，由原来的农场二级审核变成总局、分局及农场三级审核。同时，把原有纸质房产档案全部录入房产系统，形成纸质和电子两种档案。2013 年 10 月开始施行网络签订商品房买卖合同，由原来在房产部门备案的纸质商品房合同，升级为在房产系统里自动备案的电子化商品房买卖合同。

2016 年 8 月，房屋所有权证变为历史，不动产权证书登上舞台。农场根据宝垦局办文〔2016〕44 号文件要求，成立了绥滨农场不动产登记工作机构，建立了宝泉岭管理局不动产登记中心绥滨分中心登记窗口，实现了"一个窗口"对公众提供服务。将不动产登记的申请、受理、审核、登记、发证等职责统一到不动产登记经办机构，安装统一的不动产登记信息管理基础平台，形成了房地一体的不动产登记数据库，确保不动产登记职责的完整性，做到登记信息统一、完整、安全，实现了"一站式"便捷服务。

2017 年开始进行全场楼房与部分平房测绘工作，于当年 6 月正式联网收件受理登记业务，并形成纸质版和电子版两种档案。

2018 年开始进行整体搬迁项目楼房房屋的办理，并扫描房产原档案，实现数据信息整合，形成房屋信息台账与房产电子档案。

第七节　城镇绿化

2006 年以来，农场在城镇绿化建设方面，按照道路布局，已基本完成道路两侧的绿化工程建设。

2006—2011 年，农场在维护原有绿化工程的基础上，对局部绿化苗木进行了更换。

2012 年，为了实现"森林拥抱城市、城市走进森林"的绿化工作目标，农场完成了和平大街、科技园区、龙泽苑小区和科技示范带绿色长廊的绿色景观建设，总投资 800 万元，绿化面积 4.17 万平方米。这一年绿化的突出特点是：高标准、立体式、多树种、多层次。通过高低错落、精心点缀、多层次栽植、配备景观小品，使得农场绿化工程别具一格，独具魅力。2013 年起城镇绿化工作划归城管局管理。

第八节　城镇道路建设

2006—2018 年，农场不断加大场区道路建设力度，共投入资金 4753.98 万元用于城镇道路建设，城区道路框架全部完成，道路建设标准不断提高，由原有的泥土路面逐步建设成现在的沥青混凝土路面。

2006 年，农场投资 17 万元维修场直地区主要街道和平路和绥福路 300 平方米；投资 200 万元修建场直地区 4 条白色路面 2500 米。2007 年，农场投资近 400 万元完成了城区内道路硬化 4.5 公里。2010 年，新修建场区外环路 1.6 公里，总投资 55 万元。2011 年，将绥福路、和平大街原白色路面罩上了一层黑色沥青面层，完成投资 865 万元，总长度

3.3公里。新建了绥福路、和平大街两侧的人行道，采用人造大理石铺砌，宽2.9米，两条街的人行道总面积1.39万平方米，总长度4800米，总投资478万元。新建彩色板砖步道，总铺砌面积2.93万平方米，总投资281万元。2012年，农场对和平大街西段、西外环路和公园路进行延伸和拓宽，总改造里程3.22公里，使场区道路标准得到提高和改善，完成投资408万元。2016年，农场对和平大街、绥福路、北外环路、西外环路、园区路、气象台路、公园路、龙泽苑路进行维修并铺设沥青混凝土，改造沥青混凝土道路6.25万平方米，维修道路路面6500平方米，工程投资809.25万元。2018年，农场对绥福路南段、青年路、育才路、康宁路、惠民路、平安路、园区路、北外环（通往8连）、南一路、南二路、南三路、公园路、平安路（和平大街南）、青年路、和平大街西段、西外环南段、北一路、北二路、北三路、北四路进行维修并铺设沥青混凝土，改造沥青混凝土道路4.91万平方米，维修道路路面2075.48平方米，工程投资1240.73万元。

第九节　农林科技园区景观建设

2010年，农场开始打造农林科技园区，建设地点设在农场苗圃。同年，在科技园区内兴建了土化气象综合楼，将之建设成为集科研、观光、旅游等多功能于一体的现代化综合办公场所，建筑面积3200平方米，完成投资800万元；完成园区路面硬化3.2公里，总投资160万元；完成甬道、景观等附属设施总投资410万元。

2012年，农场在科技园区内新建省级林木种苗繁育基地培训中心一座，建筑面积1320平方米，总投资660万元。

为充分展示农场"龙"字文化，2012年，农场兴建了科技园区龙府景观工程，完成投资724万元，将温室打造成南方热带植物园。2014年，农场投资200万元对龙府景观工程进行了扩建，增加720平方米景观大厅；投资173万元对龙府景观中厅进行改建，增加中厅净高，使中心景观的绿植和雕塑更加和谐完美。

第十节　公共建筑工程

2006—2018年，是农场公共建筑工程设施建设标准不断提高的13年，共新建公共建筑工程66项，完成投资18372.3万元。

2006年，农场投资120万元修建派出所、消防队、拘留所办公楼；投资100万元扩建农场休闲广场、娱乐公园。

2007年，农场投资1200万元，建成学校教学楼，建筑面积1.5万平方米；投资55万元在公园新建了一个现代化的综合硅PU面层球场；投资近10万元对公园人工湖畔彩砖进行粘贴；投资30万元在场区部分路段安装路灯60盏。

2009年，农场投资80万元为学校新建排球场、篮球场和新铺彩砖操场；投资300万元，新建一栋2100平方米的教学楼。

2010年，农场投资90万元对原小学教学楼进行了装修改建；投资50万元对畜牧养殖小区的4栋牛舍进行了屋面修缮改造。

2011年，农场新建一栋执法功能综合楼，建设面积4600平方米，局部六层，总投资1100万元；新建一栋交通客运楼，建筑面积1250平方米，局部三层，总投资270万元；新建一栋医院卫生服务综合楼，建筑面积1250平方米，投资252万元。

2012年，农场投资370万元新建中心幼儿园工程，建筑面积1735平方米；投资321万元新建客运站工程，建筑面积1017平方米；投资745万元新建龙泽苑景观工程；投资1600万元建设农机维修中心工程，建筑面积1.42万平方米；投资480万元对6栋楼宇实施立面改造；投资300万元对原文化广场（天朗公园）进行改造，总铺装面积1.3万平方米，同时对舞台、景观灯和花坛进行改造；投资156万元配备100盏路灯和25盏景观灯装饰场区；投资90万元新建两栋钢骨架可控温度的温室大棚；投资126万元改建教师周转宿舍1210平方米。

2013年，投资205万元完成了和平大街5栋楼体亮化工程；投资960万元新建中心敬老院3200平方米；投资50万元对文化广场舞台进行改造；投资215万元完成了农机维修中心配套地面、排水、供暖工程；投资350万元实施天朗公园扩建工程；投资300万元新增路灯230盏，完成了场区9公里支路的亮化；投资80万元新建一处广场文化长廊；投资116万元新建有机肥厂厂房及配套工程；投资300万元实施场区楼体立面改造工程；投资550万元在第一管理区新建催芽室一处，铺设农具厂地面1.18万平方米；投资80万元实施林木种苗储藏棚维修工程；投资35万元实施贵通宾馆保温工程；投资450万元实施水稻浸种催芽设施建设项目。

2014年，新建天朗公园社区卫生服务综合楼，建筑面积1542平方米，投资466万元；新建中心敬老院，建筑面积3146平方米，投资914万元；新建殡葬服务中心，建筑面积550.82平方米，投资200万元；新建冲水式公厕4座，建筑面积330平方米，投资160万元；投资100万元实施天朗公园改建工程，实现了引水入城；投资233万元实施龙盛小区配套工程；投资40万元完成了拘留所改建工程；投资50万元新建公厕21座；投资2016万元实施了建筑面积为1.09万平方米的粮食仓储建设项目；投资80万元实施种苗繁育棚维修工程；投资 55 万元完成了滨南、滨北、滨中、滨东、滨西社区管理服务中心的改建；投资 36 万元完成医院维修工程；投资 77 万元完成催芽基地吊筐工程；投资 40 万元实施运苗车及轨道工程；投资 60 万元实施中心敬老院配套工程；投资 120 万元实施医院、社区办公室、机关办公楼、工人文化宫等公共建筑的供暖改造；投资 60 万元完成农机维修中心外墙保温工程；投资 255 万元完成新建客运站库房项目；投资 20 万元制作了垃圾处理卫生箱 50 个；投资 60 万元完成龙府景观区新建公厕项目；投资 98 万元完成农机维修中心加固项目。

2015 年，建设野猪舍 2000 平方米，花鹿舍 4000 平方米，完成投资 257 万元；投资 95 万元完成边境农场建设项目，硬化路面 5120 平方米；投资 40 万元完成新建农机库房项目 480 平方米；投资 185 万元完成一事一议建设项目；投资 61 万元完成大东北牧业春雷生猪标准化规模养殖场建设项目。

2016 年，新建学校标准化运动场，工程投资 647.62 万元，建设规模：13 毫米厚塑胶面层（EPDM 彩色颗粒）8503 平方米，50 毫米高人造草坪 7865 平方米，帐拉膜看台一座；投资 76.97 万元完成敬老院改造，增加标准间 12 间、改造壁橱 46 个、大理石洗漱台 1 座、主副食间墙面瓷砖 350 平方米、天棚吊顶 83 平方米；投资 156.17 万元完成天朗公园改造工程，活动场铺装 1138.14 平方米，花岗岩路缘石 24.1 米，铺设荷兰砖 208.11 平方米，新建四角凉亭 1 座、六角凉亭 1 座、景观曲桥 1 座、平桥 1 座，护河堤 103.84 米；投资 106.43 万元完成绥滨农场综合运动场建设项目，4 毫米厚 PU 硅胶面层 1817.16 平方米，包塑网 709.6 平方米，8 毫米厚 PVC 卷材 586.73 平方米，悬浮拼装地板 1278.34 平方米。

2017 年，进行广播电视无线转播台基础设施改造，改造机房 124 平方米，硬化地面 500 平方米，购置安装变压器 1 台、电路改造 1 项，电视塔、房屋及卫星接收器亮化改造 1 项，完成投资 71.11 万元。

农场建设工程的基本程序见表 4-12-1。

表 4-12-1 建设工程基本建设程序表（2011 年版）

阶段	工作内容	相关部门	所需或形成文件
投资决策阶段	1. 编制项目建议书	投资主管部门	项目建议书及审批文件
	2. 编制可行性研究报告	项目审批部门	可行性研究报告及审批文件
	3. 项目立项文件	计划部门或农场	项目立项文件

（续）

阶段	工作内容	相关部门	所需或形成文件
前期准备阶段	4. 项目报建	住建局建管科	项目报建表
	5. 地质勘查	勘察单位	勘察报告
	6. 签订勘察合同	勘察单位、住建局建管科	已备案的勘察合同（签订合同 15 日内备案）
	7. 设计招标	招标代理机构	招标代理合同、招标公告等网上招标信息、评标相关资料、公证书、招标备案登记表
	8. 设计合同	设计单位、住建局建管科	已备案的设计合同（签订合同 15 日内备案）
	9. 编制初步设计	设计单位、住建局规划局	初步设计及审批文件、效果图
	10. 编制修建性详细规划	设计单位、住建局规划局	修建性详细规划及批准文件
	11. 土地测绘	国土局、测绘公司	宗地图、权属审核单、测绘合同
	12. 办理建设项目选址意见书	住建局规划局	建设项目选址意见书、规划设计条件通知书
	13. 办理建设项目用地规划许可证	住建局规划局、国土局	建设项目用地规划许可证
	14. 办理建设项目工程规划许可证	住建局规划局、国土局	建设项目工程规划许可证
	15. 办理土地使用证	国土局	土地使用证
	16. 施工图设计	设计单位	图纸
	17. 办理施工图行政审查	住建局建管科	行政审查文件
	18. 办理施工图技术审查	审图单位	图纸审查报告书、图纸审查合格证
	19. 办理消防建审	管理局消防部门	消防建审文件
	20. 办理项目环境影响评价	管理局环保局	环评报告
	21. 编制招标控制价	造价公司、住建局造价站	招标控制价、备案登记表
	22. 施工招标	招标代理机构	招标代理合同、招标公告等网上招标信息、评标相关资料、公证书、招标备案登记表
	23. 签订施工合同	施工单位、住建局造价站	已备案的施工合同（签订合同 7 日内备案）
	24. 监理招标	招标代理机构	招标代理合同、招标公告等网上招标信息、评标相关资料、公证书、招标备案登记表
	25. 签订监理合同	监理单位、住建局建管科	已备案的监理合同（签订合同 15 日内备案）
	26. 签订五方主体授权书及工程质量终身承诺书	五方主体、质量监督站	授权书、工程质量终身承诺书
	27. 办理质量监督手续	质量监督站	质量监督通知书
	28. 办理安全监督手续	安全站	安全施工措施审查表
	29. 办理墙改手续	住建局墙改办	墙改审核文件
	30. 办理人防手续	住建局墙改办	人防审核文件
	31. 办理施工许可证	住建局建管科	施工许可证
施工阶段	32. 验槽	质量监督站、五方主体	验槽记录
	33. 基础核验	质量监督站、五方主体	基础核验记录
	34. 主体核验	质量监督站、五方主体	主体核验记录

（续）

阶段	工作内容	相关部门	所需或形成文件
竣工验收阶段	35. 规划验收	住建局规划部门	规划验收合格证
	36. 安全验收	安全站	安全验收合格单
	37. 环保验收	管理局环保局	环保验收合格单
	38. 消防检测	消防检测公司	消防产品质量合格文件
	39. 消防验收	管理局消防部门	消防验收合格单
	40. 竣工验收	质量监督站、五方主体等	初步验收纪要及整改回复、竣工验收会议纪要及整改回复、竣工验收报告、质量保修书、竣工图、内业资料、检测报告、竣工备案证

说明：总计涉及20个部门：1. 建设单位，2. 施工单位，3. 监理单位，4. 勘察单位，5. 设计单位，6. 投资主管部门，7. 计划部门，8. 管理局住建局，9. 招标代理机构，10. 公正机构，11. 国土资源局，12. 土地测绘公司，13. 图纸审查单位，14. 农场消防部门，15. 管理局消防部门，16. 环保部门，17. 环评机构，18. 造价公司，19. 质量监督站，20. 检测单位。

2006—2018年，农场建楼具体情况见表4-12-2。

表4-12-2 农场建楼明细表（2006—2018年）

序号	名称	面积（平方米）	建造时间（年）	用途
1	消防队、拘留所办公楼	950.30	2006	办公
2	小学教学楼	4474.00	2007	科教
3	绥农新区1-7号楼	12229.73	2007	住宅
4	社保综合楼	1669.61	2007	综合
5	育才小区1-3号楼	18071.86	2008	综合
6	阳光小区1-2号楼	8881.64	2008	综合
7	福辉综合楼	4168.66	2008	综合
8	荣御家园住宅小区1-4号楼	24820.45	2008	综合
9	荣御市场	4200.00	2008	商服
10	绥农新区8、9号楼	4686.94	2009	住宅
11	廉租楼1、2号楼	7951.02	2009	住宅
12	兴坪花园住宅小区1-3号楼	21876.91	2009	综合
13	三江花园小区1号楼	7689.70	2009	综合
14	鑫辉综合楼A、B楼	7564.63	2009	综合
15	育才小区4、5号楼	8613.08	2009	住宅
16	绥农新区10号住宅楼	3195.19	2009	住宅
17	和平小区1号楼	4562.34	2009	综合
18	龙府大厦	10447.11	2010	综合
19	雪莉莱小区1号楼	7839.66	2010	综合
20	和平小区2-5号楼	19117.33	2010	住宅
21	育才新区1号楼	8250.58	2010	综合
22	龙润小区4-8号楼	25969.70	2010	住宅

（续）

序号	名称	面积（平方米）	建造时间（年）	用途
23	廉租楼 3 号楼	4060.60	2010	住宅
24	三江花园小区 2、3 号楼	8316.81	2010	住宅
25	张金城自建商服楼	366.30	2010	商服
26	九户自建	5975.87	2010	综合
27	公安局执法功能综合楼	4600.48	2011	机关团体
28	龙泽苑小区 1-19	13855.90	2011	住宅
29	滨东社区服务站综合楼	1109.40	2011	商服
30	育才小区 6、7 号楼	9353.56	2011	综合
31	育才新区 2、3 号楼	8908.61	2011	住宅
32	龙润小区 1-3 号楼	12876.70	2011	综合
33	雪莉莱小区 2、3 号楼	9621.34	2011	综合
34	绥滨农场自来水厂	1371.06	2011	公共设施
35	科技示范园区土壤化验室	3182.29	2011	科教
36	客运站	1199.81	2011	街巷
37	中心幼儿园	1221.53	2012	教育
38	富成家园小区 1-2 楼	8143.94	2012	综合
39	荣御家园 5-7 号楼	14206.99	2012	综合
40	绥农新区北区 1-6 楼	10031.12	2012	综合
41	育才新区 4 号住宅综合楼	3800.07	2012	综合
42	龙门福地物流仓储中心	3429.08	2013	商服
43	富成家园小区 3-8 号楼	25172.24	2013	综合
44	龙盛小区 1-4 号楼	15090.74	2013	综合
45	农机维修中心	12063.30	2013	商服
46	龙祥小区 1、2 号楼	11014.22	2013	综合
47	龙泰住宅楼	4062.20	2013	住宅
48	农行综合楼	3931.60	2013	综合
49	绥滨农场中心敬老院	3266.59	2013	福利
50	绥滨农场太平间	550.68	2014	殡葬
51	李国涛等七人自建综合楼	2565.43	2014	综合
52	医院综合楼	1662.15	2014	医卫慈善
53	垃圾处理厂	668.28	2014	公共设施

第十一节　环保工作

农场环境保护工作坚持全面规划、预防为主、防治结合、综合治理和"谁污染谁治理、谁利用谁补偿"的原则，积极消除历史遗留的环境污染，严格控制新的环境污染，防止对资源的过度利用和破坏。13 年间，农场环保工作取得了较好的社会效益和环境效益。2010 年农场获得"省级生态乡镇"荣誉称号；2014 年获得"国家级生态乡镇"荣誉称号。

农场把环境保护工作纳入党政工作重要议事日程，每年都与管理局签订《环境保护目标责任状》。农场始终坚持城镇建设与环境保护"三同时"的原则，新建、改建、扩建工程项目环境影响评价率达到了百分之百。同时，按照"谁污染谁治理、谁利用谁补偿"的原则，及时完成各年度排污费征收指标。

农场在完善节能降耗和污染减排方面，建立节能减排目标责任制，将场区内两个浴池的锅炉由燃煤锅炉改造为型煤锅炉。同时，还改造了区域内现有的烘干塔，确保实现达标排放。

对排污单位实施量化管理。一是层层分解污染物排放指标，定期对污染物排放情况进行跟踪检查，督促排污单位采取防治措施，提高污染防治水平。在对农场企业燃煤类型进行严格控制的同时，进行技术指导，降低能耗，减少排污量，确保企业增产不增污。二是全力推行使用清洁能源（型煤、液化气），使二氧化硫、烟尘、化学需氧量、工业固体废弃物排放量，均在控制指标以内。

加强城区饮用水源监督管理。2012 年农场完成了场部饮用水源保护区划分工作，设立了饮用水水源保护区地理界标、宣传和警示标志，并逐步建设完善隔离防护设施。完成了饮用水水源保护区的应急预案和保护规划，为依法科学管理饮用水水源保护区奠定了基础。

严格建设项目初审，对所有新、改、扩建设项目，只要已纳入环境影响登记，每个项目都到现场勘察，了解项目建设内容、生产工艺流程，明确环保管理要求，协助做好环境评价等跟踪服务工作。深入基层企业查处环境违法行为，督促"三废"治理，确保设施运转率 100%、排放达标率在 95% 以上。

按照《建设项目环境影响评价分类管理名录》，认真如实填报环境影响登记表，完成建设项目环境影响登记表备案。2017 年，污水处理厂开始投入使用。按照畜禽环境专项整治工作要求，开展了场部地区畜禽环境整治和清理工作。

2018 年，进行全国第二次污染源普查工作。在管理局要求时限内完成了工业源、集中式、移动源、农业源入户调查工作及移动终端及电子表格填报工作。同年，按照黑龙江省、农垦总局和管理局要求，在农场辖区全面开展禁止秸秆露天焚烧工作。农场成立了全场秸秆禁烧和综合利用工作领导小组，召开禁止秸秆露天焚烧联席会议，制定了关于秸秆禁烧工作的组织机构、管理体系、工作方案和督导方案等，当年辖区无一起秸秆露天焚烧案件。

加强环保宣传教育工作。每年农场都以"4·22世界地球日""5·22生物多样性日""6·5世界环境日"等多个环境保护纪念日为契机，通过举办中小学生画展、环保主题班会、低碳步行、环境知识竞赛等活动，进行环境保护宣传。

13年间，共处理环境污染案件10余起，与公安、农业、林业、畜牧等部门联合执法，为绿化家园、减少噪声、秸秆还田、畜禽粪便存放等工作做出了积极贡献。

第十二节　美丽乡村建设

2015年，为深入推进垦区新农村建设，根据总局、管理局党委关于美丽乡村建设的决策部署，以及国家《美丽乡村建设指南》和《黑龙江省美丽乡村建设三年行动计划》的要求，农场根据实际情况，制定了《绥滨农场美丽乡村实施方案（2015—2017）》。根据实施方案确定的各项工作目标要求，农场在美丽乡村建设上，坚持以"生态环境优美、产业功能多元、村容景致独特、精神风貌良好"的"中国美丽休闲乡村"创建标准为目标，大力实施生态美城、文化兴城、文明创城、产业富城战略，累计投资超过8.3亿元用于住宅楼开发，基础设施、公共设施和绿化景观工程建设等方面，使农场城镇化率达到97.4%、楼房化率达到87.6%，人均住宅面积31平方米，集中供热普及率81.34%，道路硬化率达到100%，绿化覆盖率达到40.9%。同时，农场还大力发展全域旅游产业，建立了国家AAA级现代农业观光休闲旅游景区，年接待游客突破50万人次，使城镇、农田变景区，公园、企业变景点。农场还被评为国家级生态乡镇、中国青少年农业科普示范基地。农场群体性文化活动更是丰富多彩，突出了"旅游节庆、群众舞台"的特色，其中开耕节、提水节、社区消夏文化节等文化活动最具地域影响力。农场还注重旅游与支柱产业的深度融合，实现了产业互补。2017年，农场被农业部评为"中国美丽休闲乡村"。

第十三章　新农村建设

第一节　机　构

农场新农村建设办公室于2006年2月组建，人员由借调人员组成。建设科副科长王利东负责新村办工作。6月，农场将原建设科科长董庭友返聘到新农村办，王利东回到建设科。7月，农场新招聘的大学生王帮喜到新农村办工作，12月调出。8月，大学生李杰到新农村办工作。2007年1月—2008年2月，王永军任新农村办主任；2008年2月—2008年6月，政研室主任段正奇兼任新农村办主任；2008年9月—2010年2月，建设科科长刘春青负责新农村办工作；2010年3月—2010年5月，计财科副科长殷光伟负责新农村办工作。2013年5月，新农村办公室撤销，所有业务交到建设科。

第二节　整体规划

2006年，农场按照总局、管理局城镇化建设要求，对37个居民组进行了认真规划，计划搬迁27个居民组（第一、第三、第五、第七、第八、第九、第十、第十二、第十三、第十四、第十六、第十八、第十九、第二十、第二十一、第二十二、第二十三、第二十四、第二十五、第二十七、第三十一、第三十二、第三十三、第三十四、第三十五、第三十八、第三十九居民组），保留7个管理区（第四、第六、第十一、第十七、第二十六、第二十八、第二十九居民组），保留3个畜牧点（第十五、第三十六、第三十七居民组）。

第三节　整体搬迁

2008年，农场开始实施整体搬迁。2009年，是全面贯彻落实总局"抓城、强工、带农"发展战略的第一年，也是实施"城乡一体化"的起步年。农场抓住国家将垦区危房改造工作纳入国家计划这个千载难逢的机会，全面贯彻落实"抓城、强工、带农"的发展战略，一手抓好小城镇建设，一手抓好撤队建区和整体搬迁，计划用三年时间全面完成整体搬迁工作。

整体搬迁工作是一项政策性强、业务量大、涉及被拆迁户切身利益的重要工作。为了更好地调动职工群众的积极性、做好职工群众的思想工作，农场充分发挥和利用新闻媒体、座谈会等多种有效形式和措施，宣传整体搬迁的重大意义和长远价值，进一步统一广大职工群众的思想、调动他们的积极性。

农场新农村办全面负责整体搬迁工作，深入基层检查、指导、督促、协调整体搬迁工作进度，指导居民组做好房屋确权、面积核实、价格评估、补偿发放和房屋拆除工作。同时制作了翔实完整的整体搬迁内业档案、拆迁合同、影像资料等。

整体搬迁工作大体上分为五个阶段进行：

一、第一阶段：周密部署、落实计划

农场召开由搬迁单位主要领导参加的整体搬迁工作会议，进行周密部署。遵循"因地制宜、分步实施、分类指导、全面推进"的工作思路，开展整体搬迁工作。调动搬迁单位和被搬迁户的积极性，做通干部和职工群众的思想工作，使职工群众主动自愿地配合整体搬迁。

二、第二阶段：调查摸底、确定产权

年初开始对整体搬迁居民组逐户进行调查摸底、确权、面积核实。为了确保数据准确，工作人员对取得的相关数据进行核对、制表，为日后的整体搬迁工作提供重要依据。

三、第三阶段：评估作价、公平公正

为了保护被拆迁人的合法权益，农场本着对拆迁户认真负责的态度，聘请了总局权威的房屋评估专家，对整体搬迁的房屋逐户进行评估作价。在评估的基础上参照市场价格，根据上级文件精神，严格按照资产评估所评定的价格确定评估价，切实保护了职工的利益。同时，由各搬迁单位将房屋评估价格在本单位进行公示，真正做到公平、公开、公正。

四、第四阶段：签订协议、依法拆迁

农场下发了《绥滨农场整体搬迁实施方案》，方案中明确了补偿范围及标准。搬迁户与农场签订整体搬迁协议，农场按照文件规定及时兑现补偿费和安置费。

五、第五阶段：兑现补偿、拆除房屋

农场为了全面落实和完成好整体搬迁工作，对全场所有搬迁户承诺：凡是按照农场的规定签订整体搬迁协议、在规定时间内腾空住房迁出本居民组者，农场一定按照协议规定的补偿金额尽快兑现补偿款，并统一组织拆除房屋。这样极大地激励了搬迁户的积极性，部分搬迁户主动找到居民组领导要求签订协议、尽快搬迁。

农场原本共有 37 个居民组，自 2008 年实施整体搬迁以来，共完成 28 个居民组的搬迁，搬迁 2730 户，发放补偿资金 1.12 亿元。剩余的 9 个居民组有 6 个为拟保留管理区，其余的 3 个居民组拟保留为畜牧点。其中：2008 年农场整体搬迁 1 个居民组，即第二十五居民组。2009 年整体搬迁 5 个居民组（7 个居民点），分别是第三、第四居民组北区、第七、第十六、第二十、鹿场、第三十八居民组。2010 年整体搬迁 10 个居民组（11 个居民点），分别是第二、第八、第十三、第十八、第二十三、第二十四、第二十七、第三十二、第三十三、第三十四、第三十九居民组。2011 年整体搬迁 11 个居民组（12 个居民点），分别是第一、第五、第九、第十、第十二、第十四、第十九、第二十一、第二十二、水利队、第三十一、第三十五居民组。2013 年整体搬迁 1 个居民组，即第十一居民组。

第四节　新农村建设试点单位

2006 年，农场第二管理区被农垦总局确定为社会主义新农村建设省级试点单位，2009 年晋升为省级新农村建设示范单位，2011 年被评为省级新农村建设三星级管理区。农场投资 2774.5 万元，通过几年的改造建设，使管理区面貌发生了巨大变化，建设了"五区"（生产区、生活区、养殖区、办公区、活动区），建成了布局合理、功能齐全、环境整洁优美、职工安居乐业的和谐大家园，达到了农垦总局制定的新"五区"建设标准和省级新农村建设"十有"标准，成为新农村建设的排头兵。

试点之初，农场根据管理区的住宅、道路、办公室、农机停放场、粮食晒场和居住条件等，制定了切实可行的建设规划，遵循"一年起步、三年达标"的工作原则，指导管理区提档升级，落实新农村建设试点单位工作发展战略，通过巩固、完善、积累、提高的方法达到了预期的建设效果。住宅建设方面，实施了以拆促改、以改促建的方法，使生活区

成为"造型新颖、美观大方、经济适用、安全节能"的新农村、新格局的新型住宅。管理区按照农场要求，结合职工住房实际状况，进行"统一规划、统一设计、统一管理、统一施工"，全面启动了"新居工程"。在新建住房的户型和模式上反复征求职工群众意见后，划定了新建户，明确了改建户，照顾了困难户，满足了生活水平和收入状况有差异的各类人员的不同需求。在选址定位放线时，坚持"四个一条线"的原则进行定位，即：绿化一条线、园杖一条线、仓房一条线、住房一条线。

为了鼓励职工建新房、改旧房、拆除泥草房，农场在充分利用好国家政策的同时，出台了一系列优惠政策，对新建住房每平方米补贴300元；原是泥草房、拆除后申请新建住房的，农场另给每平方米100元的补贴；新建仓房的，25平方米之内每户补贴3000元。符合改建条件的房屋，进行屋面防水、更换彩钢板、拆除旧门窗、更换塑钢窗、红砖罩面刷涂料等，农场按工程预算给予50%的补贴。优惠政策的出台，调动了职工建房、改房的积极性，职工群众全力配合管理区积极投入到拆旧建新的工作中来。

2006—2011年，第二管理区通过新建、改建、扩建共计完成住宅建设3840平方米，投资达到320万元，其中农场补贴195万元；新修水泥路1500延长米，硬化路边排水沟3000延长米，总投资达到155万元；新修农家小库房2560平方米，投资89.6万元，其中农场补贴19.2万元；街道两旁按照乔灌木结合、高低错落的高标准绿化，植树7500株，投资2.25万元。管理区内人均住房面积超过25平方米，砖瓦化率达到100%。住宅区内南北四纵、东西两横共6条街道全部硬化，达到了街道硬化、住房美化、街巷亮化、环境净化的"四化"标准。实施"人畜分离"工程，在营区外新建了养殖小区，占地3000平方米，并新建牛舍2栋800平方米，投资64万元；实施农机标准化管理，修建了占地3万平方米、建筑面积5000平方米的农机具停放场，总投资达1100万元。实施晒场建设工程，完成水泥晒场1.5万平方米和晒场围栏、晒场地中衡、晒场警卫室、化验室等配套设施建设，总投资达337.5万元；新建水稻育秧基地大棚205栋，投资246万元；新建自动恒温浸种催芽基地750平方米，投资239万元；新修建办公室420平方米，包括图书阅览室、信息网络室、医疗卫生室、职工活动室，总投资46.2万元；为满足职工群众的文化体育活动需求，新建多功能文化广场7500平方米，总投资175万元。

第五节　重点城区改造

2011年，农场开始实施重点城区改造，搬迁区域主要集中在和平大街南侧和北外环北侧。农场出台了场直住户拆迁补偿范围和标准：1. 有房证的住房每平方米补偿 1400 元（含国家拨款每户 7500 元）；2. 无房证的住房每平方米补偿 800 元；3. 仓房（三七墙）每平方米补偿 400 元。

场部重点城区和平大街南侧的搬迁，以房屋置换为主要补偿方式，补偿标准由开发商参照农场拆迁补偿范围和标准制定；搬迁户转换的楼房面积、层数和其他相关事项均由搬迁户与开发商共同协商，最终签订房屋补偿协议。北外环北侧的搬迁区域由农场负责，按照场直地区拆迁补偿范围和标准对搬迁户进行现金补偿。农场专门成立了组织机构，抽调公安、城管、房产、社区工作人员专职从事拆迁工作。农场依据管理局下达的拆迁指标，层层分解落实任务，按照国家补偿政策，本着文明拆迁、和谐拆迁的原则，充分调动了职工群众的积极性，顺利地完成了拆迁工作。2011—2015 年共拆迁 307 户，总面积 1.61 万平方米。区域拆迁完成后，农场相继建设了农机大市场、客运站、龙门福地仓储物流中心和农贸大集。

第六节　危旧房改造

2009 年，垦区危房改造列入国家计划，给垦区城镇化建设带来了前所未有的发展机遇。农场紧紧抓住这一有利时机，向上级争取危房改造补助资金，保证了危房改造工作的顺利推进，为农场小城镇建设的提档升级奠定了坚实的基础。

依据国家、省政府相关政策和黑龙江垦区危房改造建设指导意见，农场起草制定了《绥滨农场危房改造实施方案》。采取了危房改造与整体搬迁相结合的工作方法，对整体搬迁户每户给予 7500 元的危房改造补助资金。

新农村办按照上级要求，对危房改造户逐户建立档案，档案内容包括危房改造合同书、验收单、房屋灭籍审批表、危改户身份证明、房屋所有权证书复印件等。2009—2011年，农场共争取上级危房改造补助资金 2517 万元，完成危房改造户数 3356 户。其中 2009年完成 1356 户，2010 年完成 1000 户，2011 年完成 1000 户。

第七节　场县共建

2007 年，总局党委（扩大）会议召开以后，提出了"抓城、强工、带农"发展战略，在"抓城、强工、带农"基础上扩大了"带农"的战略内涵，把场县共建作为"带农"的一项重要措施。为了进一步贯彻落实总局党委（扩大）会议精神，农场安排分管领导先后两次去绥滨县政府进行沟通，农场机关政研室、工业科、计财科、新农村办等部门领导就共建内容进行交流，以求达成共识。绥滨县政府主要领导也先后两次来到农场，与农场主要领导和相关部门进行交流和沟通，使场县共建工作得以顺利实施。

2007年，农场修建通村公路时，在与绥滨县交界的北山乡与第二十八居民组之间，修建了一条2.5公里的水泥路，恰与该村相贯通，为村民提供了良好的出行条件，受到县政府和当地村民的好评。绥滨县政府在修建农场第十八居民组和第二十九居民组之间的通村公路时，也与农场的居民组相连，修通了2.1公里，方便了农场职工出行。

2008年，农场中小学合并办学，教学楼、宿舍楼、食堂全部得到启用，教师、校舍整合顺利，优势明显提高。农场继续坚持接收地方周边乡镇部分子女就近入学，各种规费一致、教育方法一致、管理关爱一致。

2010年，为深入贯彻落实省委、省政府关于场县共建工作的指示精神，进一步推动"三代"工作深入开展。新农村办先后两次与绥滨县农委进行沟通，并于8月份与绥滨县签订了场县共建"三代"作业意向协议书。协议书中明确了"三代"作业位置、"三代"作业收费标准、"三代"作业面积以及实行"三代"作业的品种。这一年，农场为绥滨县5乡22个村，代播3万亩、代耕10万亩、代收8万亩。

2011年4月，农场召开了场县共建高标准示范田现场会。省春耕生产督导组吴忠达一行3人，农场党政领导、绥滨县县长及四大班子主要领导共同出席现场会。双方代表就场县共建示范田的重要意义、合作模式、预计目标等方面进行阐述，并实地观看指导了大型专业机械进行玉米播种覆膜的工作。农场以科技带动的方式引领地方农业生产，双方通过反复磋商、实地考察、制定可行性报告等前期工作，达成了共建高标准示范田的协议。示范田总面积达10公顷，种植作物以玉米为主，农场提供大垄覆膜、测土配方、深耕作业、飞机航化等技术，并聘请黑龙江农垦科学院的研究员作为指导专家。

农场第二十八居民组与富强乡向阳村相邻，第三十五居民组与新富乡新山村相邻。2011年4月，第三十五居民组与新山村开展"组村共建"活动。双方代表就具体事项签订了共建协议书：一是为每个共建村指派一名农业技术员，指导好党员示范田生产；二是党员义务出车、出力共修田间路2.4公里；三是共同开展礼仪创建、作风建设年、群众性文化活动；四是共同开展科技培训。会后，居民组代表为新山村农户发放了农场自编的农业科技手册。

第八节　通村公路建设

根据国家交通部和农垦总局交通运输局实施农村道路提档升级的要求，农场启动通村公路建设。2005年，管理局交通局负责修建绥滨农场至福兴乡长6.3公里、宽7米的通村公路。2006年6月2日，农场成立通村公路建设指挥部，场长张万山任总指挥，副场长张广福、张长友任副总指挥。办公室设在农场交通科。

农场通村公路建设指挥部成立后，即开始修建农场至第十六居民组"通畅工程"建设项目。公路里程11.58公里，路宽6米，铺成设计时速为30公里/小时的混凝土路面。

农场在通村公路建设中，始终把安全放在第一位，严抓质量管理，确保了各条修建道路高标准如期通车使用。一是抓质量管理。为确保工程建设质量，建立了五级质量保证体系，即社会舆论监督保证体系、宝泉岭公路工程质量监督站实施政府监督质量保证体系、指挥部质量保证体系、监理质量保证体系、施工单位质量保证体系。为加大检测检验力度，建立了三级质量检测控制体系，即承包商工地试验室对已完工程和进场材料等进行质量自检；驻地监理试验室对承包商自检合格的已完工程和进场材料等进行检测；对重要的试化验，如水泥混凝土的配合比要求，委托有资质的化验室进行检验。在施工质量中明确了双方的责任，对于发现的问题及时纠正，对施工质量达不到合格标准的重点部位，要求施工单位一律返工，做到按规范施工，过程有标准、检查有评定、监控有重点，充分调动施工单位的积极性。二是抓安全生产。实现全施工期无死亡责任事故，无重大机械责任事故，无火灾、交通事故。及时对机动车驾驶员、机械手进行系统安全行驶和安全操作教育，严禁酒后驾车和无证违章驾驶，做到没有安全措施不作业、不懂安全知识不上岗。施工现场设专职安全员统一指挥，经常检查，发现安全隐患及时治理。定期召开安全会议，强调安防工作，同时设立安全员，明确职责，做到"安全第一，预防为主"，对水、电、油料等易出现安全问题的环节派专人防范。施工现场要求文明施工，材料堆放整齐，做到完工料净、活完场清。同时加强对危险作业的安全检查，建立专门的检查机构，配备专职安检人员，并在危险作业区设置醒目标志。

2006—2011年，农场通村公路建设共完成总里程160公里，总投资1.47亿元。其中国投5172.5万元，农场自筹9526.1万元（包括福兴段）。实现了场部和四个管理区之间的道路全部升级为白色水泥混凝土路面，为农场职工群众出行提供了便利，也为加快小城镇建设工作提供了有力保障。2005—2011年，绥滨农场通村公路建设情况见表4-13-1。

表 4-13-1　绥滨农场通村公路建设情况一览表（2005—2011 年）

项目名称	开工日期	完工日期	里程（公里）	设计时速（公里/小时）	路面宽度（米）	总投资（万元）	资金来源		设计单位	监理单位	施工单位
							国投（万元）	农场自筹（万元）			
绥滨农场—福兴乡通畅工程建设项目	2005.1	2005.3	6.300	30	7	570	283.5	286.5	黑龙江农垦勘测设计研究院	黑龙江省路达公路工程监理公司	黑龙江省三江路桥有限公司
绥滨农场—绥滨第六队通畅工程建设项目	2006.7.1	2006.10.15	9.900	30	6	849.2	294.0	555.2	黑龙江农垦勘测设计研究院	黑龙江省路达公路工程监理公司	1.黑龙江林业工程公司 2.哈尔滨华道桥建筑有限责任公司
绥滨农场—绥滨第五管理区通畅工程建设项目	2006.7.1	2006.10.15	11.850	30	6	944.6	102.0	842.6	黑龙江农垦勘测设计研究院	黑龙江省路达公路工程监理公司	1.黑龙江省建筑安装有限责任公司 2.黑龙江省三江路桥有限公司
绥滨农场第二队公路—绥滨农场第十九队公路工程建设项目	2007.5.1	2007.8.30	3.330	30	6	238.0	96.0	142	黑龙江农垦勘测设计研究院	黑龙江省路达公路工程监理公司	黑龙江省牡丹江林业工程公司
绥滨农场第十五队公路—绥滨农场第十六队公路工程建设项目	2007.4.1	2007.8.25	2.573	30	6	237.0	78.0	159	黑龙江农垦勘测设计研究院	黑龙江省路达公路工程监理公司	大庆市丰富建安工程有限公司
绥滨农场第十七队公路—绥滨农场第二十八队公路工程建设项目	2007.4.10	2007.9.1	15.003	30	6	1134.0	435.0	699	黑龙江农垦勘测设计研究院	黑龙江省路达公路工程监理公司	1.大庆市丰富建安工程有限公司 2.黑龙江省程达建筑安装有限责任公司
绥嘉公路—绥滨农场第六队公路工程建设项目	2007.5.12	2007.8.30	1.994	30	6	175.0	54.0	121	黑龙江农垦勘测设计研究院	黑龙江省路达公路工程监理公司	黑龙江省牡丹江林业工程公司
绥嘉公路—绥滨第四队（灌区）	2007.4.28	2007.10.1	5.651	30	6	453.0	168.0	285	黑龙江农垦勘测设计研究院	黑龙江省路达公路工程监理公司	黑龙江省三江建安八五九路桥农垦八五九路桥公司

（续）

项目名称	开工日期	完工日期	里程（公里）	设计时速（公里/小时）	路面宽度（米）	总投资（万元）	资金来源		设计单位	监理单位	施工单位
							国投（万元）	农场自筹（万元）			
军绥公路—绥滨农场第十四队公路工程	2007.5.12	2007.8.30	0.685	30	6	59.8	21.0	38.8	黑龙江农垦勘测设计研究院	黑龙江省路达公路工程监理公司	黑龙江省牡丹江林业工程公司
绥滨农场第十五队公路—绥滨农场第十六队	2007.4.28	2007.10.1	2.573	30	6	237.0	78.0	159.0	黑龙江农垦勘测设计研究院	黑龙江省路达公路工程监理公司	大庆市丰富富建安工程有限公司
绥滨农场第十九队—绥滨农场第二十四队公路工程建设项目	2008.4.20	2008.9.1	15.400	30	6	1098.0	512.0	586.0	黑龙江农垦勘测设计研究院	黑龙江省路达公路工程监理公司	1. 黑龙江省建三江农垦八五九路桥公司 2. 黑龙江程达建筑安装有限责任公司
绥滨农场第十九队公路工程建设项目	2008.4.25	2008.8.25	3.183	30	6	344.0	128.0	216.0	黑龙江农垦勘测设计研究院	黑龙江省路达公路工程监理公司	黑龙江省牡丹江林业工程公司
绥滨农场第二十八队公路—绥滨农场第三十八队公路工程建设项目	2009.4	2009.9	6.900	30	6	538.0	275.0	263.0	黑龙江农垦勘测设计研究院	黑龙江省路达公路工程监理公司	1. 大庆市丰富富建安工程有限公司 2. 佳木斯宏兴建筑工程有限责任公司
福嘉公路—绥滨农场第十二队公路工程建设项目	2009.4	2009.9	2.500	30	6	234.0	99.0	135.0	黑龙江农垦勘测设计研究院	黑龙江省路达公路工程监理公司	伊春市翠兴路桥有限责任公司
绥军公路—绥滨农场第一队公路工程	2009.4	2009.10	10.000	30	6	836.0	400.0	436.0	黑龙江农垦勘测设计研究院	黑龙江省路达公路工程监理公司	1. 黑龙江省牡丹江林业工程公司 2. 牡丹江市通达路桥有限责任公司

（续）

项目名称	开工日期	完工日期	里程（公里）	设计时速（公里/小时）	路面宽度（米）	总投资（万元）	资金来源		设计单位	监理单位	施工单位
							国投（万元）	农场自筹（万元）			
绥滨农场第二十四队—绥滨农场第三十九队通村公路工程建设项目	2009.4.20	2009.9.30	14.409	30	6	1181.0	757.0	424.0	黑龙江农垦勘测设计研究院	黑龙江省路达公路工程监理公司	1. 黑龙江广运建设工程有限公司 2. 黑龙江省建三江农垦八五九路桥公司 3. 黑龙江省程达建筑安装有限责任公司
绥滨农场第三十八队公路—绥滨农场第三十六队公路工程建设项目	2009.4	2009.10	2.491	30	6	196.0	116.0	80.0	黑龙江农垦勘测设计研究院	黑龙江省路达公路工程监理公司	大庆市丰富建安工程有限公司
福绥公路—绥滨农场第三十九队公路工程建设项目	2009.4	2009.10	5.242	30	6	413.0	220.0	193.0	黑龙江农垦勘测设计研究院	黑龙江省路达公路工程监理公司	黑龙江省中林路桥建设有限公司
绥滨农场第三十九队—绥滨农场第三十四队公路工程建设项目	2010.4	2010.10	5.100	30	6	450.0	119.0	331.0	黑龙江农垦勘测设计研究院	黑龙江省路达公路工程监理公司	黑龙江广运建设工程有限公司
绥滨农场第三十四队—绥滨农场第三十五队公路工程建设项目	2010.4	2010.10	3.500	30	6	299.0	82.0	217.0	黑龙江农垦勘测设计研究院	黑龙江省路达公路工程监理公司	黑龙江省建三江农垦八五九桥公司
绥滨农场第三十五队—绥滨农场第三十七队公路工程建设项目	2010.5.1	2010.10.1	3.019	30	6	256.0	72.0	184.0	黑龙江农垦勘测设计研究院	黑龙江省路达公路工程监理公司	黑龙江省建三江农垦八五九路桥公司

（续）

项目名称	开工日期	完工日期	里程（公里）	设计时速（公里/小时）	路面宽度（米）	总投资（万元）	资金来源		设计单位	监理单位	施工单位
							国投（万元）	农场自筹（万元）			
绥滨公路—绥滨农场第二十队工程建设项目（园区）	2010.7.15	2010.10.5	4.200	30	6.0	518.0	98.0	420.0	黑龙江农垦勘测设计研究院	黑龙江省路达公路工程监理公司	牡丹江市通达路桥有限责任公司
绥嘉公路—绥滨农场第三十队公路工程（场部黑色）	2010.10.20	2011.9.20	10.152	30	6.0	737.0	237.0	500.0	黑龙江农垦勘测设计研究院	黑龙江省路达公路工程监理公司	佳木斯市路桥工程有限公司
绥嘉公路—绥滨农场第四十队公路工程建设项目	2010.11.1	2011.9.2	4.700	30	6.0	616.0	80.0	536.0	黑龙江农垦勘测设计研究院	黑龙江省路达公路工程监理公司	黑龙江广运建设工程有限公司
绥嘉公路—绥滨农场第十队公路工程建设项目	2010.10.20	2011.9.20	6.933	30	6.0	547.0	119.0	428.0	黑龙江农垦勘测设计研究院	黑龙江省路达公路工程监理公司	黑龙江省牡丹江林业工程公司
绥军公路—绥滨农场第十三队公路工程	2010.10.20	2011.9.20	8.690	30	6.0	849.0	153.0	696.0	黑龙江农垦勘测设计研究院	黑龙江省路达公路工程监理公司	黑龙江省建三江农垦八五九路桥公司
绥滨农场—绥滨公路二十五队通村公路	2010.10.21	2011.9.21	4.500	30	6.0	689.0	96.0	593.0	黑龙江农垦勘测设计研究院	黑龙江省路达公路工程监理公司	黑龙江省牡丹江林业工程公司
合计			170.778			14698.6	5172.5	9526.1			

第十四章 自 来 水

第一节 概 况

绥滨农场供水中心主要负责场直居民的生活饮用水供给,实行定额补贴、自主经营。2006年1月至2015年12月,自来水厂在工商部门注册营业执照的纳税名称为:黑龙江省宝泉岭农垦清泉集中供水站。2016年1月,农场自来水厂为了便于缴纳各种税费,在工商管理局注册了企业营业执照,企业更名为黑龙江省宝泉岭农垦华泉集中供水中心,企业法人为孙照州。截至2018年末,自来水厂有正式员工14名。

历任领导情况如下:2006年1月—2006年12月,苏志鹏任厂长。2007年1月—2018年12月,孙照州任厂长。

第二节 供水中心建设

农场为进一步改善全场居民饮用水质量,于2009年经省供水协会专家选址,投资900余万元,在科技园区北侧新建了一座1200平方米的现代化自来水处理厂,成为农场新的供水中心。原位于供热公司西侧、居民生活区内的老旧自来水厂拆除。

2010年1月,新建的供水中心于正式投入使用。供水中心设备包括深度210米的深水井3眼,内设曝气塔两个、锰砂过滤罐6个,净水箱及高压给水泵4台,以及两套活性炭过滤设备。自来水水样经黑龙江省水文地质勘察院检测中心检测,34项指标均符合国家标准,保证了场区供水安全。

2012年,农场又投入590余万元,对场区环城主管道进行全面管道升级,将原有的直径50毫米的塑料管更换成160毫米的热熔PE管,杜绝了因供水主管道老化、跑冒水导致的停水事故,确保了农场主管道供水畅通,最高日用水量达到2500吨以上。

2013年,农场对场区排水管网所有的交汇处进行重新铺设,替换了许多排水管网施工时损坏的供水主管道。

2014年,农场继续对场区供排水管网进行对接施工,并且增加部分阀门控制井。

2015年，农场对场区各条主路进行扩建，供水中心将所有路下和路边的分支管道按照场区规划取直和重新铺设，并对场区所有拆迁的主管道进行了维护和改造。

2016年5月，农场按照上级消防部门要求，投资2万多元为幼儿园改造消防管道及消防栓等全套设备。同年7月又投入5万多元为供水车间全部安装门窗防护栏，并对车间门前的大理石台阶进行维修。

2017年，农场按照上级卫生部门"所有自来水反冲洗污水必须进入排污管道"的要求，于当年6月投入17万元，铺设排水管道650多米，排污检查井15座。同年8月，为了改善场区居民用水质量，农场投入30多万元为场区14000多米主管道进行了全面清洗。同时，为火犁管理区更换锰砂16吨，维修供水管道150米。

2018年7月，农场投资13万元为城管局和粮食科新建自来水供水管道1400多米。同年10月，投入3万多元为供水车间曝气塔更换曝气球3万多个，为确保设备防腐能力刷漆1100多平方米。

第三节　安全管理

农场供水中心属于防恐严管部门，担负着全场2万名居民饮用水安全的重任。供水中心为水源井安装上下井盖锁定装置，并将之全部纳入监控管理，从源头杜绝安全事故隐患。供水中心内部实行24小时专人值班，3名维修人员负责场区供水管道及所有居民用水户的维修工作。不论昼夜，只要有跑水、漏水等突发事故发生，维修人员保证在第一时间到达现场进行抢修。供水中心配备专职化验员1名，每周对出厂水水样进行两次常规检测，对水质达不到饮用水标准的情况进行及时整改。同时，每年按照卫生部门要求，将出厂水和末梢水水样定期送到上级卫生部门进行专项检测。

第十五章 非国有经济

第一节 概 况

2006—2018 年，是农场加快经济结构转型、加快非农产业发展的重要时期。通过政策引导和技术帮扶，非国有经济呈现出多元化、规模化发展态势，成为非农职工就业和增收的重要渠道。截至 2018 年年末，全场实现非公有制经济总产值 8.32 亿元，利润 1200 万元；从业人员 3652 人，从业户数 736 户，其中私营企业 25 家，个体工商户 711 户；新增经济总量 8600 万元。13 年中，非国有经济类型前期以种、养、加为主，2014 年以后，微商、电商等新业态兴起，农场的龙门福地品牌效应也逐渐形成，类型因此大为丰富。

2006 年 1 月—2015 年 5 月，农场非国有经济办公室隶属于工会。2006 年 1 月—2008 年 2 月，农场设专职主任管理；2008 年 2 月后不再设专职主任，由工会副主席、主席兼任。历任主任情况如下：韩忠海、鞠永胜、陆相林（兼主任）、张怀建（兼主任）、王广星（兼主任）。

2015 年 5 月，农场成立创新产业发展办公室，宋树生任主任（副科级），兼管非国有经济。

第二节 政策措施

2006—2009 年，农场对特色种植和养猪户特别是规模大户提供政策帮扶，2006 年为万寿菊种植户垫种苗资、下打租，每公顷减少利费 1200 元。2007 年每公顷补贴 600 元，2009 年改为每公顷补贴 400 元。从 2007 年起，种青贮或苜蓿每公顷减少利费 1200 元，到 2009 年结束。2006 年，对达到规模要求的养殖大户，予以"以畜带地"政策扶助，建猪舍的给予红砖补贴每块 0.05 元，每平方米补贴 100 元贷款。2007 年，继续"以畜带地"，对新建猪舍每平方米补贴 200 元。2008—2009 年，对万头猪舍免费修路、架电、批地号。2011—2013 年，对非国有经济重点在资金、政策、信息技术、项目上进行帮扶，加大培训力度。2014 年，农场重点实施了扶贫帮困政策，投资 1500 万元建设两处果蔬大棚基地，一处是占地 50 亩的葡萄园，一处是占地 80 亩的绿色有机无公害果蔬生产基地，将它们无偿提供给 20 名贫困户，并给予无息贷款 33 万元。2015—2016 年，农场制定了农场创新产业发展方案和发展规划，大力发展"龙门福地"的产品。2017—2018 年，农场主实行创新产业发展考核办法，对各管理区的创新产业进行考核，重点发展蟹稻米、鱼稻米、鸭稻米等。2017 年，农场各管理区共制作龙门福地品牌包装 108 种。2018 年 7 月，农场举办绥滨农场第一届龙门福地品牌包装设计创新创意大赛。在首届黑龙江品牌故事大赛中，龙门福地品牌获得了"黑龙江省级县域发展潜力品牌"称号，2010—2012 年，农场连续三年被管理局评为自营经济先进单位。

第三节 特色种植

2006—2009 年，农场的特色种植主打产品是万寿菊，其他则有黑木耳、黄菇、金针菇、香菇、白瓜子等，其中 2006 年万寿菊种植面积为 12135 亩，最低年度 2009 年为 4500 亩。但由于受劳动力不足影响，加上农场补贴过高，实际效益不理想。2010 年起，对红小豆、青贮饲料、花卉和林木、高粱等一直延续种植。2016—2018 年，农场主要引导种植户发展食用菌，进行大棚二次利用和空闲地栽植。2016 年共栽植 116 栋、80 万袋，产出元蘑 20 万袋。2017 年栽植 273 万袋，其中仅广信管理区就栽植 75 万袋。

第四节 养殖与特色养殖

农场大规模养猪是从 2003 年开始的，到 2006 年已建设了以三个万头猪场、36 个千头猪场为骨干的 40 万头生猪养殖基地，以及以科技畜牧园区为骨干的 5000 头奶牛养殖基地。2010 年前后，受养殖管理和市场资金等原因影响，绝大部分养殖项目下马，奶牛小区未能发挥应有的作用。到 2018 年，只有大东北牧业、宝丰牧业两个万头猪场和永乐千头猪场仍在坚持，并取得了良好的效益，成为骨干农场。特色养殖主要是以养鱼为主，其他也有大鹅、鹿和狐狸等。养鱼户主要集中在龙江第一渠沿线，也有利用原有鱼池的。规模较大的为邵国才的三鑫水产养殖基地，2015 年实现销售额 350 万元、利润 100 万元。火犁管理区退伍军人谢大勇创办了甄喜小凤凰家禽养殖合作社，养殖大鹅 2.8 万只、林下鸡 1 万只，并建了烤鹅店，实现年总产值 233 万元。2017 年郭永斌投资 20 万元，利用东井管理区引黑工程二级站建设 2000 平方米的集垂钓、养殖为一体的休闲场所。职工董春燕投资 120 万元，建设了冬夏都能使用的大型室内垂钓园，占地 1500 平方米。2018 年，李佳奇在广信管理区利用 140 公顷生态林地和天然水养殖东北黑猪 168 头。

第五节　特色加工业

三江机械厂适应市场的需要，于2006—2008年对轴流滚筒产品进行升级改造，对脱粒系统进一步分型分类试验，从而使脱粒系统对不同作物的收获均达到最佳的收获指标，赶上国际先进水平，获得国家发明专利，13年间，年产值最高可达到2000万元。

民丰机械厂是个体修理户发展起来的小型农机加工厂，主要生产和改造水田及旱田配套农机具、加工制造小型配件。

龙门福地酒业有限责任公司不断加强技术改造，努力提高白酒质量、创造品牌效应，共生产出龙门福地版清香型、浓香型等8个品种的白酒，产品主要销往黑龙江省各地和北京、吉林、安徽、四川等省市，2018年共生产白酒450吨。

第六节　工商服务业

13年间，由于城镇化的发展，农场的工商服务业发展较快，临街楼房的第一层全变成了商铺。仅2006年到2015年，工商业户就由原来的485户增加到613户。餐饮业变化较大，出现了一些大的连锁店，商店形式也由过去的小商店、商铺改变为超市，商品日益丰富，彻底改变了农场人原有的生活方式。2012年圆通快递在农场开业，2015年申通、韵达、中通、百世等快递相继开通。2018年9月，顺丰快递开业。2013年，农场投资兴建了1.2万平方米的农机维修中心，使农机修理业更加规范。

第七节　微　　商

2013年，微信在农场开始得到使用，主要用于工作和生活。从2014年开始，微商兴起。到2015年，农场的微商群已达20多个，260人参与其中。同年，农场开始组织电商联盟，吸纳会员100余人，主要销售大米、白酒、鹿产品等农场自产产品。到2017年，全场微商户已达到201户。

第八节　招商引资

中央储备粮鹤岗直属库绥滨分库二期工程建设项目，自2014年动工，2017年建设完成，总投资 5891 万元，总建筑面积 1.2 万平方米，总仓容达到 18 万吨，配套建设有锅炉房、消防水池、职工宿舍及道路地坪、外网管线等基础保障设施。2014 年，农场办理了立项、环评等项目建设手续，进行了场地规划，对仓储库、宿舍等进行了地基建设。2015 年，新建平房仓 2 栋、砖圆仓 6 对，总建筑面积 9760 平方米，总仓容 5.5 万吨，新建车库 303.99 平方米、机修车间 281.52 平方米、热风炉房 244 平方米。

2014 年，萝北赛北粮油有限公司投资 3000 万元，建设 5 万吨粮食仓储库房建设项目。运行 1 年后，被农场收回。

2017 年，江西赣贤实业有限公司总经理张国勇在农场投资建设东鹏种猪厂，总投资 7500 万元，完成投资 3738 万元，占地 8 万平方米。投资 1500 万购入产床 4000 套、限位栏 1 万套、保育栏 7000 套。

中国农垦农场志

第五编

经营管理

中国农垦农场志

第一章　土　地

第一节　概　况

2006年，绥滨国土资源科更名为黑龙江省国土资源厅驻农垦总局国土资源局宝泉岭分局绥滨国土资源所。2006年1月—2011年4月，徐义清任所长；2011年4月—2018年11月，葛林山任所长；2018年11—12月，孙延宁任所长。绥滨国土资源所主要职能是：保护土地资源，实现土地资源的可持续开发利用；制定农场土地使用总体规划和小城镇建设规划；依法实行土地登记和地籍调查；监察土地的开发利用；处理土地纠纷。13年来，该所较好地完成了管理局下达的各项工作指标。2012年国土资源所被农垦总局国土资源局评为四星国土资源所。

农场总面积518.93平方公里，土地属于国有。土地类型包括草甸土、沙岗草甸土、棕壤、沙质草甸棕壤，部分地区为草甸沼泽土、白浆化草甸棕壤土等。

农场土地系三江冲积平原，土层厚度分布不均，表土层一般为10～30厘米，个别地区表层可见到沙砾。地下水资源丰富，一般沙、砾石埋深为1.2～3米，其厚度可达20～40米（唯有第七居民组南至第二十一居民组路边深20米处即见岩石）。地下水位高，枯水期挖掘3～5米可见地下水。地下600米可见到煤层。

场内土地地势平坦，局部起伏变化差异大，地势西北高、东南低，地面坡降平缓，一般为1/8000～1/12000，海拔高程62～65米，个别地段为70～80米。

场内山峰少，仅有长条山、老土山、团林子、长龙岗等略高于丘陵的小山。场内河渠较多，共有4大排水系统，分别为蜿蜒河涝区、敖来河涝区、老龙坑涝区、向阳涝区。蜿蜒河、敖来河等河床经人工修整已改造为排水干沟。其余还有老龙坑、向阳、凤山等大型排水干沟。

第二节　土地利用

2006年年初，根据国家统一部署，按照省、农垦总局、宝泉岭分局的工作安排，由国家测绘局第二大地籍测量队负责，对农场进行了第二次土地详查工作。参加农场地籍调查工作的测量队人员，均是有多年地籍调查工作经验的技术人员。此次详查工作，先后有30人参加，其中工程师4人、助理工程师4人、技术员12名、测工与后勤行政人员10人。投入的主要设备有双频GPS接收机6台套（包括ASHTECH和TRIMBLE两种品牌）；TOPCON单频GPS接收机3台套；2秒级全站仪2台，5秒级全站仪4台（包括LEICA和TOPCON两种品牌）；绘图仪1台；计算机10台；打印机2台；MAPGIS地籍建库管理软件4套。

经过详查，农场至2006年年底土地总面积为77.59万亩。其中耕地面积56.35万亩，全民经营面积56.35万亩；场部居民占地0.49万亩；农牧生产队居民占地1.33万亩。

农场2018年土地利用情况见表5-1-1。

表 5-1-1　土地利用情况表（2018 年）

名称	总面积（亩）	其中分项面积数量（亩）			
耕地	563467.65	旱田 232126.95	水田 331340.70		
林地	111985.50	有林地 111985.50			
草地	3460.65	其他草地 3460.65			
城镇村工矿地	18243.90	村庄 18100.80	工矿用地 136.50	风景名胜及特殊用地 6.60	
运输交通用地	23982.90	公路用地 142.50	农村道路 23807.70	机场用地 32.70	
水利用地	52351.35	河流水面 107.40	坑塘水面 2334.60	沟渠 49561.80	水工建筑用地 347.55
其他土地	2406.90	设施农用地 2259.45	沙地 100.20	裸地 47.25	

第三节　土地管理

一、用地审批管理

2006—2018年，农场共上报建设用地149宗。其中，国投项目用地15宗，用地面积9.13公顷；普通商品房开发项目用地21宗，用地面积4.19公顷；保障性住房建设项目用地25宗，用地面积11.62公顷；个人建设项目用地18宗，用地面积2.72公顷；农业设施建设项目用地 70 宗，用地面积为 119.33 公顷。

二、土地纠纷与处理

2006—2018 年，共处理土地权属纠纷案件 12 例，维护了国家法规的严肃性，保护了土地的正确使用。

三、土地登记与地籍调查

2014 年，根据宝泉岭国土资源分局的要求，开展了农场地籍调查工作。从 2014 年 9 月起，历时近两年时间，逐单位、逐户地对土地的来龙去脉进行了调查，确定使用界限，并出具证明书。经登记后，确属无争议的发给土地使用证。

全场共有宗地 5812 宗，其中场部住户 4312 宗、居民组住户 1500 宗，土地登记和地籍调查结果经管理局、总局土地局验收合格，准予使用。

2016 年 8 月后，绥滨国土资源所不再办理国有土地使用证发放工作，由绥滨农场不动产分中心受理不动产登记工作。

第二章　粮　　食

第一节　概　　况

绥滨农场粮贸公司是负责农场粮食收购、储存、管理及销售的场直企业单位，与粮食科合署办公，具有粮食稽查和管理的职能。公司占地面积 17.6 万平方米，有符合国储粮标准的钢结构粮仓两栋共 1.1 万平方米，水泥晒场 9 万平方米。2015 年 8 月 25 日，按照黑龙江省农垦总局办公室《关于完善原黑龙江省北大荒米业集团有限公司分立出单位相关手续的通知》（黑垦局办文〔2015〕40 号）要求，原北大荒米业绥滨制米厂由农场接管，人员和资产全部并入农场粮食科管理。

2009 年，农场粮食科被管理局评为农产品质量安全管理先进单位；2010—2012 年，管理局连续三年被管理局评为粮食管理先进单位。

历任领导情况如下：

历任粮食科科长、粮贸公司经理：侯庆波、徐焕斌。

历任粮食科党支部书记：甘源、董福才、贾庆余。

第二节　利费粮收购

2006—2009 年，农场取消任务粮收购，种植户以货币的形式上缴利费。

从 2010 年开始，宝泉岭分局要求各农场的利费以实物地租的形式收缴，每公顷收购实物地租粮水稻（国标三等品）2.25 吨。同年，分局给农场下达的水稻收购任务为 6.78 万吨。为保证实物地租粮收购工作的顺利完成，粮食科健全了各项考核制度，完善了监督机制和粮食收购管理办法。一是制定了粮食科工作人员岗位责任制、实物地租粮收储工作流程、原粮运输车辆协议书等制度。二是成立了由农场纪委、离退休干部、机关科室人员和职工代表组成的粮食收储工作监督小组，全面监督粮食收购过程中执行上级和农场粮食收购政策情况。三是严把水稻质检"三关"，实施收购过程"三化""三公开"办法，保证水稻收购质量。"三关"即初检关、复检关、现场核检关；"三化"即质量标准化、检斤微机化、保管规范化；"三公开"即制度公开化、标准公开化、流程公开化。粮食科当年为农场收购实物地租粮水稻 6.1 万吨，并在市场价格较高时全部销售给周边粮库和粮食业者。

2011 年，管理局下发《宝泉岭管理局 2011 年承包费粮（水稻）收储工作方案》（宝垦局文〔2011〕401 号），明确了粮食收购质量标准、管理要求和销售时限，给农场下达水稻收购任务 7.89 万吨。粮食科当年为农场收购实物地租粮水稻 7.2 万吨，并全部适时销售。

2012 年 10 月 12 日，管理局粮食收储工作现场会在农场召开。管理局副局长顾毅、粮食局局长张庆军、科长叶国庆以及各农场主管粮食工作的副场长、粮食科科长参加了会议。与会人员对农场粮食收储现场进行了参观，农场粮食科科长徐焕斌向全体人员介绍了农场实物地租粮收购工作流程、内部管理办法及粮食收储情况，农场副场长付建强作了粮食收储工作的典型经验介绍。管理局领导对农场两年来粮食收储工作取得的成绩给予了充分肯定。农场实物地租粮收储工作成效显著，是管理局各农场中收购数量最多、质量最好、销售价格最高、效益最好的，而且粮食管理情况良好、损失量最小。尤其是在收购过程中采取的"三公开"办法，有效地避免了收"人情粮"及粮食收购中的腐败现象。

2013—2015 年，国家提高了储备粮收购价格。2013 年，东北粳稻国家最低收购价格为 3000 元/吨（国标三等品）；2014 年和 2015 年，东北粳稻国家最低收购价格为 3100 元/吨（国标三等品）。农场本着让利于民的原则，从 2013 年开始调整了利费收缴政策，农场种植户可采取自愿选择交粮或交钱的方式完成利费上缴，即种植水稻每公顷上缴国标三等品水稻 2.25 吨或上缴货币资金 6500 元。由于粮食销售价格的提高，三年中种植户全部采用上缴货币的方式完成利费。

第三节　代储国储粮

2013 年，经农场申报、中储粮鹤岗直属等有关部门批准，绥滨农场被确定为中储粮鹤岗直属库租赁库点。同年，农场为直属库存储国储粮 10552 吨；2014 年为直属库存储国储粮 35764 吨；2015 年为直属库存储国储粮 8356 吨。至 2015 年年底，农场粮食科库存国储粮水稻共计 54672 吨，年租赁费收入 218 万元。2018 年 6 月，库存国储粮水稻全部拍卖出库。

第四节　粮食补贴

2006 年，国家继续实行粮食补贴政策。2006—2014 年粮补资金分粮食补贴和农资综合补贴两部分。2015 年两种补贴合并为耕地地力保护补贴，又增加一项大豆目标价格补贴。农场 2006—2018 年粮食补贴资金拨付情况见表 5-2-1 至 5-2-3。

表 5-2-1　2006－2018 年粮补资金拨付明细表（粮食补贴）

年份	上级拨款			实际拨款			发放户数
	面积（亩）	金额（元）	亩标准（元）	面积（亩）	金额（元）	亩标准（元）	
2006	469295	6880207.06	14.66	518971.50	6880213.12	13.26	3068
2007	469295	6880192.85	14.66	517263.00	6880192.85	13.30	3223
2008	469295	6880192.85	14.66	517263.00	6910633.68	13.36	3503
2009	469295	6880192.85	14.66	534995.85	7061945.22	13.20	3727
2010	469295	6880192.85	14.66	532666.95	7031203.74	13.20	3766
2011	532760	7780192.85	14.60	532760.00	7783623.60	14.61	3789
2012	532760	7780193.00	14.60	532760.00	7788951.20	14.62	3755
2013	532760	7780193.00	14.60	537491.55	7799002.39	14.51	3721
2014	532760	7780193.00	14.60	538438.35	7801971.70	14.49	3721
2015	532760	30678558.00	57.58	539055.00	31038786.90	57.58	3553
2016	532760	38771182.00	72.77	537000.00	39077490.01	72.77	3479
2017	532760	38204148.40	71.70	538802.70	38632153.59	71.70	3427
2018	532760	38200026.52	71.70	536047.05	38434573.48	71.70	3336
合计	—	211375665.23	—	—	213120741.48	—	—

表 5-2-2　2006—2018 年粮补资金拨付明细表（农资综合补贴）

年份	上级拨款			实际拨款			发放户数
	面积（亩）	金额（元）	亩标准（元）	面积（亩）	金额（元）	亩标准（元）	
2006	469295	3903703.62	8.32	518971.50	3903703.62	7.52	3068
2007	469295	7939721.09	16.92	517263.00	7939987.05	15.35	3223
2008	517995	21441519.00	41.39	517263.00	21502622.91	41.57	3503
2009	517995	21441519.00	41.39	534995.85	21442633.67	40.08	3727
2010	517995	21441519.00	41.39	532666.95	21450498.08	40.27	3766
2011	532760	24532661.00	46.04	532760.00	24541044.03	46.06	3789
2012	532760	29929520.00	56.18	532760.00	29947505.12	56.21	3755
2013	532760	29929520.00	56.18	537491.55	29938279.34	55.70	3721
2014	532760	29929520.00	56.18	538438.35	29947941.03	55.62	3721

（续）

年份	上级拨款			实际拨款			发放户数
	面积（亩）	金额（元）	亩标准（元）	面积（亩）	金额（元）	亩标准（元）	
2015	—						
合计	—	190489202.71	—	—	190614214.85	—	—

表5-2-3 2006—2018年粮补资金拨付明细表（大豆目标价格补贴）

年份	上级拨款			实际拨款			发放户数
	面积（亩）	金额（元）	亩标准（元）	面积（亩）	金额（元）	亩标准（元）	
2006	9384.15	567741.08	60.50	9384.15	567741.08	60.50	234
合计	—	567741.08	—	—	567741.08	—	—

第五节　粮食处理中心

2007年8月，经报请农场批准，由职工自愿集资117.3万元，在粮食处理中心北区新建一处日处理玉米300吨的烘干塔。2014年年底，烘干塔按评估价格91.9万元由农场收回。同年，农场投资769.2万元，将粮食处理中心北区地面全部硬化，新增水泥晒场6万平方米。2015年，农场新建钢结构库房2栋，建筑面积1.1万平方米，存储能力5万吨。此外，农场陆续投资建设了120吨地重衡1座，购置了不同规格的输送机、扒谷机、滚筒筛、精米机、电脑水分仪等设备。到2018年年末，标准仓容存储能力已达到5.5万吨，晒场临时存储能力达7.8万吨。

第六节　职工队伍

2006年，粮食科在册职工82人，在岗人员75人，其中管理人员5人、技术人员15人、粮食处理中心工人55人。2007年，农场对粮食科采取部分工资和经费"断奶"的经营方式，即对粮食科管理人员和科技人员核定80%工资，对工人核定50%工资，未核定的工资部分和各项经费全部由创收解决。粮食科按照农场的要求，深化改革，强化管理，减负增效，筹措资金，搞好经营，增加企业收入。一是对粮食处理中心工作岗位重新设置，能合并的合并，能撤销的撤销，能减员的减员，对部分岗位实行公开竞聘上岗。二是在工资分配上实行多劳多得，改变职工原来等、靠、要的思想观念。三是采取优惠政策鼓励职工离岗分流、自谋职业，有26名职工自愿申请内退。2015年，农场将粮食处理中心7名工人调到城管局工作。同年8月，原北大荒米业绥滨制米厂工作人员7人并入粮食科。到 2018 年年底，粮食科有在岗职工 20 人。

第七节　赴俄农业开发

2006—2018 年，农场外贸公司隶属粮食科管理，徐焕斌兼外贸公司经理，尹传滨任赴俄作业区主任。2010 年 1 月，尹传滨任外贸公司副经理兼赴俄作业区主任。

农场赴俄作业区，是宝泉岭管理局在俄罗斯的四个作业区中种植面积最大、家庭农场户数最多、管理最为规范的作业区。到 2018 年已发展为 8 个家庭农场，种植面积达到 1600 公顷。农场为赴俄家庭农场生产提供的垫支款已全部收回，赴俄家庭农场真正实现了生产生活"两费"自理。13 年来，随着赴俄家庭农场种植水平和管理水平的提高，农作物产量也逐年增加，8 个家庭农场均连年盈利。

第三章　工商和个体劳协

第一节　概　　况

2006年1月—2018年12月，绥滨工商所一直属于省以下垂直管理，为宝泉岭工商局驻场单位。工商所包含物价局为一个机构，两块牌子，主要职责包括：个体工商户的登记注册和监督管理、市场监督管理、消费者权益保护、经济监督检查、商标、广告、合同管理等工作。

经黑龙江省编委核定，绥滨工商所有行政编7人，事业编1人，工勤岗2人。2018年年末，工商所有在岗人员9人，均为在职大专以上文化程度。其中科级干部2人，科员4人，事业编1人，工勤2人。历任所长为：董福金、宋党生。

13年间，绥滨工商所先后荣获总局红盾护农先进执法单位称号、分局工商局年度目标考核第一名、垦区基层消费者协会投诉咨询系统应用一等奖等荣誉。

第二节　法制建设

绥滨工商所按照省、农垦总局和宝泉岭分局推进"法治工商"建设的总体部署和要求，认真落实国家市场监督管理总局（现国家市场监督管理总局）《关于加快推进法治工商建设的意见》，进一步加强法制建设，推进工商监管创新，规范行政权力运行，强化行政执法监督，在全力服务农场经济发展等方面发挥了积极作用，取得了良好成效。绥滨工商所把端正执法指导思想、转变执法观念作为队伍建设的重中之重，先后开展了创建"学习型、服务型、创新型"队伍建设活动，引导干部、职工牢固树立以发展为重、以服务为先、以人为本、以学为荣的理念，在各项工作中，严格按照法定程序依法行政。13年间，共查处各类违章违法案件40余起，罚款入库20余万元。

第三节　规费收缴

2006年1月—2008年8月，按照国财综字〔1983〕110号文件，绥滨工商所对个体工

商户、集市经营者进行规费收缴，共收缴个体管理费和市场管理费 40 余万元。从 2008 年
9 月 1 日起，根据国务院有关政策规定，工商所停征个体管理费和市场管理费。2013 年
10 月，工商总局下发《关于落实党的群众路线教育实践活动要求　加强个私协会会员入
会和会费使用管理的通知》，明确了严禁强制服务对象入会、严禁"搭车收费"、严禁挪用
会费、严禁违规操作和工商机关在职领导干部不得在个私协会兼任领导职务、个体劳动者
协会立即停止向团体会员收取会费等工作要求。绥滨个体劳动者协会于同年 10 月停止向
团体会员收取会费。

第四节　企业管理

2018 年 12 月末，农场有企业 95 户、个体工商户 535 户、合作社 75 户。根据国务院
《注册资本制度改革方案》和《企业信息公示暂行条例》的规定，2014 年 3 月 1 日起，取
消企业年检制度，改为实施企业年度报告公示制度。企业应当于每年的 1 月 1 日—6 月 30
日，通过企业信用信息公示系统，向工商行政管理部门报送上一年的年度报告，并向社会
公示查询。自 2014 年 3 月 1 日起，正式停止企业年度检验制度。2015 年开始实施年报制
度，截至 2018 年 12 月，年报率均达到 98% 以上。

为依法加强企业管理，保障相对人平等、有效参与行政决定和行政决策，绥滨工商所
多次召开听证会，切实维护了广大消费者和企业的合法权益。2015 年 11 月 30 日召开了
关于绥滨农场调整居民供热价格听证会。此次听证会，参加人员名额共 35 人，其中消费
者 20 人、经营者及利益相关方 6 人、政府相关部门 9 人；另设旁听人 10 人。在充分考虑
减轻群众用热负担、热力成本变动、供热企业的经营状况和维护供热安全的基础上，由原
来的 41 元/平方米调整为 39 元/平方米，下降幅度为 4.88%。

2016 年 12 月 16 日，宝泉岭物价分局来农场组织召开集中供水价格听证会。听证会
正式聘请听证代表 20 人，包括农场职能部门代表 3 人，经营者及利益相关方代表 5 人，
用水个体经营者代表 4 人，社区、居民代表 8 人，代表分别由农场消费者协会和其他相关
部门推荐。正式听证代表实到 20 人，根据供水成本监审结果，将农场水价拟定为居民用
水 3 元/吨、非居民用水 4 元/吨、特种行业用水 6 元/吨，并得以实施。

2017 年 11 月 30 日，管理局工商局在农场召开了《农垦宝泉岭管理局绥滨灌区农业
供水价格定价方案》听证会议。绥滨灌区向用水户供水的价格为 5.5 分/立方米，以支渠
进水口为农业用水计量点。为使农业水价改革工作顺利稳妥出台，不过多增加农民的农业
用水负担，对农业用水计费实行最高限额，即每亩农田用水量最高计收标准暂定为 780 立

方米/年，超过780立方米/年的按780立方米/年计收水费；不足780立方米/年的按实际用水量计收。

2018年，农场企业、个体商户数量见表5-3-1。

表5-3-1 企业、个体商户统计表（2018年）

行 业	户数（户）
农林牧副渔业	80
制造业	36
电力热力燃气供应	1
批发零售业	180
交通运输业	26
住宿餐饮业	127
信息传输技术服务业	10
租赁和商务服务业	7
居民服务修理和其他服务业	40
建筑业	10
文化体育娱乐业	6
金融业	2

第五节 食品监管

2009年，《中华人民共和国食品安全法》颁布施行，将流通领域食品监管纳入工商行政管理机关工作职责。工商所每年按照上级工作安排，重点加强对食品经营户的巡查。农场实行食品经营准入制，严格审查其从业资质。2009年3月—2018年12月，工商所办理流通领域食品经营许可证147本。

第六节 "重合同守信用" 企业申报

根据国家工商行政管理总局下发的《关于进一步开展重合同守信用活动的通知》及总局、管理局工商局的要求，2013年，绥滨工商所将龙门福地酒业推荐为国家级"重合同守信用"申报企业。为使该企业能顺利通过国家工商行政管理总局公示，工商所工作人员深入到企业指导完善合同管理的各项制度，认真做好申报的前期准备工作。2014年，龙门福地酒业被省工商局命名为"重合同守信用"先进单位，并颁发了牌匾。农场的注册商标得到持续发展，拥有了"龙门福地""龙府""龙江第一渠""垦区第一渠"等众多商标品牌。

第七节　经济检查

为加强辖区内经营主体的检查，确保经营者主体资格合法，绥滨工商所严格执行有关规范管理的法律、法规、规章及规范性文件，督促指导经营者建立并执行商品经营的各项管理制度，切实引导市场主办者和经营者自觉履行商品质量第一责任人的责任，维护市场经营秩序，对不法商贩严格查处。13年间，共查处各类经济案件40多件，罚没款20余万元，收缴物资商品40多件，并进行了公开销毁，使农场经济环境得到净化，震慑了不法商贩的违法行为。

第八节　行政事业性收费管理

收费许可证制度，于1987年起在全国各地开始试行。1993年国家明文规定收费单位必须到物价部门办理收费许可证，实行持证收费。2015年年初，国家发改委、财政部印发《关于取消收费许可证制度加强事中事后监管的通知》，明确规定自2015年1月1日起，在全国统一停止收费许可证年审工作；自2016年1月1日起，在全国统一取消收费许可证制度。

2006年1月—2015年1月，农场共有收费许可证20个，每年一审。2015年1月，工商所停止了这项工作。

第九节　消费者协会

农场消费者协会于2002年建立了"12315"投诉网络。2006年1月，工商所设专线投诉电话0468-3777315，建立了"一会两站"。为方便群众投诉，每天设专人值班，接到投诉后及时记录，并在第一时间组织人员及时接待处理，做到登记备案存档。对重大案件接案后及时上报，同时做好案件录入工作。13年间，共调解各类消费纠纷100多件，挽回经济损失金额达到70多万元，有效地维护了农场的消费秩序。

第十节　个体私营企业协会

在农场党委的正确领导下，经宝泉岭工商局指导，农场个体私营企业协会于2006年

5月进行了协会成员改选，由农场党委书记于治臣和农场党委副书记南野任协会名誉会长；工商局局长董福金任会长，宋党生任副会长。2008年汶川大地震，个体私营企业协会成员踊跃捐款，仅阳光供暖公司经理陆书芬就为灾区捐资2万元。10年间，农场个体私营企业协会会员增加到450人。他们积极参加农场组织的各项文体活动，1人被评为省先进个体劳动者，4人被评为市级先进个体劳动者，20人被评为管理局先进个体劳动者，103人次被评为农场先进个体工商户。

第十一节 集贸市场

2006年1月—2008年8月，绥滨工商所负责管理农场集贸市场和大集。2008年9月1日，国务院发文停征个体管理费和市场管理费，绥滨工商所停止对大集和集贸市场的管理，改由城管局负责管理。

第四章 计 财

第一节 概 况

一、财会组织机构沿革及财会机构负责人变迁

2006—2018 年，农场进一步规范所属单位、部门的财务工作，完善内部财务管理机制与经营服务职能，提高农场经济运行质量和财务管理水平。坚持各级财务开支"一支笔"审批和重大财务事项农场党政班子集体研究决定相结合的审批制度，通过完善岗位责任制，明确岗位责任、权限及工作程序，做好财务收支的计划、控制、核算、分析等财务管理基础工作，监督资产的购建、保管和使用，不断规范农场会计核算和管理行为，切实维护农场的权益和资产安全，确保国有资产保值增值。农场及财务部门多次获得总局级、分局级财务先进单位称号。

农场财务科历任领导情况如下：

2006 年 1 月—2007 年 2 月，科长尹玉宝。

2007 年 3 月—2013 年 3 月，科长杨晓东。

2013 年 4 月—2018 年 12 月，科长殷光伟。

二、财务机构内部设置及财务人员配备

2006 年，农场将原有的 9 个管理区重组为 7 个管理区，计财科按农场要求委派了 7 名管理区会计，这 7 名会计仍兼任居民组会计，共有 13 名会计兼任两个单位的会计。

2008 年，计财科按照绥农场发〔2008〕12 号文件《黑龙江省绥滨农场财务管理若干规定》的具体要求，制定了计财科各岗位责任制度。

2013 年 6 月，农场按照管理局《撤队建区指导意见》要求，共设 12 个管理区。每个管理区委派 1 名会计、1 名出纳兼统计人员。

2014 年 3 月，计财科维持原有编制。为了加大公开办事力度，给搬迁到场部的生产

队职工群众和场直单位职工群众提供方便，成立了办事大厅，统一办理土地承包费收取、返还取暖补贴、基本田补贴、收取物业费、代收医疗保险费等业务。设主任1人（主管会计兼任），办事员4人。

2018年年底，计财科内部岗位设置及人员配备为：科长1人，副科长兼主管会计1人，农发办副主任兼综合计划员、基本建设会计1人，资金结算会计1人，出纳员1人，综合统计1人，机关（社区）结算会计2人，国有资产专管员兼稽核会计1人，非税收入兼住房公积金会计1人。基层单位设场直、管理区会计24人，统计兼出纳员21人。

第二节　流动资金管理

一、货币资金

农场所拥有或收到的现金、银行存款和其他货币资金的一切货币资金收入，包括代收代付款项、存入保证金等，均纳入账内管理，严禁货币资金体外循环。计财科在银行统一开设账户，统一负责对内、对外结算业务，基层单位不在银行开设账户。

2018年，全场共统一开设银行账户16个。其中农行基本户1个，信用社、邮储银行、宝泉岭建行、绥滨县农发行贷款转存户4个，农行公积金专户1个，农行缴存款专户1个，农行农发资金专户1个，农行非税收入专户1个，信用社粮补资金专户1个，宝泉岭农商行保证金户1个，农行零余额账户1个，农行基建资金专户1个，信用社一事一议专户1个，农行党费专户1个，农行工会专户1个。

基层单位、部门申请支出货币资金时，使用计财科印制的付款审批单或借据，经计财科稽核员、科长审核后，由农场场长审批，资金办统一支付。收取现金时，由会计开具票据，出纳收款。农场收到的惠农资金，基层单位按农场规定到计财科领取并及时足额发到个人手中，不得抵顶欠款或其他费用。

大额资金使用严格执行分局《关于加强企业大额度资金使用管理监督的规定》。5万元以上的支出，需提前一星期到计财科资金办预约。

严格执行国家《现金管理暂行条例》及其细则的有关规定。基层单位、部门收到现金时，及时存入计财科银行账户。设有专职会计、出纳人员的单位实行备用金使用制度，库存现金限额为500元。出纳人员负责现金收支及保管业务，长款交公，短款自负。非出纳人员包括单位领导严禁收取、支出或保管现金。出纳人员及时登记现金日记账，做到日清月结，并定期与会计人员核对账目，做到账款相符。

二、应收款项

农场的应收款项主要包括：账销案存的种植户种地挂账和农场设备物资垫支款；为发展畜牧业，农场借贷给养殖户或为养殖户提供抵押担保的政策性贷款；农场为采购物资提前支付的预付账款；职工公出借款；农场与总局、分局、其他单位的往来款项。

农场要求除历史遗留账销案存应收款及各种政策性贷款外，任何单位、个人当年不许新增挂账。基层单位按照欠款户姓名设立应收款台账，详细反映各欠款户应收款项的发生、增减变动、余额及其每笔款项账龄等财务信息。在建设科、农机科办理个人资产产权变更、劳资科办理签订劳动合同或退休手续时，必须由农场计财科清欠办出具欠款情况证明。建立应收款项催收责任制度，具体任务按当年农场下达的清欠工作方案执行，各单位、部门主要行政领导为应收款清收工作第一责任人。

各种公出或购物借款，事后及时结算，任何单位、个人不得随意出现借款挂账。个人借款超过6个月无故不还的按挪用公款论处。包括预交电费在内的各种往来款项必须经农场批准，才可增加应收或预付款。进行产品经营的场直单位，实行货款保证金制度。赊销产品金额不得超出保证金数额。基层单位不得以任何理由，为个体私营企业或个人提供贷款担保。

每年年终，基层单位组织专人全面清查各项应收款项，并与债务人核对清楚，做到债权明确、账实相符、账账相符，从而保证农场债权的法律诉讼时效，确保应收款的回收。应收款核销和坏账准备的计提，按总局《资产减值准备计提与资产核销管理（暂行）办法》规定执行。

三、存货

农场存货既包括企业生产经营过程中为销售或耗用而储备的物资，如原材料、包装物、低值易耗品、库存商品等，又包括农场为进行社会性服务而购买的一次性列支的各种物品，如低值易耗品、办公用品、文化体育用品等。基层单位、部门采购存货前制定采购计划，履行农场批准、政府采购或控购手续，以保证购入存货的质量和合理存量。

采购人员不得兼任保管员，保管员是存货保管第一责任人。存货出、入库时，保管员须填制出、入库清单，并据此登记存货保管明细账。会计和保管员定期核对账目，单位行政主要领导定期检查核对保管账与会计账，确保账账相符、账实相符。基层单位、部门使用的一次性列支，且没有列为固定资产的办公用品或其他物品，必须登记造册，落实好实物保管责任人。工作人员岗位变动时，需办好资产移交手续，确保农场资产安全、完整。基层单位不得自行定价销售存货，存货销售价格必须由农场统一制定。管理区、居民组实行存货"零库存"制度。建立存货定期盘点制度，盘点情况如与账面记录不符，应查明原因，及时上报农场计财科，由农场统一处理。私自处理存货的，追究相关责任人责任。

第三节　固定资产管理

农场的固定资产包括使用期限超过一年的房屋、建筑物、机器、机械、运输工具以及其他与生产经营有关的主要设备、器具、工具，或不属于生产经营主要设备的、物品单位价值在 2000 元以上并且使用期限超过两年的资产。

各单位、部门新增购建固定资产，需先向计财科项目办提交固定资产投资计划书，由计财科汇总后上报农场，经农场批准，统一购建。私自购建固定资产，费用由相关责任人全部承担，主要行政领导给予党纪、政纪处分及 2000 元以下罚款。属于政府采购或专项控制商品范畴的，由计财科政府采购办统一办理；需要组织招投标的，由相关业务主管部门组织办理。入账手续包括：农场批件、基本建设工程预算、完工验收单、政府采购通知单、控购准购证明和发票等。

固定资产实行账、卡并行管理模式。2018 年，固定资产账目由各单位各部门进行管理，并对本单位所使用保管的固定资产做好卡片登记工作，记录资产名称、单位、数量、型号、产地、单位负责人、保管责任人和增减变动、计提折旧，建立固定资产影像资料等，对其使用及保管情况进行不定期抽查盘点，确保固定资产的安全性和完整性。因人为损坏或人为失职造成固定资产毁损、流失的，按国有资产管理办法，视情节轻重，对基层主要行政领导和当事人给予行政或经济处罚。对外出借、出租，必须经农场批准，由政研室和计财科代表农场与当事人签订出借、出租协议。基层单位私自向私营企业或个人出借、出租的，给予单位主要行政领导 2000 元以下罚款。

固定资产折旧的计提，按总局《固定资产计提折旧管理办法》规定执行。

基层单位在经费限额以外，需要农场投资维修固定资产的，须报经农场批准，否则费用由单位主要行政领导及相关责任人自负，并给予 2000 元以下罚款。拆除报废的固定资产实物由相关责任部门负责保管，计财科负责登记备案。

固定资产出售须经农场批准，计财科统一办理，实行公开竞价出售。在未接到计财科《固定资产出售通知单》时，不得先行将资产交与购买方。因此而造成纠纷或损失的，由资产保管单位行政主要领导和经办人负全责；私自出售的，由单位主要行政领导和相关责任人全额赔偿，并依法追究当事人法律责任。

每年基层单位、部门对账内、账外固定资产盘点一次，上报计财科备案。单位行政主要领导变更时，必须办理固定资产交接手续，以防职责不清造成资产毁损或流失。

第四节　刚性预算管理

2006—2018 年，农场本着从严从简、勤俭办事、减少管理费开支、遏制奢侈浪费、加强财务管理和财务监督的原则，每年都根据管理局下达的农场财务刚性预算指标和领导干部职务消费限额及有关要求，编制农场全口径财务刚性预算，并以场发文件形式下达给各单位执行，以确保总局、管理局下达给农场的利润指标及农场历次职代会确定的工作目标和主要任务的顺利实现。

农场所属有财务收支并能以货币反映经济业务成绩的农场领导、科室、部门、管理区及场直各单位，都作为会计主体纳入农场预算编制范围并实行单独核算。具体包括农场机关各部门的管理费，农场直属各单位的收入、支出，各管理区的管理费、公益建设费，社区机关各部门的管理费，社区各事业单位经费支出、创收及非税收入。

预算编制采取"零基预算"同上年预算指标与上年实际支出相结合的方法，结合当年实际将预算收支分解落实到各科室、各单位。

下达各单位、各部门预算指标中的办公费、材料费、交通费、低值易耗品、零星修理费等五项费用在总额范围内允许串项调节使用，其他各项费用一律不允许串项使用，节余不准挪用。

关于预算限额内的费用审批权限，除特殊规定外，机关各科室及各部门费用支出由分管领导审批；管理区、场直单位由本单位行政主要领导审批，会计审核监督。管理区费用支出必须由社会生产管理监督委员会全体成员签字验收，否则会计不予入账。

特殊情况需增加费用指标的，必须先进行请示，经农场场长审批后，方可使用。否则发生的费用由各单位、各部门行政主要领导个人自负。

会计有权对不符合财务规定的业务拒绝办理和制止。有关单位行政主要领导强令入账的，会计必须向计财科反映，由农场统一处理。

计财科负责全场财务刚性预算的编制、检查、汇总和分析工作。各单位、部门行政主管领导是财务刚性预算执行第一责任人，对本单位、部门财务刚性预算的执行负全责。预算指标一经下达，各单位必须认真组织实施。任何单位不得以任何理由擅自超预算或扩大支出转下年形成账外欠款，一旦形成账外欠款，由单位行政主管领导个人自负。其他管理人员在未经过本单位主管领导同意的情况下所发生的一切费用由本人自理。

土地利费收缴，按农场当年下发的场发 1 号文件规定执行。工作人员出差的开支标准，2014 年 4 月 30 日前，按绥农场发〔2005〕26 号文件《绥滨农场工作人员差旅费开支标准的规定》执行。2014 年 5 月 1 日起，按宝垦局办文〔2014〕6 号《黑龙江省农垦宝泉岭管理局办公室关于转发黑垦局办文〔2014〕12 号文件的通知》规定执行。

凡是会影响农场财务收支的经济事项必须经农场批准，如户籍迁入、外地学生转入、签订劳动合同、场内各单位间或对外捐赠等。

由于加强了财务管理工作，农场连续六年在管理局综合考核中位居第一。2013 年 4 月，在管理局召开的管理工作会议上，农场作为典型单位，由场长李思军作了题目为《刚性统控精管理，规范运作提质量，全面增强资金服务经济社会发展保障力》的典型经验介绍。通过强化刚性预算管理，提升资金管控能力，农场实现了资金使用效率的最大化。2011—2018 年，农场借款净下降 1.33 亿元。

第五节　非税收入（预算外）资金管理

1991 年，农场成立收费集资管理站。1994 年，更名为预算外资金管理站。2008 年，按照黑垦编字〔2008〕30 号文件规定，农场将原预算外资金管理站更名为非税收入管理所，隶属计财科管理。

农场非税收入管理所的主要职能是：核算和反映非税收入收缴情况；按照"收费许可证"征收的非税收入实行"收支两条线"管理；检查监督非税收入征收项目、范围、标准执行情况，负责非税收入决算编报、预算核定，财政票据的发放、审验、销毁，罚没及保证金收缴工作。

非税收入遵循"先存后批、先批后用、量入为出、专款专用、自求平衡"原则，实行收缴分离、收支脱钩、综合预算、集中支付管理。农场非税收入管理部门在指定银行开设非税收入资金专储户，用于本地区非税收入资金归集、记录、汇款结算非税收入往来款项。

非税收入主要包括：行政事业性收费收入；政府性基金收入；国有资产（资源）有偿使用收入；国有资本经营收益；彩票资金收入；罚没收入；其他收入。

执收单位依据法律、法规、政策规定范围办理行政《收费许可证》和财政《票据准购证》，依法行政，持证收费，并向社会公布征收的非税收入项目及执行文件依据、范围、标准。非税收入资金全额及时存入专储户，非税收入管理所根据收入情况核定征收单位预算指标，资金使用纳入农场财务刚性预算，建立办案经费支出部门辅助账。执收单位使用省财政厅统一印制的非税收入票据，接受财务部门的检查监督，需如实提供有关财务收支明细、凭证、财务报表及票据发放登记卡等有关资料。非税收入管理所对乱收费的单位和个人进行处罚，受理乱收费行为的举报工作等；对违反行政事业性收费和罚没收入收支两条线管理规定的，按相关规定进行处罚。

2006—2018年，农场共取得非税收入12480万元，其中中小学及幼儿园796万元、医疗机构9062万元、公安机关及社区机构2622万元。2018年，按照管理局非税收入管理的要求，农场非税收入管理所对收费项目进行了全面清理，严格规范财政票据的领用使用手续，从源头上管控非税收入资金。专储资金收费收入996万元，其中幼儿园收入109万元、医院收入827万元、罚没款1万元、暂存款59万元。共购领发放幼儿园收费、微机门诊收费、微机住院费、住院预交金、挂号费、资金往来结算、非税收入票据4.46万份，罚没票据4本。所有收入均纳入非税专储，实行收支两条线管理。

第六节　利费收缴管理

农场每年都按照上级要求，并结合农场实际情况，在1号文件中对土地承包利费标准、上缴时间、上缴方式做出相应规定或小幅调整。

2006年，农场基本田承包费旱田、水田平均为900元/每公顷；规模田价格旱田全场平均为1700元/每公顷，水田平均为2700元/每公顷。全部以货币形式实行100%提前上缴承包费，即"上打租"。

2009年，基本田收费降为平均675元/每公顷；规模田水田平均为3015元/每公顷，旱田平均为2015元/每公顷；机动地收费通过市场竞价确定。上缴方式分两种：预付款按水田600元/公顷、旱田500元/公顷，在2008年9月23日前预交；其余承包费及农业保险费、"一事一议"筹资款，在2009年3月1日前交齐。

2010年，基本田不单独分配面积，按符合基本田人员名单上每人水田8亩、旱田15亩标准计算，返差基本田补贴1280元。新开发水田每公顷上缴水稻2吨，青贮地收费按每公顷2500元上缴。农业保险费个人承担90元/公顷。机动地实行市场公开竞价，竞价基础价为水田4505元/公顷、旱田3105元/公顷，含筹资款及保险费。"一事一议"筹资款按水田400元/公顷、旱田500元/公顷收取。

2011年，基本田返差增加到每人1480元。水田承包费按国家标准三等品水稻折算，老水田每公顷上缴水稻2.25吨，新开发水田每公顷上缴4500元，旱田每公顷上缴3800元，蔬菜等经济作物每公顷上缴3000元。农业保险费每公顷75元。"一事一议"筹资款含在承包费中不再额外收取。

2013年，农业保险费调整为每公顷150元。

2015年，水田承包费为每公顷上缴国家标准三等品以上水稻2.25吨。旱田承包费每公顷上缴国家标准中等品以上玉米2.5吨或现金3800元。新开发水田承包费每公顷4500元，大棚基地占地费每公顷3800元，2014年水改旱后2015年又改回水田的，按老水田标准上缴承包费。上缴合同履约保证金标准为水田500元/公顷，旱田200元/公顷。凡经确权后的宅基地面积以外的土地，全部由管理区收回统一规划管理。道路沿线小开荒取直整形后扩大的面积，第一年免收承包费，第二年起按老水田标准收取承包费；其他小开荒按每公顷旱田1900元、水田3100元收取费用，但不享受国家政策性补贴和风险理赔。

2018年，水田承包费为每公顷上缴国家标准三等品以上水稻2.25吨（货币6500元）。旱田承包费为每公顷上缴国家标准中等品以上玉米2.5吨（现金4100元）。新开发水田承包费每公顷4800元，大棚基地占地费每公顷4100元。上缴合同履约保证金标准为水田500元/公顷，旱田200元/公顷。

2006—2018年，全场家庭农场累计向农场上缴土地承包利费187966万元。2018年，农场实现土地承包利费收入21341万元，比2006年增长173.56%。

第七节　成本及费用的管理与核算

2006年，农场执行财政部《企业会计制度》《农业企业会计核算办法——生物资产和农产品》《农业企业核算办法——社会性收支》等会计制度后，一直采取分块管理的方式来控制农场的成本费用，即：把农场的成本费用管理划分为农场机关各部门的管理费，农场直属单位的支出，各管理区、居民组的管理费、制造费用，社区机关各部门的管理费，社区各事业单位经费支出，农场各种专项支出和职工家庭农场种养业的成本几部分。采取每年年初下达各单位和部门刚性预算指标的办法，核定费用支出。在核算方面统一按农场要求列支"管理费用""制造费用"和"社会性支出"科目。

2006—2018年，农场机关各部门的管理费，农场直属单位的支出，各管理区、居民组的管理费、制造费用共计支出70602万元。以2018年管理费支出10897万元为例，其主要支出项目有：职工薪酬6834万元，其中工资2315万元、职工福利费63万元、工会经费49万元、职工教育经费37万元、住房公积金246万元、社会保险费4124万元；差旅费 22 万元；办公费 56 万元；业务招待费 44 万元；物料消耗 462 万元，其中车辆费和交通费 127 万元、公有房屋取暖费 256 万元、水电及材料费 79 万元；折旧费 2238 万元；修理费 225 万元；咨询费 22 万元；无形资产摊销 20 万元；长期待摊费用摊销 62 万元；信用评级费 3 万元；存货盘亏毁损 1 万元；聘请中介机构费 48 万元；检验检疫费 2 万元；保险费用 268 万元，其中财产保险费 68 万元、农业风险金 200 万元；水资源及水土流失防治费 53 万元；粮食及燃油补贴配套 25 万元；规划费及绿化费 512 万元。

第八节　管理区（居民组）管理费及队收队支管理与核算

2006 年 3 月，农场为进一步加强精神文明建设和晒场、停放场管理，切实维护广大职工家庭农场的自身利益，健全农场财务管理运行机制，下发了绥农场发〔2006〕6 号文件《绥滨农场有关费用收取及使用办法的规定》，对义务工、晒场占用费、停放场占用费和以资代劳义务植树款（即队收、队支）的收取及使用管理做出了明确规定。

义务工收取标准为每人每年 10 个义务工，每个义务工按 30 元计算。晒场占用费为水田每公顷 30 元，旱田每公顷不超过 15 元。停放场占用费为收获机械每年 150～300元/台套，整地机械 100～300 元/台套，大中胶轮车 150 元/台套，小四轮等其他小型机械40 元/台套。以资代劳义务植树款的收取标准为每人每年 10 元。

各管理区、居民组的义务工、晒场、停放场收费原则上收支平衡，可相互调剂使用，相关收支在"制造费用"科目中统一核算。实行票据联审联签制度，每笔支出都要有批准人、经办人、验收人、领款人、证明人签字。上述费用收取后 7 日内按明细上墙公示，全年支出除例行按季公示外，年终将全年支出一次性公示，接受群众监督。

自 2006 年起，农场每年年初都按管理区、居民组管理人员编制及开支项目核定管理费用限额，主要包括管理人员工资及"三费"、劳动保险费、折旧费、财产保险费、独生子女费、电话费、劳动保护费、科技人员书刊费、电费、取暖费、场内交通费、办公费等。

2008 年，为适应管理体制改革需要，农场增补了管理区、居民组其他费用限额，主要包括报刊费、锅炉工工资、印刷费、招待费、清雪费、春节慰问费等。

2009 年，农场规定各管理区、居民组每月核定电话费 100 元，由机关办公室统一按月或季结算。管理人员电话费补贴每月随工资发放，正职每年 600 元，副职 480 元，其他人员 240 元。交通费限额 70% 由居民组组长使用，30% 由其他人员平均分配。统一将田间路维修、土晒场维护费、晒场费用、停放场费用、精神文明费用、锅炉工工资、清雪费、春节慰问费用纳入制造费用限额管理。

2010年，制造费用科目中又增加了拆迁单位警卫工资。

2013年，农场下达的制造费用限额只包括了农情踏查督导费和误餐费。

2014年，每个管理区核定固定电话费2000元，居民组800元。交通费按距场部公里数核定。踏查费每个管理区2.7万元，居民组1.7万元。误餐费每个管理区6万元，居民组1.5万元。印刷费每个管理区1.2万元。取消招待费核定。

2015年，按照绥农场发〔2015〕25号《绥滨农场2015年秋收暨明年生产准备工作方案》规定，各管理区不再收取自筹自用资金，即晒场、停放场占用费和义务工费用，所需费用统一由农场负担。至此队收、队支的收支核算完成了历史使命。

2016年，每个管理区核定固定电话费2000元，作业区800元。交通费按距场部公里数核定，每个管理区增加了电工交通费1000元。踏查费每个管理区2.7万元，作业区1.7万元。误餐费每个管理区6万元，作业区1.5万元。印刷费每个管理区1.2万元。管理区管理人员办公费每人每年按120元核定。每个管理区按每亩地6元核定制造费用，此费用使用管理办法及要求按绥农场发〔2015〕7号《绥滨农场2015年管理区自筹自用资金使用管理办法》规定执行。

2017年，每个管理区核定固定电话费3600元。交通费按距场部公里数核定，每个管理区核定电工交通费1000元。踏查费每个管理区6.1万元，误餐费每个管理区9万元，由管理区制定分配方案。印刷费每个管理区1.2万元。管理区管理人员办公费每人每年按120元核定。每个管理区按每亩地10元核定公益建设费用，此费用使用管理办法及要求按《绥滨农场2015年管理区自筹自用资金使用管理办法》规定执行。

2018年，每个管理区在上年各项核定费用基础上增加了精神文明建设费用，已拆迁管理区核定精神文明建设费3万元，未拆迁管理区核定精神文明建设费6万元。

第九节　社区财务及社会性公益性收支管理

一、社区财务管理

2005年，农场开始执行财政部2000年颁布的《企业会计制度》、2004年颁布的《农业企业会计核算办法——生物资产和农产品》和《农业企业核算办法——社会性收支》等会计制度。社区财务开始了新的社会性公益性收支管理和核算，由社区财务科单独建立社区财务会计核算账套系统，按行政、事业、社区部门和社区所属单位设置明细账进行核算和管理。

二、社会性公益性资产核算与管理

《农业企业会计核算办法——社会性收支》中的社会性固定资产包括房屋建筑物、专用设备、一般设备、文物陈列品、图书、其他社会性资产。社会性固定资产折旧，不通过产品补偿价值，这与生产经营性固定资产计提折旧有本质的区别，其处理方法也是一次全额计提入账。办法增设"社会性固定资产""社会性固定资产累计折旧"两个一级科目，"社会性固定资产"科目核算企业社会性固定资产的原价。同时，设置"社会性固定资产"登记簿，按社会性固定资产类别、使用部门和每项社会固定资产进行登记。"社会性固定资产累计折旧"科目只进行总分类核算，不进行明细分类核算。

在社会性固定资产达到预定可使用状态时，将其初始入账价值一次性确认为当期社会性支出，并增加社会性固定资产累计折旧。调出、出售、报废、毁损、盘亏等原因导致社会性固定资产减少时，同时冲销社会性固定资产和社会性固定资产累计折旧。使用这种会计处理方法是农业企业社会性固定资产的特性决定的。

三、社会性公益性支出及管理

社会性支出包括公检法司支出、武装民兵训练指出、中小学教育支出、公共卫生防疫支出等。增设"社会性支出"一级科目，用于核算农场因承担社会管理服务职能而发生的与企业生产经营活动无关的各项支出。按社会性支出类别或项目设置二级科目，进行明细分类核算。支出项目有工资、职工福利费、社会保障费、公务费、设备购置费、修缮费、业务费、其他费用、基建支出等。期末，将"社会性支出"各明细科目的余额转入"本年利润"科目。

社会性公益性项目支出来源渠道为财政补助收入、规费收入、事业收入、福利费转入、其他收入。

四、社会性公益性收支差额核算与管理

社会性收入远远入不敷出，从而形成较大的社会性收支差额；又由于无其他来源解

决这个社会性收支差额问题，所以办法规定农场的"社会性收支差额"在利润表中单独列示，但最终还是计算在农场生产经营利润账内，由农场利润冲抵。"社会性支出"是农场的一个特殊问题，有其特定的概念和内涵，在农场整个开支中占有较大的比重。期末，农场将社会性收入和社会性支出科目余额转入本年利润科目。农场在编制利润表时，增设"社会性收支差额"项目，以便反映社会性收入与社会性支出的差额。

以 2018 年为例：农场社会性总收入 7475 万元，总支出 13419 万元，社会性收支差额为－5944 万元。这就意味着农场要从利润中拿出 5944 万元来补贴社会性支出。其中补贴教育 350 万元，医疗卫生 355 万元，公安 1035 万元，检察 31 万元，司法 36 万元，法院 71 万元，市政 2044 万元，供水 108 万元，供热 24 万元，离退休人员 229 万元，社区管理 1661 万元（其中社区机关 1062 万元）。相信随着农垦体制改革步伐的不断加快，农垦的现状将会得到彻底改变，农场的各项社会服务事业也必将出现一个新的飞跃和良性发展。

第十节　所有者权益的核算

农场的所有者权益包括实收资本、资本公积、盈余公积和未分配利润等。实收资本为投资者实际投入企业的资本，资本公积包括资本溢价、接受捐赠资产、拨款转入、外币资本折算差额等。资本公积各准备项目不能转增资本。盈余公积包括法定盈余公积、任意盈余公积、法定公益金等。法定公益金用于职工集体福利时，应转入任意盈余公积。

截至 2018 年年底，农场的所有者权益合计为 41287 万元，其中实收资本 6013 万元，均为国有资本也就是国有法人资本；资本公积 36908 万元；盈余公积 1314 万元，均为法定公积金；未分配利润－2948 万元。

第十一节　财会制度的贯彻实施

2005 年，农场全面执行财政部《企业会计制度》和《农业企业会计核算办法及讲解》。农场的财务管理和会计核算步入了新会计制度正常运行轨道。

2008 年 3 月 15 日，农场经过充分酝酿并借鉴历年财务管理方面的有益经验，结合实际，制定了《财务管理若干规定》，并以绥农场发〔2008〕12 号文件形式下发给全场各单位执行。规定共 11 章 76 条，主要从财务管理的目标、审批制度、财务管理基础工作、货币资金管理、应收款项管理、存货管理、固定资产管理、基本建设项目管理、财务刚性预算管理、预算外资金管理、财务监督及财务公开化管理等方面做出了详细规定，可操作性强，简明扼要、便于学习和熟练掌握。

2010 年以后，农场在深入开展经济社会全面发展示范场建设的新形势下，以财务管理为重点，强化财务刚性预算制度，开源节流，压缩非生产性支出。加强合同管理，抓好欠款回收工作。加强审计监督，不断优化企业经营环境。从而有效地提高了经济运行质量。

2013—2015 年，农场本着"不增加百姓负担，不降低工作标准"的原则，挖掘资源潜力，优化资金管控，强化财务管理，改变了过去"收不抵支，靠贷生存"的状况，推进了农场经济健康有序可持续发展。农场 3 年累计实现企业利润 1.54 亿元，企业贷款净下降 0.07 亿元，全面完成了总局、管理局下达的各项指标。到 2018 年年底，资产负债率为61%，比 2016 年下降 5 个百分点。

第十二节　清产核资

2007 年 2 月，农场根据《农业部办公厅关于开展行政事业单位资产清查工作的通知》精神，制定了《绥滨农场事业单位资产清查工作方案》，资产清查基准日为 2006 年 12 月31 日。农场于 2007 年 2 月 1—15 日，对事业单位的基本情况、财务状况和资产情况进行了一次全面摸底，清理、核对了事业单位收入渠道、收入水平、收支结构和资产状况。

截至 2006 年 12 月 31 日，农场事业单位资产总额为 2974 万元，其中流动资产合计1093 万元，固定资产净值 1881 万元；负债合计 1093 万元，净资产合计 1881 万元。当年总收入 6927 万元，其中财政补助收入 3258 万元、事业收入 438 万元、农场补贴 3231 万元。总支出 6927 万元，其中行政事业单位基本支出 5002 万元，具体为小学经费支出 1665万元，初级中学经费支出 1641 万元，专职政法机构支出 397 万元（包括公安、法庭、检察室、司法科支出），社区管理机构及居民委支出 529 万元，集体转业人员支出 770 万元；行政事业性项目支出 1355 万元，其中小型农田水利支出 1310 万元；未纳入财政补助的事业单位支出 570 万元，其中医疗卫生防疫机构支出 482 万元、计划生育机构支出 42 万元、其他事业机构支出 46 万元。

通过这次资产清查，农场完善了相关事业单位资产管理制度，为建立全国行政事业单位国有资产动态管理系统、实施动态管理提供了信息支撑。

第十三节　财务监督

除了接受上级财政、财务、审计等部门的财务和审计监督外，农场计财科负责依据国家有关财政法规对全场财务工作进行监督、检查；审计科负责依据《中华人民共和国审计法》对全场财务工作进行监督、检查；纪委、监察科负责依据《中国共产党纪律处分条例》《中华人民共和国监察法》《财政违法行为处罚处分条例》对全场财务工作进行监督、检查。

场直单位成立财务公开化管理机构，负责对本单位的财务收支进行定期公开。具有行政收费或处罚权的单位，常年将收费或处罚标准、依据公开。

管理区、居民组的财务公开化工作由管理区、居民组民主监督管理委员会负责监督。公开的主要事项有：依据农场政策享受基本田人员名单、惠农资金发放明细表、土地利费收费明细表、风险理赔分配明细表、费用支出明细表、居民组用工明细表以及农场临时要求公开的其他事项。管理区、居民组一次性费用支出 2000 元以下的必须由 5 人以上签字；超过 2000 元的，必须由民主监督管理委员会全员签字，否则会计不予进账。会计人员定期与种植户核对家庭农场往来账，每年决算后必须向种植户公布账目。

农场计财科会同有关部门每年抽调部分政治素质好、业务能力强的财务人员，对全场所有核算单位进行财务检查，实施会计监督。

2006 年 7 月，计财科下发《绥滨农场计划财务科、会计管理科对全场财务会计工作进行全面检查工作方案》，开展了为期 5 天的财务大检查。12 月农场纪委书记率纪委、计财、审计部门，在财务决算前对各单位收费的入账情况，包括义务工、停放场、晒场占用费使用情况进行了重点检查。

2009 年 5 月，农场开展了 2006—2008 年各项财政资金自查、检查工作。下发了《绥滨农场"小金库"和会议费及行政事业收费专项检查治理工作方案》，进行了为期一周的相关自查和检查。

2010 年 5 月和 2011 年 5 月，全场共 70 个单位和部门开展了"小金库"专项清理自查。在自查的基础上，农场组织纪委、计财、审计及全场会计人员 39 人，对全场 48 个核算单位 2009—2010 年的经济业务进行了为期一周的联合检查，检查面达到 100%。经过自查和联合检查，未发现有任何形式的"小金库"，各核算单位收入、支出全部纳入本单位财务部门法定账目统一核算，无侵占截留收入、设置账外账以及以个人名义私存公款等违反财经纪律的行为。可见，农场从制度上保障了财务管理的规范性、严谨性和有效性。

2012 年 2 月，农场计财科按管理局要求，对银行账户进行了认真清理，并将撤户后的剩余资金区分资金用途转入"基本存款账户"或"缴存专户"进行分账核算。

2013 年 5 月，农场计财科规范资产管理台账，对所有资产包括账内外各项资产、物品进行清理、盘点，做到账实相符、账账相符，在总局国有资产检查中受到表扬。7 月，计财科、建设科按照农业部农垦局要求，开展了垦区小城镇基础设施建设情况、资金使用情况摸底调查。

2014 年 4 月，农场下发《2014 年企业税收自查工作方案》，开展了为期一周的税收自查检查工作。5 月，按上级要求开展了为期 15 天的"账外账"问题专项治理工作。

2015 年 5 月，农场计财科与纪委组成联合检查组，对全场各单位进行"小金库"专项突击检查，监督全场各单位落实好中央八项规定，促进财务工作公开、透明。11 月，按总局《黑龙江垦区防治"小金库"长效机制建设方案》要求，深入开展了"小金库"专项治理工作，对全场 53 个单位和部门进行了"小金库"专项清理。通过清查，完善制度，加强源头治理，建立健全了预算管理制度、资金管理制度、国有资产、财务核算等管理办法，特别是加强了对现金的收付管理，改革了货币资金收支方式，除个别单位外，全场货币收入一律使用 POS 机刷卡收款；货币支出一律实行银行汇款和利用网上银行打卡支付，堵塞了货币运行中的漏洞，保障了资金安全运行。切实提高了资金资产使用及财务核算的规范性和有效性。

2016 年 8 月，由计财科牵头组织开展了"小金库"问题专项治理工作，全场共 57 个单位和部门开展了"小金库"专项清理自查，各单位及部门上报了自查报告表，单位负责人做出了承诺保证。计财科与纪委组成联合检查组进行了抽查，未发现"小金库"现象。

第十四节　财会队伍建设与管理

2006—2018 年，农场执行《绥滨农场委派会计管理制度》，每年根据上级要求和实际情况，制定相关文件，对会计委派制的内容进行修改、充实和完善。其间调整了考核分数，细化了考核细则，使考核办法和细则更具体、更切合实际，为促进财务人员秉公办事、遵章守纪，推进会计管理体制改革积累了可借鉴的宝贵经验。

2018 年年末，全场共有财会人员 55 人。其中男性 26 人，女性 29 人；具有本科学历的有 36 人，大专学历 17 人，中专学历 2 人；具有高级会计师职称的 6 人，中级会计师职称的 3 人，初级职称的 15 人。既有从事财会工作 20 年以上有着丰富实际工作经验的财务人员 28 人，又有近几年新毕业的本科及大中专生 21 人，形成新老搭配、经验互补的财会队伍。

2006—2013 年，农场每年组织全体财务人员进行为期 4 天以上的会计人员继续教育培训，聘请会计师事务所、八一农垦大学教师进行授课；2009—2018 年，采取网上自学的方式进行学习。学习内容主要包括：企业会计准则应用指南、操作指南讲解，新旧会计准则差异比较与分析，企业财务通则，会计实务操作，新《企业所得税法》，企业内部控制理论与案件分析制度设计操作指南，会计基础工作规范，事业单位会计制度，以及其他会计法律法规、电算化及微机知识和会计人员职业道德规范等。

农场每年还不定期对全场会计、统计、出纳人员进行会计业务知识、农场政策、法律法规知识培训和研讨，增强了财务人员的业务水平、分析和写作能力，先后有 7 名财会人员在《现代审计与会计》《黑龙江科技信息》《知识经济》《农场经济管理》《经济技术协作信息》等省级及省级以上刊物发表论文 10 篇。

第十五节　会计电算化及信息化管理

农场会计核算电算化始于 1995 年，经历了起步阶段、联网阶段、发展阶段的完善和发展。2006 年，农场为场领导配备了计算机，并与计财科服务器相连，为场领导决策提供了真实、准确、及时的会计信息。财务软件由"垦财"改为"金蝶"，进一步提高了财务信息的可靠性和安全性。投资 6 万元购置 1 台 IBM 服务器共财务局域网专用，铺设财务专用内部局域网络。投资 5 万元更新了电脑。会计核算由手工操作向办公自动化快速推进，记账、结账、报表编制、决算汇总、凭证打印等业务逐步实现了计算机处理。农场会计电算化工作由此实现了信息化、网络化，为财务软件的应用奠定了稳固的基础。

2007 年，农场使用财政部统一规定的"久其"报表操作平台，完善了财务报表软件的安全性和报表数据的合理性。

2011 年，农场购置打印机密钥，使全场的自制原始单据由原来的手写升级为全部由计算机打印。

2013 年，会计核算软件改为"用友"NC。2014—2015 年，随着农场经济快速发展，会计电算化设备也发生了日新月异的变化。计财科的计算机数量增加到 13 台，计算机 CPU 也升级为目前的酷睿 i5、酷睿 i7。打印机由过去机普通针式机更新为激光多功能一体机，连装订凭证也实现了半机械化，进一步提高了工作效率和质量。农场的会计核算全部实现电算化，并且正向更广阔的空间探索发展。

为了使会计信息化工作规范有序，计财科成立了以科长为组长的会计信息化领导小组，成员由计财科全体员工组成。在《会计电算化管理办法及运行方案》的基础上，制定了《会计信息化工作管理制度》，要求每名业务人员必须严格遵守，切实做到会计信息系统安全、正常运行。计财科设有系统管理与系统维护员、数据分析与审核员、业务操作员、电算稽核与档案管理员等岗位。

第十六节　计划管理

农场计划分为年度计划、五年计划和不同时期的远景规划等。年度计划主要有固定资产投资计划及固定资产维修计划、刚性财务预算指标计划、农业综合开发计划、小型农田水利支出计划、土地整理计划等。

对于固定资产投资及维修计划，要求基层单位每年3月1日前将计划上报计财科，由计财科会同有关部门进行现场勘察，提出初步概算，按轻重缓急进行排序并上呈农场党政班子例会研究审批。投资额度在5万元以上的项目，还需呈报上级计划部门批准后方可实施。项目竣工后，由计财科、建设科会同相关部门进行验收，作出评价并签署验收合格单，准予列支。年末，农场根据上级要求和本场固定资产投资实际情况，下达全口径固定资产投资及固定资产维修调整计划。

农业综合开发计划由计财科计划员（农发办科员）负责项目计划的编制、上报、请批、落实，并单独建账、开户，执行《农业综合开发资金会计制度》。年末协调计划、财务、水利、建设、农业、农机等部门会同使用单位、施工单位、供货单位实地勘察、验收，编制验收报告，同时接受上级主管部门和审计部门的验收、检查、监督和指导。

2006—2018年，是农业综合开发建设的鼎盛时期，经过13年的建设，农场累计完成投资21159.56万元，其中国家投资14662万元、农场和家庭农场自筹6497.56万元。

2009年，农场被评为总局农业综合开发工作先进单位。2011年、2012年，总局验收组对2009—2011年农场的综合开发项目进行了重点抽验，验收采取随机抽样、定量打分、综合评价的方式进行，进行了综合考核和评价。农场被评为优秀等级，受到了总局通报表扬。

计财科下设的汽车定编管理办公室，对全场汽车新增、报废、过户实行定编管理。农场对单位购买小汽车、轿货车实行控购和车编管理，严格按照审批手续办理汽车定编及控购手续，对压缩社会集团购买力，控制社会消费基金膨胀，改善农场经济环境，整顿经济秩序起到了一定作用。2012年1月，计财科被总局授予垦区汽车定编控制管理工作先进集体光荣称号。

政府采购工作严格执行《宝泉岭分局政府采购实施方案》和农场下发的《关于印发绥滨农场政府采购和企业比质比价采购工作实施方案（暂行）》规定，从工作范围、采购范围、管理权限和工作程序等方面作了详细规定，加强了农场公共支出的管理，降低了采购成本，提高了资金使用效率，为农场经济发展作出了一定的贡献。

第十七节 统计工作

2006 年以来，农场的统计工作主要任务是：为管理局编报月报、季报、国民经济基本情况统计年报以及上级主管部门布置的国家统计调查报告，提供统计年鉴资料和数据，并积极参与年鉴的编写工作；为农场财务核算和领导决策提供可靠的数据；负责对基层单位统计人员的培训、考核和聘任工作。

基层统计工作的主要任务是：按照国民经济基本情况统计指标体系，建立人口、职工、固定资产、机车、耕地、畜牧等台账，报告农情进度和播种面积、产量、灾情调查报告，编制月报、季报以及国民经济基本统计年报等。基层统计报表主要有人数和劳动报酬表、畜牧业生产情况表、社会消费品及商品销售额表、工业产品产量及产值报表等，用于为农场、企业积累原始统计数据、资料，以便查阅借鉴。

统计调查方法包括全面调查、重点调查、典型调查等，每年的月报、年报均采用全面调查，登记台账编制；而对一些个体户的调查、产量调查、人均收入调查则采用抽样调查的方法进行。

2006 年之前，进行计算机报表汇总采用的是 SARP 软件，此软件利用基层报表进行超级汇总，经常出现汇总数据和基层数据不一致的现象。2006 年，农场开始使用网上直报系统，减少了工作量，也减少了很多出错现象，工作效率大大提高。网上直报的巨大优势是可以在任何一台微机上汇总报表，增加了工作的自主空间，也使数据保存有了更好的保障，减轻了基层统计的工作量，提高了办事效率。

农作物产量统计执行实割实测抽样调查方法，每年 9 月底前报大秋作物测产。由基层单位投入人力、物力、财力，使这项工作一直得以正常运行，并取得成效。农场统计会同农业保险及相关部门跟基层统计一起踩点、收割、搬运、晾晒、测算，掌握第一手资料，并踏查受灾地号、核实受灾面积，为常年开展此项工作打下了基础。

2006—2018 年，农场各单位统计部门参与了所有由国家发起的重大普查工作，包括 2007 年和 2017 年的农业普查、2008 年、2013 年和 2018 年的经济普查、2010 年的人口普查等，圆满完成了各项重大普查工作任务。2011 年 11 月，农场被鹤岗市授予第六次全国人口普查先进单位称号。

2009 年 9 月，农场接受了管理局《统计法》执法大检查，对统计基础工作、统计定期报表、年终报表的主要经济指标、畜禽监测数据来源及报表工作进行了检查。统计人员严格遵守《统计法》，不虚报、瞒报、漏报统计资料，做到实事求是，受到了检查组领导的好评。

农场对全场统计人员实行委派制管理，统计兼任出纳职责，经考试考核择优聘任。工作考核采用"千分制"，把统计日常工作细化后制定考核标准，对基层统计人员的定期报表、年终报表、在岗在位情况及在基层单位的工作表现，分半年和年终两次定期考核，按年终考核结果计发工资。2012 年 4 月，管理局下发了《宝泉岭管理局统计工作考核方案》，统计工作开始实行"百分制"考核，管理局考核农场，农场对管理区、场直单位进行考核，实行一票否决制。考核内容分为统计基础和业务建设考核占 25％，定期报表考核占 25％，统计年报考核占 25％，统计分析考核占 12.5％，信息化建设和计算机应用考核占 12.5％。该方案的实施，加强了农场统计基础工作建设，提高了统计数据质量和公信力，使统计工作上了一个新台阶。

农场每年采取不定期以会代训的方式，对统计人员进行以统计基础知识和统计法为内容的培训，统计人员的业务水平和法律意识得到不断提高，并积极参加总局举办的统计人员继续再教育培训。

2013 年，农场成立 12 个管理区，配备统计兼出纳人员 12 名，统计报表正式从管理区起报。截至 2018 年年末，全场在岗统计人员共计 22 人，其中农场综合统计 1 人、管理区统计 12 人、场直单位统计 9 人。

第十八节　清　欠

一、概况

2006 年，清欠办与计财科合并办公，计财科科长尹玉宝兼任清欠办主任，主要工作人员由计财科主管会计兼任，具体工作由电算中心稽核员和各基层单位会计负责。2007 年 3 月，计财科科长杨晓东兼任清欠办主任；2013 年 4 月，计财科科长殷光伟兼任清欠办主任。

为确保农场清欠工作任务的顺利完成，农场每年都根据实际情况，成立和调整以场长、书记为组长，农场副职领导为副组长，计财、纪委、司法、公安、审计、劳资、组织、宣传、政研、畜牧、农机、建设、工业、安全等部门负责人为成员的清欠工作领导小组；基层各单位也成立了以单位主要行政领导为组长，书记、副职领导、会计为副组长，其他管理人员为成员的清欠领导小组，具体负责清欠工作。工作小组按照管理局和农场提出的工作目标，制定当年的清欠工作方案，加大对欠款清理回收的工作力度，坚持各类应收款"净下降"的原则，明确任务、责任到人，突出重点、强攻难点、严防新欠。在运用好常规清欠措施的同时，充分发挥依法、依纪清欠的作用，在方法上力争创新，确保清欠工作目标顺利完成。

2006—2018 年，农场应收账款、其他应收款、应收家庭农场款、预付账款"四项应收款"的增减变动情况均被控制在合理区间，考虑到农场撤队建区、原生产队拆迁、场部前所未有地加快小城镇建设，都需要大量资金周转，这相应增加了应收账款、其他应收款和预付账款的周转量，这一成果来之不易。

2006 年年初应收账款为 332 万元，13 年间累计增加 2191 万元，累计收回 2523 万元，至 2018 年年末无余额；2006 年年初其他应收款为 3518 万元，13 年间累计增加 49190 万元，累计收回 51532 万元，2018 年年末余额为 1176 万元；2006 年年初应收家庭农场款无余额，13 年间累计增加 187966 万元，累计收回 187966 万元，2018 年年末无余额；2006 年年初预付账款无余额，13 年间累计增加 19350 万元，累计收回 19350 万元，2018 年年末无余额。

2006 年 5 月，农场被管理局授予清欠工作先进单位称号。

二、清欠对象与标准

每年农场 1 号文件规定：承包土地的欠款户（合同的承包人），必须按水田每公顷 800 元、旱田每公顷 500 元、最低还款额为 2000 元的标准偿还欠款后，方可签订《家庭农场承包合同》。欠款人是合同成员之一的，按其均摊面积计算，每人每年还款不得少于 2000 元。

只享受基本田补贴而没有承包土地的欠款人，每人每年还款不得少于基本田补贴金额。已签订劳动合同未承包土地的欠款户，每人每年还款不得少于 2000 元。

畜牧业发展贷款和机械设备贷款的回收，按农场每年下达的回收指标执行。农场下达的欠款、贷款回收指标，不包括农场给予优惠减免部分。

三、偿还欠款（贷款）的优惠政策

1. **偿还畜牧业发展贷款的优惠政策**　贷款户在当年 12 月 1 日前对到期的畜牧贷款本金一次性偿还的，给予减免全部所欠利息；偿还 60% 以上的（含 60%），给予减免前四年所计利息之和；偿还 30% 以上（不含 30%）60% 以下的，给予减免前三年所计利息之和；偿还 30% 的，给予减免当年所计利息；偿还 30% 以下的，不享受优惠减免。

2. **偿还应收家庭农场款的优惠政策**　欠款额在 2 万元以下（含 2 万元），一次性全部偿还的，给予优惠减免 20%；2 万元～5 万元（含 5 万元）的，减免 25%；5 万元～10 万元（含 10 万元）的，减免 30%；10 万元以上的，减免 35%。

3. **偿还机械设备贷款的优惠政策**　贷款户在合同约定的还款期限内提前偿还贷款的，按照提前偿还的贷款额，给予减免 5%；贷款户在合同约定的还款期限内偿还约定贷款的，不享受优惠减免。

四、奖励办法

各单位完成农场下达指标的，按完成金额的 5% 计提奖金，家庭农场欠款和畜牧贷款分项计算；场直单位回收外部欠款，按回收金额的 30% 提成。非批准人、经办人回收的，只提成不报销任何费用；批准人和经办人回收的，只报销差旅费不提成。农场按当年实际收回金额的 5% 计提奖金，用于奖励单位清欠办公室成员和清欠有功人员。

有关部门依法、依纪清欠的，由清欠办按清回数额统一提取 15% 作为清欠经费。

五、其他有关规定

坚持"谁主管、谁负责，谁发放、谁回收，谁担保、谁偿还"的原则。行政主要领导工作调动，必须做好移交工作，保持贷款管理的连续性，坚决遏制前清后欠。

对负有还款、批准、担保责任并且有工资收入的在职干部、管理人员，扣发绩效考核工资全部用于还欠，直到还清欠款为止。

欠款人员退休的（含批准人、责任人），有还款协议的按还款协议执行，无还款协议的按退休工资的 1/3 偿还欠款。

欠款户没有按农场规定按期足额偿还各类欠款的，不享受基本田补贴待遇，不允许参加土地分配。

管理区建立畜牧业贷款监督回收管理制度，摸清债务人及实物现状，加强实物管理，对可能发生贷款损失的及时报告农场。

实行清欠工作一票否决制。对提拔、调转、入党、机械及房屋等财产产权转户迁出事宜，必须还清欠款，否则不予办理。

实行严格的责任追究制度，对在清欠过程中工作懈怠、不负责任、玩忽职守、弄虚作假，造成经济损失和不良影响的单位领导干部及责任人，除追究其经济责任外，还给予行政处理。

2007年5月，农场下发《绥滨农场关于清理畜牧业贷款的实施方案》，对畜牧业贷款进行了全面的专项清理，对挪用和骗取畜牧业专项贷款的养殖户采取强有力措施，依法依纪进行清理回收，并建立完善了切实可行的畜牧业专项贷款管理制度，推动了畜牧业健康发展。

2008年3月，管理局委托农场清收宝泉岭农垦鸿牧饲料有限公司对养殖大户发放的饲料贷款，农场场长侯新华同管理局局长签订了清欠责任状。农场在当年12月20日前协助完成清收欠款173.6万元，受到了管理局领导表扬。

2006—2018年，农场各项经济数据指标见表5-4-1至表5-4-14。

表5-4-1 经营利润情况表（2006—2018年）

项目 年份	生产（经营）收入（万元）	生产经营支出（万元）	销售（营业）费用（万元）	税金（万元）	管理费用（万元）	财务费用（万元）	资产减值损失（万元）	投资收益（万元）	非生产（营业外）收入（万元）	非生产（营业外）支出（万元）	利润
2006	8129	1917	208	2	2590	318	—	−416	13	966	1725
2007	7662	1698	83	—	1746	615	—	−200	—	1279	2041
2008	8064	938	70	—	3200	266	—	−132	358	1711	2105
2009	7620	378	82	—	2695	44	−183	—	6255	7357	3502
2010	7547	616	154	—	3748	−103	−66	—	6981	7650	2529
2011	28040	13955	253	—	6143	184	6	—	6559	11698	2360
2012	19556	5742	401	1	5453	545	−54	—	7300	11567	3201
2013	22033	7697	219	—	4850	376	−36	—	7300	12783	3444
2014	22752	4819	318	30	5807	378	−7	—	8222	13967	5662
2015	25997	5071	115	17	7173	442	−3	—	9269	16166	6285
2016	24967	5059	225	14	6085	350	−6	—	9297	16014	6523
2017	23167	3135	187	6	10215	245	−6	—	9693	13209	5869
2018	24753	5318	247	3	10897	316	−5	—	8517	13441	3053
合计	230287	56343	2562	73	70602	3976	−360	−748	79764	127808	48299

表 5-4-2　基本建设投资完成情况表（2006—2018年）

项目 年份	投资来源 具体项目							投资完成								社会性项目		
	合计（万元）	国家预算（万元）	省预算（万元）	主管部门自筹（万元）	企业自筹（万元）	国内借款（万元）	国外借款（万元）	农业（万元）	林业电讯（万元）	牧业（万元）	渔业（万元）	水利（万元）	工业科研（万元）	交通（万元）	其他（万元）	职工住宅（万元）	教育（万元）	卫生（万元）
2006	5963	2018	—	—	3900	45	—	2989	41	27	—	—	32	—	877	—	118	—
2007	11595	4067	—	—	7474	54	—	5297	1	1273	—	—	8	2501	2515	—	854	—
2008	8568	3896	—	—	4672	—	—	1725	198	1074	—	1844	8	2451	1268	124	655	410
2009	13703	6537	—	—	7166	—	—	971	316	12	—	58	10	2101	10235	5969	146	160
2010	18741	4901	—	—	13841	—	—	6513	230	139	—	433	317	1194	9915	8366	408	23
2011	25301	2681	—	—	22920	—	—	6692	116	359	—	5064	—	1175	11895	9580	124	662
2012	34165	4484	—	—	29681	—	—	13532	660	4	—	5754	1534	2416	10263	5260	5	226
2013	13338	5356	—	—	7982	—	—	7740	176	—	—	—	—	133	5289	1154	159	47
2014	19480	4297	—	—	15183	—	—	6780	164	10	—	3600	1839	4419	2648	—	59	1920
2015	10619	4311	—	—	6308	—	—	6015	—	396	—	416	—	—	3792	71	38	527
2016	9625	3165	—	—	6460	—	—	5431	—	—	—	202	—	109	3883	—	1079	130
2017	10144	6520	—	—	3624	—	—	6799	—	—	—	2311	—	645	389	—	—	—
2018	10252	6973	—	—	3279	—	—	6476	—	—	—	70	—	3685	21	—	—	—
合计	191994	59206	0	0	132490	99	0	76960	1902	3294	0	19752	3748	20829	62990	30524	3645	4105

表 5-4-3　主要生产能力表（2006—2018年）

项目 年份	耕地面积（亩）	总人口（人）	人口劳动力人数（人）	农业劳动力人数（人）	机械总动力（千瓦）	大中型拖拉机（台）	100马力以上（台）	小型拖拉机（台）	大中型拖拉机配套农具（套）	小型拖拉机配套农具（套）	机动插秧机（台）	联合收获机（台）	现代化畜舍面积（平方米）	年终存栏奶牛数（头）	生猪年终存栏数（头）
2006	516060	19114	—	—	61905	631	—	636	664	515	883	406	93254	4010	46975
2007	517995	19139	12093	8613	124557	705	64	749	706	551	847	414	96554	5007	50049
2008	530700	19234	12386	8829	135882	741	64	780	720	563	904	430	116054	4128	61502

（续）

年份	耕地面积（亩）	总人口（人）	人口劳动力人数（人）	农业劳动力人数（人）	机械总动力（千瓦）	大中型拖拉机（台）	100马力以上（台）	小型拖拉机（台）	大中型拖拉机配套农具（套）	小型拖拉机配套农具（套）	机动插秧机（台）	联合收获机（台）	现代化畜舍面积（平方米）	年终存栏奶牛数（头）	生猪年终存栏数（头）
2009	537000	19187	12475	8954	146993	973	65	777	973	574	1447	477	116054	3250	35912
2010	537000	19192	12381	8779	178165	1223	55	699	1217	562	1765	529	86583	2250	37944
2011	537000	19229	12240	8747	226418	1668	52	633	1491	409	2068	624	86583	2710	46635
2012	537000	19203	12073	8530	257340	1784	52	619	1696	424	2177	724	77359	3005	68950
2013	537000	19101	11649	7243	261122	1821	30	494	1776	615	2199	736	71659	1711	43669
2014	537000	17922	5416	2943	273358	1922	38	555	1811	615	2180	761	71659	425	37725
2015	537000	17903	8778	6424	285805	1997	54	539	1833	613	2222	838	69559	330	36014
2016	537000	17887	9641	7219	270853	2057	78	565	2170	533	2244	881	68569	298	33236
2017	537000	18105	10765	8367	283016	2107	118	567	2230	494	2288	909	68569	324	35464
2018	537000	18174	10788	8612	295948	2158	134	620	2330	500	2300	934	68596	88	38425

表 5-4-4 主要产品产量表（2006—2018 年）

项目 年份	粮豆总产量 （吨）	小麦 （吨）	玉米 （吨）	大豆 （吨）	水稻 （吨）
2006	250870	—	43846	9060	196234
2007	265955	—	59629	2740	203432
2008	300002	—	79068	1532	219289
2009	325178	—	101397	1502	222279
2010	311179	—	48583	1659	260937
2011	320487	—	7194	—	313293
2012	304857	—	6963	—	297894
2013	316382	—	6993	—	309389
2014	332081	—	1079	1605	329397
2015	332962	—	25139	602	306984
2016	330608	—	21499	1189	307222
2017	325331	—	8615	3789	312684
2018	324208	—	10925	2397	309669
合计	4040100	—	420930	26075	3588703

表 5-4-5 主要产品销售（上缴）量（2006—2018 年）

项目 年份	粮豆总产量 （吨）	劳均 （吨）	粮豆销售（上缴量） （吨）	劳均 （吨）	商品率 （%）
2006	250870	33.54	208692	27.90	83.19
2007	265955	30.88	256609	29.79	96.49
2008	300002	33.98	293154	33.20	97.72
2009	325178	36.32	320193	35.76	98.47
2010	311179	35.45	307764	35.05	98.90
2011	320487	36.64	317159	36.26	98.96
2012	304857	35.74	301808	35.38	99.00
2013	316382	35.35	313218	35	99.00
2014	332081	37.10	328841	36.74	99.02
2015	332962	38.65	329516	38.25	98.97
2016	330608	45.80	326949	45.29	98.89
2017	325331	38.88	321752	38.45	98.90
2018	324208	37.65	320958	37.27	99.00
合计	4040100	—	3946613	—	—

表 5-4-6 农场生产总值及劳动生产率（2006—2018 年）

项目 年份	总值 （万元）	劳均 （元）	第一产业				第二产业				第三产业		
			总值 （万元）	劳动力 人数 （人）	劳均 （元）	占总值 %	总值 （万元）	劳动力 人数 （人）	劳均 （元）	占总值 %	总值 （万元）	劳均 （元）	占总值 %
2006	50804	50009	28571	7479	38202	56.24	7210	—	—	14.19	15023	—	29.57
2007	60602	50113	37185	8613	43173	61.36	7254	—	—	11.97	16163	—	26.67

（续）

项目 年份	总值 （万元）	劳均 （元）	第一产业				第二产业				第三产业		
			总值 （万元）	劳动力 人数 （人）	劳均 （元）	占总值 ％	总值 （万元）	劳动力 人数 （人）	劳均 （元）	占总值 ％	总值 （万元）	劳均 （元）	占总值 ％
2008	75186	60702	46179	8829	52304	61.42	9450	—	—	12.57	19557	—	26.01
2009	78151	62646	52207	8954	58306	66.8	11348	—	—	14.52	14596	—	18.68
2010	104331	84267	69656	8779	79344	66.76	15059	—	—	14.43	19616	—	18.80
2011	135844	110984	86099	8747	98433	63.38	23827	—	—	17.54	25918	—	19.08
2012	177474	147001	105055	8530	123159	59.19	37696	—	—	21.24	34723	—	19.57
2013	157002	243868	82581	2995	275730	52.6	36031	—	—	22.95	38390	—	24.45
2014	157952	291640	84514	2943	287170	53.51	33227	—	—	21.04	40211	—	25.46
2015	166044	189160	85162	6424	132569	51.29	33099.2	—	—	19.93	47782.9	—	28.78
2016	87376	90639	79790.5	7219	110528	91.32	37	—	—	0.04	7548.5	—	8.64
2017	53477.2	49676	45374	8367	54230	84.85	38	—	—	0.07	8065.2	—	15.08
2018	52871.5	49010	43999	8612	51090	83.22	36	—	—	0.07	8836.5	—	16.71
合计	1357114.7	—	846372.5	—	—	—	214312.2	—	—	—	296430.1	—	—

说明：2016 年起农场生产总值变更为产业增加值（万元）。

表 5-4-7　主要财务指标表（2006—2018 年）

项目 年份	流动资产 （万元）	固定资产原值 （万元）	负债总额 （万元）	其中银行贷款 （万元）	营业总收入 （万元）	利润 （万元）	所有者权益 （万元）
2006	8226	18662	12930	2839	8129	1725	12212
2007	7488	23679	10407	1598	7662	2041	14303
2008	10866	27734	16306	1592	8064	2105	12599
2009	9454	31610	15788	1392	7620	3502	12761
2010	11373	40673	26671	1035	7547	2529	15334
2011	23312	49030	48858	16334	28040	2360	17563
2012	29482	60423	64433	5509	19556	3201	18102
2013	26624	70862	65550	4524	22033	3444	19174
2014	16300	76786	56639	3738	22752	5663	22855
2015	28290	85510	66480	4718	25997	6285	28595
2016	27755	91661	63594	3718	24967	6523	32791
2017	29962	94474	60494	3000	23167	5869	38864
2018	33285	99553	65004	3000	24753	3052	41287
合计	—	—	—	—	230287	48299	—

表 5-4-8　农场经济增长情况一览表（2006—2018 年）

项目 年份	农场生产总值 （万元）	人均产值 （元/人）	资产总额 （万元）	利润总额 （万元）	人均纯收入 （元）	储蓄总额 （万元）	人均储蓄额 （元）	人均住房面积 （平方米/人）
2006	50804	26312	25142	1725	10894	14249	7454	17.50
2007	60602	31685	24710	2041	12018	26733	13968	18.20
2008	75186	39187	28905	2105	13867	27085	14082	20.26

（续）

项目 年份	农场生产总值 （万元）	人均产值 （元/人）	资产总额 （万元）	利润总额 （万元）	人均纯收入 （元）	储蓄总额 （万元）	人均储蓄额 （元）	人均住房面积 （平方米/人）
2009	78151	40681	28549	3502	14518	28055	14622	23.22
2010	104331	54369	42005	2529	17866	30400	15840	26
2011	135844	70645	66421	2360	21799	40090	20849	32
2012	177474	92419	82535	3201	25940	41984	21863	34
2013	157002	82195	84724	3444	27604	48500	25391	34
2014	157952	88133	79495	5663	28432	58327	32545	—
2015	166044	92746	95076	6285	25050	65275	36460	—
2016	87376	48848	96385	6523	22315	70502	39415	—
2017	53477.2	29537	99358	5869	23012	79159	43722	—
2018	52871.5	29092	106291	3052	23703	78598	43247	—
合计	1357114.7	—	859596	48299	—	608957	—	—

说明：人均纯收入（元）变更为人均可支配收入（元）。

表 5-4-9　家庭农场经济实力增长情况表（2006—2018 年）

项目 年份	营业总收入 （万元）	营业总支出 （万元）	家庭农场利润 总额（万元）	收益分配总额 （万元）	劳均净收入 （元）	人均净收入 （元）	上缴农场利费 （万元）
2006	53077	24932	23999	28145	28392	15248	7801
2007	64015	34103	25427	29912	28600	16600	7585
2008	76180	42826	28057	33354	29489	19660	7552
2009	84920	49854	29187	35066	31435	20848	7546
2010	99781	61417	31670	39364	35106	23287	7552
2011	119737	72869	39174	46868	37212	24647	14112
2012	131067	81029	41538	50038	39419	26018	15297
2013	132254	81114	42640	51140	39548	26064	16034
2014	118342	64307	45535	54035	39661	26770	18806
2015	111943	58292	45151	53651	37299	26111	21521
2016	110760	57523	44737	53237	37299	26109	21149
2017	110852	57529	44823	53323	36829	25975	21614
合计	1212928	685795	441938	528133	—	—	166569

表 5-4-10　企业主要财务指标分析表（2006—2018 年）

项目 年份	净资产 收益率（%）	总资产 报酬率（%）	流动 比率（%）	资产 负债率（%）	盈余现金 保障倍数	实现利润 增长率（%）
2006	13.67	7.05	78.75	51.43	3.02	127.87
2007	15.34	8.19	82.66	42.12	2.07	18.32
2008	15.68	7.85	76.58	56.41	2.85	3.14
2009	27.47	12.17	65.84	55.30	1.16	66.37
2010	17.80	7.17	55.63	63.25	4.77	−38.47
2011	14.36	4.26	66.98	73.55	3.28	−5.26

（续）

项目 年份	净资产 收益率（%）	总资产 报酬率（%）	流动 比率（%）	资产 负债率（%）	盈余现金 保障倍数	实现利润 增长率（%）
2012	17.95	4.30	64.06	78.06	6.76	35.64
2013	18.47	4.57	55.73	77.37	3.70	7.60
2014	26.95	6.90	41.82	71.25	1.57	64.43
2015	24.43	7.20	58.09	69.92	3.16	10.98
2016	21.25	7.17	58.69	65.98	1.21	4.23
2017	16.38	6.00	66.24	60.88	1.43	−10.02
2018	7.39	2.97	69.66	61.16	3.25	−48.00

表 5-4-11　社会性收入明细表（2006—2018 年）

项目 年份	收入 合计 （万元）	机构经营及规费收入（万元）				财政补助（万元）								企业 经费 补助 （万元）	备注
		合计	机构类别			合计	机构类别								
			中小学	医疗 机构	社区 机构		中小学	公安 机关	检查室 司法	法庭	医疗 机构	社区 机构	道路 建设		
2006	6355	472	48	412	12	4919	825	207	9	37	—	3841	2236	961	—
2007	8425	579	38	410	79	6678	1535	380	10	33	—	4720	2343	1219	固定资产 3189 万元
2008	8068	431	—	431	—	5897	1670	216	9	37	—	3965	—	1696	固定资产 2696 万元
2009	7344	1161	—	546	615	4520	1683	290	14	49	—	2484	—	1663	
2010	7576	774	—	680	94	5799	1144	313	21	44	—	4277	—	991	
2011	11634	899	—	653	246	5367	1505	307	21	47	—	3487	—	5336	
2012	11547	1124	28	764	332	5799	1477	483	34	52	—	3753	—	4613	
2013	12549	1275	89	769	417	4907	1710	420	26	48	115	2588	—	6342	
2014	13883	1303	112	771	420	6040	1436	273	27	53	438	3813	—	6473	
2015	16148	1319	113	819	387	6993	1938	362	29	47	574	4043	—	7799	
2016	15953	1324	137	947	240	6734	1821	355	24	40	568	3926	—	7434	
2017	13120	1376	122	1029	225	5238	1789	376	24	40	571	2438	—	5592	
2018	13419	1131	108	827	196	5239	1836	259	25	30	532	2557	—	5944	
合计	146021	13116	795	9058	3263	74130	20369	4241	273	557	2798	45892	4579	56063	—

表 5-4-12　社会性支出明细表（2006—2018 年）

项目 年份	支出 合计 （万元）	其　中									备注
		中小学 （万元）	公安机关 （万元）	检查室 司法 （万元）	法庭 （万元）	医疗卫生 机构 （万元）	自办供水 供暖机构 （万元）	民兵 训练 （万元）	社区 机关 （万元）	其中居民 搬迁费 （万元）	
2006	6355	873	210	9	37	412	—	—	4814	—	劳动保险 1451 万 元、固定资产 2568 万元
2007	8425	1573	382	10	33	410	—	—	6017	—	劳动保险 1454 万 元、固定资产 3967 万元

（续）

项目\年份	支出合计（万元）	其中										备注
		中小学（万元）	公安机关（万元）	检查室司法（万元）	法庭（万元）	医疗卫生机构（万元）	自办供水供暖机构（万元）	民兵训练（万元）	社区机关（万元）	其中居民搬迁费（万元）		
2008	8068	1670	238	9	37	467	—	—	5647	—	劳动保险2009万元、固定资产2696万元
2009	7344	1683	290	14	49	575	—	—	4733	757	劳动保险2709万元
2010	7576	1144	325	21	44	711	—	—	5331	1000	劳动保险2515万元
2011	11634	1505	339	21	47	733	—	—	8989	2947	劳动保险3678万元
2012	11547	1512	494	34	52	1095	—	—	8360	1588	劳动保险3796万元
2013	12549	1871	662	40	73	1430	—	—	8473	646	劳动保险4155万元
2014	13883	1938	645	48	72	1535	—	—	9645	587	劳动保险4758万元
2015	16148	2279	822	74	94	1643	—	—	11236	737	劳动保险5328万元
2016	15953	2191	981	86	90	1940	354	—	10311	72	劳动保险5784万元
2017	13120	2170	1062	96	89	1889	350	—	7464	202	劳动保险2645万元
2018	13419	2294	1318	92	101	1714	316	—	7584	74	—
合计	146021	22703	7768	554	818	14554	1020	0	98604	8610	—

表5-4-13　欠款回收情况统计表（2006—2018年）

项目\年份	应收账款（万元）				其他应收款（万元）				应收家庭农场款（万元）				预付账款（万元）			
	年初数（万元）	本年增加（万元）	本年减少（万元）	年末数（万元）	年初数（万元）	本年增加（万元）	本年减少（万元）	年末数（万元）	年初数（万元）	本年增加（万元）	本年减少（万元）	年末数（万元）	年初数（万元）	本年增加（万元）	本年减少（万元）	年末数（万元）
2006	332	609	456	485	3518	4335	3827	4026	0	7801	7801	0	0	223	218	5
2007	485	279	490	274	4026	1430	1635	3821	0	7585	7585	0	5	1121	1126	0
2008	274	434	324	384	3829	7245	7773	3301	0	7552	7552	0	0	539	539	0
2009	384	385	769	0	3301	4600	4698	3203	0	7546	7546	0	0	563	558	5
2010	0	0	0	0	3203	1386	2505	2084	0	7552	7552	0	5	2842	2847	0
2011	0	0	0	0	2084	16154	8369	9869	0	14112	14112	0	0	3898	3898	0
2012	0	22	22	0	9869	3899	2727	11041	0	15297	15297	0	0	1521	1521	0
2013	0	0	0	0	11041	4162	1351	13852	0	16034	16034	0	0	1455	1455	0
2014	0	26	26	0	13852	1988	13385	2455	0	18806	18806	0	0	3262	3262	0
2015	0	163	163	0	2455	3194	4020	1629	0	21577	21577	0	0	866	866	0
2016	0	164	164	0	1629	797	27	2399	0	21149	21149	0	0	568	568	0
2017	0	0	0	0	2399	0	828	1571	0	21614	21614	0	0	1305	1305	0
2018	0	109	109	0	1571	0	387	1184	0	21341	21341	0	0	1187	1187	0

表 5-4-14 农作物播种面积、单产、总产统计表（2006—2018 年）

年份	播种面积(公顷)	粮豆 总产(吨)	粮豆 单产(公斤)	水稻 面积(公顷)	水稻 单产(公斤)	水稻 总产(吨)	玉米 面积(公顷)	玉米 单产(公斤)	玉米 总产(吨)	大豆 面积(公顷)	大豆 单产(公斤)	大豆 总产(吨)	大麦 面积(公顷)	大麦 单产(公斤)	大麦 总产(吨)	杂豆 面积(公顷)	杂豆 单产(公斤)	杂豆 总产(吨)
2006	34541	250870	7619	23407	8384	196234	5158	8501	43846	3756	2412	9060	298	4121	1228	309	1625	502
2007	34533	265955	7974	23407	8691	203432	8667	6880	59629	1156	2370	2740	—	—	—	121	1273	154
2008	34533	300002	8997	24667	8890	219289	7999	9885	79068	613	2499	1532	—	—	—	67	1687	113
2009	35800	325178	9151	24667	9011	222279	10267	9876	101397	600	2503	1502	—	—	—	—	—	—
2010	35800	311179	8692	30135	8659	260937	5015	9688	48583	650	2552	1659	—	—	—	—	—	—
2011	35800	320487	8952	35067	8934	313293	733	9814	7194	—	—	—	—	—	—	—	—	—
2012	35800	304857	8516	35067	8495	297894	733	9499	6963	—	—	—	—	—	—	—	—	—
2013	35800	316382	8837	35067	8822	309389	733	9540	6993	—	—	—	—	—	—	—	—	—
2014	35800	332063	9276	35067	9393	329379	108	9991	1079	625	2568	1605	—	—	—	—	—	—
2015	35800	332962	9301	32836	9349	306984	2641	9519	25139	232	2595	602	—	—	—	91	2604	237
2016	35800	330563	9235	32825	9359	307222	2275	9450	21499	438	2715	1189	—	—	—	256	2550	653
2017	35800	325331	9087	33351	9376	312684	907	9498	8615	1446	2620	3789	—	—	—	96	2531	243
2018	35613	324180	9104	33021	9378	309669	1154	9467	10925	962	2492	2397	—	—	—	472	2519	1189
合计	—	4040009	—	398584	—	3588685	46390	—	420930	10478	—	26075	298	—	1228	1412	—	3091

第五章 审 计

第一节 概 况

农场审计工作的主要任务是进行经济监督，保护国家资产，维护财经法纪和企业的合法经济权益，促进改善经营管理，提高经济效益。农场审计科属内部审计性质，在农场主要领导的直接领导下开展工作，并向主要领导和上级主管部门报告工作。2006—2018 年，审计范围和内容主要以财务收支审计和经济责任审计为主，先后开展了财务收支审计、经济责任审计、基本建设审计、专项审计、内控制度审计等工作。

审计科原编制 2 人。因业务量增多，从 2012 年增至 3 人。

2006 年 1 月—2018 年 12 月，王建军任科长。

2006—2018 年，共审计 80 个单位 915 次，审计总金额 30.91 亿元，查出违纪金额 4042 万元，罚没收缴违纪资金 210 万元，挽回各种经济损失 469 万元。

2011 和 2012 年，审计科被农垦总局审计处评为黑龙江垦区审计工作先进集体。

第二节 财务收支审计

审计科对农场所属的企事业单位开展财务收支审计。年初由审计科制定计划，经农场批准，确定被审计单位。审计内容包括收入、支出的合法、合规性和真实性，有无隐瞒截留收入、利润，乱挤乱摊、虚列成本费用，扩大开支范围和提高开支标准，弄虚作假、损公肥私、非法牟利现象等。具体情况见表 5-5-1。

表 5-5-1　财务收支审计情况表（2006—2018 年）

年份	审计数（个）	审计总额（万元）	违纪金额（万元）									应上缴（万元）	已上缴（万元）	调账处理（万元）
			合计	截留各项收入	挤占成本费用	乱发钱物补贴	计划外基建	虚列收入	少计成本费用	账实账表不符	其他			
2006	4	3168	14	13	0	0	0	0	0	0	1	9	9	—
2007	—	—	—	—	—	—	—	—	—	—	—	—	—	—

（续）

年份	审计数（个）	审计总额（万元）	违纪金额（万元）									应上缴（万元）	已上缴（万元）	调账处理（万元）
			合计	截留各项收入	挤占成本费用	乱发钱物补贴	计划外基建	虚列收入	少计成本费用	账实账表不符	其他			
2008	—	—	—	—	—	—	—	—	—	—	—	—	—	—
2009	5	2411	29	22	0	0	0	0	0	0	7	13	13	—
2010	3	3337	25	0	5	4	0	0	0	0	16	21	21	—
2011	4	3128	11	0	3	0	1	0	0	7	0	—	—	3
2012	3	154	39	0	0	0	0	0	2	37	0	—	—	—
2013	5	168	38	0	0	4	0	0	0	0	34	—	—	—
2014	2	190	0	0	0	0	0	0	0	0	0	—	—	—
2015	29	7852	22	0	0	6	0	0	4	0	12	—	—	—
2016	—	—	—	—	—	—	—	—	—	—	0	—	—	—
2017	6	5475	13	0	0	0	0	0	0	0	13	—	—	—
2018	9	26790	36	0	0	0	0	0	0	0	36	—	—	—
合计	70	52673	227	35	18	4	1	4	2	44	119	43	43	3

2006—2018 年，审计科共审计 70 个单位，审计金额 5.27 亿元，查出违纪金额 227 万元。违纪金额中，截留收入 35 万元、挤占成本费用 18 万元、乱发钱物补贴 4 万元、计划外基建 1 万元、虚列收入 4 万元、少计成本费用 2 万元、账实账表不符 44 万元、其他 119 万元。审计科通过财务收支审计，查错纠弊、揭露问题、分析原因、提出审计建议，增强了各级领导和财会人员遵纪守法的意识，使财务管理得到进一步加强，确保被审计单位的财务核算符合国家各项制度和法规。

第三节　经济责任审计

经济责任审计的主要目的，是对负有经济责任的农场所属单位领导进行管理监督，正确评价其经济责任，促进领导干部勤政、廉政、全面履行职责，保障国有资产保值、增值，从而确保农场经济发展。审计内容主要有：领导任职期间单位资产、负债、损益的真实性、合法性、效益性；执行法律、法规、规章和财经制度及廉洁从政情况；单位经营效益、经营目标完成情况；内部控制制度的建立和执行情况。单位领导干部离任时的任期经济责任审计，一般由场长指令组织部提请，审计部门立项实施审计。具体审计情况见表5-5-2。

表 5-5-2　经济责任审计情况表（2006—2018 年）

年份	审计数（个）	审计总额（万元）	违纪金额（万元）									应上缴（万元）	已上缴（万元）
			合计	截留各项收入	挤占成本费用	乱发钱物补贴	坐收坐支	计划外基建	少计成本费用	账实账表不符	其他		
2006	15	10564	56	5	—	—	—	4	—	—	47	12	12
2007	48	18708	93	26	3	1	3	—	4	—	56	—	—
2008	39	11904	67	1	9	—	8	—	—	—	49	9	9
2009	34	10713	24	—	5	—	—	—	3	—	16	13	13
2010	30	7533	51	4	19	—	—	—	15	—	13	13	13
2011	45	9208	95	1	1	—	—	—	—	—	93	15	15
2012	46	15565	196	19	—	—	—	—	2	39	136	19	19
2013	47	20798	255	41	20	—	—	—	2	1	191	72	72
2014	22	3929	185	—	9	—	—	—	—	—	176	2	2
2015	1	51	—	—	—	—	—	—	—	—	—	—	—
2016	11	1545	125	—	—	—	—	—	—	—	125	—	—
2017	9	11502	89	—	—	—	—	—	—	—	89	1	1
2018	1	744	12	—	—	—	—	—	—	—	12	—	—
合计	348	122764	1248	97	66	1	11	4	26	40	1003	156	156

2006—2018 年，审计科共审计 348 个项目，审计金额 12.27 亿元，发现违纪金额 1248 万元，主要包括截留收入 97 万元、挤占成本费用 66 万元、乱发钱物补贴 1 万元、坐收坐支 11 万元、计划外基建 4 万元、少计成本费用 26 万元、账实账表不符 40 万元、其他 1003 万元。挽回经济损失 5 万元。

通过审计，审计科实事求是、客观公正地评价了每一位单位领导的工作业绩和单位的经营管理状况，澄清事实，明确责任，指出不足，为农场选拔任用、合理调配干部提供可靠的参考意见。

第四节　基本建设审计

2010 年，审计科对农场自筹资金 20 万元以内的基本建设项目进行了审计。审计内容有立项和计划情况、项目招投标情况、项目建设情况、项目工程造价预决算情况、项目财务核算情况等。主要审查建设项目是否批复，是否组织开展了招投标，建设程序是否执行了国家有关规定，是否存在多计工程量、未按规定套用定额和未按规定取费问题。具体审计情况见表 5-5-3。

表 5-5-3　基本建设审计情况表（2006—2015 年）

| 年份 | 审计数（个） | 审计总额（万元） | 违纪金额（万元） | | | 应上缴（万元） | 已上缴（万元） | 归还资金源渠道（万元） |
			合计	资产不实	其他			
2006	—	—	—	—	—	—	—	—
2007	—	—	—	—	—	—	—	—
2008	—	—	—	—	—	—	—	—
2009	—	—	—	—	—	—	—	—
2010	16	93	11	—	11	11	11	—
2011	40	339	42	42	—	—	—	42
2012	112	8771	210	210	—	—	—	—
2013	201	1437	52	52	—	—	—	—
2014	—	—	—	—	—	—	—	—
2015	81	911	72	72	—	—	—	—
合计	450	11551	387	376	11	11	11	42

2006—2015 年，对全场 450 个项目进行了基本建设审计，审计金额 1.16 亿元，发现违纪金额 387 万元，主要包括资产不实 376 万元，其他 11 万元。挽回经济损失 387 万元。2016—2018 年没有再进行基本建设审计。

第五节　专项审计

专项审计主要是根据被审计单位、农场领导提请，以及正常审计项目中发现的普遍问题和群众举报的有关问题，进行专项审计与调查，澄清事实，搞好反馈，解除疑问，并对存在的违纪违规问题提出处理意见。具体审计情况见表 5-5-4。

表 5-5-4　专项审计及调查情况表（2006—2018 年）

| 年份 | 审计数（个） | 审计总额（万元） | 违纪金额 | | | | | |
			合计（万元）	资产不实（万元）	挤占成本费用（万元）	少计成本费用（万元）	虚列收入（万元）	其他（万元）
2006	1	808	—	—	—	—	—	—
2007	—	—	—	—	—	—	—	—
2008	3	1462	—	—	—	—	—	—
2009	4	2111	4	—	—	—	—	4
2010	1	3537	—	—	—	—	—	—
2011	3	14432	—	—	—	—	—	—
2012	2	4871	—	—	—	—	—	—
2013	—	—	—	—	—	—	—	—
2014	6	5806	1226	362	—	—	—	864
2015	7	3930	498	—	34	163	56	245

（续）

年份	审计数（个）	审计总额（万元）	违纪金额					
			合计（万元）	资产不实（万元）	挤占成本费用（万元）	少计成本费用（万元）	虚列收入（万元）	其他（万元）
2016	10	29840	1	—	—	—	—	1
2017	7	25541	451	—	—	—	—	451
2018	3	29841	—	—	—	—	—	—
合计	47	122179	2180	362	34	163	56	1565

2006—2018年，审计科对全场47个项目进行了专项审计及调查，审计金额12.21亿元，发现违纪金额2180万元，主要包括资产不实362万元、挤占成本费用34万元、少计成本费用163万元、虚列收入56万元、其他1565万元，挽回经济损失77万元。

2009年，对农场整体拆迁情况进行了专项审计。重点审计了整体拆迁完成情况、资金发放情况及资料完整情况。

2010年，对各种惠农资金进行了专项审计调查。通过对粮食直补、农资综合直补和良种补贴等惠农资金的补贴范围、对象、渠道、方式、面积、标准及组织、宣传、监督、公示、责任等方面的审查，确保国家惠农政策真正落到实处。

2014年，对绥滨制米厂进行了专项审计。对绥滨制米厂的资产、负债进行了核实，确认了潜亏。

2014—2015年，对民政局的社会救助资金进行了专项审计。重点审计了资金的发放和使用情况，对审计中发现的问题，责令被审计单位进行了现场整改。

2016年，对土地发包、生产资料统营、社会救助资金和惠民资金进行了审计。

2017年，对社会救助资金和惠民资金进行了审计，重点审计了这些专项财政资金的发放和使用情况。

2018年，对社会救助资金和惠民资金进行了审计，重点审计了这些专项财政资金的发放和使用情况，如这些财政资金的发放范围、标准、审批、公开、公示、发放形式、发放使用程序、发放使用时间及这些资金内控制度的建立健全和执行情况等审计内容。

第六节　内控制度审计

2008年，审计科对两个基层单位开展了内控制度审计。重点对基层单位在决策、执行、结算过程中，是否建立健全了风险点防控的各种规章制度及执行情况进行了审计。对于发现的问题，及时向农场提出了建议。

2012年，对农场机关档案室、城管局、第一管理区的印章管理进行了内控审计。

2013年，对全场各居民组自筹自用资金收取、使用情况进行了全面事中审计。针对发现的问题提出了合理化建议，全部被农场采纳。

第六章　劳动工资

第一节　概　　况

　　劳资科主要负责科级以下一般干部及职工的正常退休以及职工因病或非因工完全丧失劳动能力的退休，在职工人及退休职工档案管理，工资审批，对全场企、事业单位人员的工伤认定，劳动能力鉴定，丧葬费及遗属救济费待遇审批，劳动合同签订及解除（终止），办理就业登记、失业登记等事务，代征代缴职业介绍所人员养老保险费，职业技能鉴定培训、证书和发放管理，社会保险补贴、公益性岗位补贴等工作。

　　2006年1月—2018年12月，张新岷任劳资科科长，科员1人。2016年8月31日，人事科从党委组织部分离出来，与劳资科合署办公。

　　农场于2011年7月成立劳动就业社会保障服务中心，在基层管理区设置了7个劳动就业社会保障服务站（劳资科下设）。农场通过公开招聘的形式，聘用了7名第一学历大学毕业生为劳动就业社会保障协理员，标志着农场劳动就业和社会保障工作进入规范化进程。2012年增设劳动人事争议调解员1人。

　　2009年6月10日，在农垦总局构建和谐劳动关系先进表彰暨经验交流会上，农场被授予"黑龙江省农垦总局劳动关系和谐企业"称号。2011年11月28日，在全省构建和谐劳动关系先进表彰暨经验交流会上，农场被授予"黑龙江省劳动关系和谐企业标兵"称号。劳资科科长张新岷出席会议。2012年，劳资科被评为垦区人力资源和社会保障系统先进集体。2018年，劳资科被评为宝泉岭管理局构建和谐劳动关系工作先进集体。

第二节　用工制度

一、劳动合同订立

　　2006—2018年，农场5次与在职职工办理了续订劳动合同手续。农场严格规范用工制度，加强完善对劳动合同签订、履行情况的动态考核，构建和谐劳动关系措施得力，效果明显。农场对工人调动实行了严格管理，严禁从场外调入职工。场内调动以解决夫妻两地生活为目的，调动时间一般安排在农闲时节。

二、劳动就业

根据国家劳动制度改革有关规定，企业有招工自主权。2006年以来，农场招工原则主要是结合企业自身发展需求，面向社会公开招录，根据实际需要决定和选择招工对象。主要从大专以上毕业生中择优录用急需人才，另一个招工渠道是招录每年的退伍兵。

三、职工管理网络化

农场将企业所属事业在编工作人员基本信息录入微机，并上报分局和总局相关部门进行垂直管理；对企业职工的基本信息实行微机录入并实行动态管理。通过电脑管理，能够准确无误地掌握全场职工人数及有关信息，为相关部门和单位需求提供便利条件。

农场2006—2018年职工人数情况见表5-6-1。

表 5-6-1　农场职工人数情况统计表（2006—2018年）

年份	企业职工人数（人）	事业职工人数（人）
2006	5653	346
2007	5872	337
2008	5678	338
2009	5703	333
2010	5640	293
2011	5256	278
2012	5034	275
2013	4815	261
2014	4641	249
2015	4413	308
2016	4216	226
2017	4059	206
2018	4025	193

第三节　工资制度

一、分配制度

农场工资分配有两种标准：一种是执行企业工资标准，另一种是执行机关事业工资标准。教育卫生公检法司在编工作人员实行机关事业工资标准。

2006 年，根据黑垦发〔2005〕7 号文件，农场所属学校、医院、幼儿园进行了人事制度改革。改革对在编人员及内退、保留人事关系人员实行事业工资标准；幼儿园除符合提前退休条件的人员外，其余人员在此次改革中，工资待遇由原执行事业工资标准转为执行企业工资标准。

二、事业单位工资增长情况

2006 年 9 月，根据黑垦局办文〔2006〕14 号文件，农场为原事业单位执行事业工资标准的编外人员理顺了档案工资。10 月，根据黑垦局办文〔2006〕14 号文件，农场为企业所属事业单位执行事业工资标准人员办理了正常晋升、滚动晋升工资和兑现职务工资。12 月，根据黑政办发〔2006〕75 号文件规定，农场对事业单位收入分配制度进行改革，为享受事业标准工资人员，按新标准进行了工资套改，并调整了新的工作津贴和艰苦津贴。

2007 年 6 月，根据黑垦局人函〔2007〕35 号文件规定，农场为事业单位工作人员办理了考核晋升工资。

2008 年，根据黑垦局办文〔2008〕6 号文件和黑劳社发〔2008〕1 号文件规定增加基本养老金，自同年 1 月 1 日开始执行。

2009 年，根据黑劳社发〔2009〕97 号文件规定增加基本养老金，自同年 1 月 1 日开始执行。

2010 年，根据黑人社发〔2010〕1 号文件规定增加的基本养老金，自同年 1 月 1 日开始执行。

2011 年，根据黑人社发〔2011〕21 号文件规定增加的基本养老金，自同年 1 月 1 日开始执行。

2012 年，根据黑垦局人社发〔2012〕23 号文件规定增加的基本养老金，自同年 1 月

1 日开始执行。

2013 年，根据黑人社发〔2013〕33 号文件规定增加的基本养老金，自同年 1 月 1 日开始执行。

2014 年，根据黑人社发〔2014〕26 号文件规定增加的基本养老金，自同年 1 月 1 日开始执行。同年 11 月 10 日，根据《黑龙江省农垦总局调整规范哈外机关事业单位收入分配秩序方案》，为医院退休人员 69 人、在职人员 111 人调整津贴补贴标准，为学校退休人员 123 人、在职人员 154 人调整津贴补贴标准，从 2014 年 1 月 1 日起执行。

2015 年，工资增长情况交由社保局统计。

2016 年，根据黑人社发〔2016〕60 号文件规定，为学校医院 208 位退休人员调整养老金，月共增加 53400 元，从 2016 年 1 月 1 日开始执行。

2017 年，为事业单位在职人员 229 人调整了薪级工资和乡镇工作补贴。为事业单位 230 名退休人员办理了增加退休金手续，为企业 5228 名退休人员办理了增加退休金手续。

2018 年，为事业单位在职人员 204 人调整了薪级工资和乡镇工作补贴。为事业单位 243 名退休人员办理了增加退休金手续。为事业单位 234 人调整了艰苦津贴。根据黑垦局人社发〔2018〕25 号文件为事业单位退休人员符合独生子女调整范围 69 人调整了独生子女费标准。

第四节　劳动力管理

2006—2018 年，企业职工可以在农场各单位之间进行合理流动，实行双向选择、企业自主用人、劳动者自由的政策。如果非农业生产单位人员愿意到生产队承包耕地，又符合就业条件的场内职工调动，由职工本人提出申请，供需双方单位签署意见，经劳动部门审核，统一呈报农场审批后，即可办理调动手续；由场外调入农场的，须经农场批准方可办理；调出工人由劳资科批准，干部由农场批准。

下岗失业职工、社会流动劳动力，由劳动部门所辖的职业介绍所进行管理。职业介绍所行使就业登记、职业介绍、失业登记和外来务工劳动登记等工作职能。

2012 年 9 月 15 日，农场在客运站对面修建的 150 平方米的劳动力市场投入使用，为务工人员提供了良好的求职环境，进一步规范了劳动力市场。劳务市场工作人员及劳动保障协理员，每天对劳务市场进行 12 个小时的实时监控和管理。同时，对灵活就业人员免费提供政策咨询、职业指导、失业登记、求职登记、就业推荐、就业信息发布等服务，确保务工人员到农场指定位置求职，雇主到农场指定位置雇工，形成了良好的雇工秩序，为供求双方搭建了一个良好的务工平台。同年,全国总工会民管部部长郭军来到农场劳务市场进行调研,对农场的做法给予肯定。

2010年10月,根据黑人保发〔2010〕96号文件精神,开展了企业职工参加养老保险人员因病或非因工丧失劳动能力鉴定工作。

第五节　劳动就业社会保障服务

2009—2010年,依据黑人保发〔2009〕36号、37号文件精神,农场把符合条件的"五七工"和"家属工"全部纳入基本养老保险统筹。农场成立了"五七工"和"家属工"纳入基本养老保险统筹工作领导小组,印制文件及各种报表材料,采用与本人共同工作过的5人以上证明人签字按手印的形式,确认"家属工"身份,并申请纳入基本养老保险统筹。将审核校对后的"五七工"和"家属工"名单张榜公示,接受社会监督。全场申报纳入基本养老保险统筹(省内户口)的"家属工"累计923人。

2011年起,原由社保局负责的职工社会保险金收缴计划的下达催缴,以及居民医疗保险参保工作,实行农场统筹。同年8月,农场招聘的7名劳动就业社会保障协理员,参加了总局在佳木斯市举办的"劳动就业社会保障工作"培训班学习,使新招用的劳动就业社会保障服务中心专职工作人员尽快适应工作。2011年9月、2014年3月,根据黑垦局人社函〔2011〕29号《关于人力资源分类管理有关问题的通知》和总局人社局统一要求建立人力资源分类管理信息数据库的通知要求,农场7名劳动保障协理员和1名劳动争议调解员,分两批次对场直地区及各管理区居民点6720户居民进行了入户调查,采集个人信息19203份,进行动态管理,定期在金保网相关业务模块中进行调整。在调查走访期间,做好《中华人民共和国社会保险法》的宣传和"城镇居民医疗保险"参保情况调查工作。

2012年2月5日—3月20日,为贯彻落实黑垦局文〔2011〕384号文件精神,劳资科在全场开展了未参保城镇灵活就业人员参加养老保险工作。农场成立专项工作领导小组,通过电视宣传等新闻媒体和法律大集等活动平台,广泛开展灵活就业人员参加基本养老保险政策的宣传工作,做到政策宣传不漏项,通知送达不漏人,把总局的惠民政策落到实处,进一步推动了农场灵活就业人员参加基本养老保险工作。为确保符合政策条件人员不被遗漏,完成了7000多人的通知送达和材料审核上报工作。针对没有户口迁入时间的116名申报者,农场劳资科抽调3名劳动保障协理员配合公安分局查档案,核对户口迁入时间,保证上报人员的信息完整、准确。最终实现新登记灵活就业人员参加养老保险515

名，已参加保险补缴人员103名，共计618人参保。同时，对618名灵活就业人员参保材料进行了分类编号、建档保存。

2012年2月19日，管理局局长刘长友来到农场调研灵活就业人员养老保险落实情况，对农场未参保城镇灵活就业人员参保工作开展情况给予了很高评价，认为农场认真贯彻落实上级文件精神，工作扎实，成效显著，此项工作对全局有示范带动作用，并在绥滨农场召开了由管理局各农场劳资科长参加的现场会，经验在全局推广。同年，标题为《绥滨农场劳动就业社会保障服务中心发挥平台作用促就业》的文章在中国就业网上发表。

2012年，农场全面落实总局城镇居民社会养老保险政策，布置农场城镇居民参加社会养老保险工作，要求各单位宣传到位、通知到人，让符合条件人员充分了解政策，自愿参保。截至2018年，全场60周岁以上居民享受城镇居民养老待遇94人，提交申请参加城镇居民养老保险手续人员65人。

2012年，1个基层管理区劳动就业社会保障工作站被评为省级充分就业社区，6个基层管理区劳动就业社会保障工作站被评为总局级充分就业社区。

2013年起，国家开始实行垦区灵活就业人员社会保险补贴政策，当年为402人成功申请补贴资金，共计865370元。同年6月，劳资科劳动保障协理员协助社保分局做好社会保障卡信息采集工作。经过20多天耐心细致的工作，社会保险"一卡通"批量信息采集工作顺利完成。

2014年，为455人成功申请垦区灵活就业人员社会保险补贴资金，共计961525元。

2015年，为496人成功申请垦区灵活就业人员社会保险补贴资金，共计1048098元。

2016年，申请灵活就业补贴人数538人，其中历年申请补贴人员443人，新增申请补贴人员95人。申请补贴资金总额1160466元。同年，为农场申请失业保险金支持稳定岗位补贴163.17万元。

2017年，根据黑垦局人社发〔2017〕5号精神，开展了劳动保障年检暨劳动保障诚信等级评价工作。对农场辖区内的150家企事业、个体经商户进行了劳动保障诚信等级评价暨书面审查登记。由于认识高、行动快，工作认真到位，率先通过了农垦总局2016年劳动保障年检工作，受到上级好评。同年，农场争取失业保险金支持稳定岗位补贴140.78万元。申请灵活就业补贴人数573人，其中历年申请补贴人员474人，新增申请补贴人员99人。申请补贴资金总额1226830元。同年，7个基层管理区劳动就业社会保障工作站都参加了创建垦区基层就业示范社区活动并递交了申报材料。

2018年，为农场争取失业保险金支持稳定岗位补贴86.38万元。申请灵活就业补贴人数358人，其中历年申请补贴人员346人，新增申请补贴人员12人。申请补贴资金总额 741342 元。

第六节　职工档案管理

2006 年起，农场进一步健全了工人档案管理制度。

2011 年，农场参加了管理局召开的"关于开展垦区参加养老保险部分人员基本信息核准工作会议"。7 月起，劳资科对每个企业参保人员的基本信息进行核准。农场人事、教育、劳资同时对本部门保管的参保人员档案资料与社保信息进行校准核对。在时间紧、任务重、要求严、压力大的情况下，加班加点核对校准了 6646 名参保职工档案信息。其中，视同缴费人员（固定工）2792 人、合同制工人 3036 人、中断库人员 818 人。同时，将核对完毕的电子数据提交社保分局进行信息修正，确保各类参保人员社保基本信息的准确性。

2015 年年底，劳资科负责管理档案共计 11282 份，其中在职工人档案 4404 份、退休工人档案 4800 份、个体参保人员档案 685 份、未参保人员档案 1393 份。

2018 年年底，劳资科负责管理档案共计 8868 份，其中，在职工人档案 4025 份、退休工人档案 4239 份、个体参保人员档案 604 份。

第七章　社会保险

第一节　概　况

农场社保局全称绥滨农场社会保险事业管理局，隶属垦区社保系统垂直管理。实行"五保合一"的经办模式，依法负责养老、失业、医疗、工伤、生育五项保险费的征缴、基金管理和待遇发放，并依法承办社保业务经办服务。行政事业编制，核定编制 7 人。

2006 年 1 月—2011 年 4 月，刘庆玲任社保局局长；

2011 年 5 月—2018 年 12 月，赵春梁任社保局局长。

2006—2018 年，是农场社会保险事业快速发展的 13 年，在执行政策、管理基金、承办业务、提供服务等方面都更加规范、便捷和完善。农场社会保险工作以强化经办管理、优化和细化窗口服务为重点，以"五项"社会保险费征缴为主线，严把社会保险基金出、入口安全；以落实社保政策，公平享受社保待遇为重心，努力满足群众现实需求，不断增强全场人民的获得感，充分发挥社保"安全网"的作用，为农场的经济发展和社会稳定做出了突出贡献。2012—2018 年，农场社保局连续获得宝泉岭管理局社保系统先进单位荣誉称号；2013 年，获得农场党委颁发的抗击"黑松两江"洪水优秀驻场单位称号。

第二节　养老保险

一、养老保险费收缴

2006—2018 年，农场养老保险参保、收缴、发放实现三个 100％的目标。基本养老保险实行社会统筹与个人账户相结合，基本养老保险费由企业和职工共同负担。单位缴纳基数为上一年度本单位职工月平均工资总额的 20％；职工个人缴纳基数为上一年度本人工资额的 8％。机关事业单位养老保险收缴比例，按照在职职工统筹项目工资总额的 20％和离退休人员离退休金总额的一定比例核定；个人收缴比例按照本人统筹项目工资总额的 8％核定。13 年来，由于农场党委高度重视社会保险工作，将养老保险费纳入农场刚性预算管理，按月足额缴纳养老保险费，确保了全场离退休人员养老金按月及时发放，不差一人，不欠一分。具体参保收费情况见表5-7-1。

表 5-7-1　养老保险参保及缴费情况明细表（2006—2018年）

年份	职工人数（人）	工资总额（元）	退休人数（人）	个人缴纳养老保险费（元）	企业缴纳养老保险费（元）	事业单位缴纳养老保险费（元）	事业个人缴纳养老保险费（元）
2006	5468	50330000	2483	4196295	4845252	—	—
2007	5999	61740000	2531	5537166	10930000		
2008	5865	67630000	2639	5462607	12640000		
2009	6224	81280000	2756	7082336	16900000		
2010	6066	88720000	2756	7650025	19016740	—	—
2011	5537	100630000	3036	7989291	22140000	3883625	762875
2012	5615	109907766	4164	7912816	21789208	4383508	767168
2013	5332	134723453	4549	10521918	28641048	5401874	914722
2014	5171	147660172	4783	10970726	28369253	5742935	891663
2015	4957	156393898	5261	11829970	30259476	7228362	520026
2016	4507	171951721	5467	13758179	34409840	8618604	1103499
2017	4329	173968367	5705	13916145	34802427	9824058	1140600
2018	4279	189863409	5960	13951300	35095581	11242743	1079749

注：2006—2018年养老保险参保率均为100%。

为落实好灵活就业参保政策，积极扩大社会保险覆盖面，做到应保尽保。一是在保持职工"五项"保险参保率实现100%的基础上，努力做好养老和医疗保险扩面工作，最大限度地将农场各类劳动者纳入基本养老和医疗保险范围，实现老有所养、病有所医的目标；二是充分利用农场电视台、法律大集、大屏幕进行政策宣传，每年发放宣传单近万张，并深入居民组、场直社区零距离解答群众提出的问题。2018年年末，灵活就业参保人员1429人，按灵活就业退休1417人。其中：按黑劳社发〔2008〕25号大集体工退休48人，按黑人保发〔2009〕36号"五七工"和"家属工"退休720人，按黑垦局文〔2011〕384号文件退休313人，按黑政办法〔2013〕45号文件退休9人。灵活就业退休人员与农场退休职工一样，按月领取养老金。具体缴费情况见表5-7-2。

表 5-7-2　灵活就业人员参保缴费情况统计表（2006—2018年）

年份	年缴费基数（元）	缴费比例（%）	缴费金额（元）	参保人数（人）
2006	8675	20	5170159	616
2007	9903	20	3375407	499
2008	11632	20	2465877	234
2009	13058	20	19837640	1239
2010	14626	20	3618605	572

（续）

年份	年缴费基数 （元）	缴费比例 （%）	缴费金额 （元）	参保人数 （人）
2011	16400	20	3142565	529
2012	18296	20	16283602	1210
2013	20472	20	5767806	994
2014	22900	20	20860988	1019
2015	25620	20	7612769	1047
2016	28224	20	9783939	1327
2017	31068	20	11936088	1292
2018	33444	20	27314642	1429

二、养老金发放

农场党委高度重视、支持社会保险费缴纳工作，将"五项"保险费列入刚性预算，按月优先、及时拨付，确保了离退休职工养老金按时足额社会化发放。自 2006 至 2018 年，累计发放离退休人员养老金 10.99 亿元。具体发放情况见表 5-7-3。

表 5-7-3　养老金发放明细表（2006—2018 年）

年份	离退休人数（人）	企业养老金发放金额（元）	事业养老金发放金额（元）
2006	2483	20479345	—
2007	2531	24554919	—
2008	2639	30228888	—
2009	2756	40382699	—
2010	2756	50734186	—
2011	3036	56338692	4936599
2012	4164	68691601	5145523
2013	4549	87985329	6352183
2014	4783	100851525	7768458
2015	5261	118767882	8526754
2016	5467	130758274	9703729
2017	5705	143641569	11776300
2018	5960	157919164	13144033

注：2006—2018 年离退休人员养老金实现 100%社会化发放。

在确保离退休人员养老金及时发放的同时，农场社保局按照总局、管理局社保局的要求，重点做好离退休人员生存认证管理工作，将其纳入二级风险管控体系，重点防控养老金发放源头问题。一是每年针对全场 1000 多名异地居住的离退休人员进行生存认证。每年发出指纹捺印信1000余封，实际捺印卡比对通过率62%；对未通过人员采取远程视频和居住证明等灵活、便民方式进一步验证。二是对居住在本场的离退休人员，分两次开展指纹比对工作。每年的3月1日—6月30日，完成第一次离退休人员指纹比对工作；10月1日—12月10日，完成70周岁以上离退休人员二次生存认证工作。按规定对指纹未比对人员停发养老金。三是与农场医院、疾控中心、公安局等有关部门，每月核对离退休人员死亡信息，以保证养老金发放安全、可靠。四是积极为离退休人员提供上门服务，每年两次为居住在宝泉岭地区和农场老年公寓的退休人员上门采集比对指纹，到佳木斯总局精神病院、宝泉岭中心医院为住院的退休人员采集比对指纹，到农场社区入户为多名卧床或行动不便的退休人员采集指纹或照相。13年间，累计上门服务2300余人次。

2013年6月，按照农垦总局、管理局社保局要求开展社会保障卡信息采集工作。在农场党委的高度重视和全力支持下，在社保局和各基层单位的周密组织和相互配合下，自6月23日开始至7月2日结束，历时10天时间，共采集信息15236人，超额完成了管理局社保局下达的信息采集工作任务。

2018年7月，根据人社部办公厅《关于全面取消社会保险待遇资格集中认证的通知》和省社保局7月12日会议的要求，取消了满70周岁以上离退休人员年内第二次生存认证，每年只进行一次生存认证。同年12月，按照黑社险函〔2018〕44号文件规定，社保局通过采取积极有效措施，与退休人员、农行业务主管等沟通协调，准确掌握了离退休人员发放变动情况，顺利完成了农场离退休人员首次养老金直连发放工作。养老金直连发放指养老金发放程序与银行程序直连，取消养老保险待遇发放数据手工报盘，防范养老保险待遇发放数据离库操作风险，确保基金安全。通过直连发放，实现了"数据线上走，基金网上流"的养老金发放新模式。

第三节　失业保险

失业保险由单位和职工按照国家规定共同缴纳。参保单位以上一年度本单位职工月平均工资总额为缴费工资基数，企业按缴费基数的1%～2%缴纳，职工个人按上一年度本人工资额的0.5%～1%缴纳。具体缴费参保情况见表5-7-4。

表5-7-4　失业保险缴费情况及参保率明细表（2006—2018年）

年份	职工人数（人）	工资总额（元）	个人缴纳失业保险费（元）	企业缴纳失业保险费（元）	参保率（%）
2006	5468	50330000	607925	55370	100

（续）

年份	职工人数（人）	工资总额（元）	个人缴纳失业保险费（元）	企业缴纳失业保险费（元）	参保率（%）
2007	5999	61740000	711214	98920	100
2008	5856	67630000	832705	74754	100
2009	6224	81280000	414448	400000	100
2010	6066	88720000	470814	450000	100
2011	5537	100630000	1107643	1102000	100
2012	5615	109907766	1074473	1121014	100
2013	5332	134723453	1205988	1266887	100
2014	5171	147660172	1472270	1647953	100
2015	4957	156393898	808085	2438914	100
2016	4537	171951721	935059	2187964	100
2017	4342	173968367	947446	947916	100
2018	4291	189863409	944195	949522	100

注：2015 年至 2018 年按政策规定绥滨农场享受稳岗补贴待遇 613 万元。

第四节　医疗保险

按照垦区现行政策规定，医疗保险分为职工基本医疗保险、大额医疗费补助保险、居民基本医疗保险和居民大病医疗保险。参保单位和职工个人共同缴费，单位按上年度职工工资总额与本单位退休人员养老金总额之和的 6% 缴纳；职工按本人上年度工资总额的 2% 缴纳。大额医疗补助保险费按人缴纳，每人每年 60 元，其中单位为职工及其退休人员缴纳 30 元，职工及退休人员个人缴纳 30 元。灵活就业人员缴纳 60 元。

按照黑垦局办文〔2015〕7 号文件规定，自 2016 年起，大额医疗补助保险费调整为每人每年 80 元，单位、职工各负担 40 元。灵活就业人员缴纳 80 元。具体缴费支付情况见表 5-7-5 和表 5-7-6。

表 5-7-5　医疗保险缴费及待遇支付情况明细表（2006—2018 年）

年份	职工人数（人）	工资总额（元）	退休人数（人）	个人缴纳医疗保险费（元）	企业缴纳医疗保险费（元）	医疗保险待遇支付金额（元）	参保率（%）
2006	6527	50330000	2386	1198587	2457045	1608177	100
2007	6022	61740000	2537	1406985	3699999	2107435	100
2008	6610	67630000	2568	1640189	4059999	2403055	100
2009	6770	81280000	2821	1791187	5170089	3556289	100
2010	6661	88720000	2914	1952031	6117628	4434153	100
2011	6618	100630000	2961	2198053	6010632	4912913	100

（续）

年份	职工人数（人）	工资总额（元）	退休人数（人）	个人缴纳医疗保险费（元）	企业缴纳医疗保险费（元）	医疗保险待遇支付金额（元）	参保率（%）
2012	5761	109907766	2889	2258994	9572769	4243628	100
2013	5414	134723453	3346	2468695	10089073	2347366	100
2014	5220	147660172	3477	3012164	11445613	2650823	100
2015	5035	156393898	3715	3268699	14004126	3092207	100
2016	4599	301801999	3946	3809228	18009639	6749882	100
2017	4397	317169400	4110	3842973	18920396	8404585	100
2018	4335	326637585	4299	3825918	19619674	7248330	100

表 5-7-6　大额医疗保险缴费及待遇支付情况明细表（2006—2018 年）

年份	职工人数（人）	退休人数（人）	个人缴纳大额医疗保险费（元）	企业缴纳大额医疗保险费（元）	大额医疗保险报销金额（元）	参保率（%）
2006	6527	2386	275055	205010	179532	100
2007	6022	2537	298080	260000	290183	100
2008	6610	2568	297840	260180	384958	100
2009	6770	2821	267390	270000	521361	100
2010	6661	2914	265650	260000	191769	100
2011	6618	2961	264770	266820	209608	100
2012	5761	2889	263460	263460	140360	100
2013	5414	3346	263910	263910	18838	100
2014	5220	3477	263520	263520	24112	100
2015	5035	3715	263250	263250	15575	100
2016	4599	3946	351640	351640	235588	100
2017	4397	4110	350680	350680	26432	100
2018	4335	4299	357320	357320	152219	100

2009 年，垦区实行居民医疗保险。农场社保局在积极宣传居民参保政策的同时，努力做好参保人员管理、待遇支付等工作。2011 年，在农场党委的重视和支持下，农场居民医疗保险参保实现质的突破，参保率首次实现 100%。具体缴费和参保情况见表 5-7-7。

表 5-7-7　居民医疗保险缴费情况及参保率明细表（2006—2018 年）

年份	居民医疗保险参保人数（人）	居民医疗保险缴费金额（元）	居民医疗保险待遇支出（元）	参保率（%）
2009	6210	499510	51643	96
2010	7538	747775	627361	97
2011	7714	738120	774467	100
2012	7985	777935	1018227	104
2013	8499	862055	1361767	106
2014	8635	1041465	1337063	108

（续）

年份	居民医疗保险参保人数（人）	居民医疗保险缴费金额（元）	居民医疗保险待遇支出（元）	参保率（%）
2015	8711	1300650	1196539	109
2016	8635	1475155	1907104	108
2017	8257	1750410	2087829	100
2018	8065	1720140	2146247	100

第五节　工伤保险

职工工伤保险费由用人单位缴纳。工伤保险实行垦区统筹，参保单位以上一年度本单位职工月平均工资总额为缴费基数，在行业差别费率的基础上实行浮动费率，企业一般按缴费基数的 0.6%～1% 缴纳。具体缴费和支付情况见表5-7-8。

表 5-7-8　工伤保险缴费及待遇支付情况明细表（2006—2018 年）

年份	职工人数（人）	工资总额（元）	企业缴纳工伤保险费（元）	工伤保险待遇支出金额（元）	参保率（%）
2006	5468	50330000	371405	226491	100
2007	5999	61740000	496000	116996	100
2008	5865	67630000	340000	166196	100
2009	6224	81280000	405000	148894	100
2010	6066	88720000	445000	231324	100
2011	5537	100630000	500262	656108	100
2012	5615	109907766	1023771	478240	100
2013	5332	134723453	1176752	570104	100
2014	5171	147660172	895000	846478	100
2015	4957	156393898	1236592	1014925	100
2016	4537	171951721	837470	397516	100
2017	4383	173968367	819937	382125	100
2018	4328	189863409	834149	567388	100

第六节　生育保险

职工生育保险费由用人单位缴纳，金额按上年度本单位职工工资总额的 0.35%～0.6% 确定。生育保险待遇包括生育津贴和生育医疗保险待遇两部分。具体缴费及待遇支付情况见表5-7-9。

表 5-7-9　生育保险缴费及待遇支付情况明细表（2006—2018 年）

年份	职工人数（人）	工资总额（元）	企业缴纳生育保险费（元）	生育保险待遇支出金额（元）	参保率（%）
2006	5468	50330000	256710	111737	100
2007	5999	61740000	370000	157797	100
2008	5865	67630000	410000	188751	100
2009	6224	81280000	490000	158850	100
2010	6066	88720000	530000	177346	100
2011	5537	100630000	569348	136067	100
2012	5615	109907766	350761	220847	100
2013	5332	134723453	367447	207119	100
2014	5171	147660172	531021	315685	100
2015	4957	156393898	638301	639034	100
2016	4446	171951721	561119	632040	100
2017	4342	173968367	568715	571840	100
2018	4291	189863409	569604	376801	100

第八章 安　全

第一节 概　况

2006—2018 年，农场大力加强安全生产管理工作，牢固树立安全发展理念，充分落实"党政同责、一岗双责、齐抓共管、失职追责"安全生产责任制，健全和完善安全生产规章制度，大力加强安全生产机制建设，全面提升农场安全生产治理能力，防范遏制重特大安全生产事故发生，使全场安全管理水平得到较大提高。13 年间，全场职工因工死亡事故为零，未发生重大安全事故。农场多次被总局、管理局评为安全生产先进单位和优秀单位。

2006—2012 年，农场安全生产委员会（以下简称安委会）主任由农场场长担任，常务副主任由分管安全生产工作的副场长担任。安委会下设安全生产办公室（安全科）。2008 年 5 月，农场安全科正式更名为安全生产监督管理局（安监局）。2013—2018 年，按照"党政同责""一岗双责"的要求，农场场长、党委书记同时任安委会主任；主管安全工作的副场长任安委会常务副主任；党委副书记和其他副场长任安委会副主任，协管安全生产工作；有关职能部门主要负责人为安委会成员，人数达 103 人。安全生产委员会办公室设在安监局。按照上级要求，农场安委会还下设了农机、工业、交通、交警、建设、畜牧、林业、水务等行业管理部门。这些部门在农场安监局的综合协调和指导下，按行业范围履行安全管理职责。

2014 年，农场对管理区电工行业进行了改革。原有的 37 名电工经过考试、考核，有 12 名电工被录取，任管理区安全员兼电工。

安全科历任领导情况如下：

2006 年 1 月—2006 年 3 月，周生泉任安全科科长。

2006 年 4 月—2016 年 6 月，隋明春任安全科负责人、安全办副主任、安全生产监督管理局副局长。

2016 年 7 月—2018 年 12 月，隋明春任安全生产监督管理局局长。

第二节　治安管理

一、概况

农场公安分局机构规格为正科级。截至 2018 年年末，核定国家行政编制 30 人，实有在编民警 27 人、辅警 54 人。2006—2010 年，公安分局在机构上设有户政股、治安股、消防监督股、技术股、国保中队、刑警中队、交警中队、消防队、一警务区、二警务区、三警务区、行政拘留所 12 个股所队。2011 年，治安股、一警务区、二警务区、三警务区合并为治安中队。2014 年 10 月，公安分局按照宝泉岭农垦公安局体制改革的要求设立"三队一办一所"，即案件侦办队、社区警务队、特勤队、综合办公室、行政拘留所，承担预防、制止和侦查违法犯罪活动，防范、打击敌对势力、分裂势力和暴力恐怖势力的破坏活动，维护国家安全，制止危害社会治安秩序的行为、维护社会治安秩序，管理交通、消防、危险物品，管理居民户口有关事务，维护国（边）境地区的治安秩序等工作。2018 年 6 月，根据农垦改革有关文件和上级要求，黑龙江省农垦公安局宝泉岭分局绥滨公安分局更名为黑龙江省公安厅垦区公安局宝泉岭分局绥滨派出所。

农场公安方面历任领导情况如下：

历任分局长：王庆和、祝祺（2018 年 6 月后为派出所所长）。

历任教导员：宗志海、王永利、王庆和、吕德华（副教导员）。

二、"110" 报警台

2006—2011 年，"110" 报警服务台由在编干警接外警，4 人一个班，每 6 天轮换 1 次，确保 24 小时在岗在位。

2012 年 1 月，"110" 报警服务台转为宝泉岭农垦公安局指挥中心统一接警，接警后分派给基层分局。农场公安分局在接听宝泉岭农垦公安局指挥中心派警的同时，还设立了单独的报警电话 "3777363"，每班设在编民警两人、辅警两人进行值班，根据实际警力轮换值班时间，确保了农场居民报警便捷、畅通，使公安干警能够在第一时间出警处理警情，有效打击犯罪，维护群众生命财产安全。"110" 值班人员配备有单警装备和执法记录仪等。

三、户籍管理

公安分局在户籍管理上严格按照有关法律、法规及相关政策进行审批，对达不到要求、手续不全的不予以办理，对手续齐全、正常变动的群众实行一站式服务。2006—2017年3月，由潘峰负责办理户籍业务。2017年4月—2018年12月，由蔡春雨负责办理户籍业务。

2006年，户籍室认真履行职责，严格进行户籍与居民身份证登记、核对和管理工作。对个别干部户籍登记出生日期与档案记载不一致的，以干部档案和户籍档案中最早记载的出生日期为准，进行了户籍更正。全年核对、更正户籍信息100余条。2013年起，户籍室免收户口簿、户口迁移证、准迁证工本费（不含丢失、损坏补办和过期失效重办的工本费），得到辖区居民的一致好评。13年间，户籍室共收到群众感谢信25封。2013年，户籍室被宝泉岭公安机关授予"十佳窗口单位"；2018年，户籍室被黑龙江省公安厅授予全省"四零"承诺服务创建满意窗口。农场2006—2018年人口变动情况见表5-8-1，人口民族情况见表5-8-2。

表5-8-1　农场人口变动一览表（2006—2018年）

年份	总数（人）	男性（人）	女性（人）	出生（人）	死亡（人）	迁出（人）	迁入（人）
2006	19181	9773	9408	49	33	30	66
2007	19148	9637	9452	94	125	139	184
2008	19213	9690	9523	101	134	131	235
2009	19465	9727	9438	91	137	93	391
2010	19403	9691	9712	93	142	82	93
2011	19244	9603	9641	91	216	99	119
2012	19203	9547	9656	99	150	92	125
2013	19101	9484	9617	91	140	76	36
2014	19051	9410	9605	99	154	91	94
2015	18824	9302	9522	81	151	58	44
2016	18833	9273	9560	135	186	66	126
2017	18730	9205	9525	121	195	102	93
2018	18642	9151	9491	45	35	111	75

表5-8-2　农场人口民族一览表（2018年）

民族	总人数（人）	男性（人）	女性（人）
汉族	17941	8788	9153

（续）

民族	总人数（人）	男性（人）	女性（人）
满族	398	215	183
回族	15	7	8
蒙古族	15	6	9
壮族	12	7	5
朝鲜族	14	10	4
锡伯族	4	4	0
土家族	8	6	2

四、交警

2006—2010 年，农场交警中队有在编民警 2 人、辅警 2 人。2010—2015 年，辅警增加到 12 人。交警中队配有 3 辆警车。10 年间，共出动警力 6100 人次、车辆 3100 余次，排查隐患 30 余起，检查过往车辆 3 万余辆，建立重点车辆档案 20 余本，发放宣传单 6 万余份。2010—2015 年，查获饮酒驾驶 453 起、醉酒驾驶 47 起、无证驾驶 475 起，拘留 310 人。

2011 年，农场交警中队重点加强了对辖区农用车辆和摩托车的管理工作。未达到合格标准的农用车辆禁止上路行驶，为农用车粘贴反光贴；监督摩托车驾驶人员佩戴安全头盔。通过依法监管，预防和减少了摩托车、农用车辆道路交通事故的发生，为辖区内车辆安全行驶提供了保障。

2013 年 5 月 7 日，宝泉岭农垦公安局在农场召开"宝泉岭管理局 2013 年公安交通管理工作暨'交通秩序整治决战年'现场会"。同年 10 月，公安分局成立车管分所，承担辖区 3000 多辆机动车及 10000 多名驾驶员的日常管理工作。

2016 年 1 月，交警中队职能移交宝泉岭公安分局交警大队。

五、消防

2006—2018 年，农场公安分局协助辖区各企事业单位制定防火预案 300 余份，与各单位、公共场所签订安全防火责任状 2500 余份，开展消防宣传 220 余次，发放宣传单 6.5 万余份，悬挂条幅 180 余次，检查单位、场所 3000 余家，整改火灾隐患 1300 余处，培训专兼职安全员 600 余人次，重点防火单位建档率达到 100%。

2010年，为强化消防安全保障，农场成立了以党政一把手为第一责任人、机关职能部门负责人和公安分局领导为主要成员的"防火墙"工程领导小组。配足和配齐了人力、设施及消防装备，使消防中队达到了垦区一流建设标准。同时，公安分局建立了保消合一、多种形式参与的志愿消防队、摩托车巡逻队、消防督导队等消防协管队伍。9月21日和9月26日，总局公安局消防支队和管理局分别在农场召开了"推进构筑社会消防安全'防火墙'工程现场会"。

2011—2018年，公安分局联合宣传、安全、工商、文化、广电等部门，对歌舞厅、网吧进行了集中检查整治。出动消防车为水稻种植户无偿送水，解决了农户急需用水问题，受到了居民组领导和群众的一致好评。联合安全、电业、街道深入场区住户、管理区居民组、建筑工地和企事业重点单位排查隐患；通过电视、发短信、电子大屏宣传、挂横幅、宣传车等开展宣传；对违反高等级以上火险天气禁火的违法人员进行处罚。2006—2018年农场消防队受理火警情况见表5-8-3。

表5-8-3 消防队受理火警情况（2006—2018年）

项目\年份	火灾（起）	直接经济损失（万元）	火警（起）	挽回经济损失（万元）
2006	37	7.30	37	2.3
2007	59	1.00	59	1.3
2008	51	3.18	51	4.0
2009	62	14.42	62	4.0
2010	46	4.48	46	5.0
2011	48	3.80	48	2.0
2012	30	10.00	30	4.7
2013	35	10.60	35	15.0
2014	26	90.03	26	3.0
2015	28	12.10	28	50.0
2016	22	10.50	22	5.0
2017	16	7.30	31	4.0
2018	19	9.40	28	13.0

六、队伍建设

截至2018年年底，公安分局全体民警中有大学本科学历者20人、大专学历者7人。

2007年，公安分局开展了"五化三优"（队伍革命化、业务工作法律化、管理机制科学化、装备现代化、民警形象公仆化；优秀公安分局、优秀领导干部、优秀民警）活动。

2008 年，公安分局组织全体干警为辖区贫困户捐款 3200 元，为农场爱心超市捐衣物 110 件、图书 80 本。在优化窗口部门服务工作上，户籍民警与外勤民警密切配合，将办理的 1 万余张第二代身份证交到了居民手中，受到了辖区群众的好评。四川汶川发生 8.0 级地震后，分局民警为四川汶川灾区捐款 5710 元，分局党员为四川汶川灾区缴纳特殊党费 4750 元，为灾区政法干警募捐 2600 元。除此之外，在 2008 年 5 月 19 日 14 时 28 分，分局组织全体干警为四川汶川灾区受难同胞致哀 3 分钟，无一人缺席。

2009 年，公安分局开展"学先进、创五化、争三优、评三差"活动，抓好形象建设，大力宣传公安好人好事。公安分局被垦区公安局授予公安宣传工作先进集体。

2013 年，公安分局继续加大宣传力度。7 月 26 日在《北大荒日报》刊登绥滨公安专版，共刊发稿件 19 篇；全年在龙警网发稿 34 篇、平安龙江网发稿 5 篇、省厅宣传处主页发稿 2 篇、垦区综合信息网发稿 33 篇、宝泉岭信息港发稿 200 余篇、《北大荒日报》发稿 25 篇、《龙江安全》发稿 30 篇。

2015 年，公安分局全面加强队伍作风纪律建设。与民警签订各类责任状 325 份。坚持开展每周一小时理论学习、一小时政治理论学习、一小时警务技能训练的"三个一"活动。完成了公务员和文职民警的工资改革，建立了文职民警阶梯式工资考核机制，第一时间为民警发放工资补贴 16 万余元。分批组织民警休假、疗养 13 人次。

2016—2017 年，公安分局持续开展纪律作风整顿工作，使全体民警、辅警的综合素质得到有效提升。

2018 年，派出所重点加强了党员廉政建设工作，使全体党员干部进一步树立了廉洁奉公、一心为民的坚定政治理念。

13 年来，公安分局先后被评为国家一级派出所、垦区公安标准化建设达标公安分局、全国"清剿火患"战役成绩突出公安派出所、中共十八大消防安全保卫战成绩突出公安派出所等总局级以上集体荣誉 29 项。先后有 100 余人次获得农场级以上个人荣誉，其中 2 人荣记二等功、11 人荣记三等功、5 人荣记嘉奖。全局干警共做好人好事 3800 余件，收到表扬信 100 余封、锦旗 57 面。

七、办公楼及硬件建设

2011 年，在宝泉岭农垦公安局和农场党政班子的关怀和支持下，农场自筹资金 1500 万元，新建了占地面积 6300 平方米、建筑面积 4633.55 平方米的 6 层综合执法办公楼。楼内设有电梯，内部结构严格按照公安部"四区七室"功能设计，并将"五小工程"人性化融入各楼层。该楼于 2012 年 9 月正式使用。

2006—2018 年，公安分局共购置警车 5 辆、电动巡逻车 2 辆、警用电动两轮摩托车 8 辆、反恐运兵车 1 辆、消防车 2 辆、登高平台消防车 1 辆、警用巡逻艇 1 艘，建设消防训练塔 1 处，购进和更换了笔记本电脑、打印机、摄像机、传真机、酒精测试仪、执法纪录仪等办公用品，共计费用 2170 万元。

八、审理

农场法庭全称宝泉岭农垦法院绥滨人民法庭，隶属宝泉岭农垦法院管理。2006—2018 年，法庭共审理、执行各类案件 1696 件，涉案标的 1.3 亿元。2018 年年末，法庭有干警 4 人，庭长张金星（2006 年 1 月—2018 年 12 月）。

法庭于 2005 年 11 月 18 日搬到检法楼，实际办公用房建筑面积 600 平方米，分为诉讼服务中心、审判区、工作区。设立了审判庭、法官接谈室、诉调对接室、警务室，实现了立案接待、开庭调解、办公生活三区分设。法官及辅助人员均有单独的办公用房。配置办案用车 1 辆。2015 年法庭装置科技法庭设备一套。该系统采用先进、成熟的音视频编/解码技术和网络传输技术，可实时进行音视频信息采集、编码、解码、存储、录像、回放等，可方便快捷地进行庭审笔录录入，观看远程视频点播、直播图像，实现远程提讯、远程质证等。

13 年间，农场法庭先后被宝泉岭农垦法院授予优秀法庭、优秀人民法庭等荣誉称号；多次被农垦中级人民法院评为特色法庭。2008 年，被省高级人民法院授予全省优秀法庭荣誉称号。

2006—2018 年各类案件呈上升趋势，特别是涉及合同类经济纠纷案件明显增加。具体情况见表 5-8-4。

表 5-8-4　各类案件审理情况统计表（2006—2018 年）

年份	民商事件（件）			标的（万元）	小计（件）	执行（件）	执行标的（万元）	合计（件）	合计（万元）
	婚姻家庭类	合同类	权属类						
2006	23	85	23	207.6390	131	10	9.5000	141	217.1390
2007	37	68	26	80.4098	131	9	8.6000	140	89.0098
2008	25	102	31	408.8003	158	4	8.7302	162	417.5305
2009	33	43	17	225.0739	93	11	13.8943	104	238.9682
2010	29	48	11	118.6849	88	29	241.4152	117	360.1001
2011	28	32	16	264.5820	76	11	68.1379	87	332.7199

（续）

年份	民商事件（件）			标的（万元）	小计（件）	执行（件）	执行标的（万元）	合计（件）	合计（万元）
	婚姻家庭类	合同类	权属类						
2012	13	29	27	277.5025	69	2	11.5055	71	289.0080
2013	10	60	9	366.6700	79	3	75.1044	82	441.7744
2014	11	107	20	1787.2634	138	5	85.3589	143	1872.6223
2015	11	150	12	2006.1450	173	15	200.6141	188	2206.7591
2016	6	149	9	2678.7980	164	22	198.3209	186	2877.1189
2017	10	106	12	1569.6300	128	5	141.2500	133	1710.8800
2018	7	111	11	1745.4860	129	13	208.3700	142	1953.8560
总计	243	1090	224	11736.6848	1557	139	1270.8014	1696	13007.4862

2005年4月5日，时任社区建设委员会党总支书记、主任郎清芝被宝泉岭农垦法院任命为人民陪审员。2014年12月18日，民政局局长郎清芝、信访办主任张磊、体改办主任刘德勇、城管局副局长耿国发、绥滨农场滨东社区主任吕兴旺、隆化实业有限公司党支部书记李乐姗、退休干部杨占兴被萝北县第十六届人大常委会第二十三次会议任命为宝泉岭农垦法院人民陪审员。这7位人民陪审员来自各个部门，贴近群众，具有社会威信较高等独特优势。他们积极参与庭审，及时解决一些职工群众婚姻家庭、赡养、继承、土地承包、经济合同等纠纷案件。人民陪审员参与调解的案件达90％以上。

九、社会治安综合管理

2006—2018年，政法委和综治办合署办公，编制3人。主要负责组织、协调、指导维护社会稳定工作及政法各部门依法行使打击、管理、教育、普法等职能。

农场政法委书记历年来由农场党委副书记兼任。2006年1月—2015年3月，政法委副书记由公安分局教导员兼任。2015年4月起，农场不再设政法委副书记。政法委成员由公安分局、检察室、法庭、司法分局负责人组成。政法委办公室设在综治办，主要负责处理日常工作，办公室主任由政法委副书记兼任。

历任政法委书记：南野、施宏伟、刘曙华、张明。

历任政法委副书记：王永利、王庆和、宗志海。

政法委连续多年被管理局政法委评为优秀单位；2014年农场被黑龙江省委省政府评为省级平安农场；2015年被总局政法委评为先进集体。

2008年，农场要求各单位必须以北京奥运安保为中心，全力抓好维护社会稳定工作。

2009 年，农场全面深入开展了以"增强服务发展意识、完善服务发展措施、提高服务发展能力"为主题的服务年活动和打黑除恶、治爆缉枪、维稳创安百日行动；整顿校园周边秩序、清理流动人口等专项整治行动。全年无重大群体性事件和重大治安灾害事故。

2010 年，按照管理局政法委的要求，农场建立了维稳中心，各居民组建立了维稳工作站。农场新增保安员 13 名，每个维稳工作站均配有 1 名保安员。农场每年对保安员进行定期培训，为维稳工作提供了组织和人员保障。

2012 年，农场重点开展社会管理创新工作。一是推进"网格化"责任管理体系建设。"网格化"管理有效地缓解了农场小城镇建设后的管理压力，拉近了干部与群众之间的距离。二是为提升农场公共安全管理能力，农场相继建设了集交通安全检查、警示教育为一体的 1500 平方米的综合型教育基地、1.21 万平方米的现代化农机大市场和 150 平方米的劳动力市场，为维护公共安全创造了良好环境。

2013 年，农场加强社会管理创新，着力提升公共服务和管理能力。为推进"平安社区"建设，结合总局"三项教育"和管理局"一优三好"活动，农场社区充分发挥党组织的核心作用，以居民小区为网格，重点打造绥农新区为幸福小区，推动"平安社区"建设。为了提升公共安全管理水平，在春防期间，公安消防以"网格化"管理为基础，逐级落实消防安全责任制。

2014 年，为推进"网格化"责任管理体系建设，农场开展创新社会管理工作，将居民委改为五个社区服务中心，每个区设立了社区服务站、社区管理站、社区警务室和职工活动室，并制定了《社区管理方案》及《社区工作人员考核办法》。每个社区服务中心均配有居委会主任、书记、委员和民警，做到了事事有人抓、户户有人管。

2015 年，为了加强社会治安防控能力，农场加强了硬件设施建设，采取多种渠道不断完善监控系统，动员个体商户和金融单位安装监控，覆盖重点路段。

2016 年，农场推进综治"三大体系"建设，即综治中心建设、综治信息化建设、网格化管理建设。深入开展法治型机关创建活动，使领导干部成为遵法、学法、守法、用法的模范，机关成为职能科学、权责法定、执法严明、公开公正、廉洁高效、守法诚信的法治型机关。农场还建立了"一区一警"治安管理新模式，每个管理区安排一名驻区民警，每月至少驻区 3 天，负责带领自治管理队伍，重点抓好治安、调解、巡防、普法、扶低帮困、重点人口管理等方面的工作。

2018 年，农场以"五个过硬"要求为标准，加强政法队伍建设，提升政法队伍素质，开展了扫黑除恶专项斗争行动。

十、群众参与

13年间，农场党委大力加强基层"321"群防群治体系建设，即"三会二队一员"：治保会、调委会、居委会；治安巡逻队、矛盾纠纷调解队；保安员。2014年，农场党委以管理局党委提出的"善治宝泉岭"工作为载体，建立了"党委领导、部门合作、社会协同、公众参与"的社会管理工作机制，组建了公益性组织、自治性组织、群众性文化组织，共包含30个协会。三大社会组织的建立，激发了社会组织活力，拓宽了群众参与社会治安防控的渠道，实现了"善治"主体多元化。

2014年，为了加强辖区社会秩序稳定，农场成立了以民兵、机关干部、大学毕业生等为主体的治安联防百人巡逻队。巡逻队配有对讲机、警棍、手电筒等装备，每天从晚6点到次日凌晨3点，在场部主要街道、重点单位、居民小区、各管理区场院、农机停放场、边境一线、人员密集场所等重点部位进行巡逻。农场场长李思军、党委书记俞新利等所有农场领导亲自带队巡逻，给全场人民群众营造了和谐安定的生活环境。

2016年，管理区建立"五队一中心"，即综治"网格化"管理工作中心，下设社会治安巡逻队、矛盾纠纷调解队、扶低帮困救助队、安全隐患排查队、区情民意收集队五支自治管理队伍，调动各方力量，形成齐抓共管局面。

十一、检察

2006年1月—2018年12月，宝泉岭农垦区人民检察院绥滨检察室编制为2人，检察室主任和干警各1人，分别为研究生和本科学历，均为员额检察官。检察室主任张超英。

检察室办公楼面积600平方米（实际使用300平方米），设立了各项检察职能办公室、职务犯罪预防宣教室。多年来，在农场经济和社会各项事业发展中，全面履行各项检察法律监督职能，在上级检察院和农场党委的双重领导下，坚决打击贪污贿赂等经济犯罪和各类职务犯罪，服务垦区经济，为农场创造了良好的经济和社会发展环境。绥滨检察室连续四年被黑龙江省人民检察院农垦区分院授予先进集体称号。

2010年3月，宝泉岭农垦区人民检察院机构改革，将绥滨检察室并入二九〇检察室，整合为中心检察室。2012年3月，恢复绥滨检察室设置。2018年9月30日，按照省院改革部署，绥滨检察室与二九〇检察室合并，更名为蜿蜒河检察室，设在二九〇农场，绥滨农场设办公区。

2006—2018 年，绥滨检察室及办公区人员情况见表 5-8-5。

表 5-8-5　绥滨检察室人员表录（2006—2018 年）

姓名	职务	性别	任职起止时间	检察官等级	备注
张超英	主任 中心检察室副主任 绥滨检察室主任 蜿蜒河检察室副主任	男	2006 年 1 月—2010 年 3 月 2010 年 3 月—2012 年 2 月 2012 年 2 月—2018 年 8 月 2018 年 9 月—2018 年 12 月	检察员 四级 高级员额 检察官	2006 年 11 月（机关副处） 2014 年为副调研员
曹琪	助理检察员	女	2013 年 2 月—2018 年 1 月	助理检察员 三级员额检察官 至二级	2018 年 1 月调入本院公诉科
王丽华	辅警	女	2012 年 5 月—2018 年 12 月	辅警	

十二、普法

2006—2018 年 7 月，农场司法分局与武装部合署办公，武装部部长崔铁民兼司法分局局长。2018 年 8 月，武装部与司法分局分开，崔铁民任司法分局局长。司法分局有工作人员 4 人，其中管理局编制 2 人（崔铁民、王富强），农场编制 2 人（贺吉田、杨丽）。主要职责为贯彻党和国家关于司法行政工作的方针、政策，制定本辖区司法行政工作计划并组织实施；制定法治宣传教育规划，组织协调农场各部门开展法治宣传和依法治理工作；开展公共法律服务以及法律援助工作；指导人民调解委员会开展矛盾纠纷化解工作。司法分局一直以为民服务为宗旨，以创建法治农场为目标，为农场经济社会发展筑牢法治基础，得到了上级部门和农场的一致好评。2006 年，司法分局被省司法厅评为省级规范化建设司法所；2012 年，被农垦总局授予民主法治单位称号；2011 年、2016 年、2018 年先后三次被农垦总局授予普法依法治理先进单位；场长李思军被授予省级"六五"普法先进个人。

（一）"五五"普法

2006—2010 年，农场组织实施了第五个五年普法教育，教育的对象是干部、职工、企业经营管理人员、在校学生、个体和集体经济劳动者、农场辖区内的居民及一切有接受教育能力的公民；重点对象是场处级领导干部、基层经营管理人员、青少年、行政执法人员和司法人员。"五五"普法期间，农场分层次、分对象、分阶段学习了《宪法》《劳动合同法》《农村土地承包经营纠纷调解仲裁法》《侵权责任法》《道路交通安全法》《社会主义新农村建设的法治保障》《拆迁管理规定》《治安管理处罚法》《人口与计划生育法》《安全生产法》等 30 部法律。普法教育活动的开展，使全场干部群众的法律知识水平有了明显的增强，干部依法管理能力和水平有了很大提高，社会治安及各项事业呈现出健康、有序、和谐发展的良好态势。农场普法工作先后迎接管理局、总局的检查验收，得到了各级领导的一致好评。

（二）"六五"普法

2011—2015年，农场在全场居民中组织实施法制宣传教育第六个五年规划，进一步增强全社会的法治观念，加快依法治理进程，为实施"优农、强工、美城、富民"统筹发展方针，全面实现争创垦区经济社会全面发展先进场创造良好的法治环境和保障。其间，每年利用"法律大集""法律广场""法律七进"和微信、微博等平台，开展形式多样的普法宣传活动20多场次，宣传各类法律法规30余部，确保普法覆盖率98％以上。同时，以"北大荒文化""龙福文化"为依托，大力加强法治文化建设。通过举办法治小品大赛、法治文艺演出等丰富多彩的文艺节目开展法治教育，得到了各级领导的认可和广大群众的好评。

在进行文化硬件设施建设方面，农场先后投入130万元打造了具有自身特色的法治楼道、法治小区、法治长廊、法治广场和法治公园等法治元素景点，营造了良好的法治文化氛围。

（三）"七五"普法

2016—2018年，针对普法环境、普法手段的不断进步和百姓综合素质的全面提升，"七五"普法期间，司法分局及时总结普法经验，创新普法方式方法，以"法律大集、法律广场、法律七进"和微信、微博为平台，巩固建立了"3＋2"普法宣传模式，逐步形成了对农场居民的全方位、立体式普法格局。通过固定地点、固定时间、固定形式的"三固定"方式，开展"法律大集、法律广场"活动，平均每年宣传法律30多部，发放资料近万份，通过微信群向广大手机用户发送有关法律知识、普法小贴士千余条，同时继续完善法治楼道、法治小区、法治公园、法治广场等法治文化建设。司法分局还与社区、工会联合开展了以"德法同行、法润民生"为主题的法治邻居节活动，以法治小品、法治微电影、普法趣味活动、普法知识答题等寓教于乐的形式进行普法。多年深入扎实的法治宣传教育和法治实践活动，进一步提高了全场公民的法律意识和法律素质，增强了全场各级领导干部和公务员的社会主义法治理念，提升了依法行政、执法规范、司法公正的能力和水平，在全场范围内形成了遵纪守法、安居乐业、和谐互助的良好氛围。

"五五""六五""七五"普法其间，农场司法行政工作多次受到上级有关部门的调研、检查和验收。2014年5月20日，黑龙江省政法干部管理学院"青少年法制宣传教育基地"建设培训部桂杰处长一行来到农场，对法治文化建设等工作进行调研；9月3日，红兴隆管理局司法局一行来到农场参观调研法治文化建设；9月16日，省司法厅基层工作处原永梅率领各地市司法局领导来到农场，就基层法治文化建设工作进行检查指导。2015年7月12日，农垦总局党委政法委副书记刘洋一行来到农场进行工作调研；7月29日，总局司法局副局长王惠贤一行来到农场，对"六五"普法工作进行了检查验收。2018年8月20日，总局司法局副局长王惠贤一行来到农场，对"七五"普法工作进行了检查验收；10月25日，省厅基层工作处副处长王佳宁一行来到农场，就司法行政工作进行验收。

（四）普法依法治理工作领导小组

农场建立了普法依法治理工作领导小组，负责在全场范围内开展依法治场工作，并将普法依法治理办公室设在司法分局。多年来，通过对法律顾问制度、合同审核制度、法人授权委托公证制度的有效落实，推进了农场依法治理进程，使农场和各基层单位的经营管理逐步走上法治轨道。每年审核合同350余份，提出司法建议100多条。实现农场、管理区法律顾问100％全覆盖，管理区法人授权委托公证100％全覆盖，农场政治、经济、社会生活和文化事业进入法治化管理轨道，职工群众的民主权益得到有效保障，领导干部、企业经营管理者、行政执法人员做到了依法决策、依法经营、依法管理、依法行政和依法办事。

2013年，司法分局针对农场春秋季外来务工人员增多、劳务纠纷频发的现象，采取集中和入户相结合的方式，进行"劳务合同"签订工作。同时还开展了"讲一堂法治课""发一张服务卡""签一份劳务合同""上一份人身意外险""四个一"活动，将普法和服务有效结合，保护了种植户及外来务工人员的合法利益。该项工作开展6年来，基本避免了因劳务问题引发的矛盾纠纷，有效维护了农场良好的用工环境。

（五）调解

司法分局严格按照"五落实、六统一"相关要求规范人民调解工作，结合"平安建设"活动，强化对人民调解工作的指导，提高人民调解工作业务水平，全力维护了社会稳定。

司法分局实施联调联动，稳步推进矛盾纠纷多元化调解体系建设。畅通调解渠道，延伸人民调解工作触角，联合派出所、法庭、信访等部门建立公调、诉调、信调办公室。对疑难复杂纠纷案件，通过联合调解的形式，有效实现资源共享，提高矛盾化解效率和效果。尤其是在农场综合治理中，联合调解机制利用各部门优势，形成合力，推动矛盾纠纷问题在更大程度下、更广范围内以更多渠道化解。每月排查矛盾纠纷1次，力争将矛盾化解在萌芽中，并在重要节庆日进行重点排查，做到矛盾纠纷早发现、早预防、早化解，筑牢维稳第一道防线。

（六）法律服务

司法分局整合法律服务资源，构建公共法律服务体系，进一步整合了法律援助、人民调解、148服务热线等法律资源，发挥基层法律服务体系的实效性，建成了农场、社区管理区、家庭三级公共法律服务体系。在法律顾问、合同管理、法律援助等方面发挥有效作用，切实解决法律服务"最后一公里"问题，极大方便了各类群体的法律需要。开展法律顾问、合同审查，为农场及周围私营企业发展保驾护航。对符合援助条件的当事人，及时给予法律帮助，确保每一件援助案件一管到底，切实维护特殊群体的合法利益，保证满足辖区内弱势群体对法律的需求。

（七）社区矫正工作

2013年1月，农场成立社区矫正办公室，工作人员为贺吉田，2015年，杨丽调入。农场党委对社区矫正工作高度重视，成立了领导小组，制定并下发了《关于调整绥滨农场社区矫正工作领导小组成员的通知》，进一步明确了社区矫正工作的组织、职责和措施。同时，农场按照标准拨发社区矫正工作经费，配齐办公设施。农场党委的高度重视为社区矫正工作的顺利开展奠定了坚实的基础。

2013年1月—2018年12月，农场累计接收社区服刑人员39人，累计成功解除矫正30人、变更居住地4人、收监执行1人。社区矫正工作开展6年来，矫正人员有增有减，呈现流动、变化的动态特点，但是从未发生不服从管理、危害社会等突发事件，为农场的社会稳定打下坚实的基础。工作中，司法干部克服困难，始终保持工作劲头不减、措施落实到位的工作状态，从未发生脱管、漏管事件，未出现违规现象。

第三节 安全教育

农场按照集中教育为主、行业分类教育为辅的原则，充分利用广播电视、宣传图版、室外电子大屏幕以及宣传车等工具进行经常性的安全教育。根据农场的各项生产经营活动和上级要求，常年开展"安全宣传科技周""安全生产月""安全生产咨询日""安康杯知识竞赛""安全生产法宣传周"以及安全应急演练等一系列宣传教育活动，从而提高了全场广大职工群众的安全法律意识和应急逃生技能。由于农场水稻种植面积的不断增加和市场经济的快速发展，外来务工人员和经商人员也随之增多。按照属地管理的原则，农场将外来务工人员纳入安全教育范围，加强了对他们的安全管理。每年在农业生产重点时期下发"种植户安全须知"，并与他们签订安全生产责任状。

第四节 "安康杯" 知识竞赛

"安康杯"知识竞赛活动由农场工会、安监局组织实施开展。每年在"安全生产月"期间，农场都会把"安康杯"知识竞赛作为促进安全生产工作有序发展的有效载体，不断完善安全生产生活长效机制。把"强化安全基础，推动安全发展"和"强化红线意识，促进安全发展"等主题深深植入职工群众心里，落实到全场人民的工作、学习和生活中。2006年以来，农场共举办"安康杯"知识竞赛13次，使全场人民进一步了解安全生产法律法规等安全生产知识，有效地促进了农场安全生产责任制的落实，营造了人人懂安全、人人管安全的良好氛围。

第五节 安全检查

农场安全检查工作以联合安全大检查和行业专项安全检查为主，各部门和经营单位自查为辅。按照管理局考核规定，农场的联合大检查每季度一次，特殊时期另行规定，行业专项检查视行业生产特点而定。各部门和经营单位按照农场安委会要求及单位工作特点，采取不定期的方式进行自查。

安全检查范围包括：危险化学品、烟花爆竹、非煤矿山、职业健康、特种作业人员持证上岗情况、娱乐餐饮、人员密集场所、交通安全、农机安全、农业安全、学校安全、饮食卫生、畜牧养殖场安全、社区公共安全以及工贸企业安全等。

安全检查前制定安全检查清单，清单内容包括检查时间、单位、检查人员、检查内容、检查依据及处理意见等，工作人员按照检查清单开展各项检查。对查出的一般性隐患，检查组现场研究整改措施，并下达《责令限期整改指令书》，责令经营单位按照规定时限予以整改；对查出的重大隐患，上报至农场安委会，经安委会研讨决定制定整改方案，按照方案进行整改。

为加强"两节"期间的安全生产工作，每年农场党政领导都分别带队深入各自分管的行业，进行安全隐患大排查，及时整改，排除隐患。2017年，农场出动在职干部200多人，深入全场居民家中进行入户安全检查。每名干部负责30户，共计检查住户6790户，排查隐患318处，并全部进行整改，消除了安全隐患，提高了广大居民的安全防范意识。

第六节　安全技术措施

13年来，农场高度重视用电安全，在安全技术措施方面加大了投入力度，根治了重大事故隐患。针对居民用电量不断增加导致的一些低压老旧线路安全隐患，农场采取多种渠道，逐年对低压老旧线路进行整改。

2014—2018年，农场陆续投入60余万元，清理整治了全场范围内的低压老旧线路，其中包括12个管理区的37个晒场，晒场全部换成水泥高杆灯。农机停放场和库房切断所有电源，库房内禁止存放汽柴油，消除了重大安全隐患。为方便种植户检修机车，各管理区建立了电焊房，从源头上杜绝了安全隐患。全场范围内共计改造平房老化线路1100余户。在居民入户检查中，发现农场医院职工自建楼和南1、2、3号楼共计5栋老楼存在严重的线路老化问题，农场从2018年开始组织安全员对老化线路进行维修改造，全年共计改造70余户，人工费用由农场承担，材料费用由住户承担。农场还投入3.4万元对畜牧、老年公寓、医院、科技园区等单位的照明灯、安全指示牌、插座、老化线路进行了更换；投入6.3万元新建消防安全模拟体验室，让全场职工在体验模拟式演练的同时接受现场教育培训；投入3.5万元制作"地下有高压电缆"安全警示牌分发到各管理区，防止触电事故的发生。

第七节　安全生产

安全生产管理工作的重点内容是落实各项目标管理责任制，严格控制各类事故，加大安全生产专项整治力度。

一、落实目标管理责任制

根据安全目标管理具有目的性（预防事故）、分权性（逐层分解）、民主性（全员参与）的特点，充分启发、激励、调动全体职工在安全生产工作中的责任感和创造力，不断提高农场安全生产管理水平。农场安委会每年年初与各单位、企业签订《安全生产管理责任状》60余份；交通、农机、消防等行业主管部门和各管理区，按本行业要求分别签订行业安全责任状。自2007年开始印发《绥滨农场安全生产工作要点》和《绥滨农场安全生产目标管理考核办法》。自2008年起印发《绥滨农场安全生产工作要点及考核办法》，考核对象为各管理区、场直单位和企业党政领导、专、兼职安全员。2015年印发《绥滨农场安全生产"党政同责、一岗双责"实施方案》。2018 年印发《绥滨农场安全生产"党政同责、一岗双责、齐抓共管、失职追责"规定》。通过加强制度建设，落实安全目标管理责任，进一步建立健全了农场安全生产责任体系，确保将安全生产"一票否决"制度落实到位。

二、坚持"三个必须"监管原则

安全生产"三个必须"监管原则：管行业必须管安全，管业务必须管安全，管生产经营必须管安全。一是各单位建立健全安全生产工作协调机制，及时协调、解决安全生产监督管理中的重大问题。二是明确安全生产监督管理部门实施综合监督管理，有关部门在各自职责范围内对有关行业、领域的安全生产工作实施监督管理。三是明确负有安全生产监督管理职责的行政执法部门，依法开展安全生产行政执法工作，对生产经营单位执行法律、法规、国家标准或者行业标准的情况进行监督检查。

三、各类事故控制指标

（1）全年无职工（季节临时工、外来务工）因工死亡、重伤事故发生。

（2）火灾事故经济损失总额全年不超过单位总产值的 0.03％，火灾事故损失额在 1 万元以上（含 1 万元）的火灾起数为零。

（3）森林火灾的过火面积控制在森林总面积的 0.03％以下。

（4）全年无交通、水上作业死亡事故发生。

（5）杜绝锅炉压力容器（包括自来水设备）重大事故发生。

（6）严格控制食物中毒、集体传染疾病发生率。

（7）非煤矿山，危险化学品，建筑，新建、改建和扩建，土地整理项目，依法执行"三同时"审查制度，全年无死亡、重伤事故发生。

为有效控制各类事故发生，尽量减少事故损失，农场编制了《绥滨农场重特大事故应急救援预案》。

四、安全专项整治工作

农场安全生产专项整治工作主要包括农机安全专项治理、施工安全专项整治、危险化学品专项整治、粉尘防爆专项整治、有限空间作业专项整治、道路交通安全专项整治、电动自行车专项整治以及人员密集场所专项整治等内容。主要措施有：农机安全以清理无证机车，加强粘贴反光贴、反光条和农机维修安全管理以及农机安全标准化管理为主；施工安全以加强施工现场用电安全、特种作业人员持证上岗情况以及作业人员劳动防护用品佩戴情况为主；危险化学品安全主要是加大安全许可认证及规范物品进、销、存安全管理环节的力度，达到一店一证标准；粉尘防爆安全重点整治了台账不健全、培训不到位及企业员工未佩戴防尘、防静电等劳动防护用品的行为；有限空间作业安全主要整治现场安全管理制度落实情况、企业开展安全标准化情况和是否开展较大危险因素辨识管控工作；道路交通安全主要是加大"三无"车辆和酒后驾车治理力度，落实道路安全管理、教育培训等安全预防措施；电动自行车安全整治重点清理门厅、楼梯间以及共用走廊等室内公共区域内非法占用、堵塞安全通道行为和楼房高处私拉乱接电线充电行为；人员密集场所安全以加大消防监督、安全用电监管力度及应急疏散设施设备的安全管理工作为主。

第六编

党建　宣传
群团工作

中国农垦农场志

第一章　中共绥滨农场委员会

第一节　历届党委

中共绥滨农场第十三届委员会于 2009 年 12 月由第十三次党代会选举产生。党委书记为于治臣；党委副书记为侯新华、南野；党委委员为付建强、张广福、张长友、张振海、黄杰、崔铁民。会议选举产生了中共绥滨农场纪律检查委员会纪委委员 7 人：南野、魏荣江、甘源、张超英、王建军、宋秀吉、杨晓东。中共绥滨农场十三届纪律检查委员会一次会议产生了书记南野、副书记魏荣江。其间，党委书记于治臣于 2011 年 5 月调离，俞新利调任；党委副书记侯新华于 2011 年 4 月调离，2011 年 5 月，李思军调任；党委副书记南野于 2010 年 1 月调离，2010 年 3 月，施宏伟调任；党委副书记施宏伟 2012 年 6 月调离，2013 年 3 月刘曙华调任。

主要工作：5 年内，党的建设和精神文明建设取得新突破。农场始终坚持以执政能力建设和先进性建设为主线，不断加强领导班子建设和党员队伍建设。深入开展了"五型"领导班子创建和党员明岗定责承诺活动，使党组织的战斗堡垒作用和党员的先锋模范作用得以充分发挥。据不完全统计，5 年内共有 68 名党员干部获得管理局级以上表彰，14 个集体获得总局级以上表彰，15 个党支部被命名为市级标准化党支部。经济建设成效显著，农场先后两次被评为全国粮食生产大场，并获得了国家级农业标准化示范场和农业综合开发先进单位的殊荣。社会事业全面发展，新农村建设步伐不断加快。5 年来，共新建楼房 36 栋 17 万平方米，新增 6 个标准化住宅小区，人均住房面积达 23 平方米。累计撤并了 8 个居民点，拆除泥草房 23400 平方米，修建通村公路 120 公里，实现场区道路硬化 27 公里，使城镇化率达到了 73%。

中共绥滨农场第十四届委员会于 2016 年 12 月由第十四次党代会选举产生。党委书记为楚卫国；党委副书记为李思军、张明；党委委员为何文翠、宋秀吉、张明、张怀建、房玉军、戴凤霞。

主要工作：5 年来，农场党委始终围绕经济建设这个中心，以"优农、强工、美城、富民"为方针，不断加强党的建设和精神文明建设，全面推进创新产业发展、善治绥滨和

"一优三好"工作，较好地完成了上届党代会确定的各项工作任务，实现了争创经济社会全面发展示范场的目标。农场的经济运行和职工的生产生活形成稳定良性循环。农场党委、农场先后荣获"全国精神文明建设先进单位""省级先进基层党组织""全国粮食生产先进场""国家级农业标准化示范场""省劳动关系和谐企业标兵""全省民主法治社区""爱国卫生标兵单位""黑龙江省抗洪先进单位"荣誉称号，公安分局被公安部授予"全国一级公安派出所"荣誉称号，农场社区被全国总工会授予"模范职工小家"荣誉称号。

第二节　党 代 会

2009年12月12日，中共绥滨农场第十三次代表大会在农场工人文化宫召开，会期一天。出席会议的代表共201名，其中干部代表154名、妇女代表27名。

此次会议报告的标题为《加强党的建设　为打造党建模范区　争创经济社会全面发展示范场而努力奋斗》。会议的主要任务是：以党的十七大和十七届四中全会精神为指导，深入贯彻落实科学发展观，按照分局"优农、强工、美城、富民"的战略部署，动员和组织全场各级党组织、广大党员干部、职工群众继续解放思想，抢抓有利时机，加快改革步伐，推动创新发展，促进社会和谐，为打造党建模范区和争创经济社会全面发展示范场而奋斗。

会议选举于治臣、侯新华、南野、付建强、张广福、张长友、张振海、黄杰、崔铁民为中共绥滨农场第十三届委员会委员。其中，于治臣为党委书记；侯新华、南野为党委副书记。

2016年12月28日，中国共产党绥滨农场第十四次代表大会在绥滨农场学校阶梯教室召开，出席代表共163名。会议讨论审议了楚卫国同志代表中国共产党绥滨农场第十三届委员会所作的题为《坚定推进全面从严治党、争创农业产业化示范场，为率先全面建成小康社会而努力奋斗》的工作报告；讨论审议了绥滨农场纪律检查委员会提交的《坚持全面从严治党、强化纪律约束，全面开创我场党风廉政建设和反腐败工作新局面》的工作报告。会议明确了之后5年的发展思路和工作目标，提出了主要工作任务。

按照《党章》规定和有关党组织选举工作条例，大会采取无记名投票方式，差额选举产生了中国共产党绥滨农场第十四届委员会和纪律检查委员会。

中国共产党绥滨农场第十四届委员会委员候选人和纪律检查委员会委员候选人建议名单，是经十三届委员会提出，报请管理局党委审定的。确定党委委员候选人11名，应选9名，差额2名；纪律检查委员候选人9名，应选7名，差额2名。

会议选举刘春青、李思军、何文翠、宋秀吉、张明、张怀建、房玉军、楚卫国、戴凤霞为中国共产党绥滨农场第十四届委员会委员，其中楚卫国为党委书记，李思军、张明为党委副书记。

选举王建军、何文翠、辛愿、张宏博、张超英、殷光伟、魏荣江为中国共产党绥滨农场纪律检查委员会委员，其中何文翠为纪委书记，魏荣江为纪委副书记。

第三节　党　　建

13年间，绥滨农场党委积极开展党建工作，努力开拓创新，勇于创先争优，为农场深化改革、加快发展提供了坚强的组织保障。

2006年，农场党委按照分局创建"六好"（班子建设好、组织设置好、服务队伍好、服务能力好、服务机制好、服务业绩好）党委的要求，以提高执政能力为重点，加强"五型"（学习型、创新型、实干型、法治型、廉洁型）班子建设，提高干部队伍综合素质，深入开展了"学帮带"活动和党员明岗定责承诺制活动。

2007—2008年，继续大力加强"五型"班子建设，实施党员"先锋工程"，强化基层党组织建设和党员队伍建设。

2009—2010年，紧紧围绕"抓城、强工、带农"这条主线，深化了党员"先锋工程"的实施和党员明岗定责承诺、践诺活动的开展。

2011年，以"五比五看两满意"为创先争优活动载体，推进"五型"班子建设。

2012年，以创先争优活动为抓手，扎实开展"三创""基层组织建设年"活动；以"三创、四强、五优"为活动载体，创新社会管理，强化领导班子和干部队伍建设，夯实基层党组织。

2013年，以服务基层、服务群众、服务发展为主题，深化管理区改革，加强专业人才选拔和培养，扎实推进创建服务型党组织工作。

2014年，以党的群众路线教育实践活动为主线，以创建服务型党组织工作为抓手，大力加强基层党组织建设和领导班子、干部队伍管理。

2015年，围绕助推"三大战略任务"这一中心工作，以"三严三实"专题教育和创建服务型党组织为抓手，强化干部人才队伍建设；以党员"两地管理　双向服务"为抓手，强化党员队伍建设，推动各项工作有序开展。

2016年，以"两学一做"学习教育工作为主线，以"十项集中攻坚专项行动"为抓手，准确把握组织工作的落脚点、切入点和着力点，全面提高党建工作科学化水平。

2017年，实行党建工作一盘棋，确定了"3443"党建工作机制，即完善"基础工作抓规范、重点工作抓推进、创新工作抓特色"三项工作措施，突出"两学一做"学习教育、"两地管理　双向服务"、规范"两会一评"、推进服务型党组织建设四项工作，强化党支部班子建设、规范组织生活、丰富载体活动和检查监督考评四个关键环节，实行"三级同考"。

2018年，以"抓基础、重创新、促服务"为切入点，以三个常态化制度化为着力点，通过抓牢基础建设，提升党支部组织力；注重模式创新，扩大党员影响力；强化教育管理，增强支部带动力。

农场党委、农场先后荣获"全国精神文明建设先进单位""全国学习型组织先进单位""省级先进基层党组织"等荣誉称号。

第二章　组　　织

第一节　概　　况

2006—2018 年，农场进入了改革和经济社会全面发展的新时期，党组织建设也进入了一个新的阶段，农场标准化党支部数量逐渐增多，党员队伍日益壮大。截至 2018 年年末，全场共有各类党组织 83 个，其中党委 1 个、党总支 15 个、党支部 68 个，有党员1597 人。2018 年农场组织情况见表 6-2-1。

为使党组织的战斗力、凝聚力、向心力不断增强，党员的先锋模范作用得到充分发挥，农场党委开展了多种形式的载体创建活动。13 年间，先后开展了"学、帮、带""六好"党支部创建、党员明岗定责承诺制、"五型"领导班子建设、"争先创优"、党员"先锋工程""三严三实"专题教育、"两管双服""两学一做""十项集中攻坚专项行动""抓基础、重创新、促服务"等多项活动，准确把握组织工作的落脚点、切入点和着力点，全面提高组织工作科学化水平。

历任组织部部长：徐焕斌、张振海（兼人事科科长）、骆强（兼人事科科长）、宋秀吉。

表 6-2-1　2018 年农场党组织情况一览表

党委	党总支（个）					党支部（个）				
	社区	教育	管理区	离退休干部	机关	社区	场直单位	管理区	非公企业	事业单位
1	1	1	12	1	6	5	16	32	3	6

第二节　发展党员

2006—2018 年，党的队伍不断壮大。平均每年发展党员 20 人以上，13 年间共发展党员 294 名。其中 35 岁以下的占半，专业技术人员、管理人员比例超过 50%。

截至 2018 年年底，农场党员总数 1597 人。其中女党员 350 人；少数民族 26 人；35岁（含）以下 217 人，36～60 岁 847 人，61 岁（含）以上 533 人，党员老龄化情况比较突出；研究生 6 人，本科 260 人，大专 462 人，高学历党员人数逐年上升。

农场党委严格按照发展党员的工作流程，贯彻党的基本理论、基本路线、基本纲领、基本经验、基本要求，按照控制总量、优化结构、提高质量、发挥作用的总要求，坚持党章规定的党员标准，始终把政治标准放在首位；坚持慎重发展、均衡发展有领导、有计划地进行；坚持入党自愿原则和个别吸收原则，成熟一个，发展一个。

第三节　先优评选

先优表彰是党的建设的一项重要内容，为了加强基层党组织建设，充分发挥支部的战斗堡垒作用和党员的先锋模范作用，原则上每年对做出突出贡献的先进支部和党员进行表彰奖励，推动了党建工作的开展。

2006 年，农场党委评出先进基层党组织 11 个、优秀党务工作者 30 名、优秀党员 80 名。1 人被评为总局党务工作者。

2007 年，农场党委评出先进党支部 10 个、模范党务工作者 20 名、优秀党员 84 名。

2008 年，农场党委评出先进基层党组织 7 个、优秀党务工作者 17 名、优秀党员 79 名。

2009 年，农场党委评出先进基层党组织 10 个、优秀党务工作者 16 名、优秀党员 75 名。

2010 年，农场党委评出先进基层党组织 9 个、优秀党务工作者 12 名、优秀党员 65 名。

2011 年，农场党委评出先进基层党组织 8 个、优秀党务工作者 14 名、优秀党员 76 名。5 人被管理局评为优秀党员、3 人被评为优秀党务工作者，农场党委被管理局党委授予先进基层党组织标兵称号。

2012 年，农场党委评出先进基层党组织 8 个、优秀党务工作者 8 名、优秀党员 74 名。1 人被管理局评为十佳党员。1 人被鹤岗市委评为优秀党员者。

2013 年，农场党委评出先进基层党组织 12 个、优秀党务工作者 12 名、优秀党员 88 名。

2014 年，农场党委评出先进基层党组织 6 个、优秀党务工作者 6 名、优秀党员 66 名。

2015 年，在保持共产党员先进性教育活动中，农场党委评出先进基层党组织 8 个、优秀党务工作者 8 名、优秀党员 78 名。1 人被总局评为优秀党员。

2016 年，获评管理局优秀党员 6 名、优秀党务工作者 3 名。

2017年，7人获评管理局优秀党员、3人被评为优秀离退休党员、4人被评为优秀党务工作者，农场党委被管理局授予先进基层党委称号。

2017—2018年，在保持共产党员先进性教育活动中，农场党委评出先进基层党组织7个、优秀党务工作者12名、优秀党员46名。

2010—2017年，共有15个基层党总支、支部分别被授予先进基层党组织等荣誉称号。

第四节　干　　部

一、队伍

农场为县处级单位，截止到2018年年底，共有干部306人，其中副处级以上干部9人，机关及场直单位176人（其中正科21人、副科28人、科员127人），管理区121人（注：上列数据包括部分三权在上或农场协管的事业单位）。

二、管理

农场科级以下干部管理权限由农场党委主管，考查、考核由组织部（含人事科）负责。场处级干部由管理局党委主管。干部管理主要有三个方面：干部选拔任用、干部培训和干部考核。

1. **选拔任用**　严格执行《党政干部任用条例》，由农场党委主管，组织部门负责实施。主要采取组织考察、民主推荐、党委票决、最终决定，并在实行任前公示和任前廉政谈话后，履行任用手续。

2. **培训**　采取"请进来、送出去"的方式。每年都对全场干部进行短期培训，主要是以会代训，如农业生产现场会、拉练会、集中收听电视讲座、专家论坛等，还从场外聘请专家或由农场有关领导及业务骨干讲课。农场每年将一部分干部送到各级党校、干校和院校进行培训，并通过考察学习、挂职锻炼等形式提高干部素质。每年全场干部大约有500人次参加各种形式的培训。

3. **考核**　根据全场各级干部的岗位性质，每年都制定具体的考核标准，进行分阶段性考核和年终考核。阶段性考核主要是根据某一阶段工作任务目标完成的情况，由相关部门进行考核、打分，排出名次。年终考核由组织部门根据个人述职述廉、民主评议、群众谈话、工作实绩等情况进行综合考核，与绩效工资、提职、任用和评先选优挂钩。2006—2009年，曾实行过黄牌警告和末位淘汰制。

第五节　干部人事制度

2006—2008年，按照上级要求，农场党委不断推进体制和机制创新，加快干部人事制度改革步伐，真正形成了干部能上能下、优胜劣汰的用人机制。2006年，农场党委认真落实分局党委制定下发的《深化干部人事制度改革工作意见》，在推荐提名环节，由领导干部个人推荐提名向领导班子集体推荐提名转变；在考察环节，由等额考察向差额考察转变；在酝酿环节，积极推行差额酝酿，扩大参加酝酿人员的范围。大力推行公开选拔领导干部工作，完善各个具体环节。进一步健全和完善讨论决定干部票决制，切实解决好科学选人民主选人、公正选人问题。坚持和完善公开选拔、竞争上岗、差额票决、"两推一选"等改革措施。根据《党政领导干部任用工作条例》有关规定，制定了《绥滨农场领导干部公开选拔方案》，公选方法分为硬件考核、群众评议和面试三部分。严格按照报名、资格审查、考核、面试、公示考核和面试结果、讨论聘任、任前公示等程序进行，公开选拔干部52名。其中，2006年公开选拔干部6名，分别为党委组织部部长、公安分局副局长、农业科副科长、水稻办科员、团委工作人员、工会会计兼女工工作人员；2008年公开选拔代理幼儿园园长1名、居民组党支部副书记兼工会主席8名、居民组管理员37名。

2008年，对学校缺编的部分教师，以大专学历为起点，要求必须有教师任职资格。面向社会采取考试、面试（试讲）相结合的方式招聘了11名代课教师。

2009年，在部分管理区、居民组试行"公推直选"党总支书记（党支部副书记），由广大党员群众直接推荐党组织委员候选人，再由广大党员直接选举党总支书记（党支部副书记）。

第六节　后备干部队伍建设

2007年，根据农场大户个人整体承包生产队全部耕地经营体制结束后，农场干部青黄不接的实际，农场党委制定了《科队级后备干部选拔培养方案》。各单位按照公开、平等、竞争、择优的原则，经党支部支委会议讨论通过，在各单位全体干部职工大会上进行民主测评，填写推荐表，写出推荐考察材料，将推荐人选上报农场党委组织部。农场党委按照方案要求，采取会议推荐和谈话推荐的方式共选拔科级后备干部 12 名、队级后备居民组组长 28 名、队级后备党支部书记 17 名。

农场党委从加强后备干部的政治理论学习、业务技能学习、注重培训和锻炼、健全干部谈话和教育管理制度等方面加强后备干部的培养。2008 年以后，虽然没有专门确定后备干部，但农场党委在选用干部时，仍然注重年轻化、知识化和专业化。重点从新引进的大学生中选用各级干部，采取挂职锻炼等各种形式，为他们的成长搭建平台。从 2012 年起，连续几年招聘了后备人才，以解决干部队伍建设的断档问题。

第七节 人才引进

2006 年以来，农场党委按照总局、管理局人才工作要求，实施"引智工程"，吸纳优秀人才，制定了引进人才政策：凡在农场已落实工作的毕业生给予一次性安家补助。其标准为研究生 5 万元、本科生 3 万元、专科生 1.5 万元（此项政策仅 2006 年有效，共有 12 名大学生干部享受此项政策）；到非国有经济企业工作的毕业生档案纳入正式干部管理；每年安排一次体检；鼓励科技人员技术创新，在生产实践中证明创新成功的，可由企业给予一次性奖励，标准由企业自定；鼓励和引导人才在一定范围内有序交流，实现农场内部人才资源共享，进一步提高人才使用效率，更好地为农场的科技进步服务；对农场决定引进的人才由人事科负责办理引进所需各项有关手续，并与引进人才签约。

为给农场引进的大学生提供良好的生活环境，农场出资 30 多万元建设了大学生公寓，公寓内设施齐全、环境优越，解决了引进大学生吃住无定所的难题。通过不定期举办大学生座谈会、联谊会和知识竞赛等多种活动，搭建了大学生们沟通交流心得、展示个人风采的平台。组建了文艺、书法、体育等 16 个大学生协会，丰富大学生的业余文化生活，增强他们的团队意识和集体主义荣誉感。

2006—2018 年，农场通过校园招聘、社会招聘等方式引进各类人才 295 名。其中，仅 2011—2014 年，就通过公开招聘的方式录取具有本科以上学历的本场职工子女 37 名。招聘严格做到公开、公正和透明，包括资格审查、笔试、面试等环节，上述大学生试用期满六个月后经考核合格正式录用，与农场签订劳动合同，享受工人待遇。这些人才包括中国农业大学、南京农业大学、东北农业大学、八一农垦大学等省内外高校的毕业生干部 103 名，其中研究生 2 名、本科 59 名、大中专毕业生 42 名。以上人员中有 35 名安置在农业生产相关岗位，68 名安置在机关及场直各单位干部岗位。

为更好地提升新入职大学生的综合能力，农场党委采取深入基层锻炼、成立"老带新能力提升联合体"、外出培训与内部轮训相结合等多种方式培养人才。在大学生的参与和带动下，农场承担省级以上科研项目 15 个、总局级科研项目 60 余个，组织推广了新技术、新机械 30 余项。引进人才中有 5 名担任管理区领导，7 名担任副科级以上部门领导，3 名大学生走上农场领导岗位。

第八节　特色党建活动

一、先锋工程

2007—2010 年，农场党委紧紧围绕促进农场经济社会发展这一中心，深入开展"先锋工程"。

组织开展了"支部创特色、党员创星级"主题实践活动，强化党员主体地位，探索开展争创"星级党员"活动。发挥党员在养殖业、种植业、服务业及各行业中的模范作用。开展了"绥农先锋工程"先进评选活动，选树了 5 个先进单位、10 名标兵、百名先进个人。以党员明岗定责承诺为主要形式，开展了"双承诺""双述职""双评议"活动，进一步增强了"先锋工程"的实效性。

二、党员"两地管理、双向服务"管理模式

随着农场城镇化进程的加快，从 2008 年开始，农场大规模地撤队并区，实行居民组整体搬迁，基层管理区、居民组职工群众向农场社区聚集，党员生产、生活地发生了变化，使党员管理形式、发挥作用载体也发生了变化，过去的管理模式已经无法适应当前发展的需要。2010—2012 年，农场已整体搬迁 22 个居民组。为了提高基层组织的学习力、创新力、凝聚力和战斗力，农场投资 30 多万元对原医院占地 3000 多平方米的综合楼进行改造，为每个单位建立一处办公场所，设立了多功能电教室、电脑微机室、图书室、群众来信来访接待室和档案室，并修建了 390 平方米的活动场所。对搬迁单位党支部实行"五看三评"双重考核：组织部主要考核支部的战斗堡垒作用，看明岗定责承诺活动的实效，看主题活动和载体活动的开展；社区主要看搬迁单位党员是否积极参加社区党支部党员教育活动、文化体育活动和场区的环境建设。对在职党员，所在单位党支部与社区考核各占50%，评议党员由原支部与社区支部共同进行。为搬迁单位提供了一个形式多元、管理规范、环境良好的办公场所，构建了"组织不乱，人心不散"的管理模式。

在此基础上，从 2015 年开始，农场党委在垦区率先提出了搬迁单位党员组织关系所在的党支部"主体管理"为主、社区"协同管理"为辅，在工作和生活两地共同搭建服务平台的党员"两地管理、双向服务"管理新模式，即党员"两管双服"。

按照有利于管理、发挥党组织功能最大化的原则，搭建起农场党建工作领导小组—"两管双服"工作办公室—居民服务中心联合党支部—居民小区联合党小组的新型组织网络管理体系。新建联合党支部 5 个、联合党小组 20 个。每季度召开由组织部门牵头、相关部门和基层党组织参加的联席会议，完善了定期沟通、解决问题、推动工作，保障"两管双服"工作规范运行的党建工作新机制。设置了宣传、监督、帮扶、组织、培训五大类 38 个服务岗位，让党员明晰自己的岗位职责和服务事项，并根据自己的特点与专长，采取就近、自愿与组织安排相结合的方式，自愿认领 1～2 个服务岗位或 2 个以上党员共同认领一个服务岗位，公开承诺，接受组织和群众的监督。认真填写"党员服务写实报告"，定期向原党支部汇报服务情况。为把此项工作落到实处，农场党委制定了"报到接洽、认领岗位、季度反馈、半年总结、年终评议"的管理流程，"问卷调查、走访座谈、定期汇报、明察暗访、奖优罚劣"的考评办法，"联席会议、信息反馈、指导检查、考核奖惩、民主评议"的管理考核制度。搬迁单位在农场社区集中办公两地考核党员的经验，在 2010 年管理局党委扩大会上做了经验介绍。总局党委于 2012 年在绥滨农场召开党建工作现场会。2017 年 8 月，宝泉岭管理局党委在绥滨农场召开现场会，社区党总支进行了"两管双服"的经验介绍。

三、"五型"领导班子建设

2006—2008 年，农场党委按照加强党的执政能力建设和先进性建设的总体要求，推进以建设发展型领导班子为重点的"学习型、发展型、亲民型、和谐型、廉洁型"领导班子建设，即"五型"领导班子建设活动。

2006 年，农场党委积极探索创建"五型"领导班子的新思路、新措施，及时总结推广创建"五型"领导班子的好做法和好经验，树立一批典型，发挥先进典型的示范带动作用。通过创建教育引导各级领导干部树立正确的权力观、政绩观和科学发展观，带头执行胡总书记提出的以"八荣八耻"为主要内容的社会主义荣辱观。加强各级领导干部培训，举办各类管理人员培训班。

2007 年，围绕农场和谐社会的构建，积极探索创建活动，开展"五型"领导班子创建评比活动。通过评比，大力宣传先进事迹，进行表彰，要求突出执政能力建设和作风建设，努力提高基层领导班子的创业创新能力。

2008 年，突出"四个加强"，即加强党性修养、加强制度建设、加强作风建设和加强党的建设。突出"八个必须"，即必须加强学习，提高班子整体素质；必须提高践行科学发展观的能力；必须进一步解放思想，转变观念；必须树立正确政绩观和权力观；必须加强班子的团结和协调；必须解决民生问题；必须突出重点，狠抓落实；必须坚持反腐倡廉。

四、"一优三好"活动

2013—2015 年，农场党委按照管理局党委的统一部署，深入开展了以争做优秀北大荒人和建设一支好队伍、培养一个好作风、打造一个好民风的"一优三好"活动。

2013 年，农场党委把"一优三好"活动作为全年重点工作来抓，立足于抓设计、抓载体、抓典型，全面推进"一优三好"活动落地生根。农场党委通过"楷模的力量"和"我身边的好人"两个典型推荐评选表彰活动，评选出"楷模人物"8 名、"身边的好人"6 名。其中，顾洪昌家庭从全国 2 万多个候选家庭中脱颖而出，成为全国 100 个最美家庭中黑龙江垦区入选全省的 3 个候选家庭之一。

2014 年，进一步完善和推进"金色梦想　幸福绥滨　做优秀北大荒人"主题实践活动。按照优秀北大荒人分类评价体系，继续开展"我身边的好人"评选活动，深入开展"建设一支好队伍"活动。结合党的群众路线教育实践活动，推进"民情日记""民情接待日"和"民情分析会"制度化，以"三联"促"三带"，助推产业发展。深入开展"培养一个好作风"活动。落实好听取民意日、领导干部包管理区、包联系户，"党员干部三个在一线"等密切联系群众的各项制度。严格制度，强化作风常态化建设。开展了"幸福社区系列讲座""道德讲堂""最美班组"和"最美女职工"评选活动；结合礼仪绥滨建设，开展了"星级文明户"评选、"最美小区"创建评比和"乡亲相爱一家人百家宴"活动。

2015 年，在巩固 2014 年"一优三好"活动成果的基础上，精心设计了 18 项载体活动，进一步推进了"金色梦想　幸福绥滨　做优秀北大荒人"主题实践活动的开展。继续开展"建设一支好队伍"活动，进一步落实管党治党责任，以"三联三带"为载体，加强党组织和党员队伍建设。召开了党员"两地管理、双向服务"工作启动大会。进一步提高基层党组织书记的综合能力。继续开展"培养一个好作风"活动。继续深入贯彻落实"中央八项规定"，锲而不舍地纠正"四风"。打造一种好民风，重点开展了"五个一"活动，即建立"一卡、一堂、一台、一站、一评"。

第九节　创建党建示范单位

2009—2012年，按照分局党委的要求，绥滨农场党委在全场各基层党支部开展了创建党建示范单位活动。

一、创建主要内容

一是思想观念领先，做思想建设的模范；二是班子奋发有为，做科学发展的模范；三是队伍素质优良，做组织建设的模范；四是制度机制完善，做制度建设的模范；五是党群关系和谐，做作风建设的模范；六是惩防体系得力，做廉洁自律的模范；七是发展业绩显著，做跨越工程的模范。

二、创建成果

到2010年年末，第二管理区达到总局级党建示范单位标准；第三管理区、建设办、公安局、水务局、医院5个单位达到分局级标准；14个单位达到场级标准。党建示范单位达到党支部总数的35％。群众对党组织的满意率达到90％以上。

2011年，社区党总支通过了总局党建示范单位验收，隆华公司党支部和第11居民组党支部分别被授予"管理局级党建示范单位"和"鹤岗市标准化党支部"荣誉称号。

2012年，进一步深化开展党建示范单位创建活动，制定了场级党建示范单位"双五"标准，即软件达到领导班子好、队伍素质好、制度建设好、工作业绩好、群众反映好的"五好"标准；硬件有"一室、两册、三板、四案"，开展好五项活动。全场党支部全部达到场级党建示范单位标准。创建鹤岗市标准化党支部1个、总局级党建示范单位2个、管理局级党建示范单位9个。

第十节　专业技术职务管理

专业技术职务改革与管理工作一直由农场人事科具体负责，是人事工作的一个重要组成部分。2006—2017年，人事科与组织部合署办公；2017年以后，人事科转交至劳资科。职称工作具体分为申报、评审和考试几部分。

2006年以来，农场人事管理部门按照《关于垦区事业单位专业技术职务评聘分开工作若干问题的意见（试行）》和《黑龙江省中高级专业技术职务任职资格评审标准》的相关要求进行职称申报工作。每年初召开各系列职称负责人会议，发放专业技术人员年度考核表。考核的重点是专业技术人员在履行专业技术岗位职责中的实际业绩、能力及水平情况，考核内容包括德、能、勤、绩四个方面，重点考核工作实绩。考核采取定性定量相结合的计分考核方法，分出优秀、合格、基本合格、不合格四个层次，优秀率不超过本专业技术职务档次总人数的15%。考核优秀或合格是参加职称评审的前提条件之一。考核结果登记造册，同时上报管理局人事局备案，考核表装入本人专业技术档案。评审类在每年的8月初完成推荐申报工作；考试类按各不同系列的要求，考试时间一般在每年的5月、6月和11月进行。专业技术职务评聘等各项工作更加趋于完善和规范。

2006—2018年，257人申报各类技术职务。获得资格人员共计246人，其中高级80人、中级69人、初级97人；卫生技术类别职称79人、中小学教师专业技术类别职称77人、畜牧兽医类别职称26人、农艺类别职称19人、会计类别职称11人、林业工程师类别职称11人、农机类别职称3人、水利类别职称12人、记者类别职称3人、工程类别职称2人、行政管理类别职称1人、机械类别职称1人、粮食工程类别职称1人。职称评聘流程见图6-2-1。

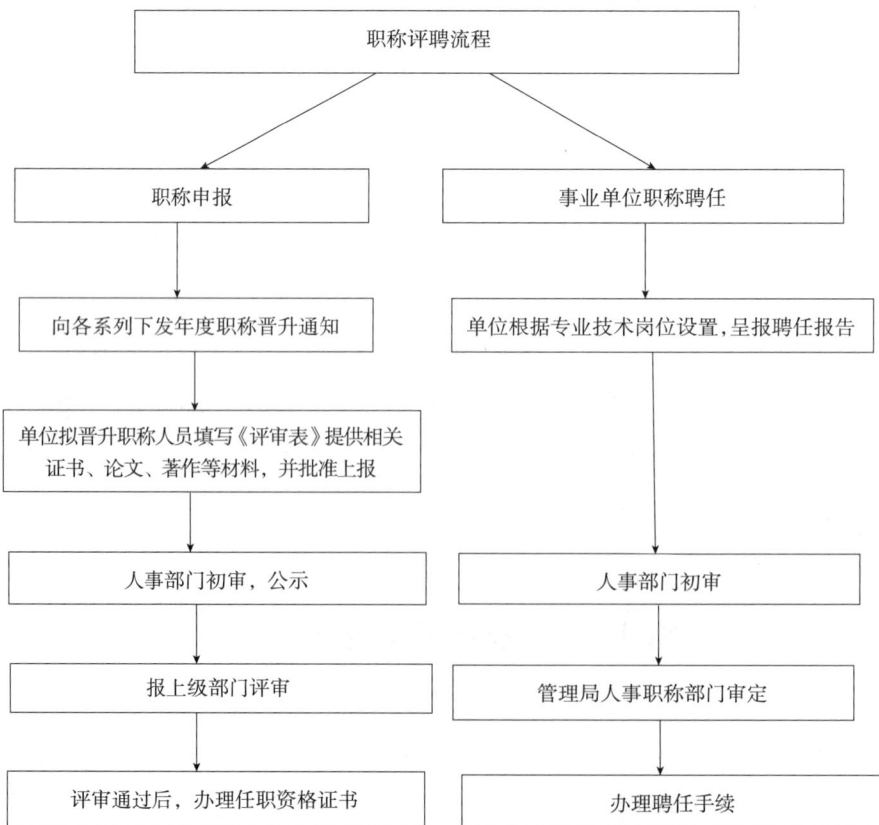

图 6-2-1　职称评聘流程图

第十一节 机关党委工作

机关党委在农场党委的直接领导下开展工作，没有专职人员，都是兼职，一般都是主管机关的农场副职领导兼任机关党委书记，副书记由办公室主任兼任。机关党委负责宣传党的路线、方针、政策，贯彻执行上级党组织和农场党委的决议，抓好机关人员的组织、思想和作风建设。到 2018 年年底，机关党委共设 6 个党支部，共有党员 85 人。具体支部构成情况见表 6-2-2。

13 年来，机关党委十分重视机关人员整体素质的提高，按照农场党委的要求，积极开展党建载体活动，注重政治理论的学习，通过周五学习日、机关联谊会等活动，有计划地学习上级文件、会议精神和开展各种业务培训，用先进的理论和技术武装头脑。

表 6-2-2　机关各支部构成情况表（2018 年）

名 称	党支部各部门构成
机关一支部	组织部、宣传部、纪委、武装部（司法）
机关二支部	计财科（清欠办、风险办）、审计科
机关三支部	工会（非国办）、文体发展中心、检察室
机关四支部	劳资科、建设科、工业科、安全科、工商、社保、土地科、土地沙石中心
机关五支部	办公室（行办、党办、信访）、政研室、宾馆、卫生科、民政局
机关六支部	农业科、农机科、生资办

第三章 宣 传

第一节 概 况

农场党委宣传部以党的思想方针及上级主导精神为中心，结合农场实际，根据形势需要和不同时期的特点，积极开展多种形式的宣传教育工作。

农场党委宣传部的工作主要包括理论、宣传、新闻、统战、文化、政工职称等方面内容。农场于2014年成立信息中心。2015年，绥滨农场微信公众平台上线，业务隶属宣传部。2006年信息中心有在职人员2人，2015年在职人员增加到4人，2018年宣传部在职人员3人，信息中心有3名工人编制的工作人员。

历任部长：魏荣江、陆书鑫、李泽刚、王帮喜、张怀建。

第二节 宣传教育

2006年，是实施"十一五"规划的第一年。农场宣传教育的工作重点以邓小平理论和"三个代表"重要思想为指导，认真贯彻党的十六大和十六届三中、四中、五中全会精神，开展了全面落实科学发展观、"八荣八耻""知荣辱、树新风、促和谐"系列活动。

2007年，农场认真贯彻落实党的十七大精神，加快社会主义新农村建设步伐。全面落实农场十四届一次职代会精神，开展了"除陋习、树新风，争做文明绥滨农场人"和"十百千万"文明绥滨农场人评选活动。

2008年，农场重点贯彻党的十七大精神，全面落实科学发展观，继续深化"学强建"、纪念建场60周年系列活动，开展了"十佳"创业暨领导干部"十佳"科技路上致富人和"百户文明诚信经营户""千户文明家庭""万名守法公民"评比活动。

2009年，农场组织党员职工深入学习了党的十七届四中全会精神，全面开展了"多读书、读好书"活动，建立党员干部"五个一"学习长效机制，即一日一读、一周一课、一月一报、一季一考、一年一评。完善述学、考学、评学机制，开展了科学发展观回头看活动。

2010年，农场围绕总局党委提出的"优农、强工、美城、富民"这一目标，为争创垦区经济社会全面发展示范场营造舆论氛围。以打造"礼仪绥滨"为目标，在社区居民中开展了文明一条街、文明楼院、文明楼道、文明经营户和"十星级文明户"评比活动；在窗口单位开展了"先锋岗"和"文明行业"创建活动；继续开展"小手拉大手，携手共建文明场"活动，倡导文明用语、文明交通、文明庆典、礼仪会风、礼仪待客等活动。开展了首届感动绥滨农场人物评选和双"十佳"评选活动。绥滨农场信息港政务网正式开通。

2011年，农场宣传思想工作以科学发展观为统领，以转变发展方式为主线，加强场史馆建设。进一步深化"礼仪绥滨"主题系列活动。成功申报全国改革试验和龙江第一渠两个北大荒地理标识，制定了《绥滨农场"讲、树、创"实施方案》，中国中央电视台军事农业频道（中央七套）等6个新闻单位先后到农场采访。

2012年，农场全面启动"龙门福地"文化建设，宣传部牵头创新了对基层党建和宣传的考核方式，包括笔试、常规工作、述职测评、创新成果四个方面。创作了《龙门福地》赋，并在黑龙江家农垦广播电视台宣传龙府文化。实施"1＋5＋X"学习型农场创建模式，在学习型管理局创建经验交流会上交流。农场作为协办单位和全国农村综合改革试验区参加了中国社会科学院"第三届中国集体经济智库论坛"，典型发言被收录到社科院《集体经济经验汇编》中。中央电视台综合频道（中央一套）大型专题片《答卷》在农场拍摄了农业板块，电视台财经频道（中央二套）在农场拍摄了秋收的场面，中央七套科技苑栏目把农场定为《粮安天下——丰收中国》晚会北方粮食丰收主产区背景地，场长李思军和种植户代表与垦区水稻专家徐一戎参加晚会。

2013年，农场举办了"第二届绥滨农场龙府旅游文化节暨龙江第一渠开闸提水节。同时，举办了"楷模的力量"颁奖活动，从各行业推荐和选树了能够立得住、叫得响、影响大的公仆楷模、行业标兵、创业明星和致富能手，共计9名。国务院新闻办直属央视外宣影视传播中心"五洲传媒"摄制组到农场录制《美丽乡村》纪录片，并开展金色梦想系列活动，中央电视台"粮安天下春耕一线"节目到农场采访。

2014年，农场以"职工大讲堂"为载体，培训职工群众近2万人次。开展了"我身边的好人"评选活动，评选出14名先进典型，顾洪昌家庭被评为"全国最美家庭"。接待新华社、人民日报、农民日报、黑龙江日报等国家和省级的媒体来场采访，黑龙江省日报头版刊登《全国种粮大户门振海的一天》，人民日报大幅刊发《丰收写满黑土地》。编写《大荒福地》一书。配合中央新闻办完成了对外宣传纪录片"关之北"的拍摄活动。

2015年，农场继续深入开展"争做优秀北大荒人"活动，完善典型，建立了集影音、图片、文字为一体的人物数据库。开展了"好人在我身边"专题拍摄活动，祝祺、陆书芬、顾洪昌三人参加管理局优秀北大荒人事迹巡回报告。申请注册了"绥滨农场微信公众平台"。开展了"孝行文章朗诵""感恩与我同行"等活动。开办了"好家风微电影展播"和"好家风大家谈"电视专栏。开展了"诚信职工（家庭）"和"环境卫生示范户"评选活动，推进了"幸福家园"工程建设。拍摄了创业感动 6 名人物。

2016 年，农场社区、城管局、幼儿园等 5 个单位都开通了官方微信公众号。同年 4 月 6 日，农场代表管理局在垦区网信及新媒体宣传工作会议做了典型发言。

2017 年，农场以民办的形式成立了"龙门福地"研究会，印发《龙门福地文化》文化季刊 3 期。根据全国人大常委会委员、文教卫生委员会副主任王佐书收集编写的资料建成的垦区唯一的国政馆，是对全社会开放的国体政体教育基地。在农场信息港设立"龙门福地"之星栏目，收录总局以上典型人物 41 人。陆书芬被评为"龙江好人"，民警王克栋被评为管理局第四届"优秀北大荒人"。农场历届管理局优秀北大荒人被收录到管局《榜样的力量》一书中。

2018 年，农场深入学习贯彻党的十九大和习近平视察垦区重要讲话精神，开展"解放思想大讨论"和"解放思想促改革"主题教育活动，制作习近平重要讲话精神宣传图板 80 余块，下发十九大精神宣传挂图 100 套。印刷《龙门福地文化期刊》7 期，发放 1 万余册，发表文章 20 余万字。出版了集中展示了建场 70 年内所取得的各项成果和奋斗历程的画册。开展"不忘初心　牢记使命　建设美丽绥滨"主题征文活动，共征集征文 124 篇，并编辑了《同心共建美丽绥滨》征文汇编。

第三节　理论学习

2006—2009 年，农场重点学习党的第十七次全国代表大会会议报告，深入学习"邓小平理论"和"三个代表"重要思想、党的十七届三中全会精神、省十届六次会议精神、"科学发展观"。组织学习总局党委扩大会议精神。农场组织机关及场直单位工作人员开展学习实践科学发展观知识竞赛活动。

2010—2011 年，全场上下认真学习了中国特色社会主义理论、党的十七届四中、五中、六中全会精神和新《党章》等 16 篇内容。班子成员共集中学习 22 次，每人的学习笔记达 2 万字，撰写心得体会 4 篇、理论文章 8 篇。

2012 年，农场重点组织学习了总局、管理局党委（扩大）会议、十五届四次职代会精神、温家宝总理政府工作报告、十八大报告等 13 个专题内容。在农场在管理局举办的"强工"和"文化"研讨会上，各有 2 篇论文获得一等奖。场长李思军撰写的《垦区发展低碳工业的博弈分析》和党委书记俞新利撰写的《利用"文化衍生效应"打造龙府文化品牌》分别在《中国农垦》《中国思想政治研究》刊发，在"五项重点工作"论文研讨会上，各级领导干部共撰写论文208篇。中科院马克思主义研究员龚云等3位专家到农场讲课。

2013—2014年，农场深入学习了党的十八大精神、党的群众路线教育有关精神，以及中央、省、总局的重大决策，扎实推进社会主义核心价值体系建设。

2015年，农场重点进行党的十八大精神、习近平总书记系列讲话精神和"三严三实"专题学习。

2016—2017年，是"七五"普法开局之年，农场重点学习了宪法常识、依法治国的重大意义等内容。开展了"两学一做"学习教育，组织党员干部学习《习近平总书记系列重要讲话读本》等重点理论读物。2016年，在管理局"建设农业产业化示范区"理论研讨会上，场长李思军、党委书记楚卫国、宣传部刘洪军的论文分别获一、二和优秀奖。论文《结合"美丽绥滨"建设谈如何提高农场居民文明素质》获总局创新宣传思想工作理论调研成果一等奖，《聚焦满族文化优势发展"龙门福地"旅游产业》获总局统战理论论文一等奖。

2018年，党委理论中心组分别专题学习了党的十九大报告和习近平新时代中国特色社会主义思想、学习农垦改革系列文件、《中华人民共和国公司法》《中华人民共和国监察法》《中国共产党章程（修正案）》、习近平视察垦区重要讲话精神等文件、讲话、法律、党纪党规共9项内容。绥滨农场知青、全国人大原常委、全国人大科教文卫委员会原副主任委员、中国民主促进会中央委员会原副主席、黑龙江省原副省长、中国民办教育协会会长王佐书回场为机关全体干部进行了"十九大精神专题辅导"。

第四节　公民道德教育

农场公民道德教育始终坚持以营造良好的社会风尚为目标，坚持"三观"和"三德教育"，培养职工、群众的社会公德、职业道德、家庭美德和个人品德，树立正确的人生观、道德观、价值观。农场按照《公民道德建设实施纲要》提出的"爱国守法，明礼诚信，团结友善，勤俭自强，敬业奉献"20字基本道德规范，13年间，先后开展了"讲文明树新风""我为家乡增光彩""感动绥滨""感动宝泉""榜样的力量""身边的好人""弘扬北大荒精神争做时代新人"等主题活动。同时，在青少年中开展了北大荒精神教育和"四有"（有理想，有道德，有文化，有纪律）教育，举行了大力弘扬"八荣八耻"和"社会主义核心价值观"的宣传教育活动。十八大以后，开展了社会主义核心价值观教育。

2016年，龙门福地集团董事长陆书芬被评为总局"大荒创业新星"；全国自强创业之星伊永刚、龙门福地集团董事长陆书芬、社区主任张洪国等参加了管理局"优秀北大荒人"事迹巡讲报告会。农场举办了以推进"美丽绥滨"建设、争做优秀北大荒人为主题的"美丽绥滨人"颁奖晚会，对涌现出的先进集体、先进志愿者、美丽庭院先进家庭、先进学生进行了表彰。

2017年，农场国政馆建成，成为宝泉岭管理局唯——个国家政体国体党员干部教育基地。农场完善了农场典型人物库建设，在绥滨农场信息港上设立"龙门福地之星"栏目，收录总局级以上先进典型41人。农场社区的吕兴旺被评为管理局第三届"优秀北大荒人"。

2018年，绥滨农场派出所民警王克栋被管理局评为第四届"优秀北大荒人"。管理局三届"优秀北大荒人"中的绥滨农场职工陆书芬、顾洪昌等8人收录进管理局《榜样的力量》先进典型人物一书。陆书芬被评为"龙江好人"。全国最美家庭顾洪昌在黑龙江黑通岛上的居住地被设计为爱国主义教育基地，并由农场向省国防教育办、省军区政治局推荐顾洪昌"情系国防好家庭"。开展"好家风好家训"征集活动，共征集优秀作品47篇。

第五节　新闻报道

两届农场党委高度重视新闻宣传工作，每年都下达考核指标，并考核通报、进行奖惩。各基层单位积极提供新闻线索，与宣传部形成新闻宣传合力，充分利用《人民日报》《黑龙江经济报》《北大荒日报》《鹤岗日报》和新华网、北大荒网、东北网、宝泉岭信息港、绥滨农场信息港、绥滨农场微信公众号等媒体作为宣传载体，形成了平面媒体与网络媒体交叉互动式宣传格局，新闻宣传工作取得了显著成绩。新闻宣传稿件质量、对外宣传规模逐年提高，涌现出一批优秀的垦区报道员。2007年，农场党委宣传部被授予"总局争先创优先进集体"称号。

2016—2017年，农场荣获"东北网2016年度新闻宣传先进单位"称号。2018年，农场荣获宝泉岭管理局新闻宣传标兵单位称号，宣传部刘洪军采写的《全国种粮大户门振海的一天》《黑土地上打响春耕攻坚战》分别获黑龙江农垦新闻二等、三等奖，采写的《种好生态田、搞好生态游、算准生态账》等获黑龙江农垦新闻一等奖，通讯《最美林业人》荣获第四届美丽中国作品大赛优秀奖。甘新宇采写的通讯《绥滨农场为水稻补晒》获黑龙江农垦新闻专项一等奖。2006—2018年农场宣传稿件发表情况见表6-3-1。

表6-3-1 宣传稿件发表情况统计表（2006—2018年）

项目 年份	《北大荒日报》上稿量 （份）	省级媒体上稿量 （份）	国家级媒体上稿量 （份）	绥滨农场微信公众号 （份）	总上稿量 （份）
2006	99	5	2	0	106
2007	291	1	1	0	293
2008	270	2	2	0	274
2009	56	2	2	0	60
2010	146	19	4	0	169
2011	284	7	5	0	296
2012	337	104	23	0	464
2013	284	103	21	0	408
2014	124	207	24	0	355
2015	265	85	58	0	408
2016	388	100	62	61	611
2017	261	111	23	120	515
2018	108	101	44	151	404

第六节　统战工作

2006—2018年，在农场党委的正确领导下，认真按照总局党委、管理局统战部的有关要求，开展新时期统战工作。

在宗教工作方面，一是搞好宗教法规的宣传工作，教育信教群众依法信教；二是加强对信教群众的管理，使宗教工作与社会主义制度相适应。

第七节　政工职称

农场党委宣传部严格按照要求，完成政工专业人员职称评审工作。评定条件是根据学历、从事政工年限、理论研究成果等每年评定一次。大学专科毕业从事思想政治工作1年以上、大学专科毕业担任政工员职务2年或从事思想政治工作1年以上，可申报助理政工师。

政工师要求起点为大学专科毕业，任政工助理4年或从事思想政治工作7年以上，大学本科政工助级职称4年或从事思想政治工作5年以上，硕士学位或研究生从事政工3年以上，博士从事思想政治工作1年以上。必须有在厅级以上单位主办的刊物发论文（思想政治工作）1篇以上。

高经政工师评定要任满政工师 5 年，博士则需担任政工师职务 2 年或从事思想政治工作 3 年以上。论文（要求同上）要有 3 篇以上。

教授级高级政工师需任高级政工师 5 年以上，论文（要求同上）3 篇以上。

政工师评定曾要求通过外语考试，后取消。

所参评人员都要参加评政工职称评聘部门的统一考试，合格后才能参加评定。2006—2018 年具体评定情况见表 6-3-2。

表 6-3-2　政工专业人员职称统计表（2006—2018 年）

类别　年份	助理政工师（人）	政工师（人）	高级政工师（人）	教授级高级政工师（人）
2006	0	5	0	0
2007	6	7	2	0
2008	10	8	2	2
2009	3	10	4	0
2010	16	1	1	0
2011	2	0	1	0
2012	1	3	5	1
2013	7	5	3	0
2014	8	10	8	2
2015	4	1	2	0
2016	0	0	0	0
2017	2	3	0	1
2018	2	3	2	0

第四章　广播电视

第一节　概　况

2006—2018 年，广播电视局经历了从上划垂直管理到划归属地管理的体系变轨，广电新闻从传统的 DV 磁带拍摄逐步转变为数字卡录制，广电事业技术从有线电视逐步转变为数字电视，国家广播电视无线电视文化惠民工程从模拟覆盖时代逐步进入数字发射时代。"技术逐步现代化、手段逐步数字化、人员逐步年轻化、传播逐步网络化、阵地逐步壮大化、传播逐步导向化、作用逐步凸显化"成为广播电视行业发展新趋势。农场广播电视行业由基础能力提升时代渐进发展，逐步呈现"大提速、快发展、大繁荣"的建设新局面。

2006 年 1 月 1 日，广播电视局隶属农垦总局北大荒广播电视影视集团垂直管理，设新闻部、技术部两个部门。2008 年 9 月，广播电视局从农垦总局北大荒影视集团剥离，重新划归农场。2015 年 12 月，按照省政府要求，广播电视局广播电视事业技术部及有线数字电视网络传输相关资产再次剥离，上划黑龙江农垦广播电视网络有限公司宝泉岭分公司统一管理，广播电视新闻宣传和无线台站建设仍归属农场管理。到 2018 年年底，广播电视局有员工 10 人，其中党员 7 人、预备党员 1 人、入党积极分子 1 人。

广播电视局历任领导情况如下：

2006 年 1 月—2009 年 8 月，逄超英任广播电视局局长。

2009 年 8 月—2015 年 12 月，龚德明任广播电视局局长。

2010 年 1 月—2015 年 9 月，林爱玲任广播电视局党支部副书记。

2006 年 1 月—2010 年 1 月，刘微任广播电视局副局长。

2012 年 3 月—2015 年 12 月，赵恒军任广播电视局新闻副局长。

2012 年 3 月—2015 年 12 月，杨涛任广播电视局技术副局长。

2012 年 3 月—2016 年 5 月，王安达任广播电视局新闻部主任。

2012 年 3 月—2018 年 12 月，隋在琳任广播电视局编辑部主任。

2016 年 1 月—2016 年 6 月，王安达主持广播电视局新闻宣传工作（无任职）。

2016年6月—2018年12月，王安达任广播电视局副局长。

第二节　舆论传播

广播电视局按照上级业务主管部门的统一指导，始终紧密围绕农场党委和行政中心工作，开展以主题报道、典型报道、专题报道、系列报道等形式为主的广播电视新闻采编播一体化工作，切实维护农场舆论阵地的持续发展、对外宣传媒介和平台的对接与合作，逐步向正规化、专业化、优质化转变。

2006—2011年，广播电视局新闻工作人员由2人逐步增加到5人，新闻宣传阵地进一步巩固。逐年接续增补索尼小高清磁带录像机、索尼EX3等磁带录像机和卡式录像机等设备。农场于2011年12月投资23万余元配备了本田CRV（白色）新闻采访用车一辆，新闻宣传设备进一步改善。平均每年新闻和专题合计发稿量为省级媒体2条、总局电视台200多条、管理局电视台160多条、农场700多条。广电媒体宣传持续稳定，制作并对外播发了《炫色绥农　舞动精彩》和《奇葩竞放风景线》等一批经典专题节目。

2012—2015年，广播电视新闻工作人员保持在5人，新闻阵地实力稳定。广播电视局借助农场自筹资金支持，4年累计投资130多万元，采购"1拖3"非线性编辑基站、卡式索尼摄像机、24T媒资管理服务器和高清硬盘播出机等广电专业设备，将磁带录制摄像机基本淘汰，实现了数字化采编播一体化办公。在新闻宣传上，广播电视局在《农场新闻》栏目开设了《农耕时讯》《党建园地》《福地社区》等新闻专栏，平均每年在农场台发稿1400多条、在管理局台发稿280多条、在垦视台发稿400多条、在省级以上媒体发稿2条以上。按照农场要求，策划了《筑梦》《花香引得蜂蝶来》《楷模的力量》系列、《身边的好人》系列、《见证65周年》等一批专题系列和主题报道，平均每年制作专题报道35部以上。农场广播电视局连续四年被管理局电视局评为新闻宣传先进单位和行业先进单位，王安达连续四年蝉联管理局电视系统新闻宣传"十强"第一名、垦视台新闻宣传"百强"记者前十名。

2016年，广播电视试验性开展自我创新和目标管理，在电视宣传上采用"主题策划＋媒体联合"的多元化舆论宣传和媒体引导方式，开展持续化、常态化的内宣外宣主题报道、系列报道、连续报道和深度报道，全面开启广播电视宣传工作新模式。广播电视局结合农场"农业产业、美丽城镇、两学一做、一优三好、文化旅游、产业创新"等重点工作，与省台、垦视台、管理局台开展深层次、持续化的舆论宣传对接和合作。外宣策划了《绥滨：大众创业模式渐入"创客"时代》《绥滨：建优质米基地叩中高端市场大门》等

40多条围绕农场各阶段重点工作的主题报道；《回眸"十二五"》《践行"五大理念"》《两学一做》《聚焦旅游产业》《社区文化与产业大融合》等8个关注农场重大活动、重点工作和产业亮点的系列报道；《"二月二"文化庙会叫响"龙抬头"》《文化搭台经济唱戏》《做足"水"文章 产业"火"起来》等8部深度阐释农场"转方式、调结构"成果的系列专题宣传报道。广播电视局全年在省台和垦视台上稿436条，累计积分2144分；在管理局台上稿200多条，位居垦视电视系统上稿排名第8（较历年最好成绩26名上升18名），在管理局广播电视系统外宣上稿排名第一。电视局记者罗鑫、李兴、隋在琳、李婧雪个人新闻宣传业务实绩同时闯入"垦视百强、管理局十五强"，尚属历史首次。农场广播电视局被管理局广播电视局评为新闻宣传标兵单位，王安达被评为管理局广播电视行业先进工作者。

2017年，广播电视局进一步完善实施了"基本工资分配＋目标任务考核＋奖罚兑现激励"的目标管理考核办法，通过"制度约束、体制强化、理念升级、管理引导、职能优化、角色定位"等多位一体的目标管理思路，分工细化、责任到人。切实打造积极向上、业务精良、反应迅速、能力突出的电视宣传团队，建设优质、高效、完备的电视系统专业人才选育机制和干部梯队建设体系，强化广电媒介传播职能作用，维护农场良好的对内对外广电宣传舆论导向。围绕农场各阶段党政重点工作的内外宣传环境特点和需要，进一步扩大农场广播电视阵地的媒体圈和朋友圈，畅通了农场重大活动、重要工作和典型经验、特色产业的主流传统媒体宣传和推介渠道。外宣制作播发了《黑龙江二月二开耕节：文创搭台 庙会唱戏》《黑龙江：民俗提水节拉开春耕序幕》《宝泉岭管理局绥滨农场龙门福地酒业荣获国际大奖》等一批有影响、有深度的电视新闻和专题作品。全年在中央级、省级媒体单位上稿17条，总时长超过60分钟；在总局台、各地市台上稿680条；在管理局台上稿32条。绥滨农场广播电视局年度总成绩位列总局广电系统综合排名第四、管理局综合排名第一。农场广播电视局罗鑫、陆禹辛、隋在琳、李兴、张博函5名记者全部进入垦区广电系统记者综合排名"百强"行列和管理局广电系统记者综合排名"十强"行列。农场广播电视局被管理局广播电视局评为新闻宣传标兵单位，王安达被评为管理局广播电视行业先进工作者。同年11月，与国家级媒体中国教育电视台建立合作，成为全国教育（民生）新闻资源共享联盟会员单位。

2018年为"广电行业综合素质巩固提升年"。广播电视局深入实施《2018年度广播电视局目标管理考核方案》，围绕农场党政各项事业中心工作，重点推进"舆论传播平台通畅化和行业运行体系规范化"建设，切实提升了广电行业新闻舆论导向阵地的实力。在农场组织的开耕节、提水节、建场70周年、旅游文化节等重大活动的主题报道中，与国家级媒体、省级媒体、垦视、管理局、鹤岗市、绥滨县、周边农场等各级媒体单位联盟合作报道 2 次，平均每次参与现场报道的记者人数达 30 人。与各级媒体策划、制作、播发《民俗活动聚合"商圈"文旅助推乡村振兴》《"引水惜源"打造健康食材绿色厨房》《创新界江文旅　孵化经济"黄金点"》等外宣新闻、专题报道，累计时长超过 2 小时，对农场重大主题活动进行了全方位、多角度的集中展现。全年在中央电视台、中国教育电视台和黑龙江省电视台等省级以上媒体播发《绥滨农村：传承开耕民俗　展现地域文化精神》《坚持质量效益优先　龙江农业迎来开门红》《"顾"守边疆》等新闻专题报道共 14 条，累计时长达 70 分钟；在垦视台新闻专题上稿 610 条；在管理局新闻上稿 340 条、专题上稿 12 部。广播电视局罗鑫、陆禹辛、李兴、隋在琳 4 名一线记者在垦区记者新闻综合考核排名中第三次位列"垦视百强"和"管理局十强"，广播电视局年度总成绩在总局广电系统综合排名第三、管理局综合排名第一。农场广播电视局被管理局广播电视局评为新闻宣传标兵单位，王安达被评为管理局广播电视行业先进工作者。

第三节　技术工作

2006—2012 年，广播电视局技术工作的主要职责包括：对全场有线电视网络进行维护、有线电视台和无线转播台值机播出、有线电视收费等相关业务。全场有线电视入户 6300 户。

2008 年，由中央投资的"农村广播电视村村通无线发射塔"正式建成，无线转播台站承担转播中央一套、中央七套的两台模拟发射机正式运行。

2010—2012 年，农场陆续投资 280 多万元，全面开始有线电视网络改造工程。

2013 年，对有线电视网络进行全面数字化改造，有线电视和数字电视收视逐步升级为数字电视收视，当年数字电视入户 6300 多户，入户率达 100%。

2014—2015 年，按照省政府关于广电系统事业技术部分整体上划、纳入公司化管理体系的统一要求，农场广播电视局进行资产评估、资产核查等工作，筹备上划事宜。

2015 年 12 月，按照上级文件要求，农场广电行业事业技术有线电视部分（除无线转播台站外）正式划归到黑龙江农垦广播电视网络有限公司宝泉岭分公司。黑龙江农垦广播电视网络有限公司宝泉岭分公司绥滨运维管理站正式成立，相关资产人员跟随公司一并上划。龚德明、杨涛、刘克军、王福滨、梁玉鑫、孙亚男、齐丽婷、孙英泰 8 名同志随岗另用。

2016 年 8 月，在农场的大力支持下，广电局申报中央财政投资"2017 年新闻出版广播影视基础设施建设"项目，计划由中央投资 96 万元、农场配套 24 万元，对绥滨农场广播电视局无线转播台进行整体改造。10 月，国家投资的"'十三五'中央广播电视节目无线覆盖（数字）项目"三台无线数字电视发射机组全部安装到位并试运行，开始在绥滨农场区域范围覆盖发射中央电视台一套、中央电视台七套、中央电视台十三套等 8 套中央广播电视节目。

2017 年，中央财政投资"2017 年新闻出版广播影视基础设施建设"绥滨农场广播电视局无线转播台改造项目正式实施，对农场广播电视局无限台站基础环境和无线发射配套设备进行全方位改造升级。改造无线发射台一个、配电室一个、监控室一个、中控室一个，并进行了路面硬化无线发射塔亮化，项目于 11 月完工。

2018 年，绥滨农场广播电视局无线转播台三台数字发射机运行情况良好，于 5 月 22 日通过省广电局科技处组织的中期验收。以绥滨农场场部为中心覆盖周边半径 20 公里无线传输 CCTV-1、CCTV-7、CCTV-13 等 8 套中央广播电视无线数字节目，黑龙江卫视、黑龙江新闻综合等 4 套黑龙江省广播电视无线数字节目和绥滨农场龙门福地综合频道一套无线数字电视节目，共计覆盖传输 13 套无线覆盖数字电视节目，两套无线广播电视（模拟）发射节目同步覆盖传输。

广播电视局 2006—2018 年间所获荣誉见表 6-3-3。

表 6-3-3　广播电视作品荣誉一览表（2006—2018 年）

序号	作品名称	荣获奖项	授予单位	作者	授予时间
1	《场县共建：路畅丰收喜盈门》	2010 年度黑龙江农垦新闻奖（专项奖）二等奖	中共黑龙江省农垦总局委员会宣传部　黑龙江农垦新闻工作者协会	王安达	2011 年 12 月 8 日
2	《共建高科公关田"打样"县域农耕经》	2010 年度黑龙江农垦新闻奖（专项奖）三等奖	中共黑龙江省农垦总局委员会宣传部　黑龙江农垦新闻工作者协会	王安达	2011 年 12 月 8 日
3	《绥滨小微企业转轨科技增长型企业闯市场》	2012 年度黑龙江农垦新闻奖（专项奖）一等奖	黑龙江农垦新闻工作者协会	王安达　杜芝欣	2013 年 2 月 5 日
4	《农田有保姆　外出更放心》	2013 年黑龙江省广播电视（新闻）三等奖	黑龙江省广播电视协会	罗　鑫	2014 年 8 月 20 日
5	《小小民情记录簿解决群众备耕难》	2014 年度黑龙江农垦新闻奖（专项奖）三等奖	中共黑龙江省农垦总局委员会宣传部　黑龙江农垦新闻工作者协会	王安达　杜芝欣	2015 年 6 月 11 日
6	《用科技武装农业助农户节本增效》	2014 年度黑龙江农垦新闻奖二等奖	中共黑龙江省委宣传部　中共黑龙江省农垦总局委员会宣传部　黑龙江农垦新闻工作者协会	李　兴　罗　鑫　王安达	2015 年 6 月 11 日
7	《家风的力量》	2014 年度黑龙江农垦新闻奖（专项奖）一等奖	中共黑龙江省农垦总局委员会宣传部　黑龙江农垦新闻工作者协会	王安达　杜芝欣	2015 年 6 月 11 日

（续）

序号	作品名称	荣获奖项	授予单位	作者	授予时间
8	《小企业集合划桨开大船》	2012年度黑龙江农垦新闻奖（专项奖）一等奖	中共黑龙江省农垦总局委员会宣传部	王安达 杜芝欣	2015年6月11日
		2014年度北大荒电视艺术家协会电视长消息一等奖	黑龙江农垦新闻工作者协会		2014年1月
		2014年度黑龙江省广播电视协会一等奖	黑龙江省广播电视协会 北大荒电视艺术家协会		2014年8月20日
9	《水田地里"跑火车"别样风景》	2014年黑龙江农垦新闻奖（专项奖）三等奖	中共黑龙江省农垦总局委员会宣传部 黑龙江农垦新闻工作者协会	罗 鑫	2015年6月11日
10	《金婚老人情定北大荒》	2014年黑龙江农垦新闻奖（专项奖）一等奖	中共黑龙江省农垦总局委员会宣传部 黑龙江农垦新闻工作者协会	罗 鑫 隋在琳	2015年6月11日
11	《切莫将旅游景点变成垃圾场》	2014年度黑龙江农垦新闻奖（专项奖）三等奖	中共黑龙江省农垦总局委员会宣传部 黑龙江农垦新闻工作者协会	陆禹辛	2015年6月11日
12	《魏传生 夏成玉夫妇：恪守孝道的古稀老人》	2014年度黑龙江农垦新闻奖（专项奖）三等奖	中共黑龙江省农垦总局委员会宣传部 黑龙江农垦新闻工作者协会	李 兴	2015年6月11日
13	《龙头企业牵动万人上岗就业》	2016年度黑龙江农垦新闻奖三等奖	中共黑龙江省农垦总局委员会宣传部 黑龙江农垦新闻工作者协会	王安达	2017年5月
14	《互联网＋品牌化战略布局新市场》	2016年度黑龙江农垦新闻奖三等奖	中共黑龙江省农垦总局委员会宣传部 黑龙江农垦新闻工作者协会	王安达 杜芝欣 陆禹辛	2017年5月
15	《大众创业模式渐入"创客时代"》	2016年度黑龙江农垦新闻奖二等奖	中共黑龙江省农垦总局委员会宣传部 黑龙江农垦新闻工作者协会	王安达 杜芝欣 陆禹辛	2017年5月
16	《农业结构调整助推供给侧改革转型升级》	2016年度黑龙江农垦新闻奖二等奖	中共黑龙江省农垦总局委员会宣传部 黑龙江农垦新闻工作者协会	王安达	2017年5月
17	《丁玲在北大荒》	2016年行业电视节目展评二等奖	中国电视艺术家协会行业电视委员会	创意 赵锦彬 王安达 编导 赵锦彬 王海江 摄像 王统帅 郑金月 撰稿 王统帅	2016年11月3日
18	《绥滨农业"三向"发展 提升职工效益》	2016年度黑龙江农垦新闻奖一等奖	中共黑龙江省农垦总局委员会宣传部 黑龙江农垦新闻工作者协会	李 兴 罗 鑫	2017年5月
19	《绥滨强化职能贴心服务 为残疾人撑起一片天》	2016年度黑龙江农垦新闻奖二等奖	中共黑龙江省农垦总局委员会宣传部 黑龙江农垦新闻工作者协会	李 兴 李婧雪	2017年5月
20	《绥滨"转观念夯基础壮模式"推进农业产业化建设》	2016年度黑龙江农垦新闻奖三等奖	中共黑龙江省农垦总局委员会宣传部 黑龙江农垦新闻工作者协会	李 兴 隋在琳	2017年5月

（续）

序号	作品名称	荣获奖项	授予单位	作者	授予时间
21	《托起朝阳育新人》	2016 年黑龙江农垦新闻奖（专项奖）三等奖	中共黑龙江省农垦总局委员会宣传部 黑龙江农垦新闻工作者协会	隋在琳 罗鑫　李兴 李婧雪	2017 年 5 月
22	绥滨多举措扶贫打造脱贫"快车道"	2017 年度《脱贫攻坚在宝泉》新闻宣传大赛三等奖	黑龙江农垦宝泉岭广播电视局 黑龙江省宝泉岭管理局工会	陆禹辛	2017 年 11 月 15 日

第五章 精神文明建设

第一节 概 况

农场设立文明办，办公室设在党委宣传部（兼）。2006—2018年，农场按照上级关于精神文明活动创建的总体思路，结合农场实际，以宣传《公民实施道德纲要》和社会主义核心价值观、提升公民（居民）民主法治文明礼仪综合素质为重点，开展了"文明绥滨""礼仪绥滨"和"身边的好人""优秀北大荒人"评选等活动。2009年，农场荣获"全国精神文明建设先进单位"和"全国学习型组织先进单位"称号。

第二节 活动内容

2006—2008年，农场继续开展"学、强、建"（学习公民道德实施纲要，强素质，建设美好家园）活动，其中全场的环境建设一直是精神文明建设的重点，农场专门核定费用，用于环境建设，并加大考核力度。从2008年开始，开展了"除陋习、树新风，争做文明绥滨农场人"活动，2008年6月17日，举办首届社区邻居节，继续在全场居民住房中开展"十星级文明户"评选，加大环境建设力度，农场环境建设综合排名列分局第四。

2009年9月，农场开展了"文明城镇创建""感动绥滨人物评选"等活动，进一步丰富了精神文明建设的工作内容。9月20日，在中华人民共和国成立60周年之际，由农场党委主办的"渠首结连理 金秋树新风"集体婚礼在黑龙江畔绥滨农场灌区渠首举行，有4对新人参加了此次集体婚礼，这是农场有史以来的第二次集体婚礼。

2010年，农场在全场开展了"讲文明、重礼仪、树新风"宣传年活动，进行了第二届"感动宝泉十大人物"评选推荐，有3名同志获得"感动宝泉优秀人物"提名，其中社区居民吕汝敏获管理局提名奖。有4个单位申报总局级以上文明单位。

2011年，农场重点开展了"礼仪绥滨"创建工作。制定并实施了《绥滨农场"讲、树、创"实施方案》《绥滨农场十星级文明户评比办法》，以"文明共建靓绥滨"为主题，开展了"文明礼仪进村屯"活动，向周边村民宣传文明公约、文明知识和文明用语，发放宣传单 500 余份。

2012 年，农场全面开展了以"爱我绥滨，争做优秀北大荒人"为主题的礼仪绥滨创建活动；开展了文明居民委、文明楼院和文明户创建活动；开展了"五项载体"（文明单位、文明城镇、文明管理区、十星级户、文明行业）创建活动；开展了"讲文明、树新风"等主题创建活动。场直社区开展了"喜迎十八大、文明我先行"邻居节活动和"大手拉小手共建文明场"活动；机关开展了"创文明机关、让群众满意"活动；公安、社会保险分局等窗口服务行业开展了"礼貌待人、诚信服务"活动；龙圆米业、阳光供暖等企业开展了"践行道德承诺、负责任做产品"活动。

2013 年，农场以"一优三好"活动为载体，开展了"金色梦想　幸福绥滨　做优秀北大荒人"活动；举办了"百家和宴""见证 65 周年""社区文化节""楷模的力量"评选等活动；成功举办了黑龙江省"华夏东极抚远——神州北极漠河冰雪汽车挑战赛"龙门福地站活动。

2014 年，农场印发了"金色梦想　幸福绥滨　做优秀北大荒人"实施方案，开展了"我身边的好人"推荐评选表彰活动、"龙门福地旅游消夏文化节""九九重阳金婚庆典"和"青年干部拓展训练"等 18 项载体活动；编辑出版了《大荒福地》文集；管理局"一优三好"现场会在农场召开，《共筑金色的梦想》和《花香引来蜂蝶舞》两部专题片获得与会领导的一致好评。

2015 年，农场重点开展了典型人物选树工作。农场《培育典型　选树典范　助推经济社会全面发展》的典型经验材料和顾洪昌、陆书芬典型人物事迹材料，在管理局党委扩大会议上进行了交流；农场残疾人孟祥斌、樊静夫妇相亲相爱、自强不息的事迹，于 5 月 12 日在中央电视台综艺频道《向幸福出发》实况转播。祝祺、陆书芬、顾洪昌三人参加了管理局优秀北大荒人事迹巡回报告会。农场举办了第三届社区文化节，内容包括收藏品展、文化产品展销、老照片展、美食展、农产品展销、趣味运动会、文艺演出等十几项活动。

2016 年，农场举办了开耕节、提水节、"安康杯"全民健身环保越野赛活动、科技周活动、"安康杯"知识竞赛、"旗帜杯"羽毛球邀请赛、"美丽绥滨、践行两学一做"环境整治动员大会及第四届社区文化节。7 月 30 日，农场举办了"美丽绥滨建设、争做优秀北大荒人颁奖晚会"，表彰了先进集体、志愿者、美丽庭院、先进学生。8 月 27 日，中国文联文艺志愿服务团来到农场慰问演出。

2017 年，管理局第三届"优秀北大荒人"典型事迹巡讲报告团走进绥滨农场，吕兴旺参加宝泉岭管理局优秀北大荒人事迹巡回报告会。农场开展了"美丽乡村"环境整治、

"品福地美食·赏文化盛宴"廉政法治文艺演出、第五届消夏文化旅游节、"颂廉洁家风传福地美德"美文朗诵比赛等活动，还派人参加了宝泉岭管理局举办第二届文化艺术节暨"文化大集"。7月2日，绥滨农场隆重举办第六届职工运动会。同年12月，绥滨农场入选"中国美丽休闲乡村"。

2018年，在延续开耕节、提水节、社区文化节、旅游文化节活动的同时，农场举办了首届"龙门福地杯"职工冰雪趣味运动会，管理局第四届"优秀北大荒人"典型事迹巡讲走进绥滨农场，并举办了"学习贯彻十九大　不忘初心跟党走"演讲比赛。9月10日，绥滨农场举办了建场70周年纪念大会及纪念管理局开发建设70周年大合唱比赛。

第三节　文明单位创建

农场文明单位创建活动紧紧围绕党中央关于进一步加强公民道德建设、公民民主法制意识，培养有理想、有道德、有文化、有纪律的职工队伍为目标，以培育和践行社会主义核心价值观为根本，依据《黑龙江省文明单位建设条例》，延伸开展了"文明单位、文明城镇、文明社区、文明管理区、星级文明户"创建活动。2007年8月10日，农场召开创建全国精神文明单位动员会，并开展了系列活动。此方面的工作有效提高了农场广大干部职工群众的素质。2016—2018年，农场的分局（管理局）级以上文明单位创建情况如下：

2005—2006年度，分局级文明单位标兵：绥滨农场通信中心。

2005—2006年度，分局级文明单位：绥滨农场第四管理区、绥滨农场社保分局、绥滨农场粮贸公司、绥滨农场工商所、绥滨人民法庭。

2006年，总局级文明单位标兵：绥滨公安分局。

2009年，全国精神文明建设工作先进单位：黑龙江省绥滨农场。

2010年，省级文明村：绥滨农场第一管理区。

2011年，总局级文明管理区标兵：绥滨农场第二管理区。

2011年，总局级文明单位标兵：绥滨农场学校、绥滨公安分局。

2015年，省级文明村标兵：绥滨农场龙门管理区。

2015年，总局级文明管理区标兵：绥滨农场红山管理区。

2015年，总局级文明单位标兵：绥滨农场学校（重新命名）、绥滨公安分局（重新命名）。

2015年，总局级文明社区：绥滨农场红山管理区。

2017年，总局级文明单位：绥滨农场现代农林科技园区、绥滨农场社保局。

第四节 "十星级"文明户争创

农场2006年以后进行的"十星级"文明户评比是2001年"学、强、建"活动的载体活动之一，是原有五星级文明户争创的延续。农场根据制定的十项基础星级文明户评比竞赛活动方案要求，经基层单位推荐（场直地区由社区建设办公室推荐）、农场文明办严格审查、上报农场党委审批后，以党委办公室文件进行评比情况通报。但由于缺乏有效的激励机制，加之活动效果不够理想，2010年以后，农场不再开展此项活动。2017年，顾洪昌夫妇义务守岛的事迹被挖掘宣传后，顾洪昌荣获省级"十星级"文明户称号。

活动开展期间，历年评比十星级文明户情况如下：

2006年，116户；2008年，135户；2009年，119户。

第五节 政工会议

2006—2012年，农场每年年初召开一次政治思想工作会议（也称精神文明建设会议），由农场精神文明建设领导小组成员和基层党政主要领导参加。会议的主要目的是总结上一年工作，通报考核情况，表彰先进，部署当年工作目标和任务，下发对各支部的考核方案。会上，党委书记作全面工作讲话，副书记总结政法和精神文明、计划生育等工作。考核分列进农场对全场各党支部的全面考核（千分考核）之中，与管理区居民组管理人员绩效挂钩。参加考核的部门有宣传部（牵头）、组织部、纪委、工会、团委、信访办、综治办、卫生科、关工委和司法分局。从2012年开始，精神文明建设会议改名为党委工作会议，以抓党的建设为主，精神文明建设列在其中，进行同步考核。

第六节 企业文化建设

农场在企业文化核心精神上，最早一直沿用20世纪80年代末90年代初"开拓进取、敢为人先"的企业精神。到1996年，根据当时农场二期改革试验时期需要，又变更为"勇于试验，敢为人先"。到2011年，农场新一任班子上任后，为适应新的形势，根据民间传说与地域特点，努力挖掘打造"龙门福地"文化，并进行了一系列有益的探索，将"龙门福地"文化与企业文化有机结合，努力形成具有地域特色的企业文化。

"龙门"，与黑龙江畔世世代代流传的"黑龙"传说有关系，更源于农场境内的"老龙坑"传说。在农场北侧 9 公里处，龙泉管理区南部有一个多年自然形成的坑，与地下水相连，四周树木茂盛，水深不可测，不管天多么旱，从来没干枯过。

传说在很久以前，一条性情耿直的黑龙被贬下凡间。一天，黑龙游历到本地，发现一处高台前聚集了很多人，它就化身为老者，来到人群中探听究竟。原来这里久旱无雨，人和牲畜都没有水喝，无助的人们奄奄一息。黑龙看不下去了，决定牺牲自己，拯救这一方水土和这些善良的百姓。于是，黑龙盘旋到半空中用力砸下，在地面上砸成了一个锅状的大坑，泉水汩汩而出。为了纪念善良勇敢的黑龙，百姓将黑龙砸的大坑就取名"老龙坑"。

"福地"，是因为绥滨农场人杰地灵。这里人才辈出，不仅走出了 4 名全国劳模、1 名全国"五一劳动奖章"获得者，还走出了全国著名经济学专家许成刚等各界名人，还有 5 位副省级以上领导和近 30 名厅局级干部。这里，黑龙江、松花江奔流交汇，土壤肥沃。建场前后，历经了清末民初驰名东北的机械和资本开垦荒地的先驱火犁等五大公司、中华人民共和国成立前建立的县办公营农场、东北农垦总局时期的样板农场、改革开放时期的全国农村综合改革试验区。这里更是全国第一个引黑龙江水灌溉的地方，水稻平均单产高于周边地区，位于界江的灌区的渠首更有"龙江第一渠"之美誉。农场被授予"全国粮食生产先进场""国家级农业标准化示范场""精神文明建设工作先进单位"、全国"美丽乡村"等荣誉称号。

龙门福地文化"因水而生"，既是一种农耕文化，也是一种祈福文化，更是一种多元包容文化。一是厚重的辽金文化。农场周边星罗棋布着辽金时期女真人兴建的中兴古城、同仁古城、奥厘米古城、北山古城等遗存、遗址 100 余处。其中，位于农场船队附近的奥里米古城是迄今为止已发现的辽代五国部遗址中规模最大、建制最规范、保存最为完整的遗址之一。二是地域的军旅、垦荒、知青文化。农场始建于 1948 年，是由绥滨县县大队派出的 16 挂马车和 60 名县大队队员组成的，1958 年前后，800 多名复转军人的到来，1959 年的山东支边青年移民北大荒，20 世纪 60 年代末期大批北京、上海、天津、哈尔滨等地知识青年的屯垦戍边、建设北大荒，更为这里注入了时代的文化活力。从这里也走出了一批知青作家、画家、企业家、学者、科学家，涌现出了崔成顺、王佐书、赵晓沫、费明、克明等文化名人。三是在推进现代化大农业建设中，农场始终发扬"勇于开拓，敢为人先"的时代精神，率先在黑龙江垦区乃至全国创办家庭农场，这既是全国农垦系统唯一的农村综合改革实验区，也是全国粮食生产先进场之一。在农田水利，农业科技化、标准化，农业机械现代化小城镇建设等方面也都走在垦区前列。后经过专家考证、史志寻源、文化研讨等，农场逐步挖掘文化精神、凝练文化内涵，最终定位"上善若水"是其文化精粹，演绎出一种善行的道德、包容的品性、进取的精神和生态文明，表达了绿色发展的理念、灵性福瑞的企盼、开拓进取的时代精神。2017年，龙门福地文化研究会宣告成立。

绥滨农场打造龙门福地文化，终极目标为传承农场的时代精神，培育绥滨农场的文化之根、精神之源、农场之魂。现在，龙门福地文化已成为一个响亮的品牌，并有系列产品问世。

第七节　场　　徽

绥滨农场场徽图案为正圆形。

外环上部左右对称的麦穗和下部呈鱼贯形排列的五台拖拉机，象征绥滨农场是一个高度机械化的农业大生产国有企业；外环下部五条平行的弧线，象征正在耕耘的黑土地。

环内的绿色代表广袤的田野，其中的两条波浪线象征黑、松两江，标示了绥滨农场所处的地理环境。

环内的蓝色代表蓝天，一只白天鹅在天空中展翅飞翔，象征绥滨农场经济腾飞，正奔向更加美好的明天。

白天鹅是字母 S 的变形，两条波浪线是字母 N 的变形，这两个字母是"绥农"汉语拼音的大写开头字母，构成绥滨农场的简称。

第六章 纪检 监察

第一节 概 况

农场纪委在 2006 年到 2012 年党的十八大召开前，主要按照《中共中央建立健全教育、制度、监督并重的惩治和预防腐败体系实施纲要》开展工作。围绕农场的农业经营体制改革，重点抓了党风廉政教育，在完善制度、强化监督和纠风护民方面开展工作。十八大以后，纪委实行了"三转"，突出主业，围绕"执纪问责"，运用"四种形态"履行职责。同时，全面落实"中央八项规定"，狠刹"四风"，突出抓了作风建设和廉政风险防控、"清风净土"工程等工作。

2006—2018 年历任相关领导情况如下：2006 年，南野任纪委书记，张怀建任纪委负责人，张军任纪检员（副科级）。2006 年 7 月，张怀建调出，魏荣江任纪委副书记、监察科科长。2007 年 1 月，甘源调入，任纪检员（正科），张军调出。2010 年 1 月，南野内退，施宏伟调入任纪委书记，甘源调出，辛愿调入任纪检员（副科级）。2012 年 7 月，施宏伟调出。2013 年 3 月，刘曙华任党委副书记兼纪委书记。2016 年 1 月，刘曙华不再兼任纪委书记，王广星任纪委书记。2016 年 5 月，王广星调出，何文翠任纪委书记。2016 年 6 月，辛愿任监察科副科长，张宏博调入纪委任干事。2017 年 3 月，辛愿调出。

第二节 党风、党纪、党性教育

13 年间，农场纪委每年把《中国共产党纪律处分条例》和《中国共产党领导干部廉洁从政准则》《中国共产党党内监督条例》作为对党员干部廉政教育的重点。从 2006 年开始，在全场党员中深入开展以《建立健全教育、制度、监督并重的惩治和预防腐败体系实施纲要》为中心的学习活动。2008 年开展了"明确岗位职责，增强廉政意识"岗位廉政教育活动，对掌管"人权、财权、事权"的领导进行专项岗位廉政风险教育。2010 年通过廉政考试、组织知识竞赛等多种形式加强廉政教育。2011 年开始推行"听取民意日"活动。2006—2011 年，每年都开展"五廉"教育，即"知廉"——全体党员干部都要认真学习《中国共产党纪律处分条例》等党内法规；"学廉"——在全场范围内选树党风廉政建设先进典型，以典型引路；"警廉"——用典型案例进行警示教育，要求全年观看电视专题片和学习警示通报不少于4次；"送廉"——完善和规范领导干部重大事项向纪委请示报告制度；"述廉"——党政领导在职工民主大会向群众进行述职述廉。2012年集中开展了"反腐倡廉警示教育月"活动。制定了培养"好作风"实施方案，在党的十八大召开前组织开展了"书法送廉政"活动和网上答题活动。组织党员干部集中观看了《惊天大案》《四风之害》《生命线》《岂是妻儿惹的祸》等警示教育片和廉政教育片，公开通报全国、全省及垦区内部违纪案件，用典型案件教育党员干部廉洁从政。集中学习了垦区"十佳公仆"唐勇德和邓寿平、焦裕禄、杨善洲、于海河等一批国家级和省级先进英模事迹，组织全场党员干部撰写学习体会并进行了公开展评。2013年，开展了"好作风如何养成"活动和"楷模的力量"先进人物颁奖活动。2014年，开展了党风廉政建设辩论赛和"我身边的好人"推荐评选表彰活动。2015年，在全场各党支部开展了"六课"教育。2016年，组织全场党员干部收看了《永远在路上》警示教育。

2016年，农场纪委为每名班子成员建立了"一岗双责写实簿"，举办了"党内两项法规"知识大赛、"学《条例》《准则》书画颂廉政"笔会，开展了"准则条例学习活动年"活动。党委书记、场长分别专题讲廉政党课各1次，深入管理区开展廉政微课堂活动4次，各级党组织分散自学200余次，全场集中开展警示教育2次。党员干部撰写体会文章近400篇，并设立了展示台，对优秀体会文章进行了展示，对存在的问题进行了点评。农场纪委书记何文翠带队，代表管理局参加总局纪委举办的"党内两项法规"知识大赛获二等奖。

2017年，农场纪委认真贯彻落实《关于落实党风廉政建设党委主体责任和纪委监督责任的实施意见》，严格按照党委理论中心组学习计划组织学习，加强了对两个《准则》和三个《条例》的学习，增强党政领导班子成员履责意识和能力，加强对分管部门和领域的日常管理与监督，建立了本行业、本系统"不敢腐、不能腐、不想腐"的有效机制。采取授课讲座与"互联网＋"平台相结合的方式，开展警示教育、学习党规党纪，党员领导干部撰写体会文章300余篇。拍摄了警示教育专题片《失控》。组织全场各级党组织开展专题民主生活会，深刻吸取鸭绿河农场领导班子严重违反"中央八项规定"精神问题的教训，并上报了会议记录和发言材料200余篇。

2018年，召开了两次党风廉政建设暨反腐败工作专题会议，制定下发了工作要点和目标责任分解。完善"一站两微"教育平台建设，及时发布推送廉政典型事迹、党纪法规、通报通知等内容；利用农贸大集进行监察法的现场宣传和讲解；推选廉洁自律楷模，进行表彰，并在年底集中宣传。通过专题党课、主题党日、周五大讲堂等载体活动开展集中培训，组织全场党员干部学习监察法和纪律处分条例 2 次，警示案例专题讲座 3 次，政德教育 1 次，针对涉农贷款案例集中研讨学习 1 次，召开党员干部家属"当好廉内助，共树好家风"主题座谈会 1 次。在全场举办了廉政知识竞赛活动，133 名党员干部参加了考试，对 5 名成绩不合格的党员干部通报批评，并扣发了工资。

13 年中，农场纪委先后对外上稿近 200 余篇。其中，由纪委工作人员写的稿件在省纪委《明鉴》杂志上稿 20 余篇，在中纪委核心刊物《中国纪检监察报》《中国监察》上稿 10 篇，在《中国纪检监察报》全国纪检系统征文中入选两篇，是垦区唯一有文章入选的单位。

第三节　党风廉政建设

2006—2018 年，农场党风廉政建设与反腐败斗争主要分为两个阶段。第一阶段是 2006—2012 年，重点是落实中共中央《建立健全教育、制度、监督并重的惩治和预防腐败体系的实施纲要》要求，着重抓好"责任、教育、制度、监督改革、纠风、惩处、队伍" 8 个方面的工作，认真坚持"党委统一领导、党政齐抓共管、纪委组织协调、部门各司其职、依靠群众支持和参与"的工作机制。党委召开党风廉政建设工作会议，下发工作要点，落实"一岗双责"，层层签订党风廉政建设责任状。2008 年，开始规范实施"三重一大"制度，开展了"制度落实年"活动。2009 年，采取考评硬件加分的方法，公开录用了 37 名居民组管理员和 7 名畜牧、林业员。2010 年，全面落实总局纪委"清风净土"工程，在党员干部中开展了"兴五风、做表率"活动。2011 年被定为制度建设年和作风建设年。先后建立了《绥滨农场党委民主决策》《绥滨农场工程管理办法》等 92 项制度，签订党风廉政建设责任状 180 份，将 23 项责任目标分解到 3 个牵头部门和 23 个协管部门。规定每年进行两次考核，与评先、选优、绩效工资挂钩。按照总局、管理局纪委的要求，建立了科、队两级"三重一大"决策制度。完善了药品招标比价采购、20 万元以下小型工程招投标、干部选拔和任用制度。2011 年，农场党委被管理局党委授予实施反腐倡廉"清风净土"工程先进党委，第二管理区被授予科队级反腐倡廉建设标兵单位；第四居民组被授予反腐倡廉建设示范单位。第二阶段是 2012 年党的十八大到 2017 年的十九大，按照党中央关于全面从严治党的要求，党风廉政建设进入了一个前所未有的新时期。农场按照省纪委、管理局党委的要求，全面开展廉政风险防控工作。按照各部门、各执法执纪单位职能和职权编制职权目录，绘制"权力运行流程图"。排查与识别廉政风险，按照"高、中、低"三个等级进行评定,制定防控措施。建立了廉政风险预警处置机制和风险防控管理评价体系。全场共梳理单位权力事项465项,排查风险点1966个(其中高风险等级416个、中等风险等级1040个、低风险点510个),评定了333个岗位、36个部门的风险等级。按照习近平总书记"把权力关进制度的笼子"的要求,完善了一系列制度。特别是"中央八项规定"出台以后,农场党风廉政建设进一步加大了对公车私用、公款吃喝等"四风"问题的查处力度。2013年,开展了"一优三好"活动和"好作风大家评、谁为你点赞"微信平台集赞活动。2014年,党中央进一步明确了党委的主体责任和纪委的监督责任,农场党委主动担负起反腐倡廉的主体责任,做到全面部署、层层压实责任。2015年,为进一步强化对领导干部的监督,60名领导干部填写了《领导干部配偶子女经商办企业申报表》。

2016年,党委专门研究党风廉政建设会议4次,兑现了2015年对全场党风廉政建设责任状的奖惩。创新了管理局工会主席任支部纪检委员,强化了基层监督工作,纪委牵头对管理区的管理人员出假合同、假证明及串用农业贷款、滥用职权向职工借款等问题进行了专项整治。

2017年,党委对所有班子成员抓责任制落实情况进行了4次督查,并提出指导性意见13条。对基层党组织落实党风廉政建设情况进行了调研,并对基层党组织负责人进行了培训,就反腐倡廉形势、任务、如何落实"一岗双责"等方面进行指导,增强基层党组织抓党风廉政建设的积极性和责任意识。

2018年,制定出台了《关于全面加强党风廉政建设工作的若干规定》和《党风廉政建设"一岗双责"实施办法》;针对农场企业化改革,制定了《绥滨农场有限公司纪委工作职能》和《纪委工作人员岗位职责》《绥滨农场有限公司机关管理办法》。

创新下发"三谈两清一访"工作记录簿68册。对各级干部履行主体责任进行制度上的规范,召开了"清风净土"政治生态建设专题工作会议,制定了农场的实施方案,落实了责任部门和责任目标,并对基层支部下达了16项考核指标。围绕农场"两管双服"党员管理模式,研究制定了考核办法,充分调动党员干部参与组织生活的积极性。

第四节 党内监督

一、党内民主决策制度

农场党内监督的主要方式是民主集中制,执行的主要依据是《中国共产党党内监督条例(试行)》。重大事项实行党组织民主决策,具体体现形式为党委《三重一大民主决策制度》。2006 年，农场党委制定下发《关于进一步做好领导班子和领导干部述职述廉工作的意见》的通知，全场各级领导干部每年都要在职工民主大会上进行述职述廉。2011 年，进一步完善了《绥滨农场党政班子民主决策议事规则》，按照党中央每一时期的重大部署，召开专题民主生活会，广泛征求群众对党委和主要领导及班子成员的意见。从 2011 年起，纪委副书记列席党委会，对会议进行全程监督。2014 年，农场纪委创新了党风廉政建设工作室制度。2015 年，被管理局纪委授予创新奖。

2016 年，开始实行报备制度，每季度向管理局纪委报备"三重一大决策"。

二、党员领导干部廉洁自律工作

农场党委和纪委把党员干部廉洁自律作为重点工作来抓，在制度建设和机制完善上不断创新。坚持实施领导干部个人重大事项报告制度，13 年中累计有 130 名党员干部在婚、丧、嫁、娶、乔迁新居、子女升学方面按时向纪委进行了申报，自觉接受监督。每到传统节假日和干部子女开学等关键节点，纪委都会以公示、电视广播、网络短信、微信等形式发出通知，不准违规操办。

2007 年，党委认真贯彻《中共中央纪委关于严格禁止利用职权上的便利谋取不正当利益的若干规定》，并进行了专项举报。2008 年，规范实施了科及科以下单位"三重一大"制度的意见。在廉洁自律建设中，党委和纪委都能做到关口前移，防患于未然。在小工程集中招标、航化作业化肥统购等项目上，由职工首席代表和农业等相关业务部门共同商定，进行票决。飞机航化作业、工程施工承包方都要与农场相关部门签订廉政合同。在干部任用选拔中，认真执行《党政干部任用条例》，特殊岗位采取公开选拔竞聘上岗。2012 年和 2014 年，通过笔试、面试等程序公开选拔了 30 名后备人才。加强干部任前、任中和任后的全程监督，每次提拔干部前都要征求纪委意见，提拔后进行集体廉政谈话。2012 年，"中央八项规定"下发以后，按照中央的要求，开始反"四风"。对党员干部廉洁自律的要求更加严格，特别是在规范公务招待、公务用车、职务消费货币化等方面更加规范。过去长期存在的公款吃喝、公车私用等不廉洁现象得到了有效遏制。2015 年，转发了总局纪委《关于印发规范垦区各级领导干部操办婚丧事宜实施细则》，并进行了广泛宣传和贯彻落实。

2016 年，对干部选拔任用进行监督，取消了两名干部的提拔任职资格，防止"带病提拔"。对所有提职干部、调整干部全部进行廉政谈话，分三批共谈话 60 多人次。有 16 名党员干部按规定报告了家庭婚丧事项。

2017 年制作了切实可行、具有可操作性的《党政领导班子落实主体责任操作手册》，严格履行《党政领导干部选拔任用工作条例》，对所有调整干部进行了任前廉政谈话。严格执行党员领导干部个人重大事项报告制度，重点采取事前提醒、事中监督和事后要求进行书面报告的措施。共有 14 名党员干部按要求进行报告。针对干部子女升学较多的情况，专门召开了"节俭文明升学，拒办学子宴"干部家属座谈会。

2018 年，农场领导、12 个牵头部门和 20 个基层党组织，与副职领导和党委委员签订责任状 8 份，与基层单位党政主要领导签订责任状 28 份。农场党委召开了"一岗双责"工作汇报会，对 7 个工作落实不力的单位党政主要领导进行了集体约谈。针对高考、中考节点，发布禁止党员干部为子女操办"升学宴"的通知，18 名党员干部及家属参加了"亲情促廉　拒办学子宴"专题谈会；紧盯党员干部婚丧嫁娶大操大办问题，20 名党员干部按照要求进行了重大事项报告。

第五节　办事公开化制度建设

2006—2018 年，农场公开化办事制度不断完善。农场成立了办事公开化领导小组，建立了党务、政务、财务公开栏，对基层单位公开情况进行专项检查。2007 年以前，各居民组大户承包体制还未彻底变动，按照农场要求，每年由种植户对承包大户进行民主测评，并在大会上进行公开述职。2008 年以后，大户承包体制彻底解除，农场对办事公开化要求更加严格，专门出台了党发〔2008〕7 号文件，明确规定了居民组精神文明建设经费具体使用办法。下发了党发〔2008〕11 号文件《绥滨农场基层单位建立健全民主监督管理委员会工作机制实施方案》，规定居民组生产经营、财务管理等重大问题必须由民主监督管理委员会决定。一次性使用 2 万元以下的必须有 5 人签字；2 万元以上的由基层民主管理委员会签字。

2009 年起，随着撤队并区和城镇化建设的不断深入，管理区、居民组办事公开化工作遇到了新问题。为了加强信息公开的力度，2010 年在红山管理区设立了电子屏查询机，收录各种涉及种植户切身利益的数据。只要种植户输入自己的姓名，即可查询自家的种植面积、收货标准、风险理赔、航化作业、惠农资金等全部信息，极大地方便了群众。农场纪委、工会、计财科每年都对各基层单位进行专项检查，重点是办事公开化制度。对查出的问题进行纠正，对群众反映的问题进行处理。2010 年，在红山管理区建立了家庭农场往来明细卡。2013 年以来，农场规定管理区每公顷土地提取 300 元自筹自用资金，用于农业生产基础设施建设。为了管理和使用好这笔资金，农场专门出台了《绥滨农场自筹自用资金使用管理办法》，并要求进行会议公开和专栏公开。督促管理区自觉接受群众监督，规范使用自筹自用资金。2014年，由农场工会牵头，纪委、审计、计财、政研等部门对所有管理区自筹自用资金使用情况进行逐项检查，对查出的问题限期进行自查纠正，共纠正资金18万元。农场机关在办公楼内设置了公开栏，党务、政务、财务及其他相关文件、政策都及时进行公开。在每年的职代会上，农场财务状况和领导收入等内容都向职工代表进行公开，以此推动基层单位信息公开化，向规范、透明、及时、可信的方向发展，从而进一步密切了干群关系，保证了职工群众的知情权、参政权、议政权。

2016年，农场出台了《关于规范和完善违纪案件查处协调机制的意见》，加大与监察、审计、财务、公安等部门的配合协调。

2017年，农场制定《关于基层党组织民主议事规则有关规定》，强调了基层党组织民主议事原则的重要性，明确了民主议事的范围和内容，规范了民主议事的形式和程序，并对民主议事的决策落实和公开时限提出了要求。

第六节 "双评" 和"三满意" 创建工作

2006—2011年，农场继续执行分局纪委"端正政风行风，优化发展环境"最佳和最差单位评议活动，简称"双评"。

2006年开展的"正行风，促发展"最佳、最差单位民主评议活动，参评部门分为两大类24个部门，一组为公安分局、监察室、法庭、司法科、工商物价所、建设科、卫生科、教育科、交通科、质量技术监督局、环保局、国土资源科、审计科等13个部门，另一组为经济管理和社会服务部门，包括计财科、水务局、外贸（粮食科）、人事科、劳资科、经贸委（工业科）、民政局、社保分局、科技科（在农业科）、宣传部（文化局）、通信中心11个部门。活动采取问卷测评、听证评议和工作考核相结合的方法进行。60分以上为达标单位，综合得分低于60分的单位为最差单位。在考核中采取日常考核、集中考核并行的方法，对被评为最佳单位的进行表彰，最差的进行黄牌警告。

2007年，农场制定了《"端正政风行风，优化发展环境"最佳最差单位评议活动工作方案》。法庭、监察室不再参加评议，执法监督部门增加了安全科，综合管理部门增加了广播电视局、政研室。评议内容与往年基本相同：一是业务公开化情况；二是履行职责、依法行政情况；三是简化办事程序，提高工作效率情况；四是为管理和服务对象办实事情况；五是纠正和查处"三乱"情况。

2008年，农场制定了《"关注民生、服务发展"群众最满意单位评议活动工作方案》。

有 36 个部门参加评议，其中增加了 12 个驻场单位（国税、地税、财政所、邮局、人寿保险、农行、电业局、燃料公司、新华保险、太平洋保险、阳光保险、信用社）。评议内容主要是：是否出台了优化经济发展环境的优惠政策和便民措施；是否对企业和群众反映的问题及时解决。绥滨公安分局获管理局最佳单位奖，并于 2009 年 9 月 19 日在管理局"关注民生，服务发展"群众最满意单位评议活动推进会上介绍了经验。

2011 年，按照管理局纪委的要求，农场开展了民主评议"群众满意学校""群众满意基层站所和窗口单位"活动。目的是通过 3～5 年的集中评议，使政风行风进一步好转，行业监管明显加强，群众诉求渠道更加通畅，满意度大幅度提高。"三满意"评议问卷测评、听证评议由管理局纪委监察局组织实施，农场纪委、监察科协助，工作考核由教育局、卫生局组织实施。参加"群众满意基层站所和窗口单位"评议的有公安局、工商局、畜牧兽医水产科、司法科、交通运输科、国土资源所、社保分局、城管局、通信公司等单位，由管理局纪委监察局组织协调，各行业主管部门负责组织实施。2011 年，驻农场国土资源所获"三满意基层站所"称号；2012 年，农场公安分局获"三满意先进单位"称号；2013 年，农场医院获"三满意先进单位"称号；2014 年，农场社保局获"三满意先进单位"称号；2015 年，农场建立了微信平台"好作风大家评"，对农场机关各部门和"三满意"等参评单位进行微信投票评议。2016 年以后，此项工作不再开展。

第七节　廉政文化建设

为贯彻中央《建立健全教育、制度、监督并重的惩治和预防腐败体系实施纲要》和总局、分局落实《实施纲要》具体意见，农场深入开展廉政文化活动，贯彻廉政文化"六进、六上、六有"的原则，建立健全廉政文化长效机制，开展廉政文化"十个一"活动。农场纪委从抓规划、抓队伍、抓基地、抓创作入手，把廉政文化纳入党风廉政建设重要议事日程。2006 年，开展了书画颂廉政和廉政漫画展。2007 年，组织了"和谐春雨润绥滨"广场文化演出。同年，在管理局纪委、广播电视局、工会、宣传部组织的创作和演出评比活动中，农场获得了优秀组织奖，歌曲《雪的颂歌》获一等奖，小品《情礼》获三等奖。2008 年，举办了"光荣传统永不忘"美术、书法摄影作品展。2009 年，在省纪委、省宣传部、省文联、省广播电视局四部门联合举办的"迎国庆、颂清廉"廉政文化展上，农场选送的油画作品《王瑛》获一等奖，于 2010 年被省纪委收藏；魏荣江、王栋、孔静静的作品《廉政广告是一盏灯》获二等奖；魏荣江作词、耿全曲、李玉文演唱的《雪的颂歌》获二等奖。2010 年，在垦区首届"清风净土"廉政文化作品展中，农场选送的作品分别获二等奖一个、三等奖三个，是垦区获奖最多的农场之一。2012年，农场投资100万元，在第二管理区修建了廉政文化广场。同年，农场在管理局"迎七一净土沃宝泉"廉政歌咏大赛中荣获二等奖。农场纪委副书记魏荣江被黑龙江纪委等省五部门联合授予"黑龙江省百名廉政文化带头人"荣誉称号，2013年3月15日受到总局纪委的通报表彰，垦区获此项荣誉者仅此一人。在2013年的"清风飘香宝泉岭"廉政书法美术作品展中，农场获美术一等奖一个，书法二等奖一个，美术二等奖一个、三等奖一个，优秀作品奖一个。同年，在科技园雕塑景观长廊中设置了26个廉政文化名言标牌，在文化广场长廊内书写了廉政文化名言，还在红山、近思两个管理区投资6万余元，设立了廉政文化宣传栏。2015年，农场在红山管理区建立家庭廉政文化大院一个，得到总局"清风净土"工程调研小组的充分肯定。

2017年，农场组织书法美术爱好者创作廉政文化作品26幅。开展家庭助廉活动，在全场各支部中开展了"颂廉洁家风，传福地美德"好家风征文大赛，共有30名选手参加，评选出一、二、三等奖和优秀奖，并在文化广场进行朗诵表演。

2018年，农场举办了推进"清风净土"政治生态建设征文和演讲比赛，评比结果列为基层党建考核的基础内容。针对每名党员的不同情况逐一制定学习清单，全场组织专题学习4次，各支部组织专题学习80余次，上交学习情况综合反馈20份。

第八节　专项清理

在农场党委的领导下，纪委一直把专项清理作为解决群众反映强烈的问题、从源头上防治腐败和不正之风的重要举措。针对在改革和经济发展中出现的新问题，及时采取专项清理措施。

2007年，在大户承租体制结束后，农场对承租期出现的问题进行了专项清理。干部及其亲属退地500多公顷，调整居民组组长3人，1名干部因种地不交费涉嫌犯罪被追究刑事责任。

2008年5—9月，按照管理局党委的统一安排，农场在管理区、居民组开展了"三清"工作（清理耕地面积和对农业职工群众收费情况，清理国家惠农政策补贴兑现情况，清理收支两条线规定执行情况）。清理工作分四个阶段：一是学习动员和制定方案，二是自查自纠、切实整改，三是整章建制，四是检查考核。清理范围主要是2007年以来存在的问题。农场成立"三清"工作领导小组，下设综合办公室和三个专项清理工作办公室，由纪委牵头负责组织协调和情况综合。第一步要求各单位在6月20日之前自查自纠上缴农场，第二步由农场三个专项清理工作办公室根据单位自查自纠和群众提出异议或举报情况，分别组织验收组对自查自纠情况进行验收。为了工作精准到位，农场选调了 10 余名新分配的大学生，充实到验收复查小组中，并进行了业务培训、明确了纪律要求。从 6 月中旬开始，对全场 37 个居民组所有的耕地，按照 2006 年航拍全场的耕地面积及种植户与农场签订承包合同的面积，逐个地号进行测量。复查小组每天从早晨 4：30 忙到晚上 7：30，不辞辛苦，坚持原则，顶着来自各方面的压力，历时三个多月，完成了全场耕地面积的实地勘察，实测出计划外面积水田 356.28 公顷、旱田 1420.61 公顷。这些旱、水田按当年利费计算，每年可为农场增收利费 396.3 万元。同时收缴违纪款 20 余万元，给予 1 人党纪处分。这次专项清理是农场建场史上规模最大、程序最严密、效果最明显、业绩最突出的一次，不仅有效地减少了国有资产的流失，更为遏制以地谋私、违纪违法、从源头上制止腐败打下了坚实的基础。

2009 年，农场根据分局"三清"工作"回头看"方案要求，结合农场实际，对耕地面积、惠农政策落实情况、财务收支两条线情况又进行了"回头看"工作。

2011 年，农场又在小范围内开展了"三清"工作，再次"回头看"，对旱田改水田面积重新核查，补收 111.3 万元，对存在的问题进行了纠正。

2016 年，农场对小金库专项清理 2 次。由纪委牵头，对党员干部以帮农户贷款为由出假合同、假证明，以及串用农业贷款、滥用职权向职工借款等问题进行了专项清理。对工程进行 1 次专项清理。

2017 年，开展脱贫攻坚专项检查 2 次，并按照上级要求成立脱贫攻坚监督工作小组，采取全面检查和随机抽查相结合的方式，聚焦精准扶贫工作推进落实情况，做到底数清、情况明，措施切实可行。重点加强关注"中央八项规定"精神、小额农贷使用、基本田享受、办事公开等方面存在的苗头性问题，对上述问题进行了专项检查。

2018 年，制定了"六治六兴"活动方案及扶贫领域腐败和作风问题专项治理实施方案，各基层党组织开展了自查并形成书面报告 20 份。针对垦区近几年涉农信贷问题频发的现象，制定了农户信贷安全须知，下发风险提醒通知书 1000 余份，管理区党员干部签订承诺书 12 份。农场纪委还对大棚房清理工作进行了专项检查。

13 年间，农场对工程领域突出问题专项清理 2 次。重点是撤队并区、拆迁房屋的合法、合规性，房地产开发商管理上的问题以及建筑市场管理是否规范，建设安全生产管理是否到位，建筑施工单位是否具备主体资格，工程是否按照规定进行招投标等，对查出的问题逐一进行整改。为严肃财经纪律，农场多次组织有关部门对企事业单位小金库问题进行专项清理，有力地杜绝了小金库现象的发生。

第九节 案件查处

2006—2018 年，纪委在案件查处上严格执行《中国共产党纪律处分条例》和中纪委、省纪委关于案件检查的相关规定，重点对侵害群众利益、以地谋私违反财经纪律、党员干部侵害他人人身权利等问题进行了立案查处。党的十八大以后，按照中央执纪监督的要求，主要采取"四种形态"监督执纪，防止干部断崖式腐败。10 年间，共立案查处违纪案件 22 件，处分党员干部 26 人，给予党内警告 11 人、严重警告 11 人、开除党籍 4 人，其中追究刑事责任 3 人，为农场挽回经济损失 200 余万元。农场多次被评为管理局纪检系统案件检查工作先进单位。

2016 年，共受理各类问题线索 41 起，其中上级移交 16 起（含省委巡视 11 起）、法院移交 3 起、公安移交 6 次；合计了结 38 起，其中初核 30 起、了结 29 起、立案 11 起、已结案 10 起，党纪处分 10 人、组织处理 1 人。

2017 年，立案 2 起，办结 1 起，给予党内警告处分 1 人。受理信访 4 件、办结 2 件。

2018 年，共受理问题线索 14 件，了结 13 件，其中初步核实 4 件、转办督办 4 件；另对 1 个老问题进行认真甄别，积极化解矛盾。把握运用监督执纪"四种形态"，加大纪律审查力度。第一种形态运用 6 件次，对 5 名干部进行了提醒谈话、对 37 名党员干部进行了通报批评；第二种形态运用 2 件次，给予 1 人党内严重警告处分、组织调整 1 人。

第十节 队伍建设

2006—2018 年，农场纪委在上级纪委和农场党委的领导下，为适应纪检工作的需要，不断加强政治学习、理论和纪检监察业务学习，努力打造一支过硬的纪检监察队伍。共有 20 人次参加省和总局、管理局举办的培训班，有 7 人次参加中央纪委举办的培训班。通过培训和自学，全体纪检监察干部的政治理论和业务素质整体提高，无论是执纪还是办案，都能严格程序、秉公执纪。案件质量得到保证，没有一件错案发生。在管理局纪委举办的"铁案杯"比赛中先后获得二等奖一个、三等奖一个。纪委在 2010、2011 年被农场评为先进科室，被管理局党委授予"党风廉政建设先进集体"称号。纪委副书记魏荣江被总局党委授予"纪检监察系统先进个人"称号，代表管理局优秀党务工作者在管理局党委召开的"庆祝建党 90 周年"大会上进行了个人事迹介绍，是大会 5 位典型发言人之一。有 20 人次被评为管理局优秀纪检干部，有一名同志作为办案能手多次参加总局办案。有

16篇调研报告和论文被评为管理局级优秀论文，有3篇被评为一等奖，纪委的工作经验在管理局纪检系统内进行交流，纪检干部的个人工作体会在《中国纪检监察报》上被刊用，并在人民网、央视网上刊登。

第十一节 纪律检查委员会

2009年12月12日，中国共产党绥滨农场第十三次代表大会召开，会上选举产生了中共绥滨农场纪律检查委员会纪委委员7人：南野、魏荣江、甘源、张超英、王建军、宋秀吉、杨晓东。中共绥滨农场十三届纪律检查委员会一次会议产生了书记南野，副书记魏荣江。

2016年12月28日，中共绥滨农场第十四次代表大会召开，大会选举产生中共绥滨农场纪律检查委员会纪委委员7人：何文翠、魏荣江、王建军、辛愿、张超英、殷光伟、张宏博。纪律检查委员会第一次全委会选举产生书记何文翠，副书记魏荣江。

第七章 工 会

第一节 概 况

绥滨农场工会始终把建设党委放心、群众满意、职工信赖的充满生机、活力的职工之家作为目标，坚持在维护职工权益中树立威信，在服务大局上展示作为，最大限度地凝聚了职工爱家，促进了职工建家，发动了职工管家，把工会真正建成了职工的学习之家、民主之家、小康之家、温暖之家、文明之家。

2006—2018年，农场工会在编5人，包括工会副主席、干事2人、会计1人、工人1人。

历任工会主席：王勤、南野（党委副书记兼工会主席）、施宏伟（党委副书记兼工会主席）、王广星、刘曙华（党委副书记兼工会主席）、张明（党委副书记兼工会主席）。

历任副主席：龚德明、陆相林、张怀建、王栋。

2006年，全场9个管理区、37个居民组中，大部分单位工会主席由党支部书记兼任。2013年1月，农场设立了12个管理区，配齐12名专职工会主席，使工会组织建设得到加强。

2009年，农场工会被全国争创活动领导小组授予全国学习型组织先进单位称号；2014年，农场女工委被总局工会授予垦区女职工组织标准化建设先进单位称号；学校、农场女职工大讲堂分别于2017年和2018年，被总局工会委员会授予"三八"红旗集体称号。

2018年，三江机械厂厂长艾丽荣获省总工会授予的女职工创新能手称号，三江机械厂被评为模范职工之家；龙门福地酒业董事长陆书芬荣获省创业标兵称号；女职工孙绪琴在省总工会举办的"喜迎十九大 女劳模风采"摄影赛中获得一等奖。

第二节 工会组织

2006年，全场有基层工会组织57个，其中个体私营企业4个、国有企业53个；工会会员约 1.2 万人，其中职工会员 5673 人、离退休会员 2328 人、解除合同会员 3036 人、非职工劳动者会员 942 人。到 2018 年，有工会组织 22 个，会员 9163 人。2001 年以后，根据《中华人民共和国工会法》和《黑龙江省实施工会法条例》的要求，工会组织向个体私营企业和外来务工人员延伸。

第三节　民主管理与民主监督

为加强民主管理与监督工作，农场每年召开一次职工代表大会。基层单位每年 3 月前召开一次职工民主管理大会。实行职工代表巡视制度，每年巡视两次，充分发挥职工代表参政议政作用。2016 年实行首席职工代表民主议事会制度，在职代会闭会期间，对于统供种肥、农机补贴等涉及职工切身利益的事项，专门召集各管理区首席职工代表召开民主议事专项会议，2016—2018 年共召开 15 次。管理区建立了民主议事会、生产管理委员会、职工监督委员会等民主管理组织。同时，在农场机关，各基层单位都设立了场务、区务公开栏。2014 年，各单位建立了专属的微信群公开平台，凡是职工群众关注的问题都及时进行线上线下同步公开，自觉接受社会监督。农场全面实行了平等协商签订集体合同制度，使企业民主管理走向了法制化轨道。2006—2018 年，全场集体合同签订率达到 100%，集体合同履行率达到 100%。13 年间，全场共收到职工合理化建议和各种提案 800 余件，被采用近 600 件。

第四节　职工代表大会

2006 年 1 月 18 日，绥滨农场第十三届二次职工代表大会在农场学校会议室召开。参加会议的正式代表 231 人，特邀代表 20 人，列席代表 5 人。大会听取审议了场长张万山所作的题为《把握战略机遇期　坚持科学发展观　为加速建设社会主义新农场而努力奋斗》的工作报告。党委书记于志臣作了题为《同心同德　求实创新　确保农场"十一五"规划和 2006 年各项工作目标的全面完成》的讲话。提案征集委员会对带有普遍性的问题进行了分类整理，归纳为三个方面。大会审议通过了《农场工作报告》《绥滨农场 2006 年关于完善土地承包制度及经营管理的若干政策》等各项决议。

2007 年 1 月 25 日，绥滨农场第十四届一次职工代表大会在贵通宾馆召开。参加会议的正式代表 229 人，特邀代表 23 人。大会听取审议了场长侯新华所作的题为《务实创新富民　又好又快发展　为构建和谐绥滨农场而努力奋斗》的工作报告。党委书记于志臣作了题为《振奋精神　攻坚克难　为全面完成职代会确定的各项目标而努力奋斗》的讲话。提案征集委员会对带有普遍性的问题进行了分类整理，归纳为四个方面。大会审议通过了《农场工作报告》《绥滨农场2007年经济与社会发展若干规定》等各项决议。

2008年1月10日，绥滨农场第十四届二次职工代表大会在贵通宾馆召开。参加会议的正式代表300人，特邀代表25人。大会听取审议了场长侯新华所作的题为《开拓奋进　科学发展　为夺取我场全面建设小康社会新胜利而奋斗》的工作报告。党委书记于志臣作了题为《统一思想　精心筹划　狠抓落实　为实现职代会确定的各项目标而努力奋斗》的讲话。提案征集委员会对带有普遍性的问题进行了分类整理，归纳为三个方面。大会审议通过了《农场工作报告》《绥滨农场2008年经济与社会发展若干规定》等各项决议。

2008年12月30日，绥滨农场第十四届三次职工代表大会在农场学校会议室召开。参加会议的正式代表300人，特邀代表22人。大会听取审议了场长侯新华所作的题为《抢抓新机遇　打造新绥滨　实现新跨越　为开创农场科学发展新局面而努力奋斗》的工作报告。党委书记于志臣作了题为《深刻领会　科学部署　落实有力　为实现职代会确立的各项目标而努力奋斗》的讲话。提案征集委员会对带有普遍性的问题进行了分类整理，归纳为三个方面。大会审议通过了《农场工作报告》《绥滨农场2009年经济与社会发展若干规定》等各项决议。

2009年12月26日，绥滨农场第十五届一次职工代表大会在农场学校会议室召开。参加会议的正式代表315人，特邀代表21人。大会听取审议了场长侯新华所作的题为《实施优农战略　打造工业园区　建设魅力绥滨　为争创经济社会全面发展示范场而努力奋斗》的工作报告。党委书记于治臣作了题为《加强领导　提升素质　狠抓落实　为完成职代会确定的各项任务提供有力保障》的讲话。提案征集委员会对带有普遍性的问题进行了分类整理，归纳为四个方面。大会审议通过了《农场工作报告》《绥滨农场2010年经济改革与发展若干规定》等各项决议。

2010年9月11日，绥滨农场第十五届二次职工代表大会在农场学校会议室召开。参加会议的正式代表313人。大会听取审议了场长侯新华所作的题为《统一思想　把握机遇　迎难而上　加快发展　为加速实现农场经济和社会全面发展目标而努力奋斗》的工作报告。党委书记于治臣作了题为《提高认识　加强领导　狠抓落实　为完成职代会确定的各项任务提供有力保证》的讲话。提案征集委员会对带有普遍性的问题进行了分类整理，归纳为四个方面。大会审议通过了《农场工作报告》《绥滨农场2011年经济改革与发展若干规定》等各项决议。

2010年12月16日，绥滨农场第十五届三次职工代表大会在农场学校会议室召开，参加会议的正式代表 313 人，特邀代表 24 人。大会听取审议了场长侯新华所作的题为《转变发展方式　建设绿色绥滨　为实现经济社会全面发展示范场目标而努力奋斗》的工作报告。农场党委书记于治臣作了题为《领会精神　突出重点　狠抓落实　为实现职代会确立的各项目标而努力奋斗》的讲话。提案征集委员会对带有普遍性的问题进行了分类整理，归纳为四个方面。大会审议通过了《农场工作报告》《绥滨农场 2011 年经济改革与发展若干规定》等各项决议。

2011 年 12 月 14 日，绥滨农场第十五届四次职工代表大会在农场学校会议室召开。参加会议的正式代表 313 人，特邀代表 20 人。大会听取审议了场长李思军所作的题为《践行"三创"精神　实施"强工"攻坚　为实现经济社会全面发展决定性变化而努力奋斗》的工作报告。党委书记俞新利作了题为《深入学习　凝心聚力　真抓实干　为实现职代会确立的各项目标而努力奋斗》的讲话。提案征集委员会对带有普遍性的问题进行了分类整理，归纳为八个方面。大会审议通过了《农场工作报告》《绥滨农场 2012 年经济改革与发展若干规定》等各项决议。

2013 年 1 月 6 日，绥滨农场第十六届一次职工代表大会在农场学校会议室召开。参加会议的正式代表 302 人，特邀代表 22 人。大会听取审议了场长李思军所作的题为《加快产业发展　建设幸福绥滨为率先全面建成小康社会而努力奋斗》的工作报告。党委书记俞新利作了题为《认真学习　勇于担当　真抓实干　为实现职代会确立的各项目标而努力奋斗》的讲话。提案征集委员会对带有普遍性的问题进行了分类整理，归纳为六个方面。大会审议通过了《农场工作报告》《绥滨农场 2013 年经济改革发展若干规定》等各项决议。

2013 年 12 月 30 日，绥滨农场第十六届二次职工代表大会在农场学校会议室召开。参加会议的正式代表 308 人，特邀代表 21 人。大会听取审议了场长李思军所作的题为《坚持改革创新　实施六大战略　为全面打造幸福绥滨而努力奋斗》的工作报告。党委书记俞新利作了题为《统一思想　强化责任　立足服务　为全面打造幸福绥滨而努力奋斗》的讲话。提案征集委员会对带有普遍性的问题进行了分类整理，归纳为六个方面。大会审议通过了《农场工作报告》《绥滨农场 2014 年经济与社会发展若干规定》等各项决议。

2014 年 12 月 28 日，绥滨农场第十六届三次职工代表大会在农场学校会议室召开。参加会议的正式代表 307 人，特邀代表 19 人。大会听取审议了场长李思军所作的题为《推进"三大战略"任务　扎实做好各项工作　为建设经济社会全面发展示范场而努力奋斗》的工作报告。党委书记俞新利作了题为《求真务实抓落实　咬定目标不放松》的讲话。提案征集委员会对带有普遍性的问题进行了分类整理，归纳为三个方面。大会审议通过了《农场工作报告》《绥滨农场 2015 年经济与社会发展若干规定》等各项决议。

2016 年 1 月 22 日，绥滨农场第十七届一次职工代表大会在农场学校会议室召开。参加会议的正式代表 291 人，特邀代表 20 人。大会听取审议了场长李思军所作的题为《立足发展转方式　创新产业调结构　为全面建成小康社会而努力奋斗》的工作报告。党委副书记刘曙华作了题为《认清使命担当　坚定改革信心　奋力推进全面建成小康社会发展进程》的讲话。提案征集委员会对带有普遍性的问题进行了分类整理，归纳为五个方面。大会审议通过了《农场工作报告》《绥滨农场 2016 年经济与社会发展若干规定》等各项决议。

2017 年 1 月 9 日，绥滨农场第十七届二次职工代表大会在农场学校会议室召开。参加会议的正式代表 307 人，特邀代表 20 人。大会听取审议了场长李思军所作的题为《扶壮主导产业　优化发展环境　为全面建成小康社会而努力奋斗》的工作报告。党委书记楚卫国作了题为《凝心聚力　狠抓落实　确保农场经济社会发展目标全面实现》的讲话。提案征集委员会对带有普遍性的问题进行了分类整理，归纳为三个方面。大会审议通过了《农场工作报告》《绥滨农场 2017 年经济与社会发展若干规定》等各项决议。

2017 年 12 月 28 日，绥滨农场第十七届三次职工代表大会在农场学校会议室召开。参加会议的正式代表 317 人，特邀代表 20 人。大会听取审议了场长李思军所作的题为《深化改革　加快发展　为决胜全面建成小康社会而努力奋斗》的工作报告。党委书记楚卫国作了题为《凝心聚力　狠抓落实　确保农场经济社会发展目标全面实现》的讲话。提案征集委员会对带有普遍性的问题进行了分类整理，归纳为四个方面。大会审议通过了《农场工作报告》《绥滨农场 2018 年经济与社会发展若干规定》等各项决议。

2018 年 12 月 30 日，绥滨农场第十七届四次职工代表大会在农场学校会议室召开。参加会议的正式代表 315 人，特邀代表 19 人。大会听取审议了场长李思军所作的题为《推进改革发展　强化企业经营　为建设产业兴旺、百姓幸福的绥滨农场而努力奋斗》的工作报告。党委书记楚卫国作了题为《凝心聚力　狠抓落实　推动农场经济社会实现高质量发展》的讲话。提案征集委员会对带有普遍性的问题进行了分类整理，归纳为四个方面。大会审议通过了《农场工作报告》《绥滨农场 2019 年经济与社会发展若干规定》等各项决议。

第五节　劳动竞赛

2006 年以来，农场工会始终把劳动竞赛作为工会的常规性工作来抓，紧紧围绕农场各阶段的中心工作，下发劳动竞赛总体方案，突出技术革新、技术攻关、发明创造和合理化建议等重点。建立了劳动竞赛表彰奖励机制，有方案、有检查、有评比，每年对评出的插秧能手、先进生产者、先进工作者、先进机车组、先进单位等，以资金和物品的形式进行表彰和奖励。重点开展了插秧竞赛、秋收劳动竞赛和"安康杯"知识竞赛等活动。

2016年，工会开展了安康杯全民健身环保越野赛活动，以此激励职工群众奋发向上的工作热情和生活激情。2017年7月2日，在北大荒开发建设70周年之际，工会举办了第六届职工运动会，设置了体育竞技、趣味竞技、团体操、千人舞表演等18个比赛项目，近万名职工参加了运动会。

开展劳动竞赛活动，在全场形成了创先争优的良好局面。截至2018年，全场共有34名同志获得总局以上劳动模范荣誉称号。农场各类先进个人及单位表彰情况见表6-7-1、表6-7-2。

表 6-7-1　农场各类先进个人表彰情况统计表（2006－2018年）

年份	先进工作者（人）	先进生产者（人）	创新发展（人）	"三清"工作（人）
2006	68	40	—	—
2007	69	55	—	—
2008	61	50	—	14
2009	65	48	—	—
2010	69	56	—	—
2011	89	54	—	—
2012	68	52	—	—
2013	67	62	—	—
2014	69	57	—	—
2015	59	50	5	—
2016	59	53	—	—
2017	69	52	—	—
2018	61	66	—	—

表 6-7-2　农场各类先进单位表彰情况统计表（2006－2018年）

年份	农业生产（个）	综合考核（个）	创新发展（个）	综合进步（个）	共同富裕（个）	信访工作（个）	清欠工作（个）	综合治理（个）	先进科室（个）	自营经济（个）	林业生产（个）	畜牧发展（个）	安全生产（个）	文明单位（个）	精神文明（个）
2006	—	5	—	—	—	—	—	—	—	5	—	—	—	5	5
2007	5	5	—	—	—	8	—	—	—	5	5	5	5	—	—
2008	5	3	—	—	—	7	—	—	—	6	5	—	13	—	—
2009	5	4	—	—	—	10	5	—	—	5	6	—	13	—	—
2010	5	6	—	—	—	14	4	—	3	6	6	—	16	—	—
2011	5	13	—	—	9	12	4	—	10	8	8	3	16	—	—

（续）

年份	农业生产（个）	综合考核（个）	创新发展（个）	综合进步（个）	共同富裕（个）	信访工作（个）	清欠工作（个）	综合治理（个）	先进科室（个）	自营经济（个）	林业生产（个）	畜牧发展（个）	安全生产（个）	文明单位（个）	精神文明（个）
2012	—	8	—	—	8	8	3	—	4	11	12	—	—	—	—
2013	5	9	8	—	4	11	3	12	7	—	—	—	—	—	—
2014	3	8	—	1	—	—	—	—	—	—	—	—	—	—	—
2015	3	6	4	—	—	—	—	—	—	—	—	—	—	—	—
2016	3	6	—	—	—	—	—	—	—	—	—	—	—	—	—
2017	—	5	—	—	—	—	—	—	—	—	—	—	—	—	—
2018	—	6	—	—	—	—	—	—	—	—	—	—	—	—	—

第六节　女工工作

2006 年以来，农场女工委员会紧密围绕推动科学发展、促进社会和谐的目标任务，充分发挥妇女自身特长和优势，团结动员广大妇女群众，投身到富强、民主、文明、和谐的社会主义现代化农场的建设中。深入实施了"三个工程"，即"2662"工程、"女职工建功立业工程"和"女职工素质提升工程"。开展了"三争一创"活动，不断创新深化"双学双比""巾帼建功"和"巾帼文明"等活动。全场涌现出一大批先进女工组织和妇女先进典型，在 50 个基层单位树立了妇女示范典型 130 个。评选出一批具有代表性的行业女能手：第三十七居民组的特色种植能手聂淑兰，在工会和女工委的帮助下种植红小豆，效益每年可达到 4 万余元，成为科技种植的带头人；第十六居民组的孙继梅搞棚菜种植，种植反季节蔬菜，每年纯收入 4 万余元；民营企业三江机械厂厂长艾丽在技术创新中，对 18 台 E512 等老式收获机进行技术改造，成功研制出 4ZL—2480 型双轴流滚筒，已获国家专利；下岗女工邹纯鸿通过多年研究生产出的"金鸿"牌育秧灵获得世界博览会金奖；农场林业局女工委在劳动竞赛、科技攻关中，率先引进 10 栋葡萄大棚，试种成功了青提、红提两个品种，亩效益达 1 万元。农场女工委还带领广大女职工开展自主创业，聘请老师教授十字绣、串珠、刺绣等手工艺品，带领女职工致富。2018 年 7 月 18 日，农场女工委成功迎接了省妇女儿童工作委员会检查组的检查。

为深化女职工素质提升工程，农场女工委深入开展女职工"大讲堂"活动，继续以"职工书屋""职工学校"和"科技示范田"为主要学习阵地，丰富女职工"大讲堂"的内容，加强"三观、四德"教育，全面提升女职工队伍整体素质。利用每年夏季和冬季空闲时间，组织女职工进行集中培训，主要学习特色种植和特色养殖等新知识，印制种植业、养殖业方面的学习资料并下发到女职工手里。各基层单位还利用职工夜校定期对女职工进行培训，并在50个单位建立了女职工学习书屋，成立了291个女职工读书自学小组，每年开展学习活动900余次。2017年举办第二届女职工文化艺术节"喜迎十九大 巾帼展风采"活动，展出楹联书法作品38幅，反映女工创业、奉献精神的摄影作品120余张。开展了"五好文明家庭"创建活动，树立了一大批农场、分局、总局级先进家庭典型。每年农场工会都评出10个事迹突出的家庭，授予"五好文明家庭"称号，进行表彰、挂牌，并将这些家庭的事迹录制成专题片，在电视上播放。基层单位女工委把"五好文明家庭"的事迹编成表演唱、小品、三句半等节目进行演出。农场还通过家庭文化节评选出先进家庭和个人，在省级、国家级多项评比和竞赛项目中崭露头角。农场学校小学生孙卉在2010年亮相全国少儿春晚舞台；《咱这儿也有文艺人儿》成功进入省电视台决赛；音乐爱好者李智签约北京拓天音乐公司，其作品《今生一起走》曾在中华好歌网打榜夺冠。

在农场党委和行政领导的大力支持和重视下，农场工会于2009年顺利推行了女职工权益保护专项集体合同工作。农场为全场女职工提高了卫生费标准，每人每年120元。在农场女职工专项集体合同落实后，又把维护女职工权益延伸到个体私营企业中。农场工会与7个私企单位签订了女职工权益保护专项集体合同，专门起草并下发了《关于女职工权益保护专项集体合同的履约实施方案》，使女职工专项集体合同签订率和履约率达到100%，真正维护了女职工的特殊利益。农场女工委按照普法的总体要求，重点组织女工学习了《中国妇女发展纲要》《工会法》《妇女权益保障法》《劳动法》《合同法》《婚姻法》《民事诉讼法》等法规，并把有关法规编印成宣传册和宣传单下发到女工手中。每年开展的女性安康保险参保率达到95%，为女性健康提供了一份保障。

为丰富女职工业余文化生活，女工委组织举办了千人集体舞表演、炫舞激情大赛、舞动青春艺术节等大型主题晚会和活动；结合春节、"三八"妇女节和国庆节等重大节日，举办了正月闹新春秧歌会演、家庭才艺表演赛、文化科普大集、校园艺术节汇报演出、卡拉OK大赛、"安康杯"环城跑和社区邻居节等大型活动。到2018年年末，共举办了11届以邻居节为主要内容的"家庭文化节"品牌活动，营造了和谐家庭、和谐邻里的良好氛围。

第七节　建设职工之家

2006年以来，农场工会在原有基础上继续深入开展"学习之家""民主之家""小康之家"和"温暖之家"创建活动。

"学习之家"的主要内容：引导组织职工群众树立学习工作化、工作学习化、终身学习化的理念，大力开展学政治、学科技、学法律、学文化"四学"活动。通过建立学习日制度、考核评比制度、定期培训制度等措施，不断提高职工的综合素质。

"民主之家"的主要内容：有效发挥工会的职能作用，维护职工的知情权、参与权、决策权、监督权。规范召开农场职工代表大会和科、队级职工民主大会，加大办事公开化力度，推进平等协商和集体合同制度。2006—2018年，全场管理区（居民组）、场直单位按要求召开民主管理大会达100％，职工代表提案落实率达95％以上，集体合同履行率达100％。

"小康之家"的主要内容：通过产业结构调整、大力发展非国有经济和出台优惠政策等措施，鼓励职工走勤劳致富、科技致富之路，早日全面实现小康社会目标。2018年，居民可支配收入达到2.37万元。

"温暖之家"的主要内容：按照上级要求，全面开展共同富裕工作。2006－2015年，通过开展"一帮一"和"多帮一"活动，建立了完善的帮扶体系和措施。2016—2018年，大力推进脱贫巩固工作，多措并举，使贫困户在脱贫的基础上，提升生活幸福指数。农场年均帮助困难职工解决生产生活资金680余万元。

第八节　工 代 会

2008年6月27日，农场第十二次工会代表大会在农场贵通宾馆召开。会议正式代表216人，历时半天。会议听取并审议通过了工会主席南野所作的题为《坚持科学维权　发挥职能作用　为实现农场经济社会又好又快发展而努力奋斗》的工作报告。

农场第十二届工会委员名单：

马　军（女）	王建军	王景华	艾　丽（女）	陈　莉（女）	张振海	张新岷
陆相林	陆书鑫	南　野	贾利平	闻宝宏	逄超英	徐炳钦
隋在云	张春凤（女）	舒　英（女）	臧晓兵	魏荣江		

第九节　职工疗养

为了照顾好农场老职工、老垦荒、老干部和科技人员的生活，体现农场党委的关怀和温暖，充分调动全场干部职工建设农场的积极性和创造性，农场按照上级分配的指标，每年有计划地组织职工进行疗养。疗养地点主要为太湖疗养院、北戴河疗养院和北京疗养院。2006—2015 年，农场职工疗养情况见表 6-7-3。

表 6-7-3 农场职工疗养情况统计表（2006—2015 年）

时期 ＼ 地点	太湖（人）	北戴河（人）	山海关（人）
2006	—	—	—
2007	12	—	12
2008	—	—	—
2009	4	5	—
2010	12	—	12
2011	23	—	—
2012	17	—	—
2013	17	—	—
2014	15	—	—
2015	19	—	—
2016	15	—	—
2017	14	—	—
2018	14	—	—

第十节 扶贫帮困

农场工会一直持续开展关心关爱困难职工帮扶活动，定期进行走访调查，了解贫困职工的生活和收入情况，随时提供资金和物质帮助。2011 年农场工会成立困难职工帮扶中心，指定专人负责，为每个困难职工建立档案，并录入全国困难职工帮扶系统，及时掌握困难职工动态，农场每年为他们发放无息"扶低支富"贷款 200 万元，用于农业生产、创业等项目，扶持他们脱贫致富。到 2018 年年初，困难职工帮扶系统中的困难户全部脱困。

对于困难职工的子女实行助学帮扶常态化。助学对象是户口必须在本场，并且是在本场中小学接受九年义务教育的学生。助学金办理需经过本人申请、调查核实、多部门联审、名单公示等形式接受社会监督，并建立济贫助学档案。为使爱心助学活动规范化、形成长效机制，农场实行了助学基金制度，专门成立了济困助学基金领导小组，负责指导、监督和决定基金的使用。农场工会指定专人负责，实行单列账户、专款专用，任何人不得以任何理由占用或挪用助学基金。13 年间，农场使用助学基金总额 8 万余元，资助贫困学生 279 人次。

2016—2018 年，根据上级脱贫攻坚工作的安排部署，农场工会经过调查摸底，最终确认并上报的贫困户共 37 户 49 人，其中 2016 年年底建档立卡未脱贫 1 户 4 人，脱贫巩固 20 户 21 人。2017 年重新识别新增 16 户 24 人，经过产业帮扶、岗位帮扶、医疗帮扶、助学帮扶和社会帮扶等多项帮扶措施的开展，到 2017 年年底，均已达到脱贫巩固户标准，全场脱贫巩固户均超过"两不愁三保障"标准，未出现返贫现象，并且不存在返贫风险。

脱贫攻坚工作的措施及成果：通过扶贫果蔬大棚、水面资源资产出租、周转金投资分红的产业帮扶措施，3 年间为贫困户增加年收益 13 万余元，户均增收 3700 余元；为 3 户有一定劳动能力的巩固户提供街道、楼道、公厕环卫保洁等公益就业岗位，户均年增收 2 万余元；以龙门福地酒业有限公司为首的民营企业和个体经营者共为 5 户有一定劳动能力的巩固户提供了工作岗位。发放各种临时救助金 17.95 万余元；为 18 户贫困户共送去价值 6.5 万元的暖冬煤；为 24 户建档立卡户的房屋的门窗、房盖、地面等进行了修缮，共计投资 22 万余元；为 4 户贫困户的房屋进行了电路改造，共用资金 0.5 万元。截止到 2018 年年末，脱贫巩固户人均年收入达到 1.3 万元左右。

第十一节　宣传教育

2006 年以来，工会紧紧围绕农场重点工作在职工中开展了北大荒精神教育、改制水田和购进新型农机具收益分析教育、安全和法制教育、禁止秸秆焚烧教育等，引导职工坚定信心、克服困难、顾全大局，与企业同呼吸、共命运。针对秋收后有些种植户将粮食赊给粮贩子结果被骗的情况，开展法治宣传教育，引导职工增强对自身财产的保护能力，避免因法制观念淡漠和疏忽大意而造成巨大的经济损失。每年春季联合司法、信访等部门下基层监督、检查雇工合同的签订，并做好职工劳动保护相关法律法规的宣传，从源头消除侵害职工权益行为的发生。在"二月二"开耕节、三八妇女节、农场农贸大集、提水节、旅游文化节等特殊时间和节点开展职工维权宣传活动，逐渐壮大职工维权宣传队伍。13 年间，农场工会在全场职工中开展各种内容的宣传教育活动 1300 余次，在各类报刊、电视台发表宣传稿件 500 余篇。

第八章 共 青 团

第一节 概 况

2006—2015 年，团委与宣传部合署办公；2016 年起，团委与组织部合署办公。团委编制为 1 人，主要负责青年、团员、少先队员的学习教育和日常管理工作。2006—2007 年，团委书记由宣传部部长兼任；2009 年 8 月—2010 年 11 月，团委设专职负责人；2010 年 11 月—2012 年 8 月，团委副书记由宣传部副部长兼任；2013 年 11 月—2015 年，团委设专职副书记；2007 年 3 月—2018 年 12 月，团委副书记由组织部副部长兼任。

历任团委负责人：陆书鑫（兼职团委书记）、陈莉任、宋秀吉、王帮喜（兼职团委副书记）、王栋（团委副书记）、赵春晓（兼管团委工作，未任职）、徐在阁（兼职团委副书记）。

2006—2018 年，农场团委先后多次被总局团委授予"垦区五四红旗团委标兵""垦区五四红旗团委"等荣誉。2016 年，被鹤岗市团委授予"全市五四红旗团委"称号。

第二节 组织建设

2006—2018 年，农场团组织相关情况见表 6-8-1。

表 6-8-1 全场团组织、团干部、团员情况统计表（2006—2018 年）

项目 年份	青年总数（14～28 周岁）（人）	团员数 （人）	纳新团员数 （人）	团支部数 （个）	团总支数 （个）	基层团委数 （个）	兼职团干部 （人）	专职团干部 （人）
2006	4430	825	89	52	6	2	51	1
2007	4368	813	84	52	6	2	51	1
2008	4365	803	91	52	6	2	51	1
2009	4535	801	89	52	6	2	51	1
2010	4214	798	89	52	6	2	51	1
2011	4138	776	78	52	6	2	51	1
2012	4068	763	84	52	6	2	51	1
2013	3859	765	86	52	6	2	51	1

（续）

项目 年份	青年总数（14~28 周岁）（人）	团员数 （人）	纳新团员数 （人）	团支部数 （个）	团总支数 （个）	基层团委数 （个）	兼职团干部 （人）	专职团干部 （人）
2014	3623	742	84	52	6	2	51	1
2015	3364	721	88	54	14	2	51	1
2016	2793	539	43	49	12	2	51	1
2017	2317	423	37	24	0	2	26	1
2018	2188	371	21	21	0	2	26	1

第三节　重要活动

2006年，农场团委按照"服务、创新、和谐、发展"的工作理念，以建设社会主义新农村为主体，开展各项青年志愿者活动，引导广大青年树立正确的荣辱观、人生观、价值观。开展了"春风行动""便民服务日""我与绥滨共奋进，青春建功北大荒"等主题活动。各基层团支部组织开展了知识竞赛、"听老垦荒讲那过去的故事""我为农场发展献计策""我们的家乡、我们的文明"演讲和征文等活动。

2007年，农场团委以弘扬"奉献、友爱、互助、进步"志愿服务理念为中心工作，组织开展了"为老服务金晖行动""青年志愿者助残行动""青年志愿者春风行动""真情助困进万家""三下乡""便民服务日""五爱进社区"等活动。卫生科的青年志愿者在"六一"儿童节到来之际，为8个低收入家庭的学生送去现金1600元。

2008年，农场团委以改革开放30周年和建场60周年为契机，创新开展各项工作。成立了青年工作委员会，把年龄超过28岁的青年也纳入共青团工作范畴，增强团组织的战斗力。通过开展"科技田间一日游""青年科技示范基地""科技致富经验交流会""青年科技论坛"等活动，培养科技致富典型。在全场40个基层团支部建立起了青年科技书屋，推行"捐一本书，读千本书"活动，使各类图书存量达到1万余册。开展了"首届支部节""纪念改革开放30周年知识竞赛""我为农场发展献计策""十七大与我们的生活""我是怎样长大的"演讲和主题征文活动。

2009年，农场团委按照"强基础、谋长远、求创新、促发展"的工作思路，探索与之相适应的团建工作模式。将2个基层团支部撤销，对职能交叉、性质接近的场直单位与驻场单位团组织进行合并，成立了社建办团总支，减少了功能重叠。开展团支部书记直选工作，为4个管理区团总支和大学生团支部配齐配强团总支、团支部书记。在第四居民组成立了青年活动中心，为第十七居民组配齐了电教设备及科技文学书籍600余册，加大了党建带团建工作力度。

2010年，农场全面实施团建"12345"工作思路，即"围绕青春建功促跨越"这一主题，推进团干部公推直选和创建学习型团组织建设，探索"党员＋团员""团员＋困难群众""党团员＋社会青年"帮扶模式，着力打造"学习型、实干型、创新型、发展型、科技型"团干部队伍。有35个居民组完成了团支部书记公推直选工作，成立了幼儿园团支部。积极开展青年志愿者活动，组织大学生连续两年开展了送科技下队活动。

2011年，农场规范了团组织建设，为社区团组织配备了文体干事，专门负责社区活动。第十一居民组团支部成立了"红帽务工团"和"青年助农服务队"，进一步增强共青团的服务功能。按照团费"取之基层用于基层"的原则，为开展活动的基层团组织划拨专项经费，丰富了基层团员青年的文化生活。

2012年，农场先后组织开展了老党员和离退休干部宣讲雷锋故事学习雷锋精神、百名少先队员敬老献爱心、青春装点新绥农、大学生送科技下队、"特步杯"篮球联赛等活动。团委成立的青年摩托督导队投身到农场倒伏水稻抢收工作中，共抢收倒伏水稻近百公顷。"全国大学生创业共青农场体验活动参观团"来到农场检查指导工作，随团一同来农场参观指导的有黑龙江省团省委书记李豪岩、共青团河北省委副书记韩立群、总局团委书记郭显文、鹤岗团市委书记孙宇。

2013年，农场开展了"青春建功跨越工程"活动，组织团员青年打造优势产业。团委积极鼓励青年团员创办和领办新型农业，进一步加大青年协作体的建设力度，鼓励生产能力弱、科技应用能力不强的青年团员向二、三产业发展。鼓励和扶持青年种田能手和科技人员开展科技示范和创新工作，对创办和领办致富项目的青年团员，免费提供信息、技术和服务，帮助协调发展资金。

2014年，农场开展了青年文明号、青年安全生产示范岗、青年志愿服务、贫困帮扶等载体活动。开通了"龙门福地青年志愿者"微信服务平台，开展了"一助一"结对帮扶活动，为6名困难职工及困难职工子女提供帮扶资金3000元。开设了"青年信箱"，为团员青年提供学习交流的平台。组织了"典型讲"学习会、"争做优秀北大荒人"演讲比赛、"我为管理局当导游""争效益　当能手"等活动。有7人分别被评为农场和管理局青年岗位能手。

2015年，农场开展了"青年电商创业"等载体活动，成立了"龙门福地万春助学营"，助学营共组织3次善款捐助活动，筹集善款7300余元，帮助16名中小学生完成"微心愿"，并捐助了一名11岁白血病儿童；开通了"龙门福地小付帮忙热线"，为患马氏综合征（主动脉夹层）的居民王丽丽募集善款 1.3 万元；通过微信平台共组织志愿服务活动 9 次，解决实际困难 10 件；参加植树活动 3 次，植树 4000 余株；为青年搭建电商交流平台，全年各类电商（包括微商）实现网上交易额 200 余万元。

2016 年，开展了"青年文明号""青年安全生产示范岗""青年志愿服务"以及贫困帮扶等载体活动。举办了"典型讲"学习会、"做一名合格青年干部"演讲比赛、五·四越野比赛、春季运动会、庆七一大合唱、国庆节校园舞比赛、纪念"一二·九"书画展、青年骑游等多项活动。八一建军节期间组织青年及民兵 300 人开展了为期五天的素质拓展培训，通过一系列活动的开展，增强了团员青年的责任感和荣誉感。开展了爱心捐款活动，学校为白血病患者、宝泉岭局直小学学生谢鑫泉病患者共捐款 3.04 万元。

2017 年，建立了"关爱务工子女""关心下一代成长"扶贫助困基金，开展了为身患重病孩子捐款、学雷锋美环境、"3·12"义务植树等活动，在微信上开通了龙门福地青年志愿者服务平台，通过平台共组织志愿服务活动 17 次，扶贫帮困活动 6 次，参与志愿活动达 3000 余人次，解决实际困难 12 件。协助并参加了管理局团委开展的"我为管理局当导游"活动，农场获得二等奖一名、优秀奖一名。

2018 年，通过开通绥滨农场团委微博，开展了"学习贯彻十九大　不忘初心跟党走"主题演讲比赛和"不忘初心·牢记使命·建设美丽绥滨"主题征文活动。举办了学习宣传贯彻习近平总书记"7·2"重要讲话精神和团的十八大精神讲座 3 场。

第四节　少先队工作

按照农场团委的部署，少先队在推进素质教育的实践中积极开展各项活动。13 年中，分别举办了春季运动会、冰雪运动会、艺术节、建队日等主题教育活动，促进了少儿德智体美劳全面发展。先后开展了"一帮一""手拉手"学雷锋活动，"爱国　爱党　爱家"和"中华魂"主题教育活动，为汶川灾区小朋友寄"爱心包裹"活动，"小手拉大手，建设文明场"活动，"让世界充满爱""谁言寸草心　报得三春晖"感恩教育活动，春季植树绿化场区活动，"日有所诵中华美文"活动，"走进科技园"体验教育等系列活动等。农场团委为提高少先队辅导员素质，多次组织辅导员参加培训学习和经验交流活动，举办中队辅导员工作经验交流会。农场有学校在黑龙江省第五届中小学生艺术展演活动中获得优秀组织奖；获得省百万青少年上冰雪先进集体、垦区中小学冬季户外活动先进学校荣誉。少先队工作组织建设情况见表 6-8-2。

表 6-8-2　少先队工作组织建设情况表（2006—2018 年）

年份	少儿数（人）	队员数（人）	少先中队数（人）	辅导员数（人）
2006	1230	1230	25	26
2007	1096	1096	25	26
2008	1003	1003	20	21
2009	741	741	20	21
2010	798	798	20	21
2011	800	800	18	19
2012	752	752	16	17
2013	763	763	16	17
2014	756	756	17	18
2015	784	784	16	17
2016	667	667	20	20
2017	718	718	20	20
2018	674	674	19	19

第九章 办 公 室

第一节 概 况

行政办公室主要负责日常管理、文秘、档案、公文传输、信访、督办、保密、政务公开、印信、史志、大型会务活动、接待、宾馆等工作。主要职能是上传下达，完成领导交办的各项工作任务，协调机关及场直各单位的相关工作。

历任办公室主任：李泽刚、刘春青、韩洪喜、张怀建、刘健。

第二节 管 理

一、目标考核制度

办公室每年组织机关相关科室的科长组成考评小组，按照农场下发的考核文件，对机关各科室及场直各单位卫生、安全、劳动、工作纪律等项工作，进行不定期抽查和定期考核，并将抽查结果和年终考核评分进行通报。为更有效地加强劳动纪律管理，进一步强化考勤管理工作，农场自 2009 年开始陆续为机关及场直各单位安装考勤机，并下发了绥农场发〔2013〕33 号文件《绥滨农场各级干部请销假制度及岗位考勤考核办法》，严格请销假制度，形成制度化管理，有效杜绝了迟到和早退现象。

二、日常管理和活动组织

组织各单位参与农场各类大型文体活动，提升干部素质；组织包队领导下队督促指导农业生产，帮助基层解决困难；组织全体工作人员帮助困难农户收割水稻、烧荒，通过参加劳动，增进机关干部与群众之间的联系，有效调节干群关系；组织机关工作人员参加义务劳动，以科室为单位，采取分配分担区的方式，开展植树、清理场区街道、栽花、除草、清理积雪等劳动；组织青年干部参加民兵训练及场区巡逻，维护场区安全；组织农场大型会议，负责农场机关和科技园区会议室的管理工作；协助组织农场大型活动，提前做好会务准备，包括会议通知、日程、会标、用水、桌牌等工作。2013年，办公室组织全场干部职工到二九〇农场抗洪抢险，并负责后勤保障工作。

三、机关财务管理

农场每年年初制定财务刚性预算，下达财务指标，交通费、招待费、电话费、印刷费、会议费、差旅费、办公费全部由各科室和部门自行安排使用。按照年初制定的刚性预算量入为出，超支不补。

四、政务值班制度

在机关大楼门厅设置政务值班岗，各科室轮流值班，方便群众办事。2013年起，政务值班岗由公安分局1名干警和办公室工作人员结合，并进一步严肃了政务和应急值班纪律，每日夜间及休息日均设有值班人员。

五、政务公开制度

机关一楼设有政务公开栏，各科室将所有需要公开的文件张贴在公开栏，方便群众监督机关工作，提高了工作效率。

第三节 文　秘

农场秘书采取老带新的方式，上届秘书传授工作经验和工作技巧，一般时间是1年。历任秘书：于明章、王栋、徐在阁、邹立龙。

办公室秘书主要负责：农场主要领导汇报、发言材料的起草；职代会场长工作报告的起草；农场发文的校对、排版、印刷；党委会议记录的整理、存档；农场重点工作完成情况的督办；上级文件的传阅；接待工作；大型活动、会务的准备；机关其他日常事务。

2006—2018年，共校对印发文件2616件，接收传阅上级文件4982件，整理党委会记录214次，起草各类汇报材料304份。每年上报总局、管理局政务信息10余篇。

第四节　保密与印信

农场保密工作实行谁主管谁负责的工作机制，确保保密工作积极有效开展。全面落实保密工作领导责任制，设立保密工作领导小组。领导小组对机关保密工作进行不定期检查。

一、建立健全保密规章制度

建立了《保密工作管理制度》《保密员岗位责任制》《网络保密管理制度》《档案室保密管理制度》等保密工作规章制度，使农场的保密工作基本做到了制度到位、管理到位、检查到位。对上级机要涉密文件，由农场安排机要通讯员定期到上级部门领取，并按上级要求认真进行登记。

二、涉密文件管理

由专用计算机（不连接互联网）接收登记，涉密的移动存储硬盘不得连接其他电脑，做到物理隔离。

三、保密宣传教育

每年组织机关工作人员学习《中华人民共和国保守国家秘密法》和《保密知识简明读本》及上级有关保密工作的相关规定，观看保密视频资料《密战警示录》和《手机背后的谍网》等影片，全面增强保密意识。开展保密下基层宣传工作，到社区、文化广场、医院、学校、大集、管理区等人员密集场所宣传保密知识。共开展保密下基层活动63次，并通过制作保密条幅、保密图版、保密原创漫画书法作品、发放宣传单、电子屏幕播放标语等多种形式，扩大宣传教育面，提升了全场居民的保密意识。

四、印信专人专管

结合农场实际工作需要，制定工作职责，严格按照审批流程操作。办公室负责管理农场党委、农场、党办、场办、幼儿园及有机肥厂公章，每年对外印鉴处理 2000 余人次。负责各单位新刻公章留印存档，回收各单位废旧公章。2014 年，农场刻制了 12 个管理区公章，由办公室负责保存和管理，严格把关，确保安全。

第五节　档　　案

档案室设有三处密集架，共 25 列，有立式铁柜 30 组。主要存放中央、省、总局、管理局及农场各类重要文件、会计档案及其他资料。

2006—2018 年，共计接收保管文书档案 8627 件，会计档案 1.6 万件。截至 2018 年年末，档案室内存有底图 794 张，声像档案 26 盘，电子档案 8 张，照片档案 201 张。每年接待查阅者 500 余人次，提供利用各类档案 4000 余件，复制档案资料 2000 余件。

文件整理归档标准化，公文用纸一律采用 A4 纸张，公文全部印有档案整理编号。

农场档案保存使用情况见表 6-9-1。

表 6-9-1　档案保存使用情况表（2006—2018 年）

年份		2006	2007	2008	2009	2010	2011	2012	2013	2014	2015	2016	2017	2018
室藏档案	永久 卷	5884	5884	5884	5884	5884	5884	5884	5884	5884	5884	5884	5884	5884
	永久 件	1570	1815	2251	2708	3093	3597	4055	4517	4847	5179	5594	5989	6370
	长期 卷	2093	2093	2093	2093	2093	2093	2093	2093	2093	2093	2093	2093	2093
	长期 件	301	301	301	301	301	301	301	301	301	301	301	301	301
	短期 卷	28032	28032	28032	28032	28032	28032	28032	28032	28032	28032	28032	28032	28032
	短期 件	1225	1417	1645	1865	2170	2633	2846	3036	3192	3399	3751	4069	4314
	总数 卷	36009	36009	36009	36009	36009	36009	36009	36009	36009	36009	36009	36009	36009
	总数 件	3096	3533	4197	4874	5564	6531	7202	7854	8340	8879	9646	10359	10985
本年档案接收数量 件		1623	1343	1537	1592	1684	2132	1969	2069	1962	2107	2184	2189	2200
查阅人（人次）		497	502	483	515	533	488	513	524	4806	511	533	549	557
查阅卷、件数		4923	5112	4882	4986	5026	4992	5003	4983	5009	5156	5022	4992	5005
复印档案页数		1966	1837	1928	1887	2002	1983	2113	2269	2341	2339	2111	2237	2121
档案鉴定		—	—	—	—	—	—	—	—	—	—	—	—	—
销毁数量		—	—	—	—	—	—	—	—	—	—	—	—	—

第六节　史　　志

农场史志工作由办公室代管，主要包括场志、大事记、年鉴的材料收集和书写工作。

2006年5月，为做好《绥滨农场志》（第三卷）续志工作，农场成立编审委员会，设立编写办公室，主任为李泽刚，主编为杨占兴，副主编为侯佳兴，编辑为王帮喜。经过两年多的时间，于2008年完成编审和印制工作。全书分8编，63章，360节，记载了1996—2005年农场的辉煌历程。2018年5月，农场开始进行《绥滨农场志》（第四卷）编纂工作，成立了续志编纂委员会，设立编写办公室，聘请了3名退休科长，负责编写纲目的审定及志稿的组织、指导、督促、检查、编辑和出版工作。主编为刘春青，副主编为魏荣江，常务副主编为杨茂霞，王兰。

第七节 宾 馆

贯通宾馆位于农场和平大街东段，西邻居民楼和办公区，东邻天朗公园文化广场，建筑面积4170平方米，为4层楼。2012年6月，农场对贯通宾馆进行重新装修。2015年1月，农场将贯通宾馆重新命名为龙门福地宾馆。宾馆实行经理负责制，经理由农场聘任。历任经理依次为黄艳、杨海春。

重新装修的龙门福地宾馆，外观别致，环境优美，门前筑有休闲厅阁和文化屏墙，布置有木制踏台、花坛和草坪。餐厅、客房装修体面舒适，设备齐全高档。一楼为接待大厅和服务总台，两侧是包席大厅，设有50张圆桌，能容500人同时就餐；二楼客房设有2个高间、4个标间，另有7个单间餐厅，其中一厅大圆桌可供20人一同就餐；三楼客房设有4个高间、8个标间；四楼有普通客房7个。宾馆客房共有61张床位。

宾馆还负责管理北江渠首风情园餐厅和园区龙门福地旅游接待中心。2015年，风情园餐厅承包给个人经营。

每年经理与农场签订承包经营合同，经营形式为差额补贴。宾馆为增加收入、减少补差，近年来开始扩大经营范围，对外承揽包办酒席服务，年可创收40万元。为更好地服务于逐年增加的来场旅游人员和回访下乡知青，宾馆在饮食种类和数量上都进行了调整和提高，明码标价，并推出点菜、订餐、套餐等多样化服务。宾馆服务人员通过考试、考核，择优录用，工资标准根据经营效益，参照农场同类工种标准制定。为提升服务质量，宾馆每年都采取内部培训与外出学习相结合的办法，不断提高服务人员的整体素质。13年间，宾馆接待来场办事客户和会议等来宾7万余人，其中一般客户4万余人、会议人员2.6万余人、各级领导约4400人。

第十章 老 干 部

第一节 概 况

2006 年年初，农场有离休干部 30 人，到 2018 年年末尚有离休干部 8 人。其中抗日战争时期参加革命的 2 人，解放战争时期参加革命的 6 人；享受副处级以上待遇的 6 人，科级以下待遇的 2 人。

2009 年 9 月，农场按照上级文件要求，将副科级以上退休干部纳入老干部科管理。截至 2018 年年底，纳入管理的退休干部 76 人（女 13 人）。其中：农场退休场领导及副处级退休干部 14 人，正科级 36 人，副科级 26 人。

2006—2018 年，党委副书记南野、施宏伟、刘曙华、张明先后分管离退休干部工作。老干部科设科长、管理员和保健医各 1 人。耿国君、杨茂霞、马军先后任老干部科科长。

老干部工作的主要职责是：全面贯彻落实上级关于离退休干部工作的各项方针政策，做好管理和服务工作。农场党委历来十分重视离退休干部工作，成立了以农场党委书记和场长为主任的离退休干部工作委员会。离退休干部工作取得了长足发展，农场在政治上尊重、思想上关心、生活上照顾老干部，全面落实政治、生活待遇；离退休干部积极发挥余热，在思想和行动上对农场的各项工作给予大力支持，努力为党的事业增添正能量。13 年间，农场在离退休干部工作方面先后多次获得管理局和总局离退休干部工作先进集体、先进离退休干部活动中心、离退休干部先进党支部、离退休干部工作先进单位等荣誉。

第二节 "两费"落实

农场十分重视老干部的政治、生活待遇，严格按照上级政策要求，及时将"两费"落实到位，确保老干部晚年生活质量，共享改革发展成果。

在离休费落实方面，农场及时将工资调整、丧葬费、护理费、取暖补贴等各项生活待遇发放到位，从未发生过拖欠离休费和降低待遇的情况。

在医疗费落实方面，农场始终采取上不封顶、实报实销的原则，老干部住院费直接结算，门诊费及时报销，使老干部就医无后顾之忧。农场每年为老干部体检，医院设置了高间病房，为老干部就医创造了良好条件。为鼓励老同志节省医药费，每年都开展"健康老人"评选活动，按照农场文件规定，对当年发生医疗费在 5000 元以下的老干部分别给予 500～2000 元的现金奖励。

第三节　服务管理

老干部科全体工作人员始终坚持老干部工作无小事的理念，认真做好服务管理工作。农场在年初制定刚性预算下拨活动经费，确保离退休干部各项待遇的落实。在元旦、春节、建党日、建军节和国庆节等重要节日，农场党政领导带领机关各部门科长，分组走访慰问在场内居住的全体老干部和退休干部劳模代表，给他们送去慰问金和农场党委的关怀。对于易地居住的老干部，工作人员于节前汇去慰问金；农场党政主要领导带队，每两年一次去居住地走访慰问。每年春节，农场党政主要领导都参加离退休干部迎新年茶话会，并向老干部汇报农场一年来的主要工作，征求他们对农场发展建设的意见和建议。每年组织一次离退休干部参观考察活动，农场党政主要领导和分管领导全程陪同。2012 年 6 月，老干部科组织召开了纪念"干部离退休制度建立 30 周年"大会，党委书记俞新利到会讲话。老干部科制作的"纪念干部离退休制度建立 30 周年"图板在管理局展出。2015 年 9 月，在抗战胜利 70 周年到来之际，农场党政主要领导看望慰问了 3 名抗战老干部，并为他们送去慰问金和纪念章。每当老干部过生日或生病住院，老干部科工作人员都带慰问品登门看望。老干部病逝，在家的农场党政班子成员都前往吊唁并慰问亲属，工作人员全程帮助家属料理后事。对于在外地病逝的老干部，农场视情况派专人前往吊唁或致信表达哀思。农场长期开展"温馨夕阳"关爱活动，工作人员每月两次到老干部和行动不便的退休干部家中走访看望，量血压、送药、送刊物上门，在每个学习活动日都为他们测量血压并做好记录。2018 年是农场开发建设 70 周年，农场场长李思军和党委书记楚卫国分别走访慰问了所有在场内居住和异地居住的 8 名离休干部，并为每人送去慰问金 2000 元。

第四节　党组织建设

2009 年 9 月，农场将副科级以上退休干部纳入老干部科管理，成立了绥滨农场离退休干部党总支，下设老干部和退休干部两个党支部，杨茂霞兼任党总支书记。2017 年 3 月马军兼任党总支书记。截至 2018 年年末，共有党员 84 名，其中离休干部党员 7 名（抗日战争时期入党的老党员 2 名）。

老干部们坚持党内组织生活制度，每月 15 日和 30 日为党支部学习活动日。学习内容包括党的理论基础知识、党史国史、上级文件、时事热点、农场重要会议精神等。每逢重大事件、重要节日都组织专题学习。在学习形式上采取集中与分散、领学与自学、专题研讨和送学上门等灵活多样的方式，确保活动实效。农场每年拿出 5 万元，为离退休干部订阅了 50 多种报纸杂志，丰富学习内容，满足学习需求。实施"流动党员建家工程"，于 2010 年为在宝泉岭居住的退休党员建立了党小组，使这些流动党员过上了正常的组织生活，得到上级党组织的肯定，党总支被管理局党委评为离退休干部工作先进党组织。2011 年 7 月 1 日，老干部科举办了纪念建党 90 周年座谈会，农场党政班子全体成员参加会议。党委书记俞新利和场长李思军为每名老干部佩戴了"建党 90 周年纪念章"，并将慰问金送到每个人手中。2016 年，宝泉岭管理局老干部工作处在农场老干部科举办了"我看龙江金山银山"专题研讨会。2017、2018 年先后开展了"不忘初心，红歌颂党"庆七一活动、"畅谈十八大展望十九大"系列活动、"好家规、好家训、好家风故事"征文活动、纪念垦区改革开放 40 周年和建场 70 周年座谈会、学习习近平总书记视察黑龙江重要讲话研讨会、"喜庆丰收，欢度重阳"游艺活动、"七五"普法知识学习和健康知识讲座等多项活动。

第五节　老有所为

农场充分发挥离退休干部的政治优势、经验优势和威望优势，为他们搭建老有所为的平台。农场职代会、党代会和党风巡视等重要会议都邀请部分离退休干部参加，他们在环境卫生、党风廉政建设、城镇建设、粮食收购、关心下一代、老科协等工作中发挥了积极作用。抗日老干部崔长海和张文华经常给小学生们讲抗战故事，进行爱国主义教育。老干部、全国劳模赵志勤和建场元老郑光喜，连续 3 年带领城镇建设义务监督小组成员到农场各个建筑工地进行监督巡视。全国劳模贾海涛、赵志勤和退休干部王振江、王荣业、王立兴等经常深入学校、社区和管理区，向广大青少年进行党史国史教育和北大荒精神教育。王振江还利用自己几十年来积累的学习资料，开办了"家庭教育院"，经常对未成年人进行思想教育，还应邀到"社区大讲堂"讲党课。他还被聘为《老年报》特约通讯员，每年都在各级刊物和网站发表近百篇文章，为党的事业弘扬正能量。2013 年 6 月，王振江的《三张收据》一文编入总局党的群众路线教育征文集《情系百姓》一书。

2008 年四川汶川地震和 2010 年青海玉树地震时，离退休干部踊跃为灾区捐款，受到农场党委的表彰。每年都有 7、8 名离退休干部被评为农场优秀共产党员和关心下一代工作先进个人。

2013 年，结合农场建场 65 周年，按照农场党委的统一部署，老干部科牵头，与电视局、文体中心和宣传部联合开展了"见证 65 周年·讲历史　说情感　谈愿景"系列访谈节目的录制工作。老干部科负责制定了活动方案和策划书，并采写了 10 名受访者的基础访谈材料，其中有包括建场元老郑光喜在内的 7 名离退休干部和 3 名在职中青年干部。从多次登门入户采写第一手资料，到数次选现场协助录制节目，都得到了老同志的积极配合与支持，为农场留下了珍贵的历史资料。2013—2015 年，老干部科连续 3 年参加了农场举办的社区广场文化节活动，离退休干部提供的百余件老照片和老物件参加展出。2014 年，按照农场党委的工作部署，老干部科牵头承担了《大荒福地》一书的编辑工作，共征集、收录了 75 篇文章。2017 年，有 40 多名老同志参加了老科协，有 10 余名退休干部参加了省委老干部局组织的《改革印痕》征文竞赛活动。

第六节　硬件建设与活动情况

2008 年年底，离退休干部活动中心从原老招待所平房搬至社区综合办公楼一楼。开设了阅览室、台球室、乒乓球室、棋牌室、会议室、卫生室、老年学校教室。2010 年，农场投入 20 余万元对活动室进行了维修改造；投入 10 余万元添置了活动设施和办公设备。同年，农场投资近 7 万元，在文化广场东侧为离退休干部新建了一处 500 平方米的门球场。2014、2018 年，农场先后对供暖设施进行了改造，使活动室条件进一步得到改善。

为使离退休干部老有所学、老有所乐，不断丰富"文化养老"的内涵，老干部科经常组织老同志开展有益于身心健康的各种文体娱乐活动，并参加农场举办的社区广场文化节趣味运动会、社区舞蹈队表演和农场第六届职工运动会太极拳表演等活动。2010 年农场参加分局第十六届离退休干部门球赛，荣获冠军，紧接着代表宝泉岭管理局参加了垦区第十一届离退休干部门球赛，取得垦区第二名的好成绩；2013 年参加管理局第五届离退休干部台球赛，分别荣获团体和个人第一名；2015 年参加管理局第六届离退休干部台球赛，分别获得团体和个人第三名；2016 年参加管理局离退休干部门球赛获银奖；2017 年参加管理局离退休干部台球赛获金奖；2018 年参加管理局离退休干部门球赛获铜奖。

第七节　关工委工作

2006—2018年，农场党委副书记南野、施宏伟、刘曙华、张明先后兼任农场关工委主任；退休干部王荣业、王振江先后担任关工委驻会常务副主任；骆强、杨茂霞、马军先后兼任关工委办公室主任。关工委办公室设在老干部科。

2018年年底，全场共有基层关工组织22个，"五老十大员"队伍560人。关工委办公室负责对基层关工组织进行业务指导和考核检查工作。

农场关工委以全面提高青少年思想道德素质、科学文化素质为目标，以社会主义核心价值观教育为中心，对青少年进行理想信念教育和北大荒精神教育。坚持"以党建带关工"的工作思路，把关心下一代工作与党建工作同部署、同检查、同考核，加强基层关工组织建设和"五老"队伍建设，形成了学校、家庭和社会"三位一体"联动共育的教育格局。开展了"五好关工委""五好关工组织"和"未成年人零犯罪单位"创建活动。每年都开展学雷锋主题教育活动、"中华魂"主题教育读书演讲比赛、法律进校园、暑期关爱课堂、老少共读、老少同乐和形式多样的社会实践活动。每年为中小学生赠送主题读本近800册，经常组织"五老"宣讲团到学校、社区和管理区进行宣讲，组织学生前往农场科技园区、场史馆和边防爱国主义教育基地，进行现代科技成果观摩和革命传统教育。2010年8月，管理局关心下一代工作现场会在农场召开，农场党委副书记施宏伟在会上做了经验介绍，专题片《托起明天的太阳》在会上播放。2011年6月农场举办了"夕阳映朝阳，双阳共辉煌"纪念建党90周年书画摄影作品展。2016年3月24日，绥滨农场关工委作为农垦总局的唯一代表，出席了省委宣传部和省关工委在牡丹江召开的全省关工委宣传工作会议，并在大会上作典型发言，介绍了绥滨农场创新网络宣传、创建"网络空中课堂"品牌的经验。黑龙江日报、《双阳红》杂志、省网均有报道。同年9月13日，参加了垦区关心下一代宣传工作会议，绥滨农场关工委荣获垦区宣传工作先进集体称号，王振江获先进个人称号，并在大会上作典型发言。关工委常务副主任王振江先后获得全省关心下一代工作和全省宣传报道工作先进个人、"垦区百名优秀五老""总局关心下一代工作先进标兵"等荣誉。2018年农场召开了"传承红色基因，争做时代新人"主题教育活动启动大会。

13年间，农场关工委先后获得黑龙江省场县共建争先创优活动先进集体、垦区关心下一代工作先进集体、垦区关心下一代宣传工作先进集体、垦区五好关工委达标单位、垦区五好关工委优秀单位等荣誉；农场党委被评为管理局关心下一代工作先进党委。

2006—2018年间，农场老干部情况见表6-10-1。

表 6-10-1　老干部基本情况一览表（2006—2018 年）

姓名	性别	出生年月	文化程度	参加工作时间	原单位	原职务	离休时间	备注
王福盛	男	1916.12	高小	1945.8	劳资科	科长	1980.7	2012.8 病故
王生风	男	1921.3	高小	1945.6	商业科	副科长	1982.2	2008.5 病故
张文华	男	1926.11	中专	1944.8	纪委	副书记	1985.1	—
于国生	男	1927.1	中专	1946.11	街道办	书记	1982.9	2012.9 病故
于振祥	男	1930.4	中专	1948.2	招待所	所长	1983.9	2006.7 病故
陈　发	男	1931.4	小学	1947.6	街道办	干事	1985.1	2010.8 病故
周立英	女	1925.8	小学	1949.3	街道办	书记	1981.4	2016.4 病故
周莲茹	女	1931.2	初中	1948.12	工会	会计	1985.1	—
汪占元	男	1928.4	初中	1948.12	机务科	副科长	1982.9	—
郑光喜	男	1926.5	初中	1947.7	场史办	科员	1987.1	2014.10 病故
战同林	男	1927.11	中专	1949.6	体改办	科长	1989.1	2017.2 病故
崔长海	男	1928.6	大专	1944.12	老干部科	科长	1989.1	—
于秀和	男	1928.8	初中	1945.5	一中	书记	1989.1	2017.2 病故
任立志	男	1928.9	初中	1948.10	职高	书记	1983.4	—
陆　强	男	1921.11	初中	1948.10	医院	管理员	1984.4	2011.3 病故
赵志勤	男	1929.5	小学	1948.4	修造厂	副书记	1984.4	
刘殿珍	男	1921.5	小学	1945.8	砖瓦厂	副厂长	1982.1	2006.12 病故
袁相云	男	1930.1	小学	1949.4	汽车队	管理员	1985.1	—
贾海涛	男	1932.4	初中	1947.5	机务科	副科长	1992.12	—
贾胜章	男	1931.11	中专	1948.11	汽车队	管理员	1991.10	2017.6 病故
曲乃成	男	1926.9	初中	1947.7	道路队	技术员	1985.1	2010.2 病故
吴　泽	男	1915.6	小学	1948.7	粮加厂	主任	1975.4	2009.7 病故
张丛武	男	1925.5	小学	1946.8	粮加厂	厂长	1982.9	2014.7 病故
王柏昌	男	1927	初中	1945.8	小学	教师	1982.3	2009.2 病故
王玉林	男	1924.4	小学	1947.3	一队	会计	1982.9	2007.6 病故
李德庭	男	1927	小学	1947.1	十二队	副书记	1982.9	2013.5 病故
田兴彩	男	1934.3	小学	1949.9	十四队	副队长	1988.1	2010.12 病故
黄永久	男	1931.8	小学	1945.10	三十四队	队长	1982.9	2010.3 病故
鄂相太	男	1932.11	小学	1948.6	三十八队	副队长	1983.2	2009.12 病故
夏洁吾	男	1918	小学	1945.10	修造厂	主任	1985.1	2008.10 病故

第十一章　民兵组织

第一节　概　况

农场武装部编制为两人，2006 年 1 月—2018 年 8 月崔铁民任部长；2006 年 1 月—2010 年 5 月鞠永利任副部长，2010 年 6 月鞠永利调到宝泉岭农场司法分局工作；2012 年 3 月顾立秋任专武干事。随着农垦改革的深入，2018 年 8 月份崔铁民同志辞去农场武装部部长一职。同年 8 月 24 日，经农场党委研究决定并上报宝泉岭管理局人武部党委批准，任命农场党委副书记张明同志兼任武装部部长一职。

武装工作在农场党委的正确领导下，在管理局人武部的指导下，认真贯彻落实上级重要指示，充分发挥民兵在农场经济发展和文明建设中的排头兵作用，走出了一条党管武装、富民强兵的新路子，武装工作一直走在管理局前列。13 年间，先后 6 次被总局军事部评为先进武装部、2 次被评为先进征兵单位；先后 7 次被宝泉岭管理局武装部评为先进基层武装部。

第二节　征兵工作

农场严格按照《中华人民共和国兵役法》《国防法》和《征兵工作条例》认真开展征兵宣传教育工作，根据征兵政策及调整变化情况，进行筹划和部署。围绕相关优惠政策，创新工作方法，建立了"一站、一集、一网"新模式，设立了"网络报名咨询服务站"。联合相关部门开展"法律大集"宣传活动，以发放宣传单等方式宣传征兵政策，充分调动适龄青年参军的积极性。通过农场信息港、电视台、广场电子屏等媒体进行全方位宣传，并且以走访、微信和短信等方式将征兵信息发送给每个适龄青年。通过开展形式多样的宣传教育活动，及时向广大适龄青年就征兵政策、条件和网络报名程序等方面的问题进行答疑解惑，大力宣传适龄青年应征入伍的重大意义，并对农场的优惠政策、就业政策和义务兵补贴政策等问题进行详细解答。

多年来，为保证兵员质量，农场武装部始终把廉政建设作为征兵工作的重要内容，严格实行公开、公示制度，对进站体检人员、政审合格人员和应征入伍人员进行全程公示。坚持征兵岗位责任制，做到谁签字谁负责。同时，还设立了举报电话和信箱，接受社会各界监督，排除人为因素干扰，确保廉洁征兵工作落到实处。

为鼓励优秀青年参军报国，让义务兵安心服役，2011 年，农场将义务兵家庭优抚金提高到每年 4600 元，春节军属慰问金提高到每户 200 元。2012 年义务兵家庭优抚金提高到每年 5400 元，春节军属慰问金提高到每户 300 元。2013 年义务兵家庭优抚金提高到每年 6200 元。2014 年春节军属慰问金每户提高到 400 元。2015 年义务兵家庭优抚金提高到每年 12087 元。2016、2017、2018 年，义务兵家庭优抚金为 16248 元。从 2016 年开始，国家为鼓励全日制大学生参军入伍，新增加大学生义务兵补贴，每 2 年 16000 元。农场对义务兵各项优待政策的落实，极大地调动了适龄青年踊跃参军的积极性，保证了征兵工作的顺利进行。农场连续 13 年适龄青年报名率达到 100%，体检合格率达到 80%，报名人数及上站体检人数都位居管理局前列。2006—2018 年，农场共向部队输送合格兵员 108人。具体兵员征集情况及退伍情况见 6-11-1、6-11-2。

表 6-11-1　兵员征集工作情况一览表（2006—2018 年）

项目 年份	适龄青年数 （人）	符合条件数 （人）	报名数 （人）	任务数 （人）	合格率% （人）	应征数 （人）
2006	328	158	23	6	100	6
2007	349	187	28	10	100	10
2008	298	154	18	8	100	8
2009	275	159	21	10	100	10
2010	282	158	23	9	100	9
2011	294	146	25	8	100	8
2012	285	167	24	10	100	10
2013	294	174	29	17	100	17
2014	276	169	20	6	100	6
2015	293	179	16	12	100	12
2016	275	158	12	3	100	3
2017	283	177	20	7	100	7
2018	294	164	15	2	100	2

表 6-11-2　退伍军人统计表（2006—2018 年）

年份	2006	2007	2008	2009	2010	2011	2012	2013	2014	2015	2016	2017	2018	合计
人数（人）	5	3	9	9	6	10	11	7	10	12	8	9	3	102

第三节　民兵组织与训练

2006 年 4 月，农场武装部按照宝泉岭分局人武部对全局民兵组织进行调整的要求，在原建制基础上对民兵组织进行了调整。武装部下设步兵二连 120 人、专业连（82 迫击炮）57 人、应急分队 40 人、营部汽车排 19 人、信息点 3 人，共计 239 人。2013 年 2 月，根据分局人武部 2013 年宝泉岭分局民兵组织整顿工作的精神，农场武装部重新对农场民兵组织进行了调整。下设维稳处突排 45 人、边防战备执勤分队 45 人、卫生防疫分队 20 人、信息员 3 人，共计 113 人。

2018 年 3 月，省军区、农垦总局军事部、宝泉岭管理局人武部重新对民兵组织进行了调整，农场基干民兵组织由原来的 113 人调整为 50 人。绥滨农场和普阳农场共同建立了一个边防民兵连，连部设在绥滨农场武装部，进一步优化了民兵组织结构，强化了民兵干部的选配。

农场党委高度重视民兵训练工作，每年都将民兵训练经费列入武装部刚性预算，以保障民兵训练工作的顺利进行。在民兵训练工作中，根据形势需要，突出训练重点，结合农场民兵平时承担的抢险救灾、反恐维稳任务和战时担负的参战支前等任务，农场民兵队伍紧紧围绕"平时服务、急时应急、战时应战"这一目标，深化科技练兵活动，坚持规范化、严格化的集中训练。科学制定训练计划和训练时间，确保训练质量和效果，增强了广大民兵吃苦耐劳、服从命令、听从指挥的意识，锻炼出了紧张快干的作风和扎实的基本应急技能。在总局军事部、管理局人武部的考核中，农场民兵工作年年成绩优秀，13 年间，连续多年被管理局人武部评为先进训练单位。

农场民兵队伍还常年担负着协助公安分局、推动"平安农场"建设的任务。从 2012 年开始，民兵队伍与社区、城管局、机关干部共同参与到巡逻队伍中，充分发挥了警民联防巡防作用，形成了"全天候布警、全覆盖巡控、一体化运作"的巡逻模式。配合公安民警联合巡逻执勤，协同处置各类突发案件并完成农场大型文艺汇演，农场重要节日如开耕节、提水节等安保工作为农场广大居民创造了安居乐业、安全稳定的生活环境，彰显了农场民兵队伍的组织力和战斗力。

2013 年 6 月，武装部组织基干民兵 95 人进行军事训练。队列、维稳处突、盾牌警棍术和应急情况处置等科目的训练，提高了民兵和青年大学生的素质，增强了执行任务能力，顺利完成了年度训练任务，得到上级军事机关的充分肯定。

同年 8 月，受连续降雨影响，黑龙江、松花江水位持续上涨。农场部分管理区遭受了不同程度的洪涝灾害，二九〇、江滨农场受灾情况严重。农场党委召开紧急会议，决定由武装部部长崔铁民同志担任抗洪抢险前线总指挥。武装部承担了全场抗洪抢险的组织协调任务，在第一时间组织了 32 支民兵突击队，在抗灾自救、保卫家园的同时，全力以赴支援兄弟农场。

哪里最危险、最艰苦，哪里就有民兵突击队的身影。8月21—24日，决战松干高台子。黑龙江水北入，这里已成黑、松两江上的孤岛，经长时间浸泡和冲刷，出现了大面积滑坡，塌坑随处可见，危险瞬息而至。西侧是黑龙江、东侧是松花江，10米宽的大堤夹在两江中间，江水距坝顶最高处仅有1.4米，最低处只差0.9米，随时有溃坝的危险。险情就是命令，由100名民兵突击队员和40多辆机车组成的民兵抢险突击队，快速投入到紧张的战斗中，与险情争分夺秒，与死神抢夺时间。24日15时左右，3公里的松花江高台子堤段护坡、固脚阻滑和滑坡险情全部处理完，铺设彩条布2.6公里，排除滑坡18处、塌坑31处。

8月22日，肇兴决口。管理局集中力量封堵向阳排干，两县四场260万亩耕地安全了，但造成干渠水位壅高，绥滨、江滨、军川、普阳四个农场的80余万亩耕地出现内涝。面对灾情，必须排水，农场投资150余万元购入7台大功率水泵，24日晚，45名民兵突击队员连夜安装，原本需要15天的安装任务硬是在24小时内拿下。次日下午3时，管道喷涌出内涝积水，以每小时7000立方米狂泻，绥滨、军川等4个农场的耕地安全了。

8月27日，二九〇农场大口门堤段告急，水位居高不下。农场接到管理局防汛指挥部的命令，必须死守黑干大口门1.5～3.0公里段。民兵突击队再上战场，这一守就是13天。13天的坚守，大堤固若金汤，保卫了兄弟农场30万亩耕地的安全。

抗洪抢险历时31天，出动民兵2579人，共修筑15.96公里堤坝防线，投入机械301台班、人员物资运输车240台次，外运土方9680立方米，铺设沙袋6732万条，铺彩条布5.32万平方米，清理沟道排水土方24万立方米。每天出动民兵突击队和机械积极支援二九〇农场抗洪一线，共出动3706人次、大马力农用胶轮车760台、人员物资运输车256台次。武装部组织民出动近3200台水泵，协助管理区种植户对低洼地块抽水外排，共减淹耕地面积154875万亩，安全撤离并妥善安置697人。

在这次抗洪抢险战斗中，农场武装部在总局、管理局和农场党委的统一部署下，带领全场民兵团结一致，昼夜奋战。突击队员们面对洪水毫不畏惧，冲锋在前，吃住在大堤上，奋战31天，终于取得了抗击黑、松两江洪水的决定性胜利。各级领导亲临抗洪抢险一线，对农场民兵突击队在危难面前顾全大局、无私奉献、英勇无畏、坚守忘我的精神给予了充分肯定。农场被总局授予抗洪抢险劳动模范单位（集体）荣誉称号。

2014年7月28日，农场组织维稳处突排45人、女民兵24人，进行了为时5天的野外拉练住训工作。训练地点在农场渠首，搭设班用帐篷6顶。人员按编制序列分为6个班，其中男民兵4个班、女民兵2个班，活动严格按照部队生活制度标准安排。训练科目包括野外住训、10公里拉练、队列、战术基础动作、轻武器射击、到辖区边防驻地进行爱国主义教育等。以上科目的训练，使广大民兵磨炼了意志、锻炼了体魄，也增加了战友、同事之间的默契和友谊。

2015年1月，武装部干事顾立秋代表宝泉岭管理局参加垦区专武干部比武，获得个人总成绩第二名；4月份他代表管理局参加总局军事部组织的森林防火灭火救灾比武，获得第一名。6月份农场武装部5名民兵骨干代表总局军事部参加省军区跨区联合训练，获得总成绩第一名；7月份代表管局参加总局军事部组织的防洪抢险比武，获得第一名。

2016年7月末，按照管理局人武部的军事训练部署和农场年初制定的训练计划，农场组织了以民兵应急分队45人、机关青年大学生干部70人为主的队伍进行军事训练。通过队列、维稳处突、防汛演练、盾牌警棍术和应急情况处置、户外拓展等科目的训练，评比出优秀教练员4名、优秀民兵10名并颁发证书。训练期间还成功举办了"绥滨农场民兵集训篝火晚会"。此次训练进一步提高了民兵、青年大学生综合素质，增进了彼此的信任和团结互助的优良作风，圆满完成了年度训练任务，受到上级军事机关和农场的充分肯定和表扬。

2018年5月，农垦总局军事部部长卢俊、军事部动员处处长王松、宝泉岭管理局人武部部长刘丹等一行来到农场，对农场民兵整组工作进行了全面检查，并拉动民兵应急分队45人，抽查了人员到位率、党员编配率、退伍军人编制率，对农场民兵工作给予高度评价，并提出要继续努力构建编组秩序规范、体制运行顺畅、结构布局合理、动员快速高效的组织体系，全面打牢民兵组织建设基础。

按照上级"办公场所固定、基本设施配套、活动功能完备、资料图表齐全"的要求，农场党委会、议军会通过了民兵物资配载、多层次民兵训练等重大决策。重点解决民兵基础建设问题，先后投入70余万元购置战备物资和专业装备器材，并新建了两间100余平方米的民兵物资库投入使用。农场的民兵基础建设基本形成了民兵"训练有场所、生活有保障、活动有场地、战备有依托"的良好格局。

为加强民兵政治教育工作，开展了形式多样的教育活动。武装部以"八一"建军节、纪念长征胜利80周年、纪念反法西斯胜利70周年等活动为契机，开展了一系列爱国主义教育活动。每年都聘请老干部、老军人对民兵队伍进行党史国史教育，重温革命历史，增强爱国主义情怀。协助组织部开展了践行"两学一做"、落实"三转"要求主题演讲比赛活动；参与了反映复转军人工作生活的专题片《小康路上的排头兵》的拍摄，节目在总局电视台播出；依托报纸、电视等新闻媒体，对广大民兵开展季课教育和经常性的教育活动，完善了教育方法，拓宽了教育渠道，增强了教育效果。

第十二章 民　　政

第一节 概　　况

　　民政局主要工作职能是社会救助、拥军优抚、残疾人工作、殡葬管理、老龄工作等，全称为黑龙江农垦绥滨民政局。上级机关为宝泉岭分局民政局，下属单位有社区、老年公寓、双宝山公墓、殡葬服务中心等。2015年10月，老年公寓由农场直接管理，不再作为民政局下属单位。

　　2006—2018年，低保等社会救助工作逐步完善，完成了二代残疾人证换证工作，筹建了绥滨农场殡葬服务中心、龙门福地养老康复服务中心和两个残疾人康复服务中心。因工作成绩突出，2011—2013年，连续3年被黑龙江省农垦宝泉岭管理民政局和人力资源社会保障局授予"民政系统先进集体"称号；2013年被黑龙江省农垦总局人力资源和社会保障局和民政局授予"黑龙江垦区民政工作先进单位"称号；2014年被宝泉岭管理局残疾人联合会授予"残疾人工作先进单位"等荣誉称号；2016年被中残联授予"全国残疾人工作先进单位"称号。

　　2006年1月—2007年12月，民政局编制为1人，王景华任局长。2008年1月，民政与社区分离，编制为1人，民政局局长由王景华担任。同年3月，民政编制增加1人，张帆任民政局干事。2010年年底，王景华调离；2010年12月—2018年12月，郎清芝任民政局局长。

第二节 社会救助

　　社会救助是社会保障体系的重要组成部分，是由政府和社会提供的基本物质保障，主要救助类型有最低生活保障、自然灾害生活救助、医疗救助、临时救助等。

　　民政局对申请低保救助的对象严格按照申请、入户核查、民主评议、公示、上报的程序进行办理，每年对低保户家庭状况和收入情况进行入户走访核查，切实做到低保有进有出。2015年，农场民政局将农场低保人员信息及家庭状况全部录入全国最低生活保障信息系统，确保了信息的准确性。2016年，为规范低保申报调查审核审批程序，使基层掌握申报低保流程，农场民政局撰写了《低保工作相关资料汇编册》，其中包括低保办理流程、困难家庭收入核定办法、民主评议要求等内容，并发放到各基层工作人员手中。截至2018年12月共有低保户345户、455人。

2013年，黑龙江和松花江水域发生特大洪水灾害，农场紧急转移沿江流域第一、第三、第四居民组和船队居民697人，为他们发放生活补助金10.46万元、临时低保资金20.25万元。其间，农场组织了职工群众义务捐赠活动，共捐款55.19万元，创农场历史之最。2014年，第十居民组有10户居民种植的红小豆因干旱严重减产，上报灾情后，上级拨发4.9万元自然灾害生活补助资金。2016年，农场先后遭受不同程度的风灾和洪涝灾害，在基层信息员报灾后，民政局及时深入基层查灾，向国家自然灾害系统报灾3次，为农场受灾群众争取自然灾害补助资金39.47万元。

为减轻低保对象因病造成的家庭经济负担，根据宝泉局文〔2011〕161号《宝泉岭管理局医疗救助"一站式"即时结算实施方案》文件精神，2011年10月1日农场正式开通低保医疗救助"一站式"服务结算平台，开始实施医疗救助"一站式"服务政策。在农场医院设立了贫困病房、"一站式"救助结算窗口。对在农场医院住院治疗的当年在册的低保对象，出院时直接按比例给予医疗救助，实行医疗救助和城镇职工（居民）医疗保险同步结算"一站式"和"零时限"报销。同年年底，民政局将医疗救助资金全额拨付给医院，实现了城乡低保医疗救助和城镇居民医疗保险的有效衔接。2012年，农场下发了绥农场办发〔2012〕3号《绥滨农场医疗救助"一站式"即时结算实施方案》。2016年，农场下发绥农场办发〔2016〕1号《绥滨农场医疗救助"一站式"即时结算实施方案》的通知，规定低保对象在农场医院住院，医疗统筹后自付部分救助比例由90%提高到95%，减轻低保对象看病压力。

农场居民患有精神疾病的有100余人，其中有20多人常年在精神病院住院治疗。鉴于常年住院治疗的精神病患者基本丧失劳动能力，患者家庭难以承担治疗费用，农场民政局经过和农垦佳木斯精神病防治院的多次沟通并请示农场领导后，制定了绥农场办发〔2014〕3号《绥滨农场精神残疾人住院治疗补贴实施方案》。文件规定，对在农垦神经精神病防治院住院治疗的农场户籍的精神病患者，当年住院治疗满6个月以上的给予医疗救助。2014年常年住院治疗的精神疾病患者当年治疗费用为8000元，由个人负担4000元、农场给予医疗救助每人4000元，年底一次性给付精神病院。当年共救助精神疾病患者21人，支付救助资金8.4万元。2016—2018年，精神病患者在农垦精神病防治院住院治疗满6个月以上的，农场给予6000元补贴，个人负担6000元。2017年，为方便精神病患者得到更好的治疗，农场与哈尔滨白渔泡精神病防治医院签订协议，针对当年住院治疗满6个月以上的精神病患者给予5000元医疗救助，个人负担5000元。

农场2006—2018年的各种社会救助发放情况见表6-12-1。

表6-12-1　各种社会救助发放明细（2006—2018年）

年份	低保			医疗救助		临时救助	
	人数（人）	户数（户）	金额（元）	人数（人）	金额（元）	人数（人）	金额（元）
2006	519	466	389570	—	—	—	—
2007	580	531	548200	—	—	—	—
2008	580	568	856550	—	—	—	—
2009	810	743	1233144	—	—	—	—
2010	740	627	1420800	—	—	—	—
2011	703	578	1687200	89	178000	29	15000
2012	703	423	2193360	72	160100	31	35550
2013	703	414	2362080	37	91210	76	64229
2014	703	413	2530800	159	369045	60	53060
2015	710	432	2835260	166	464283	95	114660
2016	710	435	3300975	130	424764	106	117212
2017	630	394	3233557	145	442479	114	195265
2018	560	371	2410000	154	456591	113	130600

注：低保资金包含电价补贴、取暖补贴；医疗救助中包含精神病患者住院补贴。

第三节　拥军优抚

农场现有优抚对象12人，其中伤残军人9人、涉核退伍人员1人、带兵回乡军人1人、伤残警察1人。每年春节，农场都走访慰问这些优抚对象以及军烈属、军属等。2018年农场为因公牺牲的现役士官张健的母亲兑现抚恤金85.79万元。

农场对转业回来的退伍军人进行档案接收并当年安置，及时发放义务兵家庭优待金。2006—2018年的具体发放情况见表6-12-2。

表6-12-2　退伍安置人数和义务兵家庭优待金发放明细（2006—2018年）

年份	退伍及安置人数（人）	义务兵家庭优待金	
		人数（人）	金额（元）
2006	5	11	52800
2007	6	11	54400
2008	11	7	56000
2009	9	8	73600
2010	7	10	92000

（续）

年份	退伍及安置人数（人）	义务兵家庭优待金	
		人数（人）	金额（元）
2011	10	10	108000
2012	10	10	108000
2013	7	8	99200
2014	10	15	162200
2015	9	13	314262
2016	10	6	151110
2017	10	13	357280
2018	2	17	329545

第四节　残疾人工作

近年来，国家和农场都非常重视残疾人工作，对残疾人事业的投入也非常大。2009年，全国开展了第二代中华人民共和国残疾人证更换工作，第一代残疾人证作废。至2018年年末，农场有持证残疾人469人。2016年年初，农场残联申报了"全国残疾人工作先进单位"，同年9月份农场残联被国务院残工委表彰为"全国残疾人工作先进单位"，农场场长李思军作为黑龙江垦区唯一受表彰单位代表赶赴北京，于同年9月26日参加了第五次全国残疾人事业工作会议，会上接受授牌表彰。2017年，农场场长李思军在垦区残疾人就业创业暨职业技能竞赛会议上作为助残扶贫工作先进单位代表做经验交流。

自2011年开始，农场对困难残疾人按照重度和非重度残疾等级发放残疾人生活救助金。2014年，根据黑垦局办文〔2014〕42号《黑龙江省人民政府办公厅关于建立贫困重度残疾人护理补贴制度的通知》精神，农场对生活困难的残疾人给予发放生活补贴；对生活不能自理的重度残疾人给予发放护理补贴，标准为每人每月100元，残疾人生活救助金停止发放。截至2018年年底，累计发放残疾人生活救助金和两项补贴资金166.91万元。

2015年3月，农场投资100余万元、建筑面积300平方米的残疾人康复服务中心正式开始服务。上级残联为中心配备了等速上下肢内收外展康复训练器、电动直立床、空气压力波治疗仪、颈腰椎牵引床等价值70余万元的康复器材。按照康复器材种类划分了理疗区、康复区、儿童区。配备了电脑、办公桌、档案柜等办公用品，增设了衣架、储物柜、休息椅、电视、吊扇等日用品。中心配有2名工作人员免费为残疾人开展康复服务，每天有30多人进行康复训练。

2015年6月，总局残联和管理局残联领导陪同中残联领导来到农场参加垦区"十三五"残疾人康复及托养调研现场会。作为黑龙江垦区第一个建成并投入使用的残疾人康复机构，2015—2016 年，农场接待了垦区不同批次的多个兄弟农场前来参观学习。自 2015 年起，农场根据上级要求开展全国残疾人基本服务状况和需求专项调查，对农场所有持证残疾人进行入户调查、汇总，并将所有调查数据及时录入国家残疾人基本服务和需求专项调查平台，为全场有需求的残疾人做好需求上报工作。

2016 年，为更好地满足残疾人康复需求，农场自筹资金在广场东侧新建的社区卫生服务中心楼筹建了第二个残疾人康复服务中心，于 2017 年 1 月正式投入使用。配备了 2 名专职工作人员为残疾人开展康复服务工作。有康复设备、康复器材 68 件免费供残疾人使用，使残疾人康复辐射范围更广。农场的 2 个康复服务中心，每天分别接待、服务残疾人达 50 余人次。残疾人各项活动有序开展，在爱耳日、肢残日、助残日、文化周期间，残联都积极组织残疾人开展丰富多彩的文化体育活动。自 2012 年起，每年都开展残疾人手工艺品展览。2014 年 7 月，举办了绥滨农场"我梦最美"首届残疾人趣味运动会，根据残疾人的实际情况分设 10 个比赛项目，全场百余名残疾人及监护人参加了活动，管理局残联理事长等参加了此次残疾人趣味运动会。2015 年，农场残联参加管理局残联举办的首届残疾人趣味运动会，取得了团体第二名的好成绩。

2016 年，农场在原小学院内投资 15.84 万元，新建 6 间残疾人就业保障房，为有一技之长的贫困残疾人免费提供就业场所，为居民提供餐饮、小商品、修理、家电维修等便民服务以增加收入；为 5 户有养殖经验的贫困残疾人免费提供禽雏及前期饲料，并全程跟踪指导直至家禽出栏增加收入。2018 年，在北一路为贫困残疾人辛厚德建了一处就业保障房，让其开展修鞋、修自行车等业务增加收入；扶持贫困残疾人罗相云从事蔬菜大棚种植；为盲人邹长喜购买了按摩床椅。

第五节　殡葬管理

殡葬服务中心原有两辆殡葬车，其中一辆使用多年，故障频出。2012 年 12 月新购置了殡葬车一辆，报废一辆。截至 2018 年年底，殡葬服务中心共有两辆殡葬车。

原殡葬服务中心有两个停放间和一个接待休息室，主体房屋陈旧，没有遗体告别厅，不能满足治丧群众的需求。2014 年，新建了一所占地 2000 平方米的殡葬服务中心，11 月 10 日正式投入使用。设有 1 个遗体告别厅、4 间停放间和休息室、1 个高级休息室。设有专职殡葬司仪免费主持治丧事宜，提供遗体接运、停放、冷藏、守灵、告别、殡葬用品等一条龙服务，得到了群众的好评和拥护。

2014 年，按照农场财务要求，殡葬服务中心办理了营业执照、税务登记证等正规手续，所有的收入、支出全部纳入农场财务管理，使殡葬服务中心的财务收支更加规范和透明。

2018 年，为加强殡葬基础设施和安全设施建设，农场加大资金投入，在双宝山公墓新建墓穴 413 个、防火墙 2 处、监控器 1 套。

第六节　老龄工作

一、老年公寓

2006 年 1 月—2008 年 10 月，老年公寓设置在老招待所的平房，阴暗潮湿、冬天较冷。2008 年 10 月搬迁至老小学宿舍楼，拥有 40 个房间和 1 个多功能活动室，房间宽敞明亮，冬天取暖较好，入住床位增加至 80 张，两人一个房间，每个房间都配备了两个单人沙发和衣柜。老年公寓环境的大幅提升和服务质量的提高，提高了入住率。

由于农场小城镇建设和撤队并区步伐加快，老人集中供养住所是一个突出的问题，原有的老年公寓已不能满足老人的入住需求。基于这种情况，农场决定新建一所老年公寓（龙门福地老年公寓），于 2013 年 10 月开工建设，2014 年 12 月交工，2015 年 10 月正式开始入住。占地总面积 1 万平方米，建筑面积 3266 平方米，建筑风格为典雅别墅式三层楼，还有一处平房区。老年公寓设有居住房间 46 间，可入住 92 名老人。各房间内配有液晶电视、衣柜、床头柜、沙发、休闲椅、紧急呼叫器、卫生间等。楼内设有棋牌室、阅览室、台球室、洗衣室、餐厅等生活辅助设施，并安装了监控器。农场原有老年公寓改为托养服务中心，两个养老机构一并由农场直接管理。2015 年 10 月，农场任命黄昌琴为主任。2017 年争取上级资金 18.72 万元，为托养服务中心更换了衣柜、床、床头柜等。

2016 年 1 月，民政局联合消防、卫生、安全等部门对场区内的 5 家未经许可的私营托老所进行安全专项检查，发现全部存在安全隐患问题，经过多次协商和督促整改未达到要求，最后依据相关政策规定，这 5 家私营托老所于当年全部关停。

二、敬老爱老

为了切实做好敬老爱老工作，农场为年满 60 周岁的老年人办理了《敬老优待证》。从 2010 年开始，根据黑政办发〔2010〕21 号《关于建立 80 周岁以上高龄老人生活津贴制度的通知》和宝局民发〔2010〕13 号《关于转发黑龙江省民政厅、黑龙江省财政厅〈黑龙江省 80 周岁以上高龄老人生活津贴发放办法〉的通知》文件要求，民政局开始发放高龄老人生活津贴，80～89 周岁的困难老年人（低保）、90 周岁以上的老年人，每人每月发放 100 元高龄津贴。2013 年 7 月，根据绥农场办发〔2013〕25 号《关于建立全场 80 周岁以上高龄老人津贴制度的通知》精神，凡是农场户籍年满 80 周岁的老年人全部给予发放高龄津贴，80～89 周岁每人每月 100 元；90～99 周岁每人每月 200 元；百岁以上老年人每人每月 300 元。历年高龄津贴发放明细见表 6-12-3。

表 6-12-3　历年高龄津贴发放明细（2010—2018 年）

年份	人数（人）	金额（元）
2010	28	16800
2011	52	59400
2012	47	56700
2013	418	289600
2014	445	550800
2015	490	604200
2016	522	657500
2017	556	693100
2018	604	756900

第十三章　社区居民委

第一节　概　况

农场社区全称为社区建设委员会。2006年1月—2008年1月，社区为民政局下属单位，社区主任由民政局局长兼任。2008年1月社区与民政分开。2012年1月，农场明确社区只负责小区内环境，由城管局负责小区外环境。2012年11月，小区物业管理划归社区负责，社区组建物业保洁大队。2014年3月，农场加大社区管理力度，成立了滨东、滨西、滨南、滨北、滨中5个管理服务中心，使社区管理工作进一步细化，分工明确，各负其责。社区党总支下设5个居委会党支部。截至2018年年底，社区共有管理人员17人。

历任社区主任：郎清芝、王景华、张怀建、张洪国。

历任社区党总支书记：郎清芝、张洪国、甘源、陈凤敏、王福荣。

农场社区共有人口17675人、6560户。社区的主要工作职责是宣传党的路线、方针、政策和国家法律法规，构建民主法治、诚信友善、充满活动、安定有序、人与自然和谐相处的社区环境，关注民生、保障民生、改善民生，增强社区的向心力和凝聚力。大力开展环境卫生综合治理，美化城镇美化环境，让场容场貌环境卫生提档升级，构建平安稳定的生活环境。服务百姓，亲情管理，用心服务，把老百姓所关心的难点在一线解决。加强社区工作，开展法制教育，使居民遵纪守法。化解各类矛盾纠纷，促进邻里之间团结和谐。

多年来，社区倾力打造服务型品牌，秉承为民服务理念，高标准服务、高效率运行，为社区百姓营造了一个"民主自治、管理有序、服务完善、治安良好、环境优美、文明祥和"的生活环境。先后被中华全国总工会授予模范职工小家、全国综合减灾示范社区、省民主法治社区、总局文明单位、管理区先进基层党组织等荣誉。

第二节　党组织建设

社区有党员214人，其中男167人，女47人，老年化比例占58％，灵活就业流动党员占 28%。社区定期开展各类组织活动，对年龄大、身体不佳的老党员开展上门服务宣讲等活动。

社区党总支是农场党建工作示范单位。农场党委为社区党组织配齐配强班子人员，加强了社区党建工作力度。社区党建工作立足创先争优，在开展"一优三好""三严三实""两学一做"和"北大荒堡垒工程"活动中取得了较好的成绩。2010 年社区党总支被推荐为农垦总局党建示范单位，历经 1 年多的示范创建，在软件、硬件上提档升级，不断拓展新形势下党建工作创新管理途径，于 2011 年顺利通过农垦总局的验收，被授予总局党建示范单位称号。2015 年，社区党总支按照农场党委的统一部署，全面实施党员"两地管理 双向服务"党建工程，实现党建与社区建设的良性互动，巩固了基层党组织基础建设。2010—2015 年，先后多次接受总局、管理局和其他农场的检查和参观考察。2014 年，社区被评为鹤岗市标准化党支部；2015 年，社区党总支被管理局党委授予先进基层党组织；2016 年，被管理局评为先进社区党组织；2018 年，被农场评为党建目标考核标兵单位。

2017 年，社区紧紧围绕农场党委中心工作，全面落实"3443"工作机制，努力实现党建工作再上新台阶。完善创新"两管双服"管理新模式，管理区的党员自愿到社区领岗认岗，充分发挥了党员的先锋模范作用，实现了党员两地管理无缝对接。截至 2018 年年底，到社区党组织报到的"两管双服"党员共 330 人，认领岗位 339 个。其中在职党员 171 人，共认领岗位 177 个；管理区党员 159 人，共认领岗位 162 个；开展服务 428 次；打造了"滨东特色党支部"示范点，规范基础内业、组织生活，先后迎接了黑龙江省、农垦总局、部分管理局和农场各级党组织的参观指导，受到高度评价。

以"不忘初心·牢记使命"主题教育为主线，结合社区实际工作，开展了争做"新时代建功者"主题教育活动，争做美丽绥滨建设者、廉洁干事带头者、精准扶贫助力者、先进文化倡导者、生态环境保护者、邻里和谐守护者、"五·四"精神传承者、公共安全维护者、党纪民风监督者，党员干部作用发挥突出，服务居民群众效果明显。

2018 年，社区党总支开展的创建"北大荒堡垒工程"活动，代表管理局顺利通过上级党组织验收。

第三节　环境美化

2006 年以来，农场环境建设快速发展，农场把小城镇建设作为工作的重点，先后拆迁多处旧平房盖起新楼房。对场区主街道绥福路两侧的旧平房进行了拆迁改造。场部和平大道、绥福路先后铺设了水泥路，加宽了路面，道路两侧增设了人行道和车辆停放场。扩建了文化广场和休闲公园，在休闲公园建立了人工湖、假山、文化长廊，安装了健身器械。硬件设施的完善，给社区居民提供了良好的生活环境，同时，也对进一步美化、绿化场区环境提出了更高要求。

农场对沿街大道进行了路灯亮化改造，对主要道路两旁进行了绿化改造。在多个小区进行了草坪三叶草种植，使小区绿化率达 50％以上。2012 年以来，农场以深入开展建设美丽乡村、打造幸福绥滨为宗旨，改善场区环境。重点对南一路、二路、三路道路两边的围栏、菜园子、破旧猪圈、小厕所进行整治，下发了《绥滨农场城镇管理条例》，对全场的违章建筑进行拆除。农场采取机关科室包道、责任到科室、分段到人的方式，打响了环境整治的攻坚战，人机齐上，对沿街影响美观的障碍物全部拆除。社区负责对各街道、各小区进行整治。2012—2013 年，拆除破旧院墙 150 余处，拆除围栏 20000 多延长米，拆掉旧猪圈 260 余个、小厕所 320 余个，挖沟渠 30000 多延长米，拉运垃圾 800 余车，种植树木 60 余万株，播种草坪 10 万平方米，新盖公厕 40 余个，使场区环境彻底得到了改善。农场重视小城镇建设，加大小城镇建设的投入，使环境建设逐年提档升级，连续 3 年在管理局小城镇建设考评中获得第一名。

2016 年，农场深入开展美丽乡村建设，全面治理场区环境卫生。新制作 120 个卫生箱安放在各条街道，在 16 个小区栽种了丁香花、榆叶梅。对场区和平大街东南侧一委 42 户平房区进行拆迁，实现了拆迁建绿，场区的环境建设得到了进一步提档升级。

第四节　居民管理

家庭是社会的细胞，千家万户组成了社区大家庭。社区居委会自 2007 年开始对社区居民进行逐户逐人登记造册、立档建卡，做到不漏一户、不漏一人。建立了党员信息卡，对流动人员、外来人员建立档案，信息资料全部输入电脑，进行信息化管理。对全场居民进行网格化管理，以农场转盘道为中心进行划分，西北片为滨北服务中心，西南片为滨西服务中心，转盘道东至公园路、南至南三路为滨中服务中心，公园路以东、南至南三路为滨东服务中心，南三路以南为滨南服务中心。同时，农场加大了社区工作力量，为每个管理服务中心配齐配强了主任和党支部书记。办公室设在各辖区居民委，方便社区居民办事，使居民的问题都能在基层得到解决，为辖区居民提供了便捷优质的服务。

社区紧紧围绕"保障服务暖民心，诚信文明育民心，平安温馨得民心，服务居民顺民心"主题开展活动，以服务保稳定，举社区之力，倾心打造服务型品牌，本着进百家门、知百家事、认百家人、解百家难的服务理念，工作重心下移，与居民融为一体。加强了对空巢老人、残疾人、弱势群体的服务与管理，营造了一个"居民自治、管理有序、服务完善、治安良好、环境优美、文明祥和"的生活环境。

第五节　居民楼物业管理

2006年以来，随着农场小城镇建设的快速发展，居民楼区的环境卫生亟待治理，物业管理也随之产生。2010年11月，农场将居民楼区的物业保洁承包给富锦市双峰物业管理公司，经过1年的运行，由于收费较难，双峰物业于2012年12月宣告停业。随后，农场将居民楼区的物业保洁管理交由社区负责。社区雇用了50名下岗职工和贫困人员，组建了物业保洁大队，负责全场26个小区的物业保洁工作，主要职责是清扫楼道和楼院。社区按每户180元的标准收取物业保洁费，用于小区物业保洁人员的工资发放，发放标准根据保洁户数而定。当年实现了物业保洁费用零补贴。

社区在接收物业管理时正值冬季，大雪覆盖各小区，卫生环境较差。社区组织全体物业人员对每个小区进行及时清理，拉运积雪、清除垃圾，用一个多月的时间彻底改变了小区的面貌。社区在居民楼区成立了业主委员会，楼栋长、单元长、社区居民积极投入到小区的管理之中。社区为改变居民楼区的环境，组织人员栽种了丁香、榆叶梅等11种花草树木，播种了三叶草草坪，使小区绿树成荫、环境优雅，居民楼区的环境得到改善。在龙泽苑开设了旅游避暑山庄，为游客提供了良好的生活居住空间。

近年来，社区物业管理工作进一步完善。各小区破损的井盖得到及时维修更换，大排网得到清理疏通，保证了地下大排网的畅通。农场对部分破损严重的水泥地面进行了维修，对居民楼外墙排水管、楼梯损坏的白钢部分和楼道声控灯进行了免费维修更换。在16个居民小区安装了充电桩，居民电动车实现了统一集中充电，避免了充电导致火灾的隐患。为独居老年人家中免费安装烟雾报警器150余个。

第六节　社区文化

社区积极为全场居民搭建文体活动的舞台，开展丰富多彩的文体活动。每年在文化广场举办一次文艺晚会和文体活动。2013年以来，连续6年开展了社区文化节、百家宴、法治邻居节活动。2009年，举办了有4对新人参加的集体婚礼。2011年，举办了场县共建乒乓球联谊赛。

社区积极组织居民参加农场开展的各项文体活动。2009年，在农场举办的庆"七一"广场舞比赛中获得第一名；2010年，在农场举办的防火墙智力竞赛中获得第二名；2011年，在农场举办的大合唱比赛中获得第一名；2012年，在管理局举办的社区广场舞比赛中获得第二名；2013年，在农场党风廉政建设知识竞赛中获得第一名。2016年社区荣获"安康杯"知识竞赛一等奖，同年荣获"两学一做"暨"两项法规"知识竞赛二等奖；2017年荣获绥滨农场第六届职工运动会团体总分第四名，同年荣获绥滨农场"丰收杯"迎新年"414"扑克比赛第三名；2018年荣获"安康杯"知识竞赛三等奖。

为更好地繁荣社区文化，调动居民有组织地开展各项文化娱乐活动，社区先后成立了夕阳红秧歌队、龙之梦秧歌队、健力舞蹈队、交谊舞舞蹈队、老年艺术团、太极拳队、家庭音乐院等社会团体。这些团体不仅丰富了农场的文化舞台，也在省内外获奖，丰富了群众的文化生活。社区设立了文体活动中心和老年人活动中心，开办了老年学校，总占地面积近1万平方米，为社区老年人老有所乐、老有所为提供了场所。社区为丰富居民知识，建立了图书馆、远程教育中心、党员群众资源共享基地等，开展了百姓大讲堂、法律大集、法律进社区进家庭等活动，使广大职工群众学法、守法、用法。几年来，通过开展法律普及和文化知识培训，社区居民素质不断提升。社区文化事业的发展促进了农场的文明建设，社区祥和安定。13年间社区从未发生过刑事案件，违法违纪的行为也很少发生。

自2013年开始举办社区文化节以来，每次活动都连续举办2～3天，社区居民积极参与，把自家珍藏的老物件、老照片、罕见珍品、奇花异草、自制工艺品、摄影书画作品等都拿到文化广场展出，吸引了众多场内外居民驻足观看、流连忘返。每次文化节，社区都举办居民自编自演的消夏广场晚会，每次观众达1万余人。2017年在文化广场举行了"百家宴"邻居节，举办宴席65桌，有50多个家庭把自家制作的美味佳肴端到宴席上让大家共同品尝，促进了邻里和谐。

第七节　扶贫帮困

社区在开展扶贫帮困工作中，本着在工作上给予帮扶、在政治上给予关心、在生活上给予照顾的理念，定期开展岗位培训。举办了烹饪、电焊、饲养、家政等培训班，提高贫困人员的工作技能，拓宽就业渠道。常年开展"送温暖、献爱心"活动，冬季为特困户送去暖冬煤，春节送去米、面、油等生活用品，为开展致富项目的贫困人员办理扶贫贷款，聘用下岗职工和贫困家庭人员做环卫员、保洁员。在确定低保人员方面，严格按照上级文件要求，对办理最低生活保障人员和特困人员均进行公示，做到公开、公平、公正。牢固树立扶贫扶志、扶技扶智的理念，实施一帮一结对子，把衣、食、住、行作为帮扶重点，为贫困人员选择创新产业项目，做到对症下药、精准扶贫，由"输血"向"造血"转变，扶贫路上不让一个人掉队。截至 2018 年年底，已有 150 多名贫困人员脱贫，居民幸福指数逐年提升。

第十四章　城镇管理

第一节　概　况

农场非常重视城镇建设和管理工作，经过十几年的不断创新和发展，形成了完善的城镇管理模式。2011 年之前，城镇管理以建设科为主，配备了两名临时工作人员。2006 年，招聘了 3 名大学生，使城镇管理工作得到进一步加强。为创建优美环境、优良秩序、优质服务的"三优"文明城镇，实行建管结合的有效机制，农场于 2011 年 8 月 25 日正式成立城镇管理局（简称城管局），城镇管理工作从建设科剥离。城管局负责全场场容、环境卫生、园林绿化、市政设施等管理工作，下设城镇管理综合执法大队、环境卫生清扫大队、园林绿化大队、市政公用设施维修养护大队 4 个大队。2018 年年末，城管局有在职人员 50 人。其中管理人员 11 人，执法队员 10 人，环卫监察组长 4 人，绿化队员 15 人，市政队员 2 人，车队司机 8 人。农场投资 140 余万元为城管局配备了推土机、挖掘机、铲车环卫车、排污车、清雪机等专业车辆和机械。农场还修订和完善了《绥滨农场城镇管理方案》和《绥滨农场环卫工人管理办法》等一系列城镇管理制度，建立健全了规章制度和考评机制，把城镇管理细化到每一条街、每一栋楼、每一块绿地。规范了广告牌匾、出租车停靠场地、路标和交通警示牌的设置，在农场主干道安装了电子显示屏幕。通过运用法律和制度等多种管理手段，逐步实现了城镇管理科学化。2012 年获得黑龙江省农垦总局建设行业城镇管理先进单位荣誉；2013 年被农场授予抗击"黑松两江"洪水先进集体称号；2015 年被管理局授予市容环境卫生先进单位称号；连续多年被农场授予先进单位称号。

历任局长：韩洪喜、刘健、陈庆君。

第二节　城镇管理

城镇管理综合执法大队负责实施场容、环境卫生、园林绿化、市政设施、交通秩序的监督检查，对违规行为进行处罚。执法大队实行网格责任区管理，以和平大街绥福路中心为界划分四个片，每个片区配备两名执法队员，中心农贸市场设置两名管理员，确保了场区管理无死角。城镇管理综合执法大队推行错时制管理，5—10月设早班和晚班，每班两人，由队长或分管负责人带队。城管局实行军事化管理，合理分配管理力量，从严治队，经常采取"路边议事"的方法处理各类机动事件，有效地保持了场容整洁，杜绝了乱设摊、乱搭建、乱吊挂、乱堆放等不良现象。

2011—2012年，城管局对和平大街、绥福路商服楼的80余家门市牌匾进行了统一更换。牌匾统一材质、统一尺寸、统一亮化，达到整治一条、规范一条、美化一条。门市牌匾和广告牌由专人审批、专人负责，既保证全覆盖，又确保标准统一。拆除破损及有碍观瞻的户外广告10余处；对原有违章私建门斗、违章私搭乱建仓房、违章乱挂牌匾一律进行拆除，共拆除违章私建门斗12处、违章私搭乱建仓房26处、违章牌匾5处。对绥福路门市商户自圈围栏摆放货物的一律进行拆除清理，还居民公共用地。在农场开展的各科室包街道环境大整治过程中，对占用道路两侧绿化带的柴草垛、厕所进行了清理，规范了道路两侧的围栏，使其达到了整齐划一。经过两年的治理，场区面貌发生了根本性变化。2014年，农场投资300余万元购置吸污车2台、洒水车1台、大铲车1台、小铲车1台、垃圾车4台、东方红推土机1台、压路机1台。2016年，新增场区停车位600余个，安置瓜果流动商贩20余个。

8年间，城镇管理工作不断创新举措，严格落实责任，强化巡查监管，强力制止违建，对影响场容场貌的各种违规行为进行了治理。累计组织拆除违章建筑行动近百次，拆除违章建筑100余处；拆除影响绿化用地围栏2000延长米，仓房、厕所、猪舍、柴草垛50余处，排查恢复毁绿种菜点14处、面积3600余平方米，总拆除面积达1万余平方米；共清理农用车、非动机车100余辆；规范门市牌匾200余块；清理违章占道及店外经营600余处；清理流动商贩500余人次；解决场区管理中的各种问题近万件。

第三节　环境管理

城管局成立之前，道路清扫保洁和垃圾清运实行市场化运作。2011年8月，农场为加强环境管理，将道路清扫保洁和垃圾清运的个人承包管理权限收回，交由城管局环卫清扫大队负责。环卫大队对场区路面进行了重新测量，场区硬化路面总长2.7万米，总面积为25万平方米。环境卫生清扫大队配有队长1名，组长4名，环卫工人85名。环卫工人实行聘任制，严格按照《绥滨农场环卫工人管理办法》进行百分考核，如环卫工人多次违反管理规定且不服从组织管理的，所在片区环卫监察组长有权力直接将违规的环卫人员予以辞退，无须报请上级领导。

2012 年，环卫工人工资从每月 800 元涨到 1200 元。场区划分以和平大街、绥福路为中心界，分为东南区、西南区、东北区、西北区四个片区。环卫工人人均 3000 平方米左右的清扫范围，按指定路段指定片区进行清扫。4 个片区小组长全天候进行环卫清扫监察工作。组建了 10 人打草队，对场区路边、沟边的杂草及时进行清理，亮化了通道。农场城镇管理工作实现了新突破，环境面貌大为改观，亮化、美化、净化、香化齐步推进，居民满意度不断提升，各方面工作得到了农场领导、上级领导及社区居民的称赞和认可。

2013 年，环卫工人工资从每月 1200 元涨到 1500 元。新增 8 条水泥路，拓展清扫保洁面积 3 万余平方米。7 月 6 日，总局市容环境卫生检查组一行，在管理局住建局局长孟庆国等领导的陪同下来农场，就制度建设、市容环境、集贸市场环境管理、城镇美化、城镇居民文明素质等五个方面的工作进行检查指导，对城管局的各项工作给予高度评价。

2014 年，环卫工人工资从每月 1500 元涨到 1550 元。城管局对环卫清扫工作又进行了进一步细化和量化。一是精化环卫工人的工作量，合理利用现有的环卫工人，在增面积不加人的情况下，将原有 27 万平方米的保洁面积增加到了 33 万平方米，为农场节省环卫支出费用 15 万元。二是对场区的环境卫生进行了集中整治，共整治背街巷 6 条、清理积存垃圾 1200 吨、疏通沟渠 1.7 万延长米，解决了卫生环境差、居民出行难的问题。三是完成了场区 29 个公厕包括室内公益公厕日常卫生清扫管理工作。四是在春季绿化、义务栽花及清除杂草等活动中，共抽调环卫工人 300 余人次，确保了农场几次大型活动的顺利开展。

2015 年，环境卫生清扫面积达 39 万平方米，每天至少常规清扫两遍。对全场各条街道及绿化带集中清理 5 遍。3—5 月清运初融冰雪 20 余天，累计 800 余车，在管理局环境卫生大评比中取得较好成绩。环卫工人在做好日常保洁的同时，还参加了农场多项工作，例如出动工人 400 余人次，参加了青年路及廉租楼小区路灯改造、园区龙运湖路灯亮化工作，开挖及填埋土坑 1200 余延长米；参加农场义务植树活动，植树 2 万余株。

冬季清雪工作由清雪工作领导小组提前布置，对场区主干路段分配到组、责任到人。用电子计数器测量米数、核算面积进行划分，确保人均清扫面积均衡。执法大队负责清理十字路口公共地段，其他大队也全员参加清雪。城管局平整卸雪场地 4 处，其中西南片砖厂 1 处、南三路东段拆迁场地 1 处、绥福路南段西侧 1 处、北片区原垃圾场 1 处。机车凌晨 3 点上道清雪，将积雪就近送至卸雪场。做到小雪当天清完，中到大雪不超过 3 天清理完毕。

2016 年，每名环卫工人保洁面积由原来的 3000 平方米增加到 4500 平方米。全年出动环卫工人 1000 余人次协助开展场区绿化、植树等项工作。

2017 年，农场投入 10 万元，购进清雪滚刷和刮雪铲各一套。对现有机械进行改造，将清雪滚刷安装在吸污车前端、清雪震动铲安装在铲车上，用于清雪作业，有效地增加了机械清扫力量。全年清运生活垃圾、落叶、积冰残雪等 4.5 万立方米，清理建筑装潢垃圾 200 余吨，清理草坪枯草 8 万平方米，清理绿篱 2 万平方米，安装垃圾箱 80 余个，场区 46 个公厕均设专人管理和清扫。

2018 年，环卫保洁面积达到 40 万平方米，日清理垃圾 200 立方米。对滨南家属区环境卫生进行了集中整治，填埋面积达 2000 余平方米。12 月，购置洗扫车、压缩式垃圾车各 1 台，进一步增加了环卫机械力量。

第四节　园林绿化管理

园林绿化大队负责场区的公共绿地、风景林地、防护绿地、人行道及主干道绿化带的管理维护，及场区绿化景观的设计施工。配有队长 1 名，队员 5 人。按照"因地制宜、适地适树"的原则，谋划设计方案。在具体工作中重点抓好"三关"：一是严把栽前准备关。为确保春季绿化工程顺利实施，抢抓春季绿化黄金季节，现场研究解决绿化方案，对场地平整、清废回填、土壤改良、挖坑施肥等建设前期的各项准备工作进行详细安排，确保绿化工作的顺利实施。二是严把栽植技术关。技术人员现场指导，按照景区规划的总体要求，对施工现场各个环节进行技术指导和监督，有效提升了绿化建设质量。三是严把栽后成活关。在绿化施工管理维护期间雇用临时工人，由绿化队员带队分组进行各方面养护及施工工作。

2013 年，园林绿化大队栽种花苗 10.5 万株；修剪杨树 3420 棵；修剪榆树球 4 遍 2624 个；修剪榆树墙 4 遍，面积 9.4 万平方米；修剪北环路、西环路绿篱面积 9630 平方米；修剪公园、绥农新区等地草坪 4 遍，面积 4.56 万平方米。在龙泽苑小区、旱冰场、育才北区播种草坪 32 处，合计面积 4.57 万平方米。打草 4 遍，包括康宁路、育才路、青年路等 38 处，共计 200 万平方米。龙泽苑人工湖景区绿化覆土面积 1.2 万平方米。

2014 年，园林绿化大队打造精品小区两处（龙泽苑和龙门管理区），共栽植各种观赏树木 1 万余株、宿根花卉 3 万余株。完成了全场义务栽花及花带和草坪管理的任务分配工作，为农场节省人工费 20 余万元。完成了场区及一号公路绿化带的第一遍管理工作，共换植树木 650 株，修剪枯枝 2000 株、绿篱 7.6 延长米、树球 3500 个、草坪 28.1 万平方米。为科技园区修剪绿篱 7000 延长米，树球 420 个。完成场区净化、亮化、美化工作，打草两遍。在教堂前、育才路、廉租楼、龙泽苑、北外环等地种植草坪，面积 4 万余平方米。

2015 年，园林绿化大队完成了 3 处公园、5 个小区、10 条街道的绿化工作，共栽植乔木 8560 株、灌木 6.8 万株、宿根花卉 4 万株、草本花卉 3.45 万株，种植草坪 2 万余平方米。完成了义务植树和栽花工作，共栽植乔木 4850 株、白桦 863 株、草花 8.56 万株。完成了全场的绿化管理工作，对全场所有树木、草地喷杀虫剂 3 遍、追肥 4 次。完成了农场小城镇建设项目，新建绿地 2.13 万平方米，栽植乔木 2927 株、灌木 21.96 万株、宿根花卉 3.34 万株、草本花卉 8825 株，种植草坪 4810 平方米。

2016 年，园林绿化大队完成了场区 2 处公园、7 个小区和 12 条街道的绿化工作，共栽植乔木、灌木、宿根花卉 27.9 万株，种植草坪 2.5 万平方米。对全场所有树木、草地喷杀虫剂 3 遍，追肥 2 次。对全场绿化带除草 3 次，除草面积达 65 万平方米。完成了 1.2 万余株果树的修剪和刷白工作。

2017 年，农场新增绿地面积 7 万余平方米，新植各种乔木 7.5 万余株。园林绿化大队在北外环、西环路、公园路、军绥路等共计 12 处增播草坪 6.5 万平方米。全年新栽植树木 12 万余株，栽植花苗 9 万株，补植树木 2000 余株，绿化覆盖率达到 40.9%。

2018 年，园林绿化大队修剪果树及乔木 2000 余株，春灌绿地 3 万平方米。对蔬菜大棚基地进行了绿化，共栽植银杉 4300 株。在场区各街道及空地栽种乔木 4.3 万余株、灌木 4.1 万余株。全年新增植银杉、海棠、鸡冠花等 10 余个品种，12 万余株。完成了场区、渠首、红山管理区、近思管理区绿化带病虫害防治工作，共喷药 4 遍。

截至 2018 年，农场绿化覆盖面积 125.06 万平方米，绿地面积 55.52 万平方米，场区道路绿化普及率达 95% 以上，为居民营造了绿色生态"森林氧吧"的生活环境，打造了精品绿色园林城镇。

第五节　市政公用设施管理

市政公用设施维修养护大队设副队长 1 名，队员 2 名。其工作一是每天巡查场区市政设施，重点对横、纵道路和景区周边的市政设施进行巡查。二是加强对人行道路、彩砖、步道板的维护，提高市政基础设施完好率。三是加大生活污水抽排力度，确保无堵塞跑冒现象。四是做好城镇道路照明设施管理，按照昼夜时间长短及时调整路灯照明时间，每年两次集中对路灯进行检修，保障道路照明设施的完好和正常使用。2012—2018 年，共计维修路边沟 3000 延长米、步道板 100 余处、路牙石等 200 余处，维修垃圾箱、果皮箱 100

余个。

2013 年 9 月，市政公用设施维修养护大队组建电工班，负责场区 11 条路、3 条街及环城路 500 余盏路灯的维护工作。完成了第四居民组催芽车间电源安装，奶牛小区牛舍线路改造，第八居民组农机停放场及场院电源安装，老年活动中心电源线安装，轮滑场路灯地埋线铺设等工作，进行应急电路抢修 4 次。2017 年，在东外环、科技园区、公园小广场安装路灯 70 盏。在北外环路更换了 LED 路灯，铺设电缆 6000 余延长米，加装电控箱 6 个。对路灯亮化设备进行了全部检修，亮化率达 100%。2018 年，建设电瓶车智能充电站 17 处，安装智能充电插座 500 余个，覆盖小区 11 个。联合通信、电业等部门集中开展了为期 6 个月的"三线搭挂"专项治理行动，彻底治理了线路杂乱等安全隐患，共治理街路 23 条，整治乱接、乱搭电线 3.8 万余延长米。

2014 年，农场把排污车和下水工作交给城管局市政部门负责。由于农场下水设备老化经常出问题，市政工作人员当年即维修处理阻塞下水 70 余处。2017 年，对场区公厕进行了全部清排，对各居民小区共计 150 余个下水井进行了冲刷，疏通维修排水堵漏 400 余处。截至 2018 年，共计维修疏通排污下水管道 200 余处，清掏场区化粪池 200 余个、污水井 320 个。

第六节　集贸市场管理

城管局负责场区两处农贸市场和大集的管理。农贸市场一处位于荣誉家园小区入口处，一处位于和平大街农业银行对面。农贸市场配置 2 名管理员维护市场秩序，协调经营商贩摊位秩序，督促监察经营业户用火用电安全等。大集位于北外环客运站后身，占地面积 1 万余平方米，2012 年 11 月 17 日投入使用。集贸市场摊位分为水果蔬菜区、肉食区、服装鞋帽区和五金日杂区 4 个区域。每月 4 日、17 日为农场大集日，城管局派专人维护秩序，杜绝了扰乱滋事、偷盗等现象的发生。

第七节　制度建设

为规范城镇管理、维护公共环境和秩序，农场结合实际，根据《黑龙江省城市市容和环境卫生管理条例》《道路交通管理条例》《社会治安管理处罚条例》及有关法律法规起草了《绥滨农场城镇管理方案》。《绥滨农场城镇管理方案》经城管、社区、建设科、宣传部、组织部、纪委等相关部门研究，并经农场职代会通过，自 2012 年 1 月 1 日起正式施行。2008 年 1 月 1 日发布的《绥滨农场城镇管理实施细则》同时废止。

城管局依据《绥滨农场城镇管理方案》开展各项工作。同时，采取流动宣传车播报、电视台播报及印制宣传册等多种形式在社会上广泛宣传，使居民懂规、守规，共同营造良好的农场环境。

中国农垦农场志

第七编

科技　教育
文化　卫生

中国农垦农场志丛

第一章　科技园区

第一节　概　　况

农场科技园区成立于 2010 年 11 月，位于场区外西北处，南邻一号公路，为原苗圃所在地，总占地面积 1800 亩，是农业科研和技术推广的核心区。园区建有一座集科研站、植保站、气象站、林木实验站、土壤化验室、图书馆、场史馆为一体的"四站一室两馆"综合办公楼，总建筑面积为 3300 平方米；建有 5000 平方米的连栋式智能温室一栋，面积 7000 平方米的人工湖一处，气象观测场一处。

科技园区主要由原省级林业苗木繁育基地及水稻、旱田示范区组成，科学规划了种子、植保、栽培、土肥、有机瓜果蔬菜、高产攻关等实验项目示范小区群。林木种苗繁育基地经营总面积 2000 亩，主要进行苗木生产、新品种引进及培育，有苗木品种 80 余个，年生产苗木 2000 余万株。有水田示范区 180 亩，全部采用江水灌溉，沟渠铺设了水泥和彩砖，田间路、通行路实现了硬化和美化。有旱田示范区 75 亩、瓜果蔬菜采摘区 90 亩。

科技园区秉承求真、务实、创新、进取的工作理念，将科研工作与成果展示相结合，将资源优势转化为经济效益，取得了突出成效。形成了集"植物园、苗木基地、人工湖、智能化阳光温室休闲天地、水稻基地、旱田基地、瓜果蔬菜采摘基地"七大功能为一体的综合旅游休闲地。农场每年举办的"二月二开耕节""龙门福地提水节""消夏旅游文化节"等民俗活动，都吸引了大量游客前来参观游玩，在一定程度上拉动了农场餐饮、住宿、出租车等行业的经济增长。

2013 年 11 月科技园区被农业部和共青团中央授予全国青少年农业科普示范基地；2014 年被农业部授予全国农技推广示范县农业科技实验示范基地、阳光工程科技培训实习基地；同年被农垦总局科技局授予黑龙江省农垦总局科学技术普及基地；2017 年被宝泉岭管局授予先进基层党支部；2018 年被宝泉岭管理局授予文明单位。

历任主任：韩洪喜、白山、蒲江波。

历任书记：白山、甘源。

第二节　科技队伍

2015 年年末，科技园区有在职员工 39 人。其中高级职称 2 人，中级职称 4 人；研究生学历 2 人，本科学历 11 人。2012 和 2014 年，农场通过考试考核招聘了 13 名大学生，为科技园区队伍注入了新活力。至 2018 年年末，科技园区共有在职员工 41 人。

随着科技园区建设的不断发展，这些大学生和技术骨干通过学习和锻炼，已成为科技园区发展的中坚力量，在各自的工作岗位上发挥着重要作用。科技园区注重对科技人才的培养，与农垦总局联合，每年选送数名大学毕业生到高校进行学习深造，选送科技骨干到江苏、北京、哈尔滨、佳木斯等地进行学习培训。同时，园区也注重对员工进行工作实践能力的培训和指导，不断提高科技队伍素质。

科技园区主任蒲江波先后在国家级刊物发表了《杨树评比栽培试验小结》，在市级刊物发表了《农防林积雪调查报告》，在《中国科技纵横》上发表了《樟子松播种育苗喷施丰产素试验小结》等论文。2012 年，技术员孙岩岩在《农民致富之友》期刊先后发表了《樟子松育苗技术》和《落叶松育苗栽培技术》两篇论文。2016 年，副主任邓义江在《福建农业学报》期刊发表论文《不同土壤类型对黄瓜生理特性、产量及品质的影响》。2018年，技术员万琳琳在《科技信息》期刊上发表论文《园艺果树中的问题及园艺技术探究》。2016 年，蒲江波获得农业部"农牧渔丰收"奖。

根据宝泉局办文〔2014〕14 号文件精神，农场于 2014 年 8 月 14 日成立老年科技协会，办公室设在园区科技科。会长王振江，副会长蒲江波，秘书长吴太明，成员由具有专业技术职称的离退休干部组成。老科协每年都组织成员召开座谈会，为农场经济和事业发展建言献策。2015 年，农场老科协的多篇事迹材料被管理局老科协编入《先进事迹选编》，老科协被授予管理局先进老科协荣誉。老科技人员近年来撰写了 260 篇文章在各级刊物和网络上发表。

第三节　科技建设

科技园区秉承科技兴农的理念，积极推广适用型农业新技术和新成果的应用。2012年，农场投资 80 余万元，在园区建设了一套控制面积为 100 亩水田的自动监控与灌溉控制系统。购置了一系列硬件设施，包括高清工业摄像头、可控快速云台、红外高清摄像机、孢子捕捉仪、虫情测报灯等，构建了一个特色鲜明、科技含量高、具有引领示范意义的水稻本田智能程控管理平台。2013—2015 年，全国农技推广补助项目中央财政补助资金共计 215 万元，用于新技术集成推广及新品种、新技术试验。2016 年投资 15.4 万元进行了水稻超早钵育综合产栽培技术、振捣提浆机，2017 年投资 120.7 万元进行负离子植物细胞激活液水稻体质增效推广示范以及部分智慧农业项目，2018 年投资 460.8 万元用于建设智慧农业项目，该项目的建设极大地提高了农业信息化水平。科技园区有 180 亩水田示范区，2006—2018 年承担国家级新品种试验、农垦总局第三积温带品种（品系）区域试验、黑龙江省联合体水稻新品种（品系）试验、八一农垦大学及东北农业大学不同品种（品系）异地鉴定试验、垦丰新品种试验、农艺试验、植保试验、生试试验、肥料试验等水稻科研试验项目共计 1100 多个。

13 年来，农垦总局及管理局的药剂试验成果有 11 种，其中拿敌稳、能百旺、爱诺森、40％咪鲜·稻瘟灵水乳剂等防治水稻稻瘟病的药剂已获审批，在农业生产中大面积推广使用；谷盛源生物有机无机复混肥料等提高水稻产量的水稻专用品牌系列也已大面积推广使用。品种区试（生）试验成果：龙粳 31、龙粳 46、垦稻 23、垦稻 30、垦稻 31、垦稻 32、垦粳 12、龙垦 257 等 8 个品种，获审批并大面积推广种植。

在推广应用新技术方面，进行了水稻种衣剂拌种、测深施肥、钢骨架大棚育苗、钵育摆栽、肥料施肥器施肥、育苗播种机播种、水稻蒸汽催芽器催芽、打浆平地机整地、绿色水稻种植、半自动覆土机覆土、高产攻关、手动卷帘门、航化健身防病、三膜覆盖、超早钵育、减施氮肥等先进水稻生产技术的推广应用，开展了水稻超早钵育综合产栽培技术、振捣提浆机、负离子植物细胞激活液水稻体质增效推广示范。

第四节　园区建设

科技园区智能温室自 2010 年春开工建设，年底初步建成。到 2012 年，科技园区已初具规模，同年年底科技园区智能温室正式对外开放。

科技园区智能温室占地面积 5000 平方米，由"六区两道"组成，即主题景观区、龙府蔬苑区、花卉栽培区、现代化大农业微缩展示区、南果园区、休闲茶餐厅区、发财大道和金钱大道。科技园区每天接待游客近千人，来自佳木斯、鹤岗、同江、富锦等周边地区的游客逐年增多。

科技园区充分发挥资源优势，打造旅游观光农业。为建设综合性旅游服务单位，科技园区在做好旅游项目建设的同时，注重挖掘潜力，创造更多的经济效益。通过开设特色主题游、瓜果采摘节等活动，不断提高园区的经济效益和综合竞争力。将水稻高产示范区建设成为集休闲观光、农机体验为一体的特色农业观光区，园区示范田已成为农场旅游线路的重要组成部分。游客在水稻高产示范区，可以乘坐稻田观光车游览稻海，欣赏万亩稻田标准化生产耕种过程，了解现代化大农业发展进程。2014 年 7 月，农场在园区动工新建了 687 平方米的阳光大厅，并将该厅打造成宝泉岭管理局旅游商品集中展示销售大厅。龙门福地酒、传统美食、工艺品、土特产等产品，由个体私营企业在销售大厅设立推介展台，让游客在游玩的同时，体验品味绿色生态农家产品。

科技园区注重加强规范化科学管理智能温室，实施专区专人、互管互查和多级检查的管理模式。定期开展学习培训，不断提高工作人员的综合素质，以适应形势发展需要，提高管理和管护水平。

第五节　林木种苗繁育基地

农场林木种苗繁育基地是垦区大型国有苗圃，经营总面积 2000 亩，以繁育北方造林绿化苗木和花卉为主。拥有 2300 平方米的日光温室，繁育苗木包括造林苗木、花灌木、宿根花卉、草本花卉、彩叶树种等近百个品种，年产苗木 2000 余万株，创产值 100 余万元。温室大棚栽培观赏蔬菜、花卉、乔木、灌木、南方果树等 210 余种、每年从常州引进盆栽花卉 1000 余盆，并选育性状良好的优良品种进行繁育，装扮温室的同时对外出售，节假日期间销售火爆，带动了农场经济发展。

农场通过加强林木种苗繁育基地建设，就近解决了农场绿化之需，提高了造林成活率，节省了运输采购成本，还销往周边市县的绿化苗木市场，提高了经济收益。在发展苗木生产的同时，农场林木种苗繁育基地积极发展其他林副产业。2009 年建成 36 栋提子、富硒葡萄钢骨架大棚种植示范基地，每年 8 月份举办葡萄采摘节，实现年均产值 30 万元。此项目的发展不仅拓宽了林业生产经营渠道，增加了职工收入，还丰富了果品市场，为场区人民提供了鲜食果品，成为新的经济增长点。苗圃还成为农场中小学校课外社会实践活动基地，休闲、娱乐、采摘、观赏等多项社会功能日渐成熟。经过几年的建设与发展，农场林木种苗繁育基地已成为集科研示范、生产经营、休闲娱乐于一体的垦区一流苗圃。

第六节　土壤化验

绥滨农场地处黑、松两江流域冲积平原，土壤发育较年轻，砂层高、表层土薄。土壤类型主要有草甸土、草甸棕壤土、沼泽土、白浆土四个。草甸土面积最大，土壤比较肥沃，属一、二类土壤；其次为草甸棕壤土，宜耕性很强，属二、三类土壤；沼泽土绝大部分为荒地和湿地，可开垦耕地面积少；白浆土土壤冷凉、板结、宜耕性差，属三、四类土壤。

水田是农场的主要耕地类型。水田一级地和二级地集中分布在南部地区，该区土壤养分丰富，质地良好，适于水稻种植；三级地和四级地在全场范围内分布较分散，相对集中在农场中部，在耕地中所占比例较大；五级地和六级地相对集中分布在农场的北部和西南部，土壤营养条件较差，砂性增加，跑水跑肥，耕地地力下降。

旱地面积很少，分布极为分散。旱地一级地和二级地集中分布在农场南部，土壤养分丰富，质地良好，土地平整；三级地和四级地分布在农场中部，土壤养分条件、质地等较好，耕地配套设施比较完善；五级地和六级地分布在农场东片的北部和西南部，该类耕地是农场的中低产田，是需要进行改良的耕地。

2006年以来，土壤化验室按照总局开设测土配方施肥项目的工作部署，实施测土配方施肥项目，展示测土配方施肥技术效果，带动和引导农户认识、应用测土配方施肥技术，并根据水稻测土配方施肥效果，校正施肥技术参数及优化肥料配方。

2007年2月，农场向农业部递交了《测土配方施肥补贴资金申请报告》，农业部批复绥滨农场为2007年度"测土配方施肥补贴资金项目"实施农场，下拨补贴资金100万元。在农业部、总局农业局、分局农业处的高度重视和正确领导下，依据《2007年全国测土配方施肥工作方案》，农场成立了测土配方施肥领导小组，为打造生态绿色农业、扩大测土配方技术的推广与应用，先后对全场37个居民组的土壤进行了取样化验。在全场布置并完成了水稻"3414"田间肥效试验、水稻田间校正试验、肥料利用率试验、田间示范试验项目。2007年春季共采集土壤样品200份，进行了碱解氮、有效磷、速效钾及pH酸碱度四个项目800个项次的测定，当年在全场布置并完成"3414"水稻田间试验10个。试验由农业科及土壤化验室工作人员全程布控，进行跟踪调查记载，及时收获考种，并对试验结果进行统计和分析。秋季到各居民组采集土壤样品共计1800份，同时填写采样地块调查表和农户施肥情况调查表。通过化验分析，有效了解了土地中碱解氮、速效磷、速效钾、pH值和有机质的含量数值，按照"以产定肥、因缺补缺、有机无机相结合、大量与微量元素相结合、用地养地相结合、氮磷钾平衡施用"的原则，为农户开具土壤培肥处方，恢复土壤活性。为有效掌握土壤肥力趋向，还建立了以农户为单位的地块档案，逐年记载农田面积、利用状况、产量水平、耕作措施、施肥等资料，为农场建立测土配方施肥技术指标体系提供了依据。

2006—2018年，农场连续承担农业部测土配方施肥项目，农业部向农场投入资金总计419万元。为了做好测土配方施肥工作，按照农业部《测土配方施肥技术规范》要求，采取面对面、一对一的服务方式，由土壤化验室工作人员到各居民组进行田间土壤样品采集并开展野外调查工作。累计采集土壤样品 10072 份，进行碱解氮、有效磷、速效钾及 pH、有机质等常规五项 50360 个项次的养分测定，测定结果录入"黑农数据服务有限公司"研发的测土配方施肥专家咨询系统。共制作测土配方施肥建议卡 13941 份，发放到农户手中，指导农户进行测土配方施肥。在全场累计布置完成"3414"田间肥效试验 150 个，田间校正试验 164 个，肥料利用率试验 17 个，田间示范试验 407 个。农业科及土壤化验室工作人员全程布控，跟踪调查记载，秋季及时收获考种，并对试验结果进行统计和分析。通过"3414"田间肥效试验的数据结果，找出合理的适用于农场的测土配方施肥参数，完善主栽作物水稻的分区施肥指标体系，为建立完善的测土配方施肥技术指标体系提供了重要依据。经过多年努力，累计推广测土配方施肥面积 584.5 万亩，覆盖全场 37 个居民组，示范推广效果显著。

第七节　气　　象

农场气象站属于国家一级气象站，工作人员 3 人。2006—2009 年，气象站归农业科管理，2010 年划归科技园区管理，业务上接受管理局气象台指导。2010 年开始建设新站，新址位于现代农林科技园区办公楼内，处于北纬 47°31′、东经 131°39′，海拔高度 61.3 米。2011 年 5 月 27 日气象站整体搬迁，同年 6 月 1 日正式进行了新、旧站业务切换，迁站工作圆满完成。

气象设备逐步更新换代，在原有的九要素（气压、气温、地温、相对湿度、风向、风速、累计雨量、蒸发、总辐射）气象观测设备的基础上，添置了 3 台高配置电脑。对自动观测设备进行了检定，购买了瑞万思预报系统和单站气象数据库信息应用服务系统软件。2013 年成功建成备用自动站。2015 年完成旧自动站的升级改造，两套自动站并轨运行，基本完成了气象数据自动化，并通过了省级气象标准化验收。2016 年安装了自动日照计。2017 年安装了大型 UPS 不间断电源，保证了气象自动站日照资料进一步自动化和气象自动站运行的不间断化，为双轨道自动站运行提供了有力保障。同时，进一步完善气象资料，对 1957—2018 年的气象月报表和年报表进行了逐一审核，并将审核结果及时上报宝泉岭管理局气象台，提高了气象资料的准确性，为农业生产和科研工作提供了更加完整翔实的气象资料。

气象值班员每天 8 时、14 时和 20 时，分 3 次定时观测数据，将定时观测数据及时上传。建立了由气象监测站、LED 气象预警大屏幕、微信平台等组成的气象服务网，及时向相关部门领导、农业科及各管理区信息群发送天气预报。逐一排查无数据雨量点，并将雨量数据及时上传到省气象服务中心。2010 年，先后在第四、第六、第十七、第二十一、第二十六、第二十八、第三十六等 7 个居民组安装了温雨站，提供农场不同区域的温度和降雨数据，在农垦气象网随时可查询各点温度和降水情况。

13 年来，在总局、管理局及农场的高度重视下，气象站实现了由人工观测到自动观测的飞跃，2013 年被评为农垦总局先进气象站，2015 年被省气象局评为气象标兵站。2006—2018 年农场各项气象数据见表 7-1-1 至表 7-1-6。

表 7-1-1 时段旱涝统计表（2006—2018 年）

年份	4—5 月	6—7 月中旬	7 月下旬—8 月中旬	8 月下旬—9 月中旬	9 月下旬—10 月	4—10 月
2006	旱	涝	旱	涝	旱	正常
2007	正常	旱	涝	正常	涝	正常
2008	重涝	旱	旱	旱	正常	重旱
2009	重旱	重涝	重涝	旱	旱	涝
2010	重涝	涝	正常	正常	旱	涝
2011	正常	正常	旱	重涝	正常	涝
2012	重涝	旱	旱	重涝	重涝	涝
2013	涝	涝	涝	旱	正常	正常
2014	重涝	涝	旱	涝	旱	正常
2015	重涝	正常	旱	重旱	正常	旱
2016	重涝	涝	涝	重涝	旱	重涝
2017	正常	涝	旱	旱	涝	正常
2018	正常	重涝	旱	涝	旱	涝

表 7-1-2 各月平均气温（2006—2018 年）

年份	1 月（℃）	2 月（℃）	3 月（℃）	4 月（℃）	5 月（℃）	6 月（℃）	7 月（℃）	8 月（℃）	9 月（℃）	10 月（℃）	11 月（℃）	12 月（℃）	年平均（℃）
2006	−19.7	−16.3	−6.8	3.5	15.8	17.9	23.1	22.9	14.5	5.0	−7.5	−15.3	3.1
2007	−12.6	−12.3	−6.0	5.5	13.2	21.4	23.4	21.8	15.0	5.8	−5.3	−12.9	4.8
2008	−19.1	−11.8	1.0	8.5	12.4	21.5	23.7	20.8	14.7	6.4	−6.5	−15.7	4.7
2009	−18.4	−15.4	−6.8	7.2	16.6	17.5	21.1	20.9	14.4	6.2	−9.0	−19.6	2.9
2010	−18.9	−17.8	−9.1	3.4	14.8	23.7	22.2	21.2	14.6	5.6	−5.5	−18.4	3.0
2011	−19.3	−12.9	−5.8	4.8	13.2	18.0	24.1	20.9	12.3	6.6	−6.1	−17.0	3.2
2012	−21.5	−16.1	−6.2	5.3	14.6	20.7	21.5	20.9	14.7	4.8	−6.1	−20.4	2.7
2013	−21.9	−17.8	−8.4	3.4	14.9	20.5	22.1	21.4	14.8	5.3	−3.4	−16.0	2.9
2014	−21.0	−16.1	−4.0	8.5	13.8	21.3	22.3	21.0	14.5	4.3	−5.9	−19.0	3.3

（续）

年份	1月(℃)	2月(℃)	3月(℃)	4月(℃)	5月(℃)	6月(℃)	7月(℃)	8月(℃)	9月(℃)	10月(℃)	11月(℃)	12月(℃)	年平均(℃)
2015	−16.6	−12.5	−2.0	6.2	12.3	19.6	21.6	21.7	14.1	5.2	−6.9	−15.9	3.9
2016	−19.2	−16.7	−3.9	5.9	13.9	18.3	22.8	21.0	15.3	2.8	−11.6	−16.4	2.7
2017	−16.7	−11.6	−2.6	6.8	15.5	17.8	23.3	21.0	14.3	3.7	−8.9	−19.0	3.6
2018	−20.0	−17.2	−5.7	6.9	14.8	18.5	22.6	19.8	14.1	7.4	−6.2	−16.5	3.2

表 7-1-3 月日照时数（2006—2018 年）

年份	1月(小时)	2月(小时)	3月(小时)	4月(小时)	5月(小时)	6月(小时)	7月(小时)	8月(小时)	9月(小时)	10月(小时)	11月(小时)	12月(小时)	年合计(小时)
2006	150.2	168.6	171.7	140.9	251.1	120.0	223.8	223.4	238.5	209.5	133.3	136.2	2167.2
2007	161.9	160.4	193.6	267.6	194.8	269.0	319.2	265.3	159.6	188.3	147.9	131.9	2459.5
2008	188.5	204.4	131.7	62.6	161.6	234.6	169.8	176.1	193.8	151.3	98.7	109.6	1882.7
2009	99.9	142.0	213.0	248.5	224.1	129.5	157.8	208.6	215.7	158.5	122.5	104.9	2025.0
2010	128.8	163.8	219.7	226.8	203.9	243.8	164.4	194.3	210.3	176.3	105.7	83.9	2121.7
2011	143.8	169.7	275.8	168.7	222.2	168.6	235.1	214.4	190.1	123.7	163.8	137.7	2213.6
2012	189.4	189.1	199.0	183.7	261.6	221.5	142.9	227.8	118.8	142.6	126.9	100.8	2104.1
2013	150.2	154.8	226.2	206.5	189.4	194.5	152.5	154.2	209.4	147.3	113.8	122.9	2022.1
2014	158.8	209.8	268.2	250.5	145.3	197.4	182.6	261.8	187.3	146.9	147.6	113.1	2269.3
2015	184.6	177.2	193.5	204.2	207.1	227.2	226.8	171.7	186.5	135.1	151.1	115.7	2180.7
2016	159.6	184.2	222.0	184.0	184.9	127.0	219.8	202.3	115.7	169.9	118.2	132.2	2019.7
2017	165.4	178.7	228.9	182.5	250.8	179.2	289.4	191.3	202.1	128.9	133.8	134.6	2265.6
2018	136.3	171.5	209.0	209.1	295.9	217.6	155.5	181.5	194.6	188.6	146.9	126.7	2233.2

表 7-1-4 月最低气温（2006—2018 年）

年份	1月	2月	3月	4月	5月	6月	7月	8月	9月	10月	11月	12月	年极值(℃)
2006(℃)	−27.9	−29.6	−19.9	−5.6	2.5	10.8	13.4	11.5	2.3	−8.3	−23.2	−24.3	−29.6
日期	15	2	2天	2天	2	10	25	30	12	23	29	17	2月2日
2007(℃)	−22	−25.3	−18.1	−4.6	1.8	11.7	13.4	9.5	3.6	−5.4	−20.3	−21.4	−25.3
日期	9	25	7	2	2	5	22	31	23	15	21	26	2月25日
2008(℃)	−30.1	−21.2	−15.6	−2.9	2.2	7.8	16.2	10.6	1.1	−3.2	−18.3	−28.2	−30.1
日期	11	2天	1	10	8	1	18	25	28	15	25	26	11月1日
2009(℃)	−29.1	−28.4	−20.6	−6.7	3.6	9.7	14.0	9.0	2.7	−11	−23.9	−34.3	−34.3
日期	27	1	1	16	9	1	23	29	19	31	25	30	12月30日
2010(℃)	−39.8	−34.2	−26.2	−9.4	2.1	12.1	13.1	14.5	−0.9	−8.5	−20.3	−29.5	−39.8

（续）

年份	1月	2月	3月	4月	5月	6月	7月	8月	9月	10月	11月	12月	年极值(℃)
日期	13	2	2	6	4	21	6	14	23	27	30	17	1月13日
2011(℃)	−32.9	−22.6	−20.4	−5.0	2.5	9.8	15.9	11.3	0.4	−3.8	−20.8	−26.9	−32.9
日期	2天	9	3	3	11	2	9	18	20	17	30	28	2天
2012(℃)	−33.3	−31.5	−25.4	−13.1	0.5	12.4	12.0	9.6	6.4	−12.7	−29	−34.1	−34.1
日期	24	11	4	2	2	13	14	23	16	31	30	28	12月28日
2013(℃)	−37.1	−31.9	−24.1	−9.5	0	8.5	11.6	9.0	−2.2	−6.9	−17.6	−28.6	−37.1
日期	2	6	9	1	3	3	12	30	30	16	12	13	1月2日
2014(℃)	−36.7	−34	−25.6	−5.7	1.6	12.0	14.1	11.5	−2.5	−8.6	−23.1	−29.1	−36.7
日期	15	6	4	4	3	16	13	29	30	21	29	22	1月15日
2015(℃)	−28.9	−26.3	−19.6	−10.2	2.9	8.3	9.8	14.2	−0.4	−7.6	−22.7	−28.2	−28.9
日期	19	2天	3	7	20	4	15	26	30	21	26	2天	1月19日
2016(℃)	−35.3	−29.4	−25.1	−5.6	0	8.5	13.0	10.4	1.6	−12.8	−25.1	−30.4	−35.3
日期	15	27	1	11	1	4	2	27	28	31	26	7	1月15日
2017(℃)	−28.9	−26.3	−25.1	−6.4	0.8	8.2	12.2	7.0	0.5	−6	−25.9	−32.1	−32.1
日期	10	19	2	13	2天	9	25	31	29	18	26	8	12月8日
2018(℃)	−35.3	−29.7	−24.4	−6.0	0.3	5.8	11.7	10.9	1.7	−5.3	−22.5	−28.5	−35.3
日期	23	2	7	9	2	9	6	16	10	29	29	7	1月23日

表7-1-5　月最高气温（2006—2018年）

年份	1月	2月	3月	4月	5月	6月	7月	8月	9月	10月	11月	12月	年极值(℃)
2006(℃)	−9.0	1.3	4.3	20.5	31.8	29.9	33.9	32.1	26.4	25.9	12.9	−5.8	33.9
日期	25	20	22	29	16	1	3	8	16	1	2	22	3月7日
2007(℃)	−1.1	2.5	6.3	23.3	29.7	34.5	33.6	32.5	28.3	22.8	11.1	−3	34.5
日期	25	26	23	28	31	11	4	6	6	5	5	7	6月11日
2008(℃)	−6.9	2.3	11.2	30.4	26.3	36.7	33.3	29.9	28.3	19.3	10.7	2.4	36.7
日期	28	28	31	20	16	17	12	17	5	2	1	2	6月17日
2009(℃)	−5.1	−5.0	5.6	27.8	33.0	26.7	30.1	32.0	26.6	19.4	14.6	−6.9	33
日期	11	2天	31	29	24	2天	6	9	4	9	6	6	5月24日

（续）

年份	1月	2月	3月	4月	5月	6月	7月	8月	9月	10月	11月	12月	年极值（℃）
2010（℃）	−0.7	−4.0	5.6	17.5	31.4	37.6	29.8	30.3	31.1	25.5	10.4	−2.7	37.6
日期	6	25	31	30	23	27	2天	26	15	8	6	30	6月27日
2011（℃）	−4.8	4.4	13.1	19.5	30.6	31.4	35.3	32.2	25.8	21.0	10.4	−6.4	35.3
日期	1	23	31	5	26	30	5	7	14	5	10	11	7月5日
2012（℃）	−10.1	1.1	13.6	21.2	32.9	32.9	34.0	31.5	27.3	21.2	7.7	−7.8	34
日期	7	29	28	20	22	2天	18	7	2	9	5	4	7月18日
2013（℃）	−9.9	−4.7	6.5	15.8	29.3	32.3	31.1	30.5	26.4	23.2	11.7	−5.3	32.3
日期	22	1	17	22	26	2天	7	13	13	7	5	2	2天
2014（℃）	−7.8	6.5	15.4	27.2	29.2	35.0	30.9	30.2	28.6	21.2	10.4	−7.7	35
日期	24	27	2天	30	31	2	3	1	1	19	10	27	6月2日
2015（℃）	−6.4	0.6	16.7	27.6	24.8	32.7	31.8	31.7	29.7	22.0	16.0	−6.3	32.7
日期	13	22	26	26	10	16	10	6	16	16	4	13	6月16日
2016（℃）	−10.1	−2.3	12.5	21.2	31.1	30.0	32.1	31.4	25.9	21.0	0.8	−0.2	32.1
日期	1	12	26	21	20	29	21	2	3	1	2	2天	7月21日
2017（℃）	−5.6	0.7	10.5	22.3	30.6	31.3	34.3	30.6	26.3	20.2	8.0	−7.5	34.3
日期	16	28	30	15	18	23	6	19	2天	6	6	21	7月6日
2018（℃）	−7.7	−7.0	14.2	24.1	29.3	34.0	32.4	28.6	25.4	23.5	13.8	3.6	34
日期	7	15	30	25	20	3	19	13	13	5	3	3	6月3日

表 7-1-6　终霜期、初霜期、无霜期统计表（2006—2018 年）

年份	终霜期	初霜期	无霜期（天）
2006	4月28日	10月5日	159
2007	4月22日	10月2日	162
2008	4月26日	10月7日	163
2009	4月28日	10月3日	157
2010	4月5日	9月22日	140
2011	5月11日	9月20日	131
2012	4月17日	10月1日	166
2013	3月5日	9月25日	144

（续）

年份	终霜期	初霜期	无霜期（天）
2014	4 月 19 日	9 月 25 日	158
2015	5 月 9 日	9 月 30 日	143
2016	2 月 5 日	10 月 4 日	154
2017	5 月 8 日	9 月 28 日	142
2018	5 月 9 日	10 月 10 日	153

第二章 教　　育

第一节　概　　况

农场始终把教育工作放在优先发展的战略地位，不断增加教育投入，积极改善办学条件，为学生创造优良的学习生活环境。截至 2018 年年底，农场办有九年一贯制义务教育学校和幼儿园各一所，在校生 1229 人，在园幼儿 320 人。

学校、幼儿园共占地面积 8 万平方米。有小学教学楼、中学教学楼、中小学生宿舍楼、学生食堂楼、幼儿园综合楼各一栋，建筑总面积 1.76 万平方米，校舍全部实现了楼房化。建有 1.8 万平方米的标准化塑胶运动场一个（2015 年开工，2016 年 10 月竣工），室外塑胶地板篮球场两个，水泥地面篮球场一个，排球场两个，并配备了全套室外运动联合器械，有 500 平方米的乒乓球室一个。校园绿化面积 19680 平方米，视野开阔，环境优美。2008 年 8 月、2010 年 8 月，小学、幼儿园先后迁入中学校园，完成了教育"一场一校一板块"整体规划。13 年间，农场先后投入 3000 多万元对教育基础设施进行改善，加强校园文化和学校绿化建设，逐步实现了现代化办学目标。

农场教育系统由教育科统一领导管理，分三个部分构成：绥滨农场学校、绥滨农场幼儿园、宝泉岭农广校绥滨农场分校。农场学校是国家财政全额拨款的一类公益事业单位，是具有法人资格的全日制义务教育单位。学校在中、小学部各设教务处和德育处，具体负责学校的教育教学管理工作。教育党总支设三个党支部，即小学党支部、中学党支部和幼儿园党支部。

13 年间，学校坚持"以人为本，德育为先"的教学理念，全面推进素质教育，教育教学成绩逐年攀升，2015 年中考综合成绩名列宝泉岭管理局各农场第一名。学校办学声誉大幅提升，吸引了周边乡、村学生来农场上学，农场学校跨入管理局先进学校行列。

2006 年 9 月，农场学校通过了黑龙江省"双高普九"评估验收。

2009 年 10 月，农场学校通过了黑龙江省教育厅、黑龙江省人民政府教育督导室"黑龙江义务教育学校标准化建设工程合格学校"的评估验收。

2016 年 10 月，农场学校达到义务教育均衡发展国家级督导评估验收标准，并通过验收。

13 年间，学校先后获得垦区基教科研工作先进集体、黑龙江省一类学校、垦区教育工作先进单位、省标准化建设工程合格学校、省文明交通示范校先进单位、垦区素质教育工程先进集体、垦区农广校教育先进单位等荣誉、改善办学条件先进场、总局文明单位标兵、分局关心下一代先进集体、农场先进基层党组织等荣誉称号。农场教育系统高、中层领导见表 7-2-1、表 7-2-2。

表 7-2-1　农场教育系统领导班子成员及任职表（2006—2018 年）

职务	姓名	任职时间
教育科科长兼校长	王　建	2006 年 1 月—2006 年 11 月
	金和平	2006 年 11 月—2018 年 12 月
教育党总支书记	张春凤	2006 年 1 月—2017 年 10 月
	杨　帆	2018 年 5 月—2018 年 12 月
教育科助理督学	张淑杰	2006 年 1 月—2006 年 10 月
	周德才	2006 年 11 月—2018 年 12 月
副校长（中学部）	庞立春	2006 年 1 月—2006 年 11 月
	魏茂文	2006 年 11 月—2008 年 5 月
	陈玉厚	2008 年 5 月—2018 年 12 月
副校长（小学部）	孙丽萍	2007 年 6 月—2011 年 11 月
	杨　帆（兼教务主任）	2013 年 11 月—2018 年 4 月

表 7-2-2　农场学校中层领导成员及任职表（2006—2018 年）

职务	姓名	任职时间
小学部教务主任	孙丽萍	2006 年 1 月—2007 年 5 月
	郭兰梅	2007 年 6 月—2012 年 8 月
	杨　帆	2012 年 9 月—2018 年 7 月
	关晓霞	2018 年 8 月—2018 年 12 月
小学部德育兼总务主任	于文洋	2006 年 1 月—2018 年 12 月
少先大队辅导员	丛秀英	2006 年 1 月—2018 年 12 月
中学部教务主任	崔俊娥	2006 年 1 月—2010 年 12 月
	王　东	2011 年 1 月—2018 年 12 月
中学部德育兼总务主任	高传友	2006 年 1 月—2018 年 12 月
团委书记	王　华	2006 年 1 月—2018 年 12 月

第二节　教师队伍建设

随着农场教育事业的发展，教师队伍建设也取得了积极的成效，业已构成一支事业心强、业务精湛、综合素质高的教师队伍。全校专业教师学历达标率100%，中、高级职称教师人数逐年增加。学校教师结构相对合理稳定，中、青年教师和女教师人数占比例较大，成为学校教育教学的主要力量。2016年，管理局统一招聘了6名新教师，使教师队伍得到进一步充实。

学校对教师的德育培养极为重视，定期组织教师学习政治理论和法律知识，强化师德师风示范引领作用。广泛开展了学习优秀教师和争先创优活动，激励广大教师树立高尚的职业道德，爱岗敬业、爱生乐业。

农场学校注重教师专业水平和教学质量的提升，每年都派出部分教师到管理局、总局和省教育部门进行业务培训，开阔教师的视野，增强教师的教学理论水平。学校尤其重视对骨干教师的培养，以带动教师队伍整体业务水平的提升。2017年，农场学校开展了评选优秀班主任、优秀教师、教学能手等活动，对青年教师采取"传、帮、带"的方式，快速提高课堂教学水平和学生管理能力。农场学校制定了详尽的教师业务管理制度，业务部门领导定期检查和指导教师备课、授课及课下辅导工作，准确评价、公平考核教师业绩，合理安排教师工作，提高了教师的工作积极性和教育教学质量，高质量、高标准地完成教育教学任务。13年中，全校获得管理局级以上骨干教师称号的16人，其中小学7人、中学9人；获得管理局级以上优秀教师称号的104人次；获管理局级以上教学能手称号的56人次。

第三节　幼儿教育

2006—2010年，农场幼儿园延续2000年以来"民办公助"的管理体制。2011年，依据《绥滨农场学前教育三年规划方案》，转为农场公办幼儿园。同年，农场自筹资金500万元，扩建幼儿园舍1800平方米，于2013年6月交付使用。农场幼儿园建筑总面积3906平方米，幼儿人均房舍使用面积6～7平方米。2018年，农场又投资14万元，对取暖设施进行了改造，为幼儿生活和学习创造了优越的条件。

截至2018年年底，幼儿园设有12个保教班，有320名幼儿。设园长兼党支部书记1人，教师16人，保育员23人，保健医生2人，后勤工作人员12人。教师、保育员学历达标率100%，其中中级教师3人、二级教师11人，平均年龄35.2岁，中共党员10人。

农场幼儿园是一类幼儿园（2015年评审通过）。管理上实行园长负责制，实施岗位工资与绩效工资相结合的薪酬方式。历任园长为吴晓艳、谢丽任、袁小红、密世芳。

幼儿园具有标准、安全的保教环境。园舍结构合理，各种教学活动和服务实施一应俱全，各班、各室配有现代化保教设施，网络畅通，资源共享，能充分满足幼儿学习、生活、游戏活动的需求。

幼儿园非常注重通过开展有意义的活动来提升幼儿的素质，13年间，多次进行安全消防演习、防震演习、防拐骗突发事件演习、毕业班汇报演出、卫生保健知识培训等活动。

幼儿园于2017年、2018年获管理局先进基层团组织称号，2017年获黑龙江省"闪耀中国—舞动奇迹"艺术新星大赛组委会最佳组织奖，2018年获管理局"三八"红旗集体和垦区"五四"红旗团支部称号。

经过13年的发展，幼儿园逐步建立起了适合幼儿特点、活动内容丰富、家长与幼师联动共育的幼教格局，文化氛围、艺术氛围浓厚，孩子们在优质的环境中快乐成长。儿童离园后到农场学校就读。2006—2018年幼儿园幼儿人数见表7-2-3。

表7-2-3 农场幼儿园幼儿人数统计一览表（2006—2018年）

年份	总数（人）	男（人）	女（人）
2005—2006	276	136	140
2006—2007	172	83	89
2007—2008	217	106	111
2008—2009	228	103	125
2009—2010	324	168	156
2010—2011	318	171	147
2011—2012	370	186	184
2012—2013	391	196	195
2013—2014	407	208	199
2014—2015	418	203	215
2015—2016	390	198	192
2016—2017	440	245	195
2017—2018	320	116	204

第四节 小学教育

农场小学为五学年制。2018年，有在校学生674人，19个教学班；专业教师45人，教师学历全部达标。农场小学以"主动教育"为特色，全面推进素质教育，努力为学生的人生打好基础，使学生在和谐快乐的环境中健康成长、在积极向上的氛围中不断进步。以加强常规管理、提高教学质量为突破口，科学合理地安排教育教学活动。严格执行课程计划，开齐、开足各门课程，做到学生、教师、教室、课表一致，努力把好教师备课、上课、作业和辅导关。农场小学努力提高教师素养，积极开展校本教研活动，多次邀请名师来校指导交流，创造机会送教师参加各种学习培训。2017 年 3 月与绥滨县第二、第五小学共同举办了小学语文、数学、英语等学科的教研活动，2018 年组织教师与绥滨县二小、五小、富强中心校开展课堂教研教学研讨活动，增强了教师的教研能力。教研活动做到事先有计划，事中有落实，事后有总结。农场小学还积极稳妥地推进新课程建设，将校本课程日常活动融入教学教研，逐步建立起适应新时代需要、符合现代课程要求、具有本校教育特点的现代课程模式。同时加强校园文化建设，使学生在潜移默化中受到教育。农场小学将学生活动舞台不断拓宽，充分利用图书馆、音体美活动室、功能室开展活动，使校园文化活动独具特色，成果丰硕。此外也加强了德育教育，通过开展形式多样的教育活动，使学生爱祖国、爱家乡的意识不断增强。农场小学积极开展体育运动，保证学生每天 1 小时的体育活动时间，并加强校与校之间的体育比赛。先后参加管理局组织的乒乓球、速滑比赛，均取得优异成绩。13 年来，学校的师资水平、校园文化、学生素质、教学质量均得到了提高。农场小学 2006—2018 年的各项数据见表 7-2-4 至表 7-2-6。

表 7-2-4　农场小学学生班级数量统计表（2006—2018 年）

年份	年　　级				
	一年级（个）	二年级（个）	三年级（个）	四年级（个）	五年级（个）
2005—2006	5	5	5	6	6
2006—2007	4	5	5	5	6
2007—2008	6	4	5	5	5
2008—2009	4	4	4	4	4
2009—2010	4	4	4	4	4
2010—2011	4	4	4	4	4
2011—2012	4	3	3	4	4
2012—2013	3	4	3	3	4
2013—2014	4	3	3	3	3
2014—2015	4	4	3	3	3
2015—2016	4	4	4	4	3
2016—2017	4	4	4	4	4
2017—2018	3	4	4	4	4

表 7-2-5　农场小学学生数统计一览表（2006—2018 年）

学年度	总数	一年级（人）	二年级（人）	三年级（人）	四年级（人）	五年级（人）
2005—2006	1131	191	187	226	236	291
2006—2007	925	146	169	178	196	236
2007—2008	883	192	145	170	177	199
2008—2009	732	112	143	148	168	161

（续）

学年度	总数	一年级（人）	二年级（人）	三年级（人）	四年级（人）	五年级（人）
2009—2010	688	113	144	147	132	152
2010—2011	657	131	105	144	147	130
2011—2012	675	147	132	105	144	147
2012—2013	605	98	128	132	108	139
2013—2014	610	140	96	131	134	109
2014—2015	658	144	144	96	131	143
2015—2016	667	147	127	143	144	106
2016—2017	718	156	147	131	143	141
2017—2018	674	100	156	146	127	145

表 7-2-6　农场小学教师人数统计一览表（2006—2018 年）

学年度	总数（人）	男（人）	女（人）	高级（人）	中级（人）	初级（人）
2005—2006	64	10	54	3	37	24
2006—2007	69	17	52	3	40	26
2007—2008	61	17	44	3	37	21
2008—2009	71	17	54	3	46	22
2009—2010	71	17	54	3	46	22
2010—2011	70	17	53	3	43	24
2011—2012	68	17	51	3	41	24
2012—2013	67	17	50	3	43	21
2013—2014	66	17	49	3	43	20
2014—2015	63	17	46	2	41	20
2015—2016	55	16	39	6	28	21
2016—2017	47	15	32	6	26	15
2017—2018	45	15	30	5	27	13

第五节　中学教育

　　农场初中为四学年制。学校坚持以德树人，以培养祖国合格的建设者和接班人为最终目标。初中部教育教学硬件设施完备，具备标准的现代化教室、学科齐全的实验室和活动室。13 年来，学校不断调整教育教学工作思路，明确办学思想，以德育工作为首位，把政治思想工作贯穿教育管理全过程；以教学工作为中心，加强班级管理、后进生转化和师资队伍建设。农场初中加强常规教育教学管理，全面提高教育教学质量，使教学工作逐步走向规范化、科学化。教务处近年推行的教导学案逐渐完善，较好地适应了课堂教学改革的需要。不断活化课堂教学模式，采取学情分析、学法研究、因材施教等措施，使教学成绩不断提高。大力开展教学研究活动，推进课堂教学改革，抓教师的学习，提高教师的专业理论水平。鼓励教师结合教学内容撰写学习体会、教学案例、教学论文、教学反思。教师结合自身实际，制定教研计划，进行教研总结。2016—2018 年，学校推进"名师工程"，开展了公开课、观摩课、研究课、"一师一优课，一课一名师"等多种形式的课堂教研活动。组织教师参加宝泉岭管理局局直中学及周边农场的听、讲、评课等活动，充分发挥骨干教师在教研工作中的带头作用，主持教研专题，激励全体教师互帮互学、共同提高。加强毕业年级的管理，学校、教师、学生和家长相互协调，促进教育教学工作加强音体美学科的教学管理，科学制定考核标准，广泛开展各项活动，提高了学生的兴趣，增强了学生的技能，为学生全面发展打下了良好的基础。经过几年的建设发展，中学教育取得了可喜的成果，中考成绩逐年稳步上升，2015 年中考综合成绩名列管理局各农场学校第一名。2006—2018 年，农场中学各类数据见表 7-2-7 至表 7-2-10。

表 7-2-7 农场中学学生数统计一览表（2006—2018 年）

学年度	学生总数（人）	初一（人）	初二（人）	初三（人）	初四（人）	毕业（人）	升高中数（人）
2005—2006	883	248	198	213	224	219	205
2006—2007	844	268	205	175	196	195	191
2007—2008	794	183	264	194	153	153	123
2008—2009	775	174	178	245	178	178	129
2009—2010	702	152	172	162	216	216	143
2010—2011	604	142	146	162	154	154	123
2011—2012	550	131	134	140	145	145	111
2012—2013	524	149	124	128	123	123	116
2013—2014	529	146	141	119	123	123	111
2014—2015	521	121	146	140	114	114	104
2015—2016	563	139	152	123	149	139	128
2016—2017	538	124	142	150	122	143	132
2017—2018	555	139	121	141	154	120	107

表 7-2-8 农场初中学生班级数量统计表（2006—2018 年）

学年度	年 级			
	初一年级（个）	初二年级（个）	初三年级（个）	初四年级（个）
2005—2006	6	6	6	6
2006—2007	4	5	5	5
2007—2008	6	4	5	5

（续）

学年度	年 级			
	初一年级（个）	初二年级（个）	初三年级（个）	初四年级（个）
2008—2009	4	6	6	6
2009—2010	4	4	4	6
2010—2011	4	4	4	4
2011—2012	4	4	4	4
2012—2013	4	4	4	4
2013—2014	4	4	4	4
2014—2015	4	4	4	4
2015—2016	4	4	4	4
2016—2017	4	4	4	4
2017—2018	4	4	4	4

表 7-2-9 农场中学教师人数统计一览表（2006—2018 年）

学年度	总数（人）	男（人）	女（人）	高级（人）	中级（人）	初级（人）
2005—2006	70	21	49	11	37	20
2006—2007	71	21	50	11	37	23
2007—2008	71	19	52	14	37	20
2008—2009	79	23	56	17	36	26
2009—2010	78	22	56	18	36	24
2010—2011	73	21	52	17	38	18
2011—2012	72	20	52	17	37	18
2012—2013	72	21	51	17	37	18
2013—2014	69	20	49	18	36	21
2014—2015	70	20	50	15	36	19
2015—2016	63	18	45	15	30	18
2016—2017	61	18	43	13	30	16
2017—2018	58	18	40	13	27	17

表 7-2-10 农场中学毕业年级升学率统计表（2006—2018 年）

学年度	毕业生人数（人）	考入高级中学人数（人）	高级中学升学率（%）	升入高中人数（个）	升学率（%）
2005—2006	219	49	22.4	149	68.0
2006—2007	195	59	30.3	191	98.0

（续）

学年度	毕业生人数（人）	考入高级中学人数（人）	高级中学升学率（%）	升入高中人数（个）	升学率（%）
2007—2008	153	46	30.1	123	80.3
2008—2009	178	62	34.8	129	72.5
2009—2010	218	68	31.2	143	66.0
2010—2011	154	48	31.2	123	80.0
2011—2012	144	53	36.8	111	77.0
2012—2013	125	49	39.2	116	93.0
2013—2014	123	66	53.6	111	90.2
2014—2015	114	79	69.3	104	91.2
2015—2016	139	87	62.6	128	92.1
2016—2017	143	66	46.2	132	92.3
2017—2018	120	55	45.8	107	89.2

第六节　职业教育

宝泉岭农广校绥滨分校负责农场的成人职业教育工作，本着"提升从业人员素质，为农场的经济建设服务"的宗旨，以不断提高广大从业人员的思想道德、文化素养、劳动技能和创业能力为重点，以造就一批高素质的从业人员队伍为总目标，积极适应新形势，广开渠道，培养高素质专业化人才。农广分校开设了职工中专班，制定了具体的工作目标，即应届初中毕业生"零落地"，除升入高中外，其余进入农广校中专班学习；对高中以下程度的从业人员进行中专学历教育，使农场从业人员达到中等专业文化程度，促进了农场职业教育深入发展。13年中，农场职工职业教育培训工作每年都有周密细致的规划设计，对组织机构、培训任务、培训对象、培训内容、培训方式都做了明确规定。建立了教师辅导制度、学员考勤制度和教学成绩考核制度。根据人员的变动和教学实际需求，及时调整组织机构，修正各项管理制度，做到工作有人管、教学有人抓。以提高农场职工的科技素质为目标，确保培训的针对性和时效性。坚持多渠道、多层次、多形式开展培训的原则，短期培训和长期培训相结合，集中培训和分散培训相结合，理论和实践相结合。以农业示范户、种子繁育户、农机技术户为重点培训对象，带动广大职工群众共同进步。主要培训方式有：聘请专家进行全员培训，农场培训员到基层管理区进行培训，举办电视讲座，召开现场会等。通过开展培训工作，使农场从业人员的学历达标比例不断提升，文化素质得到提高，科技意识普遍增强，科技示范户逐渐增多，涌现出大批科技增收的先进典型，职业教育工作为农场经济高速发展起到了推动作用。农场中专 2006—2018 年的中专学历教育任务完成情况见表 7-2-11。

表 7-2-11　农场职业中专学历教育任务完成表（2006—2018 年）

年度	专业	计划指标（人）	完成情况（人）	完成率（%）
2006	职工职业高中	100	108	108
2007	种植、农机	50	54	108
	职工职业高中	200	207	104
2008	职工职业高中	50	52	104
2009	职工职业高中	50	54	108
2010	职工职业高中	50	53	106
2012	现代农艺技术	100	100	100
2013	现代农艺技术	55	57	104
2014	现代农艺技术	50	52	104
2015	现代农艺技术	50	58	116
2016	现代农艺技术	20	20	100
2017	现代农艺技术	20	25	125
2018	现代农艺技术	20	21	105

第七节　教育科研

为提升教育教学质量，学校在全体教师中积极开展教学研究活动，努力更新教育理念，提高教师的理论素养、专业水平和教学实践应用能力。在学校统一领导下，各部门制定了严格的教研计划。教研工作由学校教务处主抓，中小学各学科都设有教研组，校领导亲自参与教研活动，业务部门领导负责部署检查。教研活动立足学校教学工作实际，研究和解决教师在教学实践过程中遇到的各种具体问题，不断探索规律、总结经验、提高水平。各教研组组长按计划主持开展教研活动，经常开展各种示范课、优质课、研究课等教学观摩活动，使教学活动中的重点难点问题得到解决。每学年末，教研组都要把教学研讨、经验总结、教学论文、案例反思等教研材料上交教导处。同时，学校还组织教师到外地学习考察，带回先进的教育教学理念和经验，培养了大批研究型骨干教师和教育教学能手。教研活动的开展，在教师中营造了相互学习、相互帮助、相互切磋、相互交流的文化氛围，提高了教师的专业知识水平，取得了丰硕的教研成果。2006—2018 年农场学校各项论文及科研成果统计见表 7-2-12、表 7-2-13。

表 7-2-12　农场教师论文统计表（2006—2018 年）

年份	姓名	名称	级别	等级
2006	陈玉荣	学生解题错误的成因与对策	东北三省	一等
	陈玉荣	教学设计《全等三角形的判定》	东北三省	一等
	陈玉荣	课件《全等三角形的判定》	东北三省	一等
	徐　微	营造英语教学中的课堂气氛	省级	一等
	陈　红	浅谈如何在音乐欣赏课中调动学生的学习兴趣	省级	一等
	郭文静	在中学英语教学中如何实施素质教育	省级	二等
	刘　斌	初中英语课堂教学中师生有效互动特点	省级	二等
	陈　平	英语教学中如何渗透新课标理念	省级	二等
	陈　红	教学设计《渴望春天》	省级	二等
	王海霞	让美术课堂充满生命的活力	总局级	一等
	张　杰	新课程下语文教学的反思	总局级	一等
	张　颖	浅谈初中信息技术课堂的教学模式	总局级	一等
	费　非	浅谈初中语文新课改后教学方法的转变	总局级	一等
	韩丽艳	发挥物理实验在物理教学中的作用	总局级	一等
	何云滨	培养中学生的自主学习及综合运用能力	总局级	一等
	王美红	新课程理念下数学生活化	总局级	一等
	曾　维	培养学生的创新精神	总局级	一等
	吴淑荣	新课程标准下对化学实验的探究	总局级	一等
	易瑷珉	怎样在语文复习上育好一片林	总局级	一等
	公培玲	初中生数学学习分化的原因及教学对策	总局级	一等
	陈玉荣	新课标下初一学生数学学法指导	总局级	一等
	杨　琴	浅议新课程理念下如何培养学生的创新意识	总局级	二等
	秦增学	谈新课程下美术课堂的互动关系	总局级	二等
	杨继刚	体育教学中对学生的合作学习及能力培养	总局级	二等
	裴艳霞	浅谈如何优化思想政治课教学法	总局级	二等
	陆相杨	探究式学习，课堂教学的主旋律	总局级	二等
	闫学英	新课改下英语课堂教学	总局级	二等
	包锡春	美育教育在体育教学中的实施	总局级	三等
	石本秀	浅谈英语教学法中师生关系	总局级	三等
	张春香	谈换位思考法在语文阅读教学中的运用	总局级	三等
	郭文静	如何激发后进生学习英语的积极性	总局级	三等
2008	闫学英	新课程背景下多媒体和英语教学的整合	省级	二等
	张　颖	法不可违	省级	二等
	胡微微	浅谈小学数学质疑能力的培养	分局级	一等
	彭　娟	美育—实施素质教育的重要内容及手段	分局级	一等
	郭兰梅	怎样做一名有课感的数学教师	分局级	一等
	王玉苹	"玩"中识字，快乐识字	分局级	一等
	杨　帆	浅谈小学语文阅读教学中的开放性	分局级	一等

（续）

年份	姓名	名称	级别	等级
2008	袁晓红	小学学段口语交际能力的培养	分局级	一等
	孙丽萍	在数学课堂中实施有效教学	分局级	一等
	刘永芳	"解决问题"的价值与策略	分局级	一等
	安仲德	如何构建和谐灵活的课堂交流环境	分局级	二等
	张　宁	新课程伴我成长	分局级	二等
	刘　凤	怎样让语文课前预习更有效	分局级	二等
	王秀英	浅谈如何让小学英语课堂充满活力	分局级	二等
	朱先英	浅谈视觉艺术与听觉艺术	分局级	三等
	崔高桥	论体育课堂的创新	分局级	三等
	邹淑香	让读贯穿教学过程的始终	分局级	三等
	宋秀娟	让校园处处发出教育的声音	分局级	三等
	陆娟芳	架起数学与生活的桥梁	分局级	三等
	石长梅	现代数学教育不容忽视数学阅读	分局级	三等
2009	费　非	新课标下初中作文教学的探索与实践	国家级	二等
	郎冬梅	对历史教学中如何培养学生兴趣的思考	东北三省	一等
	郎冬梅	春秋战国	东北三省	一等
	郎冬梅	第一次世界大战	东北三省	二等
	冷新春	让爱促进学生成绩	省级	一等
	冷新春	体悟亲情，感恩父母	省级	二等
	何云滨	让我们成为一名小画家	省级	二等
	费　非	谢谢您，我的妈妈	省级	三等
	朱先英	说、谈、唱在音乐教学中的应用	分局级	一等
	王玉苹	重视培养学生质疑问难的能力	分局级	一等
	崔高桥	低年级教学中教学方法的选择及运营	分局级	二等
	王玉苹	如何培养学生质疑问难的品质	省级	二等
	李　玲	课题变化后美术课	分局级	二等
	杨　帆	浅谈如何构建唯美课堂	分局级	二等
	王秀英	如何转变小学数学教学中的后进生	分局级	二等
	孙志友	以鼓励激发学生的美育学习兴趣	分局级	三等
	彭　娟	美育—实施素质教育的重要内容及手段	分局级	三等
2010	胡微微	怎样让错误变"废"为"宝"（科研成果）	省级	
	秦丽霞	我教学中的几点感悟	省级	一等
	宋秀娟	让校园处处发出教育的声音	省级	一等
	陈　平	谈英语教学的几点体会	省级	二等
	张　颖	生活化体验式教法在教学中的应用	省级	二等
	杨　琴	初中数学课堂教学的思考与实践	省级	三等
	陈玉荣	谈数学教学中的自主探索	省级	三等
	吴　斌	口腔肌肉训练法在英语教学中的应用	省级	三等

（续）

年份	姓名	名称	级别	等级
2010	闫学英	英语口语情景教学	省级	三等
	刘永芳	用对比方法学习数学概念	省级	三等
	戚为民	转变	分局级	
	伍 艳	作文的故事	分局级	
	初晓芳	让他喜欢读书	分局级	
2012	杨 帆	写字教学"趣"在其中	总局级	一等
	马素静	如何培养小学生数学学习兴趣	分局级	一等
	关晓霞	浅谈写字教学的几点策略	分局级	一等
	陈忠伟	让学生做发现者、参与者和探索者	分局级	一等
	彭 娟	浅谈培养学生的美术创造能力	分局级	一等
	刘 凤	激发识字兴趣，提高识字能力	分局级	一等
	鹿广国	浅谈小学教学的有效教学	分局级	一等
	王秀英	浅谈如何调动学生学习积极性	分局级	一等
	孙兴艳	谈兴趣对学生数学学习的重要作用	分局级	二等
	胡薇薇	让"错题"成为有效的教学资源	分局级	二等
	戚为民	数学学习应该注重习惯的培养	分局级	二等
	白艳荣	如何提高小学英语课堂教学的有效性	分局级	二等
	宋秀娟	谈提高语文课堂教学的有效性	分局级	二等
	王玉萍	浅谈低年级看图说话的有效方法	分局级	二等
	宋 鑫	浅谈在音乐教学中渗透美育的策略	分局级	二等
	张 宁	借助教程指导学生说话	分局级	二等
	朱先英	音乐欣赏中情感的主体性	分局级	二等
2013	吴国明	关于分数应用题中未知数的设法	省级	一等
	赵 玲	培养学生学习地理兴趣 构建高效课堂	省级	一等
	秦丽霞	如何上好初中生物课的几点思考	省级	一等
	张 颖	浅谈思想品德课"自主探究、实践、体验式"教学的应用	省级	一等
	冷新春	语文教学中学生能力的培养	省级	二等
	杨 琴	追求有效的数学课堂教学	省级	二等
	吴 斌	在问题生中使用导学案的几点建议	省级	二等
	陆相杨	数学导学案教学中培养学生的学习习惯	省级	二等
	闫学英	英语"导学案"中预习导学环节的设计	省级	二等
	易瑗珉	怎样在语文复习上育好一片林	省级	二等
	张玉玲	压强（省初中物理成果奖）	省级	二等
	杨 帆	浅谈小学语文阅读教学中的学法指导	分局级	一等
	戚为民	教学《平行》一课后的几点想法	分局级	一等
	刘 凤	阅读教学之我见	分局级	一等
	马素静	浅谈如何培养学生的口算能力	分局级	一等
	胡微微	让"错题"成为有效的教学资源	分局级	一等

（续）

年份	姓名	名称	级别	等级
2013	鹿广国	浅谈新课标下小学数学	分局级	一等
	关晓霞	浅谈小学高年级口语交际之有效策略	分局级	一等
	张 宁	浅谈口语交际的有效策略——小学学段口语交际能力的培养	分局级	二等
	王玉苹	浅谈在阅读教学中的自主学习	分局级	二等
	温 馨	如何提高低年段向高年段转折期学生学习英语效率	分局级	二等
	白艳荣	浅谈赏识在英语教学中的应用	分局级	二等
	孙兴艳	浅谈怎样提高低年级学生的计算能力	分局级	二等
	石长梅	小学数学中如何创建高效课堂	分局级	二等
2014	闫永平	工作总结（科研成果奖）	总局级	二等
	郭文静	如何做一个好班主任（科研成果奖）	总局级	二等
	陈玉荣	数学课堂教学的灵魂（科研成果奖）	总局级	二等
	李秀明	孩子厌学钥匙在老师手里（科研成果奖）	总局级	二等
	费 非	注重有效预创建高效课堂（科研成果奖）	总局级	三等
	徐 微	如何在英语课堂上创设情境（科研成果奖）	总局级	三等
	张玉玲	授之以鱼 不如授之以渔（科研成果奖）	总局级	三等
	黄丽莹	谈对课堂教学中实验器材匮乏的解决（科研成果奖）	总局级	三等
	徐立娟	语文口语交际教学策略的反思（科研成果奖）	总局级	三等
	吴国明	反思有效的物理实验课（科研成果奖）	总局级	三等
	王美红	作业的布置与批发（科研成果奖）	总局级	三等
2015	徐立娟	中学写字教学中的问题与对策研究（教学案例）	国家级	一等
	宗秀兰	用心灵感悟汉字美（教学反思）	国家级	一等
	冷新春	中学写字教学中的问题与对策研究（教学叙事）	国家级	二等
	王显萍	浅谈中学写字教学中的问题与对策研究	国家级	二等
	张 杰	中学写字教学中的问题与对策研究	国家级	二等
	杨妍丽	中学写字教学中的问题与对策（优秀课件）	国家级	二等
	张立洪	数学课堂教学之我见（科研成果）	总局级	一等
	裴艳霞	政治课的导入方式初探（科研成果）	总局级	一等
	闫永平	新班主任的心路历程（科研成果）	总局级	一等
	闫晓艳	让作文走进学生的世界（科研成果）	总局级	二等
	王显萍	他山之石，可以攻玉（科研成果）	总局级	二等
	郭文静	教学心得体会（科研成果）	总局级	二等
	张 杰	一个小标点，一个小突破口——语法句子成分教学案例（科研成果）	总局级	二等
	李秀明	教师的宝贵财富——丰富的生活经历（科研成果）	总局级	三等
	刘 斌	共同促进学生全面发展（科研成果）	总局级	三等
	霍春岩	让教育有爱同行（科研成果）	总局级	三等
	王 萍	毕业班里的学困生（科研成果）	总局级	三等
	黄丽莹	物理课中探究式教学的体现（科研成果）	总局级	三等
	杨 琴	守望每一颗种子，静等花开	总局级	二等
	陈戴明	中学生化学实验操作技能的培养	总局级	三等

（续）

年份	姓名	名称	级别	等级
2016	吴国明	逆推法在物理计算题中的应用	总局级	一等
	郭文静	初一英语教学感悟	总局级	一等
	杨妍丽	谈作文与文本、生活	总局级	二等
	陈玉荣	浅谈英语教师如何适应初中英语课程改革	总局级	二等
	闫永平	浅谈英语教师如何适应初中英语课程改革	总局级	二等
	李秀明	《我们的共同理想》教学反思	总局级	二等
	杨 琴	激发学生学习数学兴趣打造有效教学课堂	总局级	二等
	张立洪	如何培养中学生的思维习惯	总局级	二等
	郎冬梅	关于初中历史教学的思考	总局级	三等
	徐 微	用爱打开学生心灵之门	总局级	三等
2017	吴国明	逆推法在物理计算题中的应用	省级	二等
	范红丽	如何提高小学数学课堂有效性	省级	二等
	胡微微	浅析画图策略在数学教学中的实践与思考	省级	二等
	刘永芳	浅谈电子白板在小学数学中的应用	省级	二等
	虞雯俊	实习对教师职业能力影响的调查研究	省级	二等
	杜珊芸	浅谈交互式电子白板在小学语文中的应用	省级	二等
	崔高桥	浅谈小学体育教学中的"立德树人"	省级	二等
	刘 凤	如何做好班主任管理工作	省级	二等
	王秀英	浅谈如何调动小学生学习英语的兴趣	省级	二等
	鹿广国	画图在小学数学教学中应用的思考	省级	二等
	张 宁	让一手好字成就孩子一生	省级	三等
	安百慧	现代教育技术在农村小学语文教学中的应用	省级	三等
	王 莹	小学语文课堂有效教学提升研究途径	省级	三等
	王玉苹	提高小学语文课堂教学效率的有效经验	省级	三等
	石长梅	浅谈小学生问题意识的培养	省级	三等
	朱先英	谈低年级音乐教学中强弱拍的训练	省级	三等
	温 馨	如何当好后接班班主任	省级	三等
	陈媛媛	谈学生自主学习能力和创新意识的培养	省级	三等
	关晓霞	孩子，请相信自己	省级	三等
	刘 斌	给孩子一米阳光一方净土	总局级	一等
	张 杰	由海子的幸福想到的——关于语文人文解读的思考	总局级	二等
	王 萍	初中化学图形推断题的索引论文	总局级	二等
	杨妍丽	"行走"中的学习	总局级	二等
	杨 琴	守望每一颗种子，静等花开	总局级	二等
	陈戴明	中学生化学实验操作技能的培养	总局级	三等
	徐 微	unit 3 how do you get to school?	总局级	三等

（续）

年份	姓名	名称	级别	等级
2018	朱先英	小学音乐教育对学生情感的培养	省级	一等
	郭兴华	浅谈如何提高初中生英语的写作水平	省级	一等
	王 萍	化学推断题需要的小"坚持"	省级	一等
	王美红	浅谈初中数学教学	省级	一等
	吴国明	关于学生解题不准确的原因分析	省级	一等
	李秀明	浅谈赞美与教育效果	省级	一等
	郭文静	春风化雨润无声	省级	一等
	秦丽霞	课堂教学体现在细微处	省级	一等
	徐立娟	语文课堂导入的方法和事例	省级	一等
	闫永平	借助多媒体培养和提高学生英语阅读能力	省级	一等
	裴艳霞	情境教学在思想政治中的应用	省级	一等
	杨 帆	构建育人体系，提升道德素养	省级	二等
	王 廷	借助多媒体培养学生自主阅读能力	省级	二等
	崔高桥	教与学尽在快乐的体育中	省级	二等
	关晓霞	孩子，请相信自己	省级	三等
	吴国明	种花家的二十八棵蒜苗（科研成果）	总局级	一等
	杨 琴	激发学生学习兴趣培养自主学习习惯（科研成果）	总局级	一等
	陈戴明	浅谈中学化学实验的特殊重要性（科研成果）	总局级	二等
	张立洪	在课堂教学中如何体现学生的主体地位（科研成果）	总局级	二等
	刘 斌	孩子！坚定你的信念（科研成果）	总局级	二等
	王美红	激发学生学习兴趣培养自主学习习惯（科研成果）	总局级	二等
	郭文静	初中英语教学中的困惑及策略（科研成果）	总局级	三等
	徐 微	加强学生道德养成教育（科研成果）	总局级	三等
	闫永平	走进学生心灵深处（科研成果）	总局级	三等

表 7-2-13 农场学校科研课题统计表（2006—2018 年）

年份	负责人	实践教师	课题名称	级别
2004—2006	何 玉	姜秀娥 初晓芳 陈忠伟	《加强仿写训练 提高写作能力》	分局三等
2004—2006	刘 凤	刘凤 杨帆 伍艳 初晓芳	《在小学语文教学中训练学生说的能力》	分局二等
2004—2009	杨 帆	杨帆 刘凤 黄琼 曹琼花 王玉萍 袁雪丽 安仲德	《小学语文课如何让小组合作学习有效进行》	分局二等
2007—2009	陆相河	陆相河 赵立志 王 虹 王景辉 崔高桥	《发挥学生在体育课中的主体作用》	分局三等
2007—2009	张 宁	张 宁 王玉萍 邹淑香 袁晓红 安仲德 宋秀娟 朱先英 于文洋 金桂英	《运用多种途径识字（推广）》	分局三等
2008—2010	高显云	高显云 陆娟芳 石长梅 孙丽萍 郭兰梅 韩兆凤 韩凤贤 戚为民 霍兆琴	《在小学数学教学中培养学生自主探究能力的实验研究（推广）》	分局三等

（续）

年份	负责人	实践教师	课题名称	级别
2011—2016	金和平	杨 帆 郭兰梅 宋秀娟 陈忠伟 刘 凤 王玉苹 张 宁 葛廷花	《中外优秀文化传统教育阅读行动计划》子课题《构建阅读平台 创建成长空间的策略》	省级
2011—2016	金和平	杨 帆 关晓霞 戚为民 刘 凤 张 宁 王玉苹 宋秀娟 陈忠伟 孙兴艳 孙庆荣 郭兰梅	国家教师科研基金"十二五"规划重点课题《写字教学普及与提高的实践研究》中《小学写字教学中的问题与对策》子课题	国家一等
2016—2018	杨 帆	于文洋 宋 鑫 刘 凤 关晓霞 丛秀英	《构建德育工作体系把思想道德教育落在实处》	总局级
2016—2018	胡微微	杨 帆 陈嫒嫒 马素静 鹿广国 石长梅 范红丽	《小学阶段利用画图策略提高解决数学问题能力的培养》	总局级
2016—2018	杨 琴	何云滨 王美红 曾 维	《激发学生学习兴趣提升自主学习能力》	总局级

第八节　艺术体育教育

学校高度重视音乐、体育、美术教学工作，配足配齐任课教师数量。小学部体育教师5人，音乐教师3人，美术教师3人；初中部体育教师4人，音乐教师1人，美术教师2人。为充分调动音体美教师的积极性、提高教育教学水平，学校提供了优质的教学活动平台，给予音体美教师充分施展教学才能的机会。中小学分别有音乐教室、美术教室各1间，乒乓球活动室1间，室外塑胶运动场1个，冬季冰上运动场1个。学校每年举行春季运动会和冰上冬季运动会，选拔优秀运动员参加管理局级以上比赛。13年来，每逢五四运动纪念日、"七一"建党日、"一二·九"纪念日，学校都开展师生书画作品展等主题活动；每两年举办一次"校园艺术节"活动。学校承办了两次全场大型职工运动会。通过音体美等教学活动的开展，教师业务水平不断提高，学生综合素质不断提升，学校艺体工作取得了可喜成果。2006—2018年相关领域具体成果见表7-2-14。

表7-2-14　农场学校体育艺术教育工作成果统计表（2008—2018年）

年份	取得成果	级别	备注
2008	美术教育先进单位	管理局	
	第十届中小学文艺汇演银奖	管理局	
	校园集体舞比赛，中、小学组均获得银奖	管理局	
2009	参加中国—澳大利亚举办和平杯书画国际联展青少年儿童书画艺术作品评奖活动，获特等奖3个、金奖12个、银奖9个、铜奖5个	国家级	
2010	参加全国"校园文学创新写作""美术书法"比赛，获奖239人次，其中：国家级123人次，省级8人次，管局级108人次	管理局省级 国家级	从管理局逐级评比申报

（续）

年份	取得成果	级别	备注
2011	管理局第六届中小学生乒乓球比赛，获中学女子团体第二名、中学男子团体第六名、小学女子团体第六名、小学男子团体第五名	管理局	
	管理局"颂歌献给党"合唱比赛三等奖	管理局	
2012	农场第九套广播体操评比第一名	农场	
2013	管理局第十一届中小学师生文艺汇演金奖	管理局	
	管理局第八届师生书法绘画摄影展优秀组织奖		
	管理局第七届中小学生乒乓球比赛，中学男子团体第五名、中学女子单打第二名		
2014	第十四届"和平杯书画艺术"作品国际联展艺术教育集体一等奖	国家	中国与新加坡展区
	第27届"和平—爱与理解"全球少儿世界和平海报大赛，隋妍同学的作品获银奖	国际级	100多个国家和地区参加
2015	管理局第八届中小学生乒乓球比赛，小学组男、女团体亚军	管理局	
	管理局第二届初中男子篮球比赛第三名	管理局	
	管理局第一届"艺体教育特色教学"健美操比赛一等奖	管理局	
	二年二班的课本剧《插上别人羽毛的雀》，参加黑龙江省中小学生第五届艺术展演，获得一等奖	省级	
2016	第十三届"完达山杯"中小学生速度滑冰运动会体育道德风尚奖、农场组团体总分第一名、小学组团体总分第二名、初中组团体总分第三名	管理局	
	第二届"完达山杯"中学生排球赛体育道德风尚奖、男子组第四名、女子组第五名	管理局	
	黑龙江省"百万青少年上冰雪"冰雪类先进学校	省级	
	全国青少年"未来之星"阳光体育大会交流展示活动优秀组织奖	国家级	
2017	管理局第九届"完达山杯"中小学乒乓球比赛，体育道德风尚奖、男子甲组团体第四名、女子甲组团体第六名、男子乙组团体第三名、女子乙组团体第四名	管理局	
	纪念垦区开发建设70周年宝泉岭教育事业发展成就摄影展优秀组织奖	管理局	
	二零一七闪耀中国—舞动奇迹艺术新星青少年人才选拔大赛最佳组织奖	省级	
2018	垦区冬季运动会体育道德风尚奖、优秀组织奖	总局	
	职工篮球赛优秀组织奖	农场	

第九节　教育设施建设

农场党委高度重视教育事业的发展，投入了大量资金用于学校的硬件设施建设，学校办学条件逐年完善，成为环境优美、配套齐全的现代化学校。

2006年，农场投资185万元，使学校硬件建设达到标准，办学条件居分局前列。

2008年，农场投资36.15万元，为学校增添多媒体教学设备一套、MP3智能播放机一套。

2010 年，农场投入 100 余万元，完成了"班班多媒体"和校园安全视频监控系统工程，增添图书 2000 余册、冰刀 100 双。

2011 年，农场投资 300 万元，对学校教学楼、宿舍楼进行了墙体立面改造。

2014 年，农场投入 80 余万元，更换了中小学多媒体教室和备课室电脑 120 台；为幼儿园新购置钢琴 2 架、电子琴 10 台、电视 9 台、幼儿教学专用白板 4 套；增设了室外体育运动器械；维修了食堂和下水道等基础设施。

2016 年，农场投入 700 万元，新建了 400 米塑胶跑道田径运动场，扩建了 330 米标准速滑冰场，为所有教学班级配置了先进的 75 英寸液晶教学触摸屏一体机以及相应教育教学设备。

截至 2018 年年底，中学部、小学部、幼儿园各有一栋综合教学活动楼。中小学共有 50 个教室，其中多媒体教室 38 个。中学楼内设标准化教室，另设物理实验室 1 个，化学实验室 1 个，生物实验室 1 个，标准化语音室 1 个，微机室 1 个，电子备课室 1 个，图书室 1 个，心理咨询室 1 个，音乐、美术活动室各 1 个。小学楼内设标准化教室，另设语音室 1 个，微机室 1 个，图书室 1 个，电子备课室 1 个，音乐、美术活动室各 1 个，多功能阶梯教室 1 个。有计算机 240 台，其中教学用计算机 227 台。有图书 3 万册。绿化用地面积 1.97 万平方米，校园硬化活动场地 1.6 万平方米，运动场地面积 1.8 万平方米。幼儿园校舍面积 3940 平方米，其中教室 2510 平方米，活动室 1310 平方米，保健室 60 平方米，图书室 60 平方米。

第十节　教育督导

教育督导室设在农场教育科。13 年来，农场不断加大教育督导工作力度，按照管理局、教育局的统一部署，学校不断改进和加强评价考核工作，逐步建立科学的评价体系，充实和丰富评价内容，改进和完善评价方法，规范评价行为，提高评价技术水平。

中小学净入学率达到 100％，小学年辍学率控制为零，初中在校生年辍学率控制在 1％。中小学生保留率达到 99％以上，毕业班升学率达到 90％以上。

2009 年，黑龙江省教育厅、黑龙江省人民政府教育督导室，为学校颁发了"黑龙江省义务教育学校标准化建设工程合格学校"。

2016 年，农场学校在迎接县域义务教育均衡发展国检抽查工作中，获得了较高的评价。在管理局义务教育均衡发展工作国家督导评估验收中，以高水平通过验收。

第三章 文化 体育 旅游

第一节 概 况

2006—2018年，正值垦区全面加快小城镇建设、农场农业经营体制大变革和撤队并区的重要时期。这期间两届农场班子都高度重视文化体育工作，两次改选文联和文体协会。2011年，新一届领导班子组成以后，农场把旅游工作作为一项新兴产业列入党委议事日程。这一时期，文化、体育、旅游各项工作每年都有新变化、新发展。2012年之前，农场的文化管理工作分为两块，一块在农场党委宣传部内设文化局，重点是文化市场管理和企业文化的策划；另一块在工会，重点是群众性文化和体育活动的策划开展。2012年3月，农场专门成立了文化体育发展中心（简称文体中心），全面负责农场的文化和体育工作。全场的文体工作呈现出计划性、系统性，多项工作获得管理局以上荣誉。2013年，根据农场的实际情况，北京同舟旅游规划设计院为农场旅游产业设计规划，确立了"中国最佳生态休闲农业旅游区"的发展主题。2013年，绥滨农场被农业部和共青团中央联合认定为"全国青少年农业科普示范基地"。2014年10月31日，绥滨农场现代化农业观光旅游景区被评为国家AAA级旅游景区，并规划了九大景点。2016年6月成立旅游局。2017年，绥滨农场被农业部评为"中国美丽休闲乡村"。

第二节 群众性文化活动

一、文艺演出情况

2006年，小学第七届校园艺术节闭幕。6月25日，举办了庆祝建党85周年文艺演出。

2007年7月，举办"和谐春雨润绥滨"廉政广场文化节。7月29日，与江滨农场共同举办"放歌激情7月"庆祝建军80周年文艺演出，在两地分别交流演出。

2008年8月，农场举办了千人舞大赛。同年，组队参加分局"石油杯"文艺汇演、第五届职工运动会。

2009年1月，农场组队参加省电视台举办的《咱这也有文艺人》栏目比赛，实现在省台直播。6月24日，农场举行"清风净土廉政歌曲大合唱"，参加管理局大赛获二等奖。6月25日，农场举办首届"佳昌杯"唱响跨越主旋律卡拉OK大赛。6月30日，在分局信合杯"为祖国放歌"歌咏比赛中，男、女生二重唱《在灿烂的阳光下》荣获一等奖；小合唱《桂花开放幸福来》荣获声乐组合一等奖。7月，农场举办"佳昌杯"廉政文艺演出。7月29日，农场举办庆"八一"展军旗风采，向祖国六十华诞献礼全民健身舞表演赛。

2010年2月7日，农场举办了"超越2010"迎新春文艺晚会。6月30日，农场组队参加管理局"金穗杯"文艺汇演，获两项金奖、一项银奖。同年，参加管理局"岭上飞歌"文艺调演，获得一等奖。同年9月12日，中央民族乐团"高雅艺术走进北大荒"大型专场音乐会在农场天朗公园举行。

2011年1月，农场在管理局"健康杯"文艺调演中获得优秀组织奖。

2012年，农场共组织文艺演出8场次。6月25日，为配合龙广频道《北大荒之声》栏目组来农场录制节目，文体中心编排了精彩的文艺节目，并组织了1600人的观众方阵。7月26日，为协助总局电视台《魅力北大荒》栏目组来农场录制节目，筹备了专场演出，同时组织了400人的观众方阵。8月26日，农场组织编排的"龙府文化"文艺节目，参加管理局组织的调演，荣获比赛一等奖和优秀演出队称号。

2013年，农场共组织文艺演出14场次。3月23日，中央电视台七套栏目组来农场录制晚会外景。6月，文体中心与老干部科、电视台相互配合，录制了"见证65周年"系列访谈节目，共完成了10期人物采访，分别是见证农场65年历史的建场元老郑光喜、见证投身农场建设的转业官兵张文华、见证五八年转业官兵奉献农场的典型代表崔长海、见证机械车床变迁的全国劳模赵志勤、见证全国农村综合改革试验区设立的策划者李世颖、见证林业发展变化的领路人兰永谦、见证城镇建设巨变的亲历者董庭友、见证探索"大农场套小农场"双层经营体制改革大户承包的基层劳模秦亚、见证黑龙江龙江第一渠建设的水利人王春平、见证农场新时期科技兴农的大学生李晓明。通过不同时期、不同行业代表人物的讲述及不同的场景设计，充分展现了绥滨农场65年来各行各业的发展和变化。7月19日，农垦总局电视台《魅力北大荒》栏目组，在龙江第一渠录制了以宣传龙文化、塑造幸福绥滨为主题的访谈节目。9月5日，农场举办首届"楷模的力量"人物事迹颁奖晚会。

2014年，农场共组织文艺演出18场次。7月，农场代表队参加了管理局"舞动龙江"广场舞比赛，获得二等奖。8月8日，农场参加了管理局举办的以"金色梦想"主题文艺演出活动。8月27日晚，农场举办了2014年度楷模人物"我身边的好人"颁奖晚会。9月11

日，农场党委为 10 对相濡以沫 50 年的夫妻举办了"久久情浓·幸福绥滨"金婚庆典活动。

2015 年，农场共组织文艺演出 12 场次。7 月 4 日，农场举办了"龙门福地酒业杯"卡拉 OK 比赛。7 月 13 日，农场协办了"送文化下乡欢乐基层行"践行"三严三实"北大荒文工团专场慰问演出。7 月 31 日，举办了农场"魅力绥滨舞动风采"广场舞比赛，有 12 个代表队参加了比赛。8 月 4 日，农场协助司法分局举办了"法在我心中"曲艺小品晚会。8 月 25 日，农场承办了管理局"纪念中国人民抗日战争暨世界反法西斯胜利 70 周年"大合唱比赛绥滨赛区活动，农场代表队荣获小组赛第一名；8 月 31 日，农场代表队参加管理局大合唱总决赛，荣获第三名。

2016 年，农场共组织承办文体活动 20 场。8 月 1—4 日，绥滨农场 12 个管理区，每 3 个管理区为一组联合举办的文艺汇演，为绥滨农场夏季文艺汇演拉开了帷幕。8 月 20—22 日，绥滨农场举办了为期 3 天的第四届"消夏旅游文化节"。8 月 21 日上午，中国文联文艺志愿服务小分队"送欢乐下基层"走进绥滨农场慰问演出，农场文艺骨干杨春楠受邀上台，与濮存昕、殷秀梅、吕继红等著名文艺家同台表演，为绥滨农场职工群众送上一场视觉盛宴，有效提高了全场职工的文艺鉴赏水平。

2017 年，元旦期间，农场组织了"龙腾盛世、凤舞绥滨"象棋比赛、扑克比赛、乒乓球比赛、羽毛球比赛、雪地足球比赛、冰雪趣味比赛等系列文体活动。7 月 2 号，绥滨农场举行第六届大型职工运动会，共有体育竞技、趣味运动等 16 个比赛项目，全场各界 1420 名运动员参加。这次运动会是农场继第五次全场职工运动会之后，相隔近十年召开的又一次大型的职工运动会。其主要特点是参与面广，面向全社会，形式新颖，符合农场农业生产特点。主要项目有 4 名职工大型团体操表演，传统的跑步、跳远、跳绳跑接力、跳高竞赛项目，还有插秧比赛、二人三足和运球接力等具团队协作意识和较强趣味性的全新比赛项目。充分体现了群众性、趣味性和广泛性的特点。8 月 21 日—8 月 23 日，绥滨农场召开了第五届消夏旅游文化节。文体中心协调各部门组织演出，规划设计文艺演出节目，以"兴福地产业、扬福地文化、品福地美食"为主题，进行三天三场精彩的文艺演出。现场除文艺演出外，还包括商品展销、百家宴等丰富多彩的活动，不仅充分使广大职工身心得到放松，同时向游客宣传福地特色产品，带动消费近百万。

举办了首届农民丰收节庆祝活动。开展了"龙门福地杯"首届职工冰雪运动会，比赛中展现出绥滨人勇于进取、顽强拼搏的精神风貌，促进农场全民健身运动的蓬勃发展；组织 58 人参加管理局举办的"黑龙江省农垦宝泉岭管理局职工田径运动会"，取得了 1 金 1 银 1 铜 3 块奖牌和"运动会优秀组织奖"等多个奖项；组织 112 人，排练 20 天，参加了管理局举办的"庆祝宝泉岭管理局开发建设 70 周年合唱比赛"，荣获三等奖。

二、秧歌

扭秧歌这种娱乐活动在农场曾进行过，后来一度中止，在 20 世纪 80 年代初期又恢复活动。各单位都有秧歌队，除春节等节日演出外，还经常举办各种比赛。绥滨县和附近乡镇的秧歌队也来农场交流。截至 2018 年年末，农场共有龙门福地酒业、夕阳红、龙之梦 3 支秧歌队。秧歌已经成为农场节庆活动中的亮点，每逢春节、开耕节、提水节、消夏文化节等节庆活动都会有秧歌表演。秧歌舞表演人数可多可少、有男有女，为双排偶数即可；人物化装多种多样，有老汉、丑婆、大头娃娃等。

三、腰鼓

2014 年前，腰鼓只限于中小学在大型活动中集体表演。2014 年后，龙门福地腰鼓队成立，腰鼓表演也成为农场各种节庆活动中的又一新亮点。鼓手们时而踢打、跳跃、旋转，时而鼓槌挥舞、彩绸翻飞、鼓声如雷、声势逼人，极具感染力，成为八方游客竞相观赏及合影留念的焦点。

四、广场舞

从城市引进的广场舞于 2007 年在农场大规模兴起，成为我场广大群众喜闻乐见的一种集艺术与健身于一体的活动。2012 年，农场投资 480 万元对文化广场进行改修，总铺装面积 1.3 万平方米，同时，对舞台、灯光、花坛地也进行了改造。除冬季严寒时外，当夜幕降临，天朗公园都会聚集大批广场舞爱好者。2014 年 8 月 1 日，农场举办了千人广场舞展示活动。2015 年 7 月 31 日，农场开展了有千余人参加的"魅力绥滨舞动风采"广场舞比赛。2017 年 7 月 2 日，农场举办第六届大型职工运动会，由机关、场直单位党员干部及各基层职工代表近千人组成千人团体操表演队，展示出当代北大荒人昂扬的热情、勇于拼搏的斗志、永远年轻的精神风貌。

第三节　场　史　馆

农场场史馆建于 2010 年，2012 年正式开馆。馆内面积 460 平方米，展示内容划分为陈述陈列、激励当代、垂鉴后世、昭示未来四个篇章和"序厅""汗洒两江　开启历史""身临历史""时代楷模　璀璨人生""开拓进取　奋斗改革""农场微缩景观"六个版块。

"序厅"记载了绥滨农场三代北大荒人历经沧桑、艰苦创业、励精图治，通过不断开发建设，把昔日的北大荒建设成了今天的大粮仓和现代化小城镇的奋斗史。

"汗洒两江　开启历史"收录了第一代垦荒者、复转官兵、支边青年、知识分子、城市知识青年等一代代北大荒人建设绥滨农场的图片和文献。

"身临历史"反映了农场几代人建设农场取得的成就，以及温家宝总理及省、总局等各级领导来农场考察的情况。

"时代楷模　璀璨人生"记录了农场不同时期的全国劳动模范、省劳动模范等受表彰人物。

"开拓进取　奋斗改革"记录了当代农场人民万众一心，践行社会主义核心价值观，大胆地去创新未来的奋斗历程。

"农场微缩景观"展现了农场小城镇建设发展的成就。

场史馆主题壁画位于馆中心与正门相对，长6米，高2米，铜制浮雕，由中央美院壁画系教师杜飞制作，以建场时十六挂马车为主题，集中反映了农场建几十年创业、奋斗、改革创新发展的历程，是一幅难得的艺术精品。

场史馆镇馆之宝，是农场1953年在第一个现代化农机修理厂完工时，建设者所立的石碑。碑文刻有施工人员名单及建制情况，实属为数不多的见证垦区发展的重要文物。

第四节　文化和艺术

2006—2018年，农场的艺术活动主要以文学创作、美术、书法、摄影、舞蹈、音乐为主，其他艺术门类也逐渐诞生。除农场和上级组织的展览、会演和创作活动之外，大部分都是以业余创作和活动为主。同时也涌现出一批业余创作骨干人才，成为农场文学艺术创作的活跃力量。截至2018年，农场共有北大荒作协成员2人；省书法家协会成员1人；省摄影家协会成员2人。其中魏荣江在2010年被省纪委、宣传部、文化厅、文联、广播电视总局联合授予"全省百名廉政文化带头人"称号。

一、美术

农场的美术人才，主要集中在学校，工作以教学为主。其他分布在机关、社区和农业生产单位。这些作者在培育个人爱好和创作的同时，积极参加农场和上级组织的各项活动，并多次获奖。2006 年以来，农场纪委在廉政文化建设中，积极组织业余作者创作出一批较高质量的美术作品。2010 年农场参加总局廉政"清风净土"文化展，是垦区获奖最多的单位之一，受到总局纪委、分局纪委通报表彰。农场老干部科、民政科、卫生科和司法等部门也按上级要求分别组织了展览，或参加上级部门组织的展览。2008 年以后，陆续返乡工作的大学生中，有专业学习美术及新媒体设计的人才，也将全新的艺术理念带回农场，为农场的美术活动增添了活力和生机。魏荣江、秦增学、王春光、崔娜、李玲、张玲玲、王海霞、王栋、孔静静等人的作品，都分别获省、总局、管理局举办的各种赛事一、二、三等奖。截至 2018 年，美术骨干力量累计开办家庭式美术培训教育班儿 4 个。

二、书法

农场书法爱好者较少，大多是中小学、幼儿园美术教师，因工作需要而练习书法，其他各行业的书法爱好者水平参差不齐，比较突出的有吴景义、秦增学、王玉霞、王玉萍、隋叶、陈振宇、张春凤、魏荣江等。其中吴景义是黑龙江省书法家协会会员，并多次参加鹤岗市、绥滨县和宝泉岭管理局的书法展览。农场书法爱好者陆继新从 2000 年起，一直在天津从事书法教学工作，并成为中国硬笔书法家协会会员。由于家长和学生认识到了书法的重要性，到 2018 年，农场已有书法培训班 3 个，主要教授毛笔书法和硬笔书法。

三、摄影

受器材和资金的影响，在数码相机和手机摄影功能出现之前，摄影一直是小众艺术，只有农场宣传部、公安、中小学校等单位因工作需要会配备相机，个人手中相机很少。宣传部的摄影作品主要用于新闻工作和资料留存，作品发表在《农垦日报》（后改为《北大荒日报》）等报纸、杂志上。摄影爱好者也会参加总局以下的各级展览。2008 年之后，数码设备和数码相机、手机摄像的摄影功能在大众中普及，摄影成为大众艺术。许多人都成为摄影艺术的爱好者和探索者，用手机自拍也成了一种时尚，摄影不再是年轻人的专利，也成了中、老年人的所爱。摄影艺术成为真正的民众艺术。农场在 2015 年文化节摄影展中，就收录了群众手机摄影作品。在摄影作者中，魏荣江、秦增学于 2013 年加入黑龙江摄影家协会。2015 年 8 月，两人的摄影作品在中央数字摄影频道播发。宣传部工作人员刘洪军于 2015 年 7 月成为"新华社签约摄影师"，被新华社采用通稿 15 篇。

2006—2018 年，农场的摄影展都与书画展共同举行，主要有：2007 年廉政书画摄影作品展；2009 年迎国庆 60 周年书画摄影作品展；2011 年"清风净土"迎建党 90 周年书画摄影作品展；2013 年至 2018 年，农场在广场举办的每届文化节中都有摄影作品展，还分别举办了照片展和农场新旧变化对比展。

四、文学艺术创作

农场文学创作队伍总体人员不多，有十几人，但一直坚持业余创作。截至 2018 年年末，农场有北大荒作家协会会员 3 人。13 年间，农场累计在《黑龙江日报》《北大荒日报》等报刊发表散文、诗歌 100 余篇，其中最具代表性的是张振海创作的传奇小说《龙鹰传奇》，在鹤岗晚报发表；散文《朱合林子》，在《黑龙江日报》文化副刊上发表。农场复转军人、知青、支边青年和文学爱好者等群体相继出版了《远去的柞树林》《梁上移民之歌》《回望北大荒》《大荒福地》等书籍。张金星的抗洪诗歌在鹤岗《春雨》杂志发表，王广星的抗洪诗歌在北大荒日报发表。魏荣江于 2007 年创作的《雪的颂歌》歌词获黑龙江省廉政文化创作二等奖。农场向总局、管理局推荐的 8 名"感动北大荒人物"事迹材料，被收录进管理局党委出版的《榜样的力量》一书。2015 年，为了弘扬龙门福地文化，由时任农场党委书记俞新利主笔、宣传部和农场文艺爱好者共同参与创作了《龙门福地赋》。

五、文学作品选登

龙门福地赋

俞新利

龙门史话，口传墨见！御驾黑龙，屈遭谗言，
触怒玉帝，谪贬凡间。恰逢奇旱，井枯河干，
民众跪求，祈降霖甘。龙不忍观，恻隐顿现，
弓身腾跃，地动云翻。俯撞涸床，忽现深潭，
形如锅状，径约百丈。涌泉似墨，润泽良田，
久旱不竭，惠及世代。为记其恩，择名龙坑，
其踞绥滨，庇佑众生。物丰年饶，祥和安宁，
百姓皆誉，龙门福地。

抗洪礼赞

——2013 年黑松两江抗洪纪实

张金星

这是一片神奇的土地，

位于祖国最北的边疆，

两江冲积的广袤平原，

让它拥有肥沃的土壤。

经过几代人艰苦的开发建设，

这里已成为国家商品粮基地

——中华大粮仓！

时间进入二〇一三年八月，

遍地的庄稼已经丰收在望，

空气中弥漫着稻谷的芳香，

田野上摇动着玉米和高粱。

农民们掩饰不住内心的喜悦，

都在把幸福的生活憧憬、酝酿。

穷苦、灾情从天而降，

撕碎了人们甜蜜的梦乡。

上游的降雨让水流湍急，

邻国的泄洪让水位暴涨。

警戒的水线已没入滔滔江底，

年久的堤坝怎敌百年一遇的洪汤。

顷刻间，

汹涌的洪水漫过堤坝像一群脱缰的野马，

转瞬间，

肆虐的浊流超过沟渠吞噬了田野村庄。

丰产的希望不见了，

丰收的梦想破灭了，

曾经温馨的家园变成一片汪洋。

灾区的人民眼中闪烁着绝望的泪光。

快！险情就是命令，

快！灾区就是战场。

正在遭受洪涝的两岸人民，

义无反顾奔向险情更严峻的前方。

迅速成立起应急分队，

领导干部带头先上。

不分职务，不分幼长，

任务与职责大家一样。

不分昼夜战斗在前线，

指挥部就设在现场。

党员突击队成立了，

每一名党员就是一面旗帜，

在堤坝的最险处迎风飘扬。

青年突击队成立了，

他们要用火热的青春，

同狰狞的洪魔做彻底的较量。

各个乡村的突击队成立了，

他们放下检修的机车，

舍下待收的水稻，

义无反顾来到抗洪战场。

社会各界的队伍也赶来了，

不分民营、私企，

不分施工队、开发商。

因为他们知道，

守住堤坝，才能守住家乡，

守住堤坝，才能守住希望。

装沙筑堤，固坝打桩，

他们要与洪峰打好提前量。

防堵管涌，抢险塌方，

他们要在洪水面前筑起铁壁铜墙。

白天忙碌，夜晚一样紧张，
巡堤排险，
他们要在黑暗中一步一步丈量。
蚊虫叮咬，秋风凄凉，
单薄的帐篷考验着队员们的意志与坚强。

听着江涛拍岸的声音，他们仿佛感觉到，
每一个节奏奏响的都是抗洪的乐章。
听着堤坝上阵阵的秋风，他们仿佛感受到，
抗洪英雄的事迹就在这秋风里传唱。

抗洪抢险的队伍啊，你们不会孤单，
家乡的亲人们时刻把你们放在心上。
看，慰问的队伍早已排列成行，
刚下屉的包子飘着肉香，
新煮的饺子还有些发烫。
斟上一杯醇香的热酒啊，
暖着你的身心，暖着你的胸腔。

灾区的人民啊，你们不要悲伤，
闻讯募捐的人们早已汇集在广场。
有坐着轮椅来的老人，
有身患残疾的姑娘。
助灾区重建家园，
他们要尽一份微薄的力量。

灾区的人民啊，
请擦干眼泪，抹去洪灾带来的创伤，
相信有一份爱心，就会有一份希望，
相信一方有难，
就会有八方支援，就会有大爱无疆！

灾区的人民啊，

请绽开笑脸，挺起你强健的胸膛，

相信我们的国家，相信我们的党，

相信灾害面前，

一定会凝心聚力，一定会多难兴邦！

洪灾摧不垮我们的意志，

苦难压不弯我们的脊梁。

重建家园我们一定会再创辉煌，

中华民族一定会永远屹立在世界东方！

龙府赞

孙 冰

铺一地翡翠，洒万缕阳光，

拈一朵稻花，沾一身馨香。

揽两江之水，环抱大粮仓，

人说一方宝地，龙坑泽吉祥。

生态科技园这里登金榜，

蜿蜒河故事在岁月中传唱。

啊，绥滨农场，人间一处天堂，

幸福的花儿，灿烂中绽放；

啊，绥滨农场，我的美丽家乡，

踏浪田野青春飞扬。

捧一颗明珠，璀万道霞光，

踏两江浪花，溅一身鱼香。

迎八方宾朋，美酒飘远方，

人说龙门之首，广袤北大荒。

现代大农业编织七彩梦，

第一渠灌溉让田野翻金浪。

啊，绥滨农场，人间最美天堂；

万众一条心，永远跟着党；

啊，绥滨农场，我的美丽家乡，

追逐梦想拥抱太阳。

龙 府 赞

1=F 4/4

孙冰 词
耿全 曲

♩=72　亲切赞美地

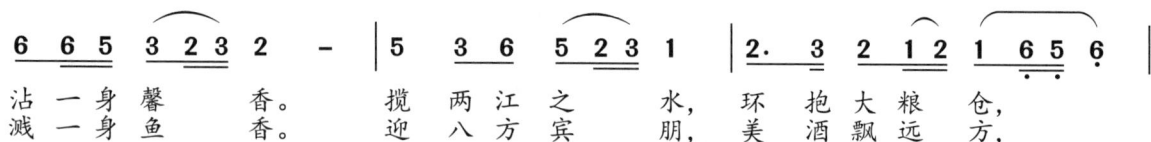

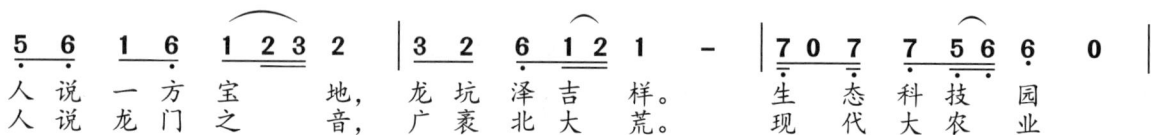

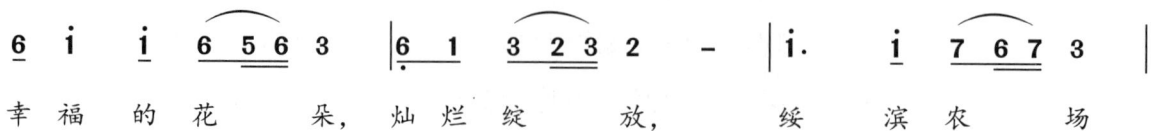

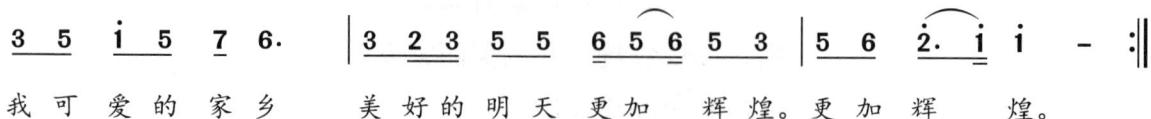

```
5  3. 2 1. 2 3 | 2 2 1 6 5 6 5 | 1  2 3 2 1 6 6 |
铺 一 地翡 翠，撒 万 缕阳 光，    拈 一 朵稻 花
捧 一 颗明 珠，璀 万 道霞 光，    踏 两 江浪 花

6 6 5 3 2 3 2 - | 5  3 6 5 2 3 1 | 2. 3 2 1 2 1 6 5 6 |
沾 一 身馨 香。  揽 两 江之 水，环 抱大 粮 仓。
溅 一 身鱼 香。  迎 八 方宾 朋，美 酒飘 远 方，

5 6  1 6  1 2 3 2 | 3 2  6 1 2 1 - | 7 0 7  7 5 6 6  0 |
人 说一 方宝 地，龙 坑泽吉 样。  生 态科 技 园
人 说龙 门之 音，广 袤北 大 荒。  现 代大 农 业

3 0 3  2 1 6 6 0 | 1 1 1 1 2 3 2 3 2 2 | 2 2 1 6 3 2  2 6 5 |
这 里登金 榜 蜿 蜒 河的 故 事在 这 里 传 唱传
编 织七彩 梦 第 一 渠灌 溉 让沃 土 让 沃 土更 芬芳更芬

5 - - 5 6 | 1. 1 7 6 7 3 | 3 5 6 5 6 5 - |
唱。    啊，绥 滨农 场，人 间 天 堂，
芳。

6 1  1 6 5 6 3 | 6 1 3 2 3 2 - | 1. 1 7 6 7 3 |
幸 福的 花 朵，灿 烂绽 放，    绥 滨 农 场

3 5 1 5 7 6. | 3 2 3 5 5 6 5 6 5 3 | 5 6 2. 1 1 - :|
我 可 爱的 家 乡 美 好的 明 天更 加 辉 煌。更 加 辉 煌。
```

"醉"美绥滨

刘洪军

碧水蓝天掩映下，你露出了秀美的风光，让人流连忘返。鲜花稻海万丛中，你笑弯了金黄的稻穗，填满了北大仓。鳞次栉比楼宇间，你洋溢着田园的怡情，宛然临桃花源。"轰隆隆、轰隆隆"……流水线上你在吟唱，一缕缕甘醇的浆汁流进了"龙门福地"。来来来，举起手中的杯，一饮而尽……醉了，醉了，醉了，真是"醉"美绥滨啊！

美哉　你的厚重

"醉"美，因为你——厚重的历史。

六十五载！

你书写了一本北大荒的沧桑巨变史。

翻开历史的篇章，寻觅曾经的足迹。

建国前夕，你已担起"大粮仓"的使命。

1948年2月，那个遥远寒冷的冬天，风雪在肆意呼啸，天地一片白茫茫。一支由当时松江省绥滨县人民政府抽调的80名志愿者、16挂马车组成的"拓荒挺进队"，在猎猎红旗的引领下，艰难行走在大雪间，向着当时的火犁旧址（现绥滨农场第二十二居民组）挺近。

在千古荒原上，他们战严寒、吹号角、扬红旗，耕下了第一犁，拉开了绥滨农场大粮仓的序幕。

随后，转业官兵、山东支边青年、知识青年等一批批垦荒队伍在党的号召下从四面八方相继来到这里。他们用勤劳的双手播撒希望，用坚实的足迹耕织梦想，用激情的青春铸就丰碑，在北国三角洲、宝泉大地上建成了一个国家级现代化大农业核心示范场——绥滨农场。

六十五载，风雨兼程，在艰难抉择面前，绥滨农场以"勇于探索、敢为人先"的魄力，破经营体制坚冰，在1982年率先开始兴办家庭农场，1987年成为全国农垦系统唯一的全国农村综合改革试验区。1994年8月17日，时任中央书记处书记的温家宝来到农场视察，对绥滨农场的做法给予高度评价。随后，七年时间，绥滨农场实现农场年生产总值2.4亿元、人均收入4726元。

有一个人，他参与了改革，推进了改革，坚持了改革，改变了绥滨！

现年已84岁高龄的李世颖，是那段历史性改革的推动者，在农场改革初期，他在家庭农场协作体"大农场套小农场双层经营体制改革"中进行了大胆的探索实践，在各农场改革"翻烧饼"、面对艰难抉择时，他力排众议坚持推进改革。改革当年，绥滨农场即取得历史性的大丰收，一下子涌现出222个万元户。由于贡献突出，他先后荣获了总局特等劳模、全国"五一劳动奖章""中国改革功勋奖章"的荣誉。

"在云家庭农场"，绥滨农场第三十一居民组办公室门口依然悬挂着这个牌匾，虽已锈迹斑斑，但历史抹不去它的痕迹，它是绥滨人"勇于探索、敢为人先"的改革试验区精神的有力见证。

六十五年来，绥滨人不仅用勤劳智慧的双手打造出文明富庶的新绥滨，也以他们"勇于探索，敢为人先"的精神，圆满完成了以建立大农场套小农场的双层经营体制为核心内容的一期改革实验，和以产权制度、管理体制改革、调整产业结构、建立现代企业制度为内容的二期改革试验，实现了预期目标。在国家、省、总局等各级领导的高度重视和支持下，在有关部门的正确指导下，绥滨农场敢于打破传统观念和旧体制的束缚，排除各种干扰、克服重重困难，坚定不移地兴办家庭农场，稳定和完善大农场套小农场的双层经营体制，为全国农垦系统在市场经济体制下，建立国有农场新模式，走出了一条发展经济、社企分开、社会和谐的新路子，提供了宝贵的经验，发挥了重要的示范引领作用，也在全国农垦系统改革史上留下了光辉的一页。

在绥滨农场贵通宾馆的文化长廊上，有这样一首《龙门福地赋》：

> 远古蛮荒，蛟龙御辇。触怒玉帝，谪贬尘凡。
>
> 行至近思，俯瞰陌阡。旷年奇旱，井枯地干。
>
> 民众祈愿，难降霖甘。哀鸿遍野，目不忍观。
>
> 龙生恻隐，遂落云端。以首裂石，形若龙潭。
>
> 方约百尺，深不可探。水如泉涌，润滋桑田。
>
> 其身北去，化江为源。所经之地，草木茂繁。
>
> 风调雨顺，惠泽世间。人杰地灵，物阜民安。
>
> 政通人和，百业兴然。龙门福地，传佑万年。

它在向世人讲述着一段关于"老龙坑"的传说。传说在很久以前，一条性情耿直的黑龙被贬下凡间。黑龙随处游历，发现一处高台前聚集了很多人，他就化身为名叫小黑的年轻人，来到人群中探听究竟。原来这里久旱无雨，庄稼旱死了，人和牲畜都没有水喝，眼看着活不下去了。人们搭起供台、燃起高香，对着东南太阳升起的方向，每日哀告跪拜，祈求上天降雨。人们的头磕出了血，嗓子喊哑了，可是晴朗的天空、火辣辣的太阳，没有一丝的云朵。无助的人们只能绝望、叹息。黑龙看不下去了，他决定牺牲自己，拯救这一方水土和这些善良的人们。他盘旋到半空中，将身体弯成锥形，对准供台用力砸下去，只听"轰"的一声巨响，把地面砸出了一个锅状的大坑，石头被砸得飞起数丈高，落下来又砸出无数的小坑。地下的泉水向上喷涌而出，不一会儿，整个大坑就满了。这时，黑龙将身体弯成拱形，如一张巨大的弓，随着一声巨响，黑龙头朝上、尾朝下，将粗大的龙尾伸到水里，用力地旋转摇摆，将水绞到空中，洒向地里的庄稼。"有水了！"人们大喜过望，高兴地用柳条敲打水桶为黑龙助阵加油。

人们得救了，庄稼返青了，可是黑龙却又一次获罪遭贬，被打入黑沉沉的黑水江，永不复出。为了纪念善良勇敢的黑龙，人们叫这条黑水江为"黑龙江"，黑龙砸的大坑就取名"老龙坑"。

"老龙坑"的传说在一代代绥滨人间流传，影响和塑造着一代代绥滨人。它与黑土文化、知青文化、军旅文化、改革实验区文化等相交融，焕发出自己独特的文化魅力。后经反复调研论证，逐步形成了以"上善若水"为内涵的龙门福地文化，演绎为一种行善的道德、一种包容的品性、一种进取的精神。

六十五载，三代绥滨人在风雨兼程中走来，锤炼出"勇于探索，敢为人先"的时代精神，积淀下厚重的北大荒文化。

美哉　你的壮丽

"醉"美，因为你——壮丽的农业。

走进绥滨，你能领略到大界江、大生态、大工程、大景观和大农业的壮丽。

龙江第一渠、现代化农林科技园、百里科技示范带……这一个个景点就是绥滨农场一张张靓丽的名片，见证着绥滨农场在现代化大农业征程上奋斗的足迹。

鸟瞰，形如网状的水渠交织在广袤的田野上，汩汩流淌的江水在阳光照射下似万道银线泛光绿海中。如此壮美的风景，不由引人去探寻这渠水源——龙江第一渠。

"龙江第一渠"，何来第一？

"绥滨农场'引黑灌区'是黑龙江上建立的第一个水利灌溉工程，2002年10月动工，历经4年建成，总投资2.58亿，设计灌溉面积30.18万亩，总干渠20公里，你说这是不是'龙江第一渠'！"绥滨农场场长李思军给出了答案。

站在"龙江第一渠"上，你会欣赏到象征龙江第一的巨石、百米跨渠索桥、语矗神鼎、江边文武风亭及大界江优美的自然风光。

"农业扛红旗，标兵站排头"，绥滨农场已连续两年被评为"垦区农业标准化提升活动标兵单位"，连续三年被授予"全国粮食生产先进场"荣誉称号。

仅 2012 年，农场就以 53.7 万亩耕地实现粮食总产 3.6 亿公斤，平均单产 660 公斤，平均米率 67％以上，最高达 73％，水稻产量与米质实现双飞越。

田成方，林成网，路相连，渠贯通，这是绥滨现代化大农业的真实写照。三年来，农场不断夯实农业基础，实现了农业生产的决定性变化。投资 1.14 亿元加强基础设施建设，新建百栋以上标准大棚基地 52 个，实现高台集中育秧 95％以上；建成智能芽种生产基地 4 个，单批芽种生产能力达到 2300 吨，实现 100％统供芽种；建成高标准现代农机服务中心 4 个，对 25 个普通停放场进行了完善；建设农机库，实现居民组和场区农机具 100％集中停放；新建水泥晒场 19.5 万平方米，实现了粮食 100％晒场存储。同时强化农机具更新力度，累计投资 9200 万元，更新 70 马力以上整地机械 356 台套，电动播种机 220 台，进口井关、洋马等高速插秧机 378 台，各型收割机 259 台，有力地保证了农业各阶段作业进度和质量。通过"争项目、自统筹"，不断强化农田综合治理，争取上级项目资金 1.35 亿元，实施土地整理 7750 公顷，新修沟渠 25 万延长米，沟渠清淤 26 万延长米，做到沟渠配套、灌排通畅，特别是今年建设的 3 处强排站，彻底解决了 10 万亩耕地多年来的"排水难"问题。同时农场自筹资金，对场内 100 公里主干路两侧的沟渠、壕埂子、大地头进行整治，实现了"四清塘""五到边""渠成型"，新增耕地 84 公顷，打造出三条农业科技观光带。

十八大召开前夕，为介绍农业实现粮食"九连增"背后的故事，中国农业电影电视中心（CCTV—7）、农业部联合举办了大型"粮安天下·秋收行动主题晚会"——《丰收中国》，"寒地水稻之父"徐一戎、绥滨农场场长李思军分别作为对垦区粮食增长做出重大贡献的农业科学家、垦区粮食主产区的代表应邀参加。在节目录制现场，李思军场长带去了三件"法宝"——钵形毯状盘、硅肥、黑龙江水，在全国人民面前道出了绥滨农场水稻总产高、单产高、品质好的秘密。

围绕挖掘黑土地的增产潜力，绥滨农场将加大科技投入作为提升质量、提高产量的推动力，将新科技推广应用及创新作为重要抓手，推行常规技术模式化、重点技术规范化、关键环节指标化的"三化"技术模式，示范推广了钵型毯状盘、三膜覆盖、硅肥等一批实用型新技术，实现了全面积健身防病促早熟作业。通过建立"专家＋技术员＋示范户"的科技推广体系，他们常年聘请水稻专家 3 位，配齐农业技术员 52 名，培养科技示范户 120 个，增强了基层科技人员力量，有效地指导了种植户应用新科技。同时，他们还加强与八一农大的合作，在科技园区内建设了一处现代化水稻栽培管理智能程控信息平台，实现了本田水稻全生育期叶龄、水层、水温、防病、防虫的现代化、自动化管理，为总结高产技术、分析高产因素提供了充足的科学数据。农场又与中国电信合作，在第十七居民组建立两处高标准大棚基地，推行物联网技术，实现了大棚内温度、水分的远程控制。一系列农业新技术的应用引领了水稻产量和品质的提升，鼓起了百姓的钱袋子。

厚重的文化丰富了绥滨人的精神世界，现代化的大农业则让绥滨人走上了富裕路。

美哉　你的幸福

"醉"美，因为你——幸福的生活。

走进绥滨，你能感受到这里不乏现代都市的繁华；

走进绥滨，你能感受到这里浓郁的龙府地域文化；

走进绥滨，你能感受到这里闲适快乐的生活节奏……

绥滨，一座现代化的农垦新城。宽敞洁净的大街，错落有致的绿化，鳞次栉比的高楼，风景别致的小区，繁荣似锦的商铺，整齐划一的牌匾。傍晚降临，华灯初上，五彩绚丽的彩灯，轻盈欢快的舞曲……处处是城市的脉动，处处有幸福的音符。

三年"抓城"大决战，实现了几代绥滨人居住在现代化都市里的梦想。

大拆迁，大建设，但不盲目。三年间，农场累计投资 36970 万元用于住宅楼开发，基础设施、公共设施和绿化景观工程建设等方面。按照"以拆促建、以建促拆"的城建理念，农场不断"打造精品、创造经典"，先后建成绥农新区、育才小区、三江花园、荣誉家园、富成、龙润等 13 个小区的近百栋精品住宅，建设住宅楼 12.98 万平方米。与此同时，农场加大拆迁力度，整体搬迁 13 个居民组（15 个居民点），让 1167 户、4500 多人走进城镇，真正实现了"耕作在广袤的田野上、居住在现代化的城镇里"。

"一心一绿环、二轴二绿核、六片区"，这是绥滨城镇的整体布局，"一心一绿环"是指公共服务设施中心，以天朗公园和主要道路绿化围合的景观绿化环；"二轴二绿核"是指和平大街、绥福路形成的公共商业景观轴线及天朗公园、生态园区形成的公共景观绿核；"六片区"是指以农机维修中心为重点的小型加工产业服务区、以科技园区为中心的现代农业旅游观光园、以南一路辐射周边的美食餐饮区、以社区为纽带的社区服务养老区、以龙泽苑为标准的宜居生活区、以天朗公园为阵地的文化休闲区。

如果说，住上了舒适的楼房是迈向幸福生活的第一步，那么便捷的交通、完善的医疗、高质量的教育、安全的环境就是幸福生活的一个个开始。

为解决职工乘车出行难、就医条件差、学前儿童入园难等问题，农场在资金紧张的情况下，多方筹集资金，建设了 1077 平方米的客运站；扩建了 1700 平方米的幼儿园；扩建了 1542 平方米的医院楼，设置了患者专用电梯，更换了主要医疗检测设备，医疗环境和医疗条件明显改善。同时，为改善公安执法机关的办公环境，农场还建设了 4600 平方米的公安楼。此外，农场还投资 7857 万元，启动实施了供暖外网改造、供水管网改造、电力外网改造、通讯外网改造、有线电视外网改造、锅炉改造、楼体立面改造和场区道路改造等 16 项基础设施建设工程。

城镇化率达到 89%，楼房化率达到 86.6%，人均住宅面积 31 平方米，集中供热普及率 87%，道路硬化率达到 100%，绿化覆盖率达到 40.01%。这一组组数字，是绥滨新城成长的足迹，是绥滨人幸福指数攀升的基础。

"城区绿美相融，城边绿树环绕，城外青青田园"，这是绥滨城镇的自然之美。靓丽公园、靓丽小区、靓丽景观，一个个靓丽景点，编织成一道道靓丽风景线，铺陈开一个靓丽绥滨。居住在、生活在、工作在、行走在这靓丽风景中，绥滨人找到了幸福！

三分建，七分管，在这一个个靓丽的背后，是制度的约束，是体系的管护，是全民的爱护。

为强化城镇管理，农场成立城镇管理局，下设城管执法、环卫清扫、园林绿化、公用设施维修养护等四个大队，并投资 140 余万元为城管局配备推土机、挖掘机、铲车环卫车、排污车、清雪机等专用车辆和机械。农场还修订和完善了《绥滨农场城市管理条例》《绥滨农场环卫工人管理办法》等一系列城镇管理制度，建立了以社区居民委为主体的监督网络，实行社区网格化管理，成立了 22 个居委会，由 22 个居民组的书记兼任，实行"双岗双责"，采取"联管联动"的方式参与社区管理，促进了城镇管理工作的全面提升。

商业促进城镇的繁华，文化提升城镇的魅力。

在城镇建设中，绥滨农场深入发掘改革实验区文化、老龙坑古老传说，梳理文化脉络，打造龙门福地文化、改革实验区文化，赋予城镇浓厚的文化内涵。他们以文化阵地建设为抓手，积极构筑文化强磁场，用文化氛围感染人、文化环境约束人、文化素质提升人，促进了城镇繁荣、百姓幸福指数提高。

农场紧紧围绕"一渠""一宫""两园""三馆""四室"强化文化阵地建设，"一渠"即龙江第一渠；"一宫"即工人文化宫；"二园"即天朗公园和农林科技园；"三馆"即文化馆、图书馆和场史馆；"四室"即"老干部文化活动室""老工人文化活动室""管理区文化活动室""青少年文化活动室"。同时，农场以绥福路、和平街为经纬，突出文化阵地的辐射带动作用，通过主要街道两侧的建筑、雕塑、文化宣传牌等，塑造文化风景线，打造出两条文化长廊。

月月有活动，月月有文化。正月的"闹新春秧歌会演"、三月的"家庭才艺表演赛"、四月的"文化科普大集"、五月的"校园艺术节汇报演出"、六月的"卡拉 OK 大赛"、七月的"庆七一大合唱"、八月的"社区邻居节"、九月的"迎国庆文艺汇演"……一个个群体性文化活动，让绥滨人在节日中享受到了一道道"文化盛宴"，在歌声、舞蹈中，绥滨人找到了幸福！

为实现群体文化活动常态化、组织化、有序化，农场文体中心还成立了"文学艺术联合会"，建立了文学创作协会、摄影协会、书法协会、曲艺协会、舞蹈协会、美术创作协会等11个协会组织，吸引了全场230余名文学和文艺爱好者入会。外引人才强文化，也是绥滨农场繁荣群体文化的一项重要举措，2006年以来，先后有8名艺术院校人才扎根绥滨。群体性文化活动的增加，不仅丰富了职工群众的业余生活，也创造出了一批优秀作品，培养出不少年轻的文艺人才，使《雪的颂歌》《北大荒之歌》《闯关东汉子》《母爱无边》等原创歌曲成为佳作，成就了亮相少儿春晚的孙卉和网络红人李智等歌唱爱好者。

几年来，绥滨农场先后荣获"全国农村改革试验区先进集体""省级生态场""生态垦区建设及环境保护目标先进单位""美城带区工作先进单位""建设系统先进单位""环境保护先进单位等荣誉称号。

如今，幸福和谐的绥滨农场正在蝶变，城镇建设的步伐正在向更高更好的目标跨越。

美哉　你的心灵

"醉"美，因为你——醇美的心灵。

走进绥滨，你能感受到绥滨人蓬勃向上的精气神儿，你能感受到绥滨人待客似火的热情。

有种品质，他们坚韧，不畏艰险，艰苦奋斗；

有种责任，他们担当，勇挑重担，顾全大局；

有种胸怀，他们广阔，海纳百川，无私奉献。

北大荒精神在绥滨人身上焕发出耀眼的光芒，在三代绥滨人之间薪火相传！

郑光喜、祝祺、张树华、李培芝、李艳、申成美、樊静、孟祥斌、高宁，他们中有老一代垦荒者，有铮铮铁骨的人民警察，有躬身为民的基层干部，有尊亲孝老的普通百姓，有追求真爱的残疾人。

他们是首届"楷模的力量"感动绥滨人物。

在他们身上，你知道了什么是大爱无言，什么是无私无畏，什么是甘为孺子牛，什么是正义捍卫者。

如果说"感动中国"是"中国人的年度精神史诗"，那么"楷模的力量"就是"绥滨人的年度精神史诗"。

他们是平凡的人，却书写了不平凡的人生！

郑光喜，奉献终身的老一代垦荒者。1948 年，伴着解放东北的炮声，他和战友们挺进北大荒，在亘古荒原上拉动了建场第一犁，建立了新中国北疆第一家公营农场。如今，绥滨农场已风雨走过六十五载，郑老也已 77 岁高龄，是唯一健在的"十六挂马车建场"垦荒者。在过去的六十五年里，郑老用生命的历程践行着献了青春献终身、献了终身献子孙的誓言。他像北大荒一棵不老松，见证着绥滨农场的历史和未来。

祝祺，一名铮铮铁骨的人民警察。面对黑暗与罪恶，他嫉恶如仇。3 年来，他深化社会治安严打整治，始终保持对刑事、治安、交通违法犯罪打击的高压态势，仅 2012 年，农场公安就破获发生在外地和本地的系列盗窃、吸毒、涉赌、涉枪案件 83 起。辖区刑事、治安案件，尤其是人民群众反映强烈的"两抢一盗"案件大幅度下降，实现了发案率创历史最低、破案率创历史最高，破案率位居宝泉岭农垦公安局前茅。可有谁曾想到，这位可亲可敬的分局长却是一个中晚期癌症病人呢！面对病魔，他以顽强的意志与肿瘤默默抗争。身体的肿瘤固然痛苦，但对社会的毒瘤，他更愿倾生命的全部去铲除，保一方平安！

张树华，现任第五管理区主任，13 年来，他将一个债务累累的、矛盾突出的居民组转变为全场管理最有序、干群最和谐、生产最突出的标杆单位，人均纯收入达 2.6 万元。"俯首甘为孺子牛"，13 年躬身基层，想群众之所想，急群众之所急，解群众之所难，他以孜孜以求的忘我奉献精神践行着"为人民服务"的宗旨，在百姓心中赢得了口碑。

樊静、孟祥斌，一对不向命运低头、为爱执着的小两口。樊静患有先天脑瘫，双手永远背在身后。孟祥斌患有小儿麻痹症，肢体残疾，脚不能正常行走。在命运的面前，他们没有选择屈服，一颗寻找真爱的心，将两个人千里牵在一起，在彼此忠贞的信念里相扶、相携，用残疾的身体共同书写了健康的人生。

"活雷锋"申成美，今年 73 岁，已古稀之年的她，每天义务清理市场、街道、社区卫生，协助片警治安巡逻，默默奉献着光和热。"一个人做一件好事并不难，难的是做一辈子好事"，这是颁奖晚会上，评审委员会给她的颁奖词。常怀一颗奉献社会的心，常做点滴有助社会的事，几十年，平凡的点滴奉献彰显出了她美丽的人格魅力。

一个个平凡的人，一件件感人的故事，在绥滨，每天都在涌现，每天都在发生。

一个个优秀的个体汇聚在一起，那就是一个优秀的团队！在困难来临时，他们必将勇往直前，迎接挑战。

八月的黑土地，丰收在望。然而，自6月中旬以来，松花江、黑龙江水位持续上涨，二九〇农场告急！险情就是命令，时间就是生命。在这生死存亡关头，万千百姓生命受到威胁时，管理局领导运筹帷幄，八方齐聚力，在黑松两岸打响了一场保卫家园、守护大粮仓的气势恢宏的攻坚战，"艰苦奋斗，勇于开拓，顾全大局，无私奉献"的北大荒精神在人与洪水的较量中再度升华。绥滨农场，这支素质过硬、战斗力强的队伍在危急时刻也再次不负重托、不辱使命，担起了抗洪抢险先锋军的重任，一声号令，哪里有危险，哪里就是绥滨的阵地，大闸站、高台子、大口门、向阳排干……

这就是绥滨人，"醉"美绥滨人！

在困难面前，他们是铮铮铁骨好男儿。

在改革面前，他们是勇于开拓弄潮儿。

朱合林子

张振海

朱合林子因瘸腿老朱合而得名。那年，开垦北大荒，有一个团长交代老朱合说："老朱！你是个跑腿子（方言，指未婚），一人就看山吧！"老朱的左腿是解放战争中被野炮炸伤的。领导照顾他，而他就像是接受了光荣而又艰巨的任务，一脸的庄重："请首长放心！保证完成任务！"

自从老朱合在深山中搭上了马架子窝棚，犹如深林中趴卧的一只"大黑蜘蛛"，从窝棚向外放射出无数条看山毛道，毛道被跛着一条腿的老朱合踩得干干净净。最主要的有四条：向西通往大草原；向东出了森林便是一片柳毛沼泽地；向南延伸到蜿蜒河畔；向北是新建点的地窝子。森林四周均不沾人烟，静得出奇，一有风吹草动，便从如蜘蛛网线的毛道，传递到老朱合和他那大青狗的耳朵里。

老朱合在深山中寂寞，就盼着有人来。他一听到有人入林的声音，长长的驴脸便皱纹舒展，笑开了一朵狗尾巴花。那大青狗也摇着尾巴，跟着他兴冲冲地去迎接客人。

老朱合的大青狗从不咬人，很是仁义、通人性。有一次一个采山的人迷了路，那种迷路叫"鬼打墙"，怎么走，也还是在附近兜圈子。那人怎么喊同伴都无回音，又背了一背筐榛子，又累又怕，浑身虚汗直冒。眼瞅太阳要落下山去，正不知如何是好，那大青狗蹿了出来，三步一回头地将迷路的人带回了窝棚。

来了采山货的人，便是老朱合最出风头的时候。他会带着来人，兴冲冲地到蘑菇最多的地方。那"榛蘑"一窝窝地在榛柴树下或柞树根旁，立着粗壮的腿，撑着小黄伞，欣喜地望着他；那"趟蘑"调皮地藏在柞树叶子下，将柞叶顶起一串小包包，揭开柞树叶子，馒头一样的小脑袋便露了黄里透红的圆脸儿，发现了一个，他便顺着鼓包捉住了一串。要是采花脸蘑，就得让老朱合领着向西，去草地里采，白花脸蘑与紫花脸蘑均生长在腐烂的艾蒿或三棱草下，一朵朵蘑菇像盛菜的大盘子，发现一朵便左右寻望，定会寻到一圈的花脸蘑。

他引领着来人，或是山梨、榛子，或是榛蘑、猴头菇……总能满载而归。到老朱合那儿，吃他、喝他、拿他都行，就是不能动他的树。

有一个赶马车的老板，连队常派他给老朱合拉米面上山，想砍根水曲柳，做个赶车用的长鞭把，老朱合硬是不让砍，还是拿了队长的批条，他才慈祥地与要砍的树对话，磨叽了好半天，才忍痛割爱，允许老板砍了一根。

老朱合愿意给树起名字：梁子、高青天、长发、盖头、小哥俩……等等。树有了名字，他就把那树深深地刻在了心里，并看作是自己身边的亲人或朋友。有时巡山背着手，走一路，说一路，全是在与树对话："老伙计！叫你安居树叫对了吧，年年有山鸽子在你头上做窝，今年又飞出了几只啊！哈哈哈！"有山风吹来，那树就耸耸肩膀，仿佛回应着一阵阵爽朗的笑声。他领着采山货的人行走在深林里，也不时地介绍山道两侧挺拔的树木："看见了没？那棵又高又直的叫'大可'，长得多帅气，成才哩！那棵白桦叫'媚眼'，有九十九只眼睛，天天看着我巡山呢！"他还常说："树，成了我的亲人，也是我的命！"

他的山窝棚门前，有两处特别的树木：一处是夫妻树，那是两棵缠绕在一起的枫树，他选窝棚住址时，就是看见这两株树，顶着通红的树冠，枫叶红得耀眼，才在这里安家的。每天早晨起床，他便和那树对话，讲述他心里的苦闷、对生活的憧憬和近期的打算，那两株树便沙沙作响，老朱合便心满意足地去了。

另一处是凤凰树，那是一株老柞树，虬枝杈桠的枝条、斑驳陆离的树干，像一位饱经风霜的老人，伸展着双手，在向苍天问话。然而当春天到来、满树吐绿时，由于树叶的装扮，远看却酷似一只展翅欲飞的凤凰，有风扫过凤凰树，就有凤凰振翅的风声，呼呼作响，那凤凰气宇轩昂，仿佛在引颈叫天，很是神奇。

老朱合说那树就是他的老伴儿，生活中的琐事，他就向那树倾吐。这样老朱合有了叫老伴儿的柞树，有了叫儿子和儿媳的枫树，再加上大青狗，"一家人"便和和美美、圆圆满满了。

老朱合看林子一晃就是十几年，那条瘸腿也越来越拖不动了，便挂了拐杖照常巡山不止，那大青狗依旧天天跟随着他。

这年秋季的一个早晨，老朱合窝棚门前的枫树红得正透，就连那株老柞树的树叶子也红得如血。老朱合摘下一片叶子，举向头顶，眯着老花眼，看那日光透出的叶脉，"多像小孩儿手背上的血管啊！又像母亲眼角里熬夜的血丝呢！"树叶沙沙作响，他打了个寒战，仿佛那几株树木和整个森林也跟着打了个寒战。

这时，一辆带斗的三轮摩托喘着粗气驶向了他的窝棚。来人他认识，是保卫股的王同志，王同志接他去团部，说首长要找他谈话。老朱合受宠若惊，他对着趴卧在门前的大青狗说："好生看家，太阳落山前就回！"便使劲揉了揉大青狗的头。那狗摇晃着尾巴、耳朵背向后脑，直是点头。

原来，团部决定，要在朱合林子北面的地炝子，成立一个新的生产连队，连队建房屋的木材，就取自朱合林子。

团部首长不用猜也能想到，老朱合一定会阻拦砍树的人们，便请他到团部，一来要亲自将决定通知他；二来夸赞他看林有功，要专门安排他喝酒。在请走老朱合的同时，伐树的三十多号人也来到了朱合林子，一声令下，便立刻开伐。

谁曾想，当那个使油锯的小伙正要伐向树木时，大青狗疯了一样扑向伐树人，照着屁股就是一口。小伙子痛得转过身，那油锯嗡嗡转着正扫向大青狗的尾巴，立刻鲜血喷出。大青狗半截尾巴落了地，"嗷"的一声窜进了林子深处。

老朱合酒喝得很多，坐三轮摩托回山时，淅淅沥沥的秋雨斜打在脸上，火辣辣地疼。他怅然若失地回到窝棚，却见大青狗没了半截尾巴，又听到森林东北角阵阵油锯声，酒都作冷汗出了。虽然领导已告诉他伐树的事，但他还是拖着跛腿，心急火燎地向着伐树处冲去，心里像压了一块巨石一样沉闷。

他三步并作两步，跟跄来到现场，他张开的大嘴一直没能合上。他的"梁子、高青天、小哥俩"都躺在了地上，雨顺着枝叶一滴一滴撞进泥土里。

当伐树人将油锯伸向那棵又高又直的，名叫"大可"的树时，老朱合感觉胸口一团热血涌出，天旋地转起来，他的拐棍从手中滑落，身子也抖抖地瘫软下来，终于与那棵叫"大可"的树一同轰然倒地。

老朱合死于心肌梗死，坟头就在门口两株夫妻树和凤凰树的中间。那只大青狗一直趴在坟边，谁也领不走。那年，两处树冠上的红叶一直红得如血。入冬了，下雪了，那树叶还红红的，远远望去，像冬天里两处燃烧的火。

后来，朱合林子多了一匹狼，一匹秃尾巴狼。

又过了许多年，朱合林子开垦出了黑油油的土地，但只种了几年好庄稼就开始沙化，西北风呜呜地响，像个整天哭泣的老妇人，呜咽悲怆。那儿——成了贫瘠的沙丘地。然而，在人们心中，依然保留着朱合林子那一片森林，依然叫那里"朱合林子"，虽然已经没有了树。

"移汉"不遗憾

——纪念梁山移民五十五周年

俞新利

五十五年前的今天，为响应党和国家的号召，怀着开发建设北大荒的一腔热血和对未来生活的美好憧憬，"梁山好汉"们携家带口700多人，从中原大地来到祖国最东北的亘古荒原，从此，谱写了梁山人开发建设北大荒新的篇章。他们与当地居民、转业官兵、知识青年一道把荒原变成了良田，把村屯变成了城镇。是他们把希望和未来寄托在这里，是他们把青春和热血播撒在这里。他们的付出使绥滨农场从无到有，他们的贡献使绥滨农场从小到大。是他们浓缩了北大荒文化，是他们提炼了北大荒精神，他们是北大荒的功臣！

坐落在黄河沿岸、东平湖畔的梁山，是他们赖以生存、难以割舍的故乡，豪爽的性格体现了他们的文化积淀，淳朴的乡音联络着他们的血脉亲缘。谁人不恋家乡，谁人愿舍故土。他们却凭着"仁义礼智信"的思想，怀着对故乡无限的眷恋，响应国家的号召，毅然决然地来到交通不便、气候恶劣、生产生活条件十分艰苦的北大荒。

半个多世纪里，他们一犁一犁开发着土地，一粒一粒播撒着种子，一镰一镰收获着庄稼。从原始状态开始，为北大荒现代化大农业奠定了坚实的基础。

半个多世纪里，他们住过地窖子，住过干打垒，住过拉合辫，住过泥草房。这些房子虽然现在难得一见，但它们确已成为农场城镇化建设的前辈。

半个多世纪里，他们坚持自力更生、自给自足的思想，修配厂、加工厂、砖瓦厂、白酒厂、乳品厂……在他们手里拔地而起，为农场发展工业化积累了宝贵经验。

半个多世纪里，他们能够高瞻远瞩，把子女的教育作为大事来办，不但亲手建学校，而且努力把子女培养成对祖国和社会有用的人才。如今可以欣喜地看到，北大荒的第二代、第三代不仅在垦区各条战线发挥着重要作用，成为中流砥柱，而且有一大批人才为我们的祖国贡献着聪明才智。

手捧《梁山移民之歌》一书，便被绥滨农场梁山移民不畏艰苦、勤劳淳朴、乐于奉献、爱场如家的真实写照所感动。纸墨之中追忆着建设共和国大粮仓的峥嵘岁月；点滴之间记载着绥滨人报效祖国、开拓创业的丰功伟绩。

忆往昔，峥嵘岁月。根根白发是岁月留痕，条条皱纹是才智留印，他们有理由为过去的付出感到骄傲。

今天，拥有2万人口、6000多名职工的绥滨农场已成为经济建设、政治建设、文化建设、社会建设、生态文明建设"五位一体"和谐发展的农垦新城。近年来，全场广大干部群众在总局"抓城、强工、带农"统筹发展方针的指引下，农场的现代化大农业建设、工业园区建设和小城镇建设取得飞速发展。农场 2013 年实现地区生产总值 18.09 亿元，职工家庭人均纯收入 2.65 万元，实现粮食总产 35.75 万吨。

"稻谷飘香、高楼林立、交通顺畅、祥和安宁"的现实未必都是他们当时的梦想。但正是因为有了他们以及和他们一样致力于"艰苦奋斗、勇于开拓、顾全大局、无私奉献"的拓荒人和建设者，才使得绥滨获得"全国精神文明建设先进单位""全国学习型组织先进单位""国家级农业标准化示范场""全国水稻示范场""全国粮食生产先进场""全国标准粮田建设先进单位""全国农业综合开发先进单位""全国造林五百佳先进单位""全国农垦农机标准化示范场"等荣誉称号。

看未来，信心满怀。为了把绥滨农场建设得更加美丽富饶，农场瞄准"全面打造幸福绥滨"这一奋斗目标，把"让职工群众生活在经济富庶、环境优美、公平正义、社会和谐、健康文明的氛围当中"作为各级干部的行为准则，制定了"农业强基础、产业求创新、城镇细功能、富民拓渠道、文化创品牌、善治上水平"的工作思路。农场职工将以奋发有为、勇往直前的斗志和干劲，投身到农场发展建设的伟大事业当中，延续"梁山好汉"的优良品德，让他们对自己的付出没有遗憾。

家的方向有几株老柞树

张振海

我的家乡在东北黑龙江畔，地处黑龙江与松花江两江交汇的绥滨县，是全国唯一的无山县。这里是一望无际的大平原。但在绥滨农场二十四队西南与二十七队东北之间，却隆起一个大土丘，土丘顶上孤零零地耸立着几株老柞树，树的四周是一圈原始的荆棘和野草。

20 世纪 50 年代的垦荒开发中，那本来茂密的原始森林，都开垦成了肥沃的良田。不过土丘顶上有一个国家安置的地标，并设立了一个木制的梯形大架子矗立于平原之上，这才保留住了大架子周围百十平方米的原始生态。

那几株老柞树是战士，孤独而寂寥，却固执地守望着原野，仿佛在一直等待着那林涛阵阵的集结号。

春季，它们是固守绿色的堡垒，坚守着仅有最后一片阵地的繁茂；

夏季，它们是遮挡风雨的港湾，护佑着树上的鸦鹊和树下的狐狸；

秋天，它们是一面举起的抗寒旗帜，燃烧着一簇抗击风霜的火焰；

冬天，它们是翘首企盼的老者，等待着又一个春天传来绿的信息。

1979年，我在二十四队中心校当教师，常步行回家到二十七队，如果走大路，得向南路过二十六队再向西转弯，如走拐尺一样，至少多走十里的路程。如果直向西南走，便是一条捷径。

通往家乡的原野天高云轻，迎面扑来的大自然景观让人精神亢奋：沁人心脾的草原散发着扑鼻的清香，五颜六色的野花在无拘无束地绽放，似一块巨大绿毯上镶嵌的精美图案。纹背黄肚皮的山雀跃上红柳梢头嘀哩婉转地歌唱，它们在歌唱大自然，赞美无拘无束的生活，或又听到了什么喜讯，兴奋地直窜到云霄里去了。

远方，那条羊肠小道蜿蜒轻快地伸向那几株老树，那是我的路标，是我从另一地通往家乡的绿色界碑。我知道，走到山包那几株树处，便走了路程的一半。

每次踏上回家之路，我都要急切地踏进那片"袖珍荒原"去探望它们，或寻找历史遗留的痕迹，或引发起我的联想，或驻足远眺，惬意地领略大平原的风光。

踏进这片山林，就与原始撞了个满怀。这里野草簇拥着榛柴树、刺玫树、矮乔木等。它们围绕着高大的柞树相互依存，自由自在地生长，保持着平静和谐的自然环境。七株柞树手牵手紧紧地依偎在这平原的高处。

它们是一个完整的家，两株老树是爷爷和奶奶，稀疏的绿叶已藏不住那黑魆魆的枝干，斑驳陆离的枝丫努力伸向天空，依旧保持着为后代遮挡风雨雷电的姿态。两株强壮的是爸爸和妈妈，枝繁叶茂透着旺盛的生命力。它们肩并肩搀扶着老树，绿色的枝丫却伸向三株小树，就像慈祥的父母慈爱地抚摸着三个孩子的头。

它们是祖孙三代啊！它们平静多年的家，却忽然闯进了一个不速之客。阵风袭来，它们先是惊恐地望着我，接下来便是窃窃私语，确信我的挎包里没有藏着伐杀它们先辈的锯子和斧头时，才平静下来。

倚树而思：这一簇不可称为林的树怎么是七株呢？是上天的有意安排吗？我的神思由"七"这个数字奋飞到了远古：

《庄子·应帝王》里有个著名的神话故事：南海之帝为倏，北海之帝为忽，中央之帝为浑沌。倏与忽见浑沌没有七窍，便为他凿之。

有一句话"救人一命胜造七级浮屠"，七级浮屠指的就是七层的佛塔，是最高等级的佛塔。假使你救了一个人的性命，那么你所获得的功德比建宝塔礼佛还要伟大。那么救树一命呢？不仅胜造七级浮屠还要荫及子孙啊！

那几株树的生命力是有限的，不知经过多少年的繁衍，才有了三株小树木，它们生命的成长是何等的曲折与漫长啊！

离开那片仅存的原始林木，我猛然回头，仿佛不经意间飞越了蛮荒时代，又与历史撞了个满怀，匆匆飘回了现实。

现实是残酷的，当我调任农场中学五年后，再去探望那七株树组成的家庭时，我站在它们面前惊呆了！

农民为扩大种植面积，年年翻地蚕食着那仅存的原始生态，四周泛起的黄沙无情地吞噬着茵茵绿草和繁盛的树木，它们已经是灰头垢面，仿佛那树和草都在大口大口地喘着粗气，苟延残喘地向我呼救！我在黄沙尘起中流下了痛惜的泪水。从此那里便失去了一道怡人的风景，我的心中也失落了一个绿色的梦……

若干年后，我问及家乡的人得知：自那山包上没了树木和野草后，年年黄沙泛起，风携带着沙尘呜呜地响，好像那几株老柞树的阴魂在呜咽，而且常年哀声不断。四周肥沃的土地也在阴森的呜咽声中沙化了，成了贫瘠的土地……

又过了若干年后，这片土地吹响了建设绿色家乡的进军号角，农场擂响了打造生态农业、建设绿色绥滨的战鼓。一簇簇、一队队植树造林的人将绿色染向荒野，撒在道路两侧，竖起在红墙高楼边。

我急切地向林业局领导建议，有一个山丘沙化了，应植树造林！林业局领导笑着说："那个地方前两年就已栽上了白杨树，现在已有一人多高了！"我长舒了一口气。

然而，在我的心目中，那永远有一片萋萋芳草地和那守望着原野、等待林涛阵阵集结号的七株老柞树。集结号已经吹响，它们的灵魂也一定得到了慰藉，它们把养料化入泥土，默默地滋润着挺拔、秀颀、蕴含强大生命力的婷婷白杨。

家的方向有几株老柞树，永远深深地扎根在我的心里。

第五节 文联组织及文体协会

2010年4月9日，按照总局、分局的要求，农场党委经研究决定成立文联组织，并民主选举产生了各个协会主席、副主席。时任农场党委书记、场长以普通文艺爱好者的身份分别担任文学、摄影协会主席，党委副书记担任书法协会副主席。共设6个协会：文化创作协会、美术协会、书法协会、曲艺协会、音乐舞蹈协会、摄影家协会，合计会员有114人。2012年3月2日，农场新成立了文化体育中心，又建立了文体协会，成为农场专门的文体机构。协会下设文学创作分会、美术书法分会、音乐舞蹈分会、健身健美分会、摄影分会、乒乓球分会、篮球分会、排球分会、羽毛球分会、棋牌分会。2014年，增加了徒步协会、台球协会、钓鱼协会和老年艺术团。

各个协会充分发挥组织和纽带作用，活动开展得有声有色。乒乓球协会每年组织球赛两次。2014年，徒步协会协办了农场组织的老龙坑探秘活动；钓鱼协会承办了"龙盛杯"钓鱼比赛；台球协会承办了"龙江杯"台球比赛等活动。这些活动大都由协会主办，资金由协会自筹和企业赞助等方式提供，提高了协会成员的积极性，扩大了协会的影响力，调动了群众的参与热情。

第六节　群众性体育健身活动

随着人们生活水平的提高，职工群众对体育活动重要性的认识进一步提高，各种形式的体育健身活动更加丰富多彩，农场也尽力为大家提供公益性活动场所。

一、乒乓球

农场大型乒乓球运动场所有三处。第一处是喜盈门超市三楼，2012年投入使用，训练场地面积为1100平方米。第二处是学校乒乓球训练室，场地面积600平方米。第三处是龙泽苑高档住宅小区乒乓球室，面积140平方米。另外，基层单位及居民个人等还有多处乒乓球训练场地。乒乓球运动参与人数近500人。2010年以来，在农场的大力支持下，乒乓球爱好者自愿组队，多次参加县及管理局举办的乒乓球比赛，并取得了多项优异成绩。2017年1月10—11日农场举办了"龙腾盛世、凤舞绥滨"系列文体活动之乒乓球比赛。场直机关、医院、科技园区、十二个管理区以及龙福集团等单位参加本次比赛。2018年，农场派出5人参加管理局乒乓球赛，获得团体第三名的好成绩。

二、羽毛球

2010年前，农场的羽毛球爱好者没有固定的活动场地。2010年农场将原560平方米的工人文化中心改建为羽毛球馆。场馆内铺设地胶300平方米，安排专职人员管理。2012年成立羽毛球协会，协会成员由最初的38名增加到167名。农场羽毛球协会多次参加管理局羽毛球赛事，并取得较好成绩。2016年7月5日，绥滨农场羽毛球协会自主举办"旗帜杯"羽毛球邀请赛，邀请来自宝泉岭、绥滨县、中储粮、富锦市、萝北县各地区羽毛球协会的人员来绥滨农场切磋球技。2017年1月15日，农场举办了"龙腾盛世、凤舞绥滨"系列文体活动之羽毛球比赛。2018年，农场派出8人参加管理局羽毛球赛，获得团体第三名的好成绩。

三、篮球

2012年农场篮球协会成立，成员人数由最初的20多人慢慢增加到90人，为篮球爱好者提供了活动和学习交流的平台。2014年6月，农场举办了"幸福绥滨"篮球赛。除来自龙门、龙泉、近思、火犁管理区的4支农场管理区代表队外，还特别邀请驻守边防的官兵来农场参加比赛。2016年6月17日，绥滨农场中储粮首届"丰收杯"篮球友谊赛在中储粮绥滨分库篮球场举办，此次比赛参赛的有龙岗管理区、重阳管理区、广信管理区、火犁管理区、智远管理区和中储粮绥滨分库共6支篮球队伍。最后，中储粮绥滨分库篮球队夺得了本次比赛的冠军。2016年6月19日，绥滨农场第四届幸福绥滨篮球比赛在农场学校篮球场举办。此次比赛由龙门管理区主办，共有近思管理区、龙旺管理区、龙兴管理区、火犁管理区、龙门管理区和龙泉管理区6支篮球队伍参赛，队员们积极拼抢，赛出了风格、赛出了水平，充分展现了良好的体育运动精神。最终龙泉管理区获得第一名。2018年8月31日—9月1日，绥滨农场举办了庆祝建场70周年职工篮球赛，全场共有12支代表队参赛，经过两天激烈角逐，场直联队一队荣获第一名，龙门、龙泉管理区联队荣获第二名，城管局代表队荣获第三名。

四、太极协会

随着职工群众越来越关注养生和健康，太极拳得到广大职工群众的青睐。农场太极协会成立于2012年，会员人数为32人。2015年年末，会员人数增加到147人。太极协会习练内容包括太极扇、太极剑、太极刀、太极拳四类。夏季清晨，太极协会成员在广场进行练习；冬季，在农场活动室内练习。协会人数最多时达到200余人。2017年7月2日，绥滨农场第六届大型职工运动会上，太极协会组织了100人进行太极拳表演。精彩的表演让在场观众一同领略到天人合一的境界，欣赏了动中有静、刚柔并济的太极之美。

五、象棋

2008年农场象棋协会成立，成员89人。棋友们有时在老年活动中心，有时在家里相互切磋。棋友通过相互竞技、相互学习，选拔出优秀选手，代表农场参加比赛，并取得了较好成绩。2017 年 1 月 5 日，农场举办了"龙腾盛世、凤舞绥滨"系列文体活动之象棋比赛。十六个参赛单位代表队员参加比赛，经过七轮激烈的角逐，近思管理区获得团体一等奖，东井管理区、象棋协会获得团体二等奖，残联、龙岗管理区以及龙泉管理区获得团体三等奖。

六、自行车

农场从 2015 年起，一共有自行车队 7～8 个，自发开展骑行活动，大多使用专业赛车，参与人数 80 人左右。2018 年 9 月 16 日，绥滨农场龙门福地骑行协会开展绿色骑行活动，庆祝并迎接首届"中国农民丰收节"，活动全程 53 公里，32 名骑行爱好者参与其中，从天朗公园出发，途径和平大街、花海、现代农林科技园区等旅游景点，形成一道靓丽的风景线。

七、长跑

参与长跑活动的人数较少，没有成立协会。2014 年 8 月 31 日，农场工会职工杨洪兴自费参加秦皇岛国际马拉松赛程，成为跑完全程的运动员之一。2016 年 5 月 30 日，农场组织开展了 2016 年安康杯全民健身环保越野赛活动，环保越野赛全长 3.38 公里，活动当日，吸引了农场机关工作人员及职工群众共计 1000 余人的热情参与。2017 年 7 月 2 日，绥滨农场第六届大型职工运动会中，长跑比赛冠亚军分别为庞长海、张化龙。

八、运动场地

2007 年农场在天朗公园建造运动场，篮球、排球场共计 1173 平方米，网球场 671.61 平方米，合计总面积 1844.61 平方米，2016 年内部硅胶地面全部翻新。由个人开办的炽热健身馆在农行楼下，于 2014 年开始营业，使用面积 110 平方米，有 8 种大型健身器械、16 种小器械、4 台跑步机、10 辆动感单车。

九、足球

2015 年 3 月 14 日，在绥滨农场中学操场上，绥滨农场和江滨农场联合了举行一场别开生面的友谊足球比赛，来自两个农场近 30 名运动员参加了比赛。2016 年，绥滨农场组建了足球协会，成员 32 人。2016—2018 年共参加周边场、县举办的足场比赛 11 场，均获得胜利。2017 年 1 月 17 日，绥滨农场举办"龙腾盛世风舞绥滨"系列文体活动——雪地足球友谊赛。此次比赛，为球迷、足球爱好者提供了一个展示才华的平台，展示职工群众的昂扬向上的精神风采。

十、轮滑协会

2017 年 4 月 16 日，绥滨农场天朗公园举行了黑龙江省东部轮滑协会"三市五县一局"轮滑表演活动，活动吸引了来自佳木斯、鹤岗、汤原县、宝泉岭管理局等三市五县一局的 20 余支轮滑协会，为辖区及周边县市的居民呈现了一场充满速度与激情的时尚运动盛宴。

2017 年 7 月 11 日，绥滨农场龙门福地轮滑协会成立，轮滑协会成员 29 人。龙门福地轮滑协会的成立，引领绥滨农场全民健身的良好风尚，吸引更多体育爱好者参与轮滑项目。2017 年 8 月 8 日，绥滨农场举办了"健身每一天、喜迎十九大"绥滨农场"全民健身日"轮滑表演赛。轮滑协会会员及轮滑爱好者 40 余人参加了活动并表演了精彩的轮滑技巧。

第七节 旅 游

绥滨农场地处鹤岗市绥滨县境内，东临月牙湖风景区，西接名山岛风景区，北临黑龙江与俄罗斯隔江相望，南依松花江与富锦市隔江相望。

农场始建于 1948 年，是全国为数不多的于 1949 年之前成立的农场之一，也是垦区唯一的全国农村综合改革试验区。地处北纬 47°黑松两江冲积平原，拥有良好的生态优势，天蓝水碧、空气清新、土壤肥沃，内有丰富的旅游资源。过去，农场一直以农业生产为主，工业、副业大多都是自产自销。进入 21 世纪以来，国内旅游市场日趋旺盛。旅游业作为新兴的经济增长业态，已成为农场创新产业发展的突破口之一。从 2006 年起，农场党政班子就开始谋划旅游工作，借地缘优势和民间传说，为旅游工作提供文化和历史支撑。2012 年，农场专门成立了文体中心，兼管农场旅游工作，重点挖掘黑龙江关于龙文化和秃尾巴老李的传说，又对原第一生产队与兴隆村交界地民间传说中的老龙坑进行实地踏查，整理老龙坑传说。2014 年，由时任农场党委书记的俞新利主笔，农场宣传部等部门人员集体创作了《龙门福地赋》，并在农场宾馆前的小景观中，将《龙门福地赋》以图文的形式雕刻在影壁上。农场宾馆同时更名为龙门福地宾馆。农场大成酒业也更名为龙门福地酒业。农场注册了龙门福地7大类54个品种商标。2011年建设科技园区龙之府生态园,园内雕塑有龙王吼菩萨。2014年,扩建生态园720平方米作为商品展厅。2015年,又新增了闫大姐葡萄采摘园和科技园区、蔬菜大棚基地的两处草莓采摘园等观赏景点;设立了旅游景点专用标志;开通了龙门福地旅游网站和绥滨农场旅游微信公众号平台。初步形成了以"现代农业景观旅游"为主线的"一龙、一江、一园、一岛、一渠、一带、一山、一湖、一馆"9个特色旅游景点。

绥滨农场为推动旅游产业新发展、打造旅游新卖点,在原有旅游资源、旅游基础设施基础上,完善旅游景点服务功能,增加全新旅游娱乐项目。2016年9月1日,新装修龙门福地文化展销大厅,内部设计了现代农业展区、酒文化展区、特色旅游商品展区及中国四大发明科普区。2016年7月16日,新建龙门福地水上乐园,占地1500平方米,引进1200平方米的支架水池,还配备了风火轮、香蕉船、鸭子、跷跷板、海豚跷跷板等水上娱乐设施,8月又引进了150平方米幼儿娱乐水池、章鱼趣味水上滑梯,满足了幼儿戏水的需求。2016年10月1日,占地5000平方米的真人CS基地正式对外开放,配备20套真人CS镭战装备,以龙之府生态园北侧松树林作为天然野战基地,合理设立野战障碍与掩体,供红蓝两队开展真人对决,让游客体验狙击的乐趣,共圆军旅梦。2017年1月,重新装修了1320平方米的龙门福地旅游接待中心,整合了游客服务大厅、集散中心、旅游公司、导览系统、快餐厅、客房等多种服务功能,另外该中心还增添了婚房、摄影房等服务项目,满足婚纱摄影和婚礼住宿等各方面需求。2017年6月,绥滨农场利用科技观光带上的水稻田休耕地种植油菜2400余亩,并在现代农林旅游景点南侧种植百日草、波斯菊、马鞭草等七种颜色花卉为主的"七彩花圃"90亩。2018年8月5日,龙门福地花海新建长1006米、宽3米的花海步行栈道,以供游客观赏沿线美景。2018年12月,农场与黑龙江垦区垦通信息通信有限公司合作开发智慧旅游网站,内容涵盖绥滨农场吃、住、行、游、购、娱等文化旅游基本要素的具体信息,绥滨农场各旅游景点的行走线路,可在线体验绥滨农场现代农业观光旅游景区景点360°全景,足不出户体验视觉游览的乐趣。

2013年,农场参与了黑龙江首届两极(抚远—漠河)冰雪挑战赛,参赛选手孙学武接受了中央电视台体育频道的采访,并在该频道播出;4月17日,黑龙江垦视频道开办的《与你同行》旅游推介栏目,在农场老龙坑和科技园区实地拍摄了第一期。2014年农场举办了开耕节;10月11日黑龙江垦视市频道栏目组再次来到农场拍摄了旅游工作情况和农场的风土人情。

2013年,付晸罡个人农场出资请孙冰创作了歌词《龙府赞》,由耿权谱曲后,在农场广为传唱。农场举办了"提水节"和"龙门福地消夏文化节"等特色旅游文化节庆活动，将文艺演出、民俗文化、科技推广、产品销售和特色餐饮展示有机融合。2013—2018 年，共接待游客 147 万人次，带动职工群众增收 9700 多万元。

第八节　旅游景点

绥滨农场现代农业观光旅游景区，以"现代农业观光旅游"为主线，拥有"一龙、一江、一园、一岛、一渠、一带、一山、一湖、一馆"的 9 大特色旅游景点。

一、龙王吼菩萨

龙王吼菩萨位于科技园区"龙之府"正门大庭内，坐北朝南。龙王吼菩萨是亚洲第一大巨型雕龙全名为"五大力龙王吼菩萨"。高 7.9 米、宽 15.6 米、厚 4.5 米，通体由木雕手法雕塑，根雕上附有 26 只形态各异的动物，有虎、群狼、野鸡、野猪、鹤等，远看是巨大龙根雕，近看各种动物活灵活现，再现了北大荒当年"棒打狍子瓢舀鱼、野鸡飞到饭锅里"的肥沃、丰饶的景象，更是对绥滨农场本地"老龙坑"传说的艺术升华。水池边五条鲤鱼跃跃欲飞，与龙相应，龙根雕有鳞有翼，有角有足，集蛟龙、虬龙于一体。

二、农场所辖黑龙江界江段

据民间传说，原来黑龙江中有一黑一白两条龙，两条龙轮流"执政"。黑龙当政时，两岸年年风调雨顺，边民丰衣足食、安居乐业；白龙当政时，连年洪水暴涨、灾祸不断、民不聊生。黑龙为拯救边民，与白龙进行了殊死搏斗。在两岸边民的帮助下，黑龙终于驱走了白龙，成为黑龙江的万神之首。但黑龙也被白龙咬断了尾巴，黑血喷溅，染黑了江水，这便是黑龙江变黑的缘故。

界江绥滨农场段为 13.5 公里（2009 年 4 月 12 日，根据黑边委〔2009〕1 号文件对农场界江管段进行了重新划分，原为 15.6 公里），与俄罗斯最近江宽仅为 1600 米。在江面行船，上可达萝北口岸，与之隔江相望的十月区，是犹太自治州五个行政区之一，与州府比罗比詹相距 230 公里。下可至同江、抚远，与俄罗斯下列宁斯科耶、哈巴罗夫斯克等港口实现对接。江边生态保护完好、水质清澈、山水辉映、景色奇丽，成为摄影爱好者和画家写生的首选之地。

三、现代农林科技园

总占地面积 4500 亩，始建于 2010 年，主要由水稻试验示范区、省级苗木繁育基地、寒带植物园、龙之府生态园、葡萄采摘园组成。

水稻试验示范区：占地面积 180 亩，是省级水稻新品种示范和中国青少年农业科普基地。拥有 60 个水稻试验品种，每年承担农业部测土施肥、新品种展示等项目和省、总局级试验项目，配套有水稻全生育期智能监控系统。

苗木繁育基地是垦区唯一的省级重点林木种苗繁育基地。总面积 2000 亩，繁育苗木近百余品种，年可外销苗木 200 余万株，利润近百万。历时 16 年自主选育的"垦绥垂柳"获得省级科技进步三等奖。

寒带植物园占地面积 30 亩，汇集北纬 45°、东经 131°生物生长区间各类植物 100 多种，其中包括糖槭、花楸、黄菠萝、紫椴、梓树、稠李等 20 余种国家二级保护植物品种。

龙之府生态园占地面积近 6000 平方米，是龙府文化的精髓所在，也是鹤岗区域内一个能在严冬感受浓浓春意的场所。它体现"生态唯美文化乐活"的设计理念，共设"七区两道"，分别为主题景观区、龙府蔬苑区、花卉培育区、现代化大农业微缩展示区、南果园区、休闲茶餐厅区、龙门福地文化展厅区，发财大道和金钱大道。

葡萄采摘园占地面积 45 亩，年产优质葡萄 14 万斤以上。每年 8 月中旬，采摘园在葡萄成熟期举办葡萄采摘节，吸引大批游客前来参观、采摘。

四、黑通岛景区

黑通岛官方名称为同北岛，系黑龙江水域一天然小岛，位于龙泉管理区，东西长 1900 米，南北宽约 400 米，面积约 0.41 平方公里，后自然扩成 0.76 平方公里。岛上曲径通幽，古木参天，长满原生态绿色植被，空气清新，富含负氧离子，是得天独厚的天然氧吧。过去叫"黑通""孙兰歧桦场"；1961 年定名为同北岛。

2013 年黑龙江百年不遇的特大洪水退去后，小岛面积增加了一倍。西岸遍布矿石砂砾，偶尔能捡拾到天然玛瑙和玉石。北岸多细砂浅滩，前行百米水深不足 1 米，是戏水游玩的最佳场所。

夏季，从龙门管理区渠首乘坐游船 20 分钟即可到达小岛，体验江边垂钓、野餐露营、休闲度假的别样情趣；冬季，可亲身经历凿穿冰眼、下冬网捕鱼，并品尝冬季江鱼的鲜美。

五、龙江第一渠

位于农场龙门管理区，黑龙江中游右岸。绥滨黑龙江灌区因其是第一个在黑龙江上建设的灌区而被誉为"龙江第一渠"，已成功申报为北大荒文化地理标识。灌区于 2002 年开工建设，2005 年完工，总投资 2.58 亿元。投资 800 余万元建设了语罄、帆型雕塑、龙江第一石、灵泽献瑞桥、文武亭等景观，周边原始白桦林、柞树林枝繁叶茂。农场在此先后举办了"华夏东极抚远——北极漠河国际汽车拉力赛龙门福地站""提水节暨旅游文化节"等知名赛事和民俗活动，增加了龙江第一渠的旅游看点，吸引外地游客前来观光和度假。2500 平方米的渠首接待中心可同时容纳 300 余名游客。"龙江第一渠"已经成为集农田灌溉、旅游餐饮、休闲娱乐、观光旅游为一体的现代化大农业风景区。

六、农业观光带

农场现代农业观光带有"三个示范带"（军绥示范带、渠首示范带、第八居民组至第六居民组示范带）。从军川农场到绥滨农场的示范带为主观光带，全长 25 公里，是农业农村部整管理区建制水稻高产创建示范区，是农业新科技应用、标准化生产、观光农业的重要示范通道。示范通道两侧均为引黑龙江水灌溉的稻田，全部施用了农场自己生产的有机肥，实现了 100% 统一供芽种、统一供肥、统一航化作业等"十统一"，实现了"草坪化"和"花园化"管理。观光带两侧是欧盟有机食品和富硒大米重要生产基地。景点由两个部分组成：第一部分为现代化大农业生产环节展示，包含千吨水稻芽种智能生产基地、实现物联网管理的高标准育秧大棚基地、现代农机管理服务中心；第二部分为万亩稻田，内设稻田运苗观光车。

七、小红山景区

小红山位于近思管理区第十四居民组，主要以软阔叶混交林为主，海拔高度为 55 米，为国家级重点生态公益林保护区。小红山上层林尽染、景色幽静，野菜、野生菌类种类丰富，是登山赏叶、采摘野菜的好去处。

八、龙运湖

龙运湖是人工湖，位于科技园区内，面积 7000 平方米。湖内引入黑龙江水，湖水最深处达 4 米多，湖底全部由砂石和鹅卵石人工铺垫而成，岸上大理石围栏环绕，湖边垂柳成片垂落湖面，湖水明亮如镜、清澈见底。湖内养殖黑龙江流域内的"三花"（鳌花、鲫花、鳊花）、"五罗"（铜罗、哲罗、法罗、雅罗、胡罗）、"十八子"及七十二杂鱼；湖内还有一些珍贵的品种，如鲟鳇鱼、柳根、麦穗等 30 多种淡水鱼，最大的鱼可达 15 千克重。龙运湖名字取吉祥转运之意。

九、龙门福地酒文化体验馆

龙门福地酒业位于原农场物资公司大院，建筑面积 600 平方米。在体验馆内不仅可品酒、赏酒，同时还可观看整个制酒的工艺流程，了解中国酒文化的历史，酒神、酒圣、酒魁、酒鬼展示得淋漓尽致。体验馆地下建有 1500 平方米的酒窖，可供游客购买、储存和保管酒类。

酿酒主要原料以北大荒优质高粱为主，水源为达到国家饮用水一类标准的黑龙江水，经过原料粉碎、蒸煮糊化、冷却、拌醅、入窖发酵、蒸酒等传统工艺，年产 2600 吨，是目前国内保持传统工艺酿酒的厂家之一。

第九节　特色节日

一、开耕节

开耕节亦称"农耕节"，定名"开耕节"则是农场首创，定于每年农历"二月二龙抬头"这一天。"二月二"是我国的传统节日，预示着春耕活动的开始，也是绥滨农场人的重要节日。当日，人们聚集在龙之府生态园外，舞龙灯、耍腰鼓、扭秧歌，以"拉犁开耕"再现几百年来炎黄子孙春耕的场景，同时，民间自发举行祭祀仪式，祈求"龙王吼菩萨"保佑新的一年风调雨顺，五谷丰登。

2014—2018 年，农场连续举办五届"二月二龙抬头"开耕节，活动内容包括花车巡游、祈福活动、文玩奇石展销、农副产品销售、新科技推广、农机展示、企业、部门技术服务宣传、美食餐饮及农业论坛等多种形式。2018年3月18日，农场与宝泉岭管理局共同举办的黑龙江第五届"二月二龙抬头"开耕节，仅活动当日就成功吸引佳木斯、鹤岗、双鸭山等周边市县游客近2万人，二九〇、新华等12个农场，周边县镇商家200多家，展销各类商品超过千种，龙门福地酒当日销售30余万元，带动农场经济发展80余万元。

二、提水节

自2013年起，每年4月中旬，"龙江第一渠"开闸提水时，农场都要举办"提水节暨旅游文化节"，祈福农业生产风调雨顺。这一节庆活动已成为农场人最热门的农耕庆祝活动，也是北纬47°黑龙江水稻生产全面进入泡田整地阶段的一个标志，更是农场发展旅游文化产业的重要推介活动。

2013—2018年，农场连续举办六届"提水节暨旅游文化节"活动，活动主要内容包括：歌舞表演、开闸提水、捕捞开江鱼、柞树林寻宝、开江鱼汤品尝、龙门福地系列产品销售及特色小吃销售等。2018年4月15日，宝泉岭管理局与绥滨农场合办龙江第一渠提水节暨绥滨农场第六届"春之韵"旅游文化节，活动当日成功吸引游客2万余人，为绥滨农场餐饮业创收20余万元，带动农场经济发展100余万元。

三、消夏文化节

绥滨农场消夏旅游文化节定于每年7月中旬，由农场主办，通过整合景区资源、特色美食、旅游纪念品、儿童娱乐项目、书法摄影创作展、竞技比赛、消夏旅游节晚会7大板块，推出了丰富多彩的活动项目，为广大职工和游客提供一个愉快、舒适的夏日文化娱乐空间。

绥滨农场消夏旅游文化节自2013年开始创办，已经成为丰富职工群众夏季文化生活、打造旅游品牌、发展旅游经济的重要载体。

绥滨农场消夏节充分发挥绥滨农场清新凉爽的气候资源优势，积极促进节庆活动的培育和夏季旅游产品的整合与开发，努力打造农垦消夏第一品牌。

2013—2018年，农场连续举办六届"消夏旅游文化节"活动，这六年来，旅游文化节从单一的文化活动发展成为集经济贸易、旅游观光、文化展示、美食活动为一体的大型经济文化、旅游美食盛会，更发展成为绥滨地区展示产业发展、文化旅游和特色商品的重要平台，在佳木斯、鹤岗、富锦区域范围内形成了良好的吸引力和影响力，提升了绥滨农场知名度和龙门福地品牌形象，对推进绥滨农场和区域经济社会发展发挥了重要的作用。

四、赏花节系列活动

2017年8月3日，绥滨农场"建场70周年赏花月系列活动"以古风乐器演奏拉开了序幕。

绥滨农场以建场70周年为契机，"以花为媒"丰富旅游资源，吸引游客、骑车协会来此"赏花游"，提升文化品牌影响力，进一步建成集现代农业、旅游观光、候鸟康养为一体的生态城镇综合体。

赏花月系列活动，包括古风器乐演奏、旗袍走秀、大学生畅谈会等形式多彩的活动。通过不断强化"旅游＋"的思维，促进旅游与三产的融合发展，打造了农旅结合、产品对接、养老养生等产业，着力推进旅游场区化、场区景区化、景区生态化，走出一条"美丽经济"的发展之路。

五、农民丰收节

2018年9月20日，绥滨农场举办首届"中国农民丰收节"，旨在充分展示农场现代化大农业建设的丰硕成果，动员种植户参与农业生产，提升居民为国家粮食建设贡献力量的积极性和主动性。

这次活动以饮水思源主题教育活动、环境保护主题教育活动、稻海欢歌（水稻开镰收割、脱谷磨米、销售）、丰收宴（各种农副产品制作的菜肴）等多种形式展现新时代绥滨农场龙门福地人的获得感、幸福感和自豪感；在全社会倡导"劳动最光荣"的良好社会氛围。丰收节前后新米订单不断，仅当日即预售新米1000余公斤。

第四章 卫生医疗

第一节 概 况

农场设有卫生科和医院。卫生科是农场主管卫生工作的职能部门，对卫生系统负有监督和管理的责任；医院是农场差额拨款的事业单位。2018年年末，农场卫生系统有医疗机构8个、保健室2个。其中医院1个，社区卫生服务站1个，学校卫生所1个，个体诊所5个；老干部和幼儿园保健室各1个。

卫生科下设卫生监督所、计划生育办、疾病控制中心和妇幼保健站，有工作人员8人。2012年2月，按照宝泉岭管理局关于公共卫生服务体制改革的实施意见，卫生科更名为公共卫生办公室。

2006年1月—2016年11月，卫生科科长为王兰。

2006年11月—2018年12月，卫生科负责人为李先军。

农场医院是一所一级甲等综合医院，有医疗用房5417平方米，职工91人，其中医务人员80人、管理人员6人；医院编制床位60张，可开放性床位120张；设有内科、外科、儿科、妇产科、五官科、放射科、检验科、药剂科、心电、彩超室、中医康复科、全科诊室、预防接种门诊、静点室、供应室、手术室、治疗室、处置室、健康宣教室、康复训练室，建立了集理疗和康复于一体的康复科病房和标准化产科。院长为王家鹏，历任书记分别为张祥福、龚德明、逄超英、赵恒军、张学岗。

13年间，农场卫生医疗工作在农场党委、行政和上级主管部门的正确领导和高度重视下，按照国家医疗卫生改革的方针政策，不断发展，逐步转型和完善，取得了可喜的成绩。农场于2009年、2013年先后两次被黑龙江省爱国卫生运动委员会授予省级卫生先进单位；2014年荣获省级爱国卫生标兵单位；2010年被总局授予垦区婚育新风进万家活动先进集体；2011年被管理局授予社区卫生服务机构建设先进单位；多次荣获管理局人口与计划生育工作先进单位。卫生科2011年获得全省健康教育和健康促进工作先进集体称号。医院先后获得全国慢性病预防控制能力调查先进单位、全省艾滋病检测实验室质量考评优秀单位、垦区示范卫生服务中心、管理局群众满意医院先进单位等荣誉称号。

第二节　医疗与医疗队伍建设

医院原称绥滨农场职工医院,2012 年 2 月,按照总局卫生局的统一要求,更名为绥滨农场医院,并逐步转型,实行一个机构、两块牌子,即绥滨农场医院和绥滨农场社区卫生服务中心。

2012 年,农场投资 412 万元新建医院社区服务楼。10 月,预防接种门诊成立,设有预检登记室、接种室、留观室、冷链室、资料室等,达到了国家乙级标准。11 月整合理疗科、疼痛科、按摩室等科室成立中医康复科,科室设有语言室、艾灸蜡疗室、中医诊室、特色治疗室、针灸室、牵引室及康复训练大厅等。

2015 年,农场投资 478 万元建成天朗公园社区卫生服务综合楼。同年,滨西卫生服务站和滨北卫生服务站合并,成立了天朗社区卫生服务站。

截至 2018 年年末,医院(包括社区卫生服务站)共有医务人员 80 人。其中执业医师 46 人,执业护士 27 人,药师 5 人;具有高级技术职称者 22 人,中级技术职称者 28 人,初级技术职称者 30 人;具有本科学历者 38 人,大专学历者 35 人,中专学历者 7 人。2011—2018 年,管理局面向社会公开招聘大、中专毕业生,为农场医院引进卫生专业技术人员 28 人。

13 年来,医院认真贯彻上级医疗卫生工作方针,实施了以机构建设为切入点、健全各项规章制度、加强人员配备与培训、网格化管理、无缝隙对接、精细化落实、团队式服务、责任到人八项举措,加快推进了公共卫生服务体系建设。坚持公共卫生和基本医疗并重、中西医并重、防治结合的原则,坚持社区卫生服务的公益性质,不断完善社区卫生服务功能。医院始终以社区、家庭和居民为服务对象,以妇女、儿童、老年人、慢性病人、残疾人、贫困居民等为服务重点,以主动服务、上门服务为主,打造了"中心管站、站管片、医管人"的基本公共卫生服务一体化管理模式。预防、保健、医疗、康复、健康教育、计划生育技术服务"六位一体"的职能全面开展,实现了以医疗为主,向"六位一体"方向转型的历史性转变。医院的医疗和护理工作迈上了一个崭新的台阶,业务收入由 2006 年的 420 余万元,增加到 2018 年的 827 余万元。医院多次受到上级奖励和广大居民的赞扬,共收到群众送来的锦旗 7 面。

第三节　医疗设施与医疗技术

农场不断加大对医疗设备的投入力度。13 年间,共投入 1000 余万元,购进了西门子双层螺旋CT机、十二导联动态心电图机、生化分析仪、彩色多普勒超声波诊断仪、数字X光机（DR）、TCT-300CT机、麻醉机、肺功能测试仪、全自动身高体重仪、人体成分分析仪、全自动电子血压仪、超声波骨密度仪、动脉硬化检测仪、网络血糖仪、新生儿听力筛查仪、胎儿监护仪、血红蛋白仪、血凝仪、蜡疗仪、全自动洗胃机、电动吸引器、电动妇科综合手术床、吞咽言语治疗仪、痉挛肌低频治疗仪、电脑中频治疗仪、便携式超声诊断仪、多普勒胎儿听诊器、全自动电动手术台、综合产床、整体反射式冷光手术无影灯等先进医疗器械。

2006年，医院康复科开始应用穴位药物敷贴疗法和神经阻滞疗法，通过对局部穴位进行敷贴和注射，阻断神经，缓解疼痛并治疗患者病症。

2007年，医院外科通过引进电切镜开展了经尿道前列腺电切术。这是宝泉岭地区基层医院首例微创手术。

2008年，医院外科成功开展了游离皮瓣手术（游离股前外侧皮瓣术）、部分带蒂皮瓣手术等项目，为宝泉岭地区显微外科事业做出了积极的贡献。同年，农场投资10万元建设的艾滋病实验室正式使用，开始对术前患者、孕产妇等进行初步艾滋病筛查。

2012年，医院康复科新增了运动疗法和作业疗法两项医疗服务项目，对于身体和精神功能障碍或残疾导致不同程度丧失生活自理能力和劳动能力的患者，进行评价、治疗和训练。

2013年，医院外科与宝泉岭中心医院合作，采取科室援助的方式，开始以包皮环切器行包皮环切术。

2014年和2015年，医院与绥滨县福兴乡、北山乡、忠仁乡、连生乡、绥东镇、向阳乡等6个乡镇开展了区域医疗合作，为这些乡镇的400多名教师提供了健康体检。

2016年，医院购进了相速度快、放射剂量低的DR设备（数字化X光机）。新设备图像动态范围更大、后期处理能力更强，也更加安全环保，生成的图像可直接打印。这不仅节省了医疗资源成本，也为医生快速和准确地进行诊断提供了良好的辅助条件。医院2006—2018年各项具体数据情况见表7-4-1至表7-4-3。

表 7-4-1　医疗设备情况表（2006—2018年）

序号	资产名称	规格	单位	账面数量	购入时间	原值（元）	净值（元）
1	心电图机	光电8100P	台	1	1996.12	7497.0	
2	彩超	SSA-340A	台	1	1997.12	773980.0	
3	麻醉机	RY-M	台	1	2003.12	35000.0	
4	膀胱镜	LWX-200A	台	1	2001.12	36556.0	

（续）

序号	资产名称	规格	单位	账面数量	购入时间	原值（元）	净值（元）
5	高频电刀	GD-2000	台	1	2001.12	12380.0	
6	熏箱	70 型	台	1	2001.12	2400.0	
7	手术床	DYT-1	台	1	2004.11	65000.0	
8	多功能监护仪	MEC-1000	台	1	2005.12	29800.0	
9	血球计数仪	BC2000	台	1	1999.12	118000.0	
10	原子吸收分光光度计	AA2610	台	1	2001.12	68200.0	
11	尿分析仪	AC-220V	台	1	2004.11	25000.0	
12	半自动生化验分析仪	RT-1904C	台	1	2005.12	15230.0	
13	肛肠综合治疗仪	ZZ-ⅡD 型	台	1	2004.11	125000.0	
14	医用胶片冲洗机	HD-450XT	台	1	2006.12	34000.0	
15	消毒器	GB150-98	台	1	2004.11	19800.0	
16	蒸馏水器	HS-ZⅡ 型	台	1	2004.11	1700.0	
17	治疗带		台	1	2004.12	68100.0	
18	呼叫系统		台	2	2006.12	38790.0	
19	日式双摇床	BENLE	台	2	2001.12	4000.0	
20	轮椅	H009B 型	台	2	2001.12	2120.0	
21	高陪护床		台	8	2001.12	4000.0	
22	尿十项分析仪	vritest-200B	台	1	2005.12	5260.0	
23	全自动血球计数仪	Botest-3100	台	1	2005.12	31000.0	
24	心电跟踪仪	1024	台	1	1998.12	120000.0	
25	生命体征监护仪	PM-5000	台	2	2002.11	66000.0	
26	自动洗胃机	SC-Ⅱ 型	台	1	2003.12	13000.0	
27	血磁治疗仪	AB 型	台	1	2004.12	170000.0	
28	全自动电脑洗胃机	DFX-XWD	台	1	2005.12	3242.0	
29	十二通道心电图机	kenz Cardio 1210	台	1	2005.12	29800.0	
30	心脏除颤起搏监护仪	PIC30	台	1	2005.12	48000.0	
31	全自动血压血氧监护仪	DHR930	台	1	1999.12	22000.0	
32	牵引床	YHZ-12D	台	1	2005.12	19500.0	
33	微波妇科治疗机	ZW-1001F	台	1	2001.12	14000.0	
34	婴儿培养箱	YP-100 型	台	1	2004.11	5680.0	
35	全自动膜式吸引器	DX-23D	台	1	2005.12	1040.0	
36	胎儿监护仪	SRF618B＋＋	台	1	2005.12	8500.0	
37	德国血凝仪	BECL1	台	1	2000.12	18000.0	
38	微波理疗治疗机	ZW-1001F	台	1	2001.12	6000.0	
39	颈椎牵引机	YX-A	台	1	2001.12	1970.0	

（续）

序号	资产名称	规格	单位	账面数量	购入时间	原值（元）	净值（元）
40	导平仪	DP-12 型	台	1	2004.12	20000.0	
41	激光疼痛仪	MDC-500 I	台	1	2004.11	30000.0	
42	裂隙灯	YT-2B	台	1	2003.12	15000.0	
43	透视矫正仪	LC-IV 型	台	1	2004.11	5000.0	
44	高氧液体治疗仪	GY-1	台	1	2004.11	72000.0	
45	担架车	ZB14	台	2	2001.12	3200.0	
46	神经肌肉治疗仪	NMT91 型	台	1	2006.12	10000.0	
47	骨科牵引床	YGT-I 型	台	1	2001.12	3100.0	
48	电解质分析仪	B1-500PWS	台	1	2007.12	58600.0	
49	CT 机	TCT300	台	1	2007.12	210000.0	
50	酶标仪	RT6000	台	1	2007.12	23000.0	
51	洗板机	RT3000	台	1	2007.12	18000.0	
52	生物安全柜	BSC-1500 II B2-X	台	1	2007.12	31000.0	
53	高压灭菌器	LDZX-50FBS	台	1	2007.12	6800.0	
54	离心机	L500	台	1	2007.12	4500.0	
55	移液器	200-1BZ	台	1	2007.12	1300.0	
56	移液器	50-8AZ	台	1	2007.12	3100.0	
57	恒温箱	PXY-DHS-35*40-BS-II	台	1	2007.12	2500.0	
58	水浴箱	SHH.W21.420S	台	1	2007.12	1300.0	
59	显微镜	N-180M	台	1	2007.12	3800.0	
60	电子天平	TP-220H	台	1	2007.12	2300.0	
61	医用水箱	中科 YCD-DL200	台	1	2007.12	2400.0	
62	便携式超声诊断仪	CTS-485	台	1	2007.12	29000.0	
63	多普勒胎儿听诊器	sonsTRZBosic	台	1	2007.12	1250.0	
64	桓式高压消毒器	YZB鲁 072-2003	台	1	2007.12	19400.0	
65	全自动电动手术台	2000 型	台	1	2007.12	21585.0	
66	综合产床	99 型	台	1	2007.12	4700.0	
67	整体反射式冷光手术无影灯	ZF700/700	台	1	2007.12	21570.0	
68	急救呼吸机	Shangrila510	台	1	2008.12	11700.0	
69	彩超 CT 管理机	ZX-8000	台	2	2008.12	30000.0	
70	X 光机	CMP-200	台	1	2008.12	3660000.0	
71	电切镜	KYKY	台	1	2008.12	85000.0	
72	监控设备		台	1	2010.12	39747.0	20867.40
73	婴儿辐射保温箱	戴维 HKN-93	台	1	2010.12	25000.0	13124.80
74	医用水洗机	XGB	台	1	2010.11	34500.0	17839.55
75	离子分析仪	IMS-972	台	1	2011.11	34500.0	21116.75
76	十二导心电图机	ZQ-1212	台	1	2011.11	19600.0	11996.67

（续）

序号	资产名称	规格	单位	账面数量	购入时间	原值（元）	净值（元）
77	CT专用电脑工作台	TFT1780PS	台	1	2011.11	19000.0	11629.42
78	利普刀	CV2000	台	1	2011.11	41500.0	25401.54
79	监护仪	KP900	台	4	2011.11	47200.0	28890.17
80	尿液分析仪	FA-300	台	1	2011.11	29200.0	17872.67
81	防辐射报警仪	BH3084	台	2	2011.11	6000.0	3672.50
82	彩色多普勒超声波诊断仪	LOGIQPS	台	1	2011.11	1550000.0	948729.33
83	生化分析仪	0678-1199nkzs	台	1	2011.12	550000.0	340999.84
84	台式电热恒温培养箱		台	1	2011.12	2400.0	1488.00
85	吞咽言语治疗仪	Vogastim-Maste	台	1	2012.9	98400.0	68019.00
86	痉挛肌低频治疗仪	KX-3A	台	1	2012.9	8200.0	5668.12
87	康复器材		台	1	2012.9	64760.0	44765.48
88	电脑中频治疗仪	YKLB	台	1	2012.9	4040.0	2792.78
89	投影仪	EV-SZZT	台	3	2012.12	11340.0	8107.92
90	婴儿洗浴器		台	1	2012.12	2300.0	1644.44
91	消毒车		台	1	2012.12	4100.0	2931.44
92	平床		台	8	2012.12	5200.0	3717.88
93	牵引床		台	10	2012.12	13000.0	9294.88
94	骨科床		台	2	2012.12	7600.0	5433.88
95	热风机		台	1	2012.12	8200.0	5862.88
96	救护车	金杯SY5031XTHL-MSBG	台	1	2012.12	164120.0	86364.12
97	监控设备		台	1	2013.6	17087.0	13028.83
98	DR自动曝光控制台	ZKDR	台	1	2013.9	12000.0	9385.00
99	离心机	L500	台	1	2013.11	3000.0	2406.25
100	十二导联动态心电图机	ELITE-12	台	1	2013.11	160000.0	128333.33
101	胎儿监护仪	M1720	台	1	2013.11	30000.0	24062.50
102	血红蛋白仪	XF-IC	台	1	2013.11	12000.0	9625.00
103	血凝仪	FB-40	台	1	2013.11	32000.0	25666.67
104	蜡疗仪	K88-A	台	1	2013.11	13000.0	10427.08
105	全自动洗胃机	TJCB-A	台	1	2013.11	18000.0	14437.50
106	进口心电图机	MAC-120ST	台	1	2013.11	54000.0	43312.50
107	电动吸引器	LX-3	台	1	2013.11	1900.0	1523.96
108	电动妇科综合手术床	KCD-804B	台	1	2013.11	12000.0	9625.00
109	新生儿听力筛查仪	CN-I-T	台	2	2013.12	49800.0	40338.00
110	肺功能测试仪	FGC-A＋	台	1	2014.8	37000.0	32313.33
111	全自动身高体重仪	DST-600	台	1	2014.8	15400.0	13449.33
112	人体成分分析仪	DBA-450	台	1	2014.8	67000.0	58513.33

（续）

序号	资产名称	规格	单位	账面数量	购入时间	原值（元）	净值（元）
113	全自动电子血压仪	YXY-60	台	1	2014.8	16000.0	13973.33
114	超声波骨密度仪	OSTEOKJ2000	台	1	2014.8	105000.0	91700.00
115	十二导心电图机	ECG1200G	台	1	2014.8	18000.0	15720.00
116	动脉硬化检测仪	YF/XGXD-300A	台	1	2014.8	77000.0	67246.67
117	网络血糖仪	TD-4286A	台	1	2014.8	18139.4	15595.99
118	健康管理系统	中国卫报	台	1	2014.8	46460.6	40575.59
119	麻醉机	SD-M2000C	台	1	2014.12	73800.0	66789.00
120	电热力蒸汽灭菌锅	GB150-2011YZB黑0061-2013	台	1	2015.7	48000.0	46100.00
121	低温展示柜	SCLG4-865	台	2	2015.11	6400.0	6349.33
122	电热恒温水浴箱	HHW21-600	台	1	2015.11	1980.0	1964.33
123	烟雾净化器	C200-E	台	1	2015.11	3581.0	3552.65
124	双层螺旋CT	SOMATOM	台	1	2015.12	2680000.0	2680000.00
125	救护车	福特全顺	台	1	2016.12	271273.5	153156.60
126	数字化X光机	北京安健DT570E	台	1	2018.12	944900.0	877575.86
	小计					14115278.5	6224978.42

表 7-4-2 农场医院床位周转数、利用率、治愈率统计表（2006—2018年）

项目\年度	总床位（张）	治愈率（%）	利用率（%）	周转率（%）	期内出院人数（人）
2006	60	61.95	62.65	18.24	2014
2007	60	62.23	59.66	20.17	1934
2008	60	70.16	70.17	17.66	1798
2009	60	60.15	58.62	16.77	1650
2010	60	63.46	60.34	17.59	1564
2011	60	64.12	62.67	15.48	1802
2012	60	59.69	61.21	15.87	1576
2013	60	60.89	58.8	16.98	1438
2014	60	64.48	57.65	17.87	1635
2015	60	60.18	43.65	15.25	1628
2016	60	62.73	60.83	16.78	1567
2017	60	61.73	59.38	15.98	1686
2018	60	64.13	60.67	17.13	1603
合计					21895

表7-4-3 农场医院收治病人情况一览表（2006—2018年）

年度 项目	住院收治人数（人）	治愈人数（人）	好转人数（人）	死亡人数（人）	实际开放总床日数（日）	实际占用总床日数（日）	门诊收治病人数（人）	出院人数（人）	危重病人抢救人数（人）	住院手术病人数（人）	治愈率（%）	好转率（%）	死亡率（%）	床位使用率（%）
2006	2031	1642	388	1	21900	19133	20328	1899	206	201	74.31	21.18	0.1	87.36
2007	2017	1500	466	3	21900	18373	25416	1969	212	198	71.08	36.04	0.1	83.89
2008	1956	1565	389	2	21960	17081	22089	1816	198	186	70.89	29.34	0.1	81.06
2009	1829	1339	489	1	21900	15675	21986	1760	178	175	60.12	36.14	0.1	71.57
2010	1766	1247	515	4	21900	14858	23245	1608	165	164	58.29	34.12	0.2	67.84
2011	1980	1589	389	2	21900	17119	19908	1867	187	150	57.87	29.89	0.1	78.16
2012	1782	1177	602	3	21960	14972	25076	1734	188	148	69.53	32.18	0.1	68.17
2013	1609	1143	454	1	21900	13661	21477	1958	174	135	56.45	27.68	0.1	62.37
2014	1768	1196	569	3	21900	15533	24508	1548	186	140	54.38	29.18	0.1	70.92
2015	1697	1131	535	2	21900	15466	22056	1668	165	135	58.48	35.09	0.1	70.62
2016	1740	1105	359	5	21900	14887	33719	1567	127	90	62.73	22.91	0.2	67.97
2017	1773	1025	511	2	21900	16017	32626	1686	86	57	61.73	30.31	0.1	73.14
2018	1673	2002	628	0	21900	15229	25242	1603	53	21	64.13	39.17	0	69.54
合计	23621	17661	6294	29	284820	208004	317676	22683	2125	1800				

第四节　医药管理

医院严格执行上级有关政府采购的规定，所有药品均执行政府招标价格。按照特殊药品管理制度和药品不良反应监测报告制度，及时报告和处置药品不良反应。建立健全了抗菌药物临床应用的分级管理制度，开展处方和病例点评。毒麻药品实行专人负责、专柜加锁、专用账册、专用处方、专册登记的"五专"管理制度。药品购进和供应严格按照卫生部规定的毒麻药品种范围和限量执行，由具有麻醉药品处方权的医师使用，患者凭《麻醉药品专用卡》按规定开方取药，药房每天对麻醉药品领用情况进行登记、做账、交接和盘点库存。

2015年起，医院开始实行《国家基本药物目录管理办法》，药房库存国家基本药物目录中的药品104种，基本药物品种占比达到52%。

第五节　护　　理

截至2018年，医院有护理人员28人，其中主任护师1人、副主任护师6人、主管护师3人、护师6人、护士12人。

医院领导班子高度重视护理工作，2009年11月，医院派各科室护士长到农垦总院，就护理管理工作进行了为期一周的学习。2012年9月，选派两名护理人员到农垦总院学习PICC护理，此技术的应用填补了医院PICC护理技术的空白；同年12月，选送一名护理人员到宝泉岭中心医院进修静脉留置针技术，并进行了推广应用。2016年10月，选派康复科护士长到省农垦总院进修康复治疗技术（针灸理疗、运动疗法、作业疗法、语言吞咽技术、蜡疗泥疗、推拿按摩），为期1年。

13年间，医院每年定期对护理人员进行护理知识、护理操作、护理礼仪等知识培训；开展创建优质护理服务岗、急救技能演练、护理技能表演、护理知识竞赛等载体活动，使护理人员的个人素质和专业能力不断提升，得到了上级部门和社会的认可。

2016年3月，医院内科护理组荣获管理局授予的"三八红旗集体"称号。同年5月10日，医院派队参加了管理局工会举办的"最美白衣天使暨青年岗位能手"大赛，获得优秀组织奖和团体三等奖；参赛选手齐晓丹、臧哈特获得个人三等奖；范晓娜获得个人优秀奖。农场医院是唯一一个参赛团队成员全部获奖的集体。

第六节　院感控制与医用垃圾处理

根据《医院感染管理办法》，医院成立了医院感染控制领导小组，建立了医院感染控制和医疗废物管理责任制，并制定了严格的规章制度和工作规范。按照感染质控操作程序，定期对消毒液进行监测，严格实施艾滋病筛查和监测，落实结核病转诊随访制度。

医院在医用垃圾管理方面严格按照《医疗废物管理条例》和《医疗卫生机构医疗废物管理办法》的规定执行。对医疗垃圾和医疗废物实行分类管理制度，设置三种污物袋（盒），即黑色垃圾袋装生活垃圾、黄色垃圾袋装医疗垃圾、黄色锐器盒装医疗锐器，由专门负责医用垃圾处置的人员与科室护士交接，签字回收。医疗垃圾由专车运送至焚烧房，值班人员签字、记录垃圾重量，由专人分类焚烧。同时，医院还与农场的个体诊所签订了医疗垃圾处置协议，对个体诊所产生的医疗垃圾进行统一处理。2007年，医疗垃圾焚烧房建成使用，占地面积12平方米。2017年，医院按照《国务院办公厅关于转发国家发展改革委住房城乡建设部生活垃圾分类制度实施方案的通知》要求，开始在医院实施生活垃圾分类管理。同年，依据国卫办医发《关于进一步规范医疗废物管理工作的通知》的规定，农场医院与鹤岗市华信华方环保科技有限公司签订了《医疗废物处置合同》，合同约定：农场医院所产生的感染性、损伤性和病理性医疗废物（人体器官和传染病动物尸体除外），均由鹤岗市华信华方环保科技有限公司收集和处置（化学性、药物性医疗废物不在收集范围），收集时间为48小时之内。根据《医疗废物管理条例》的规定，农场医院将每日产生的医疗废物贴上标签，装入周转箱，当日无法转运的，则存入暂存间。合同的签订，使医疗废物处置工作更加科学、更加专业，有效预防和控制了医疗废物对人体健康和环境产生的危害。

第七节　医务人员培训

医务人员业务培训工作，实行"请进来，走出去"的方法，医院积极为医务人员外出学习创造条件。2006—2018年，农场医院共选送医务人员外出进修、培训、参加各类学习班等100余人次。

通过实施和开展岗前培训和岗中培训相结合、技术能手和岗位带头人为骨干的"一带二"模式、医疗岗位技能大比武、专业知识竞赛等一系列措施和活动，医务人员整体业务水平不断提高。医务人员在国家和省级医学刊物上发表论文20余篇。

第八节　基本公共卫生服务

国家基本公共卫生服务项目是促进基本公共卫生服务逐步均等化的重要内容，是深化医药卫生体制改革的重要工作。它是我国政府针对当前城乡居民存在的主要健康问题，以儿童、孕产妇、老年人、慢性疾病患者为重点人群，面向全体居民免费提供的最基本的公共卫生服务。开展服务项目所需资金主要由政府承担，城乡居民可直接受益。国家基本公共卫生服务项目于 2009 年启动。

农场基本公共卫生服务工作从 2010 年起逐步落实。2010 年 1 月，医院在卫生科的组织协调下，首次为全场 65 岁以上老年人进行了免费健康体检，农场共补贴 17 万元。

2011 年，医院按照上级卫生部门的要求，开始向社区公共卫生服务转型，实行一个机构、两项职能，院长任社区卫生服务中心主任。转型过程中，社区卫生服务中心严格按照国家有关规定，对农场社区卫生服务工作进行了科学规划、合理布局，严格按照《国家基本公共服务规范（2011 年版）》落实各项工作。社区服务中心下设两个社区卫生服务站，12 个基层卫生服务点。卫生服务站各设 5 名工作人员，卫生服务点各设 1 名卫生人员。此外，社区卫生服务中心还成立了专家体检、慢病防治、宣传教育、妇幼保健、中医康复、滨西卫生服务和滨北卫生服务 7 个团队，每个团队负责 2500～3000 人，覆盖了场直 5 个社区居民委、37 个居民组、1 所幼儿园、1 所学校、6000 余户居民，近 2 万人口。

2012 年，农场基本公共卫生管理平台宽带网络开通。社区卫生服务中心和服务站居民健康档案等信息录入电子平台，实现了联网管理、信息共享。

2013 年 3 月，管理局社区公共卫生服务推进现场会在医院召开。农场医院成功转型、开展国家基本公共卫生服务项目的具体做法和经验，得到了上级领导和与会领导的一致好评。

2014 年，农场社区卫生服务中心健康小屋建成并投入使用。健康小屋内设有电子血糖仪、动脉硬化分析仪、骨密度测量仪、心电仪等仪器。慢性病患者可凭身份证、健康卡在其中任何一项设备上自主体检，检测后患者可获得健康评价、慢病防治自测、运动平衡自查、心理健康自评等体检数据。

2015 年，农场开始实施家庭医生签约服务，为签约居民建立随访便民卡，居民可凭签约便民卡，享受一定的免费辅助检查项目和优先就诊等，全年签约 1420 人。成立了全科体检交流室，65 岁以上老年人健康体检由集中式改成日检，对活动不便的老人给予入户体检服务。为 35 岁以上慢性病患者建立了慢性病跟踪随访卡，并制定用药计划、进行用药指导和干预。7月，社区卫生服务中心引进了中医体质辨识系统，可针对居民的不同体质，自动生成调养指导方案，包括生活起居、精神调摄、形体运动、音乐疗法、常用药物、经典名方、中成药物、保健按摩、风险评估等指导建议，使社区卫生服务工作更加人性化、个性化和智能化。12月，滨西、滨北社区卫生服务站合并为天朗社区卫生服务站。

2016年，为加强社区卫生服务队伍建设，社区卫生服务中心招聘公共卫生事业管理专业本科生1名，社区卫生服务站聘用临时信息录入员6名，每年开展规范化岗位培训2次，健全社区卫生服务考核评价制度，在考核上采取定期考核与不定期督查相结合、综合考核与日常管理考核相结合的方式，并将考核结果与个人绩效工资挂钩。将居民的满意度作为考核社区卫生服务机构和从业人员业绩的重要标准，年底采用电话随访、填写调查问卷的方式，进行评价考核。

2017年，对65岁以上人群实行分片预约免费体检。家庭医生每周与社区居民委联合开展居民义诊初筛活动，以便对慢性病患者早发现、早干预。为贫困家庭发放贫困健康卡，可享受免费门诊相关的体检服务（免挂号、优先就诊和开展绿色通道）。参加健康教育的居民享有积分卡免费辅助检查项目（B超、生化、胸透、CT和健康小屋的所有检查项目）。

2018年，社区卫生服务中心引进居民健康档案新系统——微米系统。系统更加便捷和智能，实现了居民健康档案在省内由迁出地和迁入地间的及时变更和交接，确保了居民健康管理的系统性和延续性。

通过几年的不断努力，社区卫生服务工作已逐步完善，并取得了较好成绩。2016年，绥滨农场社区卫生服务中心成功创建垦区示范社区卫生服务中心、并被黑龙江省卫生和计划生育委员会评为"农垦系统省示范社区卫生服务中心"。2011—2018年社区卫生服务具体情况见表7-4-4。

表7-4-4　社区卫生服务情况一览表（2011—2018年）

年份	基本公共卫生服务项目	人均经费（元）	健康档案建档人数（人）	65岁以上老年人体检人数（人）	宣传材料发放数（份）	0～6岁儿童健康管理人数（人）	孕产妇健康管理人数（人）	高血压病健康管理人数（人）	糖尿病健康管理人数（人）
2011	10类41项	15	12500	1230	11230	446	74	1430	466
2012	10类41项	25	13100	1810	15000	528	59	1379	432
2013	10类41项	30	16710	1560	12000	433	67	1356	470
2014	11类43项	35	14679	1457	16220	592	62	1407	479
2015	12类45项	40	14701	2108	22100	602	55	1304	458
2016	12类45项	45	16279	1941	17800	473	89	1335	472
2017	12类45项	50	17218	1291	18500	519	45	1722	600
2018	12类45项	55	14353	1356	19600	542	54	1761	646

第九节 妇幼保健

农场妇幼保健站设有专职人员1人，主要负责监督指导社区卫生服务中心及幼儿园规范开展孕、产妇系统管理，0～6岁儿童健康管理及幼儿园各项保健工作，开展《中华人民共和国母婴保健法》、母乳喂养、预防出生缺陷、妇女常见病防治等科普知识的宣传和普及。妇幼保健站通过采取月指导、季检查、年终考核以及其他多种形式的宣传教育，保证了各项工作的全面开展。2018年年末，农场入园儿童健康体检率、孕产妇健康管理率、0～6岁儿童健康体检率均达到100％。13年间，孕产妇死亡率为零。

2006年，农场妇幼保健站启用省卫生厅印制的"母子健康手册"。2月，开始实施"预防艾滋病母婴传播工作"，按上级规定，孕、产妇在孕期和住院分娩前分别进行一次艾滋病病毒筛查。2007年7月，妇幼保健站由医院划归卫生科直接管理，设专职人员1名。同年，开始实施"新生儿疾病筛查"工作，对产后72小时充足母乳喂养的新生儿，采足跟血，送省新生儿筛查中心，筛查是否患有先天性甲状腺功能低下和苯丙酮尿症，省筛查中心对所查出的患儿免费给予干预措施。2009年，开始建立母子保健卡（孕产妇保健卡和儿童保健卡），对0～3岁儿童实施系统管理，严格实行"4.2.1"体检（1岁以内儿童每年体检4次，1～3岁儿童每年2次，3岁以上每年1次）。2010年，医院妇产科安装并使用了《出生医学证明》管理系统及"新生儿疾病筛查"管理系统软件，实现了《出生医学证明》及"新生儿疾病筛查"工作的网络化、规范化、系统化管理及资源共享。2013年，指导医院对儿童健康体检和预防接种工作实行捆绑式服务，在预防接种门诊设置儿童健康体检室，并设1名专职全科医生；孕、产妇系统管理工作实行专人首诊全程服务模式，极大地方便了儿童和孕妇，成为医院开展社区卫生服务工作中的一个亮点，受到管理局和总局卫生局领导的认可和好评。2016年1月，新生儿疾病免费筛查由原来的2项增加到4项（新增的两项为先天性肾上腺皮质增生症筛查、葡萄糖-6-磷酸脱氢酶缺乏症筛查）。孕产妇系统管理增加了胎心监测项目及怀孕12周前HIV、梅毒、乙肝检测各1次。2017年2月，新增加了0～6岁儿童中医药健康管理服务。2018年，孕产妇健康管理改为怀孕13周前建档，早孕健册率93.4％，产前检查率100％，高危孕产妇管理100％，产后访视率99％，使孕产妇健康管理更加细致和科学。

2006—2018年农场各项保健工作具体情况见表7-4-5、表7-4-6。

表7-4-5 0～6岁儿童保健情况统计表（2006—2018年）

年份	儿童数			5岁以下儿童死亡数			新生儿访视人数（人）	7岁以下儿童保健服务数						5岁以下儿童营养评价数	
	7岁以下（人）	5岁以下（人）	3岁以下（人）	新生儿（人）	婴儿(0～1岁)（人）	1～5岁儿童（人）		7岁以下保健管理人数（人）	3岁以下系统管理人数（人）	新生儿苯丙酮尿症筛查（次）	新生儿甲状腺功能减低症筛查（次）	先天性肾上腺皮质增生症（次）	葡萄糖6-磷酸脱氢酶缺乏症（次）	实查人数（人）	体重＜中位数-SD人数（人）
2006	792	538	302	0	1	0	80	702	271	0	0	0	0	499	0
2007	768	507	283	0	0	0	97	659	251	0	0	0	0	459	0
2008	771	535	314	0	0	0	103	664	283	103	103	0	0	472	0
2009	689	506	287	1	0	0	72	574	261	74	74	0	0	463	0
2010	666	498	365	0	0	0	83	625	327	86	86	0	0	462	0
2011	631	518	442	0	0	0	81	578	403	88	88	0	0	439	0
2012	596	342	261	0	0	0	86	542	241	88	88	0	0	512	0
2013	715	536	321	1	0	0	81	652	289	84	84	0	0	525	0
2014	735	655	397	0	0	0	69	731	278	71	71	0	0	651	0
2015	502	356	203	0	0	1	66	496	198	66	66	0	0	320	2
2016	684	441	250	1	0	0	90	680	246	90	90	90	90	437	0
2017	856	576	369	0	1	0	88	800	360	89	89	89	89	576	0
2018	761	591	371	1	0	0	73	700	361	77	77	77	77	591	1

表7-4-6　孕、产妇保健情况统计表（2006—2018年）

年份	活产数（人）	产妇总数（人）	孕、产妇管理					接生情况		高危管理	
			建卡人数（人）	产检人数（人）	早检人数（人）	系统管理人数（人）	产后访视人数（人）	新法接生（次）	非住院新法接生（次）	高危孕产妇人数（人）	高危住院分娩人数（人）
2006	80	80	78	80	73	78	80	80	0	0	0
2007	100	100	96	97	94	96	97	100	0	1	1
2008	103	102	98	102	89	89	102	103	0	2	2
2009	75	75	71	75	69	69	72	75	0	1	1
2010	86	86	81	86	81	81	83	86	0	6	6
2011	90	90	82	82	79	79	81	90	0	7	7
2012	88	87	83	87	81	81	86	88	0	5	5
2013	85	85	83	85	80	83	81	85	0	8	8
2014	71	70	61	70	61	61	69	71	0	31	31
2015	66	64	62	64	60	58	64	66	0	27	27
2016	91	89	89	89	85	84	89	89	0	36	36
2017	89	89	89	89	80	80	88	89	0	24	24
2018	77	77	77	77	73	73	73	77	0	43	43

第十节　计划生育

一、概况

农场人口和计划生育工作始终坚持管理和服务并重，建立和完善了计划生育工作长效机制。农场设有计划生育委员会，主任由农场党委书记和场长担任，副主任由农场主管卫生工作的副场长担任。计划生育办公室设在卫生科，主任由卫生科科长担任，设副主任和干事各1名，有两名卫生员具体负责场直社区的计划生育工作。

2011年，随着小城镇建设的不断推进，居民组大部分人口搬到场部居住，根据人口分布的变化，农场下发了文件，明确规定了在场部居住的居民，除社区负责管理和报表外，其户籍所在地的居民组仍要承担管理和服务的责任。

宣传教育是人口与计划生育工作的重点和基础。农场开展形式多样的宣传活动，每年结合世界人口日等纪念日，开展入户走访、专家讲座、义诊、咨询、文艺演出等活动。同时，农场与有关部门联合开展了"和谐春雨润绥滨"和"迎奥运做健康女性"等活动。农场还相继开展了"婚育新风进万家""关爱女孩行动""惠家工程""全家福"进家庭、"黑土甘霖"行动、0～3岁儿童早教等活动，为全面构建和谐社会创造了良好的人口环境。

2013年，农场对新婚、初为人母、科学育儿、孝敬老人、身残志坚、夫妻恩爱、勤劳致富等20户幸福家庭进行了采访和拍摄，并制作成专题宣传片，在农场社区文化节期间，通过广场大屏幕和电视台进行了多次展播，弘扬了婚育新风尚，传递了正能量。

二、生殖健康

按照管理局人口和计划生育责任状的要求，农场计生办在每年3月定期开展包括流动人口在内的已婚育龄妇女免费"三查"工作。普查期间，除免费体检项目外，其他检查项目均收取半价，对妇科病的早发现、早诊断、早治疗、早康复起到了积极的作用。

三、人口信息

2008年，农场人口信息开始录入《黑龙江省全员人口信息系统》。系统包括基本信息管理、流动人口管理、日常工作管理、优质服务管理和查询统计管理。截至2018年年末，已录入 9643 户、21478 人。农场 2006—2018 年人口出生率和自然增长率见表 7-4-7。

表 7-4-7 全场人口出生率及自然增长率统计表（2006—2018 年）

年份\项目	人口总数 年初（人）	人口总数 年末（人）	出生总数（人）	出生率（‰）	生育符合政策率（%）	一孩出生数（人）	一孩出生率（%）	二孩出生数（人）	二孩出生率（%）	死亡人数（人）	死亡率（‰）	自然增长率（‰）
2006	18539	17243	80	0.447	100	73	91.25	7	8.75	86	0.480	0.034
2007	17243	17932	100	0.553	100	85	85.00	15	15.00	73	0.404	0.149
2008	17932	17567	103	0.586	100	91	88.35	12	11.65	100	0.563	−0.017
2009	17567	17327	67	0.384	100	62	92.54	5	7.46	92	0.527	0.143
2010	17327	17501	86	0.494	100	77	89.53	9	10.47	128	0.741	0.241
2011	17501	17834	90	0.509	100	78	86.67	12	13.33	131	0.742	0.232
2012	17834	17661	90	0.507	100	86	95.56	4	4.44	104	0.586	−0.079
2013	17661	17822	92	0.519	100	83	90.22	9	9.78	138	0.778	0.259
2014	17822	17909	71	0.397	100	58	81.69	13	18.31	106	0.593	0.196
2015	17909	17874	87	0.486	100	66	75.86	21	24.14	119	0.665	0.179
2016	17955	17973	143	0.796	100	106	74.13	37	25.87	122	0.379	0.117
2017	17973	17829	108	0.603	100	58	53.70	50	46.30	106	0.592	0.011
2018	17829	18012	84	0.469	100	48	57.14	36	42.86	103	0.575	0.106
合计			1201			971		230		1408		

第十一节 卫生监督

卫生监督所设副所长 1 名、专职监督员 2 名，主要负责"食品卫生、环境卫生、学校卫生、放射卫生、劳动卫生"的执法监督。农场高度重视卫生及食品安全工作，成立了食品安全委员会，制定了《绥滨农场食品安全预案》，农场主管领导每年定期组织召开食品安全工作会议和联合检查。农场相关从业户从 2006 年的 318 户增加到 2018 年的 398 户，其中食品行业 260 户、公共场所 138 户。13 年间，未发生食物中毒及公共卫生安全事件。

卫生监督所认真贯彻执行《中华人民共和国食品安全法》《食品安全法实施条例》《餐饮服务食品安全监督管理办法》等法规，每年依法对从业人员进行法律法规、食品及公共场所安全知识培训，发放相关培训手册。对新开业及以往未办证的餐饮、美容、美发、旅店等从业户进行现场指导和督促整改，建立健全了各类监督管理档案。督导与处罚并举，重点对从业户是否办理了许可、从业人员是否持有健康证，以及室内环境卫生、索证索票、餐具清洗消毒、食品留样、公共场所用品消毒等内容进行一年不少于 4 次的督导检查及采样监测，并现场下达监督意见书，签订安全责任状，责令查出不合格样品的单位和业户进行整改。定期对医疗机构、自来水厂、学校等被监督单位进行监督指导。每年组织开展 1 次学生健康体检。每年对农场自来水厂及存续的 5 个居民组自来水厂进行 4 次水质采样送检，对检测指标不达标的自来水厂进行督导整改。

2007 年，卫生监督所重点开展了打击非法行医活动。取缔了 1 所牙科诊所，清理了 3 起非法义诊活动，在食品卫生监管工作中收缴假冒伪劣过期产品 50 件，并予以销毁。

2011 年，卫生监督所开展了"餐饮环节食品安全百日会战"和公共场所集中整治等工作。对 81 家饭店进行了拉网式检查，下达监督意见书 81 份，对 5 家室外经营的餐饮业户进行了整治，对 7 家卫生条件差的餐饮业户进行了电视曝光，对 4 家不合格的早餐店进行了取缔。经整治，餐饮单位和公共场所从业人员全部办理了健康证，统一将饭店及公共场所各项规章制度制成图版，上墙公示，明确了业户负责人的主体责任。

2014 年 4 月，卫生科牵头组织成立了绥滨农场餐饮协会，制定了协会章程，召开了会员大会，全体会员在食品安全承诺书上签名。协会通过经常性地开展活动，提升了餐饮业户的自我管理和约束能力。6 月，卫生监督所在管理局召开的生活饮用水安全管理现场会上，做了典型经验介绍。8 月，卫生科制作的"舌尖上的美食"宣传片，在农场"旅游消夏文化节"期间进行了播放，宣传了餐饮文化和食品安全。

2015 年，重点对餐饮业户是否持证经营进行了执法检查。对 8 户无证经营的业户进行了处罚，处罚金额 1.5 万元；要求 55 家业户重新换证。

2016 年，重点开展了食品安全百日大检查。7 月，对全场 32 家公共场所经营单位进行全面监督管理，监督协管覆盖率 100%。

2017 年，对医疗机构执业情况进行了监督检查。查处了 1 家非法行医的药店，处以行政罚款 2000 元。

第十二节　疾病控制

疾病控制中心设专职防病医生 2 名，主要负责传染病防控和计划免疫工作。

一、传染病防控

疫病控制中心的主要工作职责是：认真贯彻落实《中华人民共和国传染病防治法》，重点做好法定传染病网络直报；落实应对疫情的各项防控预案和工作措施；加强医务人员培训及应急演练；对结核病、艾滋病等传染病实行跟踪管理；积极推进健康促进行动；开展预防传染病的专项疫苗接种等工作。13 年间，通过建立和完善传染病防控与网络报告的各项管理制度及措施，保证在规定时间内完成网络直报及流行病学调查和疫点的处理工作。加强对医务人员的培训，提升他们应对传染病的能力。开展多种形式的社会性宣传，使居民防病意识逐步提高。有效应对了发生的麻疹、手足口病、甲型 H1N1 流感、中东呼吸综合征等传染病疫情。13 年间农场未出现传染病流行。

2006 年，我国个别地区及农场周边乡镇有麻疹发病，疾病控制中心及时对 643 名易感人群进行疫苗接种，杜绝了麻疹的发生。

2008 年 4 月，我国出现手足口病疫情。农场一所个体幼儿园出现首例病例，卫生科迅速对发病幼儿园采取关停和消毒措施，让相关儿童居家隔离，并对家长进行了预防知识的宣传和培训。同时，对其他两所幼儿园进行了督导检查，指导开展预防措施，使疫情得到有效控制。9 月，按照省疾控中心出血热防病工作要求，疫病控制中心通过采取广泛宣传、延长工作时间、卫生员分组入户接种等多种方式，对在农场居住的 11456 名 16～60 周岁的居民，进行了出血热疫苗接种，接种数达到了应种人数的 70%，有效降低了出血热的发病率。

2009 年，面对全球发生的甲型 H1N1 流感疫情，农场立即成立了防控工作领导小组，并制定《绥滨农场甲型 H1N1 流感防控预案》下发到各基层单位，防治组织、防治物资、防治制度、防治培训、防治宣传逐项落实到位。通过宣传，消除了居民的恐慌心理，提高了居民的预防意识，保证了甲型 H1N1 流感暴发时，能够全力以赴、科学应对。农场报告疑似病例 1 人，无二代病人发生。总局及分局甲型 H1N1 流感防控工作检查组来农场检查，对农场的防空工作给予好评。

2016 年，按照结核病管理的有关规范，疾病控制中心对确诊或疑似肺结核的病人及时转至绥滨县结防所进行标准化治疗，协助做好跟踪随访和全程管理，确保每一例肺结核病人都能得到及时有效的治疗，有效地降低了传染源对健康人群的威胁。农场 2006—2018 年传染病发病情况见表 7-4-8。

表 7-4-8　传染病发病情况统计表（2006—2018 年）

年份	人口数（人）	发病人数（人）	发病率（每 10 万人）（%）
2006	18801	23	122
2007	18923	50	264
2008	18572	52	279
2009	18455	28	151
2010	18379	36	196
2011	18301	49	268

（续）

年份	人口数（人）	发病人数（人）	发病率（每10万人）（%）
2012	17121	25	146
2013	16968	30	177
2014	17724	36	203
2015	18010	27	150
2016	17973	28	156
2017	17829	13	72
2018	18012	15	83

二、儿童计划免疫

疾病控制中心严格按照《疫苗流通和预防接种管理条例》，对农场内新生儿及适龄儿童进行疫苗接种，儿童接种率达到99%以上。13年间，儿童结核、乙肝、脊髓灰质炎、白喉、百日咳、破伤风、麻疹7种疾病无发病。2008年，按照国家开始实施的《扩大国家免疫规划实施方案》，由过去的4苗防6病，扩大到14苗防15种疾病。

2012年，农场投资10万余元，按照省级标准在医院新建了预防接种门诊，2012年10月1日正式投入使用。门诊建成后，取消了各基层卫生所的接种疫苗工作。凡需接种疫苗者，一律到预防接种门诊进行接种，并由每月15日接种1次的月接种形式，改为日接种，使疫苗接种工作更加规范。

农场2006—2018年的预防接种情况见表7-4-9。

表 7-4-9　农场预防接种情况统计表（2006—2018年）

年份	疫苗种类（个）	应种人次数（人）	实种人次数（人）	接种率（%）
2006	5	1918	1912	99.68
2007	5	2574	2569	99.80
2008	14	2737	2733	99.85
2009	14	2434	2432	99.92
2010	14	2397	2394	99.87
2011	14	2300	2298	99.91
2012	14	2613	2611	99.92
2013	14	2580	2577	99.88
2014	14	2641	2639	99.92
2015	14	2054	2052	99.90
2016	18	3191	3183	99.74
2017	16	2640	2638	99.92
2018	15	2490	2487	99.87

第十三节　基层卫生所

2006年，农场设有卫生所40个（居民组卫生所37个及中学、小学、老干部科卫生所各1个），保健室1个（幼儿园保健室），有卫生员41人。主要负责所在单位的初级卫生保健工作，包括常见病及慢性病诊治、计划生育、妇幼保健、传染病防控、计划免疫、健康教育等内容。在卫生员管理上，卫生科常年坚持每月例会和责任考核制度，通过月例会进行工作部署和业务培训，每年两次考核，从未间断。2009年，第三、第七、第十六、第二十、第二十五、第三十八6个居民组拆迁，农场相继辞退了未在册的6名卫生员。2006—2009年，居民组卫生员发放档案工资的50%，其余部分自行创收。2010年，根据《宝泉岭分局关于兑现基层卫生人员待遇的通知》的文件精神，农场基层卫生员开始执行档案工资标准。为加强基层卫生员管理，农场根据分局文件精神，下发了绥农场发〔2010〕3号文件《绥滨农场基层卫生所管理办法》，卫生科制定了《绥滨农场基层卫生员考核实施方案》，进一步健全和完善了基层卫生所责任内容和执业标准，严格执行绩效考核，当月发放档案工资的80%，其余部分由卫生科负责组织业务部门和所在单位有关人员，对卫生员进行考核、考试及测评后给予相应兑现，有奖、有罚，责任明确。2011年，农场居民组陆续拆迁，大部分居民农闲时均在场部居住，根据这一实际情况，卫生科对没有全部拆迁的12个居民组卫生所的卫生员实行了双岗责任制，卫生员在负责居民组工作的同时，对场部地区所包户的社区卫生服务和计划生育工作负有责任。2014年7月，根据管理局文件规定，14名卫生员内退，其他20名卫生员并到医院管理，医院将卫生员一并纳入社区卫生服务站管理；12个居民组卫生所合并成6个管理区卫生所。2015年12月，6个管理区卫生所统一撤并到天朗社区卫生服务站。

第十四节　爱国卫生运动

农场设有爱国卫生运动委员会，场长和党委书记任主任，主管卫生工作的副场长任副主任，成员为卫生科、城管局、工商管理所、宣传部、建设科、社区、公安分局等部门主要领导。为使工作规范开展，农场下发了《绥滨农场爱国卫生运动实施方案》，紧紧围绕防病、改水、改厕、健康教育等中心工作，成员部门各负其责，有效预防和控制了疾病的发生，先后4次受到省爱国卫生运动委员会表彰。13年间，农场新建公厕45座，其中冲水式5座，均有专人负责清扫。场区垃圾日产日清，每条街道由专人负责清扫，每年春、秋两季组织各单位进行环境集中整治，经常性地开展讲卫生、除陋习、树新风、爱家园等系列活动。卫生科结合世界防治结核病日、无烟日、全国计划免疫宣传日、学生营养日、全国高血压日、艾滋病日等卫生宣传日，进行健康知识宣传和讲座，累计发放各种健康资料6万余份。机关各部门及场直各单位全部实现了无烟办公，在公共场所醒目处均张贴有卫生保洁宣传用语和禁烟标志。2009年，农场新建了自来水厂，居民饮水安全得到保障。2015年6月，卫生科与工会等部门联合开展了以"快乐健身　科学膳食　全民参与　健康绥滨"为主题的健康绥滨启动仪式和健康徒步走活动，农场领导参加了活动，并向全场居民发出了全民健康行动倡议，进一步推进了居民健康生活方式的普及。2016年，卫生科与安全等部门联合开展了"安康杯"全民健康越野赛，进一步增强了居民安全和健康的理念。灭鼠是预防出血热的最有效措施，也是爱国卫生运动的一项重要工作，每年农场都要投入近万元，开展2次全场性集中灭鼠活动，取得了很好的效果。出血热发病率明显下降，2006年患病8人，2018年患病1人。

第八编

社　会

中国农垦农场志

第一章 人口 民族 职工

第一节 人 口

2018 年年末, 农场人口总数 18642 人, 同 2006 年的 19181 人相比, 13 年共减少 539 人, 人口负增长 0.02%。

户籍人口数量分布: 农场总户数 7783 户, 其中场部人口 3487 户, 占总户数的 44.8%; 生产队人口 4296 户, 占总户数的 55.2%。居民组人口 10864 人, 占总人口的 58.28%; 场部人口 7778 人, 占总人口的 41.72%。

实际人口数量分布: 随着居民组拆迁和小城镇建设的不断推进, 2018 年年末, 实际居住在场部地区的户数已达 6323 户, 占总户数的 81.24%; 人口为 15778 人, 占总人口的 84.64%。

人口结构: 全场男性人口 9151 人, 占 49.09%; 女性 9491 人, 占 50.91%。13 年间, 农场迁入 1666 人、迁出 1185 人, 迁入大于迁出 481 人。

第二节 人口普查

按照《国务院关于开展第六次全国人口普查的通知》精神, 农场于 2010 年 7 月下旬成立了以农场副场长付建强为组长、各有关部门领导为成员的绥滨农场第六次全国人口普查领导小组, 下设人口普查办公室, 主任由计财科科长杨晓东担任。同时, 组建起以各单位统计、卫生员为主的 93 名普查员队伍。此次人口普查, 全场划分了 88 个人口普查小区, 其中场直社区 56 个小区、居民组 32 个小区。在普查过程中, 充分利用电视讲话、张贴标语口号、散发《致被调查户的一封信》、主办《人口普查报》等形式开展宣传教育活动, 为全面做好人口普查工作奠定了良好的基础。在普查中, 全体普查员严格做到"场不漏区、区不漏户、户不漏人、人不错项", 对所有数据进行仔细核对, 认真填表并复查。历时三个月, 圆满完成了绥滨农场第六次全国人口普查任务, 农场被鹤岗市评为第六次全国人口普查先进单位。

第六次全国人口普查的标准时间是 2010 年 11 月 1 日零时。普查结果显示，农场户籍人口 19380 人，其中场直 8438 人、居民组 10942 人；常住人口 19160 人，其中场直 8814 人、居民组 10346 人。全场总户数 7352 户，其中场直 3665 户、居民组 3687 户。

第三节 民 族

农场人口由汉、回、蒙古、彝、壮、朝鲜、满、土家等民族组成。汉族人口最多，为 18176 人，占总人口数的 97.5%；其他依次是满族 398 人，占 2.13%；回族 15 人，占 0.08%；蒙古族 15 人，占 0.08%；朝鲜族 14 人，占 0.08%；壮族 12 人，占 0.06%；土家族 8 人，占 0.04%；锡伯族 4 人，占 0.02%。

第四节 职 工

2006 年年初，农场职工总数为 5550 人。2015 年，为解决农场职工子女就业，招收合同工 749 人，同时安置复转军人 2 人，外地调入 16 人，接收大中专毕业生 14 人。按照《黑龙江省城镇企业职工基本养老金计发办法》办理离退休职工 133 人，调离农场 26 人，死亡 10 人。其他年份招收合同工、安置复转军人、接收大中专毕业生等均很少，每年均办理退休 100 余人。

2018 年年末，农场职工总数为 4218 人，其中种植业职工 3597 人，占职工总数的 85.28%；文教、卫生事业单位职工 189 人，占职工总数的 4.48%；各级管理人员 432 人，占职工总数的 10.24%。在册职工中男职工 2923 人，占职工总数的 69.3%；女职工 1295 人，占职工总数的 30.7%。全场退休职工总数 5203 人。

职工文化结构和学历情况：大专以上 557 人，占职工总数 13.21%；中专 48 人，占职工总数 1.13%；高中及以下 3613 人，占职工总数 85.66%。

第二章　衣食住行

2006年以来，随着国家惠农政策的不断增加，种植业结构进一步优化，种植户科学种田的水平进一步提高，农场城镇化进程有了日新月异的变化，"耕作在广袤的田野上，居住在现代化的城镇里"，已成为大部分原生产队种植户生活的真实写照。住楼房已成为农场广大居民的生活标配，农场职工群众的生活水平也向城镇化迈进。

第一节　饮食与服饰

一、饮食

13年间，农场经济取得了长足发展，农场人的饮食结构也有了很大变化。主要体现在：主副食更加丰富，从单一的面食发展为以米饭为主，兼食小米、玉米和其他小杂粮为辅发展。使用炊具的电器化，带来主副食品种的多样化，人们更加注重营养、安全和健康。特别是农场的年轻人到超市购买食品，最关注的是产品的生产日期和厂家，多喜爱购买名牌和半成品类。住楼房的居民一年四季都要到市场或超市购买蔬菜，打破了过去冬吃储存菜、夏吃新鲜蔬菜的模式，从外地进来的新鲜蔬菜一年四季每天都有。既有平房、也有楼房的人家，夏天基本吃自产的菜，冬天吃菜窖储藏的蔬菜。在鱼、肉、蛋的选择上，都是即吃即买。许多讲究生活品质的人吃鱼都吃黑龙江的野生鱼，还有一些人爱吃杀生鱼。海鲜也成为平常人家节日餐桌上的美食。有些住楼房的年轻人，基本不做早餐，都是买成品早餐或到小吃部进餐。人们聚餐时饮的酒也从过去的散装酒发展到瓶装酒，讲究酒的品质。少年和儿童喝饮料居多，多是成箱购买的品牌货。许多家庭招待亲朋都会去饭店。到2018年，农场已有饭店82家，城市生活的气息已渗透到农场的餐饮业当中。一些饭店的装修非常高档、时尚，菜品也不断推陈出新。也有居民开车到绥滨县、富锦市去吃饭。农场超市里南方和国外的各种水果应有尽有，四季不断。

二、服饰

服饰一直以来都体现着时代的特征，渗透着传统文化中的礼仪成分。13 年间，农场人的服饰随着交通、信息、物流、快递的兴起、繁荣和发展，与城市已无差别。人们对服装不再满足于便宜、实用的基本要求，而是更加注重新颖时尚、舒适健康、个性张扬，中青年是引领时尚的主体。日常生活中的服饰更加多元化，无论男女都更加追求新潮和舒适。职场工作人员在出席会议及正式活动时还会穿着西服套装，以体现庄重和高雅；学校学生上学期间穿着校服，整齐划一、充满朝气；老年人的穿着则更加追求年轻和时尚。进行广场舞、太极拳等群体锻炼时，都会穿着各种款式的专业服装，以彰显活动特质和独有的美丽。如今已极少有人为了换季而手工编织毛衣和缝制棉袄、棉裤，有兴致编织毛衣的也是为了追求时尚，而制作棉裤则是为了舒适。服装的更换周期很短，每年每个季节都有新材质和新款式推出。条件好的居民不仅可在农场购买服装，有的还专程到富锦、鹤岗、佳木斯或哈尔滨等城市挑选自己喜爱的服装。2012 年农场有了第一家快递，网上购买服装开始兴起。服装面料有棉布、亚麻、丝绸、呢绒、皮革、化纤、混纺、羊毛等。夏季款式众多，衬衫、短袖、短裤、套装、裙装、运动系列、防晒衣等应有尽有；春、秋季有风衣、外套、针织拉绒衫、高档羊毛衫等；冬季有羽绒服、棉服、皮草等服饰，服装价格从几十元到几万元不等。

人们穿鞋在追求时尚的同时更加讲究舒适和健康，有运动鞋、休闲鞋、皮鞋、布鞋等，款式多样、新颖。年轻人喜爱穿新潮且舒适的运动鞋和短靴；老年人喜欢穿舒适健康的休闲鞋和布鞋。

三、化妆

美丽和时尚，是人们永远的追求。随着时代进步和经济的繁荣，化妆已成为人们生活不可或缺的内容。女性一般购买化妆品在家化妆，还有的会定期到专业美容店包年或包月做美容。年轻人在发型上追求个性张扬，偶尔会看到染蓝、红、黄、灰和彩色头发的年轻人；中、老年人则追求自然和健康，头发多染成黑色或棕色，已很少能见到花白头发的老年人了。如今美容、美甲、美体、烫发、染发的人越来越多，农场美容、美发、美体店就有十几家之多，为人们追求时尚生活提供了便利。女性美体、养颜、排毒、整容、美甲都已比较常见，佩戴金、银、玉、珍珠等首饰者也越来越普遍。

第二节 居住条件与生活用品

2006 年以前，农场只有近 10 万平方米的楼房，仅 358 户，全部实行集中供暖和供水。其中一部分是自筹资金、在原平房居住地新建的楼房，一般都是下层为商铺、二层以上为住宅。2006 年以后，农场按照上级关于"抓城、强工、带农"的要求，开始大规模建楼房。2007 年，农场在中学对面建了农场第一个集中连片的小区"绥农新区"，拉开了农场"抓城"的序幕。农场建住宅楼主要有两种模式，一种是危房改造、国家对搬迁户给予补贴；另一种是开发商选址进行商业开发，层数多为五层。2010 年，在农场两栋老办公楼的位置，佳昌公司和金鹏公司共同建造了农场第一座十二层高的楼房，其中含地下一层。从 2008 年起，总局实施撤队并区，生产队整体搬迁，大多数拆迁户在场部购买了楼房。原场部的平房住户除拆迁户以外，也有为改善居住条件而买楼的。特别是年轻人新婚，购买新楼房是首要条件。农场楼房装修地面一般都用大理石，还有实木地板，所用涂料多为环保型，门窗全部采用塑钢，室内装修都是型材和成品。楼里都要改水、改电，供暖多数采用地热。家具多采用细木板进行组合订制，沙发、电视柜等家具一般都购买成品，室内装修水平与城市差别不大。到 2018 年，全场楼房住户 4585 户，农场整体楼房化率达到 87.6%。

随着居住条件的改善，居民家中的生活用品也发生了较大的变化，主要是向电器化发展，电磁炉、电炒锅、电饭煲、微波炉等成为厨房的主要设施，液晶电视成为每家的必备品，电脑也进入了寻常百姓家。网购成为年轻人和女性购物的方式之一。手机几乎人手一部，并向智能化发展，QQ 群和微信群成为亲朋好友、同事间相互沟通和工作联系的重要方式。手机支付功能开始在农场得到应用，手机的拍照和视频功能更是丰富了人们的业余生活。私家车逐年增加，据不完全统计，到 2018 年年底，农场已拥有私家车 5000 余台、出租车 46 台。

第三节 休闲与出行

进入 21 世纪以来，由于交通和信息畅通发达，农场人的生活观念快速变化。大、中城市乃至国外的一些生活观念也融入了农场人的生活当中。一些退休老职工爱遛弯，也叫"走圈"，比较注意养生和做各种保健操，尽情享受退休生活。有的老年人到外地随子女居住，也有的过"候鸟"生活，即冬天到南方避寒、夏天又回到农场居住。而中青年人则是在农闲或休假时，结伴或全家外出旅游，或到附近富锦、佳木斯等地市购物、游玩、餐饮消费。居民出国旅游已不是什么新鲜事。一些中老年妇女则爱跳广场舞和健身舞，夏天一般在天朗公园进行，冬天在室内进行。一些年轻人利用节假日自带炊具到野外聚餐。还有一些人休闲时到广场或其他场所唱歌、跳舞、甩鞭子、抽陀螺等。

第三章　风　俗

第一节　风土人情

农场居民比较大度、包容、友善，热情好客。住平房的居民，谁家有了大事小情，人们都会主动上门帮忙。对待外来人员，无论是工作调入的，还是投亲靠友、劳务人员，人们都能以宽厚的心态接纳，从不排外，富有人情味。另外，农场特有的习俗有以下两种：

一、放鞭炮

鞭炮一般用于逢年过节、婚礼、开业庆典、老人祝寿过生日等，但在绥滨农场却比较特殊，名目繁多。除上述情况人们爱放鞭炮外，谁家买回小汽车或农用车、搬家、门市挂牌匾、生小孩都要放鞭炮。一般买新车开回来都要在场部中心转盘道转三圈，有时半夜都能听见爆竹声。有些人买档次高一点的轿车回场，开到农场场部北面的福兴乡就开始放炮。绥滨农场的鞭炮不但响亮，而且燃放时间长，鞭炮文化已成为绥滨农场的一大特色。

二、转圈绕

2005—2011年，农场场部转盘道中心有个圆形花坛，围着一个立柱式街灯。自从修完水泥路后，无论是场部还是生产队的居民，结婚的要转三圈，开回新车也要转三圈，搬家的车队也要转三圈才进入自己的家，并在周围燃放鞭炮。每年的秧歌队表演也要围着花坛转三圈，形成了绥滨农场独特的"转圈"文化。2011年后，农场小城镇建设提档升级，转盘道中心的立柱式街灯拆除，场区主要街道开始修缮，修建柏油马路。新建成的农林科技园温室大棚——龙之府，成为婚礼当天的必去之处，接亲车队要先开过农场新修建的柏油马路，行进至龙之府，再行进至举行婚礼的酒店，这成了婚礼进行前接亲的完整程序。

第二节 节　日

农场的人员来自四面八方，习俗不一，随着时代的发展，欢度节日的方式越发丰富。

一、春节

春节是中国的传统节日，过去的节前蒸馒头，包肉包、豆包，包饺子，已改变为节前购置新鲜蔬菜、各种鱼肉。有的居民还买回现成的饺子准备着。

贴对联是必不可少的，近年管理区大部分住户的对联都是生产队赠送的，以表示庆贺。从正月二十九到年三十，人们贴对联、挂灯笼，三十晚上农场在文化广场放焰火。除夕之夜，一般都是全家男女老少欢聚一堂，吃年夜饭，但也有人家在饭店订餐的。观看中央电视台的春节晚会是除夕夜的一项重要内容。除夕夜除了相互拜年祝福外，长辈仍然有给晚辈（尤其是小孩子）压岁钱的习惯，只不过这些压岁钱大部分都变成了小孩购买学习用品的资金和零花钱。除夕夜，人们也会用手机与远方的亲戚朋友相互发短信问候，2015年以后，盛行以微信视频相互拜年。大年初一上午，农场秧歌协会在天朗公园进行迎新秧歌表演，亲朋好友互相走家串户拜年。到初二、初三，一般都是自家亲戚相互走动。生产队居民组未搬迁之前，场部生产队之间串亲都要打出租车。一些关系要好的同学、战友、同事、朋友往往也聚到一起，祝福贺岁，沟通感情。在居民组搬迁前，场部和一些生产队的年轻人会成群结队地到场部的歌厅、舞厅欢歌起舞，其乐融融。一般到了初五，农场种植户就会收拾育秧大棚，进行新一年的备春耕生产。

二、元宵节

元宵节，一般认为是春节的结束。此时全家会吃顿团圆饭。有吃饺子的，也有吃汤圆的。农场通常举办秧歌、灯会等活动，并在广场燃放烟花。到正月十六早晨，有些家庭会放鞭炮。

三、二月二

二月二俗称"龙抬头"，与"惊蛰"节气有关。这一天男人理发的特别多，也叫"剃龙头"。有些人家还要吃猪头肉，因为猪头像龙头。按照东北习俗，不过二月二，不算过完年。2014年开始，农场民营企业家们和个体工商户自发在农场举行"二月二开耕节"活动，祭祀龙王吼菩萨，抛洒五谷，祈求风调雨顺、五谷丰登，预示一年农业生产拉开序幕。这也成为农场民间的一种节庆，更是农场吸引游客的一个亮点。

四、清明

清明节是人们祭祀已故先辈的节日，过去都是土葬，给故人上坟烧纸都在西山进行；实行火葬后，特别在2000年以后，农场民政局在原鹿场东侧修建了双宝山公墓，每位故人都有一个独立的墓穴，墓前立有石碑。墓穴有双穴的也有单穴的。清明节前来祭奠故人的晚辈络绎不绝，表达对先人的哀思和怀念。实行文明祭扫后，烧纸现象逐渐减少。

五、端午节

农历五月初五端午节，人们普遍吃粽子、鸡蛋，农场仍有踏青、采艾蒿的习惯。这天一大早，没等太阳出来，就有不少人将采回来的艾蒿插在屋檐下或放在阴凉处，以示驱邪避毒，待晒干后收藏备用。小孩手腕、脚脖戴五色线圈，预防疾病。也有人在太阳出来之前到野外草木上蘸露点目，据说能避免患眼疾。

六、中秋节

农历八月十五，天高月圆，象征全家团圆，家庭美满，所以要吃圆的食物，如月饼、西瓜等。八月十五给亲朋好友送月饼已成了习惯，但实际上送得多、吃得少。

七、小年

腊月二十三，也叫"辞灶"，旧俗谓敬"一家之主"灶王爷上天，迎来新灶君。一般过小年要全家吃饺子和灶糖，也有吃年糕的。要大扫除、洗衣服、洗床单被罩，干干净净地过大年。

八、法定节日

法定节日有五一国际劳动节、五四青年节、元旦、三八国际妇女节、六一国际儿童节、十一国庆节等。每当节日到来，农场都举行纪念活动。按照国家的规定，五一、十一两个节日的法定假期分别为 3 天和 7 天。但鉴于农场的特殊性，5 月是水稻插秧季节，10 月是秋收季节，种植户和机关各部门、场直各单位都很少休假。

九、其他节日

进入 21 世纪以后，偏僻的农场逐渐受大中城市的影响，一部分青年开始兴起过情人节等。

第三节　婚　庆

2006 年以后，农场加快了小城镇建设，农场居民生活条件提高，婚礼也随之变化了很多，不再像过去那么简朴。结婚的家庭都买楼房，内部装修上更倾向于时尚，也都会买家具及家用电器等，网络电视、智能家具成为不少年轻人的首选。婚纱照拍摄方面，很多年轻人都会选择到哈尔滨、大连等大城市的品牌摄影楼拍摄，有的还会在网上预约进行旅行拍摄，风格也越来越多样化。婚礼的礼仪越来越时尚，而且聘请专门的司仪和乐队班子。司仪主持水平高，给婚礼增添了不少色彩。除乐队奏乐、演唱外，还要"三拜四讲"（拜父母、拜来宾、夫妻对拜，主婚人、证婚人讲话，新郎新娘谈恋爱过程），主要内容多为祝贺道喜、夫妻恩爱、孝敬老人等。婚车一般会用 6 台以上的轿车，车上挂气球，系彩带彩花，讲究点的都会使用相对豪华的名牌车队。新郎到新娘家后，要吃面条、给新娘穿鞋、与娘家人合影，由岳父岳母给"改口钱"，然后新郎抱着新娘上车，迎进新房，然后再举行婚礼仪式。婚礼多在专业宴会场所举办，门前有"彩虹门"，大厅布置时尚，配有电子大屏幕和电子音响等。

第四节　友　聚

农场人非常好客，不仅亲属之间来往频繁，一般的战友、同事、朋友之间往来也非常密切。特别是随着时代的变迁，人们的生活水平进一步提高，聚会的档次和水平也比较高了。过去在家里进行，现在都到饭店聚会，同学聚会、战友聚会都要讲究程序。同学、战友，搬迁后的生产队、居民组，老同事，老住户一般都设有聚会筹委会，提前拿出计划，按程序实施。正式聚会都有主持人，抚今思旧，话友情、战友情、师生情，然后聚餐、合影。有中间穿插文艺节目的，一般都是到 KTV 唱歌，也有去旅游的。

第五节　寿　诞

随着人们生活水平的提高，对寿诞也比较讲究了。一般的家庭在老人 60、70、80 岁时，都会举办寿宴祝寿，到饭店或宾馆订桌，准备好定做的生日蛋糕，请亲朋好友聚餐，为老人祝寿，仪式比较隆重。年轻人过生日也会约上三五好友，定好饭店和蛋糕，大家聚在一起热闹热闹。

第四章　知青回访　老垦荒聚会

第一节　知青回访

　　农场下乡的城市知识青年，大部分是新中国成立初期出生的。在 2010 年之前，这些返城知青大都在工作岗位上，尚未退休，人数、次数都较少。2010 年以后，他们基本上都已退休，回访人数和次数大幅度增加，一般都是原下乡单位同事组团回访，少则 3～5 人，多则 20～30 人，最多的一次达 64 人。内容大多都是回到原单位故地重游，拜访老职工、老朋友，召开座谈会，表演自创的文艺节目，共同回忆那段难忘的岁月，也有为因各种原因逝去的知青扫墓的。一些取得了一定成就的知青，如农场原二十一队北京知青王佐书（曾任黑龙江省人民政府副省长，后任民进中央常务副主席、全国人大常委会委员、文教卫生委员会副主任）、武装二连北京知青著名书法家崔承顺先后在 1998 年、2001 年、2013 年、2018 年回访农场。2007 年 8 月，原一连北京知青李京林（时任中纪委《中国监察》杂志社社长）、省纪委综合室主任杨晓光在鹤岗市纪委书记及绥滨县委书记的陪同下回访农场，看望老领导和留在农场的知青战友。2010 年 10 月，著名剧作家、北京知青费明回访农场。

　　在回访农场的同时，知青在本地或其他城市也不断聚会，也有几个或一个单位的知青集中到一个城市聚会的，一般都邀请原单位老领导、老职工参加，并先请老领导讲话，再进行文艺活动。

　　2017 年 6 月 8 日，原九团运输连 123 名北京、上海等地知青与本场单位职工举办聚会，农场场长李思军、副场长刘春青参会。老知青在农场参观、考察时深切感受到农场的变化，举行了文艺活动，还为逝去的老领导扫墓。

　　据不完全统计，2000—2018 年，各城市知青小型聚会多达近百余次。比较大型的活动有：2009 年，温州知青 210 人在温州举办了纪念知青赴黑龙江兵团二师九团 40 周年联谊会，时任农场党委书记于志臣带队参加，并在联谊会上致辞，北京、上海、哈尔滨等地知青也应邀参加了联谊会。2014 年，224 名温州知青再次举办了下乡 45 周年联谊会。2018 年 6 月 16 日，九团北京知青工作会议在北京举行，共有联络员 70 余人参加，主要商讨编写《九团知青录》、建立知青雕塑和成立九团合唱艺术团事宜。

知青在多次聚会的同时，还以连队为单位出版回忆录，目前已出版的有《远去的柞树林》《青春岁月的家园》《远去的青春岁月》《北大荒我永远的爱》等。2009年11月8日出版的回忆录《回望北大荒》在北京举办了首发式，共有1000多名各地知青参加，时任农场党委书记于治臣等农场领导应邀参加活动。此次活动也是历次知青聚会中规模最大的一次。

第二节 "老垦荒" 聚会

农场的"老垦荒"总体由三部分人组成，除第一批60名建场元老以外，还有20世纪50年代初从省内及省外招收的技术骨干、老职工，1958年来场的转业军人，1959年来场的山东支边青年和山东梁山移民。这些群体在2006—2015年间分别多次举行聚会。2008年8月1日，农场为1958年来农场的复转官兵举行屯垦戍边50年纪念活动，并为他们颁发了"开发建设北大荒50周年纪念章"。2008年8月24日，农场举办山东蒙阴支边青年垦荒50周年纪念活动。2013年7月13日，山东梁山移民在农场学校会议室隆重举行纪念山东梁山移民54周年暨《梁山移民之歌》出版庆祝大会，宝泉岭管理局局长刘长友（1997—2000年任农场场长）发来贺电并赠书法作品一幅，农场场长李思军出席活动并讲话。

2018年7月22日，在农场1958年转业官兵子女的组织下，在农场居住的1958年转业官兵、部分在外地居住的战友及家属和子女近300人，在农场宾馆举办纪念1958年转业官兵开发北大荒60年联谊活动。此次活动是历次活动中规模最大也是最隆重的一次。有些住在四川及其他地方的1958年转业官兵家属不顾年事已高，千里迢迢返回农场参加活动。农场场长李思军出席并致词，转业官兵代表和子女代表分别讲话并表演了节目，有些在外地回不来的老兵还专门录制了视频表示祝贺。

2018年7月15日，为庆祝建场70周年、知青下乡50周年，农场原兵团时期一连的知青干部、职工、家属及子女举行了规模盛大的聚会，除40名知青外，许多调离一连和在外地工作的一连职工家属和子女专程回到农场。全体人员参观了农场渠首，并举行了联谊活动，在渠首野餐后合影留念。

中国农垦农场志

第九编

人　物

中国农垦农场志丛

第一章 人物简介

第一节 农场领导

于治臣

于治臣，1959年4月出生，1984年12月参加工作，1989年8月入党，大学学历，教授级高级政工师，吉林扶余人。1984年12月成为军川农场24队工人；1985年12月调至军川农场挖掘队当工人；1986年7月调回军川农场24队当工人；1987年1月任军川农场24队副队长；1988年3月任军川农场24队工会主席；1989年12月任军川农场24队队长；1992年2月任军川农场粮食科副科长；1993年1月任军川农场粮贸公司副经理（主持工作）；1993年9月任军川农场粮贸公司经理；1995年1月任军川农场副场长；1998年12月任军川农场工会主席（代）；2000年3月任梧桐河农场党委副书记、纪委书记；2000年12月任宝泉岭农场党委副书记、纪委书记；2003年12月任江滨农场党委书记、场长、社区主任；2005年8月任绥滨农场党委书记、社区主任；2011年5月调离绥滨农场。

俞新利

俞新利，1960年5月出生，1977年9月参加工作，1987年5月入党，本科学历，教授级高级政工师职称，浙江省慈溪人。1977年9月成为江滨农场修理所工人；1981年5月调至江滨农场11队当工人；1983年3月任江滨农场团委干事（以工代干）；1984年3月任江滨农场团委副书记（以工代干）；1984年5月任江滨农场工程队施工排长；1985年6月任江滨农场体改办助理员；1989年10月任江滨农场果糖厂党支部书记；1992年12月任江滨农场啤酒厂厂长兼党支部书记；1998年1月任江滨农场政研室科员；1998年11月任江滨农场纪委纪检员（副科级）；1999年2月任江滨农场纪委副书记兼监察科科长；2000年8月任江滨农场教育科科长兼中学校长；2001年3月任江滨农场场长助理；2001年12月任共青农场党委副书记、纪委书记、社区副主任；2006年1月任新华农场党委书记、场长、社区主任；2008 年 7 月任新华农场党委书记、场长、社区主任、新华分公司总经理；2008 年 8 月任新华农场党委副书记、新华分公司总经理；2011 年 4 月任绥滨农场党委书记、社区管理委员会主任；2015 年 11 月内退。

楚卫国

楚卫国，1963 年 5 月出生，1981 年 12 月参加工作，1987 年 12 月入党，本科学历，教授级高级政工师，山东巨野人。1981 年 12 月成为云山农场二队工人；1985 年 7 月任云山农场团委干事；1987 年 10 月任云山农场团委副书记；1990 年 5 月任云山农场团委书记（正科级）；1992 年 3 月任云山农场司法、综治办主任；1992 年 12 月云山农场经贸公司常务副经理；1993 年 10 月任云山人民法庭副庭长（正科级）、经贸公司常务副经理；1993 年 11 月任云山人民法庭副庭长（正科级）；1998 年 12 月任云山农场法庭副庭长、公安分局教导员（副处）；2000 年 11 月任云山农场公安分局教导员（副处级）；2002 年 8 月任云山农场党委副书记、纪委书记；2007 年 3 月任八五一一农场党委书记、社区管理委员会主任；2011 年 4 月任名山农场党委书记、社区管理委员会主任；2014 年 3 月任军川农场党委书记；2016 年 4 月任绥滨农场党委书记；2018 年 7 月任绥滨农场有限公司党委书记、董事长，绥滨农场社会事务部主任、场长。

张万山

张万山，1958 年 2 月出生，1975 年 10 月参加工作，1982 年 9 月入党，大学学历，高级政工师，辽宁康平人。1975 年 10 月任二九〇农场四十三队统计；1979 年 1 月任二九〇农场五分场青年干事；1980 年 7 月任二九〇农场五分场文教干事；1986 年 9 月任二九〇农场宣传部干事；1988 年 9 月任二九〇农场职业高中副校长；1989 年 9 月任二九〇农场职业高中党支部副书记、职业高中副校长；1990 年 4 月任二九〇农场职业高中党支部书记（兼校长、正科级）；1992 年 3 月任二九〇农场广播电视局局长；1993 年 1 月任二九〇农场教育中心主任、教委副主任（正科级）；1994 年 10 月任二九〇农场党委组织部部长；1996 年 4 月任二九〇农场社区副主任（副处级）；1997 年 10 月任二九〇农场党委书记；2000 年 11 月任绥滨农场场长；2006 年 11 月调离绥滨农场。

侯新华

侯新华，1967 年 12 月出生，1992 年 7 月参加工作，1998 年 12 月入党，研究生学历，高级农艺师，安徽涡阳人。1992 年 7 月成为宝泉岭农场见习工作人员；1993 年 1 月任宝泉岭农场农业科技术员；1996年9月任宝泉岭农场农业科副科长；1999年2月任宝泉岭农场农业科科长；2000年2月任宝泉岭农场生产科科长；2000年3月任共青农场副场长；2005年8月任共青农场场长；2006年11月任绥滨农场场长；2009年1月任绥滨农场场长、党委副书记；2011年4月调离绥滨农场。

李思军

李思军，1961年10月出生，1979年12月参加工作，1984年12月入党，研究生学历，高级农艺师，山东莒南人。1979年12月成为勤得利农场发电厂电焊工；1986年7月任勤得利农场21连党支部书记、农业技术员；1989年2月任浓江农场第7作业区副主任；1990年3月任浓江农场第4作业区党支部书记；1991年5月任浓江农场水稻办科员（正队级）；1993年3月任浓江农场农业综合开发公司副经理（副科）；1996年3月任浓江农场农业科长兼农业科技中心主任；1997年5月任浓江农场水稻服务中心主任、场长助理；1999年5月任浓江农场副场长；2008年1月任前进农场副场长；2011年4月任绥滨农场场长；2011年5月任绥滨农场场长、党委副书记。

南　野

南野，1958年10月出生，1975年10月参加工作，1992年9月入党，本科学历，教授级高级政工师职称，辽宁省瓦房店人。1975年10月成为延军农场8连机务工人；1977年2月任延军农场农业科土化员、统计；1987年11月成为农垦管理干部学院学员；1990年7月任延军农场办公室秘书、主任；1996年1月任延军农场组织部部长；2001年1月任延军农场副场长、党委副书记、政法委书记；2004年2月任绥滨农场党委副书记、纪委书记、政法委书记；2006年11月任绥滨农场党委副书记、纪委书记、政法委书记、工会主席；2010年1月内退。

施宏伟

施宏伟，1970年9月出生，1988年12月参加工作，1995年8月入党，大学学历，高级政工师，江苏启东人。1988年12月任宝泉岭分局机关办公室管理员、秘书；1993年5月任宝泉岭分局办公室秘书科秘书（以工代干）；1998年5月任宝泉岭分局机关办公室秘书科副科长；2000年12月任宝泉岭分局机关办公室秘书科科长；2004年2月任宝泉岭分局机关办公室督促检查室督查员兼秘书科科长（机关副处级）；2004年3月任梧桐河农场工会主席（代）；2006年3月任梧桐河农场党委副书记、纪委书记兼代理工会主席；2008

年 3 月任梧桐河农场党委副书记、纪委书记兼工会主席；2010 年 3 月任绥滨农场党委副书记、社区副主任、纪委书记兼工会主席；2012 年 6 月调离绥滨农场。

刘曙华

刘曙华，1971 年 4 月出生，1991 年 7 月参加工作，1995 年 3 月入党，研究生学历，高级林业工程师，山东省文登人。1991 年 7 月任江滨农场林业局技术员；1995 年 3 月任绥滨农场林业局科员；2002 年 3 月任绥滨农场林业局副局长；2003 年 4 月任绥滨农场林业局局长；2010 年 3 月任绥滨农场副场长；2013 年 3 月任绥滨农场党委副书记、纪委书记；2016 年 1 月任绥滨农场党委副书记、工会主席；2016 年 4 月调离绥滨农场。

张　明

张明，1975 年 2 月出生，1996 年 7 月参加工作，2002 年 6 月入党，研究生学历，高级会计师，辽宁海城人。1996 年 7 月任宝泉岭分局计财处科员；2001 年 5 月任宝泉岭分局计财处基建财务科副科长；2004 年 3 月任宝泉岭分局计财处基建财务科科长；2010 年 1 月任宝泉岭分局计财处副处长；2013 年 4 月任绥滨农场副场长；2016 年 5 月任绥滨农场党委副书记、工会主席；2018 年 7 月任绥滨农场有限公司党委副书记、工会主席；2018 年 8 月任绥滨农场有限公司党委副书记、工会主席、绥滨农场武装部部长。

张广福

张广福，1956 年 2 月出生，1973 年 7 月参加工作，1985 年 10 月入党，大专学历，高级劳动经济师，山东梁山人。1973 年 7 月成为共青农场九队工人；1976 年 9 月任共青农场水利队出纳员、会计；1979 年 9 月任共青农场水利队会计；1982 年 9 月任共青农场劳资科科员；1987 年 3 月任共青农场劳资科副科长；1988 年 8 月任共青农场劳资科科长；1992 年 3 月任共青农场劳动服务公司经理；1995 年 1 月任共青农场副场长；2000 年 12 月任绥滨农场副场长；2001 年 8 月任绥滨农场社区副主任；2010 年 1 月内退。

张长友

张长友，1959 年 10 月出生，1975 年 10 月参加工作，1984 年 6 月入党，大专学历，政工师，黑龙江富锦人。1975 年 10 月绥滨农场砖瓦厂工人；1984 年 1 月任绥滨农场砖瓦厂厂长；1985 年 2 月任绥滨农场砖瓦厂副厂长兼工会主席（副股级）；1985 年 7 月任绥滨农场场酒厂党支部书记；1986 年 1 月任绥滨农场酒厂厂长；1990 年 10 月任绥滨农场商店经理；1992 年 8 月任绥滨农场商业公司副经理（副科级）；1994 年 6 月任绥滨农场商业科、经贸公司、经协办科长、经理、主任；1995 年 5 月任绥滨农场商业公司经理（保留副处一级）；1996 年 1 月任绥滨农场社区副主任；1998 年 12 月任绥滨农场经贸公司总经理；2000 年 8 月任绥滨农场副场长；2010 年 1 月内退。

黄家安

黄家安，1970 年 7 月出生，1994 年 7 月参加工作，1997 年 6 月入党，大学学历，农艺师，山东沂水人。1994 年 7 月任军川农场 32 队技术员、副队长；1998 年 12 月任军川农场 32 队队长；1999 年 11 月任军川农场 15 队队长；2002 年 2 月任军川农场水稻办主任；2004 年 3 月任名山农场副处长；2005 年 8 月任绥滨农场副场长；2008 年 8 月调离绥滨农场。

刘宏光

刘宏光，1980 年 5 月出生，2006 年 7 月参加工作，2009 年 6 月入党，研究生学历，农艺师职称，湖南省邵阳人。2006 年 8 月任绥滨农场场长助理；2007 年 2 月任绥滨农场副场长；2011 年 1 月调离绥滨农场。

黄　杰

黄杰，1968 年 9 月出生，1979 年 11 月参加工作，1986 年 7 月入党，大学学历，高级农艺师，江苏泗阳人。1979 年 11 月成为新华农场 5 队工人、技术员；1987 年 3 月任新华农场老干部科科员；1988 年 3 月任新华农场种子公司科员；1996 年 1 月任新华农场水稻办副主任；1998 年 1 月任新华农场水稻办主任；1999 年 11 月任新华农场副场长；2002 年 6 月任北大荒农业股份公司新华分公司副经理；2008 年 8 月任绥滨农场副场长；2013 年 4 月调离绥滨农场。

付建强

付建强，1968 年 7 月出生，1992 年 7 月参加工作，2001 年 6 月入党，大学学历，高级会计师，山东曹县人。1992 年 9 月任宝泉岭中心医院会计；1993 年 12 月任宝泉岭分局计财处企业科会计；1998 年 1 月任宝泉岭分局计财处事业科副科长；2001 年 5 月任宝泉岭分局计财处企业财务科科长；2004 年 6 月任宝泉岭分局计财处副处长；2008 年 3 月任绥滨农场副场长；2013 年 3 月调离绥滨农场。

赵永林

赵永林，1966 年 11 月出生，1987 年 12 月参加工作，1994 年 12 月入党，本科学历，统计员，辽宁省西丰县人。1987 年 12 月成为普阳农场六队工人；1989 年 10 月任普阳农场六队统计；1993 年 2 月任普阳农场六队农业技术员兼统计；1996 年 1 月任普阳农场六队机务副队长兼统计；1997 年 12 月任普阳农场六队队长；2003 年 2 月任普阳农场七队队长；2004 年 4 月任普阳农场敖中管理区主任；2008 年 2 月任普阳农场柳北管理区主任；2011 年 1 月任普阳农场柳北管理区主任（副科级）；2013 年 4 月任绥滨农场副场长；2015 年 12 月调离绥滨农场。

刘春青

刘春青，1966 年 3 月出生，1984 年 12 月参加工作，2004 年 12 月入党，本科学历，高级政工师，天津市蓟县（现蓟州区）人。1984 年 12 月成为绥滨农场三十一生产队工人；1987 年 12 月任绥滨农场三十三生产队统计；1996 年 11 月任绥滨农场监察科科员；1997 年 1 月任绥滨农场计财科统计；2001 年 5 月任绥滨农场清欠办副主任（副科级）；2003 年 12 月任绥滨农场建设科副科长；2005 年 4 月任绥滨农场建设科科长；2010 年 11 月任绥滨农场办公室主任；2013 年 4 月任绥滨农场副场长；2018 年 7 月任绥滨农场社会事务部副主任。

张　勋

张勋，1963 年 5 月出生，1979 年 11 月参加工作，1997 年 6 月入党，大专学历，食品工程师，黑龙江桦南人。1979 年 11 月成为军川农场 15 队工人；1993 年 3 月任军川农场粮食处理中心第二副主任；1996 年 1 月任军川农场油脂厂厂长；1999 年 12 月任军川农场粮食科副科长兼油脂厂厂长；2001 年 3 月任军川农场场长助理；2001 年 8 月任新华农场场长助理；2001 年 12 月任新华农场副场长；2006 年 12 月任名山农场副场长；2013 年 3 月任绥滨农场副场长。

戴凤霞

戴凤霞，1971 年 12 月出生，1991 年 7 月参加工作，1999 年 5 月入党，大专学历，助理工程师，辽宁朝阳人。1991 年 7 月任普阳农场水利局科员；1993 年 7 月任共青农场水务局科员；2007 年 3 月任共青农场水务局副局长；2009 年 3 月任共青农场水务局局长；

2013 年 4 月任共青农场副场长；2016 年 4 月任绥滨农场副场长；2018 年 7 月任绥滨农场有限公司副总经理。

房玉军

房玉军，1973 年 11 月出生，1992 年 12 月参加工作，1995 年 10 月入党，本科学历，农艺师，山东齐河人。1992 年 12 月于中国人民解放军 51039 部队服役；1998 年 1 月任普阳农场十六队技术员；2001 年 4 月任普阳农场十六队农业副队长兼技术员；2002 年 3 月任普阳农场水稻办技术员；2004 年 3 月任普阳农场水稻办副主任；2007 年 4 月任普阳农场水稻办主任；2011 年 5 月任梧桐河农场副场长；2016 年 5 月任绥滨农场副场长；2019 年 11 月调离绥滨农场。

冯　鑫

冯鑫，1985 年 12 月出生，2008 年 7 月参加工作，2010 年 12 月入党，农艺师，辽宁本溪人。2008 年 7 月任宝泉岭农场第 25 作业站农业技术员；2009 年 3 月任北大荒农业股份有限公司宝泉岭分公司办公室公务员；2010 年 5 月任北大荒农业股份有限公司宝泉岭分公司办公室业务主管；2011 年 4 月任北大荒农业股份有限公司宝泉岭分公司生产部技术部业务主管；2013 年 7 月任宝泉岭农场鲶鱼哈管理区党总支书记；2016 年 5 月任绥滨农场副场长；2018 年 7 月任绥滨农场有限公司副总经理。

王　勤

王勤，女，1962 年 5 月出生，1979 年 10 月参加工作，1990 年 5 月入党，本科学历，教授级政工师职称，四川成都人。1979 年 10 月成为普阳农场中学工人；1980 年 9 月成为鹤岗师范学校学员；1983 年 6 月成为普阳农场中学教师；1987 年 8 月任普阳农场工会干事；1990 年 2 月任普阳农场工会副主席；2000 年 12 月任绥滨农场工会主席（代）；2001 年 11 月任绥滨农场工会主席；2006 年 11 月调离绥滨农场。

王广星

王广星，1973 年 10 月出生，1998 年 1 月参加工作，2001 年 9 月入党，本科学历，高级政工师，河南省濮阳县人。1998 年 1 月成为名山农场八队工人；2002 年 4 月任名山农场停产企业管理委员会副主任（队级）；2003 年 6 月任名山农场停产企业管理委员会党总支副书记（副科级）；2007 年 2 月任名山农场木业园区党总支书记（正科级）；2010 年 4

月任名山农场党委组织部部长；2010 年 11 月任名山农场党委组织部部长、老干部科科长、人事科科长；2013 年 4 月任绥滨农场工会主席；2016 年 1 月任绥滨农场纪委书记；2016 年 5 月调离绥滨农场。

何文翠

何文翠，1982 年 4 月出生，2006 年 7 月参加工作，2004 年 7 月入党，本科学历，高级政工师，黑龙江绥化人。2006 年 7 月任北大荒农业股份有限公司二九〇分公司第六管理区副主任（试用）；2007 年 3 月任北大荒农业股份有限公司二九〇分公司第六管理区副主任；2011 年 2 月任二九〇农场第三管理区党支部副书记；2012 年 6 月任二九〇农场第三管理区党支部书记（副科级）；2013 年 6 月任二九〇农场军犁管理区党支部书记（副科级）；2013 年 7 月任二九〇农场军犁管理区党支部书记、工会主席（副科级）；2015 年 4 月任二九〇农场军犁管理区党支部书记、工会主席；2016 年 5 月任绥滨农场纪委书记；2018 年 7 月任绥滨农场有限公司纪委书记、监事会主席。

第二节　总局级以上劳动模范

赵永林

赵永林，出生于 1966 年 11 月，籍贯辽宁省西丰县，满族，于 1987 年参加工作，2012 年被授予省级劳动模范称号，时任绥滨农场农业副场长。

他一直工作在生产一线，有着丰富的水稻种植和基层管理经验。任农业副场长以来，狠抓农业标准化提升工作，采取以气象形势定农时取代过去以固定时间定农时的做法，各阶段以"定标会"作为"启动会"，指导农户开展农业生产工作。做到"七个七天"，即在扣棚、摆盘、播种、整地、插秧、收获、翻地七个关键农时阶段，均在七天内高标准完成全场生产作业。采取指标化管理，针对管理人员，将其纳入绩效考核，针对种植户将其纳入"农业规范化管理合同"。在全场推广了钵型毯状盘、节水灌溉、秸秆还田等十余项高产新技术。与八一农垦大学合作建设了现代化水稻栽培管理智能程控信息平台。加大农业"三减"力度，实现农业可持续发展。充分发挥农场"国家 AAA 级旅游景区"的优势，大力开发农业旅游产业，积极打造绿色优质原粮生产基地和"龙门福地"富硒大米品牌。开展了稻田养鸭、稻田养蟹等示范工作，增加了职工的经济效益，延长了农业产业链。与遵化开展了温室草莓种植合作项目，组织基层开展闲置大棚二次利用工作，木耳、白瓜子、油豆角等项目解决农闲时节再就业 300 余人。积极"搭建农业服务站、'农业 110'短信服务平台、农垦时讯简报、农业大课堂"四大服务平台，受到领导的认可和大家的好评。

张树华

张树华，出生于 1960 年 8 月，籍贯山东，汉族，于 1977 年参加工作，2008 年被授予总局劳动模范称号，时任绥滨农场第二十五居民组组长。

他带领全组职工群众，调整产业结构，抓科技、上标准、强管理，一心为群众服务，使一个挂账 50 多万元的贫困队，一跃成为人均纯收入达到 2.5 万元的冒尖队，使第二十五居民组成为宝泉岭分局的人均收入最高的居民组之一。

张树华于 2000 年任第二十五居民组组长，身份是承包大户，负责第二十五居民组的社会性事务。全组 791 公顷的土地，50 多户人家，挂账竟达 50 多万元。居民组大部分耕地是白浆土。根据居民组的实际情况，他提出了"以稻治涝"之路，当年全组新开发水田 500 公顷。张树华筹集 200 多万元资金，为困难种植户垫支种子、化肥、油料。由于资金到位、农时抓得紧，全组新上的 500 公顷水稻当年全部盈利，平均每公顷盈利 2000 多元。

张树华在农业生产工作中重技术、讲科技。居民组水稻种子全部采取优质品种，百分之百使用催芽器等先进技术。居民组机械持有量从原来的 3 台大型车发展到 30 台，机械总价值达到 300 多万元，人均收入达到 2.5 万元，是 6 年前的近 6 倍。

张树华始终严格要求自己，任居民组长近 7 年，从不公款吃喝，用自己家的车为单位、为职工办了许多事，没在单位报销过一分钱。自担任承包大户（居民组长）以来，连续 6 年农场审计第二十五居民组财务，没有发现任何违规现象。他本人连续 6 年民主测评 100% 优秀，连续 4 年农时全场前三名，利费上缴第一，秋翻地第一，粮食销售第一，连续 6 年第二十五居民组没有发生对治安案件的上访，酗酒、赌博现象在这里基本消失。

王春平

王春平，出生于 1965 年 1 月，籍贯河北滦县，汉族，于 1983 年参加工作，2008 年被授予总局劳动模范称号，时任绥滨农场水务局局长。

自 2003 年 12 月任绥滨农场水务局局长以来，他勤政敬业、兴水富民，带领水务局干部职工踏实工作、无私奉献，使农场工程建设管理、农田水利、水土保持、防汛抗旱、水行政执法和水务经济等各项工作实现了新的飞跃，建设"引黑工程"，为农场实现富民强场打牢了基础。

王春平在工作中不辞辛苦，不分节假日地带领工作人员深入工程一线，常年奔波在水利工地，每当春季农业生产开始和汛期来临，他总是一方面组织做好工程建设、资源统筹和防汛，另一方面身先士卒，哪里有险情，自己就出现在哪里。施工期间，他不分白天黑夜，始终坚守在施工一线，组织协调人员、物资，亲自监督工程质量，使工程质量达到标准。

2003年农场对黑龙江灌区进行续建配套及节水改造工程建设，灌区总面积50.15万亩，设计灌溉面积30.18万亩，为提水灌区，灌区初设概算总投资2.58亿元。在工程实施过程中，王春平积极与总局、分局等有关部门沟通、协调、汇报工作，千方百计争取项目和资金。在他的努力下，先完成渠首灌溉站一座，总干渠20.5公里，总干渠建筑物27座、渠道防渗10.5公里，东二级提水站一座，东一干9.7公里，东二干6.6公里，西干渠3.45公里，干渠建筑物6座。2006年完成投资2340万元。在灌区工程配套建设过程中，他更是亲临一线，亲自协调各方面的工作，严把施工质量关，确保工程建设一处、受益一处。2006年5月绥滨灌区正式运行，为管好用好灌区工程、使之发挥最大效益，他又进一步努力，成功地促成灌区用水户协会成立，促进灌区管理。

由于工作业绩突出，王春平连续多年被农场党委授予先进工作者荣誉称号，2006、2007连续两年被评为农垦总局水务系统先进个人，2007年被评为分局劳动模范。

王庆和

王庆和，出生于1958年9月，籍贯河南省鲁山县，2008年被授予总局特等劳动模范称号，时任绥滨农场公安分局局长。

王庆和同志凭着对人民的无限赤诚和对公安事业的执着追求，带出了一支过硬的队伍，创出了一流的业绩。他所带领的公安分局曾13次荣获垦区公安系统优秀公安分局荣誉称号，同时还被省政法委评为"人民满意的政法基层单位"，被省公安厅授予"人民满意派出所"荣誉称号，4次荣立集体三等功。他本人先后13次在年度工作考核中被评为优秀等次，8次被评为公安系统"优秀领导干部"，4次荣立个人三等功，3次被评为农场"十佳党员"和总局政法部门优秀领导干部。2003年他所带领的绥滨公安分局被宝泉岭分局评为先进集体，他本人被评为分局劳动模范。2004年他被评为总局劳动模范，2005年被评为全国优秀人民警察和宝泉岭分局十佳公仆，2007年被评为垦区十大杰出人民警察。

多年来，王庆和同志凭着过硬的业务水平和不破案件决不收兵的韧劲，带领干警侦破了"6.24"抢劫案、"10.7"投毒案、马显山杀人案等一批有影响的典型案件。农场公安分局重大以上案件破案率超过95％。

王庆和同志还结合开展"贯彻十六大，全面建小康，公安怎么办"大讨论活动，规范了24小时首问负责制，在办证办照上落实了限时结办制和无偿代办制，在侦破案件上推出破案反馈制，在创建平安农场上制定了辖区责任制，也正是因为王庆和同志时时处处心中装着群众，绥滨公安分局连续3年在宝泉岭公安系统和绥滨农场执法行业"双评"中名列第一，辖区群众对公安工作满意率达100％。

侯新华

侯新华出生于1967年12月，籍贯安徽涡阳，汉族，于1988年参加工作，2011年被授予总局劳动模范称号，时任绥滨农场场长。

作为一个拥有55万亩耕地、2万人口的大型国有农场的场长，侯新华同志认真按照总局党委"优农、强工、美城"的统筹发展方针，求真务实，开拓创新，使农场的经济和社会建设获得了突飞猛进的发展。2010年，农场实现粮食总产3.4亿公斤，地区生产总值9.38亿元，职工家庭人均纯收入16696元。农场先后被农业部授予"全国水稻示范场""全国粮食生产先进场""全国标准粮田建设先进单位""全国农业综合开发先进单位""全国造林五百佳单位"等多项殊荣。

农场连续7年丰收，现代化大农业建设水平逐年攀升。2010年，农业生产排名管局第一、总局第八。侯新华充分发挥国家投资2.58亿元的引黑工程灌溉优势，新开发水田16.2万亩，使水稻面积达到45.2万亩、江水灌溉面积达到25万亩，成为宝泉岭管理局的水稻专业场。农场投资1.9亿元，对15个居民组进行了土地整理，新增耕地4440亩，改造中低产田20万亩，为实现水稻高产高效打下了坚实基础。先后投资6500多万元，引进先进大型农业、农机设备350台套，成功承办总局级以上科技示范项目30个。投资3000万元的现代农林科技园区成为农场展示现代化大农业成果的又一亮点。

工业稳步发展，招商引资加快了工业提速。农场新建了占地180亩的绥滨新型工业园区，实现工业招商引资4000多万元。3年新增工业企业8家，吸纳600人实现就业。仅2010年，工业产值就达到3.1亿元，工业效益实现1330万元。

城镇建设日新月异，人民居住生活条件实现提档。3年间共投入资金2.8亿元，新建住宅小区11个、居民楼41栋，面积达到21.36万平方米，使农场楼房化率达到70％。整体搬迁居民组17个，搬迁2023户，拆迁场区平房320户，使农场城镇化率突破80％，改善了人民的居住条件。农场投资2000万元新建了自来水厂，使居民喝上了"放心水"；投资3500万元兴建了场区污水排放系统，使场区路面硬化率达100％，改善了场区的基础；兴建了公园、学校、医院、敬老院、幼儿园等，改善了城镇的设施功能；争取国家投资、农场筹资共 1.3 亿元，新修通村、通乡、场区水泥路 150 公里，实现了村村通，改善了农场的交通环境。

同时，侯新华还特别关心贫困职工的生产生活，通过他的努力，有 90 户贫困家庭住进了廉租楼，60 多名老人住进了宽敞明亮的老年公寓，使 184 人获得了扶低支富基金，为 1200 人增加了低保金补贴和低收入家庭生活费补贴共 660 万元。

尹传滨

尹传滨，出生于 1972 年 2 月，籍贯江苏涟水，汉族，于 1955 年参加工作，2011 年被授予总局劳动模范称号，时任赴俄作业区主任。

尹传滨同志是八一农垦大学本科生，1995 年分配到绥滨农场，2004 年 4 月起担任赴俄作业区主任，十多年间辛勤工作，为农场赴俄农业开发工作做出了很大贡献。

尹传滨等人曾在一年中开荒种植大豆 1000 公顷，让俄方的合作伙伴称奇。由于投资不足，农机设备比较陈旧，为提高工效，他们住在地里破旧的碉堡和单薄寒冷的棚车中，晚间睡觉得把头一起盖上，第二天起来满被子都是白霜。在零下 20 多度的条件下，收割机发动机冻坏了，可地没收完。没办法，就得修。他们曾在一天一夜之间抬了 3 次发动机，就这样一天又一天，他们坚持到 12 月底才把大豆收完，这期间多名员工手脚被冻伤。

2004 年，宝泉岭分局设立了远东农业开发有限公司，尹传滨等人从原来的哈巴地区搬至下列区，有了家的感觉。当年，总局、分局和农场分别加大了对俄农业开发的扶持力度，制定了完善的四位一体经营模式。他们购置了大量的新型机械，使种植规模迅速扩大、经济效益有了大幅提升，生产生活条件也得到显著改善。几年来，尹传滨一直以科技兴农，加强引导、服务为工作准则。有的家庭农场小农意识比较重，没有意识到科技兴农的重要性，他就发挥专业特长，认真细致地为他们讲解农业技术知识。在家庭农场遇到资金困难时，他从国内亲朋好友处为他们筹措资金，使得既能吃苦耐劳，又有坚定信心的马明欣、陆继星等人的家庭农场得以继续经营。这几年他身先士卒、引领带动，雇佣中国员工 4 人、俄方员工 2 人创办了高标准家庭示范农场，推广国内先进的大豆种植技术。根据俄罗斯土地现状，采用种衣剂拌种，防病灭病、提高单产，大胆试验除草剂混合配方，大幅提高大豆化学除草效果，将灭草成本由每公顷 1500 卢布降到 1050 卢布，目前这些技术措施已在全公司全面推广应用。今年，为调整种植结构，他又带头为俄奶牛养殖场种植青贮玉米饲料。在他的带动下，经过全体员工多年的努力，绥滨作业区域外生产经营和效益都走在了公司的前列，劳均年收入达到 5.2 万元。

余代军

余代军，出生于 1962 年 7 月，籍贯四川云阳，汉族，于 1978 年参加工作，2011 年被授予总局劳动模范称号，时任绥滨农场第八居民组组长。

余代军以优化管理区种植结构为突破口，利用江水灌溉和土地资源优势，做大、做强水稻种植主业，使水稻种植面积由 850 公顷增加到 1250 公顷，占耕地面积的 97%，在农业生产管理上全过程、全面积推行"十统一""三到位"，在全场率先实现了"七个七天"，即水稻大棚清雪、大棚扣膜、泡田、整地、插秧、收割和翻地七天内完成。

余代军深刻认识到创新产业发展和水稻高产关键是技术这一要点，他经常带着农业技术人员深入到田间地头搞调研、传技术、做指导，常年定期和不定期开展外出观摩学习、请专家讲课、经验技术交流、田间拉练等活动，利用农户 QQ 群、宣传单和宣传栏等媒介传播农业信息和技术，并通过建立科技示范园区、规划科技示范田、树立科技示范户的形式来推进水稻高产技术攻关，目前全管理区已培育水稻种植科技示范户 22 个，同时利用水稻大棚育秧后闲置期种植黑木耳、白瓜子、豆角，建立产业负责示范园区 2 个，培养了15 名产业发展技术能手，使管理区职工增收 40 余万元。

余代军是一个干实事儿的基层干部，每年都积极为职工跑备耕贷款，帮助困难户筹措生产资金，新建两处占地 60 公顷的集中育秧大棚基地，新建一个大型浸种催芽室，新建水泥晒场 6000 平方米，自筹资金实现留守区域监控全覆盖，规划完成了百栋大棚蔬菜大棚基地建设。

第二章 人物名录

第一节 农场历届市、县人大代表、政协委员名录

一、市人大代表名录

鹤岗市第十三届人民代表大会代表

侯新华（2006—2011年）

鹤岗市第十四届人民代表大会代表

李思军（2011—2015年）

鹤岗市第十五届人民代表大会代表

李思军（2016—2018年）

二、市政治协商会议委员名录

鹤岗市第十届政治协商会议委员

于治臣（2006—2011年）

鹤岗市第十一届政治协商会议委员

俞新利（2011—2015年）

三、县人大代表名录

绥滨县第十届人民代表大会代表

（2006—2011年）

南　野（常委）	李建国
张树华	易爱民
徐炳江	

绥滨县第十一届人民代表大会代表
（2012－2015 年）

刘春青（常委）	俞新利
张金星	李　东
李乐姗	杜　勇
易爱民	宋树生
张玉洁	

绥滨县第十二届人民代表大会代表
（2016－2018 年）

楚卫国	刘春青（常委）
孙立东	孙华仁
张玉洁	张金星
陆书芬	郎冬梅
袁　鸿	

四、县政治协商会议委员名录

绥滨县第八届政治协商会议委员
（2006－2009 年）

张长友	刘德勇
伍　艳	陆书鑫
黄　燕	龚建强

（2010 年）

刘德勇	黄　燕
龚建强	骆　强

绥滨县第九届政治协商会议委员
（2011－2012 年）

付建强	王帮喜
田东生	刘　凤
龚建强	黄　燕

（2013 年）

王帮喜	田东生
刘 凤	龚建强
黄 燕	

（2014 年）

张 明	王帮喜
刘 凤	陈 伟
龚建强	田东生

（2015 年）

张 明	刘 凤
陈 伟	龚建强
田东生	

绥滨县第十届政治协商会议委员

（2016－2018 年）

张 明（常委）	张怀建
臧晓兵	尉晓亮
王亚琴	宋 鑫
陈 伟	

第二节　管理局级以上劳动模范

表 9-2-1　劳动模范情况一览表（2006－2018 年）

级别	姓名	性别	出生年	时任职务	授予时间
省级	赵永林	男	1966	绥滨农场副场长	2012
总局	张树华	男	1960	第二十五居民组组长	2008
	王春平	男	1965	水务局局长	2008
	王庆和	男	1958	公安分局局长	2008
	侯新华	男	1967	绥滨农场场长	2011
	尹传滨	男	1972	赴俄作业区主任	2011
	余代军	男	1962	第八居民组组长	2011
分局	张树华	男	1960	第二十五居民组组长	2007
	王春平	男	1965	水务局局长	2007
	逄春荣	女	1961	医院内科护士长	2008
	艾 莉	女	1957	三江机械厂厂长	2008

— 668 —

第三节　先进模范人物及事迹简介

2013—2015 年，农场党委结合管理局党委提出的"一优三好"工作要求，在全场范围内开展了"金色梦想　幸福绥滨　做优秀北大荒人"活动，评选出 8 名"楷模人物"，6 名"身边的好人"，3 名"优秀北大荒人"。典型模范的带动，在全场营造了爱国爱家、文明向善的社会风气，为建设文明绥滨、和谐绥滨和幸福绥滨打下了坚实基础。

一、楷模人物

2013 年 9 月 5 日，农场党委举办了"楷模的力量"颁奖晚会，为评选出的 8 名楷模人物进行颁奖。8 名楷模人物的具体事迹如下。

（一）郑光喜事迹简介

郑光喜，1947 年参加革命，时年 22 岁的他与首批建场人员驾着 16 挂马车，脚踏皑皑白雪，在绥滨县永祥屯附近开始了建场工作。在建场初期，他主管后勤工作，在极为艰苦的条件下，他千方百计地保证开荒队员生活和工作的后勤供应。他先后担任过农场经营管理工作股股长、分场场长、生产队队长、史志办科员等职务。

无论在什么岗位，他都任劳任怨、踏踏实实，把工作干得有声有色。作为农场的建场元老，他从不居功自傲，用平常心和高尚的精神对待一切职务、荣誉和待遇，把一生都奉献给了黑土地。

离休后，他充分发挥余热，老有所为，在农场环境建设、城镇建设工程质量监督、关心教育下一代工作中屡建新功，多次荣获"健康老人"以及关心下一代工作先进个人等荣誉称号。

（二）祝琪事迹简介

2010 年，已届天命之年的祝琪，担任了绥滨农场公安分局局长。

他一到任，就从抓公安干部素质提高做起，打造一支人民信赖拥护的公安队伍。他从群众最不满意的队伍作风和治安秩序入手，为农场经济发展和群众的生命财产安全保驾护航。虽然身患癌症，每天与化疗和痛苦做伴，他仍以超人的毅力和忘我的精神投入工作。在全体公安干警的努力下，农场的治安形势有极大的好转，公安分局一跃成为垦区公安战线的模范标杆，被公安部授予全国"清剿火患"先进基层单位、"党的十八大消防安全保卫工作先进集体"等荣誉称号。他本人先后荣获"全省消防工作先进个人""总局社会治安综合治理先进个人"、宝泉岭农垦公安局"特别贡献奖"和"优秀领导干部"荣誉称号。

（三）孟祥斌、樊静事迹简介

孟祥斌、樊静是一对残疾人夫妇。他们相亲、相爱、自强、自立。为了不给父母和社会增加负担，他们在生活极为困难的情况下，办起一个家用电器修理铺。虽然他们是残疾人，但服务质量一点也不差，而且还经常为老年人上门服务。作为残疾人，他们承担着比别人更大的压力，夫妻两人一个是双手残疾，一个是双脚残疾，但他们身残志坚，努力克服一切困难，靠自己的辛勤努力，打下了一片自己的新天地，成为残疾人的楷模。

（四）李培芝事迹简介

当年，28岁的李培芝与绥滨农场丧偶不久的张运启再婚。他家里不仅有两个年幼的儿子，还有70岁的父亲瘫痪在床。李培芝不仅每天为公爹擦洗身体、擦屎擦尿，还要照顾两个年幼的孩子，把心血全部倾注在这个家上。在公爹去世后，李培芝又省吃俭用地为两个孩子成了家，又承担起照顾孙子的义务。

大孙子出生不久，丈夫张运启病逝了，留给李培芝数千元债务，大儿媳抛下孙子离家而去，家里每个月仅靠65元的抚恤金生活。她勤俭持家，克服一切困难，一直供孙子读完了高中。孙子工作不久，又患上了脑瘤。李培芝四处奔走，打工、借钱为孙子治病，增加营养。尽管她身患贫血、高血压、胆囊炎等多种疾病，却为了省钱很少就医。为增加收入，她每年养猪、养鸡鸭鹅，自己从来不舍得吃一口，全部卖了换钱支撑家用。几十年来，李培芝辛勤劳作、无怨无悔，付出了人世间最宝贵的爱情、亲情，把青春年华都献给了这个特殊的家庭，继承和发扬了中国妇女的传统美德，成为新时代最美好的北大荒人。

（五）李燕事迹简介

1989年，李燕与郑爱国结婚，婚后就与因脑血栓而生活不能自理的公爹生活在一起，承担起照顾公爹生活和护理的重担。10年后，公爹去世了，而李燕的母亲又因智障病情加重，丈夫郑爱国不幸患上了脑萎缩，生活的重担全部压在李燕一个人身上。为了生存，李燕每天都炸油条卖，无论冬夏，大街上常常听见她的叫卖声。回到家里，她还要照顾智障的母亲，为卧床的丈夫清理卫生，服侍他按时服药，直到半夜才能上床休息。年复一年，日复一日，李燕用一颗善良的心和无私的行动，成为孝老爱家的楷模。

（六）申成美事迹简介

申成美是1959年来农场的山东支边青年，绥滨农场一名普通的"家属工"，是农场有史以来唯一一名60岁才入党的人。

十几年来，她为农场社区义务服务，不计报酬，甘愿奉献。农贸市场的公厕，过去无人管理，脏乱差现象严重。她主动"承包"下来，不分严寒还是酷暑，不怕脏不怕累，常常挥汗如雨，把厕所打扫得干干净净，始终保持清洁。有时，社会上有些人和家人不理解她为啥要如此付出，她总是说："俺既然入了党，就是党的人，就得像个党员的样！"

她还担任了社区居民组小组长，被公安局聘为义务治安员，在小区内巡逻、巡查，协助干警维护小区的安全。自 2006 年开始，在农场党委开展的"党员明岗承诺制"活动中，她以身作则，带动周边群众积极参与各项活动。入党十年来，她多次被农场党委授予优秀共产党员、"学、比、创、争"文明标兵和"优秀居委会委员标兵"。

（七）高宁事迹简介

今年 18 岁的高宁，因患有脑瘫天生残疾，从小被迫困在家中不能上学，但她对知识的渴求却一直没有停止过。她不屈服于命运的安排，在自学的道路上走出了人生的精彩。

妈妈成了她的老师，然而，对于别的孩子很简单的事情，对于她来说却是困难重重。一天一个字地学，反复多次，才能认一个字、识一个数。她由于脊椎侧弯，写字动作十分不协调，但她有着超人的毅力，字虽然写得歪歪扭扭，但连起来就是一篇完整的句子。经过五年坚韧不拔的努力，她在妈妈的帮助下，终于完成了小学阶段的课程，具备了一定的文字运用能力。但由于妈妈的文化水平也有限，无法继续帮助她实现接受更高文化教育的愿望。农场民政局得知这一情况后，免费为她送来一台新电脑，为她打开了另一扇知识的"天窗"。有了电脑，高宁开始向更深的课程冲击，还常常在电脑上写一些散文和随想。

虽然高宁身患残疾，但在她的字里行间人们看到的却是充满阳光的世界和积极向上的人生态度。她不但用实际行动感染着残疾人，也成为健康人面对人生积极进取的标杆。

（八）张树华事迹简介

2000 年，张树华担任第二十五居民组组长。这是农场一个各方面基础差、挂账多的落后单位。他到任后，根据居民组耕地大多为白浆土的实际情况，明确了"以稻治涝"的工作思路。当年全组新开发水田 500 公顷，他个人筹集资金 200 多万元为困难种植户垫支种子、化肥、油料，并逐户进行技术指导，为种植户解决了一切实际困难。第二十五居民组当年实现盈利 100 万元。为了使第二十五居民组职工群众致富，13 年来，他牢记党的宗旨，做好每个群众的服务员。全组实现了大棚、晒场、库房区以及田间道路的全部自理，并通过实施"捆绑互助"新模式，实现了机械利用率的最大化，农业生产效益走在了全场的最前列。他本人多次被评为总局先进标兵、农场先进工作者、优秀共产党员。

二、身边的好人

2014 年 8 月 27 日，农场党委举办了"身边的好人"颁奖晚会，为评选出的 6 名获奖人物进行颁奖。这 6 名"身边的好人"事迹如下。

（一）顾洪昌事迹简介

今年 74 岁的顾洪昌，退休前曾是绥滨农场船队队长，跑遍了黑龙江。2007 年，他放弃了舒适的退休生活，和老伴一块儿把家安在了黑龙江畔的黑通岛上。

这一切缘于顾洪昌看到岛上常年无人守护，常有不法分子盗取砂石、乱砍树木，岛上生态环境遭到破坏。于是，他下定决心，当一名守护国土的卫士。刚上岛时，没有像样的房子，没有电，也没有柴火，他和老伴就住在塑料布搭的窝棚里。黑龙江涨水时，常常把窝棚泡了。冬天大雪封岛，十几天出不去、进不来。艰苦的环境没有动摇他们夫妻守岛的决心，他们还在后建的房子上竖起了五星红旗。对于盗取砂石的人，不论是生人还是熟人，他们都一律坚决阻止；无论是金钱的诱惑还是威胁，他都不为所动。然而，过往的船只出现困难时，他都义无反顾地给予帮助。同时，他在岛上的家还成为边防巡逻战士的驿站。冬天，边防战士们走到这里，就能进屋暖暖身子、吃上一口热饭；夏天，战士们走到这里，就能喝上一口水。为此，他们老两口常常搭上一个星期的饭菜。

顾洪昌夫妇在岛上的家是一个没有军人的哨所，守卫着祖国的国土不受侵害。他说："我身体不行的时候，会让儿子继续守下去。"

他们家被中华全国总工会授予"全国最美家庭"称号，他本人被农垦总局党委授予"感动北大荒人物""首届道德模范"荣誉称号，被宝泉岭管理局党委授予"优秀北大荒人标兵""优秀离退休共产党员"等荣誉称号。

（二）陈萍事迹简介

陈萍是农场中学的高级教师，1984 年从事教育工作，从教 30 多年来一直担任初中班主任和初中英语教学工作，任学年组长近 20 年。

在班主任岗位上，她早出晚归、呕心沥血，所带班级班风正、学风浓。她始终坚持与学生打成一片，和学生一起劳动，对父母不在身边的学生，承担起父母的责任，关心学生的冷暖。她还经常出钱为贫困生买练习册，为他们解除学习上的后顾之忧。对于单亲家庭的孩子，她更是关怀备至。

在工作实践中，她坚持不懈地进行课堂教学改革，把教育方法和技巧毫无保留地传授给年轻教师。她写的《心灵的桥梁要用情感架设》一文，被评为省级优秀教育叙事奖一等奖。

在家庭生活中，她孝敬公婆、尊敬老人、教子有方，是一名家庭美德模范。

她多次荣获农场、管理局级优秀老师称号，2006 年，获得黑龙江省优秀教育人才奖，2011 年被评为总局级师德先进个人。

（三）范玉琴事迹简介

原农场乳品厂女职工范玉琴，曾经有一个幸福的家庭。2004年她丈夫因车祸去世后，家庭的命运从此改变。她独自挑起家庭的重担，一个人的收入勉强维持家用。

2008年，因单位改制，范玉琴下岗了。为了生计，她从事过多种工作。夏天，在建筑工地上，她同男人一样干力气活，抡大铁锹筛沙子、和水泥，扛建筑材料，每天达12个小时。冬天，她到饭店端盘子，去烤串店干杂活，给米厂清雪。4年后，她与现任丈夫组建了新家庭，日子出现了转机。

屋漏偏遇连阴雨，不幸再次降临。2013年8月，范玉琴前夫的母亲被查出了肺癌。前夫的弟弟和妹妹都在外地工作生活，无法全天照顾自己的母亲。前夫的父亲已年近八旬，身体不好。在这种情况下，范玉琴主动承担起照顾婆婆的重任。她和小姑子一起到外地为婆婆治病，并节衣缩食，千方百计为老人增加营养。从医院回到农场后，无论冬夏寒暑，她一边打工，一边伺候老人。后来，老人病重，她又辞去工作，把婆婆接到自己家中，一日三餐换样做饭给老人调理。她给老人洗衣、梳头、洗脸、擦身，端屎端尿。忙不开的时候，现任丈夫韩丙喜或者母亲和兄弟姐妹也都过来帮忙，不知情的人都以为婆婆是她母亲呢。最终，老人带着对范玉琴的感激含笑而去。

范玉琴用自己的实际行动谱写了一曲中华民族的大爱之歌，彰显了绥滨妇女的孝、爱美德。

（四）李淑梅事迹简介

1973年，农场十六连21岁的女职工李淑梅与复员军人王德贵在"八一"建军节结为夫妇。

1974年2月，王德贵在连队排爆作业中，为掩护一名北京知青，不幸被炸伤了双眼。"眼睛没了！"这一晴天霹雳，让王德贵精神瞬间崩溃，他想到了自杀。李淑梅不但多次阻止，还郑重地承诺："我选择你做我的丈夫，无论是顺境或是逆境、富足或贫穷、健康或疾病，我都将爱护你、珍惜你，直到天长地久。"

从此，李淑梅用爱的真情重新燃起了王德贵活下去的勇气。鉴于他们家的实际情况，连队给予李淑梅一定的照顾。但是，李淑梅却坚持风雨不误地上工，回到家里给全家人做饭。后来，家里有了三个孩子，负担更重了，但李淑梅从未叫过一声苦，用自己柔弱的肩膀扛起了全家生活的重担。王德贵40岁时，又患上了脑出血。李淑梅仍然待他如初，不离不弃，在绥滨农场的大街上，人们经常看到李淑梅推着轮椅带王德贵出来遛弯。如今，三个儿女已经长大成人，王德贵的病情也有了好转。在李淑梅的精心照料下，他用心感受着农场的新变化，享受着人间真情和生活的美好。

（五）王兆民事迹简介

王兆民，男，1966 年 2 月出生，现年 48 岁，吉林榆树市黑林镇人，现于绥滨农场龙旺管理区务工。

2014 年 6 月 29 日，临近中午时，龙旺管理区的种植户徐强在水田地里施肥忙了一上午，由于酷热难耐，早已汗流浃背，于是就到附近的沙坑洗个澡凉快一下。就在他游到了深水区时，不慎滑倒了，一口水呛上来，使他体力透支，眼看就要沉下去，他拼命呼叫起来。

此时，正在不远处水稻房里取农药的王兆民听到了呼救声。他来不及多想，一边朝沙坑奔跑一边脱衣服，跑到沙坑旁，一个猛子窜过去，一把抓住正往下沉的徐强，拼尽全力往上托。但徐强此时非常慌乱，死死抓住王兆民往下拖，此时的王兆民面临着生死抉择。但他丝毫没有动摇、没有放弃，冒着生命危险，奋力将徐强托向崖边。

最终，王兆民将徐强救上岸。一个普通的外来务工人员，在危难时刻挺身而出，将个人生死置之度外，彰显了中华民族舍生忘死、有难必帮的优良品德。

（六）魏传生、夏成玉事迹简介

魏传生、夏玉成夫妇是 1959 年来到农场的山东支边青年。1993 年分别退休后，仅过了 5 年安顺的生活，从 1998 年起，开始承担照料患脑血栓的老父亲的重担。当时，他们夫妻也已经年过半百了，但是他们夫妇两人还是把老父亲和母亲接到自己的家中，多方求医问药，搀扶老人进行功能性锻炼。

随着父亲、母亲年龄增大，魏传生夫妻两人已近古稀，自身生活都很吃力，可他们始终认为做子女的就要尽孝，仍然坚持每天都搀扶老人外出活动。由于体力不支，磕伤、扭腰是常有的事，最严重的一次，魏传生重重地摔在地上，躺了半个月。到 2014 年的时候，父亲已是 95 岁，病情更加严重，脾气越来越大。可他们夫妇从未抱怨，而是更加细心。坚持为老父亲导尿，每天擦拭身体两次，老人便秘时，就用手去抠，缓解其痛苦。

"只要老人有一口气，我们就要尽子女的义务一天。"

在这些年对老人的精心照料中，他们夫妻深深感到，敬老爱老是每一个晚辈的职责。他们的行为，也深深地感动着每一个绥滨农场人。

三、优秀北大荒人

2015 年，宝泉岭管理局党委在全管局范围内评选"优秀北大荒人"活动，绥滨农场公安局局长祝祺、"全国最美家庭"荣誉获得者顾洪昌、龙门福地集团董事长陆书芬 3 人被评选为优秀北大荒人，并参加了管理局组织的事迹报告巡讲活动。3 位优秀北大荒人的事迹如下。

（一）祝琪事迹简介

绥滨农场公安分局局长祝琪，从上任那一天起，就坚持与病魔抗争。在生命与事业之间，他选择了后者。

祝琪深知该如何打造一支人民信赖拥护的公安队伍，从群众最不满意的队伍作风和治安秩序入手，是抓好公安工作的基础。为此，他先后制定了一系列公安内部管理制度，加强干警考评，密切警民关系。他带头坚持在办案一线，各项工作都努力争先创优，为农场经济发展和群众的生命财产安全保驾护航。虽然身患癌症，每天与化疗和痛苦做伴，他仍以超人的毅力和忘我的精神投入工作。在全体公安干警的努力下，农场的治安形势有了极大好转，本地人作案数接近零，流窜作案破案率达到100%。在宝泉岭农垦公安局的警备实践大比武活动中，绥滨农场公安分局荣获团体第一名，一跃成为垦区公安战线的模范标杆，被公安部授予全国"清剿火患"先进基层单位、"党的十八大消防安全保卫工作先进集体"等荣誉称号。2013年，祝琪被评为农场"楷模人物"，他先后荣获"全省消防工作先进个人""总局社会治安综合治理先进个人"、宝泉岭农垦公安局"特别贡献奖"获得者和"优秀领导干部"荣誉称号。

（二）顾洪昌事迹简介

见前文"身边的好人"部分。

（三）陆书芬事迹简介

陆书芬，绥滨农场龙门福地酒业集团董事长，是农场梁山移民的后代。1993年，在佳木斯农垦经济学校毕业后，她一直在农场从事会计工作。2001年，农场供暖站转制，身为会计的陆书芬面临着下岗。在工作、生活无着落的情况下，她背水一战，与丈夫一同四处筹款，将供暖站买了下来。她也从一名普通的财务人员，成为一名私营企业主，并逐步积累了一定的管理经验。

2007年，陆书芬接手了农场濒临破产的大成酒厂，由于产品工艺落后、低端，三年之内没有太大的起色。2010年，农场开始挖掘"老龙坑"传说，打造龙门福地品牌，给了陆书芬前所未有的机遇和信心。她将大成酒厂更名为龙门福地酒厂，加大了龙门福地文化的品牌建设，并聘请国内知名的白酒专家来厂进行指导，还组织技术人员到五粮液、茅台、泸州老窖等名酒厂家取经。她投资100万元新建了化验室，建立起高于国家标准的检测指标体系，实行了科研攻关，研发出了北大荒系、龙系、福系、珍藏系、窖藏系五大系列18个品种的酒类。2014年又投资2400万启动了产能扩张工程，达产后可实行年产白酒5000吨。同时，还设计完成了龙门福地酒文化馆的建设，形成了集酒文化、酒历史展示为一体的文旅和营销模式。打造出著名的龙门福地文化酒庄，融入农场九大文化产业发展格局中。酒厂开展了"基酒封坛"和"酒庄体验"两大文旅活动，提升了"中国白酒体验式第一酒庄"的知名度，产品畅销省内外。

多年来，龙门福地酒厂还心系公益事业，建立了农场龙门福地助学金，投入20多万元；每逢佳节，企业还慰问奋战在一线上的工人和老年公寓的老人；近几年来，还累计帮助贫困户解决生活、生产资金数万元。

第四节　管理局级以上获奖人员

2006—2018年，农场获管理局级以上奖励表彰的人员名单见表9-2-2。

表9-2-2　管理局级以上获奖人员情况一览表（2006—2018年）

年份	授予机关	获奖名称	获奖人员
2006	黑龙江省计划生育协会	全省计划生育协会优秀秘书长	王 兰
	总局党委	优秀党务工作者	刘春涛
	总局	先进农机安全监理员	廖红云
	总局	林业业务考核优秀个人	张中院
	总局	农机标准化管理先进个人	杨成义
	总局	"十五"期间人口和计划生育工作先进个人	王 兰
	共青团黑龙江省农垦总局委员会	优秀共青团员	马 利
	总局绿委会	黑龙江垦区绿化奖章	石本江
	垦区公安局	垦区公安系统优秀档案员	潘 峰
	总局教育局	优秀教师	刘淑敏
	总局教育局	教学能手	张 颖
	总局卫生局、总局纠风办	医院管理年与行风建设先进工作者荣誉称号	王家鹏
	分局	财务工作先进个人	殷光伟
	分局	财务工作先进个人	王卫峰
	分局	优秀教师	陈 平
	分局	优秀教师	何云滨
	分局	优秀教师	郭兴华
	分局	优秀教师	钟琼英
	分局	先进教育工作者	王 东
2007	省人民政府	2005—2007年省推进城镇化进程先进个人	刘春青
	省人事厅、财政厅、卫生厅、人口和计划生育委员会	县城农村优秀人才	汪文杰
	省爱国卫生运动委员会	黑龙江省爱国卫生先进工作者	王 兰
	总局党委	"小康之家"先进个人	刘春涛
	总局	垦区建设系统先进个人	刘春青
	总局	2002—2007年造林绿化先进个人	刘曙华

（续）

年份	授予机关	获奖名称	获奖人员
2007	总局	2002—2007年造林绿化先进个人	石本江
	分局党委	关心下一代工作先进个人	王振江
	分局	2007年度环境保护先进个人	王利东
	分局	2007年度财务工作先进个人	李红云
	分局	2007年度财务工作先进个人	范振兰
	分局	优秀教师	石长梅
	分局	优秀教师	鹿广国
	分局	优秀教师	伍 艳
	分局	优秀教师	宗秀兰
	分局	优秀教师	徐丽娟
	分局	优秀教师	公培玲
	分局	优秀教师	张 颖
	分局	优秀班主任	费 非
	分局	先进教育工作者	金和平
2008	省环境保护厅	全国第一次污染源普查先进个人	武 勇
	省农业委员会	黑龙江省县域优秀农村科技人才奖	门振华
	总局	建设系统先进个人	刘春青
	总局	史志工作先进工作者	李泽刚
	总局	农村公路建设先进个人	侯新华
	总局	采购招标工作先进个人	陆 滨
	总局	人事编制系统先进工作者	杨茂霞
	总局	农机标准化管理工作先进个人	徐炳江
	总局	先进监理员	廖红云
	共青团农垦总局委员会	优秀共青团干部	陈 莉
	农垦中级人民法院	垦区调研工作先进个人	张金星
	总局审计处	2007—2008年垦区审计工作先进个人	王建军
	总局疾病预防控制中心	垦区疾病预防控制工作先进个人	王 兰
	分局党委	三八红旗手	舒 英
	分局	畜牧工作先进工作者	崔绍民
	分局	畜牧工作先进工作者	郑传斌
	分局	畜牧工作先进工作者	廖丽萍
	分局	优秀教师	郭文静
	分局	优秀教师	杨 琴
	分局	优秀教师	韩丽艳
	分局	优秀教师	伯海波
	分局	先进教育工作者	于文洋

（续）

年份	授予机关	获奖名称	获奖人员
	省委、省人民政府	"4.27"沾河草甸森林火灾扑救先进个人	蒲江波
	省卫生厅	全省疾病预防控制工作先进个人	李 红
	总局	公路建设先进个人	侯新华
	总局	农业综合开发先进工作者	陆 滨
	总局	采购招标工作先进个人	陆 滨
	总局	支援扑救"4.27"沾河林业局草地森林火灾先进个人	宋 锐
	总局	支援扑救"4.27"沾河林业局草地森林火灾先进个人	张 宝
	总局	农机管理标准化工作先进个人	李洪文
	总局	优秀农机监理员	廖红云
	总局工会委员会	工会系统先进个人	陆相林
	农垦中级人民法院	优秀法官	张金星
	总局青联	第六届"垦区十大杰出青年"	陆书鑫
	总局青联	第六届"垦区十大杰出青年"	侯新华
	总局第二次全国经济普查领导小组	第二次全国经济普查先进个人	王卫峰
	总局教育局	模范教师	郭文静
	总局教育局	德育先进教师	杨 帆
	总局老干部处	垦区先进离退休干部工作者	杨茂霞
	垦区公安局	新闻宣传报道员	宗志海
	垦区公安局	个人三等功	何云贵
2009	总局住房公积金管理中心	垦区住房公积金管理先进工作者	范振兰
	分局	生态垦区建设及环境保护工作先进个人	刘春青
	分局	城镇化建设先进个人	侯新华
	分局	城镇化建设先进个人	张广福
	分局	城镇化建设先进个人	刘春青
	分局	安全生产先进个人	侯新华
	分局	安全生产先进个人	付建强
	分局	安全生产先进个人	隋明春
	分局	商务工作先进工作者	付建强
	分局	粮食管理工作先进个人	徐焕斌
	分局	农产品质量安全先进个人	黄 杰
	分局	工业系统先进个人	侯新华
	分局	工业系统先进个人	付建强
	分局	工业系统先进个人	张新岷
	分局	工业系统先进个人	于瑞刚
	分局	畜牧工作先进工作者	郑传斌
	分局	办公室工作先进工作者	李泽刚
	分局	办公室工作先进工作者	刘德勇
	分局	优秀教师	伍 艳

（续）

年份	授予机关	获奖名称	获奖人员
2009	分局	优秀教师	郭兴华
	分局	优秀教师	刘淑敏
	分局	优秀教师	张 宁
	分局	优秀教师	宋雅梅
	分局	优秀教师	闫学英
	分局	优秀教师	陆相杨
	分局	先进教育工作者	崔俊娥
	分局	环境教育先进教师	王 华
2010	省政府第二次全国经济普查领导小组	第二次全国经济普查工作省级先进个人	王卫峰
	省科技厅	黑龙江省县域级农村科技优秀人才	廖红云
	省公安厅	全省公安派出所所长培训班优秀学员	祝 祺
	省公安厅	全省消防工作先进个人	祝 祺
	省公安厅	个人二等功	杨 帆
	总局党委	社会治安综合治理工作先进工作者	祝 祺
	总局	2010年度黑龙江省县域优秀农村科技人才	闫金玲
	总局	劳动模范	尹传滨
	总局	垦区计划生育工作三十年优秀人物	王 兰
	总局	森林草原防火先进个人	刘长青
	总局	农机信息化宣传工作先进个人	李洪文
	总局办公室	新闻报道先进个人	孔静静
	垦区公安局	嘉奖	孙宝江
	垦区公安局	全员岗位练兵先进个人	孙宝江
	哈尔滨住房公积金管理中心农垦分中心	垦区住房公积金管理先进个人	范振兰
	管理局党委	第三届劳动模范	于治臣
	管理局党委	第三届劳动模范	黄 杰
	管理局党委	第三届劳动模范	尹传滨
	管理局党委	第三届劳动模范	余代军
	管理局党委	第三届劳动模范	伊永刚
	管理局党委	建设现代化大农业劳动竞赛技术创新先进个人	李宗良
	管理局党委	建设现代化大农业劳动竞赛科技示范户	陆书强
	管理局党委	建设现代化大农业劳动竞赛新农村建设先进个人	付建强
	管理局党委	建设现代化大农业劳动竞赛水稻高产先进个人	于连成
	管理局党委	建设现代化大农业劳动竞赛水稻高产先进个人	袁 江
	管理局党委	建设现代化大农业劳动竞赛旱田种植先进个人	郭玉春
	管理局党委	建设现代化大农业劳动竞赛旱田种植先进个人	胡丙志
	管理局党委	建设现代化大农业劳动竞赛农机化示范先进个人	孙建伟
	管理局党委	建设现代化大农业劳动竞赛特色种植养殖先进个人	张军师
	管理局党委	建设现代化大农业劳动竞赛共同富裕先进个人	施宏伟
	管理局党委	三八红旗手	孙玉兰

（续）

年份	授予机关	获奖名称	获奖人员
	管理局党委	三八红旗手	孙佳丽
	管理局党委	三八红旗手	毕淑华
	管理局党委	三八红旗手	陈 莉
	管理局党委	三八红旗手	李乐姗
	管理局党委	三八红旗手	张淑华
	管理局党委	三八红旗手	陈玉荣
	管理局党委	三八红旗手	范振兰
	管理局党委	党管武装好书记	于治臣
	管理局党委	优秀武装部长	崔铁民
	管理局党委	武装工作先进个人	崔铁民
	管理局党委	武装工作先进个人	鞠永利
	管理局党委	武装工作先进个人	刘春涛
	管理局党委	关心下一代工作先进个人	施宏伟
	管理局党委	关心下一代工作先进个人	杨茂霞
	管理局党委	关心下一代工作先进个人	张洪国
	管理局党委	关心下一代工作先进个人	张春凤
	管理局党委	关心下一代工作先进个人	刘 军
	管理局党委	办公室工作先进个人	李泽刚
	管理局党委	办公室工作先进个人	雷高琴
2010	管理局党委	优秀文艺工作者	霍广路
	管理局党委	优秀文艺工作者	李玉雯
	管理局党委	优秀文艺工作者	刘 微
	管理局党委	优秀文艺工作者	魏荣江
	管理局	自营经济先进个人	樊 静
	管理局	自营经济先进个人	张艳玲
	管理局	自营经济先进个人	赵名凤
	管理局	自营经济先进个人	王树山
	管理局	营经济先进个人	孟宪新
	管理局	营经济先进个人	陆相林
	管理局	自营经济先进个人	刘曙华
	管理局	自营经济先进个人	王宝甥
	管理局	"扶低支富"先进个人	于治臣
	管理局	"扶低支富"先进个人	南 野
	管理局	"扶低支富"先进个人	张振海
	管理局	"扶低支富"先进个人	王春平
	管理局	"扶低支富"先进个人	刘曙华
	管理局	"扶低支富"先进个人	宋树生
	管理局	"扶低支富"先进个人	贺 健
	管理局	"扶低支富"先进个人	韩洪喜

（续）

年份	授予机关	获奖名称	获奖人员
	管理局	民主管理工作先进个人	南 野
	管理局	民主管理工作先进个人	臧晓兵
	管理局	民主管理工作先进个人	张怀建
	管理局	民主管理工作先进个人	闻宝宏
	管理局	民主管理工作先进个人	金和平
	管理局	畜牧业生产先进工作者	黄 杰
	管理局	畜牧业生产先进工作者	廖丽萍
	管理局	造林绿化三年决战先进个人	刘长青
	管理局	造林绿化三年决战先进个人	石本江
	管理局	造林绿化三年决战先进个人	蒲江波
	管理局	造林绿化三年决战先进个人	张艳玲
	管理局	"两税"工作先进个人	杨晓东
	管理局	"两税"工作先进个人	范振兰
	管理局	商务粮食工作先进个人	侯新华
	管理局	商务粮食工作先进个人	付建强
	管理局	商务粮食工作先进个人	黄 杰
	管理局	商务粮食工作先进个人	尹传滨
	管理局	商务粮食工作先进个人	徐焕斌
	管理局	商务粮食工作先进个人	黄昌琴
2010	管理局	网络信息先进个人	宋秀吉
	管理局	安全生产先进个人	侯新华
	管理局	安全生产先进个人	施宏伟
	管理局	安全生产先进个人	隋明春
	管理局	工业系统先进个人	侯新华
	管理局	工业系统先进个人	付建强
	管理局	工业系统先进个人	于瑞刚
	管理局	生态垦区建设及环境保护工作先进个人	武 勇
	管理局	阳光工程培训工作先进个人	闫金玲
	管理局	基层农技推广体系改革与建设示范县工作先进工作者	李晓明
	管理局	优秀教师	刘 凤
	管理局	优秀教师	杨 帆
	管理局	优秀教师	张 宁
	管理局	优秀教师	霍春岩
	管理局	优秀教师	胡微微
	管理局	优秀教师	陈 平
	管理局	优秀教师	杨 琴
	管理局	优秀教师	冷新春
	管理局	先进教育工作者	孙丽萍

（续）

年份	授予机关	获奖名称	获奖人员
	农业部	全国粮食生产突出贡献农业科技人员	李思军
	省纪委、省委宣传部、省文化厅、省广电、省文联	省百名廉政文化作品创作带头人	魏荣江
	省关工委	省场县共建"争先创优"活动先进个人	杨茂霞
	省农业机械安全监理总站，省农业机械安全监理协会	省第三届百优监理员	廖红云
	总局党委	第十二届劳动模范	侯新华
	总局党委	第十二届劳动模范	尹传滨
	总局党委	第十二届劳动模范	余代军
	总局	水务系统先进工作者	雷金波
	总局	农机安全监理工作先进个人	李洪文
	总局	作品《廉政广告是一盏灯》获二等奖	孔静静
	总局	安全生产工作先进个人	隋明春
	总局老干部处	垦区先进离退休干部工作者	杨茂霞
	总局保密委	保密工作先进工作者	雷高琴
	垦区公安局	垦区公安优秀民警	杨 帆
	垦区公安局	清剿火患先进个人	祝 祺
	垦区公安局	十佳社区民警	侯智川
	垦区公安局	"清网行动"先进个人	杜 强
2011	总局司法局	个人三等功	崔铁民
	总局教育局	师德先进教师	陈 平
	总局教育局	模范教师	张 颖
	总局教育局	优秀教师	初晓芳
	总局办公室	督查工作先进个人	刘春青
	总局文化委	开展广播电视强局活动先进个人	龚德明
	总局人力资源和社会保障局	垦区人力资源和社会保障系统先进工作者	张新岷
	管理局党委	优秀共产党员	李晓明
	管理局党委	优秀共产党员	张春凤
	管理局党委	优秀共产党员	刘长青
	管理局党委	优秀共产党员	吕兴旺
	管理局党委	优秀共产党员	隋在文
	管理局党委	优秀共产党员	刘 军
	管理局党委	优秀党务工作者	魏荣江
	管理局党委	优秀党务工作者	施宏伟
	管理局党委	优秀党务工作者	鞠永胜
	管理局党委	党风廉政建设先进个人	魏荣江
	管理局党委	"五五"普法和依法治理工作先进工作者	崔铁民
	管理局党委	"五五"普法和依法治理工作先进个人	张怀建
	管理局党委	"五五"普法和依法治理工作先进个人	张春凤

（续）

年份	授予机关	获奖名称	获奖人员
	管理局党委	"五五"普法和依法治理工作先进个人	刘　军
	管理局党委	"五五"普法和依法治理工作先进个人	文利军
	管理局党委	"五五"普法和依法治理工作先进个人	赵恒军
	管理局党委	第四届"十佳公仆"	张洪国
	管理局党委	建设现代化大农业劳动竞赛创新与减排先进个人	王春平
	管理局党委	建设现代化大农业劳动竞赛畜牧养殖先进个人	朱朝兰
	管理局党委	建设现代化大农业劳动竞赛新农村建设先进个人	殷光伟
	管理局党委	建设现代化大农业劳动竞赛新农村建设先进个人	张冬梅
	管理局党委	建设现代化大农业劳动竞赛粮食种植先进个人	张树忠
	管理局党委	建设现代化大农业劳动竞赛粮食种植先进个人	袁　鸿
	管理局党委	建设现代化大农业劳动竞赛粮食种植先进个人	焦晓东
	管理局党委	建设现代化大农业劳动竞赛农机操作先进个人	王洪波
	管理局党委	自营经济工作先进个人	施宏伟
	管理局党委	自营经济工作先进个人	张怀建
	管理局党委	优秀武委会主任	李思军
	管理局党委	优秀民兵干部	李建军
	管理局党委	优秀民兵干部	姜元伟
	管理局党委	军事训练先进个人	王志强
	管理局党委	宣传报道先进个人	王帮喜
2011	管理局党委	宣传报道先进个人	安　军
	管理局党委	"五做贡献"先进个人	葛金鹏
	管理局党委	办公室系统优质高效服务竞赛活动先进个人	刘春青
	管理局党委	办公室系统优质高效服务竞赛活动先进个人	雷高琴
	管理局	人口和计划生育工作先进个人	李思军
	管理局	人口和计划生育工作先进个人	俞新利
	管理局	人口和计划生育工作先进个人	刘曙华
	管理局	人口和计划生育工作先进个人	李　萍
	管理局	社区卫生服务机构建设先进个人	李思军
	管理局	社区卫生服务机构建设先进个人	刘曙华
	管理局	社区卫生服务机构建设先进个人	王　兰
	管理局	群众体育工作先进个人	王帮喜
	管理局	群众体育工作先进个人	刘　微
	管理局	群众体育工作先进个人	雷高琴
	管理局	粮食销售工作先进工作者	徐焕斌
	管理局	网络信息先进工作者	王帮喜
	管理局	网络信息先进工作者	王　华
	管理局	畜牧生产先进工作者	李思军
	管理局	畜牧生产先进工作者	俞新利

（续）

年份	授予机关	获奖名称	获奖人员
2011	管理局	畜牧生产先进工作者	黄 杰
	管理局	畜牧生产先进工作者	郑传斌
	管理局	畜牧生产先进工作者	何德鹏
	管理局	畜牧生产先进工作者	王 丽
	管理局	建设系统先进个人	李思军
	管理局	建设系统先进个人	付建强
	管理局	建设系统先进个人	张冬梅
	管理局	生态垦区建设及环境保护工作先进个人	李洪明
	管理局	安全生产先进个人	李思军
	管理局	安全生产先进个人	付建强
	管理局	安全生产先进个人	谢 丽
	管理局	优秀教师	杨 帆
	管理局	优秀教师	刘永芳
	管理局	优秀教师	刘 凤
	管理局	优秀教师	戚为民
	管理局	优秀教师	徐丽娟
	管理局	优秀教师	赵 玲
	管理局	优秀教师	闫学英
	管理局	优秀教师	费建荣
	管理局	先进教育工作者	王 东
2012	农业部	全国粮食生产突出贡献农业科技人员	李思军
	全国敬老爱老主题教育活动组委会	全国孝亲敬老之星	郎清芝
	省委、省政府	全省粮食生产先进个人	李晓明
	省委	全省创业、创新、创优活动优秀党员	尹传滨
	省总工会、总局	垦区建设现代化大农业劳动竞赛先进个人	殷光伟
	省爱国卫生运动委员会	省爱国卫生先进个人	王 兰
	省广播电影电视局	"三创"工作先进个人	龚德明
	总局党委	优秀武委会主任	李思军
	总局党委	纪检监察工作先进个人	魏荣江
	总局党委	垦区公路建设三年决战先进个人	侯新华
	总局党委	纪检监察工作先进个人	魏荣江
	总局	垦区抗涝抢收工作先进个人	黄 杰
	总局	垦区抗涝抢收工作先进个人	李 东
	总局	森林草原防火工作先进个人	刘长青
	总局	水务先进工作者	靳玉芹
	总局	垦区技术能手	李 友
	总局	优秀科技示范户	门振海
	总局	2011—2012年度垦区新农村建设先进个人	李 杰

（续）

年份	授予机关	获奖名称	获奖人员
	总局	垦区抗涝抢收先进个人	黄　杰
	鹤岗市委	十佳共产党员	尹传滨
	总局关工委	垦区百名优秀"五老"	王振江
	共青团农垦总局委员会	农垦总局优秀共青团员	刘洪军
	总局宣传部	农垦总局优秀新闻工作者	刘洪军
	省农垦中级人民法院	岗位之星	李海凤
	总局禁毒委员会	垦区禁毒工作先进个人	祝　祺
	垦区公安局	个人三等功	秦立国
	垦区公安局	垦区十佳交警	秦立国
	垦区公安局	110接处警工作先进个人	杨　帆
	垦区公安局	清剿火患战役先进个人	祝　祺
	垦区公安局	破案会战个人三等功	祝　祺
	垦区公安局	垦区公安执法规范化建设先进个人	祝　祺
	垦区公安局	禁毒工作先进个人	祝　祺
	垦区公安局	保密"清源"行动先进个人	汪运杰
	垦区采购招标局	垦区采购招标工作先进个人	杨晓东
	垦区采购招标局	垦区采购招标工作先进个人	陆　滨
	总局种子管理局	垦区种子管理工作先进个人	李晓明
	总局广播电视台	"三创"工作先进个人	龚德明
2012	管理局党委	"三创"活动十佳优秀党支部书记	李乐珊
	管理局党委	"双拥"工作好场长先进个人	李思军
	管理局党委	基层"双拥"工作先进个人	郎清芝
	管理局党委	基层"双拥"工作先进个人	王春平
	管理局党委	基层"双拥"工作先进个人	王志强
	管理局党委	优秀复转军人	韩洪喜
	管理局党委	农村公路建设三年决战先进个人	付建强
	管理局党委	农村公路建设三年决战先进个人	王利东
	管理局党委	农村公路建设三年决战先进个人	朱瑞前
	管理局党委	"三创"活动十佳优秀共产党员	李晓明
	管理局党委	自营经济工作先进个人	邵国财
	管理局党委	自营经济工作先进个人	李恩国
	管理局党委	自营经济工作先进个人	张怀建
	管理局党委	自营经济工作先进个人	蒲江波
	管理局党委	自营经济工作先进个人	马　军
	管理局党委	办公室工作先进工作者	刘春青
	管理局党委	办公室工作先进工作者	雷高琴
	管理局党委	优秀专武干部	崔铁民
	管理局党委	优秀民兵干部	李　东

（续）

年份	授予机关	获奖名称	获奖人员
	管理局党委	优秀民兵干部	蒲江波
	管理局党委	武装宣传报道工作先进个人	刘洪军
	管理局党委	武装宣传报道工作先进个人	顾立秋
	管理局	美城工作先进个人	李思军
	管理局	美城工作先进个人	张冬梅
	管理局	人口和计划生育工作先进个人	李思军
	管理局	人口和计划生育工作先进个人	俞新利
	管理局	人口和计划生育工作先进个人	刘曙华
	管理局	人口和计划生育工作先进个人	王 兰
	管理局	畜牧生产先进工作者	门振华
	管理局	畜牧生产先进工作者	公方敏
	管理局	畜牧生产先进工作者	兰神彩
	管理局	粮食工作先进工作者	李思军
	管理局	粮食工作先进工作者	付建强
	管理局	粮食工作先进工作者	徐焕斌
	管理局	生态垦区建设及环境保护工作先进个人	王利东
2012	管理局	安全生产先进个人	李思军
	管理局	安全生产先进个人	付建强
	管理局	安全生产先进个人	黄昌琴
	管理局	工业系统先进工作者	李思军
	管理局	工业系统先进工作者	付建强
	管理局	工业系统先进工作者	于瑞刚
	管理局	网络信息工作先进工作者	徐晓玉
	管理局	阳光工程培训先进工作者	李晓明
	管理局	基层农技推广体系改革与建设补助项目工作先进工作者	闫金玲
	管理局	优秀教师	郭文静
	管理局	优秀教师	张 颖
	管理局	优秀教师	张立洪
	管理局	优秀教师	吴世宝
	管理局	优秀教师	刘 凤
	管理局	优秀教师	王玉苹
	管理局	优秀教师	初晓芳
	管理局	优秀教师	刘永芳
	管理局	先进教育工作者	张春凤
	省政府	龙江技术能手	李 友
	省公安厅	公安监管场所管理教育工作先进个人	姜春林
2013	省民政局	全省社区优秀志愿者	吕兴旺
	中国渔业互保协会黑龙江办事处	先进工作者	廖丽萍
	总局党委	优秀专武干部	崔铁民

（续）

年份	授予机关	获奖名称	获奖人员
	总局	森林草原防火先进个人	赵永林
	总局	安全生产工作先进个人	李思军
	总局	安全生产工作先进个人	隋明春
	总局	优秀专武干部	崔铁民
	总局	垦区"全国基层农技推广补助项目"优秀农技人员	廖红云
	总局	垦区"全国基层农技推广补助项目"优秀农技人员	李晓明
	总局	垦区"全国基层农技推广补助项目"优秀农技人员	李绍坤
	总局	农机安全监理工作先进个人	廖红云
	共青团农垦总局委员会	垦区新长征突击手	李晓明
	总局农业局	土壤墒情监测工作先进个人	李绍坤
	总局团委	优秀青年志愿者	孔静静
	总局司法局	垦区"六五"普法中期先进个人	崔铁民
	总局教育局	优秀教育工作者	金和平
	总局教育局	优秀教师	霍春岩
	农垦广播电视局	优秀记者	王安达
	管理局党委	三八红旗手	王晓霞
	管理局党委	三八红旗手	李乐姗
	管理局党委	三八红旗手	陈 莉
	管理局党委	三八红旗手	于文华
2013	管理局党委	巾帼"学比创争"标兵	孙佳丽
	管理局党委	十佳作业站站长	李 东
	管理局党委	十佳作业站党支部书记	刘春涛
	管理局党委	关心下一代工作先进个人	刘曙华
	管理局党委	关心下一代工作先进个人	杨茂霞
	管理局党委	关心下一代工作先进个人	王振江
	管理局党委	关心下一代工作先进个人	李世颖
	管理局党委	关心下一代工作先进个人	张春凤
	管理局党委	第五届十佳公仆	祝 祺
	管理局党委	抗洪抢险救灾工作先进个人标兵	崔铁民
	管理局党委	抗洪抢险救灾工作先进个人	李思军
	管理局党委	抗洪抢险救灾工作先进个人	王春平
	管理局党委	抗洪抢险救灾工作先进个人	侯庆成
	管理局党委	抗洪抢险救灾工作先进个人	祝 祺
	管理局党委	抗洪抢险救灾工作先进个人	王志强
	管理局党委	抗洪抢险救灾工作先进个人	徐在阁
	管理局党委	抗洪抢险救灾工作先进个人	毕福强
	管理局党委	抗洪抢险救灾工作先进个人	尚 伟
	管理局党委	抗洪抢险救灾工作先进个人	汪会杰

（续）

年份	授予机关	获奖名称	获奖人员
	管理局党委	抗洪抢险救灾工作先进个人	谢龙龙
	管理局党委	抗洪抢险救灾工作先进个人	葛金辉
	管理局党委	抗洪抢险救灾工作先进个人	曹世财
	管理局党委	抗洪抢险救灾工作先进个人	段正安
	管理局	安全生产先进个人	李思军
	管理局	安全生产先进个人	张 勋
	管理局	安全生产先进个人	黄昌琴
	管理局	生态垦区建设及环境保护工作先进个人	李洪明
	管理局	美城工作先进个人	李思军
	管理局	优秀武委会主任	李思军
	管理局	优秀专武干部	顾立秋
	管理局	优秀民兵干部	李 涛
	管理局	优秀民兵干部	段德新
	管理局	工业系统先进工作者	李思军
	管理局	畜牧工作先进工作者	张 明
2013	管理局	畜牧工作先进工作者	韩忠海
	管理局	畜牧工作先进工作者	王 丽
	管理局	畜牧工作先进工作者	张 森
	管理局	武装宣传报道工作先进个人	刘洪军
	管理局	武装宣传报道工作先进个人	顾立秋
	管理局	武装宣传报道工作先进个人	王帮喜
	管理局	优秀教师	刘 凤
	管理局	优秀教师	白艳荣
	管理局	优秀教师	初晓芳
	管理局	优秀教师	王玉苹
	管理局	优秀教师	闫学英
	管理局	优秀教师	闫晓艳
	管理局	优秀教师	陆相阳
	管理局	优秀教师	黄丽莹
	管理局	优秀教育工作者	于文洋
	新疆生产建设兵团十师公安局	援疆期间个人三等功	毛乃旭
	中国渔业互保协会黑龙江办事处	先进工作者	廖丽萍
	省卫生和计划生育委员会	妇幼健康技能竞赛优秀奖	陆子荣
	省公安厅	个人二等功	毛乃旭
2014	总局党委	优秀武委会主任	李思军
	总局党委	优秀专武干部	崔铁民
	总局党委	优秀民兵干部	顾立秋
	总局	保障性住房建设先进个人	张 勋
	总局	保障性住房建设先进个人	张冬梅

（续）

年份	授予机关	获奖名称	获奖人员
	总局	优秀民兵干部	顾立秋
	共青团农垦总局委员会	优秀团干部	宋晓忧
	共青团农垦总局委员会	优秀团干部	刘志刚
	总局关工委	关心下一代工作先进个人标兵	王振江
	垦区公安局	垦区十佳优秀警官	祝 祺
	垦区公安局	清剿火患战役先进个人	刘秉辉
	垦区公安局	专项整治行动先进个人并荣记个人三等功	秦立国
	垦区公安局	专项整治行动先进个人并荣记个人三等功	赵宏峰
	垦区公安局	垦区公安机关爱岗敬业先进个人	毛乃旭
	管理局党委	招商引资工作先进个人	李思军
	管理局党委	招商引资工作先进个人	徐焕斌
	管理局	生态垦区建设及环境保护工作先进个人	李思军
	管理局	生态垦区建设及环境保护工作先进个人	王利东
	管理局	城镇化建设先进个人	李思军
2014	管理局	城镇化建设先进个人	张冬梅
	管理局	安全生产工作先进个人	李思军
	管理局	安全生产工作先进个人	隋明春
	管理局	安全生产工作先进个人	黄昌琴
	管理局	自营经济工作先进个人	蒲江波
	管理局	自营经济工作先进个人	宋树生
	管理局	优秀教师	陈 萍
	管理局	优秀教师	杨 琴
	管理局	优秀教师	陈玉荣
	管理局	优秀教师	徐 微
	管理局	优秀教师	刘 凤
	管理局	优秀教师	初晓芳
	管理局	优秀教师	张 宁
	管理局	优秀教师	戚为民
	管理局	优秀教育工作者	金和平
	管理局	优秀教育工作者	王 东
	中华人民共和国最高人民法院	荣誉天平奖章	张金星
	总局党委	优秀民兵干部	顾立秋
	总局党委	基层武装部长标兵	崔铁民
	总局党委	优秀共产党员	陆书芬
2015	总局党委	社会治安综合治理工作先进工作者	张 磊
	总局	优秀民兵干部标兵	顾立秋
	总局	优秀专武干部	崔铁民
	共青团农垦总局委员会	垦区优秀青年志愿者	付赒罡
	共青团农垦总局委员会	垦区优秀青年志愿者	徐晓玉

（续）

年份	授予机关	获奖名称	获奖人员
	总局教育局	先进教育工作者	王 东
	总局教育局	优秀教师	王美红
	管理局党委	2009—2015 年度"争创垦区经济社会全面发展先进局"劳动模范	李思军
	管理局党委	2009—2015 年度"争创垦区经济社会全面发展先进局"劳动模范	俞新利
	管理局党委	2009—2015 年度"争创垦区经济社会全面发展先进局"劳动模范	赵永林
	管理局党委	2009—2015 年度"争创垦区经济社会全面发展先进局"劳动模范	刘曙华
	管理局党委	2009—2015 年度"争创垦区经济社会全面发展先进局"劳动模范	王帮喜
	管理局党委	2009—2015 年度"争创垦区经济社会全面发展先进局"劳动模范	张怀建
	管理局党委	2009—2015 年度"争创垦区经济社会全面发展先进局"劳动模范	王福荣
	管理局党委	2009—2015 年度"争创垦区经济社会全面发展先进局"劳动模范	刘 健
	管理局党委	2009—2015 年度"争创垦区经济社会全面发展先进局"劳动模范	李晓明
	管理局党委	2009—2015 年度"争创垦区经济社会全面发展先进局"劳动模范	金和平
	管理局党委	2009—2015 年度"争创垦区经济社会全面发展先进局"劳动模范	宗志海
	管理局党委	2009—2015 年度"争创垦区经济社会全面发展先进局"劳动模范	刘 微
	管理局党委	2009—2015 年度"争创垦区经济社会全面发展先进局"劳动模范	余代军
	管理局党委	2009—2015 年度"争创垦区经济社会全面发展先进局"劳动模范	付昺罡
	管理局党委	"善治宝泉岭"工作先进个人	俞新利
	管理局党委	"善治宝泉岭"工作先进个人	李思军
	管理局党委	"善治宝泉岭"工作先进个人	王帮喜
2015	管理局党委	"善治宝泉岭"工作先进个人	王 兰
	管理局党委	"善治宝泉岭"工作先进个人	刘 微
	管理局党委	"善治宝泉岭"工作先进个人	王福荣
	管理局党委	"善治宝泉岭"工作先进个人	付昺罡
	管理局党委	优秀武委会主任	李思军
	管理局党委	优秀民兵专武干部	谢龙龙
	管理局党委	优秀民兵专武干部	李世洋
	管理局党委	"争做优秀北大荒人"标兵	顾洪昌
	管理局党委	"争做优秀北大荒人"标兵	李培芝
	管理局党委	"争做优秀北大荒人"标兵	张树华
	管理局党委	"争做优秀北大荒人"标兵	申成美
	管理局党委	"争做优秀北大荒人"标兵	范玉琴
	管理局党委	"争做优秀北大荒人"标兵	祝 祺
	管理局党委	打造一种好民风标兵	范玉琴
	管理局党委	打造一种好民风先进个人	陆书芬
	管理局党委	打造一种好民风先进个人	乔友成
	管理局党委	打造一种好民风先进个人	王晓洁
	管理局党委	打造一种好民风先进个人	徐胜利
	管理局党委	打造一种好民风先进个人	王金海

（续）

年份	授予机关	获奖名称	获奖人员
2015	管理局党委	打造一种好民风先进个人	吕兴旺
	管理局党委	打造一种好民风先进个人	申成美
	管理局	优秀教师	费建荣
	管理局	优秀教师	徐立娟
	管理局	优秀教师	费　非
	管理局	优秀教师	郭兴华
	管理局	优秀教师	刘　凤
	管理局	优秀教师	王玉苹
	管理局	优秀教师	戚为民
	管理局	优秀教师	陈忠伟
	管理局	先进教育工作者	金和平
	管理局	先进教育工作者	高传友
	管理局	市容环境卫生工作先进个人	王乃滨
2016	中华人民共和国农业部	农业技术推广贡献奖	蒲江波
	总局党委	优秀专武干部	崔铁民
	总局党委	优秀民兵干部	顾立秋
	总局关心下一代工作委员会	垦区关心下一代宣传工作先进个人	王振江
	管理局党委	优秀共产党员	李思军
	管理局党委	优秀共产党员	刘洪军
	管理局党委	优秀共产党员	李绍坤
	管理局党委	优秀共产党员	陈　丽
	管理局党委	优秀共产党员	侯柏臣
	管理局党委	优秀共产党员	谭建忠
	管理局党委	优秀党务工作者	宋秀吉
	管理局党委	优秀党务工作者	姜元伟
	管理局党委	优秀党务工作者	刘春涛
	管理局党委	经济社会全面发展先进个人	李思军
	管理局党委	经济社会全面发展先进个人	陈庆君
	管理局党委	经济社会全面发展先进个人	殷光伟
	管理局党委	经济社会全面发展先进个人	刘春涛
	管理局党委	经济社会全面发展先进个人	李良辉
	管理局党委	三八红旗手标兵	王福荣
	管理局党委	三八红旗手	杨　帆
	管理局党委	三八红旗手	綦春华
	管理局党委	三八红旗手	王爱萍
	管理局党委	三八红旗手	孙岩岩
	管理局党委	三八红旗手	何　莲
	管理局党委	三八红旗手	靳玉琴

（续）

年份	授予机关	获奖名称	获奖人员
	管理局党委	五好文明家庭	樊　静 孟祥斌
	管理局党委	五好文明家庭	闫金玲 姜元伟
	管理局党委	五好文明家庭	万淑芳 张超英
	管理局党委	五好文明家庭	赵仲秋 伊永刚
	管理局党委	"六五"普法和依法治理工作先进个人	付昺罡
	管理局党委	"六五"普法和依法治理工作先进个人	刘春涛
	管理局党委	"六五"普法和依法治理工作先进个人	张春凤
	管理局党委	"六五"普法和依法治理工作先进个人	张洪国
	管理局党委	"六五"普法和依法治理工作先进个人	刘洪军
	管理局党委	2015—2016 年度优秀北大荒人标兵	范玉琴
	管理局党委	2015—2016 年度优秀北大荒人标兵	顾洪昌
	管理局党委	2015—2016 年度优秀北大荒人标兵	陆书芬
	管理局党委	2015—2016 年度优秀北大荒人标兵	祝　祺
	管理局党委	2015—2016 年度优秀北大荒人标兵	张洪国
	管理局党委	2015—2016 年度优秀北大荒人标兵	伊永刚
2016	管理局党委	党管武装好书记	楚卫国
	管理局党委	优秀民兵干部	赵春晓
	管理局党委	优秀民兵干部	陈庆君
	管理局	工业系统先进个人	李思军
	管理局	工业系统先进个人	张　勋
	管理局	工业系统先进个人	于瑞刚
	管理局	城镇化建设先进个人	李思军
	管理局	市容环境卫生工作先进个人	戴凤霞
	管理局	市容环境卫生工作先进个人	王志强
	管理局	城镇化建设先进个人	于　琦
	管理局	安全生产工作先进个人	李思军
	管理局	安全生产工作先进个人	张　勋
	管理局	安全生产工作先进个人	隋明春
	管理局	先进教育工作者	周德才
	管理局	优秀教师	张立洪
	管理局	优秀教师	郭文静
	管理局	优秀教师	闫永萍
	管理局	优秀教师	陈　萍
	管理局	优秀教师	刘　凤

（续）

年份	授予机关	获奖名称	获奖人员
2016	管理局	优秀教师	张 宁
	管理局	优秀教师	杨 帆
	管理局	优秀教师	王玉苹
2017	省总工会	全省职工创业标兵	陆书芬
	省总工会女职工委员会	黑龙江省女职工创新能手	艾 莉
	省总工会女职工委员会	"喜迎十九大 巾帼展风采"第二届女职工文化艺术节女劳模风采摄影赛一等奖	孙绪琴
	总局党委	十九大期间垦区信访维稳工作先进个人	刘春青
	总局党委	优秀专武干部	崔铁民
	总局	征兵工作先进个人	崔铁民
	省农垦总局委员会、网络安全与信息化领导小组办公室	2017年度垦区新媒体宣传工作先进个人	李 兴
	总局团委	垦区优秀共青团干部	林 洋
	管理局党委	经济社会全面发展先进个人	韩洪星
	管理局党委	经济社会全面发展先进个人	赵春晓
	管理局党委	经济社会全面发展先进个人	邓义江
	管理局党委	经济社会全面发展先进个人	李绍坤
	管理局党委	经济社会全面发展先进个人	付庆兰
	管理局党委	脱贫攻坚工作先进个人	李思军
	管理局党委	帮扶先进个人	马伟宇
	管理局党委	帮扶先进个人	任 民
	管理局党委	优秀共产党员	李思军
	管理局党委	优秀共产党员	贾德扬
	管理局党委	优秀共产党员	刘 微
	管理局党委	优秀共产党员	邓义江
	管理局党委	优秀共产党员	王安达
	管理局党委	优秀共产党员	吕兴旺
	管理局党委	优秀共产党员	于连河
	管理局党委	优秀离退休共产党员	王振江
	管理局党委	优秀离退休共产党员	王立兴
	管理局党委	优秀离退休共产党员	顾洪昌
	管理局党委	优秀党支部书记	陈云全
	管理局党委	优秀党支部书记	郎清芝
	管理局党委	优秀党务工作者	楚卫国
	管理局党委	优秀党务工作者	张怀建
	管理局党委	优秀北大荒人标兵	吕兴旺
	管理局党委	十九大期间信访维稳工作先进个人	张 明
	管理局党委	十九大期间信访维稳工作先进个人	金和平
	管理局党委	十九大期间信访维稳工作先进个人	吕德华

（续）

年份	授予机关	获奖名称	获奖人员
2017	管理局党委	十九大期间信访维稳工作先进个人	臧晓兵
	管理局党委	十九大期间信访维稳工作先进个人	赵春晓
	管理局党委	十九大期间信访维稳工作先进个人	李 明
	管理局党委	十佳公仆	金和平
	管理局党委	优秀武委会主任	李思军
	管理局	安全生产工作先进个人	李思军
	管理局	安全生产工作先进个人	杨 宇
	管理局	安全生产工作先进个人	王 微
	管理局	先进教育工作者	于文洋
	管理局	优秀教师	闫晓艳
	管理局	优秀教师	霍春岩
	管理局	优秀教师	陆相杨
	管理局	优秀教师	王玉苹
	管理局	优秀教师	刘 凤
	管理局	优秀教师	张 宁
	管理局	优秀教师	林 洋
2018	中国农村卫生协会	全国乡镇卫生院优秀院长	王家鹏
	省委宣传部、省关心下一代工作委员会	2015至2017年度全省宣传报道关心下一代工作先进个人	王振江
	省关心下一代工作委员会	在2018年全省关心下一代工作"双先"表彰中，被评为全省关心下一代工作先进个人	王振江
	总局党委	优秀专武干部	李思军
	总局森防指挥部	2018年度垦区森林草原防火先进个人	张中院
	总局绿化委员会	2018年度垦区绿化奖章	张艳玲
	管理局党委	2015—2017年度十星级文明户	甘江家庭
	管理局党委	2015—2017年度十星级文明户	陆继香家庭
	管理局党委	三八红旗手标兵	郎清芝
	管理局党委	三八红旗手	沙洪杰
	管理局党委	三八红旗手	安春华
	管理局党委	三八红旗手	孙岩岩
	管理局党委	三八红旗手	马 军
	管理局党委	三八红旗手	王丽娅
	管理局党委	三八红旗手	孙绪琴
	管理局党委	三八红旗手	刘春凤
	管理局党委	五好文明家庭	梅 春 刘 健
	管理局党委	五好文明家庭	刘 军 韩洪喜
	管理局党委	五好文明家庭	徐淑梅 温建法

（续）

年份	授予机关	获奖名称	获奖人员
2018	管理局党委	五好文明家庭	刘凤娟 曹世财
	管理局党委	五好文明家庭	高　颖 宋树成
	管理局党委	五好文明家庭	王　燕 公维滨
	管理局党委	优秀民兵干部	顾立秋
	管理局党委	优秀北大荒人标兵	王克栋
	管理局党委	经济社会全面发展先进个人	李思军
	管理局党委	经济社会全面发展先进个人	楚卫国
	管理局党委	经济社会全面发展先进个人	刘峥宇
	管理局党委	经济社会全面发展先进个人	李绍坤
	管理局党委	经济社会全面发展先进个人	王安达
	管理局党委	经济社会全面发展先进个人	韩洪星
	管理局	安全生产工作先进个人	李思军
	管理局	安全生产工作先进个人	杨　宇
	管理局	安全生产工作先进个人	王　微
	管理局	城镇化建设先进个人	李思军
	管理局	城镇化建设先进个人	楚卫国
	管理局	城镇化建设先进个人	鞠永美
	管理局	市容环境卫生工作先进个人	陈庆君
	管理局	商务工作先进个人	李思军
	管理局	商务工作先进个人	张　勋
	管理局	商务工作先进个人	宋树生
	管理局	商务工作先进个人	陆书芬
	管理局	工业系统先进工作者	于瑞刚
	管理局	先进教育工作者	杨　帆
	管理局	优秀教师	王玉萍
	管理局	优秀教师	刘　凤
	管理局	优秀教师	张　宁
	管理局	优秀教师	吴国明
	管理局	优秀教师	杨妍丽
	管理局	优秀教师	陈　萍
	管理局	优秀教师	林　洋

第五节　高级职称人员

农场 2006—2018 年获高级职称人员情况见表 9-2-3。

表 9-2-3　高级职称人员情况一览表（2016—2018 年）

姓名	性别	职称名称	2018 年年底职务	姓名	性别	职称名称	2018 年年底职务
俞新利	男	教授级高级政工师	党委书记	刘庆玲	女	高级政工师	社保局局长
南 野	男	教授级高级政工师	党委副书记	李洪军	男	高级政工师	居民组工会主席
张新岷	男	教授级高级政工师	劳资科科长	甘 源	男	高级政工师	园区书记
徐焕斌	男	教授级高级政工师	粮食科科长	龚德明	男	高级政工师	电视局局长
魏荣江	男	教授级高级政工师	纪委副书记	骆 强	男	高级政工师	组织部部长
杨茂霞	女	教授级高级政工师	老干部科科长	藏晓兵	男	高级政工师	居民组组长
刘曙华	女	高级政工师	党委副书记	郎清芝	男	高级政工师	民政局局长
刘春青	男	高级政工师	副场长	刘 微	女	高级政工师	文化体育发展中心主任
王广星	男	高级政工师	工会主席	文利军	男	高级政工师	居民组党支部书记
张怀建	男	高级政工师	工会副主席	关玉滨	男	高级政工师	居民组党支部副书记
侯智川	男	高级政工师	公安教导员	綦春华	女	高级政工师	社区副主任
陈凤敏	女	高级政工师	种子公司书记	宋秀吉	女	高级政工师	组织部副部长
贾利平	男	高级政工师	管理区党总支书记	孔令星	男	高级政工师	管理区工会主席
刘春涛	男	高级政工师	居民组党支部书记	关玉胜	男	高级政工师	滨北书记
吴 良	男	高级政工师	社区党总支副书记	王福荣	女	高级政工师	信访办信访员
刘忠允	男	高级政工师	居民组党支部副书记	赵振华	男	高级政工师	居民组党支部书记
马 军	女	高级政工师	工会	何文翠	女	高级政工师	纪委书记
杨东平	男	高级政工师	居民组党支部书记	张怀建	男	教授级政工师	党委宣传部部长
隋 叶	男	高级政工师	广信管理区党总支书记	雷金波	男	高级工程师	水务局科员
李思军	男	高级农艺师	农场场长	李宗良	男	高级工程师	水务局科员
李绍坤	男	高级农艺师	农业科副科长	靳玉芹	女	高级工程师	水务局科员
陆相敏	女	高级农艺师	农业科技服务中心化验员	王春鹏	男	高级工程师	水务局科员
张 明	男	高级会计师	副场长	李洪文	男	高级工程师	农机科副科长
李红云	女	高级会计师	计财科副科长	李洪明	男	高级工程师	建设科副科长
徐显萍	女	高级会计师	计财科财务会计兼预算会计	郑传斌	男	高级畜牧师	畜牧科副科长
范振兰	女	高级会计师	财务科社区会计	廖丽萍	女	高级畜牧师	畜牧公司技术员
于文华	女	高级会计师	水务局会计	刘志刚	男	高级兽医师	畜牧公司技术员
辛 愿	男	高级会计师	工业科副科长	屈志明	男	高级兽医师	畜牧公司技术员
马 咏	女	高级会计师	医院会计	赵海峰	男	高级兽医师	畜牧公司技术员
韩忠海	男	高级劳动经济师	畜牧科党支部书记	王 丽	女	高级畜牧师	畜牧公司技术员
张冬梅	女	建筑高级工程师	建设科科长	何德鹏	男	高级兽医师	畜牧公司技术员
王利东	男	建筑高级工程师	林业局党支部副书记	赵相伟	男	高级兽医师	管理区主任
蒲江波	男	林业高级工程师	园区主任兼科技科科长	刘志刚	男	高级兽医师	畜牧公司技术员

（续）

姓名	性别	职称名称	2018年年底职务	姓名	性别	职称名称	2018年年底职务
张中院	男	林业高级工程师	林业局副局长	屈志明	男	高级兽医师	畜牧公司技术员
廖红云	女	高级农机工程师	生产科科员	赵海峰	男	高级兽医师	畜牧公司技术员
王春平	男	高级工程师	水务局局长	金和平	男	高级教师	校长
卢全新	男	高级工程师	水务局副局长	张春凤	女	高级教师	党总支书记
郭兰梅	女	高级教师	数学教师	宋雅梅	女	高级教师	语文教师
白艳荣	女	高级教师	英语教师	张玉芬	女	高级教师	英语教师
王东	男	高级教师	教务主任	焉丽霞	女	高级教师	政治教师
宗秀兰	女	高级教师	语文教师	吴宝贵	男	高级教师	副科长
朱文彦	女	高级教师	副校长	赵君	男	高级教师	化学教师
潘洪英	女	高级教师	政治教师	郎冬梅	女	高级教师	历史教师
吴世宝	男	高级教师	英语教师	王虹	女	高级教师	体育教师
陈萍	女	高级教师	英语教师	高显云	女	高级教师	数学教师
卢庆玉	男	高级教师	数学教师	闫晓艳	女	高级教师	语文教师
陈玉厚	男	高级教师	副校长	刘金平	女	高级教师	生物教师
张淑杰	女	高级教师	地理教师	周德才	男	高级教师	助理督学
崔俊娥	女	高级教师	教务主任	于文洋	男	高级教师	德育处主任
刘淑敏	女	高级教师	数学教师	刘凤	女	高级教师	语文教师
葛廷花	女	高级教师	语文教师	杨帆	女	高级教师	党总支书记
费建荣	女	高级教师	英语教师	石长梅	女	高级教师	数学教师
易爱民	女	高级教师	政治教师	丛秀英	女	高级教师	思品教师
陈忠伟	男	高级教师	语文教师	秦增学	男	基层高级	美术教师
于瑞路	男	高级教师	体育教师	范红丽	女	高级教师	数学教师
高传友	男	高级教师	德育主任	谢丽	女	高级教师	园长
费非	女	高级教师	语文教师	高颖	女	高级教师	幼儿教师
陈玉荣	女	高级教师	数学教师	王玉霞	女	高级教师	幼儿教师
陆相杨	男	高级教师	数学教师	吴晓艳	女	高级教师	园长
初晓芳	女	高级教师	语文教师	石蜀萍	女	主任护师	卫生服务站护士
陈丽	女	主任医师	内科医生	隋道军	男	副主任医师	副院长
何莲	女	主任医师	卫生科	刘平	男	副主任医师	外科医生
汪文杰	男	主任医师	B超室医生	王玉霞	女	副主任医师	卫生科科长
王丽娅	女	主任护师	内科护士	于海忠	男	副主任医师	外科医生
张欣	女	主任护师	外科护士	韩晓焱	女	副主任医师	妇科医生
陆子荣	女	主任医师	妇科医生	代秀英	女	副主任技师	检验科检验师
王春兰	女	主任护师	内科护士	于观勇	男	副主任医师	放射科医生
延海深	男	主任技师	检验科检验师	杨静	女	副主任医师	服务站医生
唐丽芹	女	主任技师	检验科检验师	周静	女	副主任医师	预防接种医生

（续）

姓名	性别	职称名称	2018年年底职务	姓名	性别	职称名称	2018年年底职务
张玉洁	女	主任护师	外科护士	张华	女	副主任护师	康复科护士
王家鹏	男	副主任医师	院长	陆相娥	女	副主任护师	妇科护士
陈云才	男	副主任医师	门诊医生	陈作静	女	副主任护师	服务站护士
张丽萍	女	副主任医师	妇产科医生	何春华	女	副主任医师	儿科医生
朱崑	男	副主任医师	卫生服务站医生	姜胜乐	女	副主任医师	妇科医生
王兰	女	副主任技师	卫生科科长	沙建华	女	副主任药师	药剂科药师
尉平	男	副主任医师	卫生科科员	郭银秋	女	副主任医师	内科医生
逢春荣	女	副主任护师	卫生服务站护士	张波	女	副主任护师	服务站护士
张爱芹	女	副主任护师	卫生服务站护士	张树伟	男	副主任医师	内科医生
李艳	女	副主任护师	服务站护士	冯雪清	女	副主任医师	B超室医生

第六节　机关部门及场直单位负责人更选

2006—2018年农场机关部门及场直单位领导人任职情况见表9-2-4。

表9-2-4　机关各部门及场直单位领导人任职一览表（2006—2018年）

部门	机构变更	职务	姓名	任职时间	备注
办公室		主任	李泽刚	2006.01—2010.11	
			刘春青	2010.11—2013.04	
			韩洪喜	2013.11—2015.06	
			张怀建	2015.06—2016.06	主持工作
			刘健	2016.06—2018.12	
		副主任	陆相林	2006.01—2007.01	党办副主任兼党委秘书
			任京川	2006.03—2008.02	信访办副主任
			于明章	2008.02—2010.01	信访办副主任
			刘德勇	2008.11—2016.06	负责政研室工作
			王福荣	2010.11—2012.12	信访办副主任
			于明章	2010.01—2011.08	场史办主任（副科级）
			张磊	2016.06—2017.10	信访办主任（副科级）
			徐在阁	2016.06—2017.03	
政研室		主任	段正奇	2006.01—2008.02	
			段正奇	2008.02—2009.09	兼新农村办主任
综治办		副主任	刘德勇	2016.06—2018.12	

（续）

部门	机构变更	职务	姓名	任职时间	备注
新农村办	2007年1月成立；2013年5月撤销	主任	王永军	2007.01—2008.02	
			段正奇	2008.02—2009.09	
组织部		部长	徐焕斌	2006.01—2006.04	
			张振海	2006.05—2010.11	兼人事科科长
			骆强	2010.11—2014.03	兼人事科科长
			宋秀吉	2016.06—2018.12	
		副部长	耿国君	2006.01—2006.03	
			杨茂霞	2001.07—2008.02	组织部副科级组织员
			骆强	2008.02—2009.08	组织员兼关工委副主任
			郎清芝	2008.02—2010.11	人事科副科长（保留正科）
			宋秀吉	2010.11—2016.06	2014.03起主持工作
			赵春晓	2016.07—2017.03	
			徐在阁	2017.03—2018.12	兼团委副书记
宣传部		部长	魏荣江	2006.01—2006.07	
			陆书鑫	2007.01—2009.08	
			李泽刚	2010.11—2012.08	
			王帮喜	2013.05—2016.06	
			张怀建	2016.06—2018.12	
		副部长	陆书鑫	2006.03—2007.01	兼团委书记（正科级）
			骆强	2009.08—2010.11	主持工作
			王帮喜	2010.11—2012.08	兼团委副书记
			王帮喜	2012.08—2013.05	主持工作
			陈莉	2007.01—2008.03	团委负责人
			王栋	2013.11—2015.12	团委副书记
			刘洪军	2016.06—2018.12	
纪委		副书记	张振海	2006.01—2006.05	兼监察科科长
			张怀建	2006.05—2006.07	纪委负责人
			魏荣江	2006.07—2018.12	兼监察科科长
工会		副主席	龚德明	2006.01—2008.02	
			陆相林	2008.02—2010.11	兼非国有办主任（副科）
			张怀建	2010.11—2015.06	
			王栋	2017.03—2018.12	
		女工主任	陈莉	2008.02—2010.01	女工部负责人
			陈莉	2010.01—2015.06	女工主任（副科级）
		文化馆馆长	林爱玲	2009.08—2010.01	文化馆馆长
			刘微	2010.01—2010.11	文化馆馆长兼工会文体部长
			刘微	2010.11—2012.03	文化馆馆长

（续）

部门	机构变更	职务	姓名	任职时间	备注
文体中心	2012年3月成立文化体育发展中心；2016年6月成立旅游局	主任	刘　微	2012.03—2016.06	文化馆馆长兼文化体育发展中心主任
		主任兼旅游局局长	刘　微	2016.06—2018.12	文化馆馆长兼文化体育发展中心主任兼旅游局局长
老干部科		科长	耿国君	2006.03—2008.02	
			杨茂霞	2009.08—2010.11	兼关工委主任（副科级）
			杨茂霞	2010.11—2015.12	兼关工委主任（正科级）
		副科长	杨茂霞	2008.02—2009.08	
			马　军	2017.03—2018.12	主持工作
计划计财科		科长	尹玉宝	2006.01—2007.03	
			杨晓东	2009.08—2013.04	兼农业综合开发办公室主任
			殷光伟	2013.05—2018.12	
			宋红霞	2006.01—2009.08	
			綦春华	2006.01—2017.06	
		副科长	杨晓东	2007.03—2009.08	主持工作
			殷光伟	2008.02—2013.05	清欠办副主任负责新农村办工作
			陆　滨	2003.12—2018.12	
			李红云	2016.06—2018.12	
审计科		科长	王建军	2006.01—2018.12	
劳资科		科长	张新岷	2006.01—2018.12	企业管理科科长
农业科		科长	王智华	2006.01—2008.02	
			白　山	2008.02—2009.08	
			王永军	2009.08—2010.03	
			李晓明	2010.11—2016.05	
			徐炳江	2007.01—2008.02	
			韩洪喜	2010.01—2010.11	
		副科长	李晓明	2010.03—2010.11	主持工作
			白　山	2006.01—2007.01	水稻办主任（正科级）
			白　山	2007.01—2008.02	种子管理科科长
			白　山	2009.08—2010.11	种子管理科科长
			李绍坤	2016.06—2018.12	
农机科		科长	杨成义	2006.01—2008.02	
			徐炳江	2009.08—2018.12	
		副科长	徐炳江	2008.02—2009.08	主持工作
			李洪文	2010.11—2018.12	

（续）

部门	机构变更	职务	姓名	任职时间	备注
民政局		局长	王景华	2006.01—2007.01	兼社区建设委员会办公室主任
			王景华	2007.01—2008.02	兼社建办主任
			王景华	2008.02—2010.11	
			郎清芝	2010.11—2018.12	
建设科	2012.03成立土地沙石管理中心与环保局合署办公	科长	刘春青	2006.01—2010.11	
			张冬梅	2012.08—2018.12	
		副科长	王利东	2006.07—2010.11	
			张冬梅	2010.11—2012.08	主持工作
			王利东	2012.03—2017.03	环保局副局长兼土地沙石管理中心主任
			李洪明	2013.11—2018.12	
工业科		科长	杨成义	2008.02—2010.11	兼技术监督局局长
			王景华	2010.11—2017.03	
		副科长	辛愿	2017.03—2018.12	主持工作
安全生产监督管理局	2008年5月安全办更名为安全生产监督管理局	科长	周生全	2006.01—2006.03	
		负责人	隋明春	2006.04—2008.02	
		副主任	隋明春	2008.02—2008.05	
		副局长	隋明春	2008.05—2016.06	
		局长	隋明春	2016.06—2018.12	
水务局		局长	王春平	2006.01—2015.12	
		书记	韩忠海	2006.03—2010.03	
			鞠永胜	2010.03—2012.09	
			侯庆成	2016.03—2018.12	
		副局长	卢全新	2006.01—2017.03	兼灌区管理站站长
			张冬梅	2010.01—2010.11	
			王利东	2010.11—2012.03	
			崔新宇	2016.06—2018.12	2017.03主持工作
林业局		局长	刘曙华	2006.01—2010.03	
			刘长青	2013.11—2017.03	
		书记	刘汉金	2006.01—2006.03	
			张怀建	2006.03—2006.05	
			贾庆余	2006.05—2010.11	
			石本江	2010.11—2015.12	
		副书记	王利东	2017.03—2018.12	
		副局长	石本江	2008.03—2010.11	
			刘长青	2010.03—2013.11	主持工作
			毕福强	2013.11—2018.12	
			张中院	2017.03—2018.12	主持工作

（续）

部门	机构变更	职务	姓名	任职时间	备注
现代农林科技示范园区	2013年11月与科技科合署办公	科长	白　山	2011.08—2012.03	主任兼党支部书记
			白　山	2012.12—2018.12	技术顾问（保留正科级）
			蒲江波	2012.03—2013.11	副科级
			蒲江波	2013.11—2018.12	科技科科长（兼）
		书记	白　山	2010.11—2011.08	
			甘　源	2012.03—2018.12	
		副科长	韩洪喜	2010.11—2011.08	主任（副科级）
			刘　微	2010.11—2012.03	副主任兼文化馆馆长
			邓义江	2016.06—2018.12	
粮食科		科长	侯庆波	2006.01—2006.03	
			甘　源	2006.03—2006.05	代理科长
			徐焕斌	2006.05—2018.12	
		书记	侯庆波	2006.01—2006.03	（兼）
			贾庆余	2006.03—2006.05	代理书记
			甘　源	2006.05—2017.01	
			徐焕斌	2007.01—2008.02	（兼）
			董福才	2008.02—2009.10	副科级
			徐焕斌	2009.10—2010.11	（兼）
			贾庆余	2010.11—2017.03	
		副科长	甘　源	2006.01—2006.05	
			贾庆余	2006.01—2006.05	
			董福才	2006.01—2007.01	
			刘　建	2006.01—2013.11	
			陈保库	2016.06—2018.12	
		经理	侯庆波	2006.01—2006.03	外贸公司经理
		副经理	尹传滨	2010.01—2010.11	外贸公司副经理兼赴俄作业区主任
			尹传滨	2010.11—2018.12	远东开发办主任（副科级）
广播电视局		局长	逄超英	2006.01—2009.08	
			龚德明	2009.08—2016.03	
		副局长	赵恒军	2012.03—2016.06	
			王安达	2016.06—2018.12	
		书记	林爱玲	2010.01—2015.09	
		副科长	刘　微	2008.03—2010.01	兼新闻部主任（副科级）
			赵恒军	2010.01—2012.03	新闻部主任（副科级）
			赵恒军	2012.03—2015.12	副局长
			杨　涛	2010.01—2012.03	技术部主任（副科级）
			杨　涛	2012.03—2015.12	副局长
			陆相林		

（续）

部门	机构变更	职务	姓名	任职时间	备注
社区建设委员会		主任	王景华	2006.01—2007.01	（兼）
			王景华	2007.01—2008.02	（兼）
			张洪国	2010.03—2018.12	
		书记	郎清芝	2006.03—2007.01	兼主任
			张洪国	2007.01—2010.03	
			甘　源	2010.11—2012.03	
			陈凤敏	2012.03—2012.12	（副科级）
			王福荣	2012.12—2015.09	副科级
			王福荣	2015.09—2018.12	
		副书记	郎清芝	2006.01—2006.03	兼副主任
			张怀建	2006.07—2008.02	
		副主任	郎清芝	2006.01—2006.03	兼副书记
			张怀建	2008.02—2010.03	（主持工作）
			吴　良	2013.11—2018.12	
畜牧公司（畜牧科）	2015.09 畜牧公司撤销	经理	王永军	2006.01—2007.01	经理兼畜牧科科长
			崔绍民	2009.08—2013.07	
		科长	鞠永胜	2015.09—2018.12	
			张洪国	2006.01—2007.01	
		书记	鞠永胜	2007.01—2010.03	副科级
			韩忠海	2010.03—2016.07	副科级
			韩忠海	2016.07—2018.12	
			崔绍民	2007.01—2009.08	
		副经理	郑传斌	2006.01—2010.10	兼畜牧站站长
		副科长	郑传斌	2010.10—2018.12	
			鞠永胜	2012.09—2015.09	行政负责人（主持工作）
城镇建设管理局	2011.8.25 成立	局长	韩洪喜	2012.08—2013.11	
			刘　健	2015.09—2016.06	
		副局长	韩洪喜	2011.08—2012.08	主持工作
			耿国发	2012.08—2018.12	
			刘　健	2013.01—2015.09	主持工作
			张中院	2015.09—2017.03	
			陈庆君	2016.07—2018.12	
创新产业发展办公室	2015.5.27 成立	主任	宋树生	2015.07—2018.12	副科级
天成种业有限责任公司		书记	陈凤敏	2007.05—2012.03	副科级
			陈凤敏	2012.12—2017.12	副科级

（续）

部门	机构变更	职务	姓名	任职时间	备注
医院		院长	王家鹏	2006.01—2018.12	
		书记	张祥福	2006.01—2008.02	
			龚德明	2008.02—2009.08	
			逢超英	2009.08—2015.06	
		副书记	赵恒军	2016.06—2017.03	
			张学岗	2018.05—2018.12	
		副院长	隋道军	2006.01—2018.12	
		后勤副院长	付德仁	2008.03—2018.12	
教育科		科长兼学校校长	王 健	2006.01—2006.11	
			金和平	2006.11—2018.12	
		教育党总支书记	张春凤	2006.01—2017.10	兼中学副校长（2007.03不再兼任）、工会主席
			杨 帆	2018.05—2018.12	
		助理督学	张淑杰	2006.01—2006.07	
			周德才	2006.07—2018.12	
卫生科	与计生办、卫生监督所、疾控中心合署办公	科长	王 兰	2006.07—2016.12	兼计生办主任、卫生监督所所长、疾控中心主任
		副所长	李先军	2006.07—2018.12	卫生监督所
		副主任	何 莲	2008.02—2018.12	计生办副主任兼卫生监督所监督员

第七节 管理区、作业区领导人任职表

2006—2018 年，农场各管理区、作业区管理人员任职情况见表 9-2-5 至表 9-2-8。

表 9-2-5 管理区、居民组管理人员任职一览表（2006 年 3 月 16 日）

管理区名称	中心所在地	书记	会计	农技员、统计兼出纳	居民组名称	书记兼工会主席	会计	农技员兼统计、出纳
第一管理区	第六居民组	李佳文	吴文潇	郝景富	一	杨东平	陆相英	张明
					五		吴文潇	李德新
					六	李佳文	吴文潇	郝景富
					八		张顺荣	郭玉春
第二管理区	第四居民组	刘春涛	谷凤玲	刘 军	三	闻宝宏	谷凤玲	王宝宽
					四	刘春涛	谷凤玲	刘 军
					十	高军	樊 明	黄 勇
					十一	陈作贵	樊 明	阮建秋

（续）

管理区名称	中心所在地	书记	会计	农技员、统计兼出纳	居民组名称	书记兼工会主席	会计	农技员兼统计、出纳
第三管理区	第九居民组	吴晓东	徐丽华	王 军	七		陆相英	杨光生
					九	吴晓东	徐丽华	王 军
					十九		宋树生	刘金良
					二十一		权利红	李金龙
					二十二		宋树生	陈庆君
第四管理区	第十三居民组	刘长青	李洪军	赵建国	十二	刘春华	刘光伟	金 财
					十三		李洪军	高振友
					十四	刘长青	李洪军	赵建国
					二十	贾利平	刘光伟	赵建国
第五管理区	第十七居民组	文利军	刘兴俊	陆 斌	十五		刘 乐	胡炳志
					十六		刘兴俊	郭凤斌
					十七	文利军	刘兴俊	陆 斌
					二十九	张炳祥	韩广财	张 军
					三十一	刘忠允	徐炳凯	陆继海
					三十二		韩广财	陆相彬
					三十三	杨献亭	徐炳凯	陆相滨
第六管理区	第二十四居民组	王紫东	袁 进	姜 春	十八	肖登文	袁 进	刘汉仁
					二十三		杨明连	陈胜利
					二十四	王紫东	袁 进	姜 春
					二十五	陈秀全	苏冬青	于瑞林
					二十六	关玉滨	栾玉霞	刘万友
					二十七		周生海	郑灿奎
					三十九		周生海	王兆波
第七管理区	第二十八居民组	杜 勇	付庆余	阴元江	二十八	杜 勇	付庆余	阴元江
					三十四	赵振华	付庆余	姚明章
					三十五		曲忠胜	周志武
					三十六	徐炳钦	王 建	刁茂华
					三十七		曲忠胜	陆相阁
					三十八		王 建	李 云

注：2006 年组长均由大户承包，故无居民组组长。

表 9-2-6 管理区、居民组管理人员任职一览表（2007 年 1 月 7 日）

管理区名称	中心所在地	主任	书记	居民组名称	组长	书记	副书记	副书记兼工会主席	会计	农技员兼统计、出纳	副队长	副队长兼统计	统计
第一管理区	第四居民组	王志强	齐国和	一	魏晓东	魏晓东		李金龙	陆相英	张 明			
				三	韩洪喜	韩洪喜	闻宝宏		谷凤玲	王宝宽			
				四	王志强			齐国和	谷凤玲	刘 军			
				五	于瑞国	于瑞国		陈胜利	吴文潇	李德新			
				六	曲 晨	曲 晨		杨东平	吴文潇	郝景富			

（续）

管理区名称	中心所在地	主任	书记	居民组名称	组长	书记	副书记	副书记兼工会主席	会计	农技员兼统计、出纳	副队长	副队长兼统计	统计
第一管理区	第四居民组	王志强	齐国和	七	祝远程	祝远程		陆书根	陆相英	杨光生			
				八	余代军	余代军		许红义	张顺荣	郭玉春			
				十	刘忠海	刘忠海	高军		樊明	黄勇			
第二管理区	第十七居民组	寇增文	侯延林	九	秦亚	秦亚		宋树生	徐丽华	王军			
				十一	王紫东	王紫东	陈作贵		樊明	阮建秋			
				十二	刘福利	刘福利	刘春华		刘光伟	金财			
				十三	李佳文	李佳文	陈风顺		袁进	高振友			
				十四	张炳祥	张炳祥		徐亚滨	袁进	赵建国			
				十五	周彭忠	周彭忠	宋德玉		刘乐	胡炳志			
				十六	刘春涛	刘春涛		关玉滨	刘兴俊	郭凤斌			
				十七	寇增文			侯延林	刘兴俊	陆斌			
				十九	余代新	余代新	殷希增		李秀娥	刘金良			
				二十	杜勇	杜勇		丁培元	李秀娥	赵建国			
第三管理区	第二十四居民组	宋树军	吴晓东	十八	文利军	文利军		陈秀泉	李洪军	刘汉仁			
				二十一	潘绪庆	潘绪庆	孔令奎		权利红	李金龙			郭文华
				二十二	陆继刚	陆继刚	宋太广		刘光伟	陈庆君			
				二十三	罗国滨	罗国滨	潘绪峰		杨明连	陈胜利		张景泉	
				二十四	宋树军			吴晓东	李洪军	姜春			
				二十五	张淑华	张淑华		孙继发	苏冬青	于瑞林			
				二十六	周生江	周生江		肖登文	栾玉霞	刘万友			
				二十七	刘长青	刘长青	王铭生		周生海	郑灿奎			
				三十九	杨丰玉	杨丰玉	于连喜		周生海	王兆波			
第四管理区	第二十八居民组	杨洪忠	贾利平	二十八	杨洪忠			贾利平	付庆余	阴元江	战海英		
				二十九	侯庆成	侯庆成	臧晓兵		韩广财	张军			
				三十一	隋在云		刘忠允		徐炳凯	陆继海			
				三十二	张立君	张立君	尚同		韩广财	陆相彬			
				三十三	张建华	张建华	杨献亭		徐炳凯	陆相滨			
				三十四	周玉春	周玉春	赵振华		付庆余	姚明章			
				三十五	孟宪良	孟宪良	关玉胜		曲忠胜	周志武			
				三十六	郭长玉	郭长玉	徐炳钦		王建	刁茂华			
				三十七	贺健	贺健	王宝翊		曲忠胜	陆相阁			
				三十八	马德军	马德军	何德建		王建	李云			

表 9-2-7 管理区、作业区管理人员任职一览表（2013 年 6 月 6 日）

管理区	所在地	主任	书记	副主任	会计	统计、出纳、农业技术员兼管理员	主任助理	统计兼出纳	农业技术员	管理员	副队长	农业技术员兼管理员	农业技术员、统计兼出纳
第一管理区	四作业区	侯庆成	付景罡	陈胜利 王殿伟	崔晶晶	刘莹 王宝宽		王琦	沙洪涛	张庆丰			
第二管理区	十七作业区	李东	姜元伟	郑旭奎 黄勇	赵大英	陆相彬	刘峥宇		焦晓冬 徐伯宴	于苍	贾鸿波 张宝	杨广刚	
第三管理区	十三作业区	赵相伟	陈风顺	李佳文 安军	徐丽华	李元国						任忠齐	
第四管理区	三十一作业区	隋在文	李永福	寇增文 宋锐	梁晋佳	刘汉卿		张军					温大力
第五管理区	三十二作业区	张淑华	任民	陈庆君 伟大伟	郝庆南	陆世斌 李树军					马利		
第六管理区	三十五作业区	陆斌	高振友	孙立东 陆继刚	杨明连	陆相阁							安宝源
第七管理区	二十八作业区	毕明红	李刚	李良辉 刘军	赵珊珊	潘佳明			冷民祝				
第八管理区	二十六作业区	贺健	李明	徐炳钦 张炳祥	徐静					靳微微			陆书强 姜春
第九管理区	十九作业区	冯宝科	邢晓东	罗国滨 王紫东	李秀娥	黎昌平 刘金良							吕磊
第十管理区	六作业区	臧晓兵	陈云全	刘志海 赵建国	吴文潇	张明							尚波
第十一管理区	八作业区	余代军	刘春涛	祝远程 葛金鹏	陆利英	阮建秋					郭玉春		
第十二管理区	九作业区	窦建成	刘忠允	阎宝宏 余代新	权利红						王军 张明海		

表 9-2-8 管理区领导人任职一览表（2014 年 3 月—2018 年 12 月）

单位	主任	时间	说明	党总支书记	时间	说明	副主任	时间	说明
龙门管理区	侯庆成	2014.03—2015.09	正队级	付昌罡	2014.03—2015.09	正队级	陈胜利	2014.03—2016.11	正队级
	侯庆成	2015.09—2016.03	副科级	付昌罡	2015.09—2016.11	副科级	王殿伟	2014.03—2016.11	正队级
	隋代强	2016.03—2016.07	副科级	付昌罡	2016.11—2017.03	主持行政工作	宋 锐	2016.11—2017.03	农业副主任
	宋 锐	2017.09—2018.12	副科级（试用期半年）	刘峰宇	2017.03—2018.12	正科级	宋 锐	2017.03—2017.09	主持工作
							陈胜利	2016.11—2018.01	农机副主任
							陈胜利	2018.01—2018.12	农机副主任（副科级）（试用期为九个月）
红山管理区	李 东	2014.03—2015.09	正队级	姜元伟	2014.03—2015.09	正队级	张 宝	2014.03—2016.09	（代）
	李 东	2015.09—2017.09	副科级	姜元伟	2015.09—2016.03	副科级	张 宝	2016.09—2016.11	
							张 宝	2016.11—2018.01	农机副主任
	李 东	2017.09—2018.02	正科级	王守明	2016.03—2017.03	党总支副书记（副科级）	张 宝	2018.01—2018.12	农机副主任（副科级）（试用期为一年）
							杨广刚	2014.03—2016.09	（代）
							杨广刚	2016.09—2016.11	
							杨广刚	2016.11—2018.01	农业副主任
							杨广刚	2018.01—2018.12	农业副主任副科级（试用期为一年）
近思管理区	赵相伟	2014.03—2015.09	正队级	隋代强	2014.03—2015.09	正队级	付宏伟	2014.03—2016.09	（代）
	赵相伟	2015.09—2017.09	副科级	隋代强	2015.09—2016.03	副科级	付宏伟	2016.09—2016.11	
						姜元伟	2016.03—2017.06	副科级	付宏伟	2016.11—2018.05	农业副主任
	赵相伟	2017.09—2018.12	正科级（试用期为半年）	姜元伟	2017.06—2018.12	正科级（试用期为半年）	李佳文	2014.03—2016.11	正队级
							李佳文	2016.11—2017.06	农机副主任
							李元国	2017.09—2018.12	农机副主任（试用期为半年）

（续）

单位	主任	时间	说明	党总支书记	时间	说明	副主任	时间	说明
龙岗管理区	隋在文	2014.03—2016.11	正队级	李永福	2014.03—2015.04	正队级	宋锐	2014.03—2016.11	正队级
	隋在文	2016.11—2017.09		张营	2016.07—2017.09	副科级	高振友	2014.03—2016.11	正队级
	隋在文	2017.09—2018.12	副科级（试用期为半年）	张营	2017.09—2018.12	正科级（试用期为半年）	高振友	2016.11—2018.01	农业副主任
							高振友	2018.01—2018.12	农业副主任副科级（试用期为半年）
							王殿伟	2016.11—2018.12	农机副主任
龙兴管理区	陈庆君	2014.03—2015.09	正队级	任民	2014.03—2015.09	正队级	律大伟	2014.03—2015.09	正队级
	陈庆君	2015.09—2016.07	副科级	任民	2015.09—2016.11	副科级	郝庆南	2016.07—2016.11	农机副主任（副科级）
				任民	2016.11—2017.03	主持行政工作	郝庆南	2016.11—2018.01	农机副主任（副科级）
				王守朋	2017.03—2017.09	副科级	郝庆南	2018.01—2018.12	农机副主任（副科级）（试用期为半年）
	韩洪星	2017.09—2018.12	副科级（试用期为半年）	王守朋	2017.09—2018.12	正科级（试用期为半年）	韩洪星	2017.03—2017.09	副主任（主持工作）
							张淑华	2014.03—2016.11	正队级
							张淑华	2016.11—2018.01	农业副主任
							张淑华	2018.01—2018.12	农业副主任（副科级）（试用期为半年）
龙旺管理区	陆斌	2014.03—2015.09	正队级				孙立东	2014.03—2016.07	正队级
	陆斌	2015.09—2017.09	副科级				陆继刚	2014.03—2016.04	正队级
				邢晓东	2016.07—2017.09	副科级	安宝源	2016.07—2016.11	农业副主任
							安宝源	2016.11—2018.01	农业副主任（副科级）
	陆斌	2017.09—2018.12	正科级（试用期为半年）	邢晓东	2017.09—2018.12	正科级（试用期为半年）	安宝源	2018.01—2018.12	农业副主任（副科级）（试用期为半年）
							温大力	2016.07—2016.11	农机副主任
							温大力	2016.11—2018.01	
							温大力	2018.01—2018.12	农机副主任（副科级）（试用期为半年）

（续）

单位	主任	时间	说明	党总支书记	时间	说明	副主任	时间	说明
重阳管理区	李良辉	2014.03—2015.09	正队级	黄利平	2014.03—2015.09	正队级	李刚	2014.03—2016.05	正队级
	李良辉	2015.09—2017.09	副科级	黄利平	2015.09—2017.03	副科级	刘军	2014.03—2016.11	正队级
							刘军	2016.11—2018.01	农业副主任
	李良辉	2017.09—2018.12	正科级	赵春晓	2017.03—2018.12	副科级	刘军	2018.01—2018.12	农业副主任（副科级）（试用期为半年）
							张宇	2016.07—2016.11	农机副主任
							张宇	2016.11—2018.01	农机副主任（副科级）
							张宇	2018.01—2018.12	（试用期为半年）
火犁管理区	毕明红	2014.03—2015.09	正队级	段德心	2014.03—2015.09	正队级	李明	2014.03—2016.11	正队级
	毕明红	2015.09—2017.09	副科级	段德心	2015.09—2016.03	副科级	李明	2016.11—2018.01	农业副主任
				王栋	2016.03—2017.03	党总支副书记	李明	2018.01—2018.12	农业副主任（副科级）（试用期为半年）
				任民	2017.03—2017.09	副科级	张炳祥	2014.03—2016.11	正队级
	毕明红	2017.09—2018.12	正科级（试用期为半年）	任民	2017.09—2018.12	正科级（试用期为半年）	郭凤斌	2016.07—2016.11	农机副主任
							郭凤斌	2016.11—2018.01	农机副主任（副科级）
							郭凤斌	2018.01—2018.12	（试用期为半年）
广信管理区	冯宝科	2014.03—2015.09	正队级	邢晓东	2014.03—2015.09	正队级	王紫东	2014.03—2017.03	正队级
	冯宝科	2015.09—2017.09	副科级	邢晓东	2015.09—2016.07	副科级	黄勇	2014.03—2016.11	副科级
							黄勇	2016.11—2018.01	农业副主任
							黄勇	2018.01—2018.12	农业副主任（副科级）（试用期为半年）
	冯宝科	2017.09—2018.12	正科级（试用期为半年）	隋叶	2016.07—2018.12	副科级	孙慧学	2014.03—2016.09	（代）
							孙慧学	2016.09—2016.11	农机副主任
							孙慧学	2016.11—2018.01	农机副主任（副科级）
							孙慧学	2018.01—2018.12	（试用期为半年）

（续）

单位	主任	时间	说明	党总支书记	时间	说明	副主任	时间	说明
龙泉管理区	臧晓兵	2014.03—2015.09	正队级	陈云全	2014.03—2015.09	正队级	赵建国	2014.03—2016.11	正队级
	臧晓兵	2015.09—2017.09	副科级	陈云全	2015.09—2017.09	副科级	赵建国	2016.11—2018.01	农机副主任
	臧晓兵	2017.09—2018.12	正科级（试用期为半年）	陈云全	2017.09—2018.12	正科级（试用期为半年）	赵建国	2018.01—2018.12	农机副主任（副科级）（试用期为九个月）
							秦利	2014.03—2016.11	正队级
							秦利	2016.11—2018.01	农业副主任
							秦利	2018.01—2018.12	农业副主任（副科级）（试用期为九个月）
东井管理区	余代军	2014.03—2015.09	正队级	刘春涛	2014.03—2015.09	正队级	韩洪星	2014.03—2016.11	正队级
	余代军	2015.09—2017.09	副科级	刘春涛	2015.09—2017.09	副科级	韩洪星	2016.09—2016.11	（代）
							韩洪星	2016.11—2017.03	农业副主任
							李昌伟	2017.09—2018.01	农业副主任（试用期半年）
	余代军	2017.09—2018.12	正科级（试用期为半年）	刘春涛	2017.09—2018.12	正科级（试用期为半年）	李昌伟	2018.01—2018.12	农业副主任
							王洪波	2016.11—2018.01	农机副主任
							王洪波	2018.01—2018.12	农机副主任（副科级）（试用期为九个月）
智远管理区	窦建成	2014.03—2015.09	正队级	刘忠允	2014.03—2015.09	正队级	余代新	2014.03—2016.11	正队级
	窦建成	2015.09—2016.03	副科级	刘忠允	2015.09—2017.09	副科级	余代新	2016.11—2018.01	农机副主任
	孙立东	2016.07—2018.12	副科级	刘忠允	2017.09—2018.12	正科级（试用期为半年）	余代新	2018.01—2018.12	农机副主任（副科级）（试用期为九个月）
							闫宝宏	2014.03—2016.11	正队级
							闫宝宏	2016.11—2018.01	农业副主任
							闫宝宏	2018.01—2018.12	农业副主任（副科级）（试用期为九个月）

第三章　先进集体

农场 2006—2018 年的获奖情况见表 9-3-1、表 9-3-2。

表 9-3-1　农场获奖情况一览表（2006—2018 年）

年份	授予机关	荣誉称号
2006	农业部	全国粮食生产先进县（农场）
	总局	农机管理标准化农场
	总局	水务行业先进集体
2007	总局	农机管理标准化农场
	总局	垦区 2002—2007 年造林绿化模范单位
	总局	水利工程管理先进集体
	总局	黑龙江农垦现代农业示范区
	农垦总局住房公积金管理中心	垦区住房公积金管理先进单位
	分局党委	人口和计划生育工作先进单位
2008	省场县共建工作领导小组	场县共建工作先进单位
	总局	继续保持农机标准化管理农场
	总局	水利工程管理先进集体
	总局	总局农业标准化达标单位
	总局	垦区史志工作先进单位
	分局	商务工作先进单位
2009	中央精神文明建设指导委员会办公室	全国精神文明建设工作先进单位
	农业部	国家级农业标准化示范场
	全国争创活动领导小组	全国学习型组织先进单位
	省体育局	群众体育 2006—2009 年度先进单位
	总局	垦区农业综合开发先进单位
	总局	农业标准化提档升级活动优秀单位
	总局	农垦总局农业综合开发先进单位
	总局	"平安农机"示范农场
	总局	水利工程管理先进集体
	总局	农业标准化提升活动优秀单位
	总局	农产品质量安全管理工作先进单位
	总局	生态垦区建设及环境保护目标考核先进单位
	总局	劳动关系和谐企业
	分局	生态垦区建设及环境保护工作先进单位

（续）

年份	授予机关	荣誉称号
2009	分局	城镇化建设先进单位
	分局	安全生产优秀单位
	分局	商务工作先进单位
	分局	农产品质量安全管理先进单位
	分局	对俄农业开发先进单位
	分局	工业系统先进单位
	分局	畜牧业工作先进单位
	分局	信访工作目标责任状考评优胜单位
2010	农业部	全国粮食生产先进县
	省爱国卫生运动委员会	省级爱国卫生先进单位
	省生态建设领导小组办公室、省环境保护厅	省级生态乡镇
	省农场管理学会	先进基层学会
	总局党委	垦区推进现代化大农业建设先进单位
	总局党委	垦区"五五"普法依法治垦工作先进集体
	总局	高产创建先进单位
	总局	农业标准化提升活动优秀单位
	总局	垦区造林绿化三年决战先进农场
	总局	农业标准化提升活动优秀单位
	总局	五大作物高产创建活动先进单位
	总局	垦区水稻高产创建万亩示范片单产第三名
	总局	水利工程管理先进集体
	总局	垦区婚育新风进万家活动先进集体
	哈尔滨住房公积金管理中心农垦分中心	垦区住房公积金管理先进单位
	管理局党委	文艺工作标兵单位
	管理局党委	关心下一代工作先进集体
	管理局党委	"扶低支富"共同富裕工作先进单位
	管理局党委	武装工作先进单位
	管理局党委	第三届劳动模范集体
	管理局党委	建设现代化大农业劳动竞赛先进单位
	管理局党委	"清风飘香宝泉岭"廉政文化系列活动优秀组织奖
	管理局党委	"清风飘香宝泉岭"廉政歌咏比赛三等奖
	管理局	畜牧业生产先进单位
	管理局	造林绿化三年决战先进单位
	管理局	"两税"工作先进单位
	管理局	商务粮食工作先进单位
	管理局	安全生产优秀单位
	管理局	网络信息先进单位
	管理局	农业标准化标兵单位
	管理局	工业目标考核达标单位

（续）

年份	授予机关	荣誉称号
2010	管理局	生态垦区建设及环境保护工作先进单位
	管理局	基层农技推广体系改革与建设示范县工作先进单位
	农业部	全国农业标准化示范县（农场）
	省政府	省级劳动关系和谐企业标兵
	总局	各作物高产创建活动先进单位
	省总工会	黑龙江省班组建设竞赛先进班组
	省关工委	省级场县共建"争先创优"活动先进集体
	省体育局	省全民健身活动优秀组织奖
	总局党委	垦区推进现代化大农业建设先进单位
	总局	农业标准化提升活动标兵单位
	总局	水利工程管理先进集体
	总局	"五五"普法依法治垦先进集体
	总局	推动大农业现代化建设重要贡献奖
	总局	总局水稻高产创建先进单位
	总局	总局水稻高产创建万亩示范片单产第三名
	总局	总局整建制推进水稻高产创建示范片单产第一名
	总局	总局农业标准化提升标兵单位
	总局	五大作物高产创建活动先进单位
	总局	垦区建设现代化大农业劳动竞赛先进集体
	总局	安全生产工作先进单位
2011	鹤岗市统计局	第六次全国人口普查先进集体
	管理局党委、管理局	办公室系统优质高效服务竞赛活动先进单位
	管理局党委	先进基层党组织标兵单位
	管理局党委	"优农强基"工作先进单位
	管理局党委	"美城带区"工作先进单位
	管理局党委	"共同富裕行动"责任目标考核先进单位
	管理局党委	"礼仪宝泉"创建活动成效显著单位
	管理局党委	全局学习型党组织建设达标优秀单位
	管理局党委	反腐倡廉"清风净土"工程先进单位
	管理局党委	建设现代化大农业劳动竞赛先进单位
	管理局	建设系统先进单位
	管理局	群众体育工作先进单位
	管理局	网络信息工作先进单位
	管理局	生态垦区建设及环境保护目标考核先进单位
	管理局	安全生产先进单位
	管理局	信访工作先进单位
	管理局	社区卫生服务机构建设先进单位
	管理局	人口和计划生育工作先进单位

（续）

年份	授予机关	荣誉称号
2012	农业部	全国农业标准化示范场
	总局党委	垦区公路建设三年决战先进集体
	总局	农作物高产创建活动先进单位
	总局	农业标准化提升活动标兵单位
	总局	继续保持农机管理标准化农场
	总局	水利工程管理先进集体
	总局	总局农业标准化提升活动标兵单位
	总局	垦区抗涝抢收工作先进单位
	总局农业局	高产创建工作先进单位
	总局农业机械化管理局	垦区"十二五"农机标准化工作达标单位
	总局种子管理局	垦区种子管理工作先进单位
	垦区控制社会集团购买力办公室	垦区汽车定编控购管理工作先进集体
	管理局党委	反腐倡廉工作先进单位
	管理局党委	"建设文化强局"理论研讨会优秀组织奖
	管理局党委	"净土沃宝泉"廉政歌咏大赛三等奖
	管理局	农业标准化提升活动标兵单位
	管理局	美城工作先进单位
	管理局	动物防疫工作先进单位
	管理局	渔业水产工作先进单位
	管理局	商务工作达标单位
	管理局	粮食工作先进单位
	管理局	安全生产先进单位
	管理局	人口和计划生育工作先进单位
	管理局	生态垦区建设及环境保护目标考核先进单位
	管理局	基层农技推广体系改革与建设补助项目工作先进单位
2013	农业部	AAA级全国农垦农机标准化管理示范农场
	省爱国卫生运动委员会	全省爱国卫生先进单位
	总局	农业标准化提升活动标兵单位
	总局	森林草原防火先进单位
	总局	安全生产工作先进单位
	总局	总局六大作物高产创建活动先进单位
	总局农业局	高产创建工作先进单位
	总局人力资源和社会保障局、农垦总局民政局	垦区民政工作先进单位
	总局党委办公室	总局抗洪抢险劳动模范单位（集体）
	总局办公室	农作物高产创建活动先进单位
	总局办公室	农业标准化提升活动标兵单位
	管理局党委	关心下一代工作先进集体
	管理局	农业标准化提升活动标兵单位
	管理局	生态垦区建设及环境保护目标考核先进单位

（续）

年份	授予机关	荣誉称号
2013	管理局	美城工作优秀单位
	管理局	产业建设先进单位
	管理局	渔业水产工作先进单位
2014	省委、省政府	省平安建设平安农场
	省爱国卫生运动委员会	省级爱国卫生标兵单位
	总局	保障性住房建设先进集体
	总局	农业标准化提升活动标兵单位
	总局	粮食增产模式攻关和高产创建活动先进单位
	总局	农业标准化提升活动标兵单位
	总局	高产创建工作先进单位
	管理局党委	创新产业发展和招商引资工作先进单位二类农场
	管理局党委	招商引资工作优胜单位
	管理局党委、管理局	"善治宝泉岭"工作先进单位
	管理局党委、管理局	"建设一支好队伍"先进单位
	管理局党委、管理局	"打造一种好民风"先进单位
	管理局党委、管理局	"培养一个好作风"先进单位
	管理局	教育工作先进农场
	管理局	生态垦区建设及环境目标考核先进单位
	管理局	农业标准化提升活动标兵单位
	管理局	城镇化建设先进单位
	管理局	安全生产目标考核优秀单位
	管理局	生态旅游示范基地
2015	省委	省级先进基层党委
	总局党委、总局	社会治安综合治理工作先进集体
	总局	五大作物高产创建及增产模式攻关活动先进单位
	总局	农业标准化提升活动标兵单位
	管理局党委	2009—2015年度"争创垦区经济社会全面发展先进局"先进单位
	管理局党委	创新产业发展工作先进单位二类农场
2016	国务院残疾人工作委员会	全国残疾人工作先进单位
	总局纪律检查委员会	《中国共产党廉洁自律准则》和《中国共产党纪律处分条例》知识竞赛二等奖
	管理局党委	先进基层党组织
	管理局党委	经济社会全面发展先进单位
	管理局	信访考核优胜单位
	管理局	农业标准化提升活动标兵单位
	管理局	安全生产优秀单位
	管理局	工业系统先进单位
	管理局	城镇化建设先进单位
	管理局	市容环境卫生工作优胜单位

（续）

年份	授予机关	荣誉称号
2017	农业部	中国美丽休闲乡村
	总局党委、总局	2015—2017 年度垦区新农村建设工作先进集体
	总局党委	十九大期间垦区信访维稳工作先进单位
	总局	征兵工作先进单位
	管理局党委	脱贫攻坚先进单位
	管理局党委	先进基层党委
	管理局党委	经济社会全面发展先进集体
	管理局	安全生产工作先进单位
2018	总局	农业生产工作先进农场
	农垦总局文化委员会	黑龙江垦区冬季运动会"山水家园杯"趣味运动会体育道德风尚奖
	农垦总局文化委员会	黑龙江垦区冬季运动会"山水家园杯"趣味运动会优秀组织奖
	农垦总局文化委员会	黑龙江垦区冬季运动会"山水家园杯"趣味运动会农场组雪圈速降折返比赛第五名
	管理局党委、管理局	先进集体
	管理局党委	经济社会全面发展先进集体
	管理局	安全生产工作优秀单位
	管理局	城镇化建设先进单位
	管理局	市容环境卫生工作达标单位
	管理局	农业标准化提升活动标兵单位
	管理局	商务工作先进单位
	管理局	工业系统达标单位
	管理局	信访工作优秀单位
	管理局	职工田径运动会中年男子组团体第七名

表 9-3-2　各单位获奖情况一览表（2006—2018 年）

年份	授予机关	荣誉称号	获奖单位
2006	省司法厅	省级规范化建设司法所	司法分局
	总局	武装工作先进单位	武装部
	总局	学东莱人民满意政法单位标兵	法庭
	总局	垦区"五四"红旗团委标兵	团委
	总局	垦区关心下一代工作先进集体	关工委
	总局	"四五"普法先进集体	社区
	垦区公安局	宣传思想、新闻目标先进分局	公安分局
	总局党委	总局级文明单位标兵	公安分局
	分局党委	2005—2006 年度分局级文明单位标兵	通信中心
	分局党委	2005—2006 年度分局级文明单位	第四管理区
	分局党委	2005—2006 年度分局级文明单位	社保分局
	分局党委	2005—2006 年度分局级文明单位	粮贸公司
	分局党委	2005—2006 年度分局级文明单位	工商所
	分局党委	2005—2006 年度分局级文明单位	绥滨人民法庭

（续）

年份	授予机关	荣誉称号	获奖单位
2007	省人民政府	省第十届劳动模范集体	红山管理区
	省林木种苗协会	省林木种苗建设十佳单位	林业局林木育苗繁育基地
	总局	2002—2007年垦区造林绿化模范单位	林业局
	总局	社会治安综合治理先进集体	公安分局
	总局	文明单位标兵	公安分局
	总局信访办	垦区接待人民群众来访《文明窗口》	信访办
2008	省高级人民法院	全省优秀法庭	法庭
	总局党委	群众性精神文明创建活动先进集体	工商所
	总局	垦区"五四"红旗团委标兵	团委
2009	总局	农机安全监理工作先进单位	农机监理所
	总局	三年规划建设达标单位	武装部
	总局	垦区"五四"红旗团委标兵	团委
	总局老干部处	总局离退休干部工作先进集体	老干部科
	总局关工委	垦区关心下一代工作先进集体	关工委
	垦区公安局	宣传工作先进集体	公安分局
	管理局党委	办公室工作先进单位	办公室
	管理局党委	保密工作先进单位	办公室
	管理局党委	武装工作先进单位	武装部
2010	省委省政府	省级卫生先进村	龙门管理区
	省委省政府	全省"五四"红旗团支部	龙门管理区
	省人民政府	省级文明村	龙门管理区
	总局党委	文明管理区标兵	第二管理区
	总局	垦区"十一五"期间人口和计划生育工作先进集体	第一管理区
	总局	基层党建示范点	龙门管理区
	总局	造林绿化三年决战先进单位	林业局
	垦区公安局	集体三等功	公安分局
	垦区公安局	消防队伍全员岗位练兵标兵单位	公安分局消防中队
	垦区公安局交警支队	垦区交警系统重点工作先进中队	公安分局交警中队
	垦区公安局交警支队	预防冬季道路交通事故百日会战先进中队	公安分局交警中队
	管理局党委	"三八"红旗集体	社建办女工委
	管理局党委	"三八"红旗集体	三十七居民组女工委
	管理局党委	关心下一代工作先进集体	社区
	管理局党委	关心下一代工作先进集体	学校
	管理局党委	办公室工作先进单位	办公室
	管理局党委	信息工作先进单位	办公室
	管理局党委	保密工作先进单位	办公室
	管理局党委	管理局第三届劳动模范集体	二十五居民组
	管理局党委	管理局第三届劳动模范集体	隆华实业公司
	管理局党委	管理局第三届劳动模范集体	水务局

（续）

年份	授予机关	荣誉称号	获奖单位
	管理局党委	建设现代化大农业劳动竞赛先进集体	农业科
2010	管理局	自营经济先进单位	林业局
	管理局	畜牧业生产先进单位	宝丰牧业
2011	省委省政府	省级"文明村"	龙门管理区
	省爱国卫生运动委员会	全省健康教育和健康促进工作先进集体	卫生科
	省公安厅	全省清剿火患先进集体	公安分局
	总局党委	第十二届劳动模范集体	第八居民组
	总局党委	文明管理区标兵	第二管理区
	总局党委	文明单位标兵	公安分局
	总局党委	文明单位标兵	学校
	总局	先进基层党组织	党委组织部
	总局人力资源和社会保障局	垦区人力资源和社会保障系统先进集体	劳资科
	总局关工委	垦区关心下一代宣传工作先进集体	关工委
	总局关工委	垦区"五好"关工委达标单位	关工委
	总局文化委	垦区广播电视"强局活动"先进单位	广播电视局
	垦区公安局	消防执勤岗位练兵标兵单位	公安分局消防中队
	垦区公安局	清剿火患战役先进单位	公安分局消防中队
	垦区公安局	垦区交通整治工作先进中队	公安分局交警中队
	管理局党委	"五五"普法和依法治理工作先进集体	学校
	管理局党委	"五五"普法和依法治理工作先进集体	第一管理区
	管理局党委	"五五"普法和依法治理工作先进集体	农场党委普法依法治理办公室
	管理局党委	先进基层党组织	教育党总支
	管理局党委	先进基层党组织	水务局党支部
	管理局党委	先进基层党组织	十七居民组党支部
	管理局党委	先进街道社区党组织标兵	社建办党总支
	管理局党委	先进企业党组织	隆华实业公司党支部
	管理局党委	"宝泉岭先锋工程"先进集体	第四居民组
	管理局党委	先进离退休干部党支部	离退休干部党总支
	管理局党委	党风廉政建设先进集体	纪委
	管理局党委	党风廉政建设先进集体	第二管理区党总支
	管理局党委	自营经济工作先进单位	工会
	管理局党委	自营经济工作先进单位	三十八居民组
	管理局党委	自营经济工作先进单位	林业局
	管理局党委	科队级反腐倡廉建设标兵单位	第二管理区
	管理局党委	科队级反腐倡廉建设示范单位	第四居民组
	管理局党委	武装工作"五做贡献"先进单位	第八居民组民兵排
	管理局党委	武装工作"五做贡献"先进单位	第十七居民组民兵排
	管理局党委	办公室系统优质高效服务竞赛活动先进单位	办公室
	管理局党委	督办工作先进单位	办公室

（续）

年份	授予机关	荣誉称号	获奖单位
	管理局党委	档案工作先进单位	办公室
2011	管理局党委	建设现代化大农业劳动竞赛先进集体	第十七居民组
	管理局党委	建设现代化大农业劳动竞赛先进集体	第八居民组
	公安部	全国清剿火患战役成绩突出派出所	公安分局
	公安部	十八大消防安全保卫战成绩突出派出所	公安分局
	省委依法治省工作领导小组	全省民主法治社区	社区
	省"文明交通行动计划"领导小组	2011—2012 年度全省创建文明交通示范单位"先进单位"	红山管理区
	省公安厅	省公安监管部门新闻宣传工作先进集体	绥滨拘留所
	黑龙江广播电影电视局	省广播电影系统"创业、创新、创优"活动先进单位	广播电视局
	总局	文明社区	社区
	总局审计处	2011—2012 垦区审计工作先进集体	审计科
	农垦中级人民法院	总局"特色法庭"	法庭
	农垦广播电视台	农垦广播电视系统优秀记者分站	广播电视局
	总局关工委	垦区"五好"关工委优秀单位	关工委
	总局农业局	垦区气象业务工作先进单位	气象站
	垦区公安局	深化打击整治网络违法犯罪专项行动先进集体	公安分局
	垦区公安局	"清源专项行动"先进集体	公安分局
2012	垦区公安局	公安交通管理重点工作先进集体	公安分局
	垦区公安局	标杆分局	公安分局
	垦区公安局交通警察支队	垦区公安交通管理重点工作先进中队	公安分局交警中队
	管理局党委	2011—2012 文明单位	科技园区
	管理局党委	2011—2012 文明单位	粮贸公司
	管理局党委	2011—2012 文明单位	社会保险事业管理局
	管理局党委	"三创"活动十佳先进基层党组织	第十七居民组党支部
	管理局党委	基层"双拥"工作先进单位	城管局
	管理局党委	自营经济工作先进单位	科技园区
	管理局党委	自营经济工作先进单位	农场百亩果蔬生产示范基地
	管理局党委	自营经济工作先进单位	农场葡萄采摘示范基地
	管理局党委	反腐倡廉工作先进单位	社区
	管理局党委	办公室系统优质高效服务竞赛活动先进单位	办公室
	管理局党委	政务公开工作先进单位	办公室
	管理局党委	保密工作先进单位	办公室
	管理局党委	政务接待工作先进单位	办公室
	全国总工会	全国模范职工小家	社区
	省公安厅	省监管系统先进科所	绥滨拘留所
2013	总局党委	文明社区	社区
	总局党委	抗洪抢险先进集体	武装部
	总局	农机安全监理工作先进单位	农机监理所

（续）

年份	授予机关	荣誉称号	获奖单位
2013	总局	垦区森林防火先进单位	林业局
	垦区公安局	深化打击网络犯罪专项行动先进集体	公安分局
	垦区公安局	垦区公安优秀基层单位	公安分局
	总局司法局	垦区"六五"普法中期先进单位	司法分局
	农垦广播电视台	农垦广播电视系统优秀记者分站	广播电视局
	管理局党委	"三八"红旗集体	医院妇产科
	管理局党委	"三八"红旗集体	隆华实业公司
	管理局党委	巾帼"学比创争"标兵岗	中学初一学年组
	管理局党委	关心下一代工作先进集体	关工委
	管理局党委	关心下一代工作先进集体	学校
	管理局党委	先进基层武装部	武装部
	管理局党委	武装宣传报道先进单位	武装部
	管理局党委	先进民兵连队	龙门管理区民兵连
	管理局党委	先进民兵连队	红山管理区民兵连
2014	共青团农垦总局委员会	"五四"红旗团支部	科技园区团支部
	总局教育局	总局教育工作先进集体	幼儿园
	农垦工会	垦区女职工组织标准化建设先进单位	工会女工委
	管理局	自营经济工作先进单位	科技园区
	管理局	特色种植示范基地	百亩果蔬生产基地
	管理局	特色种植示范基地	葡萄园采摘基地
	管理局	特色养殖示范基地	三鑫水产泥鳅养殖场
	管理局	文化产业示范基地	手工编织协会
2015	公安部	国家一级派出所	公安分局
	公安部	全国"三项重点工作"先进单位	绥滨拘留所
	省人民政府	全省综合减灾示范社区	社区
	省人民政府	文明村标兵	龙门管理区
	省公安厅	全省公安监管场所先进集体	绥滨拘留所
	省公安厅	全省公安监管场所二级拘留所	绥滨拘留所
	总局党委	先进基层党组织	社区党总支
	总局党委	文明单位标兵（重新命名）	公安分局
	总局党委	文明单位标兵（重新命名）	学校
	总局党委	先进基层武装部	武装部
	总局党委	社会治安综合治理工作先进集体	综治办
	总局党委	先进基层武装部	武装部
	总局	文明管理区标兵	红山管理区
	农垦工会	总局"三八"红旗集体	幼儿园
	管理局党委	军事训练先进单位	武装部
	管理局党委	先进民兵单位	城管局民兵连

（续）

年份	授予机关	荣誉称号	获奖单位
2016	全国青少年"未来之星"阳光体育大会	全国青少年"未来之星"阳光体育大会交流展示活动优秀组织奖	学校
	省教育厅	第六届中小学生艺术展演活动艺术作品类评比一等奖	学校
	省教育厅	第六届中小学生艺术展演活动艺术作品类评比二等奖	学校
	省减灾委员会 省民政厅	全省综合减灾示范社区	宝泉岭绥滨农场场直社区
	管理局党委	先进基层党组织	教育党总支
	管理局党委	先进基层党组织	东井党总支
	管理局党委	先进基层党组织	近思党总支
	管理局党委	三八红旗集体	医院内科护理组
	管理局党委	三八红旗集体	现代农林科技园区科技组
	管理局党委	"六五"普法和依法治理工作先进集体	社区
	管理局党委	"六五"普法和依法治理工作先进集体	学校
	管理局党委	"六五"普法和依法治理工作先进集体	党委普法依法治理办公室
	管理局党委	先进基层武装部	武装部
	管理局党委	军事训练先进单位	武装部
	管理局党委	先进民兵单位	林业局民兵班
2017	省体育局 省教育厅	黑龙江省"百万青少年上冰雪"冰雪类先进学校	学校
	省闪耀中国-舞动奇迹艺术新星大赛组委会	二零一七闪耀中国-舞动奇迹艺术新星青少年人才选拔大赛最佳组织奖	学校
	国家减灾委员会民政部	全国综合减灾示范社区	绥滨农场场直社区
	省"闪耀中国-舞动奇迹"艺术新星大赛组委会	最佳组织奖	幼儿园
	总局党委	文明单位	现代农林科技园区
	总局党委	文明单位	社保局
	总局党委	先进基层武装部	武装部
	总局团委	垦区五四红旗团支部	幼儿园
	总局工会	"三八"红旗集体	学校
	管理局党委	先进基层党支部	龙泉党总支
	管理局党委	先进基层党支部	现代农林科技示范园区党支部
	管理局党委	十九大期间信访维稳工作先进单位	公安分局
	管理局党委	十九大期间信访维稳工作先进单位	场直社区
	管理局党委	十九大期间信访维稳工作先进单位	龙泉管理区
2018	总局工会	"三八"红旗集体	女职工大讲堂
	总局文化委	垦区冬季运动会体育道德风尚奖	学校
	总局文化委	垦区冬季运动会优秀组织奖	学校
	管理局党委	"三八"红旗集体	幼儿园
	管理局党委	"三八"红旗集体	现代农林科技园区
	管理局党委	先进基层武装部	武装部

附　　录

文　献

绥滨农场 2007 年农业体制改革方案

根据总局、分局有关文件精神，结合农场实际，特制定 2007 年农业体制改革方案。

第一条　巩固和完善大农场套小农场、统分结合的双层经营体制，进一步推进"两田一地制"。

第二条　基本田的分配面积：旱田职均 10 亩，非职工劳力人均 5 亩；水田职均 4 亩，非职工劳力人均 2 亩。

第三条　享受"基本田"待遇的人员范围：

1. 2006 年按要求已经享受基本田人员。

2. 2007 年 1 月 1 日前劳动关系在本单位的在岗职工。

3. 户籍在本单位且长期居住在本单位，直接从事农业生产活动的职工和非职工劳动力的配偶及其成年子女。

第四条　基本田分配以居民组为单位。

第五条　在承包期内基本田可以转包、互换等方式流转。

第六条　农业职工和农业劳动力到了法定退休年龄或死亡等，基本田收回作为机动地或规模田调整。

第七条　基本田面积固定，地号不固定。

第八条　规模田的分配对象：

具有农场户籍的农业职工和非职工劳动力。

第九条　规模田的经营规模原则上执行 2006 年标准（旱田每户原则上不超过 15 公顷，或水田每户原则上不超过 10 公顷，既种旱田又种水田的，水、旱田的总规模原则上不超过 15 公顷），同时根据实际情况合理调整。

第十条　规模田的分配要求：

1. 在同等价格条件下，以先原种植户、后新种植户，先职工、后非职工劳力的顺序发包。

2. 承包方不得转包、互换、转让。

3. 承包方在承包期内，如转移到非农产业就业或自愿放弃耕地承包经营权或死亡的，耕地承包经营权交还农场重新发包。

第十一条　机动地的规模最高不超过本单位耕地总面积的 15%。

第十二条　机动地的用途：新增农业劳动力安置、基本建设用地、大型机械带地和自然灾害损毁耕地等。

第十三条　机动地的分配要求

1. 面向社会，公开实行市场竞争。同等条件下，先场内、后场外，先原种植户、后新种植户，先职工、后非职工劳力。

2. 机动地承包费超出规模田承包费部分，全额留给管理区、居民组作为公共基础设施和精神文明建设支出，但年初必须与土地承包费一起全额上缴农场，支出时必须经农场审批。凡违规者，农场一经查实，将按照有关规定严肃处理。

3. 未在本单位落户的外来种植户，各居民组根据本单位耕地的实际情况进行合理调整。

第十四条　所有参加基本田、规模田和机动地承包的农业职工和农业劳动力，都要首先按计划完成农场下达的清欠、畜牧、农机设备贷款和其他各项应偿还指标。

第十五条　"基本田"和规模田承包价格执行 2006 年标准。

第十六条　基本田和规模田的承包费调整周期和调整幅度，如遇国家和上级重大政策调整，按国家和上级政策执行。

第十七条　基本田、规模田和机动地承包期限均为一年。

第十八条　各居民组耕地承包面积为农场 2006 年核准后的面积。

第十九条　各居民组核定承包费总额为基本田、规模田和机动地三者承包费总额。

第二十条　土地承包费上缴方式和时间：

1. 上缴的方式：基本田、规模田和机动地全部以货币的形式实行 10% 先交承包费（万寿菊除外）。

2. 上缴时间：水田为 2007 年 3 月 30 日前。旱田为 2007 年 4 月 20 日前。

第二十一条　耕地发包前各管理区、居民组必须制定承包方案（包括享受"基本田"

的人员、"两田一地"的面积、分配方法、地类等级、作物种类、收费标准等），经各单位生产管理委员会研究上墙公示 7 天后报农场审批，否则一切后果由本单位主要领导负全责。其承包费标准严格执行农场的规定，农场全方位监督检查和审计。

第二十二条　作物补贴及标准

1. 万寿菊：全场种植面积控制在 400 公顷左右，全部采用高产新品种，各单位按要求留足农场指令性种植面积，每种植 1 公顷万寿菊补贴 600 元。

2. 苜蓿和青贮：经农场验收合格后，每贮 1 公顷青贮或种植 1 公顷苜蓿补贴 800 元。

3. 万寿菊承包费于当年 12 月 10 日前上缴农场计财科。

第二十三条　2007 年《耕地承包合同》必须按照垦区统一的合同范本要求规范填写，3 月 30 日前报农场审批。

第二十四条　凡是种植规模田和机动地的每亩耕地收取 1 元林业发展基金和 10 元畜牧发展基金，年初一次性 100％ 交齐。

第二十五条　农场继续实行以畜带地的优惠政策。

第二十六条　科学调整种植结构，适当增加水稻、玉米种植面积。加强种子管理，规范统一供种渠道，确保用种安全。

第二十七条　大力推广农业新技术，提高标准化作业水平。2007 年，农业生产各项重点工作全部实行目标考核管理。

第二十八条　大力发展"生态型林业经济"，加大林产品综合开发力度。

第二十九条　完善管理区体制。根据总局《关于推进农场（社区）组织机构，深化管理体制改革的指导意见》和《宝泉岭分局撤队建区的实施方案》文件要求，为减少管理层次、降低管理成本、提高工作效率，农场进一步完善管理区体制、强化管理区职能。

第三十条　管理区主要工作职能。全场设 4 个管理区，管理区为农场的派出机构。管理区依据农场授权和委托，具有以下主要工作职能：

1. 负责农场及上级各项政策在管理区及居民组的贯彻落实，保质保量完成各项任务指标。

2. 负责管理区经济建设和社会行政管理工作，履行社会公共服务职责。

3. 负责管理区的生产经营管理与协调及对所辖居民组农业标准化的检查指导。

4. 负责本辖区内居民组的农业、畜牧业生产落实、检查和指导。

5. 负责管理区的党建、精神文明建设及群团组织活动。

6. 负责管理区的社会经济、统计报表工作。

7. 负责管理区内的安全生产工作。

8. 代表农场履行对管理区的土地、森林、草原、水面等资源性资产和国有资产的管理和各种费用的收缴。

9. 引导、扶持非公有制经济发展。

第三十一条　居民组主要工作职能。

1. 负责农场及上级各项政策在居民组的贯彻落实，完成农场和管理区安排的各项工作，并接受农场、管理区的检查指导。

2. 负责居民组经济建设和社会行政管理工作。

3. 负责居民组的土地发包和完成土地承包费的上缴指标。

4. 负责居民组党建、精神文明和政治文明建设及群团组织工作。

5. 负责居民组的产业结构调整。

6. 负责完成居民组的畜牧业发展指标。

7. 负责完成居民组农业标准化考核指标。

8. 负责完成居民组清欠还贷指标。

9. 负责居民组的计划生育工作。

10. 负责完成农场、管理区下达给作业区的信访考核指标。

11. 负责居民组的厂（场）、政务、党务三公开和统计报表工作。

12. 负责居民组的安全工作。

第三十二条　各管理区、居民组必须按照农场文件要求完成畜牧、清欠指标和机械设备等贷款的回收任务。

第三十三条　各居民组收取的土地承包费和管理费，严格按照新会计法和农场的各项财务管理规定及时上缴农场计财科入账，凡违规违纪者，一经查实，将按有关规定严肃处理。

第三十四条　加强刚性预算管理，进一步完善职务消费货币化制度，各项费用严格按照上级规定执行。

第三十五条　本着"取之于民、用之于民"的原则，各管理区、居民组按每亩10元的标准收取管理费（基本田除外），取消义务工、晒场占用费和农机停放场占用费。

第三十六条　农场对编制内的管理人员全部实行目标责任考核管理，其收入根据完成农场下达的各项考核指标确定（核定标准和考核办法农场另行规定）。

第三十七条　各居民组生产管理委员会的人员组成和工作职能执行农场有关文件规定。

第三十八条　坚持组织引导、职工自愿的原则，组建各类专业协会，作为民间合作经济组织，承担本行业产前、产中、产后全方位服务，完善社会化服务体系。

绥滨农场 2011 年经济改革与发展若干规定

为进一步深化改革，促进农场经济又好又快发展，根据总局、分局有关文件精神，结合农场实际，特制定本规定。

一、农业生产经营

为了完善土地承包经营制度，维护社会稳定，达到适度规模经营的目的，根据上级会议精神，继续推行"两田制"土地承包经营制度，2011 年延续 2010 年土地承包规模，不做大幅度调整。

（一）基本田

"基本田"为基本生活和社会保障田。按不超过农场耕地总面积的 20％配置。基本田不单独分配耕地，实行货币返差。农场以 2010 年享受基本田返差人数为基数，按水田 8 亩、旱田 15 亩的标准进行计算，确定基本田返差平均标准为每人 1480 元。

1. 具有农场户籍、在劳动年龄范围内、实际参加种植业生产经营活动的农业从业人员，享受基本田返差。

私营业主、现役军人、在校学生及落户未满 3 整年的农村劳动力不具备基本田返差资格。

符合基本田货币返差条件的人员由居民组负责登记核实，登记后进行公示，如出现违规现象，将对单位主要领导进行严肃处理。

2.18 周岁以上具有农场户籍、长期在农场居住、实际没有参加农业生产经营活动且没有固定收入（含月固定收入低于 420 元）的人员，按照基本田货币返差标准，由农场自筹资金，给予生活费补贴，补贴标准每人 1480 元。

登记和领取方式：由本人携带户口本、身份证在指定时间、指定地点登记。户籍在居民组的在居民组登记，户籍在场直地区的在社建办登记。人员名单由居民组、社建办进行公示，公示无异议后，农场在年底对符合条件人员发放生活费补贴，由本人领取。在登记和领取生活费补贴过程中如出现违规现象，将对单位主要领导进行严肃处理。具体细则另行制定。

有以下任何情形之一的人员，取消生活费补贴资格。

（1）不参加医疗保险的。

（2）场直地区养殖户不按农场规定迁入养殖小区饲养的。

（3）没有按农场规定时间登记和领取补贴的。

（4）有违纪违法行为和违反农场规章制度的。

（5）私营业主、现役军人、在校学生。

（6）落户未满三整年的农村劳动力。

（二）经营田

1. 经营田的分配对象：具有农场户籍、劳动年龄范围内且 2010 年在管理区、居民组实际从事农业生产的种植户及 2010 年新增劳动力。落户未满三整年的农村劳动力不参加经营田分配。

2. 不在本农场或者已经出售的大马力机车所带耕地，原承包户自愿放弃耕地承包经营权、达到退休年龄或死亡人员所承包耕地，以前年度分配的生猪饲料地全部收回作为经营田。这部分经营田首先用于新增农业劳动力安置和基本建设用地、自然灾害损毁耕地补偿，剩余经营田各居民组应进行公示，在公开、公平、公正的前提下进行发包。

3. 经营田的分配程序：由 2010 年承包人自愿认标，填报 2011 年耕地承包认标表。原承包户优先认标，不认标的视同放弃耕地承包经营权，并自行处理水田物资，耕地由农场收回重新发包。认标表签订时间为 2010 年 9 月 20 日前。按农场规定时间足额上缴承包费后签订 2011 年耕地承包合同，逾期不足额上缴承包费的视同放弃承包权，由农场重新发包。

4. 每个承包人及其合同成员（包括承包人配偶）不得同时在两个或两个以上的居民组承包土地。

（三）2011 年各管理区、居民组优先预留青贮地，青贮地预留标准为成母奶牛每头 3 亩，育成奶牛每头 2 亩，奶牛头数以 2010 年 9 月 15 日存栏头数为准

分配的青贮地未种或未全种青贮的，按未完成面积每公顷加收 2500 元承包费，并取消以后年度青贮地。

（四）除青贮地以外的耕地全部开发为水田，面积小的承包户可联合开发

不开发的视同放弃承包权，由农场收回重新发包。确实不能开发水田的地块，由管理区、居民组在 2010 年 9 月 15 日前上报农场，经农业部门核实后可按旱田发包。

（五）家庭农场承包费、农业保险费上缴方式和时限

1. 水田承包费以 2010 年生产水稻上缴，按国家标准三等品折算，老水田每公顷上缴水稻 2.25 吨，2010 年新开发水田每公顷上缴水稻 2 吨，2011 年 1 月 20 日前上缴。

2. 青贮地按每公顷 2500 元，2011 年新开发水田按每公顷 4500 元标准上缴承包费；经农业部门核实确实不能开发水田的地块，按每公顷 3800 元标准上缴承包费，对种植蔬菜等特色经济作物的旱田每公顷收取 3000 元承包费，2011 年 3 月 20 日前上缴。

3.2011 年农场收取"一事一议"筹资款，已含在水田和旱田承包费中，不再额外收取。

4. 签订耕地承包合同的种植户必须参加农业保险。农业保险费个人每公顷承担 75 元，在 2011 年 3 月 20 日前上缴，其余部分由农场承担。

5. 欠款户承包耕地必须在 2011 年 3 月 20 日前先按水田每公顷 800 元、旱田每公顷 500 元、最低还款额为 2000 元的标准偿还欠款，否则不予签订耕地承包合同。

（六）农时农艺措施保证金：水田 500 元/公顷，旱田 200 元/公顷

2010 年保证金存款可转作 2011 年保证金，不足部分于 2011 年 3 月 20 日前以货币补足。

（七）加快推进统一供种、供肥、供药，各单位应严格执行农场农业部门制定的规划和方案

二、畜牧业发展

继续推进畜牧业发展，加快人畜分离步伐。具体方案另文规定。

三、特色经济发展

大力发展"生态型林业经济"，加大林产品综合开发力度，做好苗木繁育基地的综合开发利用，推进特色经济发展。

四、工业经济发展

尽快形成主业突出、集群发展，具有较强自主创新能力、整体实力雄厚的工业发展格局。加大招商引资力度，重点发展低能耗、无污染、高效益、再生能源等产业，加快推进绥滨新型工业园区建设。

五、企业经营管理

1. 各单位收取资金，严格按照财务管理规定及时上缴农场计财科入账，凡违纪违规者，一经查实，将按有关规定严肃处理。

2. 加强刚性预算管理，进一步完善职务消费货币化制度，各项费用严格按照上级规定执行。管理费具体使用办法另文规定。

3. 进一步完善管理区体制，强化管理区职能。

六、目标考核管理

1. 农场对编制内的管理人员全部实行目标责任考核管理，其收入根据完成农场下达的各项考核指标情况确定（核定标准和考核办法农场另文规定）。

2. 农业生产各项重点工作全部实行目标考核管理。

3. 各单位必须按照农场文件规定完成农业、畜牧和机械设备等贷款清欠指标和其他各项应偿还指标。

七、其他规定

1. 全面推行土地承包准入制度，建立家庭农场等级考核体系，实行末尾淘汰制。具体办法另文规定。

2. 加大农业基础设施建设力度，采取上级投一点、农场补一点、职工自筹一点的办法，完善农业基础设施建设。

3. 坚持组织引导、职工自愿的原则，组建各类专业协会、合作社和产业协会，完善社会化服务体系，提高家庭农场进入市场的组织化程度。

绥滨农场 2013 年经济改革与社会发展若干规定

以建设小康社会为总体目标，全面贯彻落实总局、管理局党委扩大会议精神，为加快产业发展，建设幸福绥滨，实现我场经济社会又好又快发展，现结合农场实际，制定本规定。

第一部分　经济发展

一、农业生产

以提质、增产、增效为目标，全力打造 50 万亩绿色水稻生产基地，全面推广新科技新技术，制定并严格执行《绥滨农场质量效益型农业方案》《绥滨农场农业规范化管理方案》《绥滨农场农业高产创建方案》和《农业示范带建设方案》。创办农业专业合作社，提高种植户抵御市场风险的能力。

二、畜牧业生产

大力发展现代畜牧业，稳牛增猪抓特色，建设现代高标准畜牧发展基地，实行畜禽引入第一责任人制度和防检疫制度，严格执行《绥滨农场畜牧发展方案》。重点发展鹿、狍子、林下笨鸡、泥鳅及江水养鱼等特色养殖业。

三、林业生产

以建设"山水生态森林绥滨城"为目标，大力实施造林绿化工程，重点打造高品质农业绿色观光通道，全面提升场区街道、小区绿化品位。以省级苗木繁育基地为依托，大力发展苗木产业，继续做好巩固退耕还林成果后续产业，通过提升配套支撑体系建设，发展大棚果蔬产业和林下经济。严格执行《绥滨农场林业生产目标管理考核办法》，完善森林防火、林业行政执法、林业有害生物防治、野生动植物保护、林业科技推广服务等基础保障体系建设。

四、工业发展

以打造"龙门福地"文化品牌为主线，以"绿色兴工，产业带农"为主攻方向，大力实施全民招商，着力发展节能环保产业和农畜产品精深加工业，全力扶强扶壮现有民营企业，加快推进绥滨农场新型工业化建设，确保绥滨农场三年新型工业化建设目标的顺利实现。

五、水利建设

继续加大水利建设和土地整理力度，积极争取各项水利、土地整理资金，为农场现代化大农业发展保驾护航。由水务局规划、设计全场排水沟渠清淤、土地整形和泡、塘治理，各管理区、居民组水利建设计划必须在年初上报水务局，水务局进行审核并做出预算后上报农场批准实施。无计划和没有农场批准的，由管理区、居民组自行负责。

六、经营管理

1. 货币资金管理。各单位、各部门取得的一切货币资金收入，都必须纳入账内管理，严禁公款私存、私设小金库。

2. 清欠工作管理。各单位必须完成农场下达的清欠指标，具体条款另行规定。

3. 国有资产管理。进一步完善国有资产管理和有偿使用制度，盘活现有闲置资产。各单位、各部门行政主管领导是国有资产管理的第一责任人，各单位不得私自出借、出租、出售农场的国有资产。落实保管责任人，工作人员工作变动时必须办理资产移交手续。

4. 合同管理。所有合同必须经农场批准，由农场政研室和司法分局审核办理，任何单位、部门不得独立签订合同。合同签订后，承办单位行政主要领导是执行合同的第一责任人。所有合同由政研室统一存档管理。

5. 刚性预算管理。进一步完善职务消费货币化制度，各项费用严格按照《绥滨农场刚性预算指标及说明》规定执行。

6. 小额农贷管理。各管理区、居民组管理人员应积极为种植户筹措农业生产资金，但不得提供虚假土地证明进行重复贷款、骗取贷款（包括骗取农业贷款用于非农项目），不得以职务身份为种植户贷款提供担保。

7. 基本建设管理。各单位、各部门工程项目必须报农场研究，履行相关建设程序并经场长签批后，方可实施。

七、资源管理

（一）耕地

为了完善耕地承包经营制度，维护社会稳定，达到适度规模经营的目的，根据上级有关文件精神，继续推行"两田一地制"耕地承包经营制度。《家庭农场承包合同》每年一签订，合同有效期为签订之日起至当年 11 月 15 日止。

具有农场户籍、在劳动年龄范围内（出生日期：男 1953 年 1 月 1 日—1994 年 12 月 31 日、女 1963 年 1 月 1 日—1994 年 12 月 31 日）、实际参加种植业生产经营活动的农业从业人员有权参加耕地分配和享受基本田返差。

1. 基本田

"基本田"为基本生活和社会保障田，按不超过农场耕地总面积的 20％ 配置。基本田不单独分配耕地，实行货币返差，标准为每人 1480 元。

2. 经营田

经营田的分配对象及要求：具有农场户籍、劳动年龄范围内且 2012 年在管理区、居民组实际从事农业生产的种植户及 2012 年新增劳动力。未经农场同意，耕地不允许承包方私自转包、互换、转让，否则因私自转包、互换、转让产生的纠纷由承包方负全责。

经营田规模：水田劳均不超过 5 公顷、旱田劳均不超过 4 公顷，承包面积水田劳均不足 5 公顷和旱田劳均不足 4 公顷的不予补足。

3. 机动地

（1）机动地的确定：承包水田超出劳均 5 公顷或承包旱田超出劳均 4 公顷，达到退休年龄人员，死亡和调出人员抽出的耕地为机动地。

（2）机动地由居民组进行公示，在原承包费的基础上以货币形式竞价发包，无人竞价的可由原承包户承包，但每公顷加收 1000 元超资源占用费。如原种植户不上缴超资源占用费，由农场收回另行发包。

4. 以下人员不参加耕地分配也不享受基本田返差：

（1）落户未满三整年的农村劳动力。

（2）有年薪或工资性收入（月收入高于 420 元）的各级领导干部、管理人员等。

（3）现役军人、在校学生及没有按农场制定标准按期足额偿还各类欠款的人员。

5. 确定 2013 年水田承包人及承包面积后，由承包人自愿认标，按承包面积上缴 2013 年承包费及竞价款。承包户不在规定期限上缴承包费及竞价款的，视同放弃耕地承包经营权，并自行处理水田物资，耕地由农场收回另行发包。

6. 承包户违反农场各项规章制度及违反合同约定不服从居民组统一管理的，各居民组可以对其承包的经营田进行调换地块、调减面积或取消其经营田承包资格的处理，其所有物资自行处理。

7. 每个承包人及其合同成员（包括承包人配偶）不得同时在两个或两个以上的居民组承包耕地。

（二）家庭农场承包费、农业保险费、农时农艺措施保证金上缴方式和时限

1. 水田承包费以不低于国家标准三等品水稻上缴，按国家标准三等品折算，老水田每公顷上缴水稻 2.25 吨，2012 年新开发水田每公顷上缴水稻 2 吨，在 2013 年 1 月 10 日前上缴。

2. 2013 年新开发水田每公顷 4500 元，旱田每公顷 3800 元，在签订《家庭农场承包合同》的同时以货币上缴；2013 年新开发水田 2014 年的利费执行老水田标准。

3. 种植户必须参加农业保险。农业保险费个人每公顷上缴 150 元，在签订《家庭农场承包合同》同时上缴，其余部分由农场承担。

4. 欠款户必须按水田每公顷 800 元、旱田每公顷 500 元、最低还款额为 2000 元的标准偿还欠款后，方可签订《家庭农场承包合同》。

5. 农时农艺措施保证金：水田 500 元/公顷，旱田 200 元/公顷。2012 年保证金存款可转作 2013 年保证金，全额补齐保证金后方可签订《家庭农场承包合同》。签订《家庭农场承包合同》的同时必须签订《农业规范化管理合同》，并严格遵守。

（三）鱼池、水面、草原、林地

加强鱼池、水面、草原、林地等资源的管理，未经农场批准不得私自开垦和利用，全场鱼池、水面、草原及林地等资源由农场统一制定政策，签订承包合同。重点扶持林下养殖和江水养殖。

(四）沙场

任何单位和个人未经土地管理部门批准不得私自开垦挖沙，居民组行政主管领导为沙场管理的第一责任人。

(五）大棚基地占地

管理区、居民组大棚基地占地按旱田承包费标准收取承包费，用于新大棚基地建设。

(六）小开荒

营区凡经确权后的宅基地面积以外的土地，全部由居民组收回统一规划管理。

居民组道路沿线小开荒由居民组收回，进行取直整形，整形后扩大的面积第一年按旱田承包费标准收取承包费，第二年起按实际种植作物收取承包费。

第二部分　社会发展

一、社区管理

加强社区管理创新，以健全"管理有序、环境优美、文明和谐、社会稳定"的社区为总目标，提升社区的管理服务功能。成立四个居民委员会，全面负责社区事务，实行责任目标考核。各小区成立业主委员会，采取居民自治形式，管理小区事务。继续完善小区物业管理，物业保洁实行自收自用；小区住户私有产权范围内的维修、维护由住户自费处理。积极开展文明小区、文明楼院创建活动，为居民创造一个良好的生活环境。

二、小城镇管理

严格执行《绥滨农场城镇管理方案》，明确责任分工，强化场容秩序管理，建设省级三优城镇。坚决纠正违章占道和机动车乱停乱放现象，强化临时占道黄牌管理制度；严厉打击非法广告；规范商招店招；牌匾管理做到规划先行，科学规范；强化市政公用设施的管理，严厉打击损坏公用设施行为；加强对建设工程施工现场的管理，全面提升小城镇社会化管理水平。

三、管理区、居民组管理

1. 管理区、居民组为农场派出机构，所有管理人员由农场委派，全面负责管理区、居民组事务。

2. 管理区、居民组成立"社会生产管理委员会"，全面实行自筹自用自管自建制度。

四、共同富裕及扶贫帮困

1. 开展"职工共同富裕行动"，完善"644"帮扶救助体系，在资金、政策、技术、信息、项目、岗位、服务等方面提供有针对性的帮扶；大力发展"种养加服果蔬林"等产业，拓宽职工致富渠道；加强技能培训，提高职工致富能力，实现共同富裕目标。

2. 凡18周岁以上具有农场户籍、长期在农场居住、实际没有参加农业生产经营活动且没有固定收入（含月固定收入低于420元）的人员，由农场自筹资金，发放生活费补贴，2013年补贴标准每人1480元。领取生活费补贴的人员必须遵守农场的各项制度，并承担应尽义务。有以下任何情形之一的人员，取消生活费补贴资格：

（1）不参加医疗保险的。

（2）场直地区养殖户不按农场规定迁入养殖小区饲养的。

（3）不缴纳卫生费、排污费等各项规费的。

（4）违反《信访条例》上访的。

（5）私营业主、现役军人、在校学生。

（6）落户未满三整年的农村劳动力。

实行居住地登记制度，居住在居民组的在居民组登记，居住在场直地区的在所属居委会登记。人员名单由居民组、社区进行公示，公示无异议后统一发放。

3. 实行星级文明户评比制度，规范居民遵纪守法及道德行为，社区制定《绥滨农场星组文明户评比方案》，对场区住户进行评比，评比达到标准的方可享受取暖补贴、生活费补贴、贫困户补贴等各项政策性补贴。达不到标准的按评比结果扣除相应补贴。

第三部分　目标考核

农场全面实行管理人员目标责任考核制度，工资分为基础工资和绩效工资两部分，绩效工资为目标考核工资。依照农场《机关科室责任目标考核办法》《场直单位责任目标考核办法》《管理区、居民组经济社会发展考核办法》考核，按考核结果兑现绩效收入。

本规定自2013年1月1日起实施，解释权归农场政研室。

特　　载

营造氛围　强化领导　整合资源
积极稳步推进绥滨农场共同富裕工程

李思军　俞新利

按照总局、管局党委关于推进"共同富裕行动"工作的总体部署和要求，我们绥滨农场党委坚持从农场实际出发，抓导向，营造"共同富裕行动"良好的舆论氛围；抓组织领导，强化对共同富裕行动的引领；抓资源整合，调动社会一切力量投入到共同富裕行动中来，从而进一步加大了贫困低收入群体和特殊群体的社会保障与社会救助力度，进一步规范了困难职工帮扶救助工作，确保职工群众共享农场经济社会改革发展成果，实现共同富裕目标。下面就我场共同富裕工作情况做汇报如下：

一、坚持正确导向，营造"共同富裕行动"良好的舆论氛围

实现共同富裕是一个国家、一个地区、一个企业社会文明进步的重要标志。总局、管局党委提出"共同富裕行动"计划的发展战略后，我们绥滨农场首先从抓好宣传入手，通过召开四个会议，传达贯彻总局、管局党委关于实施共同富裕战略的有关精神，即农场党政领导班子会议，场、科、区三级干部会议，各单位党员大会，各单位全体职工大会。并以农场怎样实现共同富裕为主题，在全场党员干部中开展了大讨论活动。同时，我们还在农场电视台设"共同富裕"专栏，及时宣传农场在"共同富裕行动"中的先进典型单位和个人，各单位还充分利用宣传栏、小广播等载体开展形式多样的宣传活动。通过这些行之有效的宣传活动，使全场干部职工明白了什么是"共同富裕行动"，怎样才能实现共同富裕，以及共同富裕的重要意义达成共识，并积极投身到"共同富裕行动"中来。

二、坚持党政齐抓共管，强化对共同富裕工作组织领导

为落实总局、管局党委有关精神，我们在"共同富裕行动"中始终坚持齐抓共管。2013 年 3 月份，我们专门召开了场、科、区三级干部参加的"共同富裕行动"专题会议，成立了以党委书记、场长为组长，班子成员为副组长，工会、计财科、民政、劳资、教育、医院、卫生、社区等 12 个有关部门领导为成员的"共同富裕行动"工作领导小组。

同时，为方便对困难职工的救助，让更多的困难职工群众共享农场经济社会改革发展成果，实现共同富裕目标，我们立足实际，与社区资源共享，农场投资 10 万余元对原有的困难帮扶中心进行了改造，建立了爱心超市，经过合理调配，改建了信访接待室、职工培训学校、职工书屋，配备两名专职工作人员，开设了生活、医疗、就业、助学帮扶和法律援助等一站式服务平台。并建立了困难职工帮扶、扶低支富、大病帮扶救助、残疾人救助、金秋助学、司法援助六项共计 500 万元基金，现已在计财科设立专项账户。农场党委在人、财、物方面为做好共同富裕行动工作提供了强有力的保证。

三、坚持高标准、高起点，科学操作，精准扶贫

"共同富裕行动"是一项系统工程，在实施过程中，我们不是做样子、走形式，而是坚持标准科学操作实行精准扶贫。为全面掌握我场需要帮扶救助特困职工的实际情况，我们采取拉网式调查，逐户逐人核实，分项、分类建档的办法，工会、民政、社区、医院、学校等部门和各居民组联合对全场贫困户、老年人、残疾人等需要帮扶救助的特困人群主动上门走访，逐一调查摸底并登记造册，确保困难职工"不漏一户、不缺一人"。对困难职工严格按程序实施帮扶救助，具体做到了六清，即：身份证号码清、家庭住址清、困难原因清、家庭人员清、人员收入清、工作单位清。首先由本人申请，提交相关材料；居委会、居民组初审并在公开栏公示，确认无异议后，单位主要领导在申请审批表上签署意见盖章，有关材料一并报给困难帮扶中心；帮扶中心会同相关部门审核审批后，汇总签署意见上报工会，对审核不符合条件的，书面通知申请人，并告知原因；最后由工会召集审查小组成员对符合条件的申请人再次审核后给予帮扶救助。困难职工档案实现了动态管理，随时发现需要救助的随时录入，脱贫的及时注销，做到了对困难职工及时准确帮扶。目前建档工作已经完成，全场共需生活救助帮扶 352 人；贫困学生救助 25 人；大病医疗救助 43 人；扶低支富资金帮扶 238 人；残疾人救助 100 人，现已分批分步实施精准帮扶救助。

四、坚持以人为本，形成共同富裕长效机制

在落实"共同富裕行动"计划中，我们坚持以人为本，重视发挥每个人的作用，特别是党政干部的带动作用。农场副科级以上在职领导干部每人帮扶一名贫困户，与贫困户"手牵手"结对帮扶，建立了严格的帮扶写实档案进行跟踪问效，同干部的年薪和提职挂钩，机关干部共帮扶 73 名贫困户，并从五个方面进行帮助扶持：

1. **生活上捐助，送温暖**　切实解决帮扶对象生活困难。每逢节日或春耕、秋收时节，农场场、科、区三级干部都会亲自到所帮扶对象家中访贫问苦，送温暖献爱心。同

时也把农场党委的温暖关怀送到贫困户家中。今年春节期间，农场慰问贫困户资金达30万元。

2. **思想上解惑，送政策** 在解决生活困难的基础上，及时宣传国家、农场的各项方针政策，引导他们克服消极、畏难情绪，从感情上贴近他们，经常掌握他们的思想状况，有效化解他们心中的困惑，帮助他们树立起生活信心，使他们保持积极向上的健康心理。

3. **农技上提高，送技术** 针对部分困难职工群众种植管理水平低、经营效益差的实际情况，我们积极引导他们加强学习，努力掌握实用技术，按职工群众实际情况，认真开展种、养实用技术业务培训，提高农技水平。如第二十作业区女职工闫桂霞，参加了工会、林业局举办的树木育苗、葡萄栽培、果蔬大棚管理的培训班后，很快找到了用武之地，承包了四栋大棚专门搞葡萄栽培，培训班的开设让她有了一技之长和致富门路。

4. **生产上解难，帮资金** 积极帮助解决发展生产资金，提高帮扶对象的收入。每年农场拿出200万元的扶低支富资金，对可扶持户每户提供1万元的无息贷款，现已取得很好的成效。

5. **产业上引导，帮助寻找产业发展项目** 根据产业信息和当地实际情况帮助寻找长远发展的产业项目。推进产业富民，完善"创业致富联合体"和"自营经济产业协会"建设，把帮扶共富与自营经济产业化发展相结合，吸收民间资本，通过能人带动发展家政、物流、种养加、旅游文化等产业，鼓励职工经商置业，兴办三产。随着农场城镇建设迅猛发展，大量人口集聚场直居住，"菜篮子"问题已摆在面前，农场投资近千万元建百栋果蔬大棚，低租金承包给困难户，拓宽他们致富渠道。

绥滨农场不仅干部每人"手牵手"结对帮扶一名贫困户，而且企业家、个体户及社区居民也积极加入"手牵手"结对帮扶活动，涌现了不少感人的事迹，残疾人自主创业模范民丰机械厂厂长伊永刚在致富后雇佣帮扶了4名困难残疾人，使他们的生活有了保障，滨西社区居民王秀兰常年帮扶照顾独居老人徐玉珍，真诚的服务赢得了老人信任，老人甚至把存折都交给王秀兰保管。党员志愿者申成美关心低保户孔宪珍一家，经常上门送上日常用品。

共同"富裕行动计划"的实施，不仅帮助职工解决了后顾之忧，进一步缓解职工困难的程度，为困难职工构筑起一道补充保障屏障，而且搭建了一座党联系困难职工、关心职工疾苦的重要桥梁，解决了困难职工群众最关心、最直接、最现实的利益问题，维护了社会和谐稳定。

（原文摘自2013年11月《农垦经济管理》）

每个起点都是新高度
来自黑龙江农垦绥滨农场的报道

陆书鑫　宋秀吉　王帮喜

始建于 1948 年的黑龙江农垦绥滨农场，犹如一颗璀璨的明珠镶嵌在松花江与黑龙江交汇的冲积平原上。作为全国农垦唯一的农村改革试验区，全场 2 万员工以敢于创新、勇于探索、甘于奉献和与时俱进的时代先锋精神，实现了经济、政治、文化、社会"四位一体"协调发展，为全国农垦系统提供了宝贵的改革经验。

2007 年，拥有 52 万亩耕地的绥滨农场实现了粮食总产 26 万吨，生产总值 6.6 亿元，人均收入超 1.2 万元，农场被授予"全国模范职工之家""全国水稻生产示范基地""全国粮食生产先进场""全国标准粮田建设先进单位""全国百佳造林先进单位"，省"争做学习型职工，争创学习型企业"先进单位、省"新农村建设先进单位"、省"文明单位标兵"和"先进文化场"、省"法制建设标准化达标单位"等荣誉。

绥滨农场如一朵鲜艳的奇葩绽放在北大荒的黑土地上，迎雪傲霜、负重前行，在改革开放的大潮中弄潮搏浪。

开拓篇

1948 年，十六挂马车犁开了黑松两江冲积的亘古荒原，露出了绥滨农场美丽的容颜，从此杳无人烟的黑土地上有了人迹繁衍，更翻开了寂寞大平原的历史新篇。

多以荒草甸和次生原始森林等植被覆盖的平原，在转业官兵、支边青年和知识青年战天斗地的大无畏精神的开垦下，肥得流油的黑土地变成了大片的粮田，雕琢出了美丽的风景线，建起了大型国有机械化家庭农场。

拓荒人经受住了考验，成为了北大荒第一代人，农场发展壮大了，生产的粮食不仅实现了自给自足，同时也源源不断地向国家输送。

绥滨农场这块神奇的黑土地，长粮食、长树木，还能长精神。北大荒人立下了铮铮誓言，坚定信念、甘于奉献，让绥滨农场屹立闪耀在北国的边疆。垦区唯一一个集体企业"隆华公司"在黑土地上诞生，2 万人口聚集到这片热土上，一幢幢红砖瓦房连片建起，道道防护林成了守护边疆的屏障。

改革篇

勤劳奋进的绥滨农场人在艰苦的环境中磨砺了意志，但仍摆脱不了生产力低下带来的贫困。

"要拔掉穷根，就得走改革之路"，1985年，绥滨农场大地上回荡起这样的号角："土地承包到户，实行联产责任制"。新的机制激活了人们的思维，改变了人们的生活观念，认清必须集中精力发展生产。当年全场实现了扭亏为盈。1986年改革刚满两年，人们的收入就翻了一番，粮豆总产提高42.3%。

农场改革的成功受到了国家体改委的关注，1987年绥滨农场被定为全国13个农村改革试验区之一，进行了"大农场套小农场"的双层经营体制探索。

改革再次更新了农场人的头脑，激发了人们思富盼富的念头，全场兴办起1300多个家庭农场。家庭农场的兴办激发了人们生产的主动性，全场小麦、大豆、玉米单产屡创新高，小麦单产达到3.5吨，大豆公顷单产超1.6吨，玉米单产突破了6吨的大关。望着堆积成山的粮堆，人们笑了。

要改就彻底改，要放活就大胆放。绥滨农场打破统管统种、统一调配的生产模式，进行职工群众自主发展、自主寻找市场的机制探索。农场人活跃了，首次出现大规模的个体私有经济，发展出养殖业、工商业、果蔬业、加工业、机械制造业等6大门类行业，使农场经济发展由过去的单一的传统大宗农业种植，向多元化经济发展。农场经济发展势头空前高涨，涌现出了一大批敢闯、敢试、敢冒、敢言的带头致富典型。

开放搅活了绥滨农场人，也搅热了绥滨农场经济。仅1990年农场就有上千户家庭自主盖起了红砖瓦房。农产品走进全国的21个大中城市，食用菌等特色产品开始生成外向型经济发展的雏形，出口到日本、韩国、新加坡。

只有不断解决发展中的问题，才能实现经济社会持久的快速发展，正是基于这一认识，绥滨农场又在全国农垦率先搞起了"政企分开"现代企业制度的二期改革试验。政企分开解决了行政领导干部眉毛胡子一起抓的问题，从而腾出更多的精力去发展经济。

现代企业制度的建立，使绥滨农场的生产发展显示出了勃勃生机，借助地势平坦和水资源丰富的优势，农场开发了寒地水稻项目，改变了过去的豆、麦、玉米三大作物为主的生产格局，种植面积达到37万亩，占耕地总面积的72.3%，5年内实现了粮食总产翻一番。同时，农场又大力提高开发林业力度，培育出了"垦绥垂柳"等100多种绿化苗，建立了年生产30万袋食用菌基地，成为"黑龙江省优势苗木繁育基地"，苗木畅销北方20多个省地市，年销售量达到2000万株，直接实现利润超百万元。产业结构的不断优化调整，使水稻、畜牧、林业成为农场的支柱产业。

奋进篇

改革似缕缕春风，鼓荡起绥滨农场人大发展、快发展的热血情怀，也激励着人们奋进的脚步。

然而前进的道路毕竟不会一帆风顺，在种种困难面前，绥滨农场人心里明白，只要改革就必须承担风险和压力。新的体制给农场带来了生机，连续 10 年实现利费全额收缴，资产负债率由 73.2％下降到 47％。

大户承包经营实现规模化生产，也加快了机械化作业发展进程。多年来，全场共融资 2.2 亿元，更新各类先进农机具 3000 多台套，农机装备率达到 98％，水稻和玉米生产 100％实现了全程机械化。

发展才是硬道理，为推进水稻产业的提档升级，绥滨农场又向国家发改委申报立项了"引黑工程"项目，获得建设资金 2.58 亿元。"引黑工程"的建设，使农场的水稻品质得以提高，生产的"龙府牌"绿色优质大米直接打入了北京、天津、上海、哈尔滨的批发市场。

绥滨农场在发展中，不断地把目光瞄向国际市场，力求更广阔的空间。1998 年，农场正式实施了"北开南联"的发展战略，北向俄罗斯发展，南与三峡库区移民进行联合。农场在俄罗斯建起了有限责任公司，拥有了独立的边贸权；引进 68 家三峡库区移民，成为黑龙江省唯一一个三峡移民安置地。绥滨农场积极采取与国际相接轨的生产模式，撬开了国际市场，与日本建立起了长期江海联运出口生态玉米的合作伙伴关系。万寿菊颗粒与巴西的市场实现了对接，每年的销售总量达到 5000 吨。生产的苹果、圆葱以其优良的品质，受到了俄罗斯人的青睐，产品全部销往俄罗斯市场。

市场的开发，给绥滨农场的经济发展带来了生机，职工群众发展新兴产业的热情十分高涨，也促使了畜牧业的快速发展。为保证畜牧可持续快速增长，绥滨农场采取了"向科技要质量，向管理要效益"的发展模式，推行了"五个统一"的饲养模式，积极引进新技术。目前，绥滨农场拥有万头猪场 3 个，五千头以上猪场 11 个，年出栏生猪 18 万头，母猪存栏 1 万头，奶牛存栏 7000 多头，年产鲜奶 14500 吨，实现畜牧总值 2.6 亿元。

富裕了的绥滨满怀着开拓进取的创新精神，产业发展向着更高更新的标准迈进。在生产上又开始探索专用产品方向，稳定住已开发的市场。为此，农场打响绿色产业品牌，实施了生态环境建设规划，森林覆盖率超过 14.6％，人均绿地面积达 15.5 平方米，对工业污染进行全面的治理整顿，达到了国家级生态示范基地标准，建起了 4 个畜产品出口后备基地，全部采取了全进全出的生产模式，使畜产品自主走进市场率达100%。建立起有机蔬菜生产基地，产品全部销往北京市场，使每公顷效益率达到7000元。在食用菌方面针对日本市场大力发展榆黄蘑，年生产干蘑菇100吨。大豆以高油高蛋白"双高"品种和高异黄酮特色品种生产为主，产前订单率超过80%。玉米主要以供应日本市场和本场畜牧业发展为主，走进市场率达100%。

振兴篇

经过60年的开发建设，绥滨农场已彻底摆脱了贫穷落后，正以新型农垦城的形象崛起壮大。

2006年，绥滨农场进行了"三化"的长远发展目标规划，即农业现代化、农场城镇化、农区工业化。通过两年的实践，绥滨农场实现了跨越式的发展，力争到2010年实现生产总值13亿元，比2007年翻一番，农业生产总值达5.2亿元，人均收入达到2万元。

绥滨农场发挥自然和地理环境的优势，对资源进行优化组合，以此来加快农业发展进程。为此，农场加大了高产高效作物种植比率的调整力度，高产高效作物种植面积占耕地种植总面积的95%以上；狠抓了品种结构调整，对水稻、玉米、大豆等作物，从27个筛选出12个为主栽品种，实现统一标准化供种率98%以上，优质品种覆盖率达100%；对40万亩耕地实施了国家级"测土配方"施肥；引进农业生物技术，有望使粮食增产12%以上；从东北农业大学引进高异黄酮特色大豆品种示范种植，探索"新、精、特"发展之路；丰富农业科技园区内涵，加强科技试验示范，承担总局级以上科技试验示范项目8个；治理水田池埂与沟渠1980米，平整土地290公顷，由国家投资3300万元实施的土地整理项目，新增耕地面积109公顷用于水田开发；新增江水灌溉生产绿色优质水稻面积5万亩；投资710万元购置先进农机具318台套，种植业综合机械化率98%以上；投资660万元，改造1万亩低产田和建设1.5万亩的水稻标准粮田；投资360万元，建设一处占地2公顷的农机停放场；投资2600万元，建设26万平方米的地坪项目，该项目已向国家申报。

农场确立以"一猪两牛"为主的畜牧业发展格局，建立健全良种繁育体系，确保奶牛和母猪人工授精率100%；全年计划购买育成奶牛500头，每头补贴1000元，目前已购进300余头；为推进人畜分离工作，农场对新建牛舍每平方米补贴100元，计划建牛舍10000平方米，确保达到小区建设标准；继续实行以畜带地优惠政策，对种植青贮的养牛户，每公顷补贴800元；及时足额落实动物重大疫病防控经费12万元，防检疫率达到100%；通过公开招聘的形式为基层补充9名防疫工作人员；筹措500万元资金，帮助养殖大户代贮饲料4000吨；投资50万元，兴建380平方米的星级屠宰场，服务范围拓展到周边村屯。

农场林业以"绿满垦区，建设生态家园"为重点，采取了包造林、包管理、包成活的"三包"政策。全场共计植树105万株，义务植树35万株，建设绿色长廊23.5公里，作业区绿化单位4个，总投资300余万元，参加人数19235人次，全民尽责率97%。计划至2010年，农场将完成"55143"绿化工程目标，即利用3年的时间完成防护林补植补造500亩，建设绿色通道56公里，更新绿化街道16条，建园林化标准管理区4个，实施绿色产业基地项目3个。今年，农场新建了以葡萄为主的浆果示范园和以五味子为主的中草药示范园，结合对苗木大棚的二次利用，又增添了有机蔬菜辣椒的种植深加工产业。

农场加大项目招商力度，加快推进农区工业化进程。绥滨现有私营工业企业12家，为推进新型工业化建设，制定了《绥滨农场工业企业管理实施方案》。在农场的帮助下，三江机械厂与四平收割机厂、垦区农科院合作，成功对玉米收割台进行改造。按照《合同法》规定，私企与员工签订劳动合同率100%，私企员工享有养老、医疗、失业、工伤和生育保险保障。同时，农场广开招商路子，通过股份制的形式，辽宁五峰集团在农场投资3700万元，新建一个年加工10万吨的精米加工企业，还投资1500万元，利用玉米芯生产糠醛，可提供就业岗位100人，糠醛建设项目现已开工。安徽无为县邵斌个人投资450万元，建起年屠宰150万只大鹅的加工项目。农场引资1500万元，新建一个年加工10万吨的粮食加工、仓储基地。新建起一个水泥砖厂，稻壳发电项目申报到省发改委。2008年可实现工业增加值1亿元。

绥滨农场按照"城在林中，房在绿中，人在花中"的生态园林型建设方向，全面实施了撤队建区工作，加快职工群众集中居住进程。为此，农场采取"民建公助""股份合作""招商建设""经济适用房""廉租房"等多种形式加大城镇化的发展力度。同时，农场又投资加强了城镇基础设施建设，使场区街道硬化率达到80%，修通区公路45公里，有线电视、自来水的入户率达到100%，集中供暖总面积超过20万平方米。优惠的发展政策、良好的基础设施，使绥滨农场共拆迁泥草房27600平方米，开发楼房建筑面积17万平方米，集中住户超过1000家，场部居住家庭达到6600户，人口超万人，拥有个体工商业520家，城镇化率达58.6%。

和谐篇

奋进的绥滨农场就像花儿一样，娇艳地绽放在北大荒的黑土地上，人们合唱着致富的歌，迎着春风踏起和谐的旋律。

建设经济、政治、文化、社会"四位一体"和谐社会的旋律徜徉在绥滨农场的每个角落，建起与经济快速增长的文明建设机制，已成为又好又快发展的协奏曲。绥滨农场吹响了向"全国文明单位"进军的号角，开展了"十百千万"全民系统提升工程主题活动，"争创学习型企业，争取学习型职工"成为人们奋进的班车，建设幸福之家、快乐之家、文明之家、小康之家、和谐之家的脚步坚定有力，构建"友好型社会、节约型社会"擂响了新兴之路。

和谐发展时不我待，和谐进程催人奋进。绥滨农场劲舞风起，先进文化"四进社区""双六型家庭""十星级文明户""文明楼院"等 16 项活动如火如荼地广泛开展；民主协商、民主决策、民主共建的号角响起。只要关系到群众最直接、最现实、最根本的利益问题，就必须走民主程序。"邻居节""全民健身月""激情六月"等 8 个群众性民间文化活动更加丰富多彩。

为了加强群众性文化阵地建设，绥滨农场成立了 12 个不同内容的群众文化协会，投资建起了"天朗公园""植物园""万人休闲广场""科技书屋"等 48 个阵地，开设了"科技书屋""先锋工程""空中课堂""群众文化论坛"等多种文化传播形式等。

同时，农场还建立健全社会保障措施，开设了"学生基本医疗保险"和"职工家庭基本医疗保险"两个项目，建立了"公仆助学基金""济贫助学基金""党员扶低致富基金"和"爱心超市"等社会救助方式，开展多项救扶工作。

风正帆悬、百舸争流，沧海横流方显英雄本色。绥滨农场在建设社会主义新农村、构建和谐社会的主题下，激流勇进，奋勇争先，用行动抒写着更加光辉灿烂的篇章。

2008 年 6 月 24 日《人民日报》（海外版）发表

回 忆 录

抗击"黑松两江"洪水的日日夜夜

徐在阁

2013 年 8 月，受连续降雨影响，黑龙江、松花江水位持续上涨，农场部分管理区遭受不同程度的洪涝灾害，兄弟农场二九〇受灾情况严重。全场干部职工在农场党委的统一部署下，历时 31 天，团结一致、勠力同心、昼夜奋战、抗击洪灾，以铁的纪律和高度的责任感，为抵御百年不遇的特大洪水筑起了坚不可摧的防线。

作为抗洪的亲历者，笔者时任办公室秘书职务，主要负责后勤调度工作，制定排班表，电话通知车队、人员赶赴一线抗洪，协助宾馆准备餐食，到抗洪一线送餐。连续一个月平均每天睡眠 3 小时，接打电话 300 多通，脑海中经常产生电话铃声的幻听。这特殊的工作性质，让我在抗洪期间看到了很多、听到了很多，更收获了很多令人难以忘怀的记忆。我想在这次抗洪抢险战斗中，很多人表现出的忘我工作、无私奉献、责任重于泰山的精神值得我们学习和发扬。尤其是各管理区的职工群众，在接到出人出车的命令后，撇小家、顾大家，在最短的时间内奔赴前线抗击洪水。无论是出人，还是出车，没有一个人向农场提条件、讲报酬，争先恐后地投入到抗洪一线。

这次抗洪抢险是建场以来规模最大、参与人数最多、持续时间最长的一场战役。2500余名抗洪将士们共同努力保卫家园，使丰收在望的粮食粒粒归仓，取得了抗洪抢险的决定性胜利！

抗灾自救方面，共修筑了 16 公里长的堤坝防线。投入机械累计 301 台班、人员物资运输车 240 台次，总计出动人员 3759 人次，外运土方 9680 立方米，使用沙袋 6.7 万条，铺彩条布 5.3 万平方米，清理沟道、排水土方 24 万立方米。农场组织各居民组出动近 3200 台水泵，对低洼地块抽水外排，共减淹耕地面积达 15.5 万亩。安全撤离并妥善安置 697 人；同时，我们每天出动大量人力和机械积极支援二九〇农场，累计出动 4715 人次，大马力农用胶轮车 760 台，人员物资运输车 256 台次。在多次抗洪抢险会议上，时任省委书记王宪魁、时任管理局局长刘相增给予我场高度赞扬，更激发了我们的斗志。

8 月 21 号，受管理局指挥部委派，农场组织了机关和场直单位 100 人的突击队，连夜乘车到同江市，坐船到二九〇农场的高台子大堤上抗洪。一到现场，我们的一些党员干部毫不犹豫地带头跳入滚滚的江水中，铺设彩条布、压实沙袋、保护堤坝。一天的奋战中，参战的抗洪将士忘记了饥饿、忘记了疲劳。他们在没有任何防护物资的条件下，夜晚就露宿在大堤上。虽然当晚风雨交加，我们的将士还是抵御住了寒冷、蚊虫叮咬等恶劣的自然条件，身上的衣服经过雨水和汗水的冲刷，湿了又干，干了又湿。经过 36 个小时高强度的连续奋战，我们取得了二九〇农场高台子坝段的决定性胜利，用我们的血肉之躯保卫了兄弟农场的财产和生命安全。

8 月 27 号，我场接到新的抗洪任务，14 支抗洪抢险突击队全力支援二九〇农场 2+0至 3+0 坝段。我们的将士在坝上连续住了 13 天。白天压沙袋、堵管涌，晚上住在临时搭建的大棚里，还要组成多对巡堤人员，不间断地拿着手电仔细排查大堤及大堤 50 米内范围，检查管涌、防止溃堤。蚊虫叮咬的痕迹留在了每名战友身上。

时任农场场长的李思军和时任农场党委书记的俞新利，自 8 月 8 号以来，不论是农场自救还是支援二九〇农场，始终坚守在抗洪一线，废寝忘食、夜以继日。哪里有险情，哪里就有他们的身影，经常到半夜还亲自指挥、护堤抢险。检查管涌、处理险情他们始终冲锋在前，休息吃饭他们总是在最后。他们始终找各种理由让能休息的工作人员返场休息，自己却留下来在坝上过夜、值班。

还有我们可敬的干部职工……

第一管理区主任侯庆成，在任务最艰巨的时期，40多个小时没合眼，在向阳排干险段连续坚守30多天。

道路养护中心主任王志强，面对洪水冲堤的险情，扛起沙袋带头跳进冰冷的江水中，养护中心、城管局队员纷纷效仿，没有一人胆怯、没有一人退缩！

第十一管理区第七居民组党员胡乃文，64岁高龄，接到抗洪的命令后，第一个报名要去抗洪一线，在大坝上他一干就是一天一夜，晚上还主动要求巡堤。

法庭司法警察徐丙惠，在抗洪期间收到老父亲患脑出血重病住院的消息，仍然没有退出抗洪前线，委托远方的亲朋照顾自己的父亲。

第十一管理区第八居民组，发挥党员示范作用，主动出机车运送抗洪物资，完成任务后，又马不停蹄地检修机车、备战秋收。

第十二管理区第二十一居民组，农场需要10台车，他们主动出15台；农场需要30人，他们主动出40人。

龙江劳务公司，出人上前线的同时还捐款，上抗洪一线送物资，为前线将士送去热腾腾的饭菜。

为了让受灾的群众感受到温暖、早日重建家园，农场党委在广场组织现场捐款活动，不论是干部职工还是老人孩子，大家纷纷解囊，一笔笔款项带着绥滨农场人的爱心投入捐款箱。仅用2个小时，捐款金额就达到20万元。

在这次抗洪抢险战役中，还涌现出了一批优秀的私营企业、施工单位和驻场单位——农村信用社、农业银行、邮政储蓄所、社保分局、人寿保险公司、阳光农业保险公司、工商所、国土资源所、隆华公司。这些单位在灾害来临的时刻，与农场党委保持一致、团结一心、主动担当，体现了他们高度的责任感和使命感。尤其值得称赞的驻场单位是农村信用社和社保分局，这两个单位不仅积极参与农场组织的捐款活动，还多次主动请战，购买物资、食品上前线慰问抗洪将士。

绥滨农场的繁荣富强，正是由这些平民英雄书写的。在洪水来临之际，他们挺身而出、冲锋在前。我们要弘扬这种不怕困难、顽强拼搏的精神，烘托绥滨农场人团结一心、众志成城的风气。我们要把这些英雄事迹写进场史，要把这种精神转化成一种文化，并将其永久地传承下去。

灾害来临时，虽然人类显得很渺小，但是我们拥有战斗力强、凝聚力强的干群队伍，我们无所畏惧。在共同努力下，我们有信心、有能力战胜一切困难，保护我们的财产，保卫我们的家园。让我们弘扬抗洪精神、凝聚发展力量，团结一致、共同努力，向着幸福美好的生活快步前进。为绥滨农场谱写出从昨天走向今天，再由今天继往开来的壮丽篇章！

绥滨农场，是我成长的地方

宋秀吉

2006年7月，我从东北农业大学农学专业毕业，当时男朋友已经选择到绥滨农场工作，我在等待研究生班开学，空闲之余决定到绥滨农场看看。2006年7月6日早上10点，我乘坐客车向绥滨农场出发，当时正在修路，一路颠簸很不好走，到晚上8点多终于到了绥滨农场。初到之时，因习惯了大城市的喧嚣与热闹，还有些不习惯，总觉得农场还落后，楼房只有十几栋，除主要街道是水泥路外，其他都是土路面，与想象中的农场有很大落差。但是在农场待了一周左右，我就被绥滨农场人的热情与淳朴深深感染。他们主要是由老垦荒战士、复转军人、支边青年、知识青年组成，组织化程度和政治素质较高，北大荒精神在他们身上能够充分体现出来。他们乐观、豁达、不畏艰难，做事雷厉风行，不管是年老的还是年少的，身上都充满着朝气。尽管当时农场生活上还有诸多不便之处，但我心里还是做好了到绥滨农场工作的准备。

2008年2月研究生实习，作为一名大学生党员，我再一次来到绥滨农场。这次，路已修成了水泥路，坐车的时间足足缩短了4个多小时。我被安排到团委，还负责宣传工作，6月17日，我参与组织了农场首个邻居节，当时设定的项目有剪纸比赛、水果拼盘比赛、书画展、群众性游戏等。初出校门的我，热情诚恳，工作比较投入，得到了社区居民住户的认可，活动开展得很成功，取得了较好的效果。在这段实习期间，我在农场建立了2块高异黄酮大豆种植的示范基地，用自己所学的知识为农户示范。在开展科研工作的同时，我努力学习新闻写作、党建和宣传理论工作等业务，使自己的综合素质得到了较大的提升。2009年8月，研究生毕业后，我正式成为绥滨农场团委的工作人员，开启了我在绥滨农场的12年工作、生活之路。团委的工作比较锻炼人，我先后组织开展了卡拉OK比赛、知识竞赛、书画作品展等活动，为从事政工工作奠定了坚实的基础。2009年我在宝泉岭信息港发稿量第一名。2010年11月我担任了组织部副部长。2011年我大儿子出生，由二人世界变成了三口之家，有了稳定的工作，有了可爱的孩子，我和爱人已经在绥滨农场真正扎下了根，全身心投入到农场的发展中。下基层科包队，我和男同志一样摸爬滚打，走地号、看农情，从插秧到田间管理再到秋收，我真正做到从实践中来再到实践中去，认真熟悉基层的情况，了解职工群众心之所想，为他们讲解政策，也真心地为他们排忧解难。大家对我由最初的好奇，渐渐变成信任和赞许，我也真心融入集体之中。在组织部工作期间，我结合实际工作撰写了《锻造为民服务的"诚信金牌"——绥滨农场党委推行"明岗定责承诺制"成效掠影》《只为暖心入千家》，在《党的生活》杂志进行了专题刊发。我指导制作的党建专题片《"顾"守边疆》获得省二等奖。

2016 年 6 月，我被任命为组织部部长，感觉肩上的担子更重了。我始终在不断提高政治素质、业务素质上下功夫，特别是党建知识的学习，挤出时间，认真学习了十九大精神、习近平新时代中国特色社会主义理论等，还通过网络、报纸等多种方式了解党建最近动态，在贯彻落实中做到与农场实际相结合、与本职工作相结合，同时，还认真学习了《党政领导干部选拔任用工作条例》《中国共产党支部工作条例（试行）》等规章制度，为进一步做好工作夯实了理论基础。我先后起草了农场党委申报省级先进基层党委的典型材料《星火燎原》、省报优秀共产党员事迹材料《为了百姓的幸福》和政工会议领导讲话、调研报告等材料 50 余篇。

我前后组织党委中心组学习 36 次，副科级以上领导干部讲座 48 人，举办各类培训班 14 期，累计培训干部 1200 余人次。在基层党组织中全面推进北大荒堡垒工程，从组织健全、活动经常、作用突出等六个方面进一步加强基层党组织的标准化、规范化建设，严格抓好民主生活会、"三会一课"等 10 项党建制度的落实。创新组织生活模式，开展了基层党组织书记讲专题党课视频评选活动，通过政工部门专项评、基层党组织书记互相评等方式，达到了交流、提高的目的。组织召开了"主题党日"观摩会，通过创新案例分析、专业人士点评、赠送政治生日贺卡等环节，为基层党组织如何开展"主题党日"活动提供了新的思路，并将好的经验进行推广，提高了基层组织生活的质量。

针对农场撤队建区，管理区、居民组大部分职工搬到场部居住的实际情况，我还向农场党委建议，通过整合党建资源，在垦区率先实施了"两地管理·双向服务"党员管理新模式，探索出了新形势下的基层党建的新路子，强化了基层党支部的政治功能和服务功能。代表总局接受省委组织部的专项检查并获好评。农场党委作为农垦总局、宝泉岭管理局党建现场会的现场点，得到了与会人员的认可。还开展了"百名干部进千家解民忧"活动，通过场领导包片、科室包管理区、区领导包户的"三级服务"体系，形成了机关领导带头、基层干部务实的浓厚工作氛围，各级领导深入到一线通过基层大调研、入户大走访、问题大查摆、干部大服务的形式，解决职工群众生产生活难题。在绥滨农场工作期间，我多次被评为场级优秀共产党员、先进工作者，还被管理局党委授予"优秀组织工作者""优秀党务工作者"称号。我于2020年5月调到宝泉岭党委工作部工作。

作为一个农学专业的当代大学生，通过在绥滨农场12年的历练，我深深感受到有一份付出就有一份回报。北大荒的黑土地，以它宽阔的胸怀接纳了我们。在这片广袤的土地上，我经历了北大荒的风雨，也见到了雨后的彩虹。我成长了，是绥滨农场这个平台让我获得了事业和家庭双丰收。我感恩北大荒，我更感恩绥滨农场的父老乡亲。

在前行的路上，我将一如既往，用青春书写对北大荒的热爱，用奉献践行入党时的誓言，无论身在何处，我要用实际行动为北大荒的发展贡献自己的一分力量。

论　文

绥滨农场发展低碳工业的博弈分析

李思军

所谓博弈分析理论是指在平等发展的布局中利用策略、思维变换达到资源利用和产业发展的最优化配置，它是一种研究互动的决策理论，广泛存在于经济和社会发展的各个领域。当前中国经济发展正在向"资源节约型和环境友好型"方式转变，对于黑龙江垦区来说，利用其特殊的资源优势发展工业产业，实现"强工"战略恰逢其时。下面笔者以绥滨农场为例，从打造低碳工业产业链条的角度出发进行简要论述。

一、低碳工业的发展概况

（一）低碳工业的内涵

低碳是这几年经济发展过程中兴起的热门话题，它反映了一个地区或企业经济运转的模式和技术水平。低碳化工业是建立低碳化发展体系的核心内容，是一种以低耗能、低污染、低排放为特征的绿色产业。

（二）低碳工业的特点

低碳工业主要有三个鲜明特点：一是要在生产过程中，物质和能量在各个生产企业和生产环节之间进行多级利用，减少资源浪费，做到污染"零排放"。二是进行"废料"的再利用，充分利用每一个生产环节的废料，把它变为下一个生产环节或另一个部门的原料，以实现物质的使用和再利用。三是要使产品与服务非物质化，用同样的物质或更少的物质获得更多的产品与服务，提高资源利用率。

（三）低碳工业发展情况分析

在政策引导、机制转换、法制监督等措施影响下，我国的工业发展已经逐步实现了由"粗放型"向"集约型"的转变，通过产业合理布局、技术改造升级、资源精细化开发等措施，涌现出大量的低碳型工业。以黑龙江省垦区为例，目前，我们的低碳工业主要体现在能源产业与农牧产业的能量交换中，主要以"煤电—稻米—畜牧"型为主，利用发电厂和供热站产生的废弃煤矸石制作新型建筑材料，利用稻米加工厂产生的稻壳发电、供热，利用猪牛粪便建立大型沼气能源站和有机肥料，这些都是目前我们常看到的低碳工业发展类型。

二、绥滨农场发展低碳工业的优势分析

绥滨农场始建于 1948 年 2 月，是垦区建场最早的几个农场之一，经过 60 多年的开发建设，农场的工业企业基本上已经由"小而全"的国有企业转制为"小而精"的民营企业，目前农场拥有工商运建服企业 18 个，其中工业企业 8 家，主要涉及稻米加工、肥料加工、机械制造和制酒等行业。下面，笔者利用博弈优势理论结合农场实际从四个方面进行分析。

（一）水资源优势

水资源是影响工业发展的重要因素，特别是发展低碳工业对水资源利用和开发有着十分严格的要求。绥滨农场位于黑龙江与松花江交汇的三角地带，自然水资源和地下水资源都十分丰富，特别是"引黑工程"灌区建设将黑龙江水直接引入农场，为发展农工业产业提供了难得的机遇。一是黑龙江属于界江，两岸居住人口较少，没有工业企业，是全国公认的无污染优质水源地；二是据有关部门检测，黑龙江水拥有丰富的矿物质，特别是下游地带由于沉积因素矿物质含量较高，对于提高水稻品质有着重要影响；三是江水通过提水入渠，水的温度比井水温度高出 10～15℃，十分有利于灌区周围发展水稻种植和畜牧水产养殖。从博弈优势上看，"引黑工程"无疑是绥滨农场发展低碳工业的特有优势。

（二）劳动力资源优势

劳动力是生产力 3 个要素中最活跃的要素，科技化水平和机械自动化水平的提高减少了对劳动力的依赖，但是对于发展劳动密集产业和农工性产业来说，劳动力还是一个非常宝贵的要素。目前垦区劳动力市场主要呈现出三个问题：一是"里出多，外进少"，劳动力赤字明显；二是本地"精英人才"流失，补充性"异地人才"结构性失衡；三是机械化程度提升，农业效益增加，可富裕型劳动力从事工业的主观意愿低，这些问题影响着垦区

工业化进程。绥滨农场在大环境中也受到这个因素制约，但是与其他多数农场比较，还有3个比较突出的优势：一是建场开发早，人口基数大，本地可选择性劳动力相对充足；二是试验区一期"家庭农场改革"和二期"建立现代农垦企业制度"，使部分职工脱离第一产业，从事灵活就业的劳动力较多；三是农场与绥滨县5乡、2镇、53个村屯插花居住，农村劳动力为农场经济发展起到了弥补和支撑作用。综上所述，对于绥滨农场来说，发展低碳型工业方面的劳动力优势比较明显。

（三）基础产业结构优势

所谓的基础产业结构优势是指支撑工业发展的原材料来源结构合理，从垦区来说就是第一产业中的农业、畜牧水产业、林业发展相对均衡，为工业发展选择开辟了广阔的空间。以绥滨农场为例第一产业有3点优势：一是水田面积占耕地总面积的98%，江水灌溉面积占水田面积46%，粮豆总产35.3万吨，米业加工原料丰富；二是畜牧发展优势明显，绥滨农场是管理局畜牧大场，现有万头养猪场2个、千头养猪场17个、高标准规模奶牛小区1个、集中奶牛小区6个，发展畜产品加工和粪肥有机肥项目前景看好；三是通过引黑工程，将灌区辐射到全场70%居民组，借助渠水建立江水养鱼基地15处，养鹅、鸭禽类养殖场5家，为发展水产养殖加工项目奠定了基础。基础产业的平衡优势为发展低碳工业创造了多渠道发展环境，同时也为构架农业—工业产业链条创造有利条件。

（四）发展观念优势

博弈论最核心的观点是策略转换或者说是思维交换，在发展系统中通过主客观条件的变换而改变思维定式，这就需要有先进的理念和超前的观念。垦区60多年来能走出一条光辉历程，其中最重要的因素就是有"艰苦奋斗、勇于开拓、顾全大局、无私奉献"的北大荒精神和"诚信、务实、创新、卓越"的北大荒核心价值观的支撑作用。作为国有农场群中的一员，绥滨农场的发展既体现了垦区发展的共性，但也有自己非常鲜明的特殊性，这种特殊性体现在两个方面：一是改革实践性强，在20世纪80年代中期，率先在全垦区探索、实践、推行的"大农场套小农场"的双层经营体制改革，使农场成为全国农垦系统唯一的农村综合改革试验区；二是转型适应性强，1994年开始，农场在全垦区率先进行了以建立"产权清晰、权责明确、政企分开、管理科学"的现代农垦企业制度为目标的改革，社区体制相对实质性运转，在一定时期内激活了经济社会全面发展。由以上两点我们可以看出，绥滨农场形成的"勇于实践　敢于创新"的改革试验区精神有利于推进农场高质量实现"强工"攻坚的任务。

以上四点优势，从生产力的要素和外延层面分析出了农场发展低碳工业的可行性，在对比中体现了绥滨农场特有的发展优势。

三、打造低碳工业的策略分析

上面两个部分，我们用博弈优势理论从宏观上分析了农场发展低碳工业的有利条件，下面我们用博弈论中的帕累托最佳配置方法分析如何发展低碳工业。

（一）定性分析

1. **站位选择**　众所周知，制约工业发展的因素可分为六个方面，即资源、区位、交通、技术、人才和政策。其中前三个是不可变和半可变因素，后三个是可变因素。综合垦区大环境来看，发展工业优势不是十分突出；结合农场发展工业的小环境来看，走"外销型"工业空间可塑性不大。笔者认为，绥滨农场适合发展"三内一大"型工业，即在有限半径内"内产、内销、内转化"实现直接和间接效益的最大化，形成以农场辐射周边的有限型工业产业。

2. **模式定位**　生产要素在产业体系内实现最佳配置，这是发展低碳工业的最优效果。以水稻、稻米、猪牛粪便为例，通过加工链条让猪牛粪便转化成有机肥，用有机肥和优质水源种植水稻，再用水稻产生的稻壳进行发电、供热，将米糠提取加工成米糠油，这就实现了一个完整的由工业衔接的低碳产业链条。其具体模式如附图1。

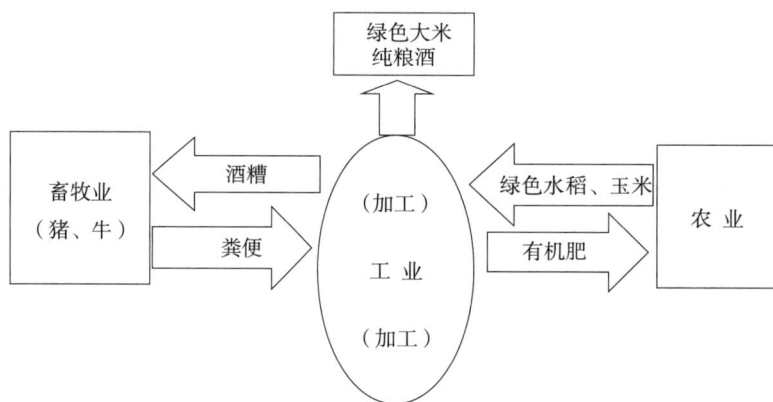

附图1　低碳工业具体生产模式

从近些年发展情况来看，这种产业链条共有三种形式，一是农业—工业循环系统，二是种植—养殖—工业—营销系统，三是农业工业旅游系统。

（二）项目介入

绥滨农场在解放思想工业大讨论中，将发展低碳型工业作为重要发展方向，确定了发展有机肥和绿色水稻加工两个项目。

1. **有机肥项目**　基本模式是利用日本引进的先进设备和技术将猪牛粪便无害化处理，进而转化成干物质，再将干物质制造成有机肥料。上面我们在基础产业优势中已经介绍，绥滨农场的畜牧业发展较好，拥有宝丰牧业和大东北牧业两个万头以上猪场，有包括鑫禾牧业、永乐牧业在内的千头以上猪场 17 个，小规模散户饲养户 112 户，每年产生猪牛粪便约 20 万吨。农场在三年强工计划中确定了投资 4000 万元，从日本引进 10 台先进设备用来处理猪牛粪便。项目达产后，年可处理猪牛粪便 20 万吨、转化干物质 3 万吨，能够制成有机肥 18000 吨，按每亩 60 公斤有机肥计算，可满足 30 万亩耕地的需要，生产 15 万吨有机水稻。按照农场和鹤岗明珠米业签订的 5000 亩有机水稻收购协议计算，每公斤高出市场价 0.4 元，年可增加产值 6000 万元。

2. **稻米精深加工项目**　　目前，绥滨农场的北大荒米业和龙圆米业在产业规模和品牌附加值上都比较低，产品的实际价值还没有完全体现出来。针对这种情况，农场在发展"强工"战略基础上，树立了"差异化"竞争理念，借助江水、有机肥项目的独特优势，种植绿色无污染优质大米，注册绿标，打造绿色稻米品牌，以品质树品牌、以品牌提效益。

（三）效果分析

笔者认为，打造低碳化工业链条的重点是实现污染的最小化、配置的最佳化和效益的最大化。上面我们介绍的干物质转化有机肥项目和绿色稻米加工项目构成了一个体系完善的低碳产业链条，二者相辅相成、相互影响，从整体上实现了"三个转化"：一是畜牧粪便处理的工业化转化，提高了畜牧产业的经济效益；二是有机肥使用的农业化转化，提高了水稻的品质；三是绿色水稻加工的工厂化转化，提高了稻米的附加值。通过转化，形成了"畜牧—工业—农业—工业"的半封闭式低碳循环。

总之，在垦区大力实施"强工"攻坚的大背景下，引入博弈论的思维方式，找准发展定位，大力发展以低碳型工业为主的可持续发展项目，有利于农场企业实现社会效益和经济效益双赢的目标。

利用"文化衍生"效应打造"龙府文化"品牌

俞新利

党的十七届六中全会确立了建立社会主义文化强国的战略目标，总局、管理局党委（扩大）会议对文化大发展、大繁荣做了重要部署，文化产业和文化事业在经济社会发展中的作用日益凸显，由文化衍生的巨大效应正在成为各地全面快速发展的助推剂。下面笔者结合绥滨农场打造"龙府文化"品牌为例，从文化衍生效应角度出发进行简要论述。

一、文化衍生分析

（一）文化衍生的内涵

在《现代汉语词典》里，衍生的概念是"从原物质中分解或派生出来的新元素"，所谓的文化衍生是指在文化本体中延伸出的新产业和产生的映射效应，包括诸如文化创意、文化公园、移动媒体、动漫游戏等新兴产业和媒体效应、创意效应、品牌效应等方面内容。

（二）文化衍生的特点

1. **多元性**　文化是人类所创造的精神财富和物质财富的总和，特指精神财富，包含文学、艺术、教育、科学等方面的内容。所以从本体延伸的角度来看，文化衍生效应所涉及的领域具有多元性的特点。

2. **形象性**　文化本身是一个抽象的概念，但是文化衍生效应在其对应的领域能够形象化、具体化、直观化地表现出来，诸如"杏花村酒""铁观音茶""同仁堂"等都是借助文化衍生效应产生的实体产业。

3. **内涵性**　文化是最直接地融入人头脑中的符号语言，其衍生的产品和事物通过其特殊的内涵在消费群体和受众群体中形成惯性的思维和刻板印象。

（三）文化衍生的发展

当前，利用"文化衍生"效应构筑的新型产业体系，正日益成为现代化大生产和经济社会发展的重要一级，对传统文化产业的改造、升级，也具有至关重要的推动作用，直接推动了包括数字技术、网络技术等高新技术为基础的文化创意产业不断变革和提升，文化衍生效应催生出的卖理念、卖设计、卖心理享受、卖增值服务已经与实体经济形成了统一结合体。

二、龙府文化的分析

传统文化是文化中的宝贵财富，绥滨农场在十五届四次职代会上确定了打造"龙府文化"的发展目标，将"龙"字文化衍生的品牌效应与经济社会全面发展进行紧密衔接。下面，笔者就龙府文化发展情况做如下分析：

（一）龙府文化起源

龙府文化源于绥滨农场老龙坑由来的凄美传说，它位于绥滨农场第一居民组西南与绥滨县兴隆村交界处，形状像锅形，直径约有100多米，深度没有人测量过，但无论年头再旱，坑内从未断过水。传说，在天上给玉帝拉车的黑龙，因为被贬下凡，看到这个地方有很多人在跪地求雨，化身打听后知道这个地方半年滴水未降，庄稼将要旱死。于是心地善良的黑龙飞上半空，将身体弯成锥形，用力俯冲到地上，砸出一个锅状的大坑。泉水上涌，它又用力将坑中的水搅到空中洒向久旱的庄稼。从此，人们为了纪念黑龙，给附近的江取名叫黑龙江，黑龙砸的大坑就取名老龙坑。

（二）龙府文化的内涵

龙府文化继承和发扬了中华"龙"文化的精髓，具有中国传统龙文化团结向上的共性，也有其泽惠众生的地域文化内涵。笔者认为，老子在《道德经》中写到的"上善若水"四个字能够非常贴切地概括出龙府文化的内涵，它所演绎的是一种善行的道德、一种包容的品性、一种进取的精神、一种良化的概念。

（三）龙府文化的优势

文化衍生理论最重要的观点就是优势延伸，下面我们结合龙府文化的内涵对其优势进行简要阐述，为龙府文化衍生效应提供强有力的理论支撑。

1. 符合中国传统文化的精神　在中国传统文化的浩瀚辞海中，龙文化一直是华夏文化的象征，它代表着向心的聚力、向上的支力和向前的动力，打造龙府文化契合了传统文化的精神实质。

2. 符合流域文化特点　黑龙江流域自唐朝开始就有人类居住，从国内河流到国之界江，从民族更迁到国家兴替，从人烟浩渺到建城兴边、从亘古荒原到遍地粮仓，这里的流域文化一直与龙有着千丝万缕的联系，城市在发展中不断将黑龙文化植入其中。

3. 符合可持续发展理念　黑龙江是世界上公认的无污染河流，优质的水源、良好的生态、旖旎的风光、丰富的水产，使它成为健康绿色的象征。

三、"龙府文化"衍生效应分析

（一）植入"生态理念"，打造绿色产业基地

文化衍生的最终着力点是带动产业、拉动经济增长，绥滨农场借助"龙府文化"衍生的绿色、有机、无公害的生态效应积极发展绿色产业。

1. 发展江水灌溉大米　绥滨农场利用引黑工程发展江水灌溉水稻面积达到30万亩，从日本引进有机肥生产项目，每年利用猪牛粪便转化干物质生产有机肥1.8万吨，从水源和肥料使用两个源头上实现了生态化。农场统一注册"龙府"牌绿标，打造绿色稻米品牌，支持龙圆米业、五丰米业江水灌溉稻米精深加工项目，用"龙府"文化提高江灌大米的知名度和美誉度，以此来提高产品的经济效益。

2. 发展江水养殖项目　农场充分利用灌区的渠道优势发展江水养鱼、养河蟹、养鹅、

养鸭等项目，打造绿色水产养殖和禽类养殖基地，将养殖产品与龙府文化紧密结合起来，赋予产品绿色健康定位和历史文化内涵，通过文化效应扩大产品市场，提高产品附加值。

3. **做强龙府酒业**　酒文化具有很强的吸引力和宣介力，农场结合龙府传说对大成酒厂进行文化包装和发展定位，开发"龙门府地"精品系列礼酒，将水源选定、外观设计、包装样式、酒庄建设四个方面与龙府的传说、龙的形象紧密结合起来，通过与大型酒业集团洽谈合作，筹划在老龙坑附近建立观光、生产、经营为一体的大型休闲度假酒村，将产业直接融入龙府文化当中。

（二）植入"图腾理念"打造滨水新城

图腾是群体组织的一种象征，是民族文化和区域文化的显著标志，在现代社会发展过程中，图腾已逐渐由一种信仰文化发展为企业文化。在发展龙府文化过程中，把"龙"作为象形符号融入城镇建设和经营当中，能够提高城镇的知名度和美誉度。

1. **融入城镇建设布局**　在城镇建设过程中，农场突出龙府文化这个主题，结合异域绥滨城设计理念，以"龙"字为背书标识，倾力打造了"龙泽苑"高档住宅小区、龙润小区、龙府大厦、龙盛小区四个精品住宅区，在现代农林科技园区建成一处占地 2000 平方米的龙泽湖观赏景观，背书效应进一步增强了人们对龙府文化的认知度。

2. **带动城镇经营产业发展**　充分利用龙府象形文化资源，加大对龙门府地白酒、龙府牌大米、龙府编号运苗车的宣传展示力度，鼓励发展诸如"龙府传说刺绣"、龙府餐饮、龙府娱乐城等个体经营项目，让龙府文化观念深入人心。

3. **开展丰富多彩的文体活动**　结合龙府文化特色，通过冠名赞助、主题设定、宣传推广等形式开展各类文体活动。举办"龙府文化节""龙府杯卡拉 OK 大赛""龙府文化书画作品展""龙府社区邻居节""龙府群众性健身运动月"等主题文体活动，塑造浓厚的龙府文化氛围。

（三）植入"创新理念"打造改革试验区

创新是民族进步的灵魂，是一个国家兴旺发达的动力，已经走过 64 年的绥滨农场，正是凭借创新才不断跨越前行。从 20 世纪初兴办五大火犁公司到 1948 年开荒建场，这里走在了时代的前沿。20 世纪 80 年代初期，安徽凤阳小岗村实行的家庭联产承包责任制开启了中国农村经济体制改革的先河。1983 年，绥滨农场在全国农垦系统率先探索"大农场套小农场"经营体制改革，1987 年农场被国务院命名为全国农村综合改革试验区，成为垦区唯一的国家级农村综合改革试验区，大农场套小农场的经营体制在全国垦区推广。"勇于试验　敢于创新"的试验区文化精神正是在这种背景下形成的，它是北大荒精神落地生根结下的硕果，是龙府文化包容进取的直接体现，是农场开拓进取的内在动力，是职工群众积极向上的精神支撑。作为文化衍生出的两种文化表现形式，龙府文化与改革试验区文化相辅相成，前者是后者的概括和总结，后者是前者的继承和发展。植入创新理念的改革试验区文化精神，作为龙府文化与时俱进的内涵延伸，有力地推进了农场经济社会全面发展。

用文化为旅游产业铸魂
——绥滨农场坚持打造"龙门福地"文化旅游品牌

楚卫国

旅游产业是展示绥滨农场风采和体现综合竞争力的一张重要的"名片"，而文化又是绥滨农场旅游发展的灵魂、魅力核心价值所在。2017年，绥滨农场党委深入贯彻落实总局党委（扩大）会议精神，紧紧围绕转方式、调结构、稳增长这条发展主线，因地制宜，聚焦优势，科学谋划，确定了"龙门福地文化＋现代农业旅游"发展战略，将目标定位为国家 AAAA 级旅游景区、国家现代农业庄园、中国美丽休闲乡村，进一步促进农场资源优势向产业优势的转化，努力提升龙门福地文化旅游品牌的地域影响力。

目前，农场以"文化养老、文化体验、文化产品"为支柱的文化旅游产业格局已经形成，国家 AAA 级现代农业观光旅游景区年接待游客突破 50 万人次，为职工群众增加经济收入近 3000 万元。

一、挖掘优势，统筹规划，广泛凝聚文化产业发展力

（一）发挥文化优势，塑造品牌内涵

在整合文化与旅游资源过程中，农场注重以文化助推旅游产业发展，把北大荒文化作为支柱，把历史文化作为亮点，把地域文化作为特色，不断发掘、延伸、拓展"龙门福地文化"内涵，形成了以文化聚人心、以文化创品牌、以文化促产业的良好局面。为此，农场重点在旅游产品设计开发，地标性建筑、景区基础设施规划建设等方面突出文化主题、彰显文化魅力。现已建成龙府文化景观墙、亚洲最大的"龙王吼"菩萨象形根雕、中俄国界·龙门福地景观石等地标性景观，并在各主要交通路口设立多处大型旅游宣传牌、景观石。

（二）发挥资源优势，打破项目趋同

针对管理局内各农场旅游资源趋近、旅游项目趋同化严重问题，农场从破解"人无我有、人有我优"难题入手，突出绿色生态、自然山水和现代化大农业等特色，以资源聚财气，打造旅游卖点，确定了"中国最佳生态休闲农业旅游区"的发展主题，并精心设计了南北两条旅游发展线路和"一龙、一江、一园、一岛、一渠、一带、一山、一湖、一馆"九大旅游景点。

（三）发挥政策优势，深化区域合作

农场充分发挥区域合作、区域共建的政策优势，通过借力鹤岗市政协的协调平台加强与鹤岗市旅游局的对接、合作，将绥滨农场现代农业观光景区纳入鹤岗市黄金旅游线路，并且在旅游景点建设、旅游项目设计中，加强沟通合作，凸显边境地缘、文化特色、生态景区优势。

（四）发挥专业优势，提高规划水平

借力专业旅游规划设计团队，与北京商旅同舟旅游规划设计院合作，组成专业旅游规划设计团队，进行旅游线路、景点策划；借力业内专家、旅游学者，通过"请进来、走出去"，在广泛吸取专业建议的基础上，确定了"青少年科普教育、龙之府民俗观赏、夏季度假避暑、冬季南国植物园"等重点旅游项目。借力专业旅游营销团队，与哈尔滨星辰旅行社等32家旅行社和周边市县40多个户外群体建立长期旅游合作关系。同时，加强与周边市县、农场学校合作，发挥全国青少年科普示范基地优势，发展青少年科普游。

二、上下联动，整体推进，持续提升文化旅游竞争力

（一）顶层谋划驱动

农场党委高度重视发展文化旅游产业，强化组织领导，成立旅游局并科学制定完善了文化旅游产业发展近期、远景规划，建立健全制度保障，制定下发了《绥滨农场旅游发展总体规划（2014—2025）》《绥滨农场旅游产业推进实施方案》等文件，加大政策支持力度，创新招商引资机制，保证了文化旅游产业健康发展。

（二）文化载体策动

积极协办、承办、举办各级体育赛事、群体文化活动和旅游文化节。目前，已成功协办国家首届两极冰雪汽车挑战赛；连续多年举办"龙门福地提水节""二月二开耕节""龙门福地消夏文化节"等特色旅游文化节；通过形式多样的群体性文化活动也宣介龙门福地文化旅游品牌。两年来，累计举办"龙门福地"冠名的台球赛、快乐舞步表演赛等文体活动34项。2016年，中国文联文艺志愿服务团"送欢乐下基层"慰问演出走进绥滨农场，在送来精彩文艺演出的同时，也通过濮存昕等文化名人宣传了农场的文化旅游，提升了农场知名度。今年隆重举办的第五届"提水节"，实现了旅游接待人次、规模的新突破，旅游特色产品销售超过 500 万元。

（三）社会参与带动

在助推旅游文化产业发展方面，农场注重激发场内外社会组织活力，提高农场旅游的知名度、美誉度。为此，农场今年成立了龙门福地文化研究会，创办了《龙门福地文化》刊物，将龙门福地文化研究向更高层面推进。同时还结合"善治绥滨"建设，建立出租车协会、餐饮协会等 30 个协会组织，并加强与周边市县户外协会、驴友协会、露营协会等大型社会团体的沟通协作，邀请他们走进绥滨农场，参与到农场重大旅游节庆活动中。像今年举办的开耕节、提水节都由龙门福地企业家协会赞助，组织文化演出队，开展精彩的民俗文化活动。

（四）舆论宣介推动

既借助舆论媒体"造势"，又借助知名人士、文学作品进行宣介。如新华社，《人民日报》，央视《美丽中国》栏目，《黑龙江日报》等国家、省内主流媒体，著名作家贾宏图的报告文学《铁马冰河达喀尔》和鹤岗晚报《金色田野》副刊作者采访团撰写的《美哉，绥滨农场》《三江平原的一曲浩瀚长歌》《绥滨农场观光记》等文学作品，都大篇幅、多角度、高质量地宣传推介了农场旅游。同时，我们积极参加国内各类文化旅游展览会，推介农场文化旅游产业，像 2017 年农场就组织参加了第十三届中国（深圳）国际文化产业博览交易会、第二十一届中国国际有机绿色食品产业（北京）博览会、第四届中俄博览会暨第二十八届"哈洽会"等。

三、产业融合，优势互补，不断增强旅游经济拉动力

（一）促进土特色产品销售

龙门福地白酒、大米、木耳等绿色产品销售量飙升。龙门福地酒业在 2017 年提水节、开耕节当天，白酒销售额都超过 20 万元。龙门福地葡萄种植基地的 50 栋大棚，年产 75 吨葡萄，借助旅游每栋葡萄大棚纯利润达 3 万余元。笨鸡、笨鹅、牛肉、鹿产品等畜禽类产品更是受到游客的青睐，仅"邵记"烤鹅店就从原来每天销售 10 只左右猛增到现在的每天 30～40 只，每年消耗大鹅 1 万多只。羽毛画、秸秆画、串珠编织等文化产品销量也不断攀升。

（二）促进旅游服务行业发展

直接拉动了农场餐饮、住宿、出租车等相关旅游服务行业的经济增长。2017 年 4 月 17 日，我们成功举办了第五届"春之旅提水节"，仅当日就吸引外来游客超过 3 万人，其中来场大巴车 82 台、轿车 1200 多台，户外驴友、钓友协会 25 家。龙门福地白酒文化体

验馆接待游客 6000 多人次，销售白酒 21 万元。龙门福地宾馆当日接待安排就餐 40 余桌，中档次饭店爆满，出租车当日平均每人净挣 300 余元。

（三）促进龙门福地品牌价值提升

目前，农场已经注册了"龙门福地"商标 6 类 46 项，其中粮食产品、白酒、物流等项目已经投入市场化运作，已注册龙门福地酒业、龙门福地金牌家政公司、龙门福地婚庆公司、龙门福地餐饮等 24 家企业。在品牌发展效应的带动下，农场中小企业和职工群众的商标意识不断增强。龙门福地酒业集团实施人才品牌战略，高薪聘请了在全国 36 名顶级品酒师中排名第 6 位的侯晓波担任集团总经理。今年，酒业又成功在大庆、绥化、五大连池、汤原、山东临沂等地发展加盟代理商 6 家，使全国龙门福地白酒代理商达到 26 家。

（四）促进城镇新兴产业发展

通过发展旅游进一步完善城镇基础设施建设，为阳光养老、商贸物流、电商等新兴产业发展创造了良好环境。以龙泽苑休闲避暑山庄和龙门福地养老中心为代表的养老产业正在兴起。以龙门福地物流中心为产业核心，集聚圆通、申通、韵达等物流企业的绥滨地区最大物流集散中心已经形成，同时也促进了电商经济的发展。目前，全场电商、微商从业者达到 121 户，电商产业实现销售额 200 余万元。

抓基础　转观念　走农业可持续发展道路

李晓明

"十二五"结束，绥滨农场农业标准化水平大幅提升，农时整体提前 5～7 天，综合抗灾能力显著增加。平均公顷单产由 8 吨左右提高到 9.5 吨左右，公顷单产突破 10 吨的种植户所占比例显著提高，平均出米率由 60% 左右提高到 65% 以上，最高的突破 72%，实现了粮食稳产、高产、高效，农业可持续发展的目标。在农业生产中我们重点抓了以下几项工作：

一、加强农业基础设施建设

建设 2000 平方米种子包衣暖库，2 处千吨级、1 处 300 吨级智能水稻芽种生产基地，确保全场水稻种子包衣率、合格率达到 100%；累计新建、改建大棚集中育秧基地 55 处、6000 余栋，改造与更新标准大棚 4800 栋，为培育壮秧打下了坚实基础；新建晒场 30 万平方米，衬砌渠道 81 公里，清淤排水沟 700 公里，维修田间路 289 公里，新建强排站 5 座、灌排渠道 222.08 公里，改建扩建飞机场跑道 22400 平方米，大幅提升了农业综合抗灾能力。

实施了农田标准化治理工程，对不成型地块沟渠等进行了统一整理、合理规划，利用平整后的土地建设大棚基地 9 处，新增耕地 65 公顷，提高了土地利用率和农田标准化水平。

加快新机械更新步伐，全场进口高速插秧机数量达到 520 台，拖拉机数量达到 1300 台，140 马力以上收获车达到 620 台，电动播种机、电动覆土机、电动摆盘机、施肥器得到普及应用，有力地提高了田间标准化作业水平和全程机械化程度，为抢抓农时赢得了宝贵时间。

二、完善农业技术人员队伍建设

每 1 万亩水田配 1 名技术员，并采取每月一次"培训＋考试"、每季度一次"业务考核＋评比"的方式提升技术人员专业素质。另一方面加强梯队建设，派出 7 名技术人员到八一农垦大学进修两年，通过公开招聘，选拔 20 名优秀的农业技术后备人员充实到基层单位，选派 10 名大中专生到工业学校进行一年半的农业技术系统培训，保证充沛的后备力量。

三、改变工作方式、转变种植户观念

针对种植户，从原来以安排、布置工作为主，突出考核、奖罚的工作方式，向培训、引导，提高农户自身认识为主转变。

1. **培训指导到位**　开展了"农业从业人员素质提升工程"，建立了"专家＋技术员＋示范户"的科技培训体系，为种植户提供全方位培训指导服务，提高农户农业标准化管理水平。主要采取四种形式进行培训：一是外请专家，聘请八一农大、水稻所、植保所专家进行专业培训；二是由典型示范户为讲课主体，传授自己的好经验、好做法；三是以现场观摩的形式进行培训；四是科室业务人员在电视讲座。每年培训 15 期，9500 人次左右。

2. **组织宣传到位**　农场在电视台开辟专栏，创办了《农耕时讯》简报，宣传报道各单位在提升行动中的好做法、好经验、好典型，引导广大种植户实施水稻标准化栽培管理。

3. **技术服务到位**　开设了短信服务平台与技术服务电话，为农户及时发布技术服务信息。2015 年成立的"北大荒农机绥滨农场龙门福地农机服务中心"，为广大种植户提供插秧机租赁、废旧插秧机回收及插秧机免费维修等服务。共为种植户免费维修插秧机 800 余台套，为农场种植户节省资金 60 余万元，带动农场人员就业 7 人，培训驾驶员 3000 余

人次，为农场农业机械化作业提供了强有力的后备保障。

四、抓牢农时与作业标准化

（一）适时抢早抓农时

采取以气象形势定农时取代过去以固定时间定农时的做法，不搞一刀切，各阶段以"定标会"作为"启动会"，指导农户开展农业生产工作。做到"七个七天"，即在扣棚、摆盘、播种、整地、插秧、收获、翻地七个关键农时阶段，均在七天内高标准完成全场95％以上的生产作业。春季根据气候条件与秧龄素质指导农时，水稻有最早3月29日播种、4月29日插秧，每公顷年产量达到10吨以上的案例，也有秧苗素质弱5月18日开始插秧，5月25日插完的农户；尤其是2015年春季，依靠大棚内"三膜"覆盖、炭火盆增温等技术措施，农场抗御了4月7日—8日历史罕见的—11℃低温，保证全场4月12日100％完成水稻苗床播种工作，5月22日完成插秧。秋收工作根据水稻成熟度与水分的不同，采取分段收获、半喂入与全喂入相结合的机械收获方式，科学调配机械，按时高标准完成"黑色越冬"与三秋准备工作。

（二）统一标准抓技术

坚持统一供种、统一测土供肥、统一航化作业三大"统"的功能不放松。安全、高标准做好供包衣芽种工作，为农户培育壮秧奠定了基础。采取种植户自愿订购的原则，为农户年供应三大肥1.3万吨，方便了农户，保证了农时与用肥质量，降低了生产成本。科学组织农作物健身防病航化作业工作，确保全场农作物无重大病虫害发生，保证了生产安全。制作"栽培技术明白卡""大棚管理指示牌""农耕时讯"发放到每一个种植户手中。每个作业区设置3处叶龄诊断观测点，定期向广大种植户通报水稻叶龄进程，以叶龄指导水稻本田管理，保证水稻健康生长。

（三）多措并举抓"三减"

1. 减肥

（1）采取减氮、稳磷钾的施肥措施，亩每年减少氮肥施用量2～5公斤，全场节省化肥1200吨。

（2）利用农场年产有机肥1000吨的苗床土有机肥厂项目，保证全场8700栋大棚每栋棚应用100公斤有机肥作为稼肥下地。本田应用生物肥、有机硅肥，提高肥效，减少化肥使用量，降低土壤残留，提高土壤有机质含量，全场年代替化肥使用量750吨。

（3）示范应用侧深施肥技术，插秧和施肥一次完成。2015年配备侧深施肥机120台，施肥面积4.5万亩，可以节省肥料10％左右，年共节省肥料105吨。

2. 减药

（1）从用药技术上减药。推广应用高效安全助剂，采用航化作业或先进弥雾机进行喷药，保证效果的同时最大限度地提高药效、降低用药量，全场减少农药投入 15 吨。

（2）从药剂选择上减药。杀菌剂采用天然芸苔素、加收米、蜡质芽孢杆菌等生物药剂或化学与生物混配的药剂进行防治水稻病害；采取阿维菌素、苏云金杆菌等生物药剂根据发生情况防治虫害；全场年使用生物药剂代替化学药剂共计 15 吨；除草剂根据杂草基数与种类有针对性地用药；应用生物肥，降低土壤残留 8%。

3. 减水

（1）技术措施节水。①早封墒。早春进行旱平地，减少土壤水分蒸发。②早泡田。充分利用"桃花水"、沟渠水。③早整地。4 月 10 日耕层化冻 15 厘米即开始水整地，这样便于田间作业，避免化冻后车轮压出深车辙后漏水。④间歇灌。水稻全生育期只在封闭灭草期间保持 5～7 厘米深水层，减数分裂期如遇 17 摄氏度以下低温，则灌溉深水层，其他时期循环"浅、湿、干"交替灌溉。通过技术节水。将用水量控制在每公顷每年 4500～5000 立方米（常规为 6000～8000 立方米），节水量达 30% 以上，全场每年可节水 6600 万立方米以上。

（2）政策措施节水。①对江水灌溉稻田农场，每公顷给予 300 元补贴，水费由原来的每公顷 700 元降至 400 元。②积极争取项目资金延伸支渠覆盖能力。③能用上江水的稻田，必须使用江水，否则按照水资源使用管理法及相关规定收取水资源占用费。

全场江水灌溉面积保持在 25 万亩，可减少地下水使用 8000 万立方米。

五、加强新科技推广与创新

绥滨农场始终把科技应用与创新作为农业标准化提升活动的重要推动力。推广钵型毯状盘育秧、测土配方施肥、节水灌溉、水稻种子包衣芽种、硅肥、生物肥等科技应用均达到 100%，三膜覆盖大棚 2800 栋，达到 30%。重点示范应用电动摆盘机、机械钵育摆栽与侧深施肥技术。大棚内创新应用轨道运苗车，既可摆盘时运土，又可插秧时运苗，节省了劳动力又保证床面不受破坏。超级大棚改装了电动播种机轨道，将工作效率提高了一倍。在稻田里创新应用的 25 处轨道运苗车，省去了田间道 18 条，累计增加耕地 12.6 公顷，每套运苗车每天可节省挑苗人工 1～2 人，可运苗、运肥，加上田间管理节省的人工，每公顷每年可节省成本 500～700 元。标准化大棚内配备了高标准智能程控温湿控制系统，实现通过网络与手机对大棚内进行监控、温湿度调控，为培育壮秧提供了信息化、智能化装备。

结合发展农业旅游产业的有利形势，农场积极打造绿色优质原粮生产基地和"龙门福地"品牌。应用引黑龙江水灌溉优势，选择优质米品种，种植有机富硒水稻 15000 亩、绿色富硒水稻 10 万亩，将其打造成为特色有机高端米、"食品中的保健品"，通过网店、微商、专卖店、超市等多种渠道以"保健品大米"的形式销售，并开展了稻田养鸭、稻田养蟹、玉米地养大鹅等示范工作，增加了农民的经济效益，延长了农业产业链。

大棚二次利用采取对外承包租赁和农户自己使用两种方式，种植白瓜子 800 栋、油豆角 2000 栋，以鲜豆角、速冻、豆角丝的形式统一组织销售。种植了黑木耳 12 万袋、平菇 3 万袋。在创造经济效益的同时，解决农闲时节再就业 300 余人。

六、政策惠农

加大惠农政策支持，农场对包衣芽种每吨补贴 350 元，大棚加高加宽和卷帘器应用每栋补贴 800 元，钵式毯状盘每张补贴 0.25 元，航化作业费每亩补贴 3 元；生产资料三大肥统一供应基本实现零利润，硅肥、生物有机肥补贴 50%，江水灌溉每公顷补贴 300 元，保证了各项新科技、新措施的推广到位率。累计争取农机购置补贴资金 2091 万元，补贴各类农机具 819 台（套），受益农户 723 户，拉动农民投入农机消费 2 亿多元。综合机械化率从 80.3% 上升到 97.5%。

2015 年绥滨农场农业综合产能与职工收入有新提升，农业创新产业工作有新亮点，农业"三减"工作有新成果，推动了现代化大农业旅游业的发展，年接待外来参观人员 20 余万人次，旅游收入超过 300 万元，现代化大农业向可持续发展道路迈出了坚实一步。"十三五"期间，绥滨农场将继续沿着农业可持续发展道路前进，实现建成 55 万亩绿色安全食品生产基地、做强农业创新产业、做大特色优质米品牌、增加职工收入的目标。

黑龙江绥滨农场志
HEILONGJIANG SUIBIN NONGCHANGZHI

后记

《黑龙江绥滨农场志》（1948—2018）编纂工作从2018年5月开始启动。先期按照农场部署，撰写的是《绥滨农场志》（2006—2015）第四卷，为前三卷的续志，于2020年10月基本完成了初稿的审核和校对工作。2020年7月，农场被农业农村部农垦局确定为第一批中国农垦农场志编纂农场，全国1720个农场中有50个农场列入第一批编纂单位，黑龙江垦区仅有4个农场。其中绥滨农场志是农垦局指定为建党100周年的献礼作品，要求必须上溯到1948年建场，下延到2018年。在后续的工作中，我们按照农垦志编纂的具体要求，又增加了以上内容，并以《绥滨农场志》第一、二、三卷为依据编写整理了1948—2005年简史部分。因此这本《黑龙江绥滨农场志》，涵盖了从1948年建场到2018年绥滨农场70年的发展历程。按照略古详今的原则，重点是2006—2018年这13年。

有限公司党委十分重视修志工作，成立了以党委书记、总经理为领导的编纂委员会，层层落实了责任制，专门指定一名常务副总经理主抓修志工作，同时聘请了3名退休干部负责修志，并先后两次派人分别参加总局和农业农村部农垦局农场志编纂培训班的学习。机关各部门、场直企事业单位和驻场单位为修志工作提供了大量的资料，总局、管理局史志部门领导多次给予专业性指导，更有诸多热心人士提供关怀和支持，为本志书的高标准完成奠定了坚实的基础。本书具体撰稿人员名单如下表：

《黑龙江绥滨农场志》（1948—2018）名单

撰稿人员	魏荣江	杨茂霞	王 兰	徐在阁	徐晓玉	王富强	贺吉田	顾立秋
	关海旭	殷晓磊	耿芳芳	高振友	杜芝欣	杨 丽	张新岷	李 晶
	张冬梅	鞠永美	尹玉宝	綦春华	李秀娥	陈宝库	马 军	王 微
	廖红云	李 杰	赫英俊	于瑞刚	张 帆	祝慧敏	刘小琪	张艳玲
	刘 佳	杨春楠	鞠永梅	靳玉芹	徐焕斌	于 琦	王安达	刘志刚
	廖丽萍	张洪国	陆相光	张雪娟	王曙光	宗秀兰	张学岗	刘希曼
	袁亚会	王立东	高志强	张超英	赵春梁	李华旭	魏胜男	丛静磊
	李忠新	赵春权	刘晓霞	张丽丽	孙延宁	白云龙	于鸿雁	殷兴伦
	魏金友	陆子严	宋士江	栾和光	华启明	孙兆舟	陆书芬	孙静静
图片摄影	魏荣江	刘洪军	秦增学	徐晓玉	李 楠	甘新宇		

本书编写大致经历了八个阶段。第一阶段：2018 年 5 月—7 月成立编纂委员会，研究和拟定篇目，召开会议布置任务，培训编写人员，走访调查、搜集史料；第二阶段：2018 年 7—12 月，征集资料，走访老领导、老垦荒和事件当事人，调查核实资料；第三阶段：2019 年 1—12 月，将稿件整理归类，修改、补充内容，征集图片；第四阶段：2020 年 1—10 月，将修改整理后的初稿返回各部门征求意见，并补录部分缺失资料；第五阶段：2020 年 10—11 月，按照农垦农场志编纂工作要求，修订编写目录，召开会议进行再落实，对编写人员进行再次培训；第六阶段：2020 年 11 月—2021 年 1 月，征集资料（2016—2018 年），编写简史（1948—2005 年），对入志照片、农场地图进行规范化处理；第七阶段：2021 年 2 月—2021 年 3 月，审核、补录、修编完善、排版形成初稿，并于 2021 年 4 月将初稿电子版报管理局、总局史志办审阅并交付中国农业出版社；第八阶段：审阅通过后，由中国农业出版社负责出版。

这部《黑龙江绥滨农场志》的出版，是全体参与编辑人员共同努力的结果。在此，谨向对本卷编辑工作给予关心支持的各级领导及撰稿人员致以由衷的感谢！作为国家农垦农场志编纂农场的《黑龙江绥滨农场志》，为在建党 100 周年之际出版发行，农场史志办工作人员，面对的困难前所未有。一是临时增加了历史跨度较大的前后两部分。前面上溯跨度达 57 年，后面增加 3 年，合起来增加了 60 年。二是时间紧，此次修志打破了常规，上溯部分和增加部分资料的收集整理编写，实际上只有几个月的时间，这在垦区史志编纂工作史上是从未有过的。三是资料收集难度大。由于部门及各单位人员变动较大，加之实行电脑办公后，有些电子版资料未能妥善保管，直至十几次查找核对尚未齐全。在绥滨农场 70 年的发展历史上，可歌可颂、可赞可传之事之人，不可胜数。鉴于客观上许多困难，未能广搜详列，沧海遗珠，实属难免。但我们作为编辑人员，以史命为己任，不辞辛苦，一丝不苟，以高度的责任心做到务得事类，每求真是，严把史实和编写质量关，许多章节多次推敲，反复修改。唯未能放言"满意"两字，确是时间太紧，水平有限，恐有许多这样或那样的缺憾。诚恳欢迎各级领导和专家学者，特别是广大读者给予批评、指正，以便今后无论何时、何人再编写农场志时，尽力完善，力出佳作，无愧历史。

编　者

2021 年 4 月